Public Administration and
Public Management Classics

ACADEMIC FRONTIERS SERIES

ACADEMIC FRONTIERS SERIES

公共行政与公共管理经典译丛

学术前沿系列

Public Administration and Public Management Classics

“十二五”国家重点图书出版规划项目

领导学

Leadership

[美] 詹姆斯·麦格雷戈·伯恩斯 著

(James MacGregor Burns)

常 健 孙海云 等 译

常 健 校

中国人民大学出版社

·北京·

#《公共行政与公共管理经典译丛》编辑委员会

《公共行政与公共管理经典译丛》
总　　序

在当今社会，政府行政体系与市场体系成为控制社会、影响社会的最大的两股力量。理论研究和实践经验表明，政府公共行政与公共管理体系在创造和提升国家竞争优势方面具有不可替代的作用。一个民主的、负责任的、有能力的、高效率的、透明的政府行政管理体系，无论是对经济的发展还是对整个社会的可持续发展都是不可缺少的。

公共行政与公共管理作为一门学科，诞生于20世纪初发达的资本主义国家，现已有上百年的历史。在中国，公共行政与公共管理仍是一个正在发展中的新兴学科。公共行政和公共管理的教育也处在探索和发展阶段。因此，广大教师、学生、公务员急需贴近实践、具有实际操作性、能系统培养学生思考和解决实际问题能力的教材。我国公共行政与公共管理科学研究和教育的发展与繁荣，固然取决于多方面的努力，但一个重要的方面在于我们要以开放的态度，了解、研究、学习和借鉴国外发达国家研究和实践的成果；另一方面，我国正在进行大规模的政府行政改革，致力于建立与社会主义市场经济相适应的公共行政与公共管理体制，这同样需要了解、学习和借鉴发达国家在公共行政与公共管理方面的经验和教训。因此无论从我国公共行政与公共管理的教育发展和学科建设的需要，还是从我国政府改革的实践层面，全面系统地引进公共行政与公共管理经典著作都是时代赋予我们的职责。

出于上述几方面的考虑，我们组织翻译出版了这套《公共行政与公共管理经典译丛》。为了较为全面、系统地反映当代公共行政与公共管理理论与实践的发展，本套丛书分为六个系列：(1) 经典教材系列。引进这一系列图书的主要目的是适应国内公共行政与公共管理教育对教学参考及资料的需求。这个系列所选教材，内容全面系统、简明通俗，涵盖了公共行政与公共管理的主要知识领域，涉及公共行政与公共管理的一般理论、公共组织理论与管理、公共政策、公共财政与预算、公共部门人力资源管理、公共行政的伦理学等。这些教材都是国外大学通用的公共行政与公共管理教科书，多次再版，其作者皆为该领域最著名的教授，他们在自己的研究领域多次获奖，享有极高的声誉。(2) 公共管理实务系列。这一系列图书主要是针对实践中的公共管理者，目的是使公共管理者了解国外公共管理的知识、技术、方法，提高管理的能力和水平，内容涉及如何成为一个有效的公共管理者、如何开发管理技能、政府全面质量管理、政府标杆管理、绩效管理等。(3) 政府治理与改革系列。自20世纪80年代以来，世界各国均开展了大规模的政府再造运动，政府再造或改革成为公共行政与公共管理的热点和核心问题。这一系列选择了在这一领域极具影响的专家的著作，这些著作分析了政府再造的战略，向人们展示了政府治理的前景。(4) 学术前沿系列。这一系列选择了当代公共行政与公共管理领域有影响的学术流派，如新公共行政、批判主义的行政学、后现代行政学、公共行政的民主理论学派等的著作，以期国内公共行政与公共管理专业领域的学者和学生了解公共行政理论研究的最新发展。(5) 案例系列。这一系列精心选择了公共管理各领域，如公共部门人力资源管理、组织发展、非营利组织管理等领域的案例教材，旨在为国内公共管理学科的案例教学提供参考。(6) 学术经典系列。这一系列所选图书包括伍德罗·威尔逊、弗兰克·约翰逊·古德诺、伦纳德·怀特、赫伯特·A·西蒙、查尔斯·E·林德布洛姆等人的代表作，这些著作在公共行政学的发展历程中有着极其重要的影响，可以称得上是公共行政学发展的风向标。

总的来看，这套译丛体现了以下特点：(1) 系统性。基本上涵盖了公共行政与公共管理的主要领域。(2) 权威性。所选著作均是国外公共行政与公共管理的大师，或极具影响力的作者的著作。(3) 前沿性。反映了公共行政与公共管理研究领域最新的理论和学术主张。

在半个多世纪以前，公共行政大师罗伯特·达尔（Robert Dahl）在《行政学的三个问题》中曾这样讲道："从某一个国家的行政环境归纳出来的概论，不能够立刻予以普遍化，或被应用到另一个不同环境的行政管理上去。一个理论是否适用于另一个不同的场合，必须先把那个特殊场合加以研究之后才可以判定"。的确，在公共行政与公共管理领域，事实上并不存在放之四海而皆准的行政准则。按照建设有中国特色的社会主义的要求，立足于对中国特殊行政生态的了解，以开放的思想对待国际的经验，通过比较、鉴别、有选择的吸收，发展中国自己的公共行政与公共管理理论，并积极致力于实践，探索具有中国特色的公共行政体制及公共管理模式，是中国公共行政与公共管理发展的现实选择。

本套译丛于1999年底由中国人民大学出版社开始策划和组织出版工作，并成立了由该领域很多专家、学者组成的编辑委员会。中国人民大学政府管理与改革研究中心、国务院发展研究中心东方公共管理综合研究所给予了大力的支持和帮助。我国的一些留美学者和国内外有关方面的专家教授参与了原著的推荐工作。中国人民大学、北京大学、清华大学、厦门大学等许多该领域的中青年专家学者参与了本套译丛的翻译工作。在此，谨向他们表示敬意和衷心的感谢。

《公共行政与公共管理经典译丛》编辑委员会

献给琼

……肥美的草场……栖息在巢中的雏鸟
逃过了收割者高举的刀镰；
绽放出花朵的青草拥满了原野
却被天空高悬的烈焰耙拢晒干。

《高空的收割》

一位君主总是不乏正当的理由为其背信弃义涂脂抹粉，关于这一点，我能够提出近代无数的实例为证，它们表明：许多和约和许多诺言由于君主们没有信义而作废和无效，而深知怎样做狐狸的人却获得最大的成功。但是君主必须深知怎样掩饰这种兽性，并且必须做一个伟大的伪装者和假好人。人们是那样地单纯，并且是那样地受着当前的需要所支配，因此，要进行欺骗的人总是可以找到某些上当受骗的人。

——马基雅弗利

总统之位……是道德领导的卓越之地。我们所有伟大的总统，都是当国家生活中某些具有历史意义的观念需要澄清时，作为思想的领导者挺身而出……总统的职务提供了一个绝佳的机会，使我们重新应用或在新的条件下应用人类行为的那些我们一贯依赖的简单准则。如果没有机警的对变化敏感的领导，我们都会陷入泥淖或者迷失道路。

——富兰克林·D·罗斯福

要联系群众，就要按照群众的需要和自愿……这里是两条原则：一条是群众的实际上的需要，而不是我们脑子里头幻想出来的需要；一条是群众的自愿，由群众自己下决心，而不是由我们代替群众下决心。①

我们应该深刻地注意群众生活的问题，从土地、劳力问题，到柴米油盐问题……要使他们从这些事情出发，了解我们提出来的更高的任务。②

这就是领导艺术的基本方法。

——毛泽东

① 毛泽东：《文化工作的统一战线》（1944年10月30日），见《毛泽东选集》，2版，第3卷，1012～1013页，北京，人民出版社，1991。——译者注

② 毛泽东：《关心群众生活，注意工作方法》（1934年1月27日），见《毛泽东选集》，2版，第1卷，138页，北京，人民出版社，1991。——译者注

译者序

译者为作者作序，经常是一件吃力不讨好的事情。作者的思想已经在全书中展现，无须译者赘述；对作者思想的理解仁者见仁，智者见智，更无须译者强加。所以，译者能够做的更有意义的事情，也许是将作者的背景和思想发展进程介绍给读者，使读者能够从更广阔的视角对原作进行创造性的阅读。

本书的作者詹姆斯·麦格雷戈·伯恩斯 1918 年 8 月 3 日出生于美国波士顿市郊的梅尔洛斯（Melrose）。他排行老二，曾有两个兄弟和一个妹妹，但只有他长大成人。他生长在自由主义的家庭环境中，家人们在餐桌上谈的是如何支持富兰克林·罗斯福，而且据说他的曾曾曾曾祖父曾留宿路过他家的弗雷德里克·道格拉斯（Frederick Douglass），并在道格拉斯临行前借给这位由奴隶转变为反奴领导人的传奇人物三美元。

在选择上哪所大学时，伯恩斯拒绝了普林斯顿大学，而进入了马萨诸塞州的威廉姆斯学院，这是因为该大学所在的环境所引了他。1938 年毕业后，他来到华盛顿，在犹他州民主党人阿贝·莫多克（Abe Murdock）的办公室做青年实习生。第二次世界大战时，他于 1943—1946 年到军队服役，在太平洋战区担任战争史学家，并因在塞班岛、关岛和冲绳岛战役中的贡献而被授予青铜星章和四枚战争星章（Battle Stars）。

二战后，伯恩斯进入哈佛大学，在那里获得了他的政治学硕士和博士学位。1949 年，他到伦敦经济学院做博士后，并在那里出版了他的第一部著作——《考问国会》（*Congress on Trial*；

The Legislative Process and the Administrative State）。这本书赢得了《纽约时报》书评的赞扬，对此他一直心存感激。此后，他接受了威廉姆斯学院政治学的教职，并在那里一直工作到20世纪90年代中期退休。

伯恩斯希望将他的理论与政治生活实际结合起来，但前提是要在道德上站得住脚。他曾经是四届美国民主党全国代表大会的代表，并于1958年参加国会议员的竞选。他在马萨诸塞州第一国会选区获得民主党提名，竞选以失败告终。当约翰·肯尼迪准备竞选总统时，曾邀请他加盟竞选班子，但遭到了他的拒绝。这是因为，尽管他对肯尼迪个人非常欣赏，但“却对其是否具备总统这一职位所要求的全部品质没有把握”①。直到两年后，他才决定支持肯尼迪的竞选，并在美国东北部和中西部各州积极为肯尼迪寻求支持。他还曾担任过克林顿总统的顾问，但后来却猛烈抨击克林顿-戈尔的中间主义路线。

在积极参与政治活动的同时，伯恩斯进行了大量的领导学研究。他与别人合编了一本关于政府管理的教科书《民治政府》（*Government by the People*），非常畅销，多次再版，现在仍然是美国大学生的重要教科书。这使他有充裕的财力来写作那些更专深但销量较小的著作。

伯恩斯写过多部美国总统的传记性研究著作，其中最著名的是关于富兰克林·罗斯福的两本传记，一本是1956年出版的《罗斯福：狮子和狐狸1882—1940》（*Roosevelt: The Lion and the Fox 1882—1940*），另一本是1970年出版的《罗斯福：自由战士1940—1945》（*Roosevelt: The Soldier of Freedom 1940—1945*）。伯恩斯因这两本书而于1971年同时获得普利策奖和全国图书奖。此外，他也为肯尼迪父子写过两本传记：《约翰·肯尼迪：一位政治人物》（*John Kennedy: A Political Profile*）（1960）和《爱德华·肯尼迪与盛世传统》（*Edward Kennedy and the Camelot Legacy*）（1976）。1968年，他编辑了约翰逊的文集《医治与构筑：林登·约翰逊的计划》（*To Heal and to Build: The Programs of Lyndon B. Johnson*）。1999年，他与政治学家乔治亚·索伦森（Georgia Sorenson）合作发表了《僵死的中间：克林顿-戈尔的领导方式与温和中庸的危险》（*Dead Center: Clinton-Gore Leadership and the Perils of Moderation*）。2001年，他与威廉姆斯学院的历史学家苏珊·丹（Susan Dunn）合作出版了《三个罗斯福：转变了美国的贵族领导者》（*The Three Roosevelts: Patrician Leaders Who Transformed America*）。2004年，他出版了《乔治·华盛顿》（*George Washington*）一书。

与此同时，伯恩斯也从政治领导的角度对美国的民主制度进行深入具体的研究，并出版了多部著作，其中包括1958年与杰克·贝尔塔森（Jack W. Peltason）和理查德·泰勒（Richard W. Taylor）等人合编的《美国政府的功能与政策：大型民主在行动》（*Functions and Policies of American Government: Big Democracy in Action*）；1963年出版的《民主制的僵局：美国的四党政治》（*The Deadlock of Democracy: Four-Party Politics in America*）；1964年出版的《对话美国精神》

① James Burns, *John Kennedy: A Political Profile*, New York: Harcourt, Brace & World, 1960.

(*Dialogues in Americanism*); 1965 年出版的《总统政府：领导者的熔炉》(*Presidential Government: The Crucible of Leadership*); 1972 年出版的对美国领导的诊断分析性著作《非凡的智慧》(*Uncommon Sense*); 1981 年与帕特里夏・波诺米 (Patricia Bonomi) 和奥斯汀・拉尼 (Austin Ranney) 合编的《强弱党派之下的美国宪政体系》(*The American Constitutional System under Strong and Weak Parties*); 1982 年，他出版了三卷本的《美国的实验》(*American Experiment*)，第一卷《自由的葡萄园》(*The Vineyard of Liberty*)，第二卷《民主的工场》(*The Workshop of Democracy*)，第三卷《自由的逆风》(*The Crosswinds of Freedom*); 1984 年，他出版了《领导力：美国总统制的危机》(*The Power to Lead: The Crisis of the American Presidency*); 1990 年，他与马尔文・欧文比 (L. Marvin Overby) 合作出版了《鹅卵石领导：多数决定与少数权力》(*Cobblestone Leadership: Majority Rule, Minority Power*); 1991 年，他出版了《人民的宪章：在美国追求权利》(*A People's Charter: The Pursuit of Rights in America*); 1992 年他出版了《民主党人必须领导：进步民主党的案例》(*The Democrats must Lead: The Case for a Progressive Democratic Party*)。

在对多位美国总统和美国政治领导体制研究的基础上，伯恩斯将领导研究的范围进一步扩展到世界各国，并提出了关于领导的独树一帜的理论。这集中体现在他于 1978 年出版的《领导论》一书。这一直是他最偏爱的一部著作，被学界推为领导学研究领域的经典，被翻译成多国文字。2003 年，他又出版了《变革型领导：对幸福的新追求》(*Transforming Leadership: A New Pursuit of Happiness*) 一书，进一步发展他关于变革型领导的理论。2004 年，他与乔治・哥萨尔斯 (George R. Goethals) 和乔治亚・索伦森合编了四卷本的《领导百科全书》(*Encyclopedia of Leadership*)。

伯恩斯领导学理论的核心，是变革型领导的理念。该理论有三个主要支点。

第一，他将领导定义为领导者与追随者之间的关系。根据伯恩斯的观点，传统的领导概念，其主导形象是总统或首相居高临下向大众宣讲。然而，真正的领导实际上并不在于权力和统治，而是一种与追随者之间的关系。按照他的定义，领导就是引导追随者依照领导者和追随者共有的价值和动机去行动。这是一种动态的关系，其最高境界是领导者努力提升追随者的意识，其最低限度则是使领导者与追随者共同致力于一个共同的事业。

第二，他区分了交易型领导与变革型领导。所谓“交易型领导”，就是“为了交换有价值的东西而主动联系他人”。与此相对，所谓“变革型领导”，则是“领导者与追随者以互相提升动机和道德水平的方式而彼此结合”。虽然变革型领导者的最初动力是追求个人得到承认，但最终由于与其追随者的渴望结合在一起而促进了集体目的的实现。在他看来，毛泽东和甘地深得变革型领导之精髓，他们迎合了人民的最初需要，但同时又高度关注人民的更高层次的目标和渴望。

第三，他强调变革型领导是一种道德领导。为此，伯恩斯特别区分了“领导者”与“掌权者”：领导者是以某种方式满足追随者的动机，掌权者则只是要实现自己的目的，而不管这种目的是否是其实施权力的对象所共有的。根据这种定义。希特勒就不能算是领导者，而只是一个掌权者。

在伯恩斯看来，领导并不限于政治领域，它存在于日常生活的各种关系之中，从伟大的领袖到母亲和教师，从同伴到顶头上司。但在每一种情况下，领导的关键都是去发现共同的目标以及在动机和价值方面的相互作用。借助于亚伯拉罕·马斯洛的需求层次理论和劳伦斯·科尔伯格的道德发展阶段理论，伯恩斯提出，领导就是将人们从较低的需求和道德发展水平提升到更高的水平；真正的领导者是那种追求自我实现需求的个人，他们的动机是成长、成效和成就，即自我实现，而不是出名。追求自我实现的人会认真关注他人的需求，并向他人学习，因而具有“被被领导者领导的能力”，从而能够通过帮助追随者意识到他们真正的需求而领导他们去达到他们的自我实现。

伯恩斯从变革型领导理论的视角，对美国和世界各国的领导者进行了广泛的分析。

早在1956年所写的《罗斯福：狮子和狐狸1882—1940》中，他就指出，富兰克林·罗斯福能够娴熟地在交易型领导风格与变革型领导风格之间变换。交易型领导者是经纪人，是“狐狸”，在各种竞争的利益之间进行交换，使组织或国家的“战舰”保持平稳。而变革型领导者则是“狮子”，他能够促成广泛和深刻的变革，使新的文化和价值体系替代旧的文化和价值体系。罗斯福的新政和他在第二次世界大战中的表现，就体现了变革型领导者的特征。

1999年出版的《僵死的中间：克林顿-戈尔的领导方式与温和中庸的危险》一书，备受争议且影响广泛。在1992年克林顿当选总统时，伯恩斯曾对他寄予厚望。但随着克林顿医疗改革政策的失败，伯恩斯对克林顿的领导方式产生了怀疑。在这本书中，伯恩斯与索伦森强烈批评克林顿和戈尔的温和主义的中间路线战略，指出它与过去50年美国总统所奉行的战略大相径庭。它开创了一种优柔寡断的领导作风，无法使真正的领导得以实现，并将对美国政治产生负面的影响。伯恩斯强调，最好的领导者是变革型的，他们无惧于公众舆论和政治上的阻力。在美国总统中，伯恩斯最欣赏的变革型领导者是西奥多·罗斯福，在20世纪则是富兰克林·罗斯福，其次是罗纳多·里根，这并不是因为他同意里根的政治主张，而是欣赏里根的领导方式。

2000年5月14日，针对当年的美国总统大选，伯恩斯在《华盛顿邮报》上发表了《强作温文：勇猛非过》（Dive in Gents, Boldness is No Vice）一文。他在文章中指出，将人们吸引到投票站的东西，与吸引人们看精彩拳击赛的东西，是一样的——他们要看的是一场精彩的战斗。但这一年的选战却不是这样精彩。候选人并没有撩起选民的激情，选民们看到的是中偏点右的布什和中偏点左的戈尔，他们采取的都是温和中庸的立场，二者之间几乎没有什么差别。因此，并不存在真正的选择，也没有真正的理由去选择。他进一步指出，在这一年的选战中，教育问题需要一个大胆的解决方案，但这两位总统候选人却无法解决这一问题。像过去30年的许多其他总统候选人一样，布什和戈尔都立志要做“教育总统”。但此前没有人成功，他们两人也不会成功。这是因为他们的渐进路径使他们从一开始就注定要失败。一些人认为，如果没有大危机，就不会有变革型领导。伯恩斯不以为然，因为西奥多·罗斯福、林登·约翰逊和罗纳多·里根都是在没有重大危机的情境下实现了变革型领导。这里的关键在于，变革型领导的重要领导艺术之一，是将潜在的危机转变为可见的、重大的危机，从而促进变革的实现。只有具有交易型领导的技巧的变革型总统，才能带来所需要的巨大变革。中间路线不仅不能产生出这样的总统，而且也不能使获胜的候选人负有赢得这种变革型领导的壮举所需要的动力和使命。2000 年 7 月，小伊利奥特·罗斯福（Elliot Roosevelt Jr.）宣布他支持乔治·W·布什，并声称他的祖父富兰克林·罗斯福如果在世也会赞成布什的社会保障计划。伯恩斯与苏珊·丹立即撰文反击，该文以“罗斯福——被背叛与背叛者——但在某些方面的忠实”（Roosevelts—Betrayed and Betrayers—but Loyal in Some Ways）为题发表在 2000 年 8 月 10 日的《洛杉矶时报》上。他们在文章中指出，富兰克林的标志性法案，是将成千上万美国人的利益汇聚在一个庞大的相互支持的项目之中。而布什的半私有化的计划，是对这一根本要义的背叛。

在 2001 年出版的《三个罗斯福：转变了美国的贵族领导者》中，伯恩斯和苏珊·丹回顾了三位罗斯福如何通过他们的领导改变了美国的政治图景。从西奥多·罗斯福的公平交易，到富兰克林·罗斯福的新政和战时领导，再到埃莉诺·罗斯福在联合国初创时期所发挥的关键性作用。该书通过对这三位领导者的生平的分析，展现出他们如何从纽约封闭的精英圈子中脱颖而出，对抗经济特权阶层，从而成为美国 20 世纪最令人瞩目的政治家族。

在 2003 年出版的《变革型领导：对幸福的新追求》一书中，伯恩斯探讨了领导者如何从“交易者”（deal-makers）转变为重大社会变革的代言人。他强调，领导者必须倾听他们的追随者，因为这些追随者也具有做出重大贡献的潜能。领导者是通过充分回应追随者的需求和愿望而取得领导地位的。对创造性领导的最终检验不仅在于新观念的创造，而且在于使这些新观念在现实中获得生命。他指出，21 世纪对领导的最大挑战，就是用领导的方式来解决全球贫困问题。在这本著作中，他用交易型领导与变革型领导的尺度来衡量许多现代领导者。被划入变革型领导者之列的有 18 世纪的英国国会议员亨利·约翰［Henry St. John (Lord) Bolingbroke］和埃德蒙德·伯克（Edmund Burke）、19 世纪哈佛大学校长查尔斯·伊利奥特（Charles William Eliot）、创议开凿苏伊士运河的法国外交家雷赛（Ferdinand De Lesseps）、英国首相丘吉尔、富兰克林·罗斯福的夫人埃莉诺·罗斯福、印度的“圣雄”甘地、美国的黑人民权领袖马丁·路德·金、南非总统纳尔逊·曼德拉、苏联持不同政见的物理学家安德烈·萨哈罗夫（Andrei Sakharov）、波兰团结工会领袖瓦文萨（Lech Walesa）、捷克总统哈维尔（Vaclav Havel）等，毛泽东也被列入变革型领导者之列，虽然伯恩斯认为他缺乏交易型领导的技巧。被列入交易型领导者之列的包括英国女王伊丽莎白一世、拿破仑、克林顿等，伯恩斯无法完全确定戈尔巴乔夫和叶利钦应当归属哪类。

伯恩斯的变革型领导理论在领导学研究领域产生了巨大的反响。到 2003 年，在领导学研究领域中，有 600 多篇博士论文以它作为理论基础。而这一理论的主要思想，被高度概括在我们现在看到的《领导论》这本经典名著之中。

伯恩斯在领导学界有很高的声望。他曾当选美国政治学会的主席、国际政治心理学会主席、马萨诸塞州波克夏县反歧视委员会主席，并是享有盛名的美国艺术与科学学院（American Academy of Arts & Sciences）的会员。1997 年，他在奥地利的萨尔茨堡与乔治亚·索伦森共同主持了萨尔茨堡领导学研讨会。他现在是马里兰大学詹姆斯·麦格雷戈·伯恩斯领导学院（The James MacGregor Burns Academy of Leadership at the University of Maryland）的资深学者，他曾经努力劝说该学院不要以他的名字来命名，但担任该院院长的前参议员比尔·布拉德雷（Bill Bradley）却执意要用。然而伯恩斯在提到该学院时，从来不加上自己的名字，他说他“从没有这样的奢望”。1992 年，他成为里奇蒙德大学杰普逊领导学院（the Jepson School of Leadership at the University of Richmond）的创始成员（founding faculty）和资深教授，该学院是美国第一所授予领导学研究本科和硕士学位的学校。他仍然是威廉姆斯学院政治学名誉教授。2005 年春季学期，伯恩斯前往哈佛大学肯尼迪政府学院公共领导中心做访问学者。

根据美国专栏作家皮尔·特里斯坦姆（Pierre Tristam）1999 年 4 月 19 日对伯恩斯所作的采访记述①，伯恩斯结过两次婚，有四个孩子。他的婚姻都以离婚告终。他与前妻琼（Joan）共同照管他们的金毛猎犬杰斐逊——它的名字是以美国总统托马斯·杰斐逊来命名的。白天，这条狗待在伯恩斯的老房子里。到了傍晚，伯恩斯会向它仪式般地唱一首歌，接着便会打开后院的玻璃门，看着它跑下山坡，奔向琼的住所。他每天写作两三个小时，每周工作 6 天，并用同样多的时间阅读。只有在他不写作时，他才会感到无聊和不适。他并不看电视，但阅读《纽约时报》，并从来访者那里了解世界上发生的各种事情。

评论家们经常称赞伯恩斯那气势如虹的文风，赞赏他那种将支离破碎的历史事实和各种散乱的分析构造成天衣无缝的宏大叙事的能力。但他在写作时也不时会遇到写不下去的时候。这时，他就会这样鼓励自己：“詹姆斯，你是如此幸运能够从事写作，能够有出版合同。而其他人却在做那些艰苦的令人生厌的工作。几乎所有的工作都有它的低潮。现在这只不过是你的低潮期。”伯恩斯所写的书并非都很畅销，三卷本的《美国的实验》已不再印刷。有些人认为在当今这个渐进主义和专业化盛行的时代，他的变革型领导理论和史诗般的宏大叙事似乎并不合时宜。但伯恩斯并不悲观，他认为挫折和暂时的后退是实验尝试的应有之义。他一直还在积极从事领导学的研究和写作。

在此译本即将出版之际，身在美国做富布赖特访问学者的本书译者之一常健试

① Pierre Tristam, American Impressions: Massachusetts—The Leader, April 19, 1999, in http://www.theledger.com/static/americanimp/0419_massachusetts.html.

图与 88 岁高龄的伯恩斯教授取得联系。2006 年 5 月 11 日早晨 8 点左右，接到伯恩斯亲自打来的电话。他询问了此书翻译的具体情况，并对译者的工作表示感谢。他说他正忙于完成一本新书——*Running Alone*①，预计在 2006 年 9 月出版。他谈到多年前曾经到访中国，但中国这些年发展迅速，很多情况都与以前不同了。他给译者留下他在马萨诸塞州的住址，希望译者能够写信告诉他领导学在中国讲授和发展的状况。

中国正在经历一个变革的时代。变革的时代需要变革型的领导，特别需要具备交易型领导技巧的变革型领导。对那些希望在中国的变革大潮中发挥重要作用的领导者来说，伯恩斯在此书中详细阐述的变革型领导理论和各种实例分析，无疑会具有重要的启发意义。

常　健

于美国杜克大学桑福德公共政策学院

---

① 该书简体中文版译本已正式出版：[美] 詹姆斯·麦格雷戈·伯恩斯：《总统领导力》，北京，中国人民大学出版社，2012。

中文版序言

欣闻中国师生——其中一些是我在一些年前访问中国时结识的——希望我为这个新的译本作序。对领导的研究在西方已经成为一个重要的知识探求领域，我很高兴地得知，在中国的学术机构和大学中，领导学的研究正日益广泛。

与诸如历史、政治学、社会学及其他一些源远流长的学科相比，对领导的系统的和分析性的研究，在西方是相对晚近的事情。我在威廉姆斯学院和哈佛研究的都是政治学。我后来也教授政治学，但日益转向领导的理论和实践。[我在 1958 年与约翰·肯尼迪（John K. Kennedy）一同作为民主党的候选人参加竞选——结果他赢了，我输了!]

我为什么从政治学转向领导学？部分原因是政治学倾向于强调制度和过程，而我却越来越对研究政治哲学和道德问题感兴趣。我逐渐相信，对领导者的检验，更重要的是看其是否具有推动历史"变革"的力量，而不是看其如何进行政治交换、居间代理、"巧取豪夺"这样的"交易"事项。简言之，理念是构成领导的关键因素。对我来说，这种超越性的理念来自于所谓的启蒙运动——中国读者将会采用自己的哲学标准，它既可以来自西方的伟大理念，也可能出自东方的智慧学说。

我观察到，在有着强大道德基础的变革型领导与单纯的行使权力或统治之间，存在着重大区别。生活在东方和西方的人们都经历过这样的强势领导者，他们的唯一目标，似乎就是集聚更大的权力，却很少关心他们的"权力实施对象"。我认为，赤裸裸的权力行使是与道德或伦理领导完全不同的。在我看来，对领导的最简单的定义就是，领导者招募追随者，而这些追随者又会反过来变成原先领导者的领导者。这必然会提出道德问题——用什么标准和尺度来检验和衡量这种动员过程。这种检验标准拒斥“盲目追随”——这又产生了更广泛、更复杂的道德和伦理问题，在我看来，这些问题是领导研究的核心。

我被要求就中国读者应当如何阅读这本书提出建议。我的建议是批判性地阅读——这样，一些读者就可能会写出他们自己关于领导的与时俱进的著作，特别是在中国的环境下。新的研究能够利用过去二三十年来东方和西方领导学研究方法已经取得的成果。

序言

领导危机

1 在我们所处的时代中，一个最为普遍的渴望便是对强有力的富有创造性的领导的渴求。我们中的很多人早年都曾生活在充满名人——弗洛伊德和爱因斯坦，肖伯纳和斯特拉文斯基，毛泽东和甘地，丘吉尔和罗斯福，斯大林、希特勒和墨索里尼——的时代里。这些名人中有很多都在20世纪的中叶故去；其他有一些则日薄西山，然而少数的几个人——如戴高乐，尼赫鲁，也许还有肯尼迪和金日成——也进入了领袖的万神殿。这些伟人跨越了我们的文化、智力和政治视野。我们——遍及各地的追随者们——或爱戴他们，或憎恶他们；或追随他们，或反对他们；或为他们而死，或将他们中的一些人杀死。但是，我们不能忽视他们的存在。

在20世纪的最后25年中，我们与领导的生死与共已经让位于对个性的崇拜，让位于以令人惊叹（gee whiz）的方式对待各路名人。我们窥视领导人的私人生活，就好像他们的睡眠习惯、饮食习惯、性生活、爱犬和个人嗜好都传达出具有深刻意义的信息。所有的杂志都热衷于刊登有关“人们”鸡毛蒜皮的琐事，严肃报纸的新闻报道也总是先讲述某个名人的铁事或倾向，然后才进入事情的正题。在红场和天安门广场上，如潮的人流高举着并非巨人的人的巨幅画像游行。个人崇拜——既崇拜英雄，也崇拜魔鬼——在东方和西方都是盛极一时。

目前，领导危机在于，如此多的当权男女平庸无能和不负责任，而又很少有领导脱颖而出以充分满足对它的需要。潜伏在平庸背后的根本危机是理智的危机。如果说我们对我们的领导者了解得太多，那么我们对于**领导**就可谓知之甚少。我们没能把握与现今时代密切联系的领导的本质，所以我们就不能对那些用来衡量、吸收和拒绝它的诸多标准达成共识。难道领导仅仅
2 就是文化或政治的创新吗？难道它在本质上就是一种鼓舞，就是动员追随者？就是如何设定目标，如何实现目标？一个领导者就是价值观念的定义者，就是需要的满足者吗？如果领导们需要追随者，那么是谁领导谁？从哪里走向哪里？为什么是这样？领导者们是如何领导追随者而又丝毫没有**被**追随者所领导？由此可见，领导是世界上为人关注最多而又被理解最少的一种现象。

情况并非总是如此。在至少两千年的时间里，思想的领导者们，就针对统治者和被统治者之间的棘手问题进行了不断的探索。早在现代的社会学出现之前，柏拉图就不仅分析了哲学王（philosopherkings），而且分析了他们的成长经历、社会和经济制度以及追随者的回应对统治者的影响。早在今天呼唤道德领导和撰写《勇敢人物的画像》① 之前，儒家的思想者们就能通过他们的道德说教和实例来考察领导的概念。早在甘地之前，基督教的思想者们就在鼓吹非暴力。而在远远早于现代传记出现的时候，古希腊的历史学家普卢塔克（Plutarch）就以生花之笔描述了罗马及希腊统治者和雄辩家们的生活，并争论说哲学家们"特别应当与'当权者'交往"，并且探讨"老人是否也应该致力于公共事务"这样的问题。莎士比亚在他的著作《安东尼和克利奥帕特拉》（*Antony and Cleopatra*）中就借用了这位传记作家的观点。

有关统治者的大量文学著作在古典文学时期及中世纪曾繁花似锦。其后——由于一些值得我们深究的原因——关于统治和领导的研究陷入了严重的智力困境中。作为一种概念，领导被分解为许多细小而分散的含义。一项最近的研究找到了领导的 130 种定义。有关领导者们的严重过剩的事实资料远远超过了对于领导的理论研究。世界闻名的纽约公立图书馆藏有好几万种有关不同政治领导者的传记、专论和报纸剪辑，但只有一个目录条目是"政治领导"（涉及的是四十年前一位不为人知的政客）。

简言之，不管是知识方面还是实践方面，都没有关于领导的专门领域。我们缺乏评估过去、现在和潜在的领导者的标准，这要紧吗？没有一个强有力的现代的哲学传统，没有理论上和经验上的累积，没有指导理念，没有被尊重的实践经验，我们就缺乏一种基础来了解这种与我们的生活相联系并且塑造我们生活的现象——即在艺术、学术、科学、政治、专业和战争中的领导。没有这种标准和知识，我们很难清晰地区分不同类型的领导，我们也不能将领导者与统治者、掌权者以及专制者区分开来。希特勒自称——同时也被别人称作——元首；他那奇异的"元首论"（führerprinzip）被作为领导的教义受到了郑重的研究。但是一旦他掌握政权并且镇

---

① 指约翰·肯尼迪在担任参议员期间所撰写的《勇敢人物的画像》（*Profiles in Courage*）一书，记述了在面对巨大政治压力和社会压力时表现出道德勇气并坚持自己认为正确的观点的 8 位美国参议员。此书于 1956 年出版后，立刻成为畅销书，被翻译为几十种文字，被大量杂志和报纸转载，并于 1957 年获得普利策奖。——译者注

压所有的反对者时，希特勒便不再是领导者，他成了一个暴君。领导者和暴君之间是有天壤之别的。 3

尽管我们没有关于领导的专门领域，但我们却有发展这样一个领域应具备的众多的、多样的**素材**。极其庞大的数据、分析和理论库业已发展形成。然而，有关领导的核心概念却尚未形成，部分的原因在于学者们工作于不同的学科和分支，从事对不同且通常互不相关的问题和难题的研究。然而，我相信，由于有了丰富的研究、分析和思考经验，特别是过去近十年的积累，我们目前有能力取得知识上的突破。在人本主义心理学方面的极为重要但大多前所未闻的研究成果，使得我们现在可以跨越文化和时间来概括领导过程。这就是本书的主要目的所在。

在领导研究方面的一个最为严重的失误，便是关于领导的文献与关于追随者的文献之间存在的分歧。前者涉及历史上的英雄或具有神奇力量的人物，通常借助于传记的形式，并根据一个未言明的重要前提，即声望与显赫地位对等。后者涉及的是听众、大众、选民、人民，通常借助于研究大众舆论和选举的媒介，而且它的前提就是深信：至少从长期来看，领导者是他们追随者的代言人。领导研究这一路径，通常会无意识地采取精英主义的观点；它将那些单调乏味、无权无势的普通民众作为凸显英雄人物的昏暗背景。而追随者研究这一路径，会在意识形态上倾向于平民主义或反精英主义；它认为，即使是民主社会中的大众，也是与保守政客、军事官员、僧侣阶层及商人的重叠的小圈子联系在一起的。我在这里对领导的描述，既不是将它仅仅作为杰出人物之间的游戏，也不是将它仅仅作为平民论者的回应，而是将它作为一种将整个社会各个层次和各个缝隙中的人们在不同程度上结合在一起的作用结构。只有懒惰者、被排斥者和无能者不在其列。

现在应当将这两种文献合二为一，将领导者和追随者的角色在概念上统一起来，使领导研究超脱趣闻轶事和歌功颂德，被明确地置于人类发展和政治行动的结构与进程之中。我希望证明：领导的过程必须被看成是冲突发展过程和权力发展过程的组成部分；领导若不与集体目的相联系则一无所是；领导者的效力不是由对他们的新闻报道数量来判定，而是由实际的社会变革来判定，而这种变革又是由意图及对人们需要和期望的满足程度来衡量的；政治领导依赖于一个长长的链条，即依赖于生理的和社会的一系列过程，与政治机遇和封堵（closures）结构的一系列互动，以及在对道德原则的要求与对必要权力的认可之间的一系列相互作用；在将政 4
治领导的这些概念置于历史因果理论的中心的过程中，我们将重申，在处理人类事务中，存在着人们自主选择的可能性，并且存在着形成关于正义的共同判断标准的可能性。

我所研究的领导，明确区别于单纯地掌权，它是与残暴的权力相对立的。我将确定两种基本的领导类型：**交易型**和**变革型**。大多数领导者和追随者的关系是**交易型**的——领导接近追随者是着眼于以物易物：以工作换选票，或以补助换竞选捐助。诸如此类的交易则构成了领导者和追随者之间关系的主流，特别是在各种群体、立法机构和政党中。**变革型**领导，虽然更复杂，却更为有效。变革型领导者确认并利用潜在的追随者的现有的需要或要求。但不仅如此，变革型领导者还能够发掘追随者的潜在的动机，试图去满足其更高的需要，并且使追随者成为全身心地为己效劳的人。变革型领导的结果就是形成一种相互激励和提高的联系，这种联系会使追随者转化为领导者，也可能使领导者成为道德的代言人。

最后的这个概念，即**道德领导**（moral leadership），最为我所关注。我用这个词要表达的意思是：第一，领导者和被领导者之间不仅存在权力上的关系，而且存在共同的需要、渴望和价值观念的关系；第二，追随者在回应领导者的过程中，充分了解了可选择的领导者和纲领，从而具有了在这些领导者和纲领中进行选择的能力；第三，领导者有责任来兑现他们的承诺——如果他们许诺进行某种经济、社会和政治变革的话，他们就要在推进这一变革的过程中承担起领导责任。道德领导并不是单纯的说教，或信誓旦旦地表明虔信，或是主张社会的顺从。道德型领导来自于并总是回归于追随者的基本欲求、需要、渴望和价值观念。我所说的这种道德领导，是能够产生那种将满足追随者的真正需要的社会变革的领导。我更多的是指“金律”①（Golden Rule），而不是“十诫”（Ten Commandments）。但即使是金律也是不充分的，因为它只是简单地用我们自己的愿望和需要去判断其他人的愿望和需要。

简言之，我建议从通常的“实际”问题转向最为严格的理论问题和道德问题。假定领导者既不是“天生的”也不是“做成的”，我们将在人的起源和社会化过程中寻找能够解释领导的理论模式。应用那些强调动机、价值观念和目标的发展结构
5 的概念，我们将辨认出领导与众不同的角色和品质。我们将注意到领导与追随（fellowship）的相互交织的结构，注意到在社会的大多数层次中第二、第三甚至更低层领导所形成的极为重要的领导圈，但还要承认其行为对历史进程产生重大影响的“伟大领导者”的作用。由于我们始终在探寻领导的道德基础，所以我们认为只有这样的领导者行为才是真正合法的：它们最终以某种方式有助于释放人类的潜能，而这些潜能现在被禁锢在各种没有被满足的需要和被压抑的期望之中。

那么技巧和天赋对领导更加重要吗？我们能够将**领导者**与纯粹的掌权者区分开吗？我们能确认这样的一些力量，它们使领导者能够根据共同的、不受文化限制的需要和价值观念来采取行动，而这又反过来使领导者能够去展示真诚的道德领导吗？我们能够对付这些跨越政治形态并跨越时间的问题吗？我们能够因此将这些有关政治领导的理念应用于更为广泛的有关社会变革和历史因果关系的理论之中吗？

如果我们能够做成这些事情，我们就有希望去革新有关政治领导的一般理论了。同时，当我们从道德和因果问题回归到实际的领导问题时，我们可能会发现没有比有效的理论更实际的东西了，如果我们能够使理论革新的话。

---

① 指《圣经》上所讲的为人准则：“你们愿意人怎样待你们，你们也要怎样待人。”——译者注

目　录

第1篇　领导：权力和目的

第2篇　领导的起源

第 3 篇 变革型领导

第 4 篇 交易型领导

第 5 篇　启示：领导原则及其实际应用

第1篇

领导：权力和目的

- ■ 第1章 领导的权力
- ■ 第2章 道德领导的结构

在我们所处的时代中，一个最为普遍的渴望便是对强有力的富有创造性的领导的渴求。

权力的持有者追求的可能不是权力，而是地位、声誉、威望和荣誉，或只是用权力来实现更崇高的目标。但他们也可能只是追求权力，有意识地利用自己的资源去使人们做他们想要做成的事。

第 *1* 章

领导的权力

控制的基础在于“权力基础”，在于权力持有者与对应者的权力基础之间的巨大不平衡。

权力是普遍存在的，它渗透在人类的各种关系之中。但对大多数人来说，它既是荣耀，也是负担。

对人们实施领导的过程是：具有特定动机和目的的人们，在与其他人的竞争和冲突中，调动各种制度的、政治的、心理的和其他的资源，去激发、吸引和满足追随者的动机。这样做是为了实现领导者和追随者双方共同具有的目标。

权威不同于赤裸裸的权力、暴力或压制。统治者必须是合法的。他们必须通过审慎制定的程序来继承或获取职位；他们必须承担人世间的和对人民的某些责任。

9 我们急切地寻求领导，却又试图将它套牢和驯服。我们畏惧权力，然而却被其蛊惑，让它撩拨起我们的欲望。我们如饥似渴地阅读各种关于权力的书籍——办公室的权力，卧房里的权力，走廊中的权力。权力方面的专家人士们声称要教给我们关于它的一切——它是什么，如何得到它，如何使用它，如何把“你周围的一切”“完全控制在你的掌握之中”。我们设想出新的词语来描绘权力：影响力（clout），冲击力（wallop），操纵力（muscle）。通过测量伟人身边的助手所在的办公室与头号领导人办公室之间距离的远近，我们来判断这些助手们权力的大小。正如塞缪尔·巴特勒（Samuel Butler）所写的那样，如果权威让掌权者变得“志得意满，矜持骄傲，而又自视甚高”，那么现在它不但让权力的寻求者陶醉其中，也令无权者神魂颠倒。

为什么人们会如此专注于权力，对权力近于痴迷？从某种程度上说，是因为在20世纪中，我们无法逃避它带来的恐惧。斯大林所控制的一个机构，年复一年，在一个监狱又一个监狱，秘密地处死了数以百万计的人，其中有些是老同志，还有布尔什维克的主要领导者，他们几乎没有引起来自其他人的抗议。在喝下午茶与晚饭之间的短暂空闲中，阿道夫·希特勒就可以决定在东面还是在西面实施一次恐怖的血腥大屠杀，这将会给一个大陆，甚至整个世界的命运造成极大的影响。就较小的恐怖而言，美国士兵们杀戮那些蜷缩在沟渠中的妇女和儿童；乡村的恶霸们奴役着农奴和奴隶；革命的领导者们将整批的人驱赶到乡村，他们在那里要么掘地，要么死去；尼赫鲁的女儿把她的政治对手关进了监狱——而她又反过来被别人囚禁。

各种惊心动魄的权力展示，也会深深铭刻在我们的记忆之中；但领导者与追随者之间更加细微的相互作用往往不被我们所关注。约翰·斯贝克（John Speke）在去尼罗河源头的早期旅行中带回来的有关与乌干达国王马太萨（Mtésa）会面的故
10 事，一直萦绕在我的心头，挥之不去。有人简要地向这个英国人介绍了宫廷礼仪：当国王的臣民拜倒在王座之前时，他们的脸上被涂满了污泥，而斯贝克则被允许坐在一捆干草上。在瓦索岗的乐师们演奏了一段鼓乐之后，这位拜访者被召入了皇宫。在皇宫里，妇女、奶牛、山羊、箭猪和老鼠都被排列整齐以备赐赠。国王对斯贝克所携带的枪支表现出了极大的兴趣。他邀请他的客人随便射击母牛，当斯贝克接连射倒了五头母牛时，大殿里爆发出了震耳欲聋的掌声。斯贝克进一步报道说：“现在，国王亲手把我送给他的卡宾枪中的一支装满火药，然后把扳机打开，交给了身边的一个小侍从，让他出去，到皇宫外面射死一个人，过了不一会儿，这个小顽童就跑回来宣告自己成功完成了任务，男孩儿的脸上露出的那种欢天喜地的神情，人们在一个刚掏完鸟窝、抓住一条鳟鱼或者耍了其他小把戏的男孩儿脸上也可以看到。国王问他，‘你干得好吗？’‘是的，非常棒。’”斯贝克说，这件事情在皇宫中几乎没有引起人们的丝毫兴致，而且没有人问起那个已经被射杀的人。

这是一个令人迷惑不解的故事。马太萨是一个绝对专制的君主，但难道一个人就能够由于暴君的心血来潮——实际上，是一个孩子的一时高兴——而被随意射杀吗？难道受害者没有父母，没有可以保护他的兄长，没有爱人，没有曾一起玩耍和打猎的同伴吗？

弗雷德里克·威廉（Frederick William）是普鲁士的国王，他的孩子们的保姆的例子可能更具有启发性。由于对其长子有些放荡不羁的生活方式鄙夷不屑，这位国王便对其长子大加羞辱，而且还当众鞭打他。当这位王储和一个同伴一起逃离皇宫时，国王抓回了他们，并对自己的妻子谎称他们的儿子已经被处死了，还责打了那些为他们的兄长求情的王子们。对与王储一起逃跑的那位同伴——其父亲和祖父都是高级将领——国王无视军事法庭作出的终身监禁的判决，而力主死刑，并强迫他的儿子观看其好友被斩首的场景。在极少数敢阻挡国王的人中，有一位就是那位

保姆。当国王试图把蜷缩在桌子下面瑟瑟发抖的王子们拖出来时，这位保姆上前拦住了国王，并且居然侥幸没有因此受到惩罚。

十足邪恶和残暴的权力，似乎总是比复杂的人际关系更加令人着迷。至少在西方文化中，罪人通常比圣人更有市场，残忍地使用权力在某些方面似乎更加现实，而道德影响看上去显得较为天真。特别是，完全的集权似乎会对历史产生最大的影响，这至少是这个世纪的偏见。或许我可以以我自己理智的发展为例，来说明这种被扭曲的看法的形成。我在第一次世界大战的战后余烬中成长，参加了第二次世界大战，研究了这些战争以及后来战争的相关记录，因而一直震惊于人类军事装备所产生的单纯物质影响。生活于这个政治巨人的时代，我也认为这些政治巨人的实际 11
权力与他们被公认享有的权力是相等的。作为一个政治学者，我一直属于“权力学派”（power school），该学派仅仅根据权力来分析人们之间的相互关系。也许这正适合于一个曾爆发过两次世界大战以及无数小规模战争的时代，适合于解释那整座整座城市的惨遭涂炭，那一场场革命的血流成河，以及那具有野蛮杀伤力的原子弹的无情投放。

然而，我担心，我们正在为我们痴迷于权力而支付了过高的理智和政治代价。视政治**为**权力，已经蒙住了我们的双眼，使我们看不到权力**在**政治中所扮演的角色，并因此对领导的重要作用视若无睹。我们的这种盲目在一定程度上是经验上和心理上的作用所致。再回过头来思考一下马太萨和斯贝克的故事：这个故事是如此诱人，使我们很容易中止怀疑的念头，完全相信整个故事。但是，这位英国访客实际知道在宫廷外面所发生的事情吗？国王是不是为他上演了一出戏？如果那个人的确死了，他是不是一个已经被判处死刑的罪犯？如果不是，马太萨事后是否会因为他的臣民们的怨怒而付出惨重的代价？或者，再回过头来看一下弗雷德里克·威廉的残忍，他的“绝对”权力难道比那位抗拒他的保姆的道德勇气更具重要意义吗？暴君的行径如此令人震惊，而反抗的行为又如此鲜见于报道，以至于我们忘记了，即使是最专制的君主，也会由于各种原因而屡遭挫折，诸如消极怠工、暗中破坏、沟通失误、愚蠢无能，更不要说还有道德抗争和单纯的物质环境。

我们的主要希望，是把我们自己从过分强调权力的桎梏中解放出来。这种希望更多地寄托于理论上或至少是概念上的努力，而不是经验方面的工作。这不仅在于要认识到，并非所有的人类权力都必然是强制和滥用的，并非人们之间的所有交易都是机械的、冷漠的和短暂的；而且在于要看到，最强有力的影响是由两个以上的人们在相互**约束**（*engage*）中所形成的深层人类关系构成的；它还在于更现实、更精深地理解权力，理解对那些经常是重要得多的相互说服、相互交流、相互提升和相互转变的运用——简言之，理解领导。这并不是要消除权力在我们日常生活中的普遍影响；承认这种权力，对于理解领导绝对是不可或缺的。但是，我们必须承认“完全”或者“强制”的权力的获得是有限度的。我们必须要把权力——以及领导——看作**关系**，而不是个人所有物。我们必须在人类动机和物质限制的背景中来分析权力。如果我们能够抓住权力的这些方面，我们就有希望去领悟领导的真正本质——这是一次远比研究赤裸裸的权力更加惊心动魄的理智探险。

权力的两个要素

12 我们所有人都会有做出某种行为的**能力**（power），但却缺少如此行为的**动机**（motive）——比如买支枪去杀其他人，凌辱那些没有自卫能力的恋人们的感情，把车开到一条挤满人的城市人行道上去，虐待动物。

我们所有人都有做某些事情的**动机**，然而我们却没有做这些事的资源（resources）——比如，成为总统或者参议员，买一艘奢华的游艇，捐赠数百万元给慈善事业，连续数月地在外旅行，纠正非正义行为，责骂老板。

权力的两个要素就是动机和资源。二者是相互联系的。缺少动机，资源的力量就会缩减；缺少资源，动机也就毫无价值可言。缺少两者之中的任何一个，权力的大厦就会坍塌。由于资源与动机都是必需的，也由于两者的供应并不充裕，所以权力成了一种难以捉摸而有限度的东西。人类，作为权力的代理人和受害者，两千多年来始终力图洞穿它的奥秘所在，但权力的本质依然令人困惑。当然，没有一个人像物理学家洞察原子那样，已经完全掌握了个人能力（personal power）的秘密。对权力的理解可能也是这样。

要想了解领导的本质，就要了解权力的本质，因为领导是权力的一种特殊形式。四十年前，伯特兰·罗素（Bertrand Russell）把权力称作社会科学的基础概念，“就如同能量之为物理学的基本概念一样”。这是一个很有启发意义的比喻，它提示我们，权力的源头可能就在于权力的掌握者和对象所具有的无限的欲求与需要，就像风和潮汐、石油和煤炭、原子能和太阳被利用来产生物理能量一样。但是，它仍然只是一个比喻而已。

什么是权力？我们被告知：“A 对 B 的权力，就等同于 A 对 B 的作用力的最大值减去 B 在相反方向对 A 产生的反作用的最大值。”但人们会对这个权力等式中的 A 们和 B 们，或者 X 们和 Y 们感到奇怪。它们仅仅是在诸神之间所进行的某个游戏中的槌球（croquet ball），撞击其他的球，同时又被其他的球撞击？又或者这些 A 们、X 们和其他球们也有自己的欲求和需要、抱负和渴望？如果一个球不顺从一个神的旨意，就像那些王子们的保姆胆敢拦住那个暴君的去路一样，又会怎样呢？显然，这个方程式更像是物理学的公式，而不是权力的公式。但是，这个公式提供给我们一个了解权力的重要线索：权力是人们之间的一种**关系**。

马克斯·韦伯（Max Weber）认为，权力——他使用的词是**强权**（macht）——“是社会关系内的一个行为者在某种地位上不顾任何阻力实施自己意愿的可能性，不论这种可能性存在于什么基础之上。”这一表述有助于对权力的探索，因为它提
13 醒我们，在 P（权力的持有者）的作为与 R（权力的承受者）的回应之间，并不存在确定的联系。那些按下按钮却发现灯并未打开的人，或者那些责备了孩子却未见任何明显成效的人，都会理解可能性（probability）这一因素。但是，可能性的**程**

度是由什么来控制的呢？动机？意图？权力资源？还是技巧？P 是按照自己的意志行事，还是某个其他权力所有者的代理人？如果 P 命令 R 对另外某个人做某事又会怎样——谁才是**真正的**权力承受者？为了回答这些问题，P 和 R 以及其他所有的槌球选手、击球棒、槌球都必须被置于一个更广泛的权力关系网中——也就是说，被视为一种**集体**行为。权力和领导成为了社会因果系统的一部分。

在权力的概念中，最根本的是**目的**（purpose）所起的作用。在大多数权力理论中，这个绝对中心的价值未曾得到充分的认识。权力一直被定义为是预期结果的产物，但是，问题的症结在于"意图"（intent）的各个维度。什么是目的的本质（强烈度、持续性、范围）？P 的目的是如何传达给 R 的？——并且，R 在多大程度上能够像 P 那样理解这一意图？假定 P 有一个意图，如果 P 的此项意图受到他先前对 R 的意图的了解和预测的影响，那么在什么程度上存在着一种权力关系？在明确的行为发生之前，在什么程度上意图会成为 P 和 R 的欲望、需要和价值观念之间更广泛的互动关系的一个组成部分？很少有人只有单一的意图；如果 P 有不止一个意图，这些意图之间应当被看作是平等的，有等级之分的，还是毫无关联的？这些关系也将权力的行使界定为一种集体行为。

权力的一个**心理学**概念将有助于我们破解一些错综复杂的难结，并为理解领导与权力的关系提供一个基础。这一路径继续贯彻了前述的那些假设，即：权力首先是一种**关系**，而不是一个像权杖或手榴弹那样可以被传递的实体；它涉及权力持有者和权利承受者双方的**意图**或**目的**；因此，它是**集体**的行为，而不只是一个人的行为。基于这些假设，我将权力看作是这样的过程：**在这一过程中，具有某种动机和目标的权力持有者（P），通过利用他们权力基础中包括技巧因素在内的各种资源，有能力确保改变一个对应者（R）——人或动物的行为及其环境。这里所涉及的技巧，是针对他们权力运用的对象的，也是确保这些改变所必需的。**这种权力观点论及了权力过程中的三个因素：权力行使者的动机和资源；权利承受者的动机和资源；以及所有这些之间的联系。

不妨引用一下哈罗德·拉斯韦尔（Harold Lasswell）的经典表述，他认为权力持有者可能是这样的一些人，他们"把私人动机转移到公共目标之上，并以公共利益的名义使之合理化"。由于我们如此司空见惯于那些具有权力欲望或权力情结的人们，如此深有感触于那些具有"权力意志"的领导者，如此频繁地见到那些有关 14
在早期匮乏状态下权力冲动的起源的研究发现，从而使我们倾向于假定权力动机就是试图主宰他人行为的动机。但戴维·麦克莱兰（David McClelland）提出质疑："难道**所有的**权力体验都必定要把对他人实施权力作为它们的终极目标吗？"他和其他的心理学家们发现，具有高权力需要（"*n* 权力"）的人们，其权力需要可能不仅来自于匮乏，而且也来自其他经历。一项研究显示，当年轻人观看了有关约翰·F·肯尼迪（John F. Kennedy）就职的影片时，看到这位令人钦佩的领导人会让他们感到振奋，受到激励。其他人随着年龄的增长可能会运用内在资源，并且学会了运用权力来对付那些限制他们的人，就像当孩子们抵制他们的母亲们的命令时，他们自觉地认识到了他们在行使权力。他们找到了"发展自身的内在力量的源泉”。

这些以及其他的发现提醒我们，权力持有者除了对他人行使权力的动机之外，还有多种多样的动机。它们也帮助我们纠正这样一种传统的印象：那些目标单一的权力行使者一心想的就是对权力的承受者实施控制。（他们的主要动机可能是对**他们自己**行使权力。）事实上，权力的持有者可能会像他们要影响的对象一样有各种各样的动机——各种欲望、需要、期望的动机。一些人追求的可能不是权力，而是地位、声誉、威望和荣誉，或者他们只是把权力当作中介性价值用来实现更崇高的目标。一些心理学家认为，成就需要（“*n* 成就”）是一种强有力的动机，特别是在西方文化中；其结果被看重也可能更多的是作为一种**成就**（attainment），而不是作为社会控制的手段。一些人利用权力来占有和收藏，比如字画、汽车或者珠宝；他们可能也会“收藏”很多妻子或情妇，主要不是为了控制她们，而是为了爱情或者只是用来炫耀。其他人也可能利用权力来猎奇，寻求刺激。当然，还有一些人如此热衷于玩弄权术，主要是因为，权力让他们有能力去展示——但愿是向他们自己——自己的技巧和学识，展示他们激发自身能力和控制环境的本事。那些擅长体育运动的人可能会把骑马或者滑雪当作独享的消遣，只是为了自我羡赏。罗伯特·怀特（Robert White）将这种感受能力所构成的动机基础称为“效能感”（effectance）。

但还是**有**一些目标单一的权力行使者，比较符合马基雅维利、霍布斯或尼采所描绘的经典形象，或至少符合现代权力理论所勾勒的肖像。他们有意识地利用自己的外部资源（经济的、社会的、心理的和制度的资源）和他们的“效能感”——即他们的素养、技巧和能力——去使各种人和物做他们要做成的事。在此，关键因素实际上就是“他们想做成什么”。权力行使者的动机与权力对应者欲求做成的事情，
15 可能一致，也可能并不一致；起控制作用的还是 P 的意图。权力行使者可能承认权力对应者的欲求和需要，也可能不予理睬；如果他们承认，其程度也会限于实现他们的目标所必需；如果必须在满足自己的目的与满足对应者的需要之间做出选择，他们将会选择前者。权力的行使者并非自由的行为者。他们要承受作用于他们的各种外部压力和内心压力，甚至受其奴役。但是，他们的意愿和目的一旦建立，它就具有控制性。如果 P 欲求看马戏，而 R 欲求面包，那么，权力的行使者会在一定程度上操控人们对面包的需要，使其有助于 P 实现看马戏的愿望。在各种类型的权力持有者所构成的连续序列中，位于“赤裸裸的权力”这一极端的，是那些实在毫无约束可言的权力实践者——希特勒及其同类人——当然，这总是取决于环境是有利于行使权力还是限制行使权力的。

这种控制的基础在于 P 的“权力基础”，**因为这种权力基础是针对在权力的承受一方的人们的**。权力基础的构成，因文化差异而有所不同，也随情景的变化而变化。一些权力的持有者控制着如此广泛的影响行为的各种因素，以至于在 P 和 R 的权力基础之间，实现 P 的目的的可能性与实现 R 的目的的可能性之间，存在着巨大的不平衡。纳粹的死亡集中营就是这种不平衡一边倒的典型例证。一个独裁者能够对权力的实施对象所进行的这种人身隔离和限制，使他们无法指望独裁者的良心发

现——如果他还有良心的话——也无法求助于集中营外或国外人们的怜悯之情——如果这种怜悯尚存于世的话。在大多数文化中，更为通常存在的是一种稍弱的不平衡，在这种不平衡关系中，P 的权力基础提供给 P 控制 R 的广泛权力，但是 R 也还有各种可借以反抗的资源。监狱、军队、独裁家族，以及各种集中营，比如说二战期间美国政府为美籍日本人设置的重新安置中心，这些都是这种不平衡类型的例证。但是，在乡村、部族、学校、家庭、集体、商业、贸易联合会和城市中，也存在着大量平衡的权力关系。大多数人是在这种平衡的权力关系中度过了一生的大部分时光。

不把权力定义为一种财产、实体或占有物，而将其定义为一种**关系**，在这种关系中，两个或更多的人运用各种各样的资源相互激发各自的动机基础；这样定义权力，其目的是要理解，权力就是把广泛的人类行为纳入自身轨道。权力的舞台不再是由权力精英、当权者或者披着合法外衣的人所独享的特区。权力是普遍存在的；它渗透在人类的各种关系之中。不管人们是否追寻它，它都存在着。对于大多数人类而言，它既是荣耀，也是负担。例如，当一个人深爱着另外一个人，但对方却不能同样回报以爱情时，所存在的就可能是一种常见的、不对称的、有时可以称之为残酷的权力关系。陷入爱情的那个人的欲望、需要和期待被对方所激发和占据，而 16
对方的资源则是很高的吸引力和令人渴望的特征，并且其所具有的一系列动机不易受到影响。陷入爱情的一方可以施展手段并奋力争取，但是仍然是所爱之人的奴隶，就像萨默塞特·毛姆①（Somerset Maugham）在名著《人间的枷锁》（*Of Human Bondage*）中描写的菲利普所处的困境所显示的那样。

由于权力可以采取如此多样、普遍和微妙的形式，在各种具体的情境中，它以无数的组合形式和特殊形态表现出来。尽管如此，那些**处于**这些情境**中**的观察者们，可能会把他们的特殊的"权力混合体"当作基本而普遍的权力形式，并且会基于一种模式——他们自己的模式——来详尽地描述权力，构建权力理论。即使是马基雅维利对于权力的使用和滥用的精彩描绘涉及了一些其他的文化和时代，但在本质上仍然受到文化的局限，并不适合大量其他的权力情境和体制。因此，流行的权力小册子——《如何赢得权力和影响人们》——通常只适用于特殊情况，可能无法使权力的学习者们应对截然不同的权力格局。

还有一些方法是把权力细分成某些特定的属性，从而使某些概括甚至理论建构成为可能。罗伯特·达尔（Robert Dahl）对于权力的范围和强度的分析是有用的，但却是贫乏的。一个维度是**分布**——在各种不同的政治、社会和经济位置中，如地理区域、社会等级和阶级、等级地位、技术团体、交流中心以及类似位置，权力在具有不同影响的人们之间集中和分散的状况。另一个维度是**范围**——权力控制一个广泛领域的普遍化或专门化的程度。达尔注意到，对某一种行为具有相对较强的权

① 毛姆（1874—1965），英国小说家，因洞察而怀疑人类的善良与智力，作品基调愤世嫉俗，著有长篇小说《人间的枷锁》和《大吃大喝》，其短篇小说尤脍炙人口。——译者注

力关系的人，可能在其他权力关系中相对较弱。还有另外一个维度就是**领域**——与那些未受到影响的人相比，那些受到权力行使者影响的权力对应者的数量和性质。这些维度与拉斯韦尔和亚伯拉罕·卡普兰（Abraham Kaplan）关于权力的权重、范围和领域的概念并没有多大的差异。

组织权力资料的一个更为通常的方法，是根据行使权力的**规模**和**范围**。在诸多研究中的P和R之间的关系，就像爱德华·莱曼（Edward Lehman）所说的，通常是一种微观权力（micropower）的关系。大多数权力关系中包括着各种各样的权力行使者；微观权力关系只是许多P和许多R之间关系中的一种。当权力行使者与对应者的人数成倍增加时，他们之间关系的数量也会呈几何级数增长。像莱曼所指出的，宏观权力（macropower）有其自身的独特属性；这种涉及各种关系总和的复杂关系，并不能简单地等同于将微观权力关系扩展到一个更高层级。伴随着更多的权
17 力角色和权力成分发挥作用，因果的相互联系变得极为复杂。看似矛盾的是，我们可以借助现代事实收集和经验分析的技术，对权力和领导的大量现象，取得比对在微观情境中更复杂和难以捉摸的互动关系更好的理解。

无论有什么样的维度和情境，基本的过程都是一样的。**权力的行使者从他们的权力基础中汲取资源，这些资源既与他们自己的动机相关，也与他们行使权力的对象的动机和资源相关**。权力基础可能是窄而弱的，也可能包含着充足且多样的资源以供大范围和长期的行使权力之用，但是过程是完全一样的。P受到个人动机的支配，利用支持者、资金、意识形态、制度、老朋友、政治信用、地位，以及他自己的预测、判断、交流和时机选择的技巧，来动员与P意图控制的人们的动机相关的那些因素——即使P最终完全无视他们的价值观念和目标——就如同P利用机械、燃料、人力和工程技术来完成修筑大坝或者清理森林的任务一样。

权力可以呈现出多种外表，也可以采取诸多形式。它可能像警察的警徽和警棍那样显而易见，或者也可能像政客的密室私语一样隐晦。它可以作为一种压倒一切的力量而存在，或者是一种可以被随意利用的潜能。它可以表现为多种形式：金钱、性感、权威、行政规制、魅力、军火、人力资源、刑具。但是，所有这些资源必须有此共性：**它们一定要与权力承受者的动机有关**。即使是最令人触目惊心的权力手段，例如监禁、酷刑、断食和断水，可能也无法影响一个受虐狂或者殉道者的行为。

这个限定条件的一个例外就是，这种骇人的权力通过奴役、监禁、驱逐、催眠等手段，从肉体和精神上完全控制了一个权力对象。这种权力有两个重要的隐含前提。一个就是P要花费自己的努力和资源来行使这种权力；除非权力是继承而来，否则P就要在一段时间内通过许多与权力相关的活动，投资于允许他行使“全”权（“total” power）的各种权力资源。另外一个隐含前提是，当P进行完全的心理或肉体控制时，这种限制会更加苛刻；P对有限数量的人或物的控制权的获得，可能是以引起其他人——或许是百万人——的对抗为代价，因为它可能威胁和攻击了他们的价值观念。只有把权力放到多样的人类相互关系和广阔的因果联系中进行观察，才能对它进行充分的分析和测度。

领导与追随

领导是权力的一个方面，但是，它本身又是一个独立而极为重要的过程。 18

我们注意到，对他人实施**权力**的过程是：潜在的权力行使者，受到实现他们自己的特定目标的动机驱使，整合他们权力基础中能使他们影响权力对应者行为的各种资源（经济的、军事的、制度的或者技术的资源），通过激发权力对应者那些与这些资源和目标相关的动机，去影响权力对应者的行为。这样做是为了实现**权力行使者**的目的，**不论这些目的是否也是权力对应者的目标**。权力行使者也会通过动员他们自己的权力基础，以建立对他人行为的直接身体控制的方式来施加影响，例如，在一场征服战争中，或者通过残酷的剥夺手段，但这是被严格限制的权力行使方式，取决于特定的时代、文化和人格，而且它们经常是自我毁灭性的和转瞬即逝的。

对人们实施领导的过程是：具有特定动机和目的的人们，在与其他人的竞争和冲突中，调动各种制度的、政治的、心理的和其他的资源，去激发、吸引和满足追随者的动机。这样做是为了实现领导者和追随者**双方**共同具有的目标，就像列宁所呼吁的和平、面包和土地。简言之，拥有动机和权力基础的领导者会激发起追随者的动机，以便实现领导者和追随者双方的目的。这里不仅要涉及动机，就像一般在权力中那样，而且其目标也必须被实现和满足。领导是在冲突或**竞争**的条件下被实施的，在这种条件下，领导者会尽力唤起潜在追随者的动机基础。而另一方面，赤裸裸的权力，由于不允许存在竞争或冲突——因而也就不存在承诺。

领导者是一种特殊的权力持有者。与权力相似，领导是关系性的、集体性的和有目的的。领导与权力都承担着实现目的的重要功能。但是，领导的范围和领域要比权力更为有限，至少在短期内是如此。领导者不能完全漠视追随者的动机，尽管他们可以激发某些动机，而忽视其他的动机。他们引导其他生灵，而非物体（只有在他们认识到动物的动机时，才能引导动物——即把牛群引到牛棚里去，而不是牵去屠宰）。控制各种物——工具、矿产资源、金钱、能源——是权力的行为，而不是领导的行为，因为物体不存在动机。权力的行使者可能会把人当作物来对待。但领导者却不可以如此。

所有的领导者都是实际的或潜在的权力行使者，但是并非所有的权力行使者都是领导者。

这些关于权力和领导的定义，不同于其他人提出过的各种定义。拉斯韦尔和卡 19
普兰认为，权力必定与人们所重视的事物相关；而我认为，权力必定与**权力行使者**所重视的事物相关，它也可能与权力**承受者**的需要或价值观念相关，但只是在必须利用它们的时候。肯尼思·简达（Kenneth Janda）把权力定义为“使其他人调整自身行为，以符合所传递的行为模式的能力”。假设些行为模式有助于实现权力行使者的目的，那么我同意他的观点。按照安德鲁·麦克法兰（Andrew McFarland）

的说法："如果领导者带来了他所欲求的变革，那他就在行使权力；如果领导者带来的变革并不是他意欲的或欲求的，那他就是在施加影响，而不是行使权力……"我不想使用影响（influence）这个概念，因为它是不必要和多余的。对我而言，领导者是一个很特殊、很受限制的权力行使者，但又潜在地是更为有效的权力持有者，其判断的标准是预期的"真正变革"最终被实现的程度。罗德克里·贝尔（Roderick Bell）等人认为，权力是一种关系，而不是一个实体——所谓实体，是指"能够被闻到、触摸到，或者可以装到桶里的"一些东西；尽管我同意权力是一种关系，但我仍然坚持，在这种关系中，某些实体——"权力基础"的一部分——起着不可或缺的作用，不论这个桶是啤酒桶、炸药桶还是墨水桶。

最重要的变量仍然是**目的**（purpose）。一些人把领导定义为领导者使追随者去做**追随者**本不会去做的事情，或者是领导者让追随者去做**领导者**欲求他们去做的事情；而我为领导下的定义是，领导者诱导追随者为了某些特定的目标而行动，这些目标体现了**领导者和追随者双方**的价值观念与动机——欲求和需要，渴望和期望。领导的天才体现在领导者察觉他们自己的和他们追随者的价值观念与动机并据此采取行动的那种方式。

领导，不同于赤裸裸的权力行使，因此是与追随者的需要和目标不可分割的。领导者与追随者关系的本质，就是具有不同水平的动机和权力潜能——其中也包括技能——的人们为了追求一个共同的或至少是共有的目的而进行的互动。但这种互动采取了两种根本不同的形式。第一种形式，我称之为**交易型**（transactional）领导（这种领导的本质第三编会详细介绍）。当一个人为了交换有价值的东西而主动与他人联系时，这种领导就产生了。这种交换在性质上可能是经济的、政治的或者心理的：以物易物，或以物换钱；候选人与公民之间或立法者之间进行的选票交易；对他人表示友好以换取他人乐意听自己倾诉苦恼。交易的每一方都会意识到另一方的权力资源和态度。每一个人都会把另外一方看作一个**人**（person）。他们的
20 目的是联系在一起的，至少在讨价还价的过程中，这些目的是存在的，并且能够通过维持讨价还价的过程而得到促进。但是，一旦超越这个过程，这种联系就行不通了。这些议价者并不具有使他们联系在一起的持续性目的；因此，他们可能会分道扬镳。一种领导行为发生了，但它并不是那种为共同和不断地追求一种更高目的把领导者和追随者结合在一起的领导行为。

与之相对照的是**变革型**（transforming）领导。当一个或更多的人与其他人**结合**（engage）从而使领导者和追随者彼此将对方的动机和道德提升到更高的水平时，出现的就是这种领导。（这种动机和道德的本质会在第Ⅱ部分被详细阐述。）他们的目的起初可能就像在交易型领导的情况下那样是分离而各不相干的，但却会逐渐融合在一起。他们的权力基础不是以势均力敌的方式联系在一起，而是以相互支持以实现共同目标的方式联系在一起。这种领导被赋予各种不同的名称，其中有一些是值得嘲笑的：提升、动员、鼓舞、提拔、振奋、说教、劝诫、宣讲。当然，这种联系可能会是道学式的（moralistic）。但是变革型领导最终会成为**道德的**（moral），因为它提升了领导者和被领导者双方的人类行为及道德理想的层次，因此它

对双方都会产生一种变革性的影响。在现代社会中，最佳的典范或许就是甘地，他唤醒并鼓舞了数以百万计的印度人民的希望和要求，而他的生命和人格也在此过程中得到了升华。超越型（transcending）领导是动态的领导，因为领导者投身于与追随者的关系，后者将会因此而深受“鼓舞”，并且通常会自己变得更加积极，从而会产生出新的领导骨干。超越型领导是领导的**献身**（engagé）。赤裸裸的权力的行使既不可能是交易型的，也不可能是变革型的；只有领导才可能是交易型或变革型的。

领导者和追随者在作用上可能是分不开的，但是他们并非完全相同。在建立领导者与被领导者的关系时，领导者采取主动；正是领导者创建了这种使交流和交换得以发生的联系。一个谋求公职的人在街上主动与一个选民搭讪时，他就是在建立领导者与被领导者的关系，但是如果这个选民看到政客并与之搭讪，那么这位选民就是在承担一种领导的职能，至少是在这一短暂的时段。相对于追随者对领导者的理解而言，领导者更擅长于评价追随者的动机，预测他们对某创议的回应，以及判断他们的权力基础。在维持和实现与追随者的关系方面，领导者会继续发挥主要作用，而且在最终贯彻领导者和追随者的共同目的时，领导者还将发挥主要的作用。最后，也是到此为止最重要的，领导者不但会满足自身的需要，还会致力于满足追随者的欲望、需要和其他动机。因此，他们作为**一种独立的力量，通过满足追随者的动机改变其动机基础的构成**。

权力的某些形式和领导的某些形式，在各种权力组成的连续系列中，近乎处于两个极端。一种就是绝对的权力，阿克顿勋爵（Lord Acton）认为那是“绝对的腐败”。它也意味着绝对的强制。这种权力的本质在于：具有必要动机的权力 21
行使者能够压倒权力行使对象的动机和权力基础。这种权力会把它的受害者物化（objectified）；而它真的就是把受害者转化成物体（objects），就像马太萨的宫殿中那个漫不经心的武器试用者一样。这种权力行使者，同样也会被物化，从而丧失人性。按照理查德·休斯（Richard Hughes）的说法，希特勒认为宇宙中除了他自己之外，并无他人，有的只是“物体”（things）。苏联的一位语言学家和持不同政见者说，在俄罗斯，普通的市民对他的政府并不会产生认同感。“对于我们而言，它是存在的，就像一阵风，像一道墙，像天空一样。它是一种长久而不会改变的东西。所以个人只会顺从它，而不会梦想着去改变它——除了少数、极少数的人之外……”

位于另外一个极端的是对于潜在的追随者的动机如此敏感的领导，以至于领导者和追随者的角色实际上成为互相依存的。不论这种领导关系是交易型的还是变革型的，在其中，领导者和被领导者的动机、价值和目标已经融合在一起了。从表面上看，一端是赤裸裸的权力关系，其情形在阿瑟·凯斯特勒（Arthur Koestler）的《正午的黑暗》①（*Darkness at Noon*）以及乔治·奥韦尔（George Orwell）的

① 英籍匈牙利裔作家阿瑟·凯斯特勒（1905—1983）所写的一部影射苏联 20 世纪 30 年代肃反时期情况的政治小说。——译者注

《1984年》[①]（*1984*）中被戏剧化地描绘出来；与它相对的另一极端，则是领导与被领导融为一体，其情形就像一些描写完全依赖父母、妻子或情人的小说中所生动描绘的那样。从分析的角度说，这些极端类型的关系并不是非常令人困惑。看到一个人绝对地主宰另一个人，是令人骇然的；而看到一个人消失，他的动机和价值观念完全融入到他人的动机和价值观念之中，从而完全丧失个性，这也是非常悲哀的。但是，要破解这些极端关系的本质，在理智上也并非难事，因为它们每一个都以其自身的方式缺乏复杂性和冲突性。一个人的人格融入（submersion）其他人之中，这并不是建立在相互尊重基础上的真正融合（merger）。这种融入，是赤裸裸的权力被巧妙实施并且受害者可能还予以默认的一个例子。

在赤裸裸的权力与完全互惠的领导者—追随者关系这两极之间的关系是更为复杂的。在这方面，仍然有一些经验上和理论上的问题，令权力的分析家和实践者都困惑不已。其中一个问题涉及对权力（或领导）的直接衡量。在传统上，我们对权力资源的衡量，是通过计算其中每一种资源，然后把它们相加：追随者的支持，加上获得领导权的途径，加上财政资源，加上技能，加上“受欢迎程度”，加上获得信息的途径，等等，所有这些都相对于以同样方法加以计算的反对势力的力量。但是，这些计算忽略了动机和目的这样的关键因素，因而降低了本身的分量。另外一个颇有争议的衡量手段是**声誉**（reputation）。研究者试图从掌握情况的观察者那里，了解到他们对于引人注目的共同体领导者的权力或领导角色及资源所做出的估
22 计（把这种研究方法用于国家权力舞台会是一项非常艰巨的任务）。这种研究方法所产生的主要问题是：这种估计是否可靠？访谈者和被访谈者之间对权力和领导的定义在多大程度上达到一致？权力是否可能从一个决策领域传递到另一个政策领域？另外一种研究权力和领导的方法称之为**联结理论**（linkage theory），这种方法要求详细地绘制出不同领域——如经济领域和军事领域——的权力持有者之间的交流关系和其他相互关系。但其困难在于，交流虽然会加快权力和领导的进程，但却不能替代权力和领导的过程。

我自己对于权力和领导的衡量，在概念上相对简单些，但是同样需要进行分析：**权力和领导通过产生预期效果的程度来加以衡量**。这并不需要理论上的训练。实际上，在日常的政治生活中，对总统、首相以及政党的权力资源和动机的衡量，就是根据总统的承诺和政党方针被实施的程度。需要注意的是，变量有两个，一个是意图（随动机而变），另一个是能力（随权力基础而变），但是对权力、领导的程度和性质的检验，却要看所许诺的变革**实际实现**的程度。

权力和领导研究中面临的其他复杂性同样是严峻的。其中之一是，在何种程度上权力和领导的实施不是通过积极的作为，而是通过**不作为**（inaction）或**不决策**（nondecision）。另一种复杂性是，权力和领导通常不是直接地施之于对象，而是间接地，或许是通过多重渠道，作用于多重对象。我们不仅必须要问P是否有权力对

---

① 英国作家乔治·奥韦尔（1903—1950）所写的讽刺小说，描写极权主义统治下思想受到管制、人性沦于泯灭的情况。——译者注

R 做 X 事，还必须要问 P 是否能够诱导或强迫 R 对 Z 做 Y 事。权力和领导的存在，展现为一系列跨越时间发挥作用的多重的直接或间接的力量，它必须被看作是更广阔的各种历史因果序列中的一部分。最终，我们必须承认这个棘手的难题，即：某些历史事件超越了杰出人物的控制范围，尽管他们能够预见到未来的发展，并且有足够的能力去影响这些历史事件，并因此被认为需要为它们负责。我们可能只有同意 C·赖特·米尔斯（C. Wright Mills）的说法，他认为，这些只能归因于命运，而不是权力或领导所能控制的。

我们怀着几分谦卑并凭着几许勇敢来探讨权力和领导的这些及其他的复杂性是明智的。因而我们可以摈弃以“夸大其词”的方式来研究权力，它通常采取的形式，就是自动地预设社区、团体、机构以至整个国家都是由“精英统治”的。权力研究中的“精英主义”流派的某些概念和方法，是进行社会和政治分析不可或缺的，但是，在使用“精英主义”这一概念时，经常**预先假定**了存在着某种程度和某一种类的权力，但这种权力的程度和种类正是将要被评估和分析的。这种“精英理论家”犯了严重的错误，他们把权力和领导等同于预想的领导者和权力持有者所假定具有的权力基础，而没有考虑领导者和追随者的**动机**所发挥的至关重要的作用。每一个优秀的侦探都知道，他不仅要找到作案的凶器，还要查出作案的动机。 23

领导不是什么：弥合理智的鸿沟

似乎令人困惑的是：在经历了数个世纪的集皇权、教权和军权于一身的权力行使者的统治之后，人类在发展关于**领导**这一课题方面的进展却如此有限——这一课题的焦点在于被统治者、权力的承受者以及追随者的作用。其原因首先并主要在于政治思想史的研究走入了一条死胡同；其次在于经验资料的不足。柏拉图的关于船的寓言集中体现了第一个原因。

“设想一下，”柏拉图说道，“在一支舰队或一艘船上，有一位船长，他比任何一个船员都更高大，更强壮，但是他有点耳聋，而视力也有类似的缺陷，并且他的航海知识也不见得比别人更好。”在船员之间，爆发了一场激烈的争吵；每一个人都认为自己有权去掌舵，不管自己多么缺乏航海方面的训练。水手群集在船长的身边，请求他把舵柄交给他们；当他拒绝了他们的要求后，他们就接管了船只，并且随意使用船上的储备品。“上天是他们的支持者，并巧妙地帮助他们策划这一阴谋……他们仰慕水手、舵手、能干的水手之名……但是真正的舵手必须关注该年的季节、天空和风力……他必定而且也将成为一个舵手，不管其他人是否喜欢——他们从未认真考虑过权威和舵手的技术结合为一体的可能性……”真正的舵手，柏拉图补充道，将会被视为一个空谈家、空想家和无用的人而被解雇。

柏拉图所神化的是一种特定的权威——真正的哲学家、艺术家、专家的权威。然而在贬低那些会解雇这位航海家的水手们时，他为哲学王的地位以及那些在王宫中的人的地位作出了辩护。他也忽视了船员们的正当的担心——他们对于专家的怀疑，与**这位**专家相处的困难，对**他**要使这艘船开往的目的地的疑问，以及他们自己的需要、抱负和目的地。柏拉图之后的数个世纪以来，他这种类型的专家一直是权威的化身，但是，后来发生的科技革命给这种博学的权威带来了强有力的冲击。人们发现，这些船长和航海家们号称是理智的权威，但经常被证明是冒牌的。博士、科学家和神学家仍然被当作“权威”，但他们的专业知识可能面临挑战，他们的学
24 说可能被推翻，他们凭借自己的专业知识所要实现的目的，可能会被发现偏离于公共自身的目的。

然而，对于哲学家和国王来说，权威绝不仅仅意味着专门知识。对于家庭里的父亲、社区里的牧师、男爵领地内的封建地主、民族国家的国王、西方基督教世界中的教皇而言，权威是权力的理智支柱，并经常是其法律支柱。权威起初被看作来源于上帝，后来，又被认为来自于人类的内在本质。权威甚至比国家更为重要，因为它既是国家权力的源泉，也是国家权力的合法化。在喧嚣的西方世界中，权威具有的权力是维持秩序的手段；在一个“动荡的世界”中，它是必不可少的，胡克（Hooker）如此说道。它将强迫人类去调节他们的行为，霍布斯（Hobbes）是这样写的。教会和国家相结合使权威得以恢复。它集正式的合法性、宗教上的认可和物质力量于一身。

权威象征性地被理解为并被用作一种**财产**。统治者是通过各种东西——王冠、节杖、权杖、卷轴、礼服、徽章等——被象征性地赋予权威。这样的统治者是其臣民所敬畏的对象，直到对手夺取了军事力量或取而代之。就权威是君主与臣民之间的一种**关系**而言，它是一种严重不平等的关系，是统治者和被统治者之间的关系。但是权威又极其不同于赤裸裸的权力、暴力或压制。统治者必须是**合法的**。他们必须通过审慎制定的程序来继承或获取职位；他们必须承担人世间的和对人民的某些责任。

简言之，权威是合法化的权力。但是，使之合法化的是传统、宗教认可、继承权和程序，而不是人民的授权。权威是非常单面的。统治者有权发号施令，臣民只有服从的义务。只有少数几个人提出抱怨。人民的根本需要是秩序和安全；以顺从来换生存似乎是公平的。然而，在 17 世纪和 18 世纪，权威的概念被动摇了。思想家和传道士顺应创新和反偶像崇拜的新的思想潮流，反对通常建立在过去、亡者或族长之上的权威的准则。强有力的新学说传遍了欧洲和美洲，它主张个人有权反对统治者，确立了超越于简单的秩序或安全之外的目标和价值观念，要求自由、平等、博爱，甚至追求幸福。

权威在这些力量的冲击下并没有分崩离析；像法国恐怖时期那样的革命动荡和过激行为，证明了权威的重要性。但是，它不可能在旧的基础上被重新建立起来，因为现在它应当是来自于人民，因此最终也将掌握在人民手中——至少是掌握在那些不是穷人、奴隶或妇女的人们的手中。权威需要一个新的世俗基础。作为回应，旧的“实体性的”（substantive）权威让位于程序性的（procedural）权威。由于现在权威是由全体公民来体现的，由于人民必须保护自己不受自己的侵犯，也由于权
25 威必须保护自己免于受到多数人的变化和民众运动的多变性的影响，所以人们就运

用宪法来保护自己不受自身的伤害。根据宪法的规定，权威被集中于法官、上议院和地方政府，集中体现于正当程序原则和财产保护原则，集中体现于为防止行政或立法违宪而进行的司法审查。

结果就是这样：有关权威的学说进入现代社会后就失去了活力，变得支离破碎，琐碎无奇了；它变成了权力的俘虏，甚至变成了法西斯主义的囚徒。墨索里尼以权威、秩序和公正取代了自由、平等、博爱。汉纳·阿伦特（Hannah Arendt）如果出现在 20 世纪，可能会悲伤于整个领导概念已失去了它的有效性；几乎每一个人都会同意，这个概念在含义和定义上已经变得空洞无物了。失去的并不单纯是一个备受打击的概念——各种学说就像各种帝国一样会成长、兴盛和衰落——而是权威，它没有被转化成一种适合于新时代的学说。没有产生一个新的、民主的、彻底的学说来保留权威中那些真实和相关的内容，并将这些长处与关于领导的学说联系起来，这种领导学说承认，正直、真诚、主动和道德意志这些品质是必不可少的。马克斯·韦伯（Max Weber）、卡尔·弗里德里克（Carl Friedrich）以及其他人试图为这一概念注入新的生命力和相关内容，但是并没有取得显著的成功；维尔弗雷多·帕累托（Vilfredo Pareto）著名的“精英循环”（circulation of the elites）的概念，也主要专注如何将新的人才或专家推向最高权威这一难题。他们就像先前几个世纪中那些伟大传统的缔造者那样，通常是以自上而下的方式来看待统治者与被统治者之间的关系，而不是自下而上地先着眼于农民的草皮或者工人的工作台。说到底，在一个更加民主的时代，权威从来没有被本末倒置过。

由此导致的理智鸿沟——由于领导学说缺乏一种具有旧的权威学说的那种力量和磅礴气势，因而现在转而强调追随者对领导者的影响——在美国表现得尤为明显。诺曼·雅各布逊（Norman Jacobson）将 1620 年英国清教徒驶向普利茅斯（Plymouth）的航行与柏拉图的关于船的寓言作了非常有意思的对比。移民者本来的目的地是弗吉尼亚，但他们迷路了。面对叛乱和权威的颠覆，领导者们不得不同意团体中其他人的要求，在所有成员中订立一个契约。根据这项声明，没有任何个人或团体被授权担任权威，也没有任何一个人被视为是可以发号施令的特殊专家。在《独立宣言》中，契约理念又被重申。然而在 1787 年召开制宪会议时，由于发生了马萨诸塞州的谢斯①（Shays）叛乱，联邦党的领导层开始惧怕民众骚乱，害怕代表骚乱民众的选举人占据多数。按照新宪法的规定，权威来自于人民，但是复杂的联邦主义体制、权力的分立和权力的制衡，阻碍了民众的直接行动。

一个国家，它使人民成为主权者，并且使鼓吹民治政府的杰斐逊、杰克逊和林 26
肯这样的领导者脱颖而出，但同样是这个国家，它又用权力制衡限制了大多数民众**及其领导者**，这种权力制衡可能是宪政史上最精心和精确设计的障碍；在这样一个国家中，会发生什么样的情形？像往常一样，美国人力图兼取这两种方式之长。他们几乎完整地保留了他们约束领导者的体制，但又鼓励一个强大的行政当局的出

① 丹尼尔·谢斯（1747—1825），美国军官，1786 年领导农民起义，1787 年被镇压，被俘并被判处死刑，次年赦免。——译者注

现，特别是20世纪。美国的马克思主义者认为，不是领导者，而是技术人员——用恩格斯的话来说，就是“看护社会的真正利益”的单纯的行政官员——在管理着国家。美国的进步党人把领导看作“老板政治”①（bossism），并且成功地提出了各种反领导手段，比如：创制权②（initiative）、全民公决③（referendum）和官员罢免④（recall）以及解散政党。失败同样也是理智方面的。历史学家和政治科学家颂扬领导者个人，特别是那些总统们，因为他们能够冲破立法和司法的障碍。他们中有一些人——最为著名的是伍德罗·威尔逊⑤（Woodrow Wilson）——为教育和政治领域中的领导者的需要进行了道德辩护。但是还是没有人提出过关于**领导**的伟大理论。

或许，在缺乏有关人民、公众、大众、选民和追随者的过硬而详细的资料的情况下，这样一种理论无论如何都是不可能诞生的。早期的思想家们绝对没有忽视对统治者的臣民们的心理研究。霍布斯、洛克、卢梭、边沁以及其他人，都曾对人类的本性提出过精辟的洞见。这些洞见是基于观察和思辨，而不是依据科学的数据。最近几十年来，舆论形成理论的发展，深度分析公众态度、抱负和目标的技能和技术的革命，特别是，心理学家针对人们的观念、态度、价值观念、欲望、需要和理想的形成、结构、特征和变化所做的杰出的分析工作，让我们有可能去了解追随者对领导的回应，而这在半个世纪之前是不可能的。对于民众动机和价值观念的跨文化研究和分析，终于使我们避免对权威和权力的狭隘认识，并且可以把领导者和追随者之间普遍的互动模式看作是社会因果这一更广泛概念的组成部分。最终，我们会弥合关于权威的一整套丰富的原则与关于领导的全新的一般理论之间的理智鸿沟。

这样一种一般的理论需要汲取若干学科中的精华。历史学家和传记作者通常专注于那些“独一无二”的人，这些人在面临历史上的各种特殊问题和环境时，展现出多少有些独特的品质和特质。心理学家细致地考察遗传因素、早期的家庭内部关
27 系、个人互动范围的扩展以及态度和动机群的改变。社会学家观察的是：当人穿越了一系列社会情境——家庭、学校、邻里、职场——并在这一过程中经历强有力的社会化因素的影响时，其性格是如何发展的。政治科学家强调社会和政治制度对领导者形成过程产生的冲击，强调从经验中吸取教训给政治领导者带来的变化，以及领导对政策和历史所产生的最终影响。这些形形色色的研究者大都会闯入彼此的领域，质疑见解，借用数据，窃取概念。

如果需要的话，我们也会偷取某些概念；但是首先要强调的是，我们将会非常倚重各种性格发展理论。作为一个政治学家，我对社会和政治实体的影响是颇为敏

① 指政治领袖对政治机构或政党的控制。——译者注

② 公民在州议会以外通过投票或请愿提出或制定新法律的权利。——译者注

③ 将已由立法机构通过的法案交给选民直接投票复决。——译者注

④ 由公民投票表决对官员的罢免。——译者注

⑤ 伍德罗·威尔逊（1856—1924），美国第二十八任总统（1913—1921），民主党人，领导美国参加第一次世界大战，倡议建立国际联盟并提出“十四点”和平纲领，获1919年诺贝尔和平奖。——译者注

感的——这些实体包括家庭、学校、政体、宪法以及政治制度。我认为领导者是在多种环境中为了多种目的而工作。那么，我为什么要特别注重“心理学”呢？制度分析和系统分析的主要的局限性在于，我们可以从整体上加以评估的权力或领导（印度婆罗门的影响力、一个钢铁协会对选举的影响力、英国工党的纪律）所具有的可传递性（transferability），并不能直接转换来计算在特定时间、特定环境中的特定领导人所承受的影响或所产生的影响。制度的权力必须被转变成直接影响领导者行为的各种可辨识的因素。在过去，由于我们缺乏对各种动机因素的深入了解，所以这种转换的工作经常是徒劳无功。现代的发展理论和数据可以帮助我们理解直接从内外作用于领导者的各种心理因素，以及驱使人们的动机和道德提升到新层次的动态心理因素。

通过考察各种特殊的领导者，将会推进对领导的一般研究。描述某些特定领导者或统治者的发展历程，并不是为了“解决”领导难题，或者一定是要预测一个人将会成为哪一类型的领导者，而是为了提出领导的复杂过程所固有的问题。在各种领导人中，我挑选出了四位20世纪的“历史创造者”，伍德罗·威尔逊、“圣雄”甘地①（Mahatma Gandhi）、尼古拉·列宁（Nikolai Lenin）以及阿道夫·希特勒（Adolf Hitler）——前面两位就是我所指的意义上的领导者，第三位是一位领导者，但他的领导理论有其严重的缺陷，而第四位则绝对是一位野蛮权力的行使者——对这四位以不同的途径获得权力，又以不同的方式行使权力的人，我们可以比较其出身和发展。在这些例子以及其他例子中，我们会注意到，专制的统治者可能出现于相对祥和的环境，而民主的领导者则可能出现于并不那么祥和的环境。这只会提升我们的谦卑感、复杂感和神秘感（在对领导的探索中，这些都是有益的理智约束）。

为避免理论的简单化，我们还会注意到，德国的一位王储曾遭受着他愤怒的父
亲的不断羞辱和野蛮惩罚，长大之后却成了腓特烈大帝②（Frederick the Great），28
一位近代最成熟——按照当代标准来说——最富建设性和最成功的统治者。他曾饱尝权力滥用之苦，但却以一颗平静之心坦然承受。弗里德里克在临终前写道：“王子们的情感只为枯竭所限。”

---

① 莫汉达斯·卡拉姆昌德·甘地（1869—1948），印度民族解放运动领袖，1925—1934年担任印度国大党主席，首倡“非暴力抵抗”，多次发动反英的“不合作运动”，领导争取印度独立的斗争。1947年印度独立后，被印度极右分子暗杀。他被尊称为“圣雄”（Mahatma），该词在梵文中的意思是“伟大的灵魂”（great soul）。——译者注

② 即腓特烈二世（Frederick Ⅱ，1712—1786），腓特烈·威廉一世之子，1740—1786年的普鲁士国王，维护农奴制，扩大军队，发展经济，为争夺西里西亚对奥地利长期用兵。——译者注

第 2 章

道德领导的结构

人们都遵循着要事第一的原则——呼吸在吃饭之前，生命在财产之上，生存需要在社会接受之前，社会需要在审美之前。

权力和价值观念在日常生活中起着重要的作用。

不论这个想得到一致拥护的愿望多么强烈，几乎所有领导者，至少是在国家一级的领导者，必须安心于远非普遍的爱戴。他们必须愿意树敌——使自己不可能受到对手们的爱戴。他们必须接受冲突。他们必须愿意和能够不被人爱。选择朋友很难，选择敌人更难。

在运用权力方面，领导的核心战略就是要认识到潜在追随者的各种动机和目标，通过言语和行动来激发这些动机，通过强化这些动机和目标来提升领导的权力，从而改变追随者和领导者活动所在的环境。

由卓越领导驱动和塑造并经过冲突磨炼和强化的价值观念，会成为重大变革的源泉。问题是：领导者在什么样的需要层次和道德水平上来提升他们的追随者？

“我们有很多需要，”柏拉图说，“当人们开始交换他们所制作的物品之后，社会和政府就随着人们的需要而产生，需要乃是发明之母”，柏拉图继续说道。“现在排在首位的最主要的必需品是食物，它是生命和存在的必要条件……第二位的是居所，第三位的是衣着等。”一旦一个家庭的这些需要得到了满足，就会在芦席或洁净的叶子上摆出“美味的蛋糕和面包”，父母们“侧卧在用香桃木或紫杉木做成的床上。他们和孩子在一起用餐，喝着自己酿造的美酒，头上戴着美丽的花环，唱着诸神的赞美诗，相互之间愉快地谈话聊天……”

柏拉图的这些话提出了一个至今仍在挑战哲学家和科学家们的问题：世界各地的人们是不是有着共同的欲求和需要。一部分欲望得到满足之后，是否就产生了其他——“更高的”——欲望？在大多数或所有文化中，欲求和需要是不是都是按大致相同的等级顺序来排列的？常识告诉我们，任何人——爱斯基摩人或霍屯督人[1]（Hottentot），祖尼人[2]（Zuni）或克佩勒人[3]（Kpelle），布鲁克林人[4]（Brooklynite）或伦敦东区人，他们都遵循要事第一的原则——呼吸在吃饭之前，生命在财产之上，基本的营养需要放在被柏拉图称作一餐的最高潮的“沙司和糖果”之前。这样的原则似乎同样适用于“较高的需要”——生存需要在社会接受之前，社会需要——爱和尊重——在审美之前。目前人类学家已经确认出有着极其多种多样的欲求和需要的无数文化形态。考虑一下，假定把单纯的生存放在最优先位置。在有些社会中，人们会杀死他们的婴儿来保证其食物储备。在其他文化中，人们如果失去了自己的财产便会自杀（《华尔街日报》，1929 年）。在印度，妇女如果失去了丈夫，她们会在火葬的柴堆上自焚。

一个更为紧迫的问题摆在领导的研究者面前。假设我们在欲求和需要的各种 30
等级结构之间找到在种类上的共同点，那么我们是否也能找出由这些欲求和需要衍生出来的道德发展和论证的共同阶段和水平呢？如果真的这样，我们就可以假设领导的各种共同基础。如果我们不是仅仅把领导定义为领导者自己的财产或行为，而是定义为领导者与许多类型的众多追随者之间的**关系**；如果我们把领导看作是与追随者在双方的动机和目的的大融合中进行的互动；如果我们反过来发现这些动机和目的有许多是在诸多文化中大多数人所共有的，那么我们是否就有希望确认领导行为的类型模式，从而可以对领导的一般行为方式作出近似的概括呢？

近十年来，道德发展领域的研究学者发现，一些文化的道德推理的层级结构存在着明显的一致性。这项研究还远没有完成；有些文化相对论者坚持认为，这些发现及其内容是以偏概全；并且声称那些被认为具有普遍性的价值观念实际上不过是西方的偏见。但就像哈里·吉沃茨（Harry Girvetz）曾经说过的：“反对道德教条主义，我们就要陷入道德怀疑论吗？”确认领导的模式并非要靠找到绝对普遍的动机和价值观念。普遍的模式只是假设绝大多数领导者在与追随者打交道的大多数时候采取类似的行为方式的概率是非常大的。本章在讲述道德领导的结构时，我们将概述各种更为广泛的研究发现，这些发现将在下一章中予以具体阐述。这里我们必

---

① 居住于非洲南部。——译者注

② 居住在美国新墨西哥州西部的普韦布洛印第安人。——译者注

③ 居住在西非的土著部落人。——译者注

④ 居住在美国纽约市布鲁克林区的人。——译者注

须注意的是：各个层次的欲望、需要和其他动机，是如何与各种价值等级结构结合在一起，是如何被冲突所强化，是如何推动了领导的过程。

> Erst kommt das Fressen，dann Kommt die Moral.
> 先填饱肚皮，再讲道德。
> ——贝托尔特·布莱希特（Bertolt Brecht），《三便士歌剧》

权力与价值观念的源泉

与柏拉图一样，我们都会注意到权力和价值观念在日常生活中所起的作用。

据苏联亚美尼亚人的传说，一千年前，穆斯林入侵者企图找到一种能让塞凡湖（Lake Sevan）水位下降的方法。他们的目的是对湖内的一个岛屿上的要塞和修道院实施陆上袭击，该湖正好位于黑海和里海南部之间。在 20 世纪 30 年代苏联的工程师们完成了这项壮举，不是由于军事原因，而是出于经济上的目的。将湖水排走，他们就可以开垦出新的农田，并且用排出的水来为当地工业发展提供电力；他
31 们成功了，但是水位下降造成了大范围的生态灾难和风景破坏。40 年后，为了给塞凡湖补水，苏联的建筑工人开挖了一条 30 英里长的巨大的隧道，从附近的河流引来水源。

“当我们贫穷的时候，”一位当地水利官员说，“塞凡湖帮助我们自食其力，但是当我们富裕了之后，我们就必须开始思索我们怎样能够帮助塞凡湖，这个大自然的美人。”

不久前，一群手里拿着链锯的建筑工人突然出现在纽约市东区第 63 大街上，锯倒了约 12 棵枝繁叶茂的枫树。刺耳的、咆哮似的链锯声引得周围的居民倚窗观看。一位妇女用一个灌满水的塑料袋向工头狠狠地砸去；另外一位女士边看边流出了泪水。在这些枫树原来矗立的地方，摆上了一些盆栽树，但这并没能抚慰她的伤心。

“它们是美丽的老树，如此之老，而又如此生机勃勃，”她后来说道，“当你抬头看它们的时候，你就忘记了不快，你的心里只是在想，啊，这难道不可爱吗?”

“我跟你说，说真的，我当时要疯了，”工头说道，“我们是穷人，但我们也是人啊。”他指着那些后来摆上去的盆栽，补充道：“你现在知道穷人为富人做什么了。”

“我必须学习政治和战争，这样我的儿子们就可以有学数学和哲学的自由，”约翰·亚当斯①（John Adams）说，“我的儿子们应该去学数学和哲学、地理、自然历史、造船学，为的是使他们的孩子们有权利去学绘画、诗文、音乐、建筑、雕

---

① 约翰·亚当斯（1735—1826），美国第二任总统（1797—1801），《独立宣言》起草人之一。——译者注

塑、编织和瓷器。”一个泰国的童子军，参军去跟“共产主义”作斗争，他说出了他被要求信奉的价值观念。“一旦我们受过训练，我们就统一了思想，所以其他类型的思想观念就很难侵入我们的头脑。我们重视对国王、对国家和对宗教的热爱。”他补充道：哦，并没有意识形态；他们没有提到共产主义，“但它在潜移默化地起作用”。

我们不能用概念的紧身衣来硬套各种群体或社会。有时人们好像越过一个层次而直接进入对现实需要来说明显不合适的较高的层次。在 1976 年针对英迪拉·甘地（Indira Gandhi）和国大党的选举反叛中，尽管国大党强调人们食物、住所和土地的基本需要，但印度人还是投票反对自由的镇压者。① 一般来说，经济需要和社会混乱具有抑制作用，造成人们渴望的降低和内在化；只有在肉体生存和经济安全得到保证之后，人们才会转向更高的需要与希望。

富兰克林·D·罗斯福②（Franklin D. Roosevelt）与约瑟夫·P·肯尼迪③（Joseph P. Kennedy）之间长期的关系，具体表现了权力和价值观念之间的复杂的相互作用，并表明最终还是价值观念起着关键性的作用，即使这是在领导者之间的 32
“实际”关系中。两人均毕业于哈佛，但在其他方面两人的背景又形成鲜明对比：罗斯福出身于哈得孙（Hudson）河畔一个温暖、安全的小贵族家庭，而肯尼迪则来自东海岸大城市努力进取、激烈竞争而又易受攻击的爱尔兰移民世界。在第一次世界大战期间，两人因一次事件而陷入了个人对抗，那时罗斯福任海军助理部长，肯尼迪担任马萨诸塞州福瑞沃（Fore River）造船厂助理经理；罗斯福要求肯尼迪交付福瑞沃造船厂为阿根廷政府建造的几艘战列舰。肯尼迪拒绝交付，理由是阿根廷人还没有付账单。罗斯福试图唤起肯尼迪在战时的爱国热情，但却没有奏效，于是罗斯福威胁要命令海军拖走舰只。肯尼迪走投无路，怒气冲冲地离开罗斯福办公室。肯尼迪后来承认，在离开罗斯福办公室时他是那样地气急败坏，“我崩溃了，忍不住放声痛哭”。

20 多年之后，在另外一场欧洲的大战中，肯尼迪与罗斯福在截然不同的环境中又站到了彼此对立的位置。早在 1932 年民主党在芝加哥的全国代表大会④之前就跳上了罗斯福的“游行乐队花车”⑤（bandwagon）的肯尼迪，已经担任过联邦证券交易委员会主席和美国联邦海事委员会主席，而后又接受了罗斯福作出的他盼望多时的任命：担任驻英大使。但随着欧洲逐步陷入战争，一些令人不安的报告传到了华盛顿，谈到了这位大使对于英国能否抵御纳粹侵略的“失败主义”论调以及他暗中对罗斯福执政含蓄而尖锐的批评。随着 1940 年总统大选的进行，肯尼迪似乎占

① 在 1976 年的印度大选中，国大党一败涂地，以莫拉尔吉·德赛为首的人民党联盟获得多数席位。但人民党联盟很快出现分裂，德赛上台仅 4 个月就被迫下台，由查兰·辛格接替执政。——译者注

② 富兰克林·D·罗斯福（1882—1945），民主党人，1910 年当选纽约州参议员，1928 年当选纽约州州长，1933—1945 年当选美国第三十二任总统，就任总统后推行“新政”。——译者注

③ 约瑟夫·P·肯尼迪（1888—1969），美国肯尼迪家族族长，25 岁任银行经理，20 世纪 20 年代投机致富，为造船业与电影业巨头，民主党的主要捐款人之一，1937—1940 年间曾任驻英大使。——译者注

④ 在该次会议上罗斯福被民主党提名为总统候选人。——译者注

⑤ 跳上某人的乐队花车，意指在某人竞选有望的时候转而支持他。——译者注

据了关键性的政治位置。为了击退温德尔·威尔基[1]（Wendell Willkie）的强有力竞争，罗斯福在干涉主义者和美国第一派成员[2]（American Firsters）之间采取了一种迂回的路径。像肯尼迪这样的属于罗斯福的“人马”的地位显赫的大使，如果辞职并且回国加入威尔基的“十字军”——或者甚至肯尼迪针对罗斯福政府的干涉主义发出一次警告——都有可能使优势转向共和党一边。肯尼迪明显的天主教信仰使他对爱尔兰和其他种族的选民有着相当的影响力，而这些人在东北部的一些州起着关键作用。因此，他可以给总统帮大忙——或给总统带来大伤害。

总统的问题就是想方设法说服肯尼迪要么待在伦敦，要么声明完全支持罗斯福。罗斯福先是发出指示，要求肯尼迪坚守岗位，但当肯尼迪威胁如果不被允许回国，他就将发表声明批评罗斯福政府时，总统最后还是批准这位大使告假回国，但是反复强调不准在回国途中发表任何有关政治或外交的言论。总统的特工在拉瓜迪亚机场[3]（LaGuardia Field）截下了肯尼迪，并用警戒线有效地阻挡了他与威尔基派来的使者的接触，威尔基派希望将肯尼迪拉入共和党竞选阵营。白宫铺好了红地
33 毯迎接肯尼迪，在那里，罗斯福热情地问候他，并且邀请他一起谈话。肯尼迪针对国务院和白宫大发牢骚，抱怨它们要求自己在行动上给予支持，而后却又不给予任何回报。罗斯福并没有为下属和自己做任何辩护；恰恰相反，他对肯尼迪的抱怨表示理解，并且表示他很清楚肯尼迪的感受，承诺不会允许国务院的官员们以后再以这种令人不能容忍的方式对待这位过去的尊贵的大使。总统甚至——也许是罗斯福使得这位大使认为——向肯尼迪“提议”要帮他获得 1944 年民主党的提名。胡萝卜在晃动，但晃动的也许还有大棒——据一位英国秘密特工人员透露，罗斯福拿出了肯尼迪在伦敦谴责总统的记录。这样罗斯福便要求肯尼迪公开支持自己再度竞选总统，肯尼迪只得让步。几天之后的一个晚上，肯尼迪在全国广播演说中发表声明支持罗斯福。总统击败了威尔基，在选举之后，肯尼迪辞职了，他期望得到总统的另一个任命。但是，白宫方面没有传来任何消息。一年后，珍珠港事件爆发，肯尼迪主动请求得到一份重要的战时工作，不过一直未能如愿。罗斯福行使了**不作为**的权力。

在形成个人看法和公众舆论方面的领导，改革和革命运动的领导——即变革型领导——在历史上似乎主要是以重大和集体的方式出现，但是在行动的具体时间和地点上，这种领导又主要是以个体的和私人的方式进行的。领导变成具有过多的人类动机和目标味道的事情，变成由追求不重要的尊重和声望所主导的冲突和竞争。在这次战舰之间的交火中，肯尼迪与罗斯福似乎陷入了赤裸裸的权力之争，并且更强大的一方——在这种情况下就是更大的战列舰——取胜。罗斯福最后达到自己的

---

① 温德尔·威尔基（1982—1944），曾任纽约市联邦与南方公司律师，后任总经理。1940 年成为美国共和党总统候选人。第二次世界大战期间提倡战后国际合作，著有《天下一家》一书。——译者注

② 指孤立主义组织美国第一委员会（America First Committee）的成员，在第二次世界大战前积极反对参战。——译者注

③ 位于纽约市皇后区。1927 年开始使用，1939 年改名为纽约市机场—拉瓜迪亚机场（New York Municipal Airport—LaGuardia Field），1947 年又重命名为拉瓜迪亚机场（LaGuardia Airport）。——译者注

目的，不是靠激发肯尼迪的爱国主义动机或自我发展的动机，而是靠直接行使权力。问题的关键是肯尼迪手中并没有资源。设想他会向拥有福瑞沃造船厂所有权的伯利恒钢铁公司（Bethlehem Steel）的首脑求助，但伯利恒很难在战时挑战政府。或许肯尼迪会求助于船厂工人，让他们用警戒线封锁舰只，不让海军靠近，但工人们几乎不会在战列舰的事情上与他一起财迷心窍。肯尼迪建造了战舰，但罗斯福却处置了它们。难怪肯尼迪要放声痛哭了。

罗斯福在 1940 年将肯尼迪拉回到自己阵营里，则是一种截然不同的权力行使。罗斯福似乎再一次实现了自己的意志，但这次肯尼迪却有相当大的选择自由。总统可以努力利用这位大使的自尊和爱国心，但是肯尼迪可以通过罗斯福以外的其他人来获得自尊——比如从威尔基派那里——并且他对爱国精神有自己的理解。如果罗斯福阻挠他成为战时“沙皇”（wartime czar）的愿望，肯尼迪还有其他方法获得这 34
种认可。

然而，最终主导第二次世界大战的政治和战略的，是援助正在与纳粹作战的同盟国的道德问题。正是因为罗斯福基本的价值观念是非常人道和民主的，这使他能够在势在必行时果断采取行动，尽管他在前期曾经妥协和逃避。在 1940 年他再度当选总统后仅仅几周内，他就开始努力制订一项计划——《租借法案》（Lend Lease）——该法案将对战争和战后结果产生极其重要的影响。在外交事务委员会为《租借法案》作证时，肯尼迪表现得毫无定见，并且自相矛盾，以至于让己方和敌方都弄不清他到底是什么意思。肯尼迪似乎从来都没有意识到战争中有超越一切的道德问题。罗斯福因为意识到了这个问题，他就能够实施有道德影响力的行动——有权力的行动。

很明显，指挥着各种振奋人心的事业的领导者们，对其追随者有一种非同寻常的潜在影响力。通过发动有目的的道德鼓舞而武装起来的追随者，自己就能成为满腔热情的支持者和领导者。价值观念如何会对某些领导者有如此大的影响？哪些人类发展的理论能够阐明领导者和追随者所持的这些价值观念的源泉？是否一些领导者在回应追随者的价值观念时自己却完全不赞成它？

我们注意到，对社会尊重的需要是一种强有力的需要。成熟的领导者可能对爱的情感有着如此如饥似渴的需要，以致他们不加选择地从各个源泉寻求和接受爱的情感；林登·B·约翰逊（Lyndon B. Johnson）在担任参议院多数党领袖时希望每个参议员都爱戴他；成为总统之后又希望每一个美国人都热爱他。不论这个想得到一致拥护的愿望多么强烈，几乎所有领导者，至少是在国家一级的领导者，必须安心于远非普遍的爱戴。他们必须愿意**树敌**——使自己不可能受到对手们的爱戴。他们必须接受冲突。他们必须愿意和能够不被人爱。选择朋友很难，选择敌人更难。

在什么基础上做出**不**争取朋友的决定的呢？这种计算似乎是纯粹实用的；领导者们也许只需要赢得足够多的支持，就可以获得政党提名，在选举中赢得多数席位，在立法机关通过一项法案，发动一场革命。但即使根据最实际的考虑，领导者也必须决定他们要站在哪一边，要领导哪个群体，要利用哪个政党，要指挥哪种革命。简言之，他们要受到**目的**和价值观念考虑的影响，这些目的和价值观念超出了

对个人发展的算计。我们能否将价值观念的形成和分享追溯到儿童时代的各种需要
35 呢？还是说目的和影响是后来由社会和政治过程构筑于潜在的领导者心中的？它们是不是在某种程度上独立于心理需要和环境原因——在心灵的发展过程中有其客观基础吗？领导者及其追随者所坚定持有的这些价值观念的根基到底有多深呢？

这些根基是非常深的，与儿童早期在对抗父母权威时产生的负罪感缠绕在一起，深得无法将其完全解开。在弗洛伊德的理论中，当儿童内化了父母以责骂或警告形式所表达的禁令，超我便逐渐形成，作为对恋母情结的冲突的部分解决。由于儿童需要得到迫切的即时满足，他们急切地要与父母认同从而得到他们的关爱，因此儿童学会了通过压抑那些会引起父母责罚的行为来避免受到惩罚或使父母不悦。这种“超我”通常在儿童早期的良知中就已经体现出来。让·皮亚杰（Jean Piaget）注意到，儿童如此自动地内化各种规则和标准，以至于他们成长为严格和绝对遵守这些规则与标准的人；他们把规则看作目的——几乎就是目标——本身，要不加选择地一律予以回应。一些人将这些刻板的道德说教一直带到后来的生活中，没有将规则适当地转换成价值观念。在大多数情况下，他们会被社会化的力量转变。

价值观念就产生于超我的这些基本而强大的影响。但问题是儿童怎样实现从这些规则到价值观念形成这一过渡的，因为这些规则是由恋母情结和其他冲突所强加的，是由父母表达和强化的，并且是由儿童自己内化的。这一问题使分析者们分成不同的学派。弗洛伊德对儿童早期所形成的良知和准则能否在成年生活中被彻底改变持怀疑态度——除了可能通过精神分析方法加以改变之外——因为它们是由生物学的和亲子间关系的铁律所决定的。卡尔·荣格（Carl Jung）批评了“这位维也纳人关于性具有说不清的无限能力的观点”，批评了他将大脑看作只是生殖腺的一个附属物的观点，批评了这种完全机械地解释因果的方法。荣格坚持认为，人不仅对因果的（即机械的）力量作出反应，而且也对目的或目标（终结）作出反应。朱利安·赫克斯利（Julian Huxley）写道，从“最原始的超我”进化到一个“更多理性而更少残忍的机体”是“摆在每个人类个体面前最主要的道德问题”。埃里克·埃里克森（Erik Erikson）说：“创新精神的伟大主宰者是良知……但是……小孩子的良知可能是原始的、残忍的、不妥协的……”塔尔科特·帕森斯（Talcott Parsons）认为，弗洛伊德的观点尽管是正确的，但却过于狭隘；帕森斯主张，不仅道德标准，而且共同文化中的所有成分，都根源于个性的结构。

在上述关于价值观念起源的各种观点中，当弗洛伊德恋母情结的冲突理论被应用于更广泛的社会过程时，它与荣格对目的或目标的关注一起，就会成为对研究领导的学者们最为有用的工具，因为它们使一种由冲突来锻造和强化的价值概念成为可能。

冲突和意识

36 就领导是领导者与追随者在共同的动机、价值观念和目标的基础之上结为一体

而言，领导是一个道德过程——这种结合既是基于领导者的“真正”需要，也是基于追随者的“真正”需要：心理、经济、安全、精神、性、审美或物质的需要。朋友、亲戚、老师、官员、政客、大臣以及其他人可以提出各种各样的创议，但只有追随者自己能够最终定义他们真正的需要。追随者要定义自己真正的需要，就必须面对那些想成为领导者的人提出的各种竞争性的诊断、主张和价值观念，就必须能够在各种竞争的“药方”中做出明智的选择，就必须——至少在政治舞台上如此——有充分的机会去对那些声称是他们“真正”的代表的人提出的各种选择方案进行认知、理解、评价，并最后加以体验。从根本上说，变革型领导的道德合法性建立在**对各种“真正”的选择方案的自觉选择基础上**；交易型领导也是如此，只是程度较弱。因此，领导包含着竞争和冲突，而粗暴的权力却拒绝竞争和冲突。

冲突已经成为政治思想的继子（stepchild）。对冲突的哲学关注可以追溯到霍布斯甚至赫拉克利特，还有刺激了西方思想革命的马基雅弗利、黑格尔、马克思和弗洛伊德，他们认识到了冲突在人们之间的关系或人的内心矛盾中的关键性作用。17 世纪君主专制的反对者，18 世纪苏格兰的道德家，19 世纪的社会达尔文主义者——这些以及其他的思想学派都直接探讨了权力与冲突问题，因此至少是间接地探讨了领导的本质。帕累托、杜尔克姆（Durkheim）、韦伯及其他人的理论，尽管没有专门来探讨各种社会冲突问题，但是“所包含的很多概念、假设和假说却对后来试图在整体上研究冲突的著述者们产生了极大的影响”。乔治·齐美尔（Georg Simmel）和其他人将有关冲突的种种理论带入了 20 世纪。

奇特的是，在这同一个世纪——一个最血腥的世界战争、最强势的革命和最野蛮的内战的时代——和谐、调整和稳定的种种学说深深地迷住了社会科学，至少在西方是如此。也许这是相对富足的产物，或者是出于团结人民进行全面战争或巩固革命的需要，或者是出于学者们为缓解各种利益集团之间——如劳资之间，或像白人和黑人这样的不同种族之间——的敌对情绪而提出的新方案。无论原因如何，“静态偏见”（static bias）困扰着学术研究，因为它倾向于认为，冲突对于一致与和谐互动来说，即使不是一种背离，也是一种偏差；而有组织的社会实际正是由这种一致与和谐的互动构成的。最近，西方学术界对冲突在确定边界、疏导对抗、消 37
除社会僵化、鼓舞阶级和利益集团、鼓励创新以及界定和授权于领导的过程中的作用，表现出越来越大的兴趣。

学者中存在的“静态偏见”无疑鼓励和反映了政治权威的看法。共产主义领导人将冲突尊崇为推翻资本主义政权进程中的发动机，而后却又禁止在新的“无阶级”社会中表达和利用冲突。西方领导人，特别是在美国，甚至在沉湎于——实际上以此为生——选举竞争和政策上的各种争议的同时，却虚假地崇拜“国家统一”、“政党和谐”和在外交政策中“两党合作”。杰斐逊在他第一次总统就职演讲中说道：“我们都是联邦主义者，我们都是共和党人。”在美国总统中，很少有人像富兰克林·D·罗斯福那样，以他对两党中的保守派的攻击、他的新政改革以及他在重组最高法院和清洗民主党方面所作出的努力，引起并加剧了民众看法上的如此巨大的分歧，但是又很少有美国总统像他那样发表如此之多的布道式的演讲，号召人们超越差异，作为一个国家和一个民族来行动。

冲突的潜能渗透于人类各种关系之中，这种潜能既是导致破坏和野蛮行为的力量，也是促进健康和生长的力量。正如齐美尔所说，任何群体都不可能有完全的和谐，因为这样的群体将会缺乏过程和结构。人们之间顺利的互动，不断受到变化的差异程度、技术创新、大规模的掠夺、对稀有资源的争夺及其他不可避免的社会力量的威胁，不断受到个人性格中的各种矛盾、紧张和冲突因素的威胁。人们可以想象一个社会——或许在古代埃及，或者在现代的一个与世隔绝的乡村地区——在那里，劳动分工、对外界影响的防范、家庭结构、价值观念系统的组织、对权威的接受以及领导人作出的决策之间，都处于彼此和谐和友好的互动状态。但是这种社会愿景，只能作为一个想象的构造，被用来在一个由各种和谐状态到冲突状态所组成的连续系列中作为和谐的终端状态。事实上，一个群体内部的关系越亲近、越紧密，就越是不仅会产生更多的和谐，而且会产生更多的敌对。布罗尼斯拉夫·马林诺夫斯基（Bronislaw Malinowski）说，合作群体越小——即使是由语言而统一起来，由生计而紧密地聚集在一起——“他们就越容易相互刺激，越容易怒火爆发”。围绕价值目标和目的而产生的一些冲突是不可避免的。即使是小型的孤立社会，也无法完全免受各种内部变化的影响，如出生率的改变，或由各种形式的创新所造成的分裂。

38 因此，问题并不是冲突是否不可避免，而是领导在表达、形成和控制冲突中的作用。这里所讲的领导概念是建立在冲突的基础上的。冲突在本质上是刺激性的；它激动、激发和激励着人类。每个人、每个群体和每个社会都具有潜在的紧张和对立，从而形成了跨越不同社会情境的多种多样的心理与政治模式。在将相互冲突的要求、价值观念和目标转化为有意义的行为的过程中，领导发挥着诱导和激发的作用。由于领导者本身有兴趣——不管是机会主义的兴趣、意识形态方面的兴趣还是两者兼而有之——表达和利用追随者的欲望、需要和渴望，所以在激发追随者的意识过程中，他们起着催化剂的作用。领导者仔细观察人们的不满、失落和紧张的迹象，主动与追随者建立联系，测定追随者可以被发掘的潜力的特征和强度，表达人们的不满和愿望，并代表他们的追随者与其他群体的追随者打交道。

冲突的起源也各不相同——起源于国家、种族、地区、宗教、经济实体、工会、社区、亲属、家庭之内和相互之间，以及个人之间。冲突在其持续时间、方向、强度、易变性、潜伏期、范围上又呈现出不同的程度和性质。最后提到的冲突范围，本身是一个最关键的因素；E. E. 沙特施奈德（E. E. Schattschneider）写道，每一场冲突的结果“都是由其蔓延的**范围**决定。在任何冲突中，卷入冲突的人数决定着将要发生的状况；参加者数量的每一次变化……都会对结果产生影响……由此得出的启发是：如果开始了一场战斗，就要注意观察人群（the crowd）的规模，因为人群的规模起着决定性的作用”。但正是领导将人群吸引到事件之中，正是领导改变着参加者的数量，正是领导直接影响着冲突蔓延的形式，也正是领导制定了将更广泛的公众与冲突联系起来的主要“进程”。

造成冲突的原因就像其起源那样多种多样。没有人对冲突原因的描述能像詹姆斯・麦迪逊[①]（James Madison）这样令人信服：

> 派系斗争的潜在原因植根于人类的本性；我们可以到处看到它们的踪迹，
> 根据文明社会的不同环境，它们会有不同程度的表现。在关于宗教、政府和其
> 他问题上狂热地追求思辨上和实践上的不同观点；仰慕那些雄心勃勃地争取出
> 人头地和显赫权势的不同领导者；或仰慕具有其他各种特点的人，他们的命运
> 一直吸引着人们的情感，同时又反过来把人类分成诸多党派，使他们因相互仇
> 恨而愤怒，使他们更倾向于相互为难和互相压迫，而不是为了他们共同的福利
> 一起合作。人类这种相互为敌的习性是如此强烈，以至于在没有充分机会表达
> 此种倾向的地方，哪怕是最琐碎和最无根据的差异，也足以点燃他们敌视的冲 39
> 动，激起他们最激烈的冲突。但是，派系斗争的最通常也是最持久的源泉，始
> 终是对财产的各种不同的、不平等的分配。

不仅是“仰慕不同的领导者”，而且所有这些导致冲突的力量都是通过许多不同类型的“雄心勃勃地争取出人头地和显赫权势”的领导者来表达和疏导的。

领导者们，不论他们如何崇尚和谐，都不会回避冲突；相反，他们面对它，利用它，并且最终使它具体化。他们处于各种具有潜在冲突的群体接触点上，可以扮演不同角色：有时直接代表他们的追随者，有时与其他人讨价还价，有时会压制追随者的某些动机，而唤起其他动机发挥作用。领导者所代表的群体越小、越具同质性，他们就越有可能不得不与具有相反需要和价值观念的群体的领导者打交道。他们追随者的集体越大、越具异质性，领导者就越有可能不得不包容其支持者中各种相互竞争的利益和目标。与此同时，他们所处的接合位置，为他们提供了发挥影响力的双重杠杆，因为当他们处于领导者的地位上时，他们的追随者和其他领导者都希望他们在他们群体的主张与其他群体的主张之间，有所偏离，有所创新，有所调解。

领导者不仅表达和调解冲突，而且也塑造冲突的形式。他们主要通过影响冲突的强度和范围来做到这一点。当他们为了应对自己选区内外的各种互相竞争的领导者而计算自己的政治资源时，他们可以在一定限度内软化或强化其追随者的主张与要求。领导者可以放大其追随者的声音和压力，也许这有益于增强他们谈判的力量，但有可能要以使用策略的自由为代价——失去一些保护他们自己免受其追随者攻击的自由——就像他们玩具有更大赌注的游戏一样。与此相似，当他们试图限制或增加进入一个特定政治舞台的入门人数时，就会缩小或扩大冲突的范围。

在 1940 年总统提名的争夺中，罗斯福表演了控制入门人数的精湛艺术。他是否会竞选第三任总统，具有很大的不确定性。他自己愿意遵从公众舆论的发展，但

---

① 詹姆斯・麦迪逊（1751—1836），美国第四任总统（1809—1817），美国宪法主要起草人，在 1812 年美英战争中任总司令，指挥美军扭转败局，批准《美国第二银行法法案》和《保护关税条例》，晚年任弗吉尼亚大学校长（1826—1836）。——译者注

同时他又在影响公众意见的发展。他自己党内的领导者们意见不一；像詹姆斯·法利（James Farley）和科代尔·赫尔（Cordell Hull）这样的坚定拥护者曾一度反对他竞选第三次连任。人们以为罗斯福会阻挠其他民主党人参加提名的角逐；但恰恰相反，他欢迎这些民主党的角逐者；像约瑟夫·肯尼迪（Joseph Kennedy）这样的二流人物来到椭圆形办公室，来试探罗斯福的意图，以及他们自己的机会，结果他
40 们受到了奉承，被判断为真的很有希望，非常值得一试。这样做的效果是扩大了可能的竞争对手的阵容，从而分化和削弱反对党。罗斯福毫不费力地赢得了提名。

在运用权力方面，领导的核心战略就是要认识到潜在追随者的各种动机和目标，通过言语和行动来激发这些动机，通过强化这些动机和目标来提升领导的权力，从而改变追随者和领导者活动所在的环境。冲突——在追随者的阵营内对目标的不同看法，对外面人的恐惧，对稀缺资源的竞争——极大地激发起对各种共识与异议的动员。但最根本的过程却仍然是更令人困惑的；它主要是**使在追随者中间尚未被意识到的东西被意识到**。

有目的地唤醒人们的政治意识，对于哲学家和心理学家来说是一个熟悉的问题，也刺激了其他学科的思想发展。对于研究领导的学者而言，政治意识这一概念既有丰富的内涵，又是很原始的。“冲突产生意识”在黑格尔、马克思和其他 19 世纪的理论家的学说中是基本的原则。但他们在一个主要问题上出现了分歧：关于**什么**的意识？他们都承认人的基本需要，但对这些需要的本质却有着不同的看法。费尔巴哈（Feuerbach）是青年马克思的精神导师，他认为人性充满了起源于自然的真实的、感性的、丰富的需要。马克思将人的意识与动物的意识加以比较，动物除了意识到自己的生存和需要外，并没有将世界意识为某种客观的、真实的存在。但**人类**劳动并不是导致对人类需要的直接满足，而是产生了人的意识与自我意识。因此早期的马克思对人类需要的多样性和不可穷尽性已经有所理解。

这是了不起的洞见，但是马克思被等同于这样一种学说，即通过无尽的冲突而得来的真正意识总是**阶级**意识。然而，在 19 世纪中期的资本主义环境下，被感知到的显而易见的人类需要似乎并没有转化成一种上升阶级（rising class）的意识。马克思和恩格斯谴责关于宗教、民族主义以及其他的消遣和肤浅之物的“虚假意识”，认为它们似乎约束了那些被物质匮乏的铁掌牢牢抓住的人们。向阶级意识发展的进程是缓慢、不规则和不平坦的。由“无产阶级的自发的阶级组织”所产生的几乎自动地趋向革命的运动，不会简单地在伟大的资本主义社会发生；革命最终需要由强硬的领导和铁的党纪来激发。

41 在 19 世纪激烈的思想和政治冲突中，马克思主义者及其反对者们都对人类行为的中心源泉进行了过多的假设，而没有充分了解各种动机或动机与行为之间的复杂联系。很少有人意识到，如果人们没有像他们所假设的那样去行动，那么错误可能在于这些假设本身，而不是在于人。其中一个可能出错的假设是：人们最终会对“客观的”社会条件作出理性的和“现实的”反应。但什么是现实的和理性的？如果马克思曾将黑格尔的观念辩证法颠倒过来，那么弗洛伊德则颠倒了马克思的意识观。弗洛伊德更关注的是无意识（unconscious）的作用，而不是意识（conscious）

或前意识（preconscious）的作用；对他而言，无意识才是“真实的心理现实”，它通过梦、幻想、偶然事件以及各种奇怪的口误表现出来。但人们还在继续以各种方式来定义意识概念以及相关的异化和认同的概念，并进行着激烈的争论。在 20 世纪 60 年代波及整个西方世界的骚动时期，青年人被激励着去“扩展意识”，而“提高觉悟”（consciousness-raising）则成了一种时尚和口头禅。

如果领导的第一要务是要使追随者意识到他们自己的需要、价值观念和目的，那接下来的问题是：关于什么的意识？在这些动机与目标中，哪些是要被激发的？例如，领导者可以使追随者们更明确地意识到他们**身份**的某些方面（性别的、社区的、民族的、阶级的、国家的、意识形态的身份）。乔治斯·索雷尔（Georges Sorel）论证道，工人阶级只有通过领导和冲突，包括“残酷的暴力”，才能意识到它真正的身份——并由此意识到它的权力。但索雷尔在多大程度上将自己的价值观念和目标强加给了工人们，而他们可能持有迥然不同的，甚至是个性化的价值观念呢？我们回到了这一困境：领导者通过运用他们个人的影响力，可以在何种程度上以自己的动机与目标来替换追随者的动机与目标？他们是否应该煽动沙文主义、种族优越感、地区偏见和经济上的对抗呢？他们应该把追随者中哪些东西当作持久和有效的而不是错误而短暂的东西予以接受？我们又回到这个猜测上来：拥有自己的相关动机和目标的领导者，在回应追随者的需要、愿望和目标时，会采取这样一种方式，他们会满足那些与领导者和追随者共有的动机和价值观念相和谐的动机，引发与领导者和追随者共有的动机和价值观念相和谐的变革。

领导的提升力量

由卓越领导驱动和塑造并经过冲突磨炼和强化的价值观念，会成为重大变革的源泉。问题是：领导者在什么样的需要层次和道德水平上来提升他们的追随者？在安全和保障的层次上，追随者趋向于遵从群体的期望，支持和维护社会秩序。科尔 42
伯格（Kohlberg）发现，在某个特定的阶段，对权威、既定规则和维护社会秩序本身存在着一种“法律和秩序”倾向。辛普森（Simpson）发现，在更高的层次上，自尊倾向与积极的法律价值倾向（相信判断的权威性存在于人类集体制定的法律和准则中）之间存在着显著的关系。这就是“社会契约道德”层次。

在道德发展的最高阶段，人们被一种近乎普遍的道德公正原则指引；例如，人权平等和对个人尊严的尊重。这个阶段为杰出的具有创造性的领导提供了机遇。我们很容易理解在需要和道德发展的低中层次发挥作用的政治家，但是哪类领导会深入需要和价值观念的结构之中，鼓动和指导对像正义和同情这样的价值观念的支持呢？

首先，他是这样一种领导，**其发挥作用所在的需要与价值层次，要高于潜在追随者的层次**（但不能太高以致失去联系）。这种领导既没有必要坐而论道，也没有必要强加于人（在通常说教的意义上）。其最有效的形式，就是激发追随者更高、更一般、更全面的价值观念，它们表达的是追随者更根本、更持久的需要。当一个政府面临像侵略这样的外部威胁，或面临来自像社会解体、内战、自然灾害这样的内部威胁时，这种激发就会更加有力。根据一项对四国进行的研究，“如果政府和社会领导的无效或腐败超出了‘正常限度’，如果各种要求由于无所作为——这很容易被认为是人为的责任——而长期得不到满足，如果所有这些再加上日益提升的对歧视的意识和公正感，那么，人们的价值观念就会经历巨大的并常常是突然的转变，或者那些被压制的价值观念会变成积极行动的基础”。这项研究结论是：没有任何一种单一的因素，例如经济条件，能够预先决定变革；其他因素——尤其是领导的素质——会从中干预，因此价值观念在社会变革中的作用因文化而异。在所研究的四个国家（印度、波兰、美国、南斯拉夫）中，人们发现领导者在倡导创新变革、经济发展以及无私（致力于普遍福利）和诚信的规范方面，有着相似之处。

其次，他是这样一种领导，**能够利用人们价值结构内部的冲突和张力**。在各种相互竞争的重要价值观念之间，还会存在矛盾，例如：在自由与平等之间，在自由和平等的价值与诚实这样的道德价值之间，或者在终极价值与工具价值之间。罗基
43 奇（Rokeach）说：“当代社会心理学的所有理论可能都会同意，认识发生变革的一个必要前提，就是系统内部出现了某种不平衡的状态。”

领导者可能只是帮助一个追随者认识到这些类型的矛盾，或者他们会通过让追随者意识到价值观念与行为中的矛盾或二者之间的不一致，来主动地激起一种不满情绪。根据罗基奇的观点，挑战自我概念的矛盾越多，引起的不满情绪就越强烈。这种不满情绪就是领导所能影响的变革源泉。罗基奇的观点意味着，仅仅在自我认知的基础上，矛盾本身就能引起变化；然而，通常仍然需要一种以领导者形式出现的外部影响，最好是“高一层次的”。罗基奇的分析主要是根据实验情境，而在实验情境中，实验对象会受到严密的指导和限制——这如果算不上一种领导情境，也肯定是一种操纵情境。自主的认知通常不足以让人们跳出约束他们的价值框架，实验者扮演的可能就是一个领导角色。

给定价值冲突的适当条件，领导者便在需要和价值等级的更高层次上具有了更高的影响力。他们可以借助于他们更广泛、更深入掌握的价值观念，例如：公正、自由、兄弟情谊。领导者可以使追随者看到与狭隘的价值观念或不一致的行动相对立的更广泛的价值观念。他们可以对抱负和满足进行重新解释，帮助追随者看到他们在新的有计划的社会运动中所能获得的利益。最重要的是，他们可以满足较低层次的需要，从而产生更高层次的动机来提升男人和女人们的良知。当然，领导不仅在较低层次会受到阻挠和削弱，在较高层次同样会受到阻挠和削弱。当更高、更一般的需要和价值观念受到直接的狭隘的需要和价值观念的削弱威胁时，潜在的支持可能会弱化。像自由或平等这样的主要价值观念，可能会彼此竞争；不论领导者对价值的优先排序在逻辑上看上去是如何令人信服，但这些价值观念在政治舞台上可能相处得并不是非常和谐。在竞争性的政治中，最有破坏性的力量可能就是像公平竞争和正当程序这样的**方式价值**（modal values）与像平等之类的**目的价值**（end-values）之间的冲突。罗斯福的联邦最高法院重组计划，就是采用了可疑的手段来

实现高尚的目的，它是这种冲突的一个例子。现在，在那些相信机会平等的人中，可能有一些也相信某些使机会平等难以实现的行为方式——例如，无休止的辩论或司法复审的复杂程序。

通过领导来施加影响的潜力通常是巨大的。在任何政体中，领导的本质都是认识真正的需要，揭示和利用各种价值观念之间、价值观念与实践之间的矛盾，重新组合各种价值观念，进行必要的机构重组，以及改变管理方法。从根本上说，领导者的任务就是在一个广泛的层面上提升意识。苏珊·朗格（Susanne Langer）说： 44
“只有存在意识，才会有价值观念。如果全无感觉，也就全无所谓了。”领导者要采取的基本行动，就是要诱导人们了解到或意识到他们所感觉到的——使他们强烈地感觉到他们的真正需要，有针对性地定义他们的价值，从而能够推动他们采取有目的的行动。

需要等级与价值等级之间的一致，会产生有利于实施有目的领导的强大潜能。当这些等级结构与各种阶段理论——例如埃里克森提出，人要经历八个心理阶段，其强调的重点是信任对不信任、自主对羞怯、角色实验对消极同一性（negative identity）——相结合时，具有利用紧张和冲突的能力的领导便找到了一个甚至更为持久的基础。但是马斯洛和科尔伯格的等级结构理论都隐含了**单方向性**（unidirectionality）和**不可逆性**（irreversibility）——人们以不同速度历经每一层次，但始终只朝着一个方向——我们知道，人们能够并且事实上也会退步。尽管如此，特别对四个价值观念——平等、自由和美感的世界这三种目的价值（罗基奇称它们为终极价值）以及自我控制这个工具价值——来说，几项研究文献都已证明，长期的改变会导致价值观念之间的更严重冲突。这些研究结果表明，领导最重要的方面之一是：如果没有一个强化的环境，它不能影响人们在需要或价值的等级结构上“走下坡路”，有些处在原则和自我实现层次上的人，其行为不易倒退回习俗水平（conventional level，如对社会尊重的需要）。**静态平衡**（stasis）起着防止滑向早先阶段的作用。如果代表着对价值观念更广泛、更深入的理解的领导者，要争夺那些正在向更有社会责任感的等级层次发展的追随者的支持，那么领导本身就必须向更广泛和“更高的”的价值观念进发。

这种现象为冈纳·缪尔达尔（Gunnar Myrdal）对美国平等主义价值观念与实践之间冲突的可能过程所作的精彩分析提供了理论基础。正像大多数人都要在自己价值等级结构内部寻求某种一致性和连贯性一样，在所有社会中反映着上述的各种认知—影响—行为因素的价值体系，也趋向于在某种程度上结构化。像个人一样，当社会面对挑战、危机和冲突时，就会出现一致性的倾向。在人们不能同时容纳所希望的所有目的价值和方式价值的环境下，便发展出较低的或较高的价值的优先排序，于是便形成了价值等级结构的雏形。缪尔达尔注意到，在人们相互之间进行的道德批评过程中，“更高的和更一般等级的价值——涉及**所有**人类，而**不**是特定的小群体——经常被这一方或另一方所引用，这只是因为这些价值是社会中的所有群体所共同持有的，也是因为它们在传统上都被赋予了最高的声望……因此，具体的 45
看法和行为方式要与更为普遍的道德原则保持和谐……”当然，社会的一致性趋向是有它的限度的——很可能对个人来说也是如此。针对四国的研究出乎意料地发现，不仅在被研究的这些国家之间存在着冲突，而且在这些国家**内部**也存在着高度的冲突。然而，在社会层面，这种冲突并不是偶然的，而是呈现出某种形式和持续性。冲突，像我们这里所理解的，在一种辩证综合的反应中，对于领导来说是必要的，并且实际上对于更高层次的一致性也是必要的。

马克斯·韦伯对“责任伦理”（ethics of responsibility）与“终极目的伦理”（ethics of ultimate ends）作出了非常著名的区分，并进行了对比。后者以人对其良好目的和高级目标的坚持程度来衡量人的行为；前者则是以人采取精确、谨慎、理性的方法的能力来衡量人的行为；做选择时不是只依据一种最高的价值或价值等级体系，而是要依据很多价值、态度、利益等；要看到选择实现它的手段时所隐含的东西——实现它所要付出的代价，一个目标与另一个目标之间的联系，不同的目标对于不同的人和利益集团所产生的直接和间接的影响，所有这一切都是在具体的和直接的环境下，着眼于实际的**结果**而不是崇高的意愿。

当然，这种二元论（dualism）过于简单化了；大多数领导者和追随者都会在具体的、与自我有关的价值与更广泛的、与公众有关的价值之间来回移动。但这种二元论的观念为具有民众的需要和价值观念并对之作出回应的领导者们设置了一个截然不同的两难选择。责任伦理，无论它用什么吸引了像韦伯这样的道德理性主义者，为各种各样不相关的、多样的、相对的、个人化的价值观念打开了宣泄的闸门，因为它使遵守这种伦理的人们能够将大量不同的行为合法化。从外延上看，这种伦理容许权宜之计的、机会主义的和高度自利的行为，因为这种责任的概念很容易被延伸去认可那种会使我们联想到比如 19 世纪的“粗鲁的个人主义”（rugged individualism）的机会主义。如果鼓励领导者追求眼前的、具体的、可计算的利益，他们最终就会仅仅服务于自己狭隘的、短期的利益，用对他们自己、对他们家人或对一个相对狭隘的团体的责任来解释结果的合理性。持有这种伦理的领导者，或代表持有此种伦理的人们的领导者，将在过于杂乱的责任中行动，既要使高尚的行为合法化，又要使利己的行为合法化；既要论证为广泛的、普遍的利益而采取的行动的合法性，又要辩护为狭隘的利益而采取的行动的合法性；既要使自我限制的行为合法化，又要使从长期来看可能是自我满足的行为合法化（以道德发展的最高层次为标准）。更糟的是，领导者会缺乏有用的标准，来区分这两种不同的选择。

46 出于同样的原因，韦伯的终极目的伦理强调的是一种至高无上的千年价值体系的各种要求，却不考虑必须在几种强制性的目的价值、方式价值和工具价值之间作出选择这种更为典型的情境（至少是在多元社会中）。所以，责任伦理更可以被看作是“终极目的伦理”在复杂环境中的日复一日的慎重应用。

对领导研究来说，这种二分法并不是韦伯的两种伦理之间的二分；而是以领导者对许多首要的、普遍的以福利为导向的价值观的信奉为一方，以他的鼓励并纠缠于一大堆较小的价值和“责任”为另一方，所形成的二分。对四国的研究注意到，“在渴望变革的领导者之间，最重要的动机区别，是那些主要从政治机会角度来看待进步的领导者，与那些怀有社会不公正感——它产生于经济上的被剥夺者与特权享有者之间的鸿沟——的领导者之间的区别”，尽管没有一种一致的关系能够对此作出解释。领导的最主要活动，就是以上述过程为特征的领导者与追随者之间的日复一日的互动。但是对道德领导的最终检验，还是要看领导能否超越日常欲望、需要和期望的多样性要求，能否回应更高层次的道德发展，以及能否将领导行为——他的角色、选择、风格、承诺——与一套理性的、相对明确的、有意识的价值观念联系起来。

第2篇

领导的起源

■ 第 3 章　领导的心理根源
■ 第 4 章　领导的社会根源
■ 第 5 章　政治领导的熔炉

爱或归属感的需要，既有助于形成各种领导形式，也是形成不同类型的追随者的根源。

各种价值观念是领导者的弹药库：它既能唤起追随者的广泛支持，也能激起强烈的反对和冲突。

第 3 章

领导的心理根源

表面上的领导者并非必然是真正的领导者。领导者是以期待追随者的回应这种方式来进行领导的，并且追随者和领导者可以互换位置。而统治者从来也不会和追随者交换位置。

紧张、冲突和不安全感会给领导人的童年生活打上烙印。

传记心理分析学家往往过分强调著名领导人的早期生活，而低估了在领导者的中晚年时期政治学识、成功和失败的有力影响，以及政治环境和制度环境所产生的有力影响。并且它们忽视了追随者的作用，而追随者能够直接地影响领导者的行为。

影响大多数领导者成长的最重要的力量是学习：从经验中学习，向人民学习，从成功和失败中学习，向领导者和追随者学习。性格就是在对社会环境中的刺激作出这些反应的过程中形成的。

当追随者的需要转变为对个人和社会满足的越来越高的追求时，领导就必须提升自己的目标。

49 要理解领导，关键在于了解最近心理学方面的一些发现和概念。但对于研究领导的学者而言，这一领域既富含意义，又充满了各种危险。各种心理学理论倾向于从“生物学”视角来研究领导，利用了对动物行为的各种研究，且倾向于把领导误解为简单的控制或统治。因此，我们了解到了许多通过有意地控制或垄断女性、食物和领土的威胁性行为所建立起来的“强弱次序”① (pecking order)。强制和服从的严格等级结构似乎阻碍了在动物生活中产生领导。

但另一方面，对于灵长目动物的长期观察已经表明，动物也会享有不同形式的领导。为了明确地回答领导者是否需要追随者这个问题，人们设计了一个实验，让一只黑猩猩看到了隐藏在树叶下的草丛中的一些食物，然后又把它带回到它的群体中。很快，它就努力去劝服其他的黑猩猩跟随它去寻找食物。它冲到一个又一个追随者的面前，做鬼脸，拍对方的肩膀，尖声叫喊，有时还会抓住一个同伴，拖着它向食物方向走。所有这一切，根据这位（来自戴尔塔灵长目动物研究中心的）观察者的观点，“表明该群体的凝聚力是非常强的，**‘领导者’要依靠群体去获得食物，就如同群体也要依靠它才能准确知道要去哪里才能弄到食物**”。

如果一只黑猩猩了解了食物的所在地，又被放回笼子，然后再次被独自放出去，这时在它跑去寻找食物之前，它会尽力把同伴们也放出来；如果它没有办法放它们出来，它就会呜咽、尖叫或独自远离同伴。当两个“领导者”被分别告知了一个不同的食物储藏地后，它们能够以某种方式来告诉对方这两个食物储藏地的相对价值，这样另外一只黑猩猩就会首先去那个更大的食物储藏地。而且它们似乎知道
50 如何吸引追随者，有时是靠一前一后排队走，或是呜咽，或是用力拉同伴的一只胳膊；有时则是靠独自朝一个方向一直走下去。

关于动物行为的诸多发现都显示存在着某些方式的领导，上述这些只不过是其中更富戏剧性的部分。对于山羊行为的一项研究的结论是：支配和领导这两种现象并不是互相联系的，而是两个单独的学习过程所产生的结果。洛伦茨（Lorenz）和其他人对“印迹”②（imprinting）所做的研究发现，“追随反应”在一个动物生命的早期就会被不时地设定，并会一直持续下去。人们了解到，蜜蜂中的食物“发现者”可以通过不同的嗡嗡声以及从它们身上散发出的花的气味来指示出食物的性质和方向，这样就把食物的位置告诉给其他的蜜蜂。这些行为中有一部分是由基因决定的，但是其他的似乎是习得的经验，它不仅基于对正确提示的认知，而且基于对具有主导影响力的领导者的确认。

在领导研究中，对领导的生物学研究所强调的一个非常不同的重点，是假设男性的领导地位，特别是在更高的权力等级上男性的领导地位。许多世纪以来，女性一直被说成是依附的、顺从的和附和的，因此女性始终被认为缺乏领导特质。因而，在一些文化中，女性不仅被截断了通向领导的台阶和通道，而且也被拒绝于权力地位之外。与男性所持有的歧视相比，女性对自身在政治方面的附属或“圈外”（out-group）地位的意识更加重要或更为持久，尽管这二者会彼此影响。在较低的

① 原指生物学上的“啄序”，即鸡群及其他禽群中决定优势地位的程序，占优势地位的一只鸡可以去啄另一只地位较低的鸡。延伸指任何团体中的长幼尊卑制度和权势等级。——译者注

② 也称“印刻作用”，指幼小动物通过辨识同类而产生的牢固依附行为的行为模式，如孵卵器中出壳的禽类第一次只见到人，此后即发生追随或依附于人的行为，历久不变。德国学者康拉德·洛伦茨（Konrad Lorenz）于 1935 年首先用此术语阐明这种现象。——译者注

政治机构的女性，比如代表大会的代表，与男性代表相比，她们将自己的角色更多地看作是一名“代表”，而较少地看作是独立者。尽管像埃莉诺·罗斯福①（Eleanor Roosevelt）、果尔达·梅厄②（Golda Meir）、英迪拉·甘地③（Indira Gandhi）或玛格丽特·撒切尔④（Margaret Thatcher）这样的人物具有广泛的政治影响，但是上述的领导偏见一直延续。男性偏见反映在将领导只是看作命令和控制这种错误的领导概念中。随着领导被恰当地看作领导者投身并动员追随者的人性需要和渴望的过程，女性被认可为领导者将会变得更加容易，而男性也将会改变他们自己的领导风格。

研究领导的心理学方法有其自身的偏颇之处。其中之一就是普遍认为对领导者的形成的关键性影响几乎完全是在其早年。另一个偏颇就是普遍依赖于心理分析和传记心理分析（psychobiography），而这两者不可避免地受到文化的约束。心理分析是西方人的特有发明和实践。它遵循特定的假设、概念和方法。它可能忽略或误解心理动机或文化态度——甚至那些游移不定的和特异的行为——而这些动机、态度和行为在其他文化中很可能正是领导影响力的主要源泉。它可能专注于病理学，
专注于非正常人，因而无法把握正常人甚至健康的天才的心理结构和动态过程。分 51
析者们所寻找的结构可能在他们自己的文化中是至关重要的，但是在其他文化中却是不存在的，或是具有误导性的。正像肯尼思·凯尼思顿（Kenneth Keniston）所指出的那样，某些社会可能会“创造”出一些在其他文化中并不存在的生活阶段；它们也可能比其他文化提前“终止”人类在一些领域中的发展。在发展中的确会出现跨文化的变革，但对此还缺乏充分的数据资料和解释。如果一种“西方的”研究方法使一种统一的理论、概念和方法上的分析成为可能，那么我们或许至少可以在某种程度上获益于我们的褊狭；但事实上，西方的分析家们在他们的假设和方法上也还存在着根本的分歧。

由于资料的欠缺，我们对于著名领导者的早期心理历程的了解也受到了限制。我们所掌握的这仅有的一点资料还是多方拼凑而成的，其中包括童年伙伴和见证者的回忆，家人选择允许学者查阅的少量易损的文件，以及杰出人物自己撰写的回忆录或其他自传性叙述。童年的回忆被令人遗憾地甚至是成心故意地裁剪和歪曲。如果在战场上发现的赤裸裸的事实后来被套上整齐的军装（正像军事历史学家乐而道之的那样），那么对之偏爱有加的兄弟姊妹、以之为荣并对其过分袒护的子孙后代以及家乡的沙文主义者们的回忆，则不免披上了一层他们自己歌功颂德的伪装。训练有素的分析家——传记心理分析学家或历史导向的心理分析学家——的任务就是

---

① 埃莉诺·罗斯福（1884—1962），美国第三十二任总统富兰克林·罗斯福的夫人，著名社会活动家，曾任美国驻联合国代表，联合国人权委员会主席，对《世界人权宣言》的起草和通过发挥了重要作用。——译者注

② 果尔达·梅厄（1898—1978），原名 Golda Mabovitz，1969 年出任以色列总理，1974 年下台。——译者注

③ 英迪拉·甘地（1917—1984），印度前总理尼赫鲁之独生女，1966 年当选为印度历史上第一位女总理，任至 1977 年。1980 年再次当选，1984 年遇刺身亡。——译者注

④ 玛格丽特·撒切尔（1925—　），英国历史上第一位女首相。1970—1974 年任英国教育和科学大臣，1975—1990 年任英国保守党领袖，1979—1990 年任英国首相。——译者注

要仔细过滤这些无价值的内容。但是这又提示了另外一个困难：由于缺乏详细而可靠的信息，甚至于这种人物描写——特别是对研究对象早年经历的描写——往往是推测臆想和笼统一般的。对杰出人物的早年生活的叙述越细致、越具体，一般来说，其对领导的意义就越会有争议。

迄今为止，关于领导的“伟人”理论的最为关键的偏见，既不是文化上的，也不是性别方面的。它是这样一种假设：“伟人”**的确**创造了历史，而真正的、预期的社会变革的起因可以追溯到政治舞台上那些最引人注目的演员的目的和决策。这一理论的不同版本，长期以来在民间传说中颇为流行，它将神话般的变革力量归因于国王、王子、武士以及人类王国内外的半人半神的英雄。卡莱尔①（Carlyle）的英雄、尼采的金发巨兽、黑格尔的时代精神的倡导者和承载者、西德尼·胡克（Sidney Hook）笔下的“创造事件的人”以及当代的精英主义观念，具体展现了这种理论的广泛性和多样性。我们当中的大多数人都摆脱不了这种普遍的偏见，但愿这只是大众媒体过度聚焦政界名流的一个结果。由于这一原因，同时也因为寻找英
52 雄和替罪羊要比探究复杂而隐晦的因果力量容易得多，所以有一些人便认为，相对于人民大众、次级领导者和追随者的生活而言，“伟人们”的生活总是能够提供更多的了解社会、历史和当前事件的线索。这个假设，作为一个普遍命题，其真实性从未得到证实。同样未曾被证明具有真实性的是与它相反的假设——认为历史是由人民大众通过“领导者”来创造的，领导者仅仅是“人民大众”或“大多数人”意愿的代理者。还有第三种假设也同样未被证实，它认为历史是在阶级斗争的熔炉中煅造出来的，而阶级斗争起源于对社会和经济的相对贫困的意识。在我看来，对于领导的研究，不能依赖于现有的任何一种单一的历史因果理论；领导研究更应该为各种更复杂的因果理论的发展作出贡献。

政治领导是普遍而广泛存在的。在大多数社会中，领导并没有被限制为极少数无所不能的精英，而是包括了更多但尚未确定的人们的行为。我之所以这样认为，是因为撒开大网寻找可能的演员相对于把一个人的分析天地限定在一个预先确定的范围内，似乎更加合适。这并不是要假定，希特勒式的统治或甘地式的领导，将会被认为仅在程度上不同于或在概念上等同于一个褐衫党徒②（Brown Shirt）的下士的统治或一个村中智者的领导。著名人物有一种显著而罕有的能力，来回应他们自己的和他人的动机与价值，熟练地进行说服和操控，并将目的与手段联系起来。那就是为什么我们在研究列宁、威尔逊、毛泽东这类人时总能发现真知灼见的原因。认为他们具有特殊的素质是一回事，而认为他们能够控制历史的进程则是另外一回事。因此，当希特勒年复一年，一而再地故意屠杀数以百万的沦为俘虏的欧洲犹太人和俄国斯拉夫人时，他必定是在回应无法抗拒的动机。一名死亡集中营指挥官的动机不能机械地等同于元首的魔鬼意志，更不要说政治技巧了。但是这位集中营指

① 托马斯·卡莱尔（1795—1881），苏格兰散文作家和历史学家，写有《法国革命》、《论英雄、英雄崇拜和历史上的英雄事迹》等。——译者注

② 指纳粹德国的冲锋队员。——译者注

挥官对当地的统治，在整个历史进程中仍然具有重要意义。

在这个有着希特勒和斯大林的世纪，权力作为完全的**统治**而普遍存在的现象，可能像每个其他世纪一样明显。在本书中所定义的领导也是如此吗？权力深深地植根于我们的起源中。它在动物行为中一直表现得非常明显。在灵长目动物中，统治是迄今为止最普遍的特性，但是即使是在这一阶段上，正如上文所述，仍然存在着领导的趋势。统治通常采取一种明确界定的等级制度形式，成熟的成年男性位于顶端，年轻的成年男性地位次之，然后是男性孤儿和其他各种男性，而女性处于高度服从的地位。权力的等级制度偶尔也会通过战斗来实施，但是顺从主要表现为自动的过程，这是习得经验的结果。

要在母亲和女儿、教师与学生、教练与运动员、师傅与学徒、牧师与会众、军士与步兵、政党领袖和持证的党员、宣传家和信徒之间的联系中，认识到权力和领 53
导的广泛和普遍存在，就是要看到权力行使者、领导者和追随者在人类社会的几乎每一个领域中持续不断地互动。这并不意味着，表面上的领导者就必然是或者唯一是“真正的”领导者或有效的领导者。领导者是以期待追随者的回应这种方式来进行领导的，关于这一点，我们将会在许多地方提及，并且追随者和领导者可以互换位置。而统治者从来也不会和追随者交换位置。领导和追随的过程必须被看作一种由互动的角色构成的整体，然后我们才能确定起作用的各种力量和过程，并因此评定领导在历史进程中的角色。

权力和领导的普遍性带来了一个很大的难题，同时也带来了一个更大的机遇。难题在于：我们必须用收集和积累的关于伟人们对众多次级领导者和追随者所施加的个人的、社会的和政治的影响的资料，来补充我们所掌握的（国家的或地方的）“伟人”资料。而机会则是：如果我们能够成功地作出某种概括，如果我们能够从一个层面所收集的资料推论出关于另一个层面的现象，那么我们就可以，至少是部分地，弥补我们所掌握的有关杰出的个体领导者的信息所具有的不可比性、不可靠性和狭隘性。甚至，我们可以希望为有关领导在历史因果进程中的作用的一种更为普遍的理论奠定基础。

个性之茧

依靠心理分析方法来研究传记资料的传记心理分析方法，尽管有其局限性，但是在分析使领导得以形成的各种影响力时，仍是一种不可或缺的工具。像所有的工具一样，它必须被慎重地使用，而且要适用于即将承担的任务。严肃地探究卓越的男性和女性个性发展的推动力量与他们的领导特征之间的联系，与业余的或者“通俗的”精神病学（有时不过是窥阴癖症而已）是不同的。甘地、列宁和希特勒以及许多其他人始终是出色的传记心理分析的对象。

举例来说，我们对于甘地童年生活的了解，并不能解答所有那些关于他的复杂动机和渴望的令人着迷的问题。但是，它的确提供给我们线索，这在很大程度上要归因于他自己在自传中对自己的动机和行为所作的努力分析，以及埃里克森的开拓性的和探索性的研究。

就像大多数著名的叛逆者一样，莫汉达斯·甘地（Mohandas Gandhi）出身于一个上流社会家庭。他的父亲被任命为波尔班达尔[1]（Porbandar）这个小土邦
54 （principality）的总理。他的家庭属于吠舍[2]（Vaisyas）种姓，主要由农夫和商人组成，并且属于一个有从商和苦行癖好的低级种姓。他的父亲具有相当大的政治影响力，当然要服从于英国的统治，但是这个家庭竭力维护着一个正直和独立的好名望。甘地出生于1869年，和他的父母、兄弟、姐妹、五个叔叔及他们的家人生活在一个家庭中，甘地就是在这样一个贵族的多子的家庭中长大的。一位印度的传记作者观察到，在这种拥挤的环境中，莫汉达斯学会了相互容忍的能力。后来他回忆起父亲时，认为父亲是诚实、勇敢而慷慨大方的，但是性格急躁，且过度沉溺于"肉体上的享乐"。他的父亲年过四十时，又第四次结婚——他的年龄是新娘年龄的两倍——而且莫汉达斯是他们生的最后一个儿子。

他与父亲的关系是非常复杂的。埃里克·埃里克森观察到，作为一个年轻的母亲和年迈的一家之主所生的最后一个孩子，甘地占据了家庭的中心位置，然而他惧怕他的父亲，而且觉得自己没有办法达到男子汉的理想境界。维克多·沃尔芬斯坦（Victor Wolfenstein）认为，"甘地既希望服从他的父亲（以及他自己的超我，和他父亲的道德标准的内心显现），又欲求取代父亲在母亲心目中的地位，他在两者之间烦扰不安"。当他的父亲不在家的时候，这个男孩总会把统治当地的王子的肖像从他通常所在的凳子上拿开，自己坐到这个位置上；他甚至把用来崇拜的器皿扔得遍地都是。

他的母亲留给他的是绝对圣洁无瑕的记忆。她把家里管理得井井有条，甚至在宫廷中，她也能将自己的强烈的宗教虔诚与处理日常事务的令人愉快而通情达理的方式完美结合起来，所以在那里她是颇受喜爱的。她不屈不挠地进行斋戒，这给她的儿子以深刻的印象；他骄傲地回忆道，连续斋戒两到三次对她而言根本不算什么，即使生病也不能打断这一仪式。在他的《自传》（*Autobiography*）中，甘地谈到发生在查土摩[3]（Chaturmas）禁食期，那个漫长的半斋戒期间的一件事，当时她曾发誓绝不会进用半点食物，直到太阳出来为止；那时正是雨季，孩子们在无休止的等待后，终于冲进来告诉母亲太阳出来了，但此时太阳已经又被遮蔽住了。"没有关系，"她愉快地说，"佛祖今天不想让我进食。"

一个世纪以后，透过无知、神话和英雄崇拜的有色镜片，我们无法可靠地再现出莫汉达斯·甘地的那些早年生活情景。但是我们可以看到，他畏惧他的父亲，同时他也爱着他的父亲。他早年与父亲的关系留给了他强烈的负罪感，所采取的表现形式就是耻于自己的"肉欲"。他与年轻的母亲和年迈的父亲之间的联系可能通过

① 印度西部的港口城市，位于古吉拉特邦。——译者注

② 印度的四个种姓等级中的第三个等级，传统上由农商阶层构成。——译者注

③ 印度的宗教圣月，为期四个月，时间为每年的7月18日至11月12日，在此期间要进行一些额外的表示虔诚的仪式。在这四个月的雨季中，许下绝食或半绝食的愿，即称为Chaturmas，类似于基督教的四旬斋节。——译者注

恋母情结的冲突加剧了他的情感不安。他那执著于宗教虔诚的母亲，试图给予每个孩子以同等的疼爱，但是对他而言，母亲的爱似乎太过分散，而又反复多变。

甚至在学龄前的岁月，甘地似乎就对自己的外貌——他的轮廓鲜明的面部特征，大耳朵、小骨架——健壮的身体以及男子汉气概感到不安。但是强烈的、健康 55
的平衡性倾向开始发生作用。埃里克森颇具说服力地论证道，这个男孩可能心中怀有一种最初的独特感，甚至是优越感；他经历并克服了羞愧与疑惑、内疚与自卑的阶段；他的父母将他所需的自由悉数给予；他的第一次真正的回绝发生在童年之后的青春期。或许发生在他刚进入大学数月便退学的时候。在他的童年时期，几乎预测不出他后来具有的能力和目的。

甘地在波尔班达尔的一个显赫门庭出生半年之后，居住在俄国一个外省小城中的一位平步青云的年轻教师兼教育长官成为了第二个儿子的父亲，儿子洗礼时被命名为弗拉基米尔·伊里奇·乌里扬诺夫（Vladimir Ilyich Ulyanov），就是后来广为人知的列宁。他的名字蕴涵的意思是世界的统治者。

乌里扬诺夫一家人的世界似乎是如此平和欢畅，他们的回忆是如此幸福愉快以至于历史学家伯特伦·沃尔夫（Bertram Wolfe）告诫“心理学”理论家们放弃对这家人的研究。他说，没有什么可以用来支持对伟大的革命家们所作的流行解释，没有什么可以支持对母亲或父亲的固恋模式，没有不幸的家庭生活、心理失调的童年、青年人在家中的反叛，也没有迹象表明因在学校或运动场上的失败而导致缺乏自信，“没有同性恋或不正常的征兆”。列宁的父母亲都属于中层或中上层阶级：父亲通过尽职尽责和出色的工作，成为许多学校的督学和创建者；而母亲的父亲是一位医生，同时也是一位富裕的地主。乌里扬诺夫，致力于工作，忠诚于沙皇，具有正统的宗教信仰，并且在辛比尔斯克①（Simbirsk）的官僚世界中能够自我保护，所以被晋升为有着下等贵族地位的市政委员，这一等级是令人称羡的。

他们是无忧无虑的、生活富足的一家人——从表面上看是一个最称心如意的家庭。父亲忠实可信、和蔼可亲、体贴入微；他在家对孩子们进行早期教育，和他的儿子们下棋，容忍他们的胡闹，协调六个孩子之间的纷争。母亲机敏而沉稳；她教孩子们弹钢琴，领着他们唱歌，帮助他们出版一份杂志周刊。孩子们自然而然地结成对；弗拉基米尔和兄长亚历山大特别地亲近，而且短时期内竟成了他的仿效者和实际上的奴隶。一家人会在他们祖父靠近喀山的庄园中度过每年的夏天，在那里，弗拉基米尔喜欢在河中嬉戏，采蘑菇，在庄园一千英亩的土地上漫游——但是和那些劳作于这片土地上的农民并无任何接触。

尽管如此，但是毫不气馁的心理学家仍然提出了问题。他们注意到，父亲经常 56
会因为公务而离家——有时要持续几个星期——他们想知道，他的来来去去是怎样搅动起家庭生活的潜流的，特别是对以父亲为楷模的弗拉基米尔而言。“父亲崇高的、道德上的公正毫无疑问会导致儿子产生异乎寻常的超我要求”，沃尔芬斯坦这

① 俄国伏尔加河中游城市，后改称乌里扬诺夫斯克（Ulyanovsk）。——译者注

样推断，“所以年轻的列宁很可能无法思考或表达某种不满之情，它似乎肯定是由于父亲经常离家还实施管教却不因此感到内疚而引起的”。这位二公子在家中似乎是无忧无虑的——甚至尖声喊叫，而且非常自信——然而在外面他就显得羞涩腼腆，退缩怯生。但是，弗拉基米尔学习走路时很缓慢，而且是经过了多次的摔倒和大声的哭叫后，才完成了这一学步过程。这是否会产生长远的影响——比如，列宁后来的多疑性格的养成？他的兄长的生活（从表面上看）的突然改变，以及他因为反对沙皇而被处决的令人震惊的结果，是不是一个线索，表明乌里扬诺夫一家人之间早期的心理联系，在祥和平静的生活的背后，已经变得十分紧张了？或者是，给予了列宁精神力量的这种无忧无虑的家庭生活，抵消了后来发生的这些事件的影响，使他能够成为他后来实际成为的那种自信的革命家？

我们并没有令人信服的答案。然而，显而易见的是，学者们过多地关注于悲剧和反常行为的严酷无情的证据，他们应当对领导者生活中的健康和支持性的关系给予同样多的关注。或许他们应该更多地去探讨积极的方面。

另一方面，对阿道夫·希特勒而言，尽管他极力掩饰，但是几乎没有任何证据可以表明他的童年生活是幸福而满足的。阿道夫·希特勒在《我的奋斗》（*Mein Kampf*）一书中写道，“今天，对我而言，命运选择了因河[1]（Inn）岸边的普勒诺镇作为我的出生之地，似乎是顺应天意的。因河畔的这个小镇，因德国人的殉难而散发出金色的光辉，在血缘上它属于巴伐利亚，但实际上它被划归为奥地利，19世纪的80年代后期，我的父母就居住于此；我的父亲是一个恪尽职守的公务员，我的母亲则把她的整个生命献给了这个家庭，尤为重要的是，她给予了我们这些孩子以永恒的慈爱……”对这个平静的小家庭的短暂一瞥的确令人着迷，并且正因为它的虚假才更加引人注目。当希特勒自称是在描绘一个“工人”家庭的孩子们的单调乏味而贫困的生活时，他很可能是在叙述自己真正的童年，他说：“如果一个男人从一开始就我行我素、不听劝告，而女人则为了孩子们而反抗他，那么结果就会很糟糕。随之而来的就是打架和争吵，当男人逐渐疏远他的妻子时，他就会与酒精变得更加亲密。每个周六，他都会喝得酩酊大醉，女人出于保护自我和孩子们的本
57 能，不得不为了从他那里得到几个便士而争吵……当他最终在周日甚至周一晚上回到家中时，都是醉醺醺的，看起来冷酷无情，但总是已经和他的最后一分钱分手了，这样的情景通常会发生，愿上帝宽恕！”

心理学家总结出，作为一个儿童，希特勒看见或者以为自己看见了，他的父亲猥亵并且强奸了他的母亲。这种结论是根据其已知的家庭环境，希特勒后来的行为，以及在他的作品中他反复提及在维也纳亲眼目睹的一种污秽的家庭生活——他几乎没有机会观察到这样一种家庭生活。他的父亲从表面上看是一个拘谨的、举止得体但脾气暴躁的政府职员，然而依照大量的证据来看，他一旦回到家中，就蜕变成一个狭隘的暴君，欺负、责打他的妻子和孩子们。从这位元首在后来的岁月中的

① 因河，发源于瑞士的洛迦诺湖，流经奥地利和德国，注入多瑙河，全长510公里。——译者注

一些行为来看——他经常将德国称为 motherland（与更为通用的词 fatherland 相对照*），他把德语中的一些中性名词阴性化，他把他的父亲等同于奥地利，他因为奥地利对德国的所谓敌意以及后来贪婪的犹太人和侵略成性的同盟国“强奸”了他的祖国而大光其火，据称他沉溺于某种性变态心理而不能自拔——从所有这些以及其他的证据中，可以得出以下结论：他一直压抑着创伤性的童年经历带给他的极度痛苦，并只能把这些痛苦投射到他后来所奋斗的政治舞台中。

在某些方面，他的情形是一种典型的恋母情结。希特勒的父亲要比他的母亲年长 23 岁。他的母亲是一个长相标致的妇人，她曾有两个或三个婴儿不幸夭折，于是很担忧阿道夫的健康，把疼爱无保留地给了他，而且过分溺爱她的儿子。但是，每到夜晚，当她的丈夫带着他的威吓和需要回到家中时，这种密切的关系就被中断。沃尔特·兰格（Walter Langer）总结道，“他越憎恨他的父亲，他就越依赖于母亲的关切和疼爱；而她越爱他，他就会更加担心，一旦他的秘密被发现，就会遭到父亲的报复”。如果这个男孩感受到，他的母亲在性方面屈从于他的父亲——甚至欢迎这种侵犯，或者至少是默从这种行径——他将会感到一种背叛。对于父亲，他可能承受着焦虑和内疚之苦，而对于逆来顺受的母亲，他会怀有一种不满和爱恨交织的矛盾之情。这些可作为他后来惩罚奥地利（父亲）和**德国**（离弃了他的母亲）的线索。因此他有计划地摧毁那“已不再值得我奉献”的德国。

恋母情结似乎与一种几乎令人难以忍受的对他自身价值的怀疑结合在一起。希特勒是一个身材矮小、相貌平平而且有些病态的孩子，和他那穿着制服的庄严的父亲相比，显得很小。兄弟姐妹的夭折毫无疑问增添了他的焦虑不安。甚至在他的童年，相比一般的男孩子而言，他很明显地拥有对男性身份的更多的不安全感；这不仅是因为受到了他的父亲的威胁，而且（根据 1945 年 5 月苏联人的尸体解剖报告） *58*
他还患有一种单睾丸畸形症（有一个睾丸没落入阴囊）。罗伯特·韦特（Robert Waite）说，这种症状既不是罕见的，本身也不会致病；但是“如果患有其他的幼儿疾病，且有一种极其困扰的亲子关系，就像希特勒这种情况，那么就可能致病”。人们相信，他的母亲要求绝对的干净和整洁，并且严格地训练她的儿子，训练他控制大小便和如厕；在后来的岁月中，希特勒在完全的洁癖和对污物——比如说恶臭之物、粪便和污泥的着迷之间摇摆不定。

在希特勒成年后的日子里，这些极具爆炸性的心理力量主宰了他的性变态行为和他的政治极端主义。他一生没有结婚；他与一些女人的亲密的友谊通常会由于希特勒做出的反常行为而使这种关系中断，希特勒的情妇则备受折磨；所有与其关系密切的女人最后都会自杀，或者试图自杀。后来对他的朋友、情人以及他自己的言谈举止所做的一些报道——在取悦女人时他总是自贬，他喜欢随身携带一根马鞭，对阉割的焦虑，他对砍头和一般的流血（包括他自己的血）怀有一种迷恋——表明了希特勒在童年就怀有强烈的负疚感、不安全感以及在童年时就被伤害过的自尊感。不管他的焦虑是影响了一个国家的命运，还是仅仅为精神分析学家的案卷提供

---

* motherland 和 fatherland 都有“祖国”的含义。——编者注

了一个古怪的病例研究，都不取决于这些个人的紧张情绪本身，而是取决于它们的程度，德国社会的病情被其加重了。

“伟大的领导者”与臭名昭著的统治者或权力行使者，尽管对其所掌握的资源进行了截然相反的使用，但是在早年的经历中却存在着一些相似的情况。以上所描述的三个人，虽然生长于极其不同的社会环境之中，但是他们在孩童期都与他们的母亲格外亲近，母亲是他们强烈情感的对象，也是他们情感稳固的后盾。所有这三个人都对他们的父亲表现出不同程度的爱与恨的交织，在这三个例子中，他们的父亲都拥有令人尊敬的职位，或者至少在他们的社会中有一定的地位。这三个孩子中至少有两个在一个方面或者另外一个方面是显著的“学习缓慢者”，而且受到不安全感和缺乏自尊心的困扰。列宁在他的少年时代可能遭受的精神伤害更少一些，但是他和父母的关系与其他两人和父母的关系是显著相似的。

人们可能会推测，所有这些不朽的人物共同具有的童年经历：或是对父母中一方的强烈的积极的依恋，伴随着对另一方的某种极端的消极的依附，或是有一个极其痛苦、消极的少年经历。难道是这两种情感需要之间的紧张关系、随之产生的必须被解决的冲突，再加上不同寻常的天赋和能力，才使得对权力的需要如此强烈吗？是什么样的控制因素将一个人导向赤裸裸的权力行使，而使另一个人走向互惠
59 式领导呢？我们对于这些区别的根源几乎毫无所知，部分地是由于我们并不倾向于在我们的权力理论中作出这种区分。是什么引导着一些人走向道德领导之途，而将其他人引向非道德或反道德地行使权力呢？这是学者必须探索的前沿问题。

这三个人童年经历之间的差别也同样不容忽视。如果三位男孩中有两位的母亲比她们的丈夫年轻得多，而剩下的一位与丈夫属于同龄人，这时要比较恋母情结的影响就困难得多。与兄弟姐妹之间的关系也是极其不同的。尽管某些方面存在着显而易见的相似性，特别是在儿童与母亲的关系这一方面，但是如果更仔细地观察，就会发现其中的差别。这些母亲在她们的地位、角色和心理安全感方面是相当不同的。还要注意到，列宁表现出对父亲的尊敬，而希特勒却表现出对父亲的憎恨，二者形成明显的反差。不安全感和受到伤害的自尊心不管多么强烈，都必定会采取多种表现形式；因此，列宁的缺乏运动技巧对其性格的影响，可能小于甘地在大学中遇到的各种困难对他性格的影响。在心理压力的严重程度上，三个人也有极大的差别，列宁的紧张程度最低，甘地次之，希特勒最高。

紧张、冲突和不安全感同样也给其他领导人的童年生活打上了烙印。现代德国的缔造者俾斯麦①（Bismarck）的最主要的特征，就是权力意志，控制人和事的意志。他早年的心理压力和内疚感似乎很少和他的父亲有关，而更多的是与他的母亲联系在一起。他在稍过三十岁的时候回忆道，“她希望我能学到更多，成就更大，所以我经常认为她对我是严厉而冷酷的。作为一个小孩子，我恨她；后来我成功地

---

① 奥托·冯·俾斯麦（1815—1898），普鲁士的“铁血宰相”，在1862—1890年任首相期间，推行铁血政策，通过战争统一了德意志，并在非洲、大洋洲大量掠夺殖民地。——译者注

用谎言欺骗了她。终于有一天我理解了母亲对于孩子的价值所在，但那时已经太迟了，她已经去世了……我所犯下的罪过大概没有比我对我父母所犯的罪过更严重的了，特别是对我的母亲犯下的罪过。我真的爱我的父亲……”但是，他既对他的母亲有内疚感，也对他的父亲有内疚感。“我经常以冷酷和坏脾气来回报他对我的真正无限的、无私的、和蔼的关切。甚至更经常的是，当由于他表现出的软弱而使我从内心感觉很难爱他时，却只是因为不想违背我自己的道德行为准则，而做出假装爱他的样子……”或许承受着心理压力的正是俾斯麦的父母！

或者，考察一下库尔特·舒马赫[1]（Kurt Schumacher），他是比俾斯麦晚 80 年的一位同胞，并且他也养成了对于权力的强烈的欲望。他严厉的父亲经常离家外出，这个男孩沉浸在他的母亲和几个姐姐的疼爱之中。当他还是一个孩子时，不幸失去了一只胳膊，这毫无疑问让他格外地焦虑。根据刘易斯·埃丁杰（Lewis Edinger）的说法，“他的父亲以及任何其他的男性——老师、亲戚或朋友——似乎都没有对他的早期性格的形成产生任何显著的影响”。但是“他可能发展出一种日益强烈的倾向，就是反抗他周围所有女性的关心，同时，通过在他认为是女性王国之外的领域中坚持自己的男性地位和独立性，而继续接受她们的关心……”舒马赫的传记作者认为，最终他像威尔逊一样，在政治上被他的道德教条主义所击败，被他在面临新情况时缺乏弹性和灵活性所击败。

埃莉诺·罗斯福的童年是一段充斥着遗弃和孤独的令人绝望的时期。她发现她的母亲冷酷而苛刻，但是她非常爱慕她的父亲，而他却一而再地背弃她：他经常莫名其妙、不加解释地离开，并且长时间不在家中。接着到来的是最终的遗弃：当她只有八岁时，她的母亲去世了；当她十岁时，她的父亲也撒手人寰。在她的父亲去世后，她只想“生活在一个梦幻的世界中，在那个世界中，我是女主角，而我的父亲是男主角”。她的成长过程中充满了恐惧——害怕狗、马、蛇、黑暗，担心被活埋、被责骂、被讨厌——而且她总穿背带装。她是在一栋阴暗的房子里，由一位好心的祖母和几个难对付的保姆及家庭教师抚养长大的。当她九岁的时候，一个弟弟不幸夭折了。后来她感觉到被丈夫抛弃了——而她反过来在性方面拒绝了她的丈夫。然而她坚持下来。最终成为了罗斯福时代和联合国的宁静、自信、富有同情心而又颇具才干的第一夫人。她的成功是由于早期生活的不幸福和无安全感促成的，还是说尽管她的早期生活不幸福，缺乏安全感，但是她仍然成功了？

再看看理查德·尼克松（Richard Nixon），他是五个兄弟中的老二，当尼克松十几岁的时候，五兄弟中有两人在家中死于疾病。布鲁斯·梅兹利西（Bruce Mazlish）推测，尼克松本人有一两次险些送命，于是在他的成长中，很可能对他的兄弟的死始终怀有一种幸存者的内疚感，并且他的母亲因带他患病的弟弟去一个更加干燥的气候中生活，而导致的长期不在家中，可能留给这个男孩一种不安全感，甚至是背叛感。但是尼克松证明了他是一个与威尔逊、舒马赫和埃莉诺·罗斯福截然不同类型的政治领导者——他是一个能够把自己的事业建立在反对共产主义的基础

---

① 库尔特·舒马赫（1895—1952），德国社会民主党领袖。——译者注

之上，而后来又领导他的国家与中华人民共和国建交的人；他可以针对法律和秩序问题发起运动，而又制造了违法的水门事件。他为自己犯下的可弹劾的过失所作的非道德和自怜式的辩解，能够追溯到他童年时代的不安全感和自我怀疑吗？

在考虑伟大的领导者早期生活中某些成长影响因素时，人们可能会对诸多传记心理分析学家和其他人的敏锐洞察留下深刻印象，尽管同时也会认识到缺乏系统的解释性的分析。对众多的领导者所做的累积的、比较性的分析，最终会为一般的概括和假说提供更为坚实的基础。我们可能最终会更好地理解家庭、学校和青少年时期的经历所产生的强大影响。但是这些研究总是不充分的；它们往往过分强调著名领导人的早期生活，而低估了在领导者的中晚年时期政治学识、成功和失败的有力
61 影响，以及政治环境和制度环境所产生的有力影响。并且它们忽视了**追随者**的作用，而追随者能够直接地影响领导者的行为。诚然，历史学家和记者们目前正在查找证明“普通的”男人和女人的动机与情感的相关记录，就像斯塔兹·特凯尔（Studs Terkel）所做的那样，他录下了同时代的人对于他们的工作、关注、挫折和梦想的陈述。但是，如果我们要想得到对互惠式领导的充分的了解，我们必须要更多地了解迄今为止那些尚不知姓名的人们，正是这些人们组成了领导者的追随者大军。

在心理学和相关领域内的开拓性工作正在逐渐提供累积的资料、比较性的分析和硕果累累的假说，这些能够让我们探究在各种集体中人们的动机和行为，因此提出有关领导源泉的一些新命题。在距离柏拉图 2 400 年后的今天，心理学家们正在系统地研究主宰着领导者和追随者之间集体和互惠关系的各种动机。

欲求的源泉

领导和追随的最初的根源，就在于人类聚合起来的无穷的欲求（wants），以及这些欲求向着需要、社会渴望、集体期望和政治要求的转变。人类自出生伊始，便具有这些欲求和其他的动机。当婴儿们从宁静、温暖和可依赖的子宫中分娩而出，进入到这个充满光线和声音、碰触和刺痛、剥夺和满足的令人震惊而困惑的世界时，他们就开始了贯穿一生的刺激和反应的过程，而对于某些人来说，这一过程的最高表现将是领导的才能和动机。生理上的天赋趋向于对刺激产生特定的反应方式。这些天赋是一千多年来基因变异的结果，在所有的文化中，婴儿之间有大量的共同之处，但是每一个儿童在他自己独特的基因组合中，也会拥有一种独一无二的遗传。在基因组合方面，每个儿童不仅不同于所有其他的儿童，也不同于他的父母以及这个儿童的所有的祖先。

基因遗传开始了一系列生命机遇的开放和闭合——这些机制强大有力，足以直接影响性格的发展，不管文化、社会和政治的中介力量有多么强大。因此，一个女孩如果出生在一个无论从法律上还是文化上都排斥女性参与政治和领导的社会中，她将发现，除了在内室、闺房或皇宫之中采用传统的方法施加影响外，并没有任何

办法可以解决这一难题（假设这对她而言的确是一个难题）。一个男孩如果生来就有一个不下落的睾丸，就像传言中的希特勒那样，或者先天有一只畸形足，如同废奴主义政治家撒迪厄斯·史蒂文斯（Thaddeus Stevens）一样，而且又生长在一个男性主导的社会中，那么他可能会在某种程度上终其一生来尽量弥补这种生理上的 62
不幸。尽管家庭、社会和文化的影响力会持续地发挥作用，但是强有力的腺状功能、肌肉运动以及神经系统的特性能够支配和控制人一生的事业。在某些情况下，生物学就**是**命运，政治的命运或者其他方面的命运。但是更为典型的情况是，基因和环境共同发挥作用，产生无数新的模式和个性。既然我们关心的是最终达至领导最高点这一过程，关心的是可能成为这一过程的源泉的所有人类因素，我们就必须考虑生理过程。它们是欲求和需要的起源；生理通常有助于命运的形成，但并不能预先决定命运。

领导的长期而复杂的进程起始于婴儿的各种内驱力（drives），这是他们生理机体的直接表达。正是这种力量使人们结为同伴。奥托·克兰伯格（Otto Klineberg）观察到，"绝对可靠的动机"是饥饿、口渴、休息和睡眠、排泄、呼吸、活动和感官饥渴；这些内驱力对于所有人类文化中的所有人都是普遍的（尽管它们并非属于人类所独有）。这并不是有关内驱力的一份详尽的列表；心理学家始终不同意这样一份列表，就像他们以各种不同方式来使用内驱力、动机和（现在很少使用的）本能这些词语来描述这种现象。但是他们的确认可，这些都是决定婴儿的生理发展并影响他们的心理结构的基本力量。有时，这些力量会直接地影响领导的潜能。约翰·纳什（John Nash）注意到："在某些社会中，满足某些基本的需要是如此耗费时间的过程，以至于几乎没有时间来满足各种衍生的需要。"单纯饥饿的满足就是这种情况。在深受贫穷困扰的国家中，经常会遇到一些政治领导人，在他们的演讲、言谈举止、意识形态中，明显带有童年缺乏食物——或以拼命争夺来获得食物——所造成的精神创伤。

由生物学决定的内驱力，并不是在一连串无序的因素中发挥作用，而是在生理和心理因素连锁形成的强制序列中发挥作用。弗洛伊德把性心理发展描述为以下几个阶段：口腔期、肛门期、生殖器期（或恋母情结）、潜伏期和生殖期。口腔期是儿童几乎完全依赖母亲的阶段；这种依赖性的范围和持续时间可能会影响到儿童在后来几个阶段的经历的性质。在肛门期，排泄既产生生理上的紧张，又产生生理上的满足；厕所训练既产生性欲快感，又产生对这种训练的恐惧；这种严格的训练可能会影响到儿童成人后的行为。在恋母情结阶段，儿童被引入了由父亲、母亲和儿童之间的三角关系组成的受限制却高度社会化的环境中。埃里克森认为，这每一个阶段都会涉及自我与他人关系的特有困境，它们会产生持久性的性格特征。因此，埃里克森看到了起源于口腔—感觉阶段的基本的信任或不信任倾向，起源于肌肉— 63
肛门阶段的自主或自我怀疑倾向，以及在运动—生殖阶段的主动或内疚感倾向。儿童在成长的过程中，随着他们观察并参与到范围不断拓宽的社会生活中，他们的性格开始根据预先决定的阶段发展。

令人遗憾的是，对于我们的目的而言，弗洛伊德强调影响个体社会化和个人发展的生理因素和早期家庭因素（特别是恋母情结）之间的相互作用，虽然这是必要的，但绝不是充分的。尽管这种强调对任何一种有关个性的理论都是不可或缺的，但是传统的精神分析理论并不能充分解释个体成长过程中生物和社会的动态互动关系，不能充分解释人类所具有的健康或理性的潜能。另一方面，B. F. 斯金纳（B. F. Skinner）所提出的激进的行为主义，贬低了动机的作用，而强调奖赏或拒绝奖赏以及在受控环境中的短期社会训练这样的外部强化因素，不惜忽略重要的内部影响因素和更加普遍的外部影响因素，而这些因素将在多维的环境中对个性的形成产生深远的影响。我们需要一种全面的方法来理解政治领导要激发的各种民众基础，而上述两种方法都无法满足我们的需要。

这些理论中的绝大多数都忽略或低估了可能是影响大多数领导者成长的最重要的力量：**学习**。从经验中学习，向人民学习，从成功和失败中学习，向领导者和追随者学习：性格就是在对社会环境中的刺激作出这些反应的过程中形成的。艾伯特·班杜拉（Albert Bandura）和理查德·沃尔特斯（Richard Walters）曾经表明，对行为的学习不仅靠调节，而且靠模仿，模仿那些学习者所认同的人，模仿那些学习者视为榜样的人。社会环境成为了一个巨大的奖罚迷宫，它们强化某些反应，消除其他反应。每位领导者的学习经历是如此独一无二，以至于不可能作出富有成效的一般概括。因此，我们要穿越所有文化，转回到那些能够为理解领导源泉提供线索的各种基本力量。

人类欲求（wants）是生理上的必需要求；它们是分布最广泛的、感觉最强烈的、“绝对可靠的”动机。我们所说的欲求，指的是机体以最简单和最有力的形式所表达的明显要求，当人们直接和有意识地感觉到缺乏空气、温暖、食物或饮料时，这种现象就表现了欲求。欲求的感觉是非常主观的、内在的、自发的，就像一个刚出生一天的婴儿就想要奶吃一样；欲求起源于儿童生而固有的一种内驱力，一种机体必然性。欲求是人类身体的生理要求。它们适用于整个人类，只是组成结构
64 和强烈程度有所不同。

在此，我们必须对**欲求**和**需要**（needs）作出至关重要的区分。这两个概念通常会被混淆；以上所设定的“欲求”中的某些成分通常会被贴上“需要”的标签，而需要则经常被视为包含欲求（詹姆斯·戴维斯［James Davies］在他的针对政治学中的人类本质所作出的开拓性研究中，在字面上把这两个概念等同起来）。这两个概念，都很重要，在此我们需要明确地加以区分。**需要**，在英语中的长期用法是指一种更加社会化的、共同的、客观的现象，在此意义上，人们要求某种需要之物，不仅要在他们自己看来是需要的，而且要**在他人看来**也是需要的。**欲求**则是主观的、遗传的、生物的、有机的、自发产生的、不可逃避的。人们会告诉我：我**想要**（want）糖果，但是我**需要**维生素。

两者之间的区别值得考虑。欲求是直接的、自觉的、内在的、生理的，并在某种程度上是不加区别的；因此机体组织对于液体的要求，以通过几乎任何一种形式的可饮用的液体得到满足。甚至在欲求的阶段，人们也开始做出选择——婴儿可能

更愿意喝牛奶而不是威士忌——但是这种偏好更多地来自于遗传的倾向，而不是文化的影响。人的身体结构开始发挥作用——举例来说，运动能力和感觉知觉倾向——这些能力日益受到环境的各种刺激、反应和阻力的考验。

欲求是巨大的发动机，它们的作用更多的是行动的源泉，而并非行为的指导。动机被普遍的内驱力以及其他身体内部的力量所“推动”（pushed），而由更加具体的欲求、需要、期望、目标和价值观念来“拉动”（pulled）。儿童们先会说“我想要……”（I want ...），然后才会说“我想要做……”（I want to ...）。尽管如此，行为的主要源泉仍然是回应内在的要求。

欲求和需要之间的另外一个不同之处，对于我们的政治领导概念具有深远的意义。当主观上被感觉到的**欲求**，及其以直接和自觉的行为来满足这些欲求的冲动，逐渐让位给由日益被他人而非自我定义的、受社会影响的**需要**时（在下面要描述的过程中），便侵蚀了个人意愿和目的的一个至关重要的因素。根据 M·布鲁斯特·史密斯（M. Brewster Smith）的说法，“与客观的需要相对的是主观的希望、渴望或欲求，所有这些都是有关动机的词语，我们可以在一种解释有意义的人类行为的超心理学框架中为它们找到栖身之所。它们表现了**意向性**（intentionality）这个人类独有的特性……”欲求之人将越来越强烈地服从于具有各种不同外貌的领导者——父母、兄弟、老师和同事——这些人将自觉或不自觉地力图替换欲求者对需要的看法。

汉纳·皮特金（Hanna Pitkin）写道，一个政治领导者，“不能总是与被代表者的意愿不合，除非有基于他们的利益考虑的好理由，或者可以恰当地解释为什么他们的意愿不符合他们的利益”。但那种意愿是什么？“真正的”利益又是什么？它是否会被领导者强加给追随者的需要负担压碎？真正的欲求表达的是一个人本身所具 65
有的自主性和个性，它不应当被社会力量化为乌有，或者被政治“领导者”巧妙扼杀。在污染或净化之前的“欲求”的各种源泉——这是领导者必须确认的源泉，尽管欲求在某种程度上将被以后的各种影响所“社会化”。

正如生物遗传可能会对人们一生的行为产生一种直接而普遍的影响，早期性格形成期中的一种强有力的**生理**需要，也可能对政治行为，特别是领导和追随关系产生持续的影响。珍妮·克努森（Jeanne Knutson）指出，长期忍受一种生理需要的剥夺，即使以后会被满足，也将在人们的性格中留下它的烙印。她观察到，“人们如果过度地关注身体的生存，他们就不会剩余足够多的心理能量在精神上或身体上去与他们周围的环境发生关系”。他们对他人的态度也会表现出不信任和敌意。证据虽然分散，但很有启发性。在克努森对俄勒冈的几百名教师、医院职员、木材和造纸加工商进行的研究中，那些显示出更强烈的生理需要的人们，倾向于比其他的被调查者表现出更多的焦虑、武断和心胸狭窄，以及一种更加强烈的受威胁感。心理的、社会的和政治的孤僻并不是形成伟大领导——或者甚至是伟大的追随——的原料。在生理上遭受剥夺的人，在根据像投票和政治捐款这样的活动而建立起来的伍德沃德-罗伯参与等级表（Woodward-Roper Participation Scale）中，得分会比较低；在根据人们毕业后所承担的公职以及人们对自己在各种关系中所扮演角色的评价而建立的克努森的领导指数（Knutson's Index of Leadership）中，得分也比较低。克努森得出的结论是，“尽管这一群体中的个体可能会参与一些政治活动，他们仍然可能在他们的同伴中将不担任即使是非正式的领导者。但根据他们在其他各种检测中所取得的分数，这种不参与便是可以理解的——要保持安全感就必然会伴随着不愿惹人注目”。

这些结论是从对一个富裕的西方国家的探索中得出的。在一个社会中阻碍自信、政治参与和领导的同一种生理上的剥夺，在另外一个社会中可能会产生相反的效果。极端的欲求能够毁灭人们，也可能把人们转变成虔诚的信奉者，他们执著于赢得权力，以便帮助他们的受苦受难的同伴，为自己获取他们曾严重缺乏的物品和精神财富，或去报复剥夺和剥削的实施者。克努森注意到了马斯洛提出的这样的观点，一个政治领导人，即使贵为一个国家的总统，置身于文明所能提供的所有的舒适享乐中，但如果在他的性格形成期遭受过严重的剥夺，那么他仍将与那些经历饥饿和寒冷的人们做出同样的反应。

66 缺乏满足感对一个人**实际产生**的作用——举例来说，营养不良容易导致身体不健康——本身是重要的。但同样重要的是，什么是人们**感受**为缺乏的，并因此对它作出的回应——举个例子，感受到别人有食物而我没有。这两种因素结合在一起，就会产生一种强大的影响力。当生理上的需要被认为遭受了相对剥夺时，它们就会对政治领导产生特殊的影响。当人们普遍认为实际存在改善生活条件的可能性时，如果这种被提高的期望一旦落空，通常就会爆发革命。或者，在另外一个社会中，一个贫穷的小男孩，根据自己对自己经历的理解，很可能会成为一个乐善好施的工业巨头，对自己的雇员常怀怜悯之心，因为他记得“那是怎样的滋味”；而另一个同样出身的人，却可能拒绝那个他经过苦苦奋斗才脱身而出的阶层。

按照马斯洛和其他人的观点，需要是在一个等级基础上有序排列的，从生理上的需要到安全需要（包括免于恐惧、不安全感和伤害的渴望），再到对于爱和归属感的需要（包括参与并被一个群体所接纳的感觉），再到对尊重的需要，再到在金字塔或梯状结构中其他更高等级的需要。

一旦生理上的需要得到缓解，下一个紧迫的需要，即对于**安全**和**保障**的需要，就会占据优先地位。儿童会表现出一种对于惯例或固定节奏的偏好，那是一个他可以依靠的世界，在这个世界中，无所不能的父母会庇护他，使他不会受到伤害。具有安全需要的人们，在处理正常的政治程序时，很可能会以不确定和不安全的态度来回应政治事件，并且渴望有一个承担引导和点化职责的领导者。罗伯特·莱恩（Robert Lane）在描述他集中研究过的一个小团体中的一个人身上明显表现出的身份丧失（the loss of identity）的情况时写道：“在宗教信仰、民族起源、政党、阶级地位，甚至两性事情上，拉普阿诺（Rapuano）表现出了矛盾认同或身份丧失的迹象。我认为，对于一个人来说，当一切都是不可靠的，一切，包括他对于自身的认知，这时最有可能的智力发展就是建立安全感，就是高度重视稳定、秩序、果断和理性。我想这就是发生在拉普阿诺身上的事情。由于对自己的认知出现了混乱，加上对于政治事件的矛盾心理以及自己职业未来的不确定性，所有这些不断地在他自己的头脑中创造出各种问题，让他长期忍受焦虑和严重的溃疡，他不能够再忍受他的世界中出现更多的混乱和犹疑不决——这种混乱可能也会出现在立法过程中……当发现自己对政策问题很难做出决定时，他便坚持总统有权力做出快速决策。”马斯洛也得出结论，在早年生活中缺乏安全感的人们的需要，“通常会具体地表现为寻找一个保护者，或者一个他可以依赖的更强大的人，或许是一个元首”。
可能最显著的特征就是一种低政治功效感。克努森的俄勒冈研究发现，被剥夺安全 67
感的人会认为，尽管参与是公民的责任，但政治活动是徒劳无用的。他们在政治参与指数上的得分，要比生理需要被剥夺的人的得分略高一些，但是他们的参与程度仍然是很低的。克努森认为，他们成为**领导者**的潜能也是有限的。“他们所怀有的不安全感让他们不会希求在社会中的显著地位，而这正是公职人员和领导角色通常所具有的一个特征。处于这一需要等级上的人们，总是倾向于把世界看作危险的，周围的一切现象是难以管理的，他们的反应很可能是教条主义的，并不能容忍模棱两可——在危机情况下，他们不懂变通，而且恐惧不安。”

对于爱和归属感的需要——也就是马斯洛的需要层次中的第三种需要——长期以来一直被认为是对政治参与和领导的刺激因素。不论是在一个由爱参加各种社团的人们组成的国家中，比如美国，还是在充满激烈的政治运动的国家中，就像在亚洲和欧洲，参加无数个地方俱乐部和协会，或者享受一个富于战斗精神而又获得广泛参与的事业所带来的兄弟之情，这可能会吸引众多并非一定是寻求权力或领导地位的人，他们渴望一种未曾感受过的同志之谊和被接纳的感觉。然而在此仍要重申的是，早年关爱的剥夺对后来的行为产生的影响可以是非常不同的。渴望受人疼爱的儿童可能的确会通过加入社会的和政治的团体来寻求大量补偿性的关爱，而且他们也将学会如何付出关爱以便得到关爱。研究表明，在接受自我和接纳他人之间，存在着非常密切的联系。

在研究康涅狄格州议会的第一届成员时，詹姆斯·戴维·巴伯（James David Barber）发现了一种类型的议员，他将其归类为旁观者（spectator）——这种人“在政治及其他方面业绩平庸、才能有限且胸无大志”，短于政治领导才能，而长于人情练达。旁观者想要留在议会内，但并不想表现十分积极，也不想成为领导者。他的主要的乐趣似乎来自于被认可、得到关爱和受到赏识；他痛恨遭到别人的排斥、拒绝或毁谤。他的目标非常明确，就是关爱和认同，而不是领导地位和权力。

对于爱和归属感的这种强有力的需要，结合社会作用及政治力量带来的影响，有助于形成多种多样的领导形式。对于爱和归属感的热望可以在小群体的领导中体现出来，在这些小群体中，亲密、稳定和充满感情的关系产生的温暖可以补偿童年时代被剥夺的关爱。只要参与者个人的需要得到满足，那么这个团体是参与支持现
状的活动，还是参与暴力革命，参与者可能都会感到无所谓。或者对关爱和归属的 68
追求也可能导致人们加入结构极为严谨的官僚组织，其中，归属感是持久而可靠的，即使它是表面的或人为的。这种追求也可能表达为参与大规模的群众运动或小型宗教阴谋派别，其中，成员共同的使命感，以及共同面对的迫害和危险（特别是面临官方的反对或镇压），能够产生团结一致和相互支持的感觉，这种感觉非常强

烈，足以满足因早期剥夺而导致的情感渴望。爱或者归属感的需要也是形成不同类型的**追随者**的根源，其中，被动的追随者，为了得到接近的机会或青睐，总是给予领导者始终如一的支持；而“参与型”追随者实际上是在有选择的、讨价还价的基础上交换他们的支持，但是他们也希望体验到身为领导集团一分子的感觉；还有伟人的紧密追随者，他们实际上是次级领导者，但是仍然依赖于他们的领导者与**他们**的这种密切关系。

最后提到的这种依赖性可能是非常强烈的。威尔逊总统曾有一次决定解雇他的私人秘书约瑟夫·P·图玛蒂（Joseph P. Tumulty）。后来他收到图玛蒂写的一封绝望的来信。“我始终全心全意地希望，我可以和您维持一种密切的联系……此时此刻，想到将要离开您……带给我的伤害，要比我的言辞所能形容的更为痛彻心扉……我担心，因我的离去，各种误解会甚嚣尘上，而我的忠诚也会因之受到指责……您不会了解，这对我以及我的忠诚意味着什么。我很庆幸，长期以来和如此伟大的一个人物如此密切地联系在一起。但我很沮丧，结局竟然是这样。”威尔逊宽容了他，但是他的同情之心并未延续太长时间。当图玛蒂第二次激起了他的领导者的愤怒时，威尔逊将其从自己的圈子中剔除了出去。

需要的变形

正是在人类欲求转变为需要的过程中，领导第一次出现了。有所欲求的儿童，是在回应形成于母亲子宫中的一种普遍的内驱力。儿童想要喝东西，但是他既能喝牛奶，也能喝毫无营养的液体；儿童想要食物，但是他既能吃米饭，也能吃有毒的糖果；儿童想要探索，但是他不仅乐意接触皮球，也同样乐意触摸极热的壁炉柴架[①]（scorching andiron）。坚持让儿童喝牛奶、吃米饭、摸皮球的父母，正是在用自己对婴儿需要的理解来替换儿童本身的需要，同样，父母在坚持让儿童追求目标和价值时，也是在让他们在追求由父母而非儿童所设定的目标和价值观念。这就是领导的最初行为。

如果欲求是被体验为各种渴望感受的内驱力，那么需要就是受到环境影响的欲求。举例来说，当环境由于气候的长期变化而发生改变时，欲求就必须服从新的环境，或者有所欲求的生物将让步于生物学的迫切需要。布鲁特斯·史密斯观察到，
69 “生物如果继续欲求某些妨碍满足它们需要的东西，或者逐渐不去欲求它们本身所需要的东西，从长远来看，很可能会使它们的基因从物种的基因汪洋中消失”。正是这种审慎的、有选择性的“社会化”的行为——根据群体价值来影响另一个人的欲求——使自觉的领导过程得以发挥作用。领导——父母、老师、医生、牧师、同学——是有选择地鼓励某些欲求，而设法阻止其他的欲求。内驱力和欲求仍然是基本的动力来源，即主要的“推动者”；但是当欲求让位于需要时，欲求所针对的目

① 壁炉旁盛木柴的铁架，常为一对。——译者注

标就会变得更加集中。在父母的指导下，儿童对于食物的欲求，变成对营养的一种需要；在医生检查过程中，儿童免于疼痛的欲求，变成了对于药物（儿童不会自愿服用）的一种需要。领导者就是对“欲求”的刺激因素和欲求的转变施加密切影响的人。在欲求和需要的推—拉关系中，存在着一种反馈的效应：欲求为需要提供动力和广泛的指导，而需要则集中并引导欲求。由于需要“教育”了欲求，所以人们会逐渐欲求他们所需要的东西。

需要的形成，大体上是由非人的环境力量和被环境所控制的人们共同决定的，所以心理和社会的需要的出现，就表现为一种历史的必然。汉纳·阿伦特（Hannah Arendt）将那些“渴望从他们主人和被称为‘他们主人的伟大主人’的必然那里获得自由的人们”以及“我们所知的最强大的必然”看作是“渗透在我们身体中的生命过程”。富兰克林·D·罗斯福反复强调，“贫困者并不是自由人”。然而，在无情的必然性的作用范围内，在各个结合之点仍然留有一些自由活动的空间，这就为领导提供了余地。领导的与众不同的特质，就在于他并**不是**必然地要回应“追随者”的欲求，而是回应那些被转变为需要的欲求。当领导者定义了那些欲求和需要时，领导者会首先回应主观的欲求，然后再回应更为客观的需要。追随者在与领导者的持续互动中，其对欲求和需要的定义也会发生改变。

我们可以在两个重要的方面对各种基本的人类需要及其对领导的意义作出跨文化的概括：一个方面是需要的**受挫**；另一个方面是需要的**满足**，这看起来似乎有些矛盾。

需要受到挫折，可能是环境情况使然，比如气候导致的灾荒；或者是由于那些能够满足需要的人们的不作为。这种没有得到满足的需要会变成最为强有力的动机。忍受着极度饥渴，深度疼痛，极度饥饿以及争夺氧气的人们——在身体需要的层次上——要比任何其他的人都更处于被奴役状态。他们受到自己身体的束缚并没有关系，专制的剥夺在起着控制作用。需要越迫切、越强烈，人们就越容易专注于与身体最有关的动机。一个受饥饿折磨的人在寻求食物之前，会先拼命维持呼吸；一个极度口渴的人在寻求饮料之前，也会先逃离失火的大厦。 70
那些在令人窒息的加尔各答黑牢①（Black Hole of Calcutta）中丧生的人，很明显是为了争夺氧气，而不是水。在某些情况下，一种可怕的剥夺等级占据了控制地位。

在纯粹饥饿这种较为温和的层次上，对需要的受挫做出的回应是相当不同的。在实验室进行的饥饿实验中，非常典型的情况是，实验对象会在一段时间内被关于食物的念头所缠绕，然后会转为冷漠和放弃。冷漠也可能会蔓延到政治领域中。作为一个初步的例子，戴维斯指出，“一个极度饥饿的个体，在他的政治行为可能为他赢得一些食物时，**不能**把他的注意力转移到对政治的关心上来”。但是被剥夺群体的实际行为在很大程度上取决于群体内领导的性质，或取决于社区和国家领导的性质。在法国大革命期间，当时工人们用他们大部分收入来购买食物时，有时只够

① 在印度，据说 1758 年曾有 146 名欧洲人被禁闭于此，次晨仅存 23 人。——译者注

买面包而已，巴黎的家庭主妇们在与巴黎的雅各宾派①的领导面对面的对抗中，给他们施加了极大的压力；女人们不会被各种借口和承诺长期敷衍，她们通常是革命议会中的一股无形却强大的势力。纵观人类历史，对食物的剥夺不但产生了平等主义的意识形态和各种运动，还引发了对有限资源的激烈争夺、大规模的迁徙、征服战争、革命以及国内动乱。

常识表明，对需要的安抚能够把人们的兴趣转向内心，从而降低他们对公共问题关注和参与的强度。然而，如果生理需要的受挫具有重大的政治意义的话，那么对这种需要的**满足**就是更加富有成果的。对于马斯洛和研究领导的学者而言，这种需要等级结构的最关键的方面是它的动态特性：当较低需要得到满足时，较高需要就会发生作用。"面包先于巴赫②"（Bread before Bach）——但是，对饥饿的满足会自动地结束那个层次的需要，并且激发起对于更高层次的需要的追求。对马斯洛的理论，没有必要全盘接受；它是不精确的，证实性的经验研究也非常有限。但是的确存在证实性的经验研究，并且这个关于各种需要的大致的等级结构的影响力，也得到了历史经验的支持。大萧条时期，物资的匮乏并没有激活美国工人政治上的热情；相反，当他们聚集在家中，或排队等候领取救济食品时，他们变得越来越缺乏战斗精神了。直接把工人们调动起来的并不是物品的短缺，而是罗斯福在他入主白宫的前 30 个月中实施了强有力的领导。正是在 1935 年，而不是在 1931 年或 1933 年，当产业工人的直接需要得到一定的满足时，他们感到有了足够的安全使他们集体投身到围绕着产业的工会制度而开展的经济斗争中去。

需要本身对政治有直接的意义。对于安全和保障的强有力的"低层次"需
71 要——对于秩序和可预见性的需要，以及得到保护免受侵略、战争、灾难、疾病、对祖国或家庭的威胁、街头犯罪的伤害的需要——给政府的运作施加了极大的压力。卡伦·霍尼（Karen Horney）主要是从个体的角度来考察这种现象，认为它是人们面临一个危险而充满敌意的环境时所产生的不安全感（特别是婴儿和孩童产生的不安全感），它反过来会导致人们对关爱、认可和名望的神经质的需要。个体对于安全感的这种需要可能会直接影响政治领导者的性格和态度，但是从集体的不安全感中产生的**安全**需要可能会影响到一国人民。不可否认，政治回应并不全然是那样直接而积极的。戴维斯指出："人们通常不会从政治那里去寻求饥饿的满足，去获取爱、自尊和自我实现；他们会去逛食品市场，追求异性成员，向朋友们展示他们所做的一切，让自己沉浸于手工艺品的制作、钓鱼或者沉思之中——做这些事情时几乎无须考虑政治。如果这些目标的实现受到其他个人或团体的**威胁**，而这些个人或团体的力量强大到个人无法应付时，人们就会求助于政治以确保这些目标的达成。"当这些目标的实现**的确**似乎受到威胁时，政治领导就会被召唤发挥作用。此外，对于安全的需要可能会和其他基本需要——比如说饥饿——结合起来共同产生

① 雅各宾俱乐部（Jacobin Club）也叫"宪政之友社"，法国资产阶级革命时期最大的政治组织。因会址设于巴黎雅各宾修道院而得名，1789 年成立，其成员称雅各宾派，1793—1794 年领导过革命政府。——译者注

② 巴赫（Johann Sebastian Bach，1685—1750），德国作曲家、管风琴家，出身于爱森纳赫的音乐世家，一生作品丰富，多用复调音乐写成，把巴洛克音乐风格推向顶峰，对西方音乐发展有深远影响。——译者注

一种加倍的要求。这种组合有助于解释一些历史情景，诸如法国大革命中的大屠杀及其他恐怖行径。

性需要对政治的影响并不很清楚。由于弗洛伊德极其强调性的至高地位，某些理论家就代之以更为温和的关爱和归属感的概念。研究需要的理论家们在精细性和均衡性方面所获得的进展，却在性欲研究的分析能力和成果保证方面丧失殆尽。然而，在对学习过程进行的实验室研究中对性动机的探究，始终不如对饥饿、口渴和疼痛的分析那样广泛。而且，不论是生育前还是生育后，性对于个体的生存而言，都不是至关重要的；放弃性欲并不会引起死亡，尽管有些人会认为这是一种比死亡还要糟糕的情况。正如布鲁斯特·史密斯所指出的那样，对性的多样化使用被作为个体兴趣和创造力的一个标志，这就为解释为什么它与个性发展的关系**可以**比那些强制性的需要更为密切提供了一个很好的理由。

考虑到医学移植的不断提高的可能性以及其他方面的发展，性作为物种范围内共有的行为，甚至可能不再是生存所必需的。作为个体行为，性需要的满足，导致了历史上一些比较有趣的政治事件的发生；而作为总体行为，它使社会和政治系统的延续成为可能。在宏观分析和微观分析这两个极端之间，尽管有哈罗德·拉斯韦尔和其他人所做的开拓性的工作，但是我们对于性的政治学仍然所知甚少。我们知道，那些观察一位在群众中呼风唤雨的伟大演说家的人们， 72
会感觉到领导者和追随者之间那种近乎性高潮的关系，但是这种现象是说不清楚的。

当一个人在“低层需要”的阶梯上攀升时，一种至关重要的因素，就是领导影响的程度和特征的改变。在某种程度上，当追随者们摆脱了因饥饿、可感知的生存威胁以及关爱的缺乏而产生的严重的束缚时，并且当他们培养出并投身于一种受到更广阔、更多样的文化与领导影响的一组需要时，他们的需要就会变得不再那么自私自利，那么短视，而且对需要的阐述也会变得更加自觉而审慎。领导者同样会影响更基本的需要的表达形式。在领导者和追随者之间无休止的互动中，每一方都将受到需要的驱动，但是这些需要可能截然不同。追随者可能会回应领导者的关心，或将他们的支持转移给另一位许诺会表示更多关心的领导者。在面临迫切的生存需要的时候，他们会满怀热情地追随温斯顿·丘吉尔，后来当社会和经济需要——他几乎未曾承诺要去满足这些需要——似乎可能要占据最重要的地位时，他们就会抛弃他。

这些各种各样的需要采取的表现形式当然会因文化的不同而差别甚大。但是，需要的等级结构理论的支持者们主张，所有的文化共享着一种基本的等级结构，而这种等级结构只是在表面上有所差异。如果的确如此，那么对于领导的意义就是很明显的。我们可以回想，低层需要的**受挫**只会加剧要实现它们的动机。只有富有才能的意志坚定的领导才能防止那种动机的加剧导致更加严重的挫折、自私化、冷漠、恐惧症以及其他形式的社会混乱。但是需要的**满足**会把更为沉重的负担加于领导身上——特别是当追随者的需要转变为对个人和社会满足的越来越高的追求时，领导就必须提升自己的目标。

需要和价值的等级

儿童从接受来自洞穴、牧群、部落、家庭的道德，进步到更广泛、更自觉地接受那种能够在更广泛的集体中指导他们并使他们坚强的价值观念。早期的道德为后来成年领导者和追随者所信奉的意识形态奠定了基础。人们认为，伍德罗·威尔逊的“长老会良知”(Presbyterian conscience)，是在他父亲的教堂和牧师住宅中被灌输的，并且在他担任总统的时期仍然影响着他的个人行为——因此影响着历史。埃里克森总结道：“各种道德（moralities）或迟或早会退出历史舞台，而伦理（ethics）却永远不会如此；正因为如此，对于同一性和忠诚的需要会伴随每一代人而重生。可以预料，在道德说教（moralistic）意义上的道德，会被人们根据迷信和非理
73 性的内在机制来加以断定，这实际上会一再破坏各代人的伦理品质；但是只有在新的、更为普遍的道德盛行的地方，旧的道德才是可以抛弃的。”如果领导者的价值体系起源于儿时的良知，那么当道德规范在范围不断扩大的、出现更多差异的社会集体中得到阐释和应用时，青少年期和成年期就会带来许多新的开端和新的终结。

有助于解释社会和政治价值观念形成的毕生过程的各种个人发展理论，必须以测量的方式来区分个人发展和实现的不同阶段。它们必须使对人的潜能的更广泛的探讨成为可能，这些潜能既包括个体自我实现的潜能，也包括公民美德的潜能，甚至还包括美学标准的潜能——人们那人所具有的丰富可能性几乎无限地扩展和实现的潜能。它们必须是整体论的，以避免把解释简单化或归结为单一的原因；在区分行为的两个层次时要有差别地对待；要发展对个人变化和社会变革的长期分析。着眼于更广泛系列的欲求、需要、希望和期望的 A. H. 马斯洛的理论，符合这一标准；劳伦斯·科尔伯格的理论也同样如此。

科尔伯格的理论，基于他根据从中国台湾、墨西哥、土耳其、尤卡坦[①]（Yucatan）和美国所搜集到的资料所形成的概念，并建立在皮亚杰理论的基础之上，确认了道德发展的六个阶段。在前两个阶段——“前习俗水平”（the preconventional level）——青春期之前的儿童以惩罚为目标，服从地位高于自己的人的权力，认为那些满足需要并主要是个人需要的行为才是适当的行为。在下面两个阶段——“习俗水平”（the conventional level）——重视一致性和可接受性以获得认可，它与对权威和固定准则的关心，甚至与对维持既定的社会秩序的关心，融为一体。在最后两个阶段——“后习俗水平”（the postconventional level）——道德取向更具原则性。在这两个阶段的第一个阶段中，对于程序规则在群体和个人规范中的作用有了更加深刻的认识。这些规则和价值是通过一种**为了总体功利**——“最大多数人的最大利益”——**的社会交易或契约**而被人们所共同认可的。这种取向逐渐融入最后一个（第六）阶段，在这一阶段中，集中考虑的是普遍的伦理标准，考虑那些

---

① 墨西哥的一个州，位于墨西哥东南尤卡坦半岛北部，首府梅里达，历史上是玛雅古国的一部分。——译者注

“有逻辑的、全面的、普遍的、一致的”原则。这些原则是上面所提到的那些更为一般或普遍的价值观念——有关自由、平等、尊严、公正和人权的价值观念。

正是在需要等级和其他动机的一致性中，正是由于符合道德发展的不同阶段，有道德目标的领导才会变得活跃、具有政治性而充满生机。

“‘民主’这个词怎么样，它的意思是什么?”采访者这样问十岁的朱迪斯（Ju- 74
dith）。

“民主……哦。嗯，民主实际上是一种——嗯，人们拥有的东西——嗯，我没有办法解释它!”

“想到什么就说什么。”

“嗯，民主是那种人们应当拥有的东西……嗯，你应该享有民主并且应是……嗯，就像……嗯!”

“你并不十分确定它是什么?”

“我并不完全确定，但是我的理解是——它是人们应该拥有的东西，他们应当享有民主，就像成为一个好公民一样，或者类似的——我说不清楚。”

“嗯，——无论如何它是好东西。”

“是的。”

“对于具体内容你并不完全肯定。”

“是的，我不肯定。”

毫无疑问，朱迪斯的模糊不清在一定程度上是由于她的年幼及其所处的发展阶段。她太年幼了，不善于表达这样抽象的概念。她在其中成长的社会，本身也缺乏对其政治价值观念的明确认知，缺乏对为这些政治价值观念服务的各种制度的明确认知。她的迷惑也源于这个小孩子的困境，她要经历一系列将给年轻人的自我认同和整套规范带来威胁的情境、小团体和各种角色。进入青春期，年轻人可能会逐渐抛弃儿童对于国家标志和领导者的简单的、效仿的、谦卑的效忠。但是取而代之的是什么呢? 埃里克森认为，青少年的头脑，实质上是一种暂时中止（moratorium）的头脑，是“介于儿童和成年人之间，以及儿童所学得的道德与成年人所发展的伦理之间的一个心理阶段”。并不总是容易回忆起来，埃里克森在其他地方也说过，“尽管青春期的‘症状’和经历与病态的和精神病的症状及经历具有相似性，但是青春期并不是一种疾病，而是一种正常化的危机，也就是说，是一个既以较高的成长潜力，又以一种自我力量的表面上的波动为特征的冲突逐渐增加的正常阶段”。然而，在许多文化中，青春期的困境并不严重，甚至在西方文化中的大多数青年人也是如此，通常是一种混乱的状态，一种突发性的、仓促杂乱的变化状况。这种个人的混乱可能恰恰反映出西方文化中有关价值的本质及其在政治生活中的功能的问题方面的更广泛的混乱。

价值的概念对于这里我所提及的领导概念是如此重要，以至我们必须确定其定义。价值具有一种特殊的力量，因为价值包含了许多既分离又密切相关的现象。价值指出了可欲的或偏好的**目的状态**（end-state）、集体目标或明确的目的，价值还

75 是人们建立具体准则以及在各种可选方案中做出选择所依据的**标准**。因此社会平等既是一个目标，也可以是衡量政策、规定及其他目标的一个标准。我们将使用目的价值（end-values）这个术语来标示目标和标准这两种相互交织的价值的含义。价值也可以被定义为**行为方式**（modes of conduct），比如，谨慎、守信、勇敢、谦恭、诚实、公平。有时候方式本身就是目标，但是它们一直是政治或其他人类事业应当实施的手段，因此我们将这些称为**方式价值**（modal values）。一些价值本身既是目标——内在的价值——也是达到进一步的目的状态的手段——外在的或工具性的价值——就像在以下情况中那样：一个年轻人进入大学是为了找到一份工作，但也看重教育本身的价值；殖民地人民信奉民族主义，只是为了取得独立，但是在获得独立之后也不会放弃民族主义；还有，重视高分的学生不仅因为高分本身是一种满足和激励，而且因为那是找到一份比较体面的工作的一种手段。

作为目标和标准的目的价值，作为行为方式的方式价值，以及代表手段和目标二者的工具性和内在性价值——所有这些，对于能够掌握它们的任何一个领导而言，都是一个令人生畏的弹药库。如果领导者信赖平等的目标，运用平等主义的标准来评价公共政策问题，借助礼貌和守信的准则来监督他们自己及其对手的行为，赞成像博爱这种价值观念，因为它也能产生平等的目的—状态，那么他们就能够召唤起有着多种不同价值观念的追随者的广泛支持；但是就这些行为是有争议的，它们也能激起强烈的反对和冲突。

价值观念只是动机，还是具有一种独立的（因此更为强大的）激发和指导力量？研究这一课题的学者们不能达成一致意见；价值观念有时候被认为只是另外一种动机。如果是这样，那么程度上的差别就等同于种类上的差别。米尔顿·罗基奇认为，“价值观念不仅含有认识的、情感的和行为方面的成分，而且具有很强的动机成分”。与认识上的确信（“外面正在下雨”）相比，价值观念被内化得如此之深，以至于它们不但确定了人们有意识或无意识地持有的各种态度，而且定义了性格和行为。它们既表达了**良知**，又表达了**意识**。因此，价值观念的持有者在缺少刺激因素、制裁措施，甚至缺少证人的情况下，通常也会遵循那些价值观念的指示——就像一个女孩，在她知道没有人看见她捡钱包的情况下，也会把丢失的钱包还给失主；或者像这样的政治家，坚持要保护言论自由，即使明知这肯定会使他们丢掉选票。检验人们是否遵循价值观念，不仅要看他们是否愿意把各种原则和标准应用在他人身上，而且要看他们是否愿意将其应用在自己身上。

如此强大的现象几乎不是随意地，不是在心不在焉的时候形成的，也不是完全从朱庇特①的额头上突然冒出来的。然而这些强大而明显的力量的源泉所在，长期
76 以来一直处于争论之中。作为一种“实践的”事情，父母、教师、牧师以及其他那些守护着历时千年的地域性的和普遍的礼拜仪式、准则和道德的人们，始终试图给年轻人和那些似乎容易受到影响的人灌输“正确的”价值观念，特别包括类似于诚实这样的方式价值观念。这些有意的努力所产生的结果是正负兼有的；最近的一些

① 朱庇特为古罗马神话中的主神。——译者注

证据表明，如果不能有效地实现内化，传授价值观念的努力越明显、越正式、越**来自外部**，就越没有什么成效。研究表明，道德行为与情感回应，特别是与对父母的爱和情感的程度的联系，和它与像具体奖惩的期望与实施这样的外部刺激的联系相比，前者的联系要更为密切。或许官方规范的定义者和标准的建立者影响“低层次”的价值观念传播者——父母、教师等——这些人再影响追随者，这采取的是熟悉的两步过程（即报纸社论的影响，出租车司机对乘客的影响）。但是有实际经验的、处于基层的从事道德教育的老师们，通常是最先看到并承认他们影响力的局限的人。

那么，如何解释某些目的价值和方式价值会对大批人产生强有力的控制呢？在社会各处都树立起价值的确立者（value setters），他们具有格外的影响力，因为他们是含蓄的、被认为是理所当然的，因而并没有公开要改变他们的人类同胞。皮亚杰和科尔伯格两人都曾针对发展进化中的这一过程提出过根本性的质疑。

为什么儿童会从道德观“较低”阶段步入到一个“较高”阶段呢？如果他们生来就处在一个较低阶段上，为什么他们没有继续锁定在这个阶段，被各种文化力量俘虏，成为他们“低层次”欲求和需要的囚徒呢？当然一些人的确会如此，但是许多人不会这样。对于那些向上走的人来说，他们的推动力量既来自那些同伴们，他们示范了内在的更高层次的道德推论方式；又来自其他人——在学校、教堂、社会阶层或由同等地位的人组成的团体中——他们在这种等级结构中相比这位初学者站在了一个更高的台阶上。有研究指出，儿童倾向于偏好高于他们自己发展阶段的道德思维层次，但如果该层次比他们自身所处的层次高出不止一个层次，他们就不理解他们所偏好的那个层次的道德思维。

在价值观念的交流中，存在着相当的大的传递损耗。作为“价值观念传达者”的领导者，很少准确地传达上头的官方发言人所暗示的价值观念——或许除了在战争或其他危机中。亚伦[①]（Aaron）并没有按照摩西[②]（Moses）传达的那样来解释“十诫”。通常，他们在做传达者时会坚持开出价钱（exact a price），而当他们表达或传递价值观念时，也要加以修改。保罗通过整理编纂，对耶稣的价值观念作了重大的改动。但是这种角色可能会使价值观念在其可能的歪曲中被吸收得更加迅速，更加有效，甚至有更大的毒害性。不同类型的领导者会在不同的阶段施加影响：童年时期施以影响的是父母，后来是老师，在其他的阶段上就是同伴、牧师和政治领 77
导者。父亲更多的是作为权威人物，而不是作为进餐或就寝时的说教者来为孩子灌输价值观念的；母亲是疼爱的提供者和拒付者，而不是家中的官方学说的传达者。

无法非常精确地查明究竟哪些同伴或文化英雄——玩伴、同学、年长的哥哥姐姐、父母、父母的代理人、老师、童子军团长、村中的长者、民间英雄——确切地对价值观念的形成施加了多大的影响；无论如何，那些影响的作用形式会随文化的不同而有所差异。政治文化本身确立了主导的和次级主导的价值观念。为了我们的

---

① 摩西之兄，犹太教的第一祭司长。——译者注

② 《圣经》中记载的古代犹太人的领袖。——译者注

目的，有几个因素我们必须加以考虑。领导者对价值观念的形成产生的日积月累的影响是相当可观的，但并非完全决定这一过程。儿童在道德发展的各个阶段中的进步，以及他们在任何一个阶段对影响的接受能力，仍然明显地取决于他们的个人经历和才能。活动范围的扩大及知识面的拓宽是他们自身求变的力量的体现。但是认识的发展反过来又依赖于来自同伴以及其他人的影响的直接的、两级的甚至多级的传导。通过共同参与的经历，这些正处于进化过程的人们就在认识上和道德上与周围的影响者们“勾连”在一起，但这不仅取决于他们自己的条件，也取决于其他人的条件。

这种心理过程是多样的、复杂的。当儿童超越道德的初级阶段，在越来越高的层次上就“公平”和“诚实”做出价值判断时，他们必定会形成某种内疚感，或者至少是一种同情感。他们学习如何去模仿父母及他人，但是他们的效仿是有选择的，是基于原始的、自发的欲求。互惠感逐渐增长，其形式在不同的阶段会发生改变。在科尔伯格定义的道德发展的第一个阶段中，“互惠的最初级形式是以权力和惩罚为基础的，即顺从和免于惩罚之间的互惠”。在接下来的更高发展阶段中，出现了文字上的交流，然后便逐渐认识到积极的社会关系是建立在感恩、共情①（empathetic）和相互期待基础之上的互惠体系。在最高阶段，儿童不是求助于社会秩序那些显而易见的规则，而是求助于超越那些规则的抽象的正义概念——“那不公平！”

随着儿童越来越广泛地参与到家庭、学校和托儿所中去，面对不同特性的人，交流知心话，参与集体决策，他们越来越多地被吸引去承担新的角色。最终，青年人会进入到更广阔的教育、职业、法律和政治环境中。但是并非所有人都会如此，或者他们是依照不同的条件这样做的。根据科尔伯格的观点，“人们参与政府、工作或经济这样的社会机构的机遇有所不同，衡量这些机会差异的指标也就是衡量社
78 会经济地位的指标。下层阶级不能也没有像中产阶级那样在政府和经济机构中感受到同样的权力和对其的责任，这一点是非常明显的”。

领导的品质产生于这些模仿、选择、角色承担及共情的过程。当人们在经验、知识和理解力、模仿、意向和更高的道德判断能力方面取得了进步时，当他们在适应环境和角色承担方面更加娴熟时，他们也就提高了领导能力，这种能力来自于对他人的需要、角色和价值观念的理解，表现出基本的原则和目的。这样便出现了领导者和追随者之间的区别，因为领导者必须了解多种角色，而追随者需要理解的角色较少；领导者必须满足追随者的欲求和需要，同时又不能牺牲基本的原则（否则，他们就不会成为领导者）；他们必须调解群体冲突，但又不能成为没有他们自己目的的单纯的裁判或抚慰者；他们必须与追随者“同在一起”，但是又要“超越”他们。不过，领导的主要优点在于他能够更紧密地作用于追随者，以便将他们提升

① 共情，是人本主义精神分析学家罗杰斯（C. R. Rogers）提出的一个概念，是指能深入他人的主观世界，了解他人感受的能力。它与同情不同，同情涉及对他人的物质帮助和精神抚慰，而共情强调进入对方的精神世界，并能理解这个世界。——译者注

到领导者的道德发展水平。

在这些发展阶段方面，领导者本身并不比追随者调整得更秩序井然。在对加利福尼亚的高中老师进行的一项研究中，伊丽莎白·辛普森发现，有一组男女教师，在政治信仰上倾向于中偏左，在政治兴趣和政治参与方面超过一般人，通常对社会问题的解决持有乐观的态度，倡导自由、责任、法律和秩序以及公平的价值观念，但是按照科尔伯格的定义，他们倾向于习俗的和后习俗的思维方式。他们认为法律的功能更多的是禁止无益的行为，而不是“将有益的行为规定为标准和指导原则，或是基于何者为正当或正义这种原则信仰提供一种有助于人类的**有益**和**理性**的方式”。他们中的大多数人感到，法律在某些情况下当然是可以被违反的，但是当他们被问及抽象的法律功能时，其回答却是基于禁止和控制，其程度远远高于他们的年龄和所处的社会阶层被期望注重禁止和控制的程度。然而，总的看来，这些教师在对学业的集体影响、对阅读和讨论的控制、作为权威人物的作用、对各种看法的无意识的表达——我们可以假定，不是在正式的布道和道德教育的过程中——有助于帮助学生顺利经过道德发展的不同阶段。

儿童或青少年是如何被推动从一个水平达到另外一个水平，这在许多方面仍是一个不解之谜。正如我们日常所见，一些人不会有所变化；他们永远停留在一个服从、顺从、过分简单地遵守规范、恪守法规条文的阶段。但是在那些的确从前习俗 79
水平发展到后习俗水平的人们当中，我们未来的政治领导队伍将得到补充。马斯洛的需要理论由于强调低层需要和高层需要的有力影响，再次提供了一种富有成效的解释。辛普森发现，马斯洛的需要发展序列与科尔伯格的道德发展动机方面的图表之间有一种叠合。她认为，马斯洛的最低层次的需要阶段——生理和安全需要——与科尔伯格的受他人的惩罚和受他人的物品控制与奖赏这两个阶段是有关联的；马斯洛的归属感需要与科尔伯格的不被他人认可和受合法权威指责的道德规范水平在内容上是相对的；马斯洛所说的对于尊重的需要——自尊和社会尊重——与科尔伯格所说的社会的尊重与不尊重、自我批评与自我谴责的道德规范是重合的。辛普森看到，在科尔伯格和马斯洛两种等级结构的低层和中层，在更加机会主义的、有关奖惩的、关注自我的、墨守成规的态度和行为，与生存和归属感的需要之间，存在着一种更加有意义的符合；在两种等级结构的最高层，马斯洛的对自尊和自我实现的需要，与科尔伯格所强调的更少权宜性的、更少关注自我的更高价值之间，同样存在着重要的一致性。

并不是每一位青少年——甚至不是每一位青少年的领导者——都会花费许多时间来思考“较高层次”的价值观念。大多数人在处理自己的事务时，不会去关注这种预示未来的事情，从而处于一种无忧无虑的状态。第二次世界大战结束还不到 15 年的时候，对意大利的年轻人进行的一次调查发现，很大一部分人声称他们对于国家和国际事务兴趣甚少，或毫无兴趣；而那些感兴趣的人们所持的观点通常也是彼此非常矛盾。对大多数西方社会所做的调查，也可能得到类似的结果。在专制的社会中，各种青年团体的行为可能更加具有意识形态的味道，但即使如此，人们也可以假定，他们的大部分行为受到较为次要的需要和价值观念的驱动。在大多数社会中，那些承担领导学校活动、同伴团队、运动队及类似组织的人，是自发而为，也许并没有意识到他们的领导行为。最起码来说，这些行为可能是学习正式领导角色的一种形式；它们也可能对领导者和追随者的目的和价值观念具有丰富的意义。

在儿童和青少年群体中进行的领导研究，传统上一直强调领导的情境主义和机会主义的特征——即潜在的领导者对产生于短暂的或持续性的情境中的领导机会做出有意或无意的回应。40 年以前，K. 托基（K. Toki）在对日本学龄儿童进行的有
80 关领导者和追随者之间系统变化的各种组合的试验后总结道，瞬间的具体要求，而不是内化的规范标准的具体要求，在多数情况下决定了领导的性质。当领导者被有意地安排离开群体时，所产生的一系列结果特别值得注意。正如人们可以预料的那样，当领导者被调离时，组织的情况就会恶化，但是它的恶化会采取不同的方式，这取决于调离的物理范围、持续时间以及替补领导者的可能性。一个追随者从组织中调离则不会对组织的结构产生可察觉的影响。

不同的情境，在结构相似的环境中，会造就不同的领导者。威廉·怀特（William Whyte）注意到，一个街头帮派的领导者并不处理与他的追随者们的关系，就好像这个帮派是一个毫无等级差别的群体。他引用一个低层领导者的话说："在任何一个角落，你不但能够找到一个领导者，还有可能找到几个助手。他们本身都可以成为领导者，但是他们让那个人领导他们。你可以说：'他们之所以让他领导是因为他们喜欢他的做事方式。'这点毫无疑问，但他要靠他们得到权威。许多时候，你都会发现，那帮家伙们一直待在后边的角落里，直到出现某种情况，他们才开始接管并发号施令。有时，那样的事情变化很快……"怀特断定，领导是帮派组织的焦点。缺乏领导人，群体的凝聚力就会涣散，群体就变成几个更小的派别的集合。

这些发现可能会近乎无止境地增加；它们的确已经成为有关小群体领导研究的一个主要内容。在社会学和一些心理学文献中，这种对情境（situation）的强调再次引出了个人影响与环境（班级、学校、社区）影响相比较的老问题。弗雷德·格林斯坦（Fred Greenstein）注意到，在当代的人类学中，有人偶尔区别了旧文化—个性文献（old culture-and-personality literature）与新文化—个性文献（new culture-and-personality literature），前者特别关注儿童期的社会化及其对个性形成的影响，而后者着重于系统地探索人们对其环境的认知图式。"在本质上，这些新与旧之间的区分是在历史研究中的人为产物。人类在毕生的社会化过程的任何一个阶段，都不会被划分成个性与认识、'专属政治的'发展与'非政治却与政治有关的'发展这样一些独立的成分。偶然被分开的东西需要被拉在一起。但是，对我们目前的研究来说，这需要一个相当谨慎的概念化过程。为了思考是什么介于个性社会化
81 和政治系统之间，我们需要一套'庖丁解牛式'（carve at the joints）的区分。"我们现在所要转向的社会化过程的研究，会有助于做出这些区分。

第 4 章

领导的社会根源

人类的最为共同的经历，就是在生命的最初几年与父母中一方或双方的紧密联系。

在塑造社会观念方面，同辈人之间的影响是强有力的。

社会经济地位较低的小学生们比经济地位高的小学生们的政治化程度更低。他们比地位较高的同龄人更加尊崇政治领导者；因此他们更倾向于认为权威人物是值得信赖的，较少去质疑他们的动机，更容易默认现行的政治制度。

自尊的需要与承担社会角色的需要，将一些人推向潜在的领导位置，同时将其他人排除在外。

自尊会伴随着成功而增强，又会随着失败而至少暂时性地减弱。期待和实现（或没实现）互相扶持，导致改变了对未来的期望。

要想解开一个伟人沉浮的秘密，就不仅仅要分析在他的童年时期所受到的各种心理影响和社会影响，还要分析在他的中年和晚年的生活中所遭遇和产生的各种政治力量。

81 核心家庭是一个小型的政治系统——霍布斯称其为一个小利维坦[①]（Levithan）——而且也是一个最初的领导体系。在所有

① 利维坦是《圣经》中记载的一种巨大海兽，力大无比。英国哲学家霍布斯1651年发表论著《利维坦》，用该词意指一个强大的国家。该书反对“君权神授”论，主张君权至上，借此为托克维尔的独裁专政辩护。——译者注

的文化当中，对政治的关注和理解大多源于早期的童年时代。托克维尔（Tocqueville）说："正可谓，从其摇篮之中，便可观其一生。"我们"必须观察躺在母亲怀抱中的婴孩，我们必须看到外部世界投射到他的混沌的大脑中的最初镜像，也就是他所见证的最初的事件；我们必须聆听最早唤醒他的沉睡的思想能力的词语，并且支持他的最初的努力，如果我们能够理解以后会控制他的一生的偏见、习惯和情感的话。"

各种信号都会引起儿童不时闪现和不断拓宽的兴趣：一个家庭对于一次印度种族骚乱的反应；发生在北京的一次共产党游行；布宜诺斯艾利斯的一篇阶级导向的评论；费城的一位共和党大叔；一支纳粹歌曲；一面在达勒姆（Durham）飘扬的英国国旗；乌干达的一次部落典礼；都柏林的一次宗教仪式；一家人聚集在电视机前等候总统的演讲。主流意识形态的符号在儿童身边涌流。或明或暗，儿童总是因服从而获得奖赏，因背离而受惩罚——依凭的标准由其**父母**来确定。

人类的最为共同的经历，就是在生命的最初几年与父母中一方或双方的紧密联系。我们可以对这种到处存在的经历作出一种跨文化的概括，尽管在许多文化中存在着扩大的亲属关系制度。母亲，或者母亲的替代者，即主要养育儿童的人，是儿童认同和依恋的主要对象，对这种关系的重要性一直有所争议。母亲喂养儿童——不管是用母乳还是用其他方式——的需要不断减少，受其影响，加之母亲要做的日常
82 家庭事务，使承担职责的母亲成为了儿童所渴望和要满足的对象。婴儿可能会对其母亲的情感表达行为，以及这种亲密联系的任何打扰和中断，产生一种强烈的敏感性。一种强大的共生性联系可能会形成，其力量只能有待日后更广泛的影响来慢慢削弱。

在大多数文化中，随着儿童的长大，父亲变得更加重要。把父亲包含在内就形成了一个微小的社会系统。在达尔文和弗洛伊德的理论中，这是始终被强调的一点，特别是在原始的游牧部落中，强暴而嫉妒成性的父亲把所有女性都占为己有，并且把儿子们都驱赶出去，直到这些兄弟们联合起来杀死甚至吞吃了他们的父亲；同样被强调的是，对于一个严厉的父亲或母亲，儿童趋向于控制自己对惩罚自己的父母——通常是对父亲——的情感，其方法是把惩罚置换到其他对象的身上（其结果可能是倾向于形成一种专制的个性）。但父亲加强干预所产生的最为通常的结果，就是形成了一个基于两代人和两性之间互动的小型动态组织。西奥多·莱兹（Theodore Lidz）的下述观点反映了社会心理学界长期持有的组织理论："任何团体都需要领导的统一。但是家庭包含两个领导者——一个父亲和一个母亲。指挥和组织的统一性，要求父母双方之间形成一种联盟，这种联盟是可能的，因为父亲和母亲的职责虽不相同，但却是相互联系的。"父母亲的联合让儿童体验到了指挥上的统一。

这种领导系统的一个至关重要的方面，就是在早期的权力关系中存在着不平衡或不对称的现象。即使那些能够避免典型的恋母情结影响的儿童，也会嫉妒父母亲在家庭内竞争稀缺资源——比如关心、疼爱和食物——中的地位和权力，但是父亲和母亲对奖赏和惩罚的近乎垄断几乎是一种完全的控制。劳伦斯·科尔伯格假定，在几乎所有的社会中，儿童都具有一种把父亲看作主导权威的自然倾向，但是在美国文化中，父亲对儿童所产生的政治影响可能并不如在其他文化中表现得那么明显。

作为帝国的家庭

由父母和儿童组成的这个强大的小帝国（imperium），既不是封闭的，也不是静态的。埃里克·埃里克森认为，“这是因为人类的心理社会生存，只能由至关重要的美德来护卫，而这些美德是在共同居住于有组织的环境中的连续而重叠的各代人在相互作用的过程中形成的。在这里，共同居住并不仅仅意味着偶然的接近。它意味着个人的生活舞台（life-stages）是‘交互生活的’（inter-living），与其他人的舞台就如齿轮般地紧密相连，这些人推动他，同时也被他推动”。不管父亲和母亲的人格及示范作用产生的影响多么强烈，儿童会逐渐地从父母影响力的近乎拘禁中解脱出来，而发展出完全独立的自我保护和自我主张。按照埃里克森的渐次生成原 83
则（epigenetic principle），儿童是通过在不同的阶段遭遇并克服危机性的任务才得到发展的，儿童游戏、实验——埃里克森再次抓住了那种至关重要的特性。“游戏之于儿童，正如同思考、规划、绘制蓝图之于成年人所含的深意，游戏是一片试验的天地，其中，各种条件都被简化了，各种方法也都是探索性的，所以过去的失败会被全面地加以考虑，期待也会得到检测。游戏的规则不能完全由成人的意愿强加：玩具和玩伴是与儿童同等的。”正是儿童所具有的探索的好奇心，才把他们从父母的桎梏中解脱出来，并且引导他们继续前进，吸收新经验、知识、技能和价值观念；当然，这在一定程度上依赖于父母如何回应那种好奇心。正如让·皮亚杰和他的合作者们以及弟子们已经证明的那样，儿童通过长期地适应新的经历，得到更多的经验，从而发展了自己的智力、语言和推理能力——而这些又推动儿童更多地游戏、探索和学习。这些方面的发展有助于儿童的地位从被动的**追随者**进入到潜在的**领导者**，他们最起码可以按照自己的需要和目标来做事，而最佳状态则是在核心家庭中分享领导权力。

但是，烦人的困扰也开始形成了。儿童学会了把人们看作种族、等级、阶级、地域、职业或语言等不同群体的成员。他们从其他人那里不仅学会了根据这种社会分类来辨识人，而且还学会了根据这种社会分类来认同或拒绝这些人。儿童的最早期的初级价值体系（“他们必须被教导”）主要建立在“我们”对“他们”的基础上。这些早期的认同和忠诚将深刻而持久地影响人的一生。理查德·达沃森（Richard Dawson）和肯尼斯·普里维特（Kenneth Prewitt）发现，“亲眼目睹民族主义、群体认同和党派忠诚，甚至在面临趋向于改变的广泛压力时，也能表现出来的持久性，这是令人惊讶的”。各种文化上和制度上的影响又加强了这一进程。在大多数文化中，家庭、邻里、村落、城市中的种族聚居地和教堂或寺庙互为支持地存在着。团结和相互接纳是心理上、社会上甚至肉体上生存的代价。

从婴儿、孩童到青年，一个人需要经历一系列的社会制度，这些制度自身可能是进化的，也可能是变化的。心理分析学者视为恋母情结的结盟与冲突，在社会学家或文化人类学家看来，可能是由社会培养和构成的。观察者的眼光可能会左右他的眼中所见。依据一种原则，某种行为可以被视为本我、自我和超我之间的冲突的一个产物；按照另一个原则，可以看作是父母训练的产物，父亲是社会信息的提供者，是与外部世界联系的纽带和中介，而母亲则是养育之情和不加选择的爱的源
84 泉。正如约翰·多拉德（John Dollard）所提醒我们的那样，无论人们的理解如何不同，这一过程是在一个联系为整体的生命中发挥作用的：当一个人被各种交织的影响力所控制时，它就不仅从**外部**作用于这个人，而且从**内心**作用于这个人。

从青春期的偏常到反叛，都是针对这些社会化力量所产生的巨大压力作出的反抗，这成了领导研究的一个冲突中心。对政治而言，冲突至少和共识同等重要。对于许多文化来说，偏离的潜在可能业已降到最低程度。跨越广阔的时间和空间范围，尽管——或有时因为——存在外部的威胁和压力，社会始终能够维持自身在社会、宗教、政治制度等方面的结构保持不变。新一代的父母已经将这种政治文化传递给了新一代的儿童和青年。各种宗教派别引导着年轻一代初步了解他们古老习俗的神圣和神秘。青年的团体——童子军、爱国青年联盟、少先队——体现了爱国主义、祖国、民族这些主流符号。成人仪式和种族庆典庆祝了青年人在固定的传统或价值体系中向成人的转变。社会化在本质上是一种守旧，因此也是维持现存的社会差别和社会制度过程中的一种保守力量。

但是，政治文化**的确**在发生改变，同时这种变化的机制和动力也为未来领导的出现和冲突准备了舞台。从长远来看，几乎没有一个社会能够免除根本的经济和社会变革，与这种变革伴随而来的社会的和地理的流动性力量，在很大程度上改变了家庭和社会中的政治变革的流向。由战争、贫困和自然灾害引起的人口流动，移植并重新创造了整个社会。某些地区，实际上是一些区域——如苏联的格鲁吉亚、苏格兰高地、美国、德国、法国和印度的“南部”——可以在较长的时期内，逃脱国有化趋势，但最终不免于屈服。其他的分离主义社区可以从包围着它们的大城市中割出一片小小的移民聚居区（enclaves）来生存，诸如奥斯卡·刘易斯[①]（Oscar Lewis）所研究的在墨西哥城中的乡村文化，但最终也至少在某种程度上被外界渗透了。

如肯尼思·兰顿（Kenneth Langton）所写的那样，即使是在表面上未被社会和经济变更所触及的停滞社会中的家庭，也会形成一些较大的间断，其影响因素包括母亲或父亲的控制失衡，缺少母亲、父亲或双亲所产生的影响，以及“在其早期的学习过程中其他许多‘重要人物’”的替代。或是其父母可能持有完全不同的政治观点，尽管在大多数文化中妻子需要服从其丈夫的价值取向，或至少保持中立的观点。当他们的确有分歧时，孩子们就要面临双重的压力（cross-pressures）。有时
85 他们会通过采取一种中立的立场来化解冲突；有时母亲或父亲（或是家族成员中的其他人）可能会对此施加更大的作用力。与某些具体政策上的观点分歧相比，代际冲突可能在政治进程和结构问题上——如非暴力反抗——表现得更加尖锐。变革和家庭内部冲突往往是相互伴随的。

① 奥斯卡·刘易斯（1914—1970），美国人类学家，致力于拉丁美洲下层社会生活调查。——译者注

专制的或过分溺爱的父母，对青少年思维方式的形成明显具有特殊的影响。各种研究的结果通常是复杂的，但是有证据表明，要获得孩子对父母在短期内的唯命是从，其代价便是随后产生的叛逆行为。盖布里尔·阿尔蒙德（Gabriel Almond）和西德尼·维巴（Sidney Verba）对五个国家——英国、德国、墨西哥、意大利和美国——进行了一项研究并且得出结论，即美国孩子在家庭决策的参与中具有更大的自由和批评的权利，因此，在这些家庭中的叛逆可能会更少一些。而在法国、比利时及荷兰，人们发现，父母对孩子的过分呵护会引起高中生和大学生对政治产生不信任以及疏远政治。一个加勒比海地区的研究表明，家庭中的专制主义上升时，儿孙中对父辈的政党偏好的认同就会下降，那些专制主义程度最高的群体除外。一份有关马萨诸塞州剑桥市的研究发现，那些试图要对其十几岁的孩子实行严格控制的家长，其子女最有可能背离他们本身持有的政治偏好。家庭是一个帝国，但是如同所有这样的帝国的领土一样，它也是有边界的。

学校的政治教育

孩子的社交范围局限于家中，乡间小路上或屋檐下，教室里或城市的操场上。但是，近几十年，在大多数文化中，正式的学校教育已经被视为形成政治看法和行为的主要方式。50 年前，查尔斯·莫瑞恩（Charles Merriam）基于对八个西方国家的调查后声称，学校是形成公民教育的主要工具；40 年后，两位研究者断定："在美国，公立学校是政治社会化最为重要而有效的工具。"同时，阿尔蒙德（Gabriel Almond）和沃巴在他们的五国研究中坚持认为，没有其他的变量能够与影响人们政治观点的教育因素相提并论。这些观点为人们所争论，而给一些研究者留下更深刻印象的是社会化的力量的确多种多样，家庭环境中形成的倾向对课堂学习的影响，以及从各种经验和事件中直接进行学习——在学校教育结束后，这种学习仍将长时间地持续下去。

很明显，太多东西取决于儿童、学校以及学校和文化所涉及的各个方面，即：学生所身处的等级和身份的异质性、课程设置和学校质量以及这些学校作为国家价值观念、区域的或社区的传统和宗教学说的代理机构所具有的权威的程度。正式的课堂训练和课堂教学可能是学校政治影响成效最小的手段。在一项研究中，一群美国学生选修了许多公民学课程，但这看来似乎对他们的政治兴趣、知识和功效感（sense of efficacy）影响甚微。正如每个教师所知，除非在特殊情况下，学究式的教师对学生的影响力非常有限。年幼的孩子比年长的孩子更加容易受其影响，但年幼孩子的政治看法却更加分散，更加不成熟。年长的孩子可能更具有反抗性，但是他们的政治观念一旦形成，他们可能会在政治上更为专注而有效。在一个政治动员和政治灌输较多的社会中，课堂教学可能会具有强大的影响力，因为它强化了在整个社会中那些更广泛和更强烈的努力。因此，在日本帝国时期，日本小学生参加庆典集会时，要宣读帝国教育法令，要展览天皇的肖像，要参加升旗仪式，而且整个 *86*

过程按照一个固定的礼仪来进行，这样一来，场面立刻变得庄严而令人感动。学生还要去参拜神社。但是，即使是在专制的社会中，也有可能出现抵制和反抗行为。苏联的教学纲要从不质疑教育是国家的一个工具，教科书、歌曲书、技术指南都必须要服从规定的方针。但是据一项研究表明，“无论在教室、共青团或大众媒体中，政府所支持的所有政治交流中的教条主义和不断重复，都造成了不可遏制的厌倦感”，使得苏联学生变得缺乏政治兴趣。灌输并不都是无法抗拒的。

孩子不仅仅是海绵，只知道吸收文化的影响，他们还混合了心理的影响；在大多数情况下，他们是各种观念的创造者，反过来，他们又把这些观点投射到他们的环境中。在很大程度上，他们本身**是**什么样的人，影响了他们对所教授知识的理解能力、选择性，以及他们整合他们的知识并将其运用于特定的社会和政治情境中的方式。

无数的研究结果发现，同辈人在塑造社会观念方面的强大的影响是显而易见的，即使对随意的观察者而言也是如此。一项经典的研究表明，无论在城市的高中，在苏联，还是在像本宁顿①（Bennington）这样的精英学院中，要取得某个团体中的成员资格，所付出的代价就是要遵循大家都接受的规范。在本宁顿学院，要得到受尊重的同辈群体的接纳，需要效忠于自由的准则（这毫无疑问是激进时髦做法的一个早期的例子）。同辈们可能强化或攻击家庭和课堂的规范；这在很大程度上取决于学校中学生的异质性程度和学生——在教室里、食堂里或者运动场上——按照阶层、性别和种族被隔离成不同群体的程度。当孩子们从严格控制的家庭环境中脱身而出，进入到不断扩展和转变的社会系统中时，与同辈交流也可以帮助一个孩子摆脱父母的控制，形成更自主的价值和选择。

过程影响着年轻人政治观点的**内容**——特别是关于政治参与和领导，忠诚、反
87 对或反叛，冷漠或投入等方面的观点。无论个人对于父母或学校权威的青年期反叛具有怎样的性质，但外部政治的最初回应都是一样的。孩子们会首先被鼓励成为一名爱国者。在美国——有理由认为在其他大多数社会，情况是相似的——学龄儿童把他们的祖国看作是最好的，看作是明显优于其他所有国家的。罗伯特·赫斯（Robert Hess）和朱迪思·特尼（Judith Torney）的报道表明，这种依恋之情是稳固的，实际上在整个小学期间，孩子们的观点几年来始终未曾改变。当被问及时，孩子们并不能解释他们的祖国意味着什么；他们只是热爱它。“萨拉，你愿意成为美国人还是英国人?”采访者问道。“我更愿意是个美国人，因为我更喜欢美国，因为我们有自由，因为我在这认识更多的人。”对美国儿童进行的一次抽样调查发现，95%的儿童同意美国国旗是世界上最棒的旗帜这种说法。

年轻人不仅热爱自己的祖国，他们也尊崇那些治理国家的人。在纽黑文市（New Haven）对社会背景差异很大的四年级到八年级的孩子们所做的一项调查中，几乎所有的被调查者都把他们的政治领导者描述为乐于助人、仁慈和善良。他们没有表现出成年人的那种玩世不恭。芝加哥的学龄儿童认为他们的领导者和政府机构

① 在美国的佛蒙特州。——译者注

是胜任的、一贯正确的和值得信任的。如果非要让他们说出一个他们**不**愿成为的著名政治领导者的名字，大多数人会列举一个外国的政治领袖，例如赫鲁晓夫。赫斯和特尼发现，“对政治权威人物的早期信任似乎成为这个国家年轻人中间的普遍现象”。他们有理由相信其他国家也具有这样的特征。因为早期的认知会强烈地影响后期的学习，所以对权威的接纳可能会对追随者在成年后接受领导产生一种潜在的长期影响。

在美国学龄儿童的观念中，政府是等级分明的。总统要比议员、法官或者市长（除非某些人可能是非同寻常地引人注目和广受欢迎，就好像纽黑文市的市长那样）更为重要，其个人生活也更为人所知。事实上，成年人也同样有这种等级观念。除此之外，一些孩子本质上将副总统、地方长官和市长视为总统的助手。根据一个五年级男孩的观察，总统付给地方长官报酬，而地方长官付给市长薪水。总统指挥国会，并且给国会分派工作去做。议员是各级行政部门的助手。他们之间的关系是一个垂直结构；他们不把政府权力视做横向的、相互依存的或者平行的结构（例如，最高法院、国会、总统）。大多数学龄儿童对多数权威人物抱有友好的态度。

但是，魔力存在于总统的形象上——可能任何一位**总统**的形象中都有这种魔
力，因为“中国的主席”（就像在 1960 年）也受到了中国人民较高程度的爱戴。在 88
美国，年轻人认识到的和理想化的政治权威理所当然是总统。在儿童正在形成的公民意识中，总统的地位甚至高于到处可见的街角警察。总统是个非常个人化的形象，极其类似于上帝给孩子的形象。随后，总统这个概念被发展成由众多角色组成的角色束。政府机构先是被看作个人性的；一个小学男孩说：“政府就像总统一样，但是他（政府）实际上又不是一个总统。”小学生们都知道总统的名字，他们也知道总统的一些所作所为。他们相信总统是友好的，乐于助人的，随时可以给他本人打电话或进行拜访。“朱迪，你知道美国政府的哪个官员吗？”“喔，总统。”“你知道总统什么呢？”“嗯，那个……哦，天啊……他……啊……制定法律和一个……和啊……嗯，他尽力做好事。”而且，总统帮助学生们理解政府的其他部分。

在美国，这种对于最高政治领导者所持有的态度，最具戏剧性地表现在对总统死亡所做出的反应上。大家还记得约翰·肯尼迪总统被刺身亡后，小学生们与大人一起经历了这种极度悲恸的时刻，在电视上观看整个葬礼和整个国家的哀悼，随之产生的打击、悲痛和空虚感就如同失去了父母一般；在孩子和成年人中间，大家都非常明显地感觉到头疼、失眠和没有胃口以及类似的症状。小学生们觉得他们**了解**肯尼迪总统。而且他们的确了解他。在底特律进行的一次调查发现，大部分年轻人能记住的主要是总统的一些个人情况；他们提及他的勇气、友好、慈善和诸如此类的品质。但是很多其他人只记得他是**总统**——特别是他在民权及和平方面采取的立场。一个九岁的孩子说：“他创造了和平是因为他不希望发生战争。”小学生们的年龄越大，他们就越多地是出于政治原因而不仅仅是个人原因来看待肯尼迪。一些高年级的学生会列举出肯尼迪实施的一些重要的计划和具体的政策。对他们而言，肯尼迪总统不仅仅是个象征，他还是一个具体的政治人物，是一个领导者。

总统，作为理想化的父亲，可能被夸大了，但总统形象中认知和实质的内容却

被人们低估了。对于权威人物的理解在缓慢地发生转变。芝加哥研究的总结是，父亲形象和总统形象在很大程度有所重叠，当小学生们获得了有关总统办公室的任职要求的信息时，这种重叠才开始减少。事实上，罗伯特·赫斯和戴维·伊斯顿(David Easton)的报告说，孩子“正在学习从角色定义（他们应该是什么样子）和在角色履行（他们实际上是哪种人）这两方面来看待成年人之间的差别”。简言之，
89 年轻人在观察和评价他们的领导人时，学得更加富有实际经验。

不同的孩子对不同领导者的了解会产生不同的结果。美国的小学生们对总统的了解要早于对其他行政官员的了解，对行政官员的了解早于对议员们的了解，对国家和当地政府的了解早于对州政府的了解，他们对政治**党派**及其差别的理解相对来说要晚一些。在他们看来，政党的不同主要是人的不同，而非政策的不同。孩子们佩戴党派竞选的徽章完全出于兴趣；而竞选者间的角逐看起来更像是足球比赛。年龄较小的小学生们更愿意视各政党为合作伙伴，而不是竞争性的敌人。但是随着学校时光的流逝，政党的形象得到强化，对政党的认同明确起来，对竞争有了进一步的理解。然而，随着美国政党个性标志和特征的减弱，这些倾向现在可能正在弱化。在1976年的总统竞选中，鲜有竞选徽章，而这不仅仅是由于人们所说的经济原因造成的。人们对**争议性问题**的理解仍然迟于对领导者或政党的理解，这些争议性问题主要是在领导和政治机构的情境中被感受到的。

社会经济地位似乎对政治观念也有一些影响。大体上看，社会经济地位较低的小学生们比经济地位高的小学生们的政治化程度更低。他们比地位较高的同龄人更加尊崇政治领导者；因此他们更倾向于认为权威人物是值得信赖的，较少去质疑他们的动机，更容易默认现行的政治制度。一个例外就是少数民族中具有叛逆精神的、不满现状的孩子们，他们寻求矫正，或者把周围的警察和政治家都视作敌人，或者至少把他们看作是现行制度的随机应变的捍卫者。至于性别差异，在美国（在其他国家也同样典型），至少在小学阶段，男孩比女孩显示出更加浓厚的政治兴趣，占有更多的政治信息，而女孩则似乎更倾向于人格形象。这些社会差异可能反映出研究者的偏见，但是他们更多地体现了文化的影响。

这就是一些关于对将来会以不同方式成为政治追随者和政治领导者的年轻人的早期社会影响的研究结果，它们在很大程度侧重于美国经验，或者可能侧重于男性经验。那些将**主要**发挥领导作用的人又是怎样的呢？他们的出现将会是长期而复杂过程的产物——是心理、社会、政治过程的产物。但是即使在童年时期，通向领导角色之路也会选择一些形式和方向。要选择哪条领导之路可能需要一种**政治功效**(political efficacy)感，它被定义为人们的一种自信，即，他们相信自己有能力参与政治，并且坚信政治领导将倾听他们的意见并回应他们。就像一般的政治意识一
90 样，这种感觉很早就产生了；三年级的孩子们已经开始形成政治功效感。这种感觉会持续增长到大约八年级的时候，至少在美国全国的样本中是如此。在这些早期的岁月中，一种高度的政治功效感倾向于与孩子自我(ego)的更强力量、家庭和学校对政治方面的兴趣、更高的社会经济地位以及对学校活动的参与具有积极的联系。在个人对能力的自信不断提高的早年岁月之后，学龄儿童们由于所加入不同的

群体和取得的不同经验而出现了分化。戴维·伊斯顿和杰克·丹尼斯（Jack Dennis）指出，当一个孩子内心涌现出某种欲求主宰政治世界的感觉时，“在其自我意识的层面，他开始为自己的政治权威开拓出一小片天地。他离他在政治过程中将会正常发挥的任何实际作用还相距甚远。即使如此，他也能够开始感觉到他的政治能力，这种能力在很大程度上会投射到他周围人的身上，并投射到他在未来作为政治体制中的成年成员的角色中”。大部分有政治功效感的小学生们将成为伟大的“领导者—追随者”（leaders-followers），从这个团体中会有很多人将会被吸收成为未来的政治领导者。

政治功效感和自尊心的增长，无论怎样曲折不平，只有与目的感相结合，才能最终成为领导产生的一个来源。正如埃里克森所说，对于年轻人来说，“向父母责任和成人责任迈进的重要的一步，在于在同辈中不仅要学习成为**追随者**，而且要学习承担**领导角色**，在承担这种职能的过程中发展出某种被说成是非凡的远见卓识的品质。这种远见卓识实际上能够成为个人全面成熟的先兆，准确来说是因为主流意识形态为领导的定位所提供的框架。出于同样的原因，共同的‘事业’允许其他人去追随，去服从（领导者自身需要服从级别更高的领导者），并因此以理想艺术馆中所展示的各种等级的领导形象来取代婴孩时期建立起来的超我的父母形象——这一过程对于那种违规捣乱的帮派和任何一个有着高尚动机的团体都是同样的典型”。年轻人可能不仅按照由家庭和文化塑造的方式来回应成年人和同辈人，他们也可能日益生出一种目的感。不管这种目的感是如何粗糙且不成熟，它都有助于创造一个**自我**（self），此种自我能够使他们作为一个领导者**对**社会施加影响，而非仅仅成为社会**的**代理人。

莫汉达斯·甘地（Mohandas Gandhi）对自己早期生活的描述，就反映了自我感和目的性的发展。在他孩童时期过后，他的全家搬到了拉杰卡特邦[1]（Rajkat），他父亲在那里担任总理一职。莫汉达斯在西部开始接受他青年时期最为头疼的学校
教育。早在他的童年时期，甘地就有三次婚约——他的前两个未婚妻在他对此安排 91
尚懵懂无知时就去世了——最终结婚时他只有 13 岁。在学校他每天都花费一部分时间梦想夜晚来临后肉体的欢愉——也深感自己的梦想的罪恶。他和他父亲的关系也没有遵循通常的代际先后次序。这位总理在去参加儿子婚礼的途中，被马车严重撞伤了，然后由莫汉达斯照顾他的父亲。少年、丈夫、成人——他身兼三职。尽管如此，年轻的甘地仍然忍耐着一般的成长烦恼和代际间的危机。

学校就意味着要离开家独自在外，与家庭之外的同龄人之间交往，以及各种诱惑。希克·达哈塔卜（Sheik Mehtab）具备莫汉达斯所不具备的一切——他是一个穆斯林，是个食肉者，是个天才的运动员，是个吸烟者——他认为，除非印度人也能发育成统治者才具有的健硕的体格，否则他们不可能战胜英国的最高统治者。在此基础上，他劝告莫汉达斯吃肉。这两个人悄悄来到河边，尝了些坚韧的山羊肉；

[1] 位于印度西部。——译者注

在此之后，甘地作了个噩梦，梦中他感觉好像“有只活羊正在他身体内咩咩直叫”。然而他仍然继续吃了一年的羊肉。

希克也带他去逛妓院，热心地提供指导和建议，甚至为他预付了金钱。结果是使其大为丢脸。甘地数年之后回忆此事，“在那个女人的床上，我坐得离她很近，但是我结结巴巴的，她自然对我失去耐心，她指着门口，让我出去，嘴里还不住地辱骂”。他感到，好像他的男性身份被否定了。婚后生活中，他强烈的性欲常使他对自己的生命活力感到担心，因为精子的损耗在他的文化中被视作是精神活力的消耗。他被各种恐惧所困扰——对黑暗的恐惧，对窃贼、鬼魂和毒蛇的恐惧。他惧怕和同学们谈起这些，以免他们取笑他。由于他对自己的能力几乎毫无信心，所以当他获奖时他自己也感到吃惊；他对于批评又异常敏感。他甚至半认真地尝试过自杀。良知和道德上的弱点似乎在他的内心深处进行着激烈的交战。他吃肉，他抽烟，他向父母撒谎，他甚至从他哥哥的臂章上偷了点金子——但他还仍然坚持着他那起源于家族的传统的正直形象。

甘地的父亲成为他的良知的化身。莫汉达斯偷了金子后，不敢向卧病在床的老人说起，而宁愿把他的忏悔之词写于纸上。他的父亲没说什么，但是“泪滴从他双颊滑落”。在不久之后的一个晚上，当莫汉达斯正在给他患病的父亲按摩时，他的一个叔叔过来替换他。莫汉达斯高兴地直奔他的婚床，但是几分钟后他得知他父亲突然死去。一种强烈的内疚感降临到这个男孩身上；他感到是因为他的性欲，才失去了父亲。“这是我永远无法抹去、无法忘怀的污垢”，他在《自传》中这样写道。比起不久后他的少年妻子所生婴儿的夭折，他父亲的死对他的打击要大得多。

92 埃里克森在《甘地的真理》一书中描述到，他父亲的死亡“在甘地的生活中，表明了我按照克尔恺郭尔（Kierkegaard）的说法曾称之为‘不幸’（the curse）的东西，这种不幸存在于怀有同样早熟和坚韧的良知的精神革新者的生活中。它显示了儿童或青年生活的一个方面，它表现为一本永远无法结清的账，它将始终是整个一生都要背负的债……在甘地的例子中，他对父亲‘女性化’的服侍，否决了这个男孩企图取代（年老的）父亲，以拥有（年轻的）母亲的希望，也否决了这个年轻人在以后的生活中作为一个领导者胜过他父亲的意图。因此这种模式决定了他只能通过非暴力的领导方式才能击败更强大的优势地位的对手，同时也表达了不仅要拯救诸多被压迫者，而且要拯救自我的意图……”

对甘地未来领导的这些心理上的影响与强大的社会影响纠缠在一起。莫汉达斯生来就具有毗湿奴派①（Vaishnava）的信仰，及其与容忍及折中主义手段相结合的强有力的正义原则。他深刻地解读《罗摩衍那》②（Ramayana）中描写的士兵和国王的故事、英雄事迹和军事战斗，他学习如何战胜他面临危险时产生的年轻人的恐惧。他学会了容忍印度教的所有的分支以及印度教的姐妹宗教。只有基督教是他唯一厌恶的。施拉瓦纳（Shravana）肩背失明的双亲去朝圣的故事，以及赫里谢金德

① 指印度教大神毗湿奴的崇信者。——译者注

② 印度古代梵语叙事诗。——译者注

尔（Harishchandra）经历严酷的考验仍追随真理的故事，都激励着他。当他 19 岁独自（没有带他的妻子一起）踏上前往伦敦的漫长旅途时，他已经准备好接受成年人和领导角色的双重训练。他的自我和目的感正在开始萌发。

对于年轻的阿道夫·希特勒而言，目的意味着对自我的极其可怕的承诺，当他赢得绝对的权威地位后，这种承诺将被扭曲为破坏性的权力角色，扭曲为对任何变革型领导的潜能的放弃。尽管在他读小学时，社会是相对平静和安全的，但是当他在学业方面表现得极为出色并结交了许多朋友时，他与自己的奥地利父亲之间的矛盾逐渐升温，他的父亲希望自己的儿子能像他自己一样成为一个公务员；他坚持要阿道夫去技术高中读书，而不是去读具有人文精神并享有声誉的大学预科（Gymnasium）；他大失所望地发现他的儿子想成为画家，成为一个艺术家。他的儿子在所有这些问题上都在挑战自己的父亲，他的学习成绩开始退步。希特勒后来宣称，在这个阶段他成为泛德意志民族主义者、工联主义者和一个“学习理解把握历史意义”的政治的、艺术的革命者。就在两人冲突最为激烈的时候，他父亲病倒了，而且死于街头。沃尔特·兰格（Walter Langer）认为，这件事必定加剧了阿道夫对他的兄弟姐妹的死亡所感到的内疚，特别是对于他的兄弟们的死亡。不久以后，他在维也纳艺术学院的入学考试中失利了。

然后，他母亲死于乳腺癌。“我尊敬我的父亲，但我热爱我的母亲。”不到一 93
年，他又被艺术学院拒之门外。不久以后，他再次被建筑学院拒绝。孤独而又身无分文，1908 年他决定去维也纳——那个国际的、全球的、波希米亚风格的城市——“克服所有障碍”。维也纳是一座古老的君主政体的城市，是一个拥有广泛社会主义和工会运动的城市。这里收留了大量的犹太人，特别是数量众多的犹太学生，再加上从南部和东部的内陆吸引来的操数种语言的各类人等。诸多教派、排外的小圈子、阴谋集团——激进分子和反动分子，君主主义者和无政府主义者，传教士和自由思想家，自由主义者和反犹分子——在各种公开场合及议会中进行着无休止的论辩与争斗。

五年来，阿道夫住在一个租来的狭小房间中，住在专供男人居住的阴暗家庭中，或者仅仅住在廉价的旅馆中。他偶尔也靠当按日计酬的临时工或者靠沿街叫卖他的水彩画来挣些奥地利旧金币；大部分时间他都是个无业游民，而长期依靠救济金维持生活。他将这一时期视为一生中最悲惨的阶段。尽管如此，维也纳的确成了他的政治学校。它拒绝施舍给他安全和舒适，但是它给予了他目的。他有充分的时间来阅读小册子和报纸，参加热烈的政治辩论，这些辩论占据了他失业期间的时光。“在这个阶段，”他在《我的奋斗》中写道：“那里让我形成了一张世界图卷，并且形成了后来成为我所有行动的坚实基石的哲学体系。”他在这里学会了仇恨奥地利人、工联主义者、君主主义者、社会主义者、马克思主义者，还有——最为重要的——仇恨犹太人。

这个流浪者最终从他憔悴的身体上脱下了那油污的外衣，他将犹太人作为他的挫折感攻击的对象。这些犹太人在肉体上和道德上都是不洁净的，他们是白种人的奴隶，是尘世中的渣滓——但是他们控制着相当一部分新闻、金融和教育。他们成为他自己出人头地的垫脚石。他的信条是德国以外的所有一切都必须予以拒绝。但是在这个仇恨的大熔炉里，他初步形成了他后期的意识形态。他曾拜访国会，嘲笑打哈欠的代表和无人倾听的发言者。他开始惧怕民众的统治，因为他最了解民众。他问道："我们议会中多数制的原则难道不是要引导去推翻领导的任何一个观点吗?"大众是愚昧和胆小的，真正的领导者不是和多数人讨价还价或者与国会议员争论不休，而是保持自己的自由，从而实现创造性的建树。多数人决不会取代统治者。

列宁也是在各种悲剧和磨炼中找到目的的。就像希特勒和甘地一样，他早年丧父。他的人生在青年阶段的早期是平静的，总体上可以说是快乐的。在学校中，他的学习表现很好，而且仔细地研究了托尔斯泰、屠格涅夫和普希金的著作。当他的
94 哥哥亚历山大离开家，前往圣彼得堡大学学习时，弗拉基米尔承担起更沉重的家庭责任——他在学校和家庭经历了温和的青春叛逆期。然后，当他 16 岁时，他父亲突然死去。弗拉基米尔在永不屈服的母亲的帮助下克服了自己的悲伤；但是，尽管如此，他后来说道，就是在那个时期他放弃了宗教信仰。他在学业方面继续保持出类拔萃。

他的哥哥仍然留在大学中继续学习，甚至没有返回家中参加父亲的葬礼。但是父亲的去世同样给亚历山大带来深深的影响，他甚至企图自杀。维克多·沃尔芬斯坦的结论是，两兄弟都对他们父亲的去世感到内疚；亚历山大"想以死来弥补自己的罪过，为他对父亲的对抗冲动付出代价"；他的弟弟对悲痛的压抑则加重了由他对父亲的对抗感所造成的内疚。鉴于这样的原因，亚历山大的内疚感以杀父愿望的形式表现出来，即刺杀所有俄国人的父亲——沙皇。无论如何，他涉嫌参与了一起未遂的暗杀沙皇亚历山大三世（Czar Alexander Ⅲ）的活动。很快他被逮捕入狱，他对罪行供认不讳，没有丝毫的懊悔，也没有乞求怜悯。事实上，他似乎渴望扮演烈士的角色来演绎他的救世主的幻想。尽管他母亲不顾一切地多方奔走希望求得法外开恩，但亚历山大最后还是被绞死了。

弗拉基米尔再一次显示出非凡的自我控制力。他继续留在学校读书，毕业时因其杰出的能力和良好的举止获得金质奖章。在他父亲的一个有影响力的朋友的帮助下，他得以进入喀山大学（Kazan University）学习法律。但是弗拉基米尔的思想发生了一些变化。大学是充斥着各种学生骚乱的场所，对他而言，大学本身发挥着催化剂的作用。在一次学生游行中，他被捕了，并且被学校开除。他在家待了一段时间，阅读了大量马克思的著作，并且读了车尔尼雪夫斯基的《怎么办》一书。他母亲想办法为他求得了参加圣彼得堡大学的入学法律考试的许可。他以出色的成绩通过了，并且在规定时间内修完了必要的法律课程。他暂时安顿在萨马拉（Samara）当一名初级律师。但是不久他对此颇感厌烦。在 1893 年，他离开这里，再次前往圣彼得堡这个革命活动的发起中心。他的目的感更加坚定。

自尊、社会角色和共情

两种强大的影响力作用于青年人，将其中一些人推向潜在的领导位置，同时将其他人排除在外。一种是对自尊持续的需要，这与其他人对尊重的理解也密切相关。第二种影响力是不断发展的承担社会角色的需要和能力。阿尔弗雷德·阿德勒 95
(Alfred Adler) 将这两个心理上的原动力联系起来，融合在一个理论中，这个理论认为追求权利的个人动机和共情能力的发展，是影响个人性格发展的两大因素。根据阿德勒所说，人类追求权力，是为了通过获得自尊，来战胜和弥补孩童时期不可避免的自卑感、软弱感以及对成年人的依赖。不过这种努力不可能发生在真空中。随着孩子们的不断成长，他们作为家庭、集体和更大的社会团体中的成员，也会产生社会角色感。这种社会意识，阿德勒将其定义为“社会兴趣”(social interest)，它能使个体把自己对自尊的追求，与社会中更大规模群体的追求等同起来。因此，对自尊的追求和人类共情的发展能够和谐地促进领导潜能的形成。

自尊的需要——一种对于自身价值的高度个人评价——受到青少年时期另一种需要的影响，即被那些他们尊重其善良意见的人们所尊重的需要，尽管这两种需要并非必然吻合。A. H. 马斯洛报告说，除了一些病态的人之外，所有人都具有对“坚定的、根基牢固的、通常较高的自我评价的需要，对自重或自尊的需要，以及对尊重别人”的需要。他将这种需要划分为两类：第一类，“对力量、成就、胜任、掌控和能力、自信面对世界、独立和自由等的渴望”；第二类，“对名誉或声望（将之定义为来自他人的尊敬或敬重）、地位、统治、认可、关注、重要性或赞赏的渴望”。正如在伍德罗·威尔逊的例子中所明显表现出的那样，这种需要可能早期起源于儿童对能否得到父母的喜爱及尊重的不安全感。根据亚历山大·乔治和朱丽叶·乔治（Alexander and Juliette George）的分析，威尔逊儿童时期感到害怕，因为他面貌丑陋而且愚笨——至少他父亲这么看他——如此一来导致了他后来对关爱和权力难以满足的需要；主要而直接的后果很明显是他希望通过得到来自他人的尊重从而支撑起自己的自尊心。自尊需要的更深层次的来源，是自我层次与渴望成就的层次之间的差距；威廉·詹姆斯（William James）将自尊定义为**以成功为分子，以自负为分母的分式**。在马斯洛的公式中，当“较低层的”安全需要和情感需要得到满足后，自尊需要就开始发挥作用。

对自尊的支撑，经历了一个连续不断的挑战和强化的过程。这主要依赖于小学生们对于他们将享受的尊重的期待程度——在儿童时期和青春期的早期，这种期待在不断扩展的家庭和学校生活环境中形成。罗伯特·莱恩（Robert Lane）说，“对自我不满意，对自我在世人眼中的地位不满意的人，也会对用此种眼光看待他的世界不满……”实验表明，自尊会伴随着成功而增强，又会随着失败而至少暂时性地减弱。期待和实现（或没实现）互相扶持，导致改变了对未来的期望。年轻一代对 96
成就的评价也是一个因素；沃尔特·米歇尔（Walter Mischel）指出：“太渴望成功

的人和太急于避免失败的人对失败经历的反应，较之于那些不那么力争成功的人而言，可能有很大不同。”自尊似乎和父母的自尊有着必然的联系。而且它与能力感、功效感以及对学校老师抱有的期望和回应也呈现正相关。一个小孩所在的学校是否会设法克服可能影响到孩子的学习和行为的精神方面与社会方面的剥夺？一方面，学校千方百计以系统的方式去调查和纠正差学生的表现，一些传统的学校设有严格的目标，另一些“可选择”的**公立**学校则为学生们提供了学业的各种选择可能。另一方面，学校假定低成就和社会不平等之间存在必然联系，从而限制大量青年人入学，或者巩固和强化在学校内部现存的社会和经济上的不平等。

19 世纪后期的英国公立（私立）学校系统很类似于后面一种情况。在 1868 年到 1955 年期间任职的 284 位内阁成员中，有 75 位曾就读于伊顿公学（Eton），占总人数的 1/4 还要多。在 1884 年，伊顿公学聘请了 28 位一流的学者，6 位数学教师和一位历史学家，但是没有聘请自然科学教师，也没有聘请现代语言教师。英国的公立学校传授的价值观念是让他们的毕业生在担任公职时，成为众人的行为榜样：自律，有团队精神，对组织忠诚，爱好广泛，注重传统与效率的平衡，总之，成为一个克己有节制而又身强体健的基督徒。学校也传授上流社会的各种习惯：高傲有节的风度，指挥若定的气势，以及至少在表面上干净利落的决断。公立学校只培养男性毕业生——一流学校都是男校——学校没有教授他们如何认识 19 世纪后期自然科学和技术的伟大发展、社会对专业性理论的需要、纳粹主义的威胁或对改革和创新的急迫需要。然而，几乎每次的调查都显示，维多利亚、爱德华七世和近来的乔治时期的英国，都是在现代史上治理得最不错的一个国家。

公立学校通常具有开放性和绝对排外性两个方面：开放性表现在向商业和管理界人士敞开大门，排外性表现在对具有劳工阶层背景的年轻人设立种种关卡。他们的重大举措就是招收有天赋的、出身中产阶级的年轻人，使他们跻身绅士阶层，最终成为能与在政府机构、内阁和议会中就职的贵族一起共事的掌握实权的官僚阶层中的精英。绝大多数的领导人物都有中产阶级的血统，同时学校传授的知识似乎是希望学生能够保持贵族政治的风气和生活方式，而不是训练治理国家和帝国的统治
97 者。然而，没有什么迹象表明这是贵族统治者的计划或阴谋。公立学校的突出特征就是这种“无意识”机制，它为中产阶级中少数男性提供了很好的社会机遇，同时，它也加剧了对英国劳工阶层的社会剥夺和政治挫伤。

在大多数发达社会中，绝大多数学校都比英国的公立学校对青少年的自尊感有着更为复杂的影响效果。自信、能力和闲适，这些青少年用来在学校中扮演不同角色的要素，根据社会阶层背景及其相关的学校期望的不同而有所不同。学校在不同的社会中以不同的程度促进了社会的流动性，正如美国的公立学校为 20 世纪早期欧洲移民的后代所做的那样。但是，总结大量的分析，它们对于当代美国社会的总体影响更多的是巩固而非减轻已经存在于家庭和社区中的社会不平等。孩子们被导入各种分层的课程、计划、学校（例如职业学校）、“按成绩高低来分的班级”（tracks）和其他形成、提升或限制他们人生机会的道路。因而，在非常强调学生要具有应付各种学科的能力，以及在环绕着教授这些学科的学校的不同社会环境中扮

演好恰当角色能力的“人文”(liberal arts) 学习计划方面，中产阶级和劳工阶层的年轻人将受到影响。

很清楚，用帕森斯 (Parsons) 的表述来说，家庭和学校是人力资源的两个强有力的分配机构，因为它们以其期望、实现和反馈的结构直接影响着角色关系的交互模式。但是，在校学生比那些待在家里的孩子所面临的更加尖锐的问题是：分配过程在很多社会中受到诸多因素的影响，它们与领导有着千丝万缕的联系。这些因素包括：非正式的地位关系网，它（例如）从劳工阶层背景的人中挑选出运动员；一定程度的名望，它打开向上流动的新的期望、角色和渠道；智力（在此定义为出色完成学业的能力），它能够使孩子为社会所接受或排斥，它受到学校对社会经济地位的反应的密切影响。孩子对角色机会的期望和渴望，可能高于社会环境客观上似乎能提供的；但是他们的热切渴望以及因此而采取的行动，也可以改变社会机遇的结构。因而，他们可能不属于一个僵硬一体的社会系统，而属于一种多元的结构，它提供各种可选择机会供人们选择或讨价还价。

自尊或缺乏自尊，影响着孩子所扮演或终止扮演的角色。在大多数文化中，当学龄儿童面临他们看重的人群或团体出现扩展和分歧时，他们对自尊的迫切需要便会骤然上升。在被皮亚杰称为前运思阶段的学龄前时期，孩子们还没有显著地发展 98
出感知与自己角色相对的他人角色的能力，没有发展出相应的调整能力。埃里克森在谈及孩子们身体上的成熟时，说道，“随着孩子长大和发展成青年人，他们要面临身体内的生理革命，要面对摆在他们前面的切实的成年人的责任，即与自我感觉相比，他们现在主要关注的是，在别人眼里他们是怎样的人，以及如何将早期培养起来的角色和技巧与当时的职业设计要求联系起来的问题”。对个人的性别或职业身份的疑惑也会产生角色混淆。根据自己文化对男性特征和女性特征的看法，一个男孩在特征上是阳刚还是阴柔？一个女孩将变成像她母亲那样的家庭主妇，还是像她父亲一样成为一名医生呢？

个人角色的设定是社会行为与政治领导之间的重要联系环节，也是一个使用过于频繁，甚至被过分滥用了的概念。正像就**尊重**这个概念来说，我们必须在“外部的”(结构的、社会的）和“内部的”(过程的、心理的）的影响之间做出区分。也就是说，我们必须区别以下两种角色：一种角色是作为一套产生于特定社会地位的在结构上给定的要求，它是对“外人”施加的一套影响，是**对**他们的要求，是要求强化和阻塞他们在社会和政治空间中的运动；另一种角色是作为个人对其在一系列社会关系中的地位的感知和定义，它涉及的是处在他这种社会地位的人们会对这一角色做出何种思考和行为，是**在**他们**内心中**对这一角色的要求。父亲总是希望他的女儿能够效仿他的妻子，变得顺从而随和；女儿渴望成为一名像父亲那样的医生。要求——内部的或者外部的——必须与行动或行为区别开来。这三种概念在理论上和实践中都是既相互分离又相互联系的。而角色借用[①] (role-taking) ——作为共

① 又译“角色扮演”，是指儿童从两岁开始通过游戏扮演其他人物的角色，他们把自己想象为处于他人的角色或地位，从而发展起从他人的角度看待自我与世界的能力。——译者注

情作用的运用——则是一个完全不同的问题。

孩子刚进入学校时，仍然对作为制定规矩的人和监督人的父母怀有一种持续的情感和顺从。父母会继续保持这种角色，即使当孩子开始与他们出现了某种距离。然后，新的对抗常常以令人炫目的速度出现，到了四年级，不许学生说话的课堂可能已不再采用；共同参与的分组教学可能已经非常普遍。孩子们会不时地和个别地对抗承担不同角色的老师——体育教师、数学老师、分管纪律的副校长——因为他们努力坚持要求这些年轻人履行他们的角色。孩子们可能从一个教室挪到另一个教室，每个教室都是老师、同龄人和各种角色要求的新鲜的组合体。在学校外面，他们与变换着的各种同龄人扎堆搅和在一起。年轻人在有些情况下是女生与男生严格分开的，而在有些情况下则是男女混合的。他们或是分在一个高分班（high track），或是分在一个低分班（low track）；在一起的全都是白人，或全都是黑人。当他们遇到一种广泛的多样性时——并且要决定究竟是尊重还是害怕他人，是反对还是简单接纳他人——他们就被吸引去扮演新的角色。不同于角色设定，对有效的
99 角色**借用**的检验，是看孩子们是否发展出扮演他人角色的能力，以及了解他人能够以共情的方式做出回应的能力。因此，为了恰当地扮演儿子的角色，一个儿子会在他自己与他人的关系中模仿他父亲在他面前的角色。

所设定的角色的性质，明显地因人和文化不同而差异甚大。重要的问题是**范围**——面对、回应和获得来自广泛等级的所敬重群体的尊重的机会。一些在同质性的学校和社会情境中被保护的孩子，较少获得这样的刺激。提供这种广泛阅历的机会，是论证美国公立学校体制的主要的正面理由之一。

能认知、调整、顺从、调解和应付变动的多样化的角色要求的青年人，能够拥有至少一种在多样化的社会和政治环境中茁壮成长的潜能，并能够在多元、复杂和开放的社会中展示其政治领导的潜能。在更为传统的或发展中的社会，角色要求可能是线性的、一元化的和强制累积的。在家庭中扮演的角色，在老师面前的角色，在职业生涯中承担的角色，在与异性交往中的角色，以及在宗教仪式中的角色，所有这些角色可能都是如此一致，以至于孩子们不能应付各种不同的人物或角色。在城市的人群中穿来挤去的农村乡巴佬，就是人们总谈起的例子；其他的例子还有在城市社区内的狭窄教区团体中生活的成员们，以及生活在以孩子为中心的富裕的市郊社区中的青年人。

年轻的“不适应者”（misfits）可能仅仅是那些拒绝其他人施加给他们的角色要求和期待的人们。他们可能迫使那些正试图改变“不适应者”的人们改变自己，或更有可能的是，他们将会被驱逐，或者通过辍学或转学来寻求逃避。正如丹尼·莱温森（Daniel Levinson）所指出的那样，他们或者可能停留在“冷漠地服从”的状态，或者公然站在对立的立场上，公开对抗或者暗中破坏。有上进心的不适应者（upwardly mobile misfits），是那些其期望超过了所提供的角色的局限，他们可能会发展出一种拥有个人成就的私人生活，在这种生活中，角色和期望都是有差距的（intervals）。角色要求是真实的和复杂的，而不是理想化、仪式化的；孩子们对父母、老师、同辈、社会各阶层和少数民族群体怀有的角色期望——既积极又消

极——可能将他们置于一种角色的双重压力或冲突的情境中，这种情况可能在心理上麻痹他们，在社交上妨碍他们，在政治上挫伤他们。过于激烈的竞争，如同太多限制的要求一样能够使人麻痹。在另一极端上，当人们解决角色冲突并挖掘角色机会时，他们可能会感受到一种能力增强的感觉——这种感觉反过来又增加他们在复杂环境中追求领导地位的动机。在最高层次上，他们的角色设定也可能成为角色**借** 100
用，并反映真正的**共情**能力——进入另一个人的情感和观点这种至关重要的领导品质——而不是仅仅表达对自我的静态定义。这也是道德领导的发端。

当新的角色被人们承担时，角色行为会持续地改变个性。或者如同威廉·詹姆斯几年前所说的那样，一个人所在意其看法的特殊群体有多少，他便拥有多少种不同的社会自我。在目的的发展和对这些自我的驾驭中，存在着权力道德（the morality of power）的潜在可能，它是真正的领导。

如果所有的孩子对来自别人的尊敬都具有同样需要，如果他们都有同等的能力共情社会的角色借用，那么社会将平稳而均衡地发展，尽管略显单调。当然，事实上，在大多数文化中，这种弥补未满足的欲求的需要，在表现形式上存在着很大的差异。珍妮·克努森发现，对尊重的需要与低下的社会经济地位之间存在着一种直接的关系。其他一些研究成果对这种关系持有怀疑的态度，但大多数人都同意，家庭、学校和其他的机构所产生的影响，都会受到社会经济地位以及所伴随的奖赏和剥夺的影响。我们至少可以假定，在对尊重的需要以及在他人对自己的尊重方面所具有的剥夺感或不安全感之间，存在着一种联系；人们对这种情况做出回应时所采取的方式，将会影响他们的行为。斯坦利·库珀史密斯（Stanley Coopersmith）根据采用有限的样本对美国公立学校的学生进行的一项研究的结论是："对自己、他人和非个人的对象的回应方式的差异，显示了具有高、中、低程度自尊的人们适应各种事情时的显著不同的方式。"更强的不信任倾向和脆弱感，将导致年轻人变得性格内向。

伯纳德·巴斯（Bernard Bass）在总结了大量的心理学研究后发现，具有高度自尊的人表现得"更喜欢去改变他人、去领导他人，而不是被他人所改变或乐意顺从他人"。拉尔夫·梅尔文·斯托克蒂尔（Ralph Melvin Stogdill）在回顾了大量有关自尊与对成功领导的评定之间的关系的研究后认为，"在自信和自尊方面，领导人的程度要高于他们的追随者"。詹姆斯·戴维·巴伯发现，立法机构的领导者要么倾向于有高度的自尊，要么具有低度的自尊，而居于其间的则少有。但是，从这些研究的总体情况来看，自尊与**客观评定**的领导之间的相关性通常并不高，这意味着还有其他的重要因素牵涉其中，而且领导者和追随者并不全是那样不同。

这些因素之一，便是为了增强领导潜能而有目的地构建社会尊重和自尊。就英国的公立学校而言，教育界的领导者对教育的社会结构的建构，可能广泛地影响了 101
后来的政治界领导，虽然他们并不是完全故意这样做，或者至少没有明确地意识到他们对社会产生的最终影响（比如，对帝国的企业与社会福利事业的影响）。社会招聘不过是为政治上的"招兵买马"搭建了一个舞台，这一过程可能反过来会对社会引导的效果发生反作用。同样，不必构建政治等级制，社会也能够建立一个相对严格的**社会**等级结构。把一个工人的儿子从伦敦的一家俱乐部中赶出去，要比把他驱逐出英国的内阁容易得多，阻止一名农民的儿子进入地方社会精英的圈子，要比阻止他在战时指挥一个军团容易得多。

所有这些都并非是**有意识**地去努力构建通往权力巅峰的政治渠道。就像在英国的劳工运动，其早期的领导者便开辟了不通过伊顿公学、哈罗公学（Harrow）或牛津与剑桥两所大学而达到唐宁街的道路。在大多数的社会中，政治领导资源的分配是不平等的，但是在一些社会中，社会的局外人（the social outsider）可能会加入救世的教派、民众的运动或革命的团体，来与局内人（the insider）角逐领导地位和权力。此外，同样是缺少自尊，在某种社会和政治环境中可能妨碍人们抓住各种机会，而在其他的社会和政治环境中却可能激发他们抓住各种机会。普里维特（Prewitt）提醒我们，社会地位对政治权力来说，是一个非常有用的条件，但并非必要的条件。

使自尊程度低对领导的影响根本难以说清的一个突出案例，就是那个有意识地致力于领导的学习和实践的人的一生，此人便是伍德罗·威尔逊[1]（Woodrow Wilson）。

传记心理分析学家们已经令人信服地证明了，威尔逊的自尊在其青年时代受到了严重的创伤，以至于他一生都在不断强烈地寻求精神上的认可和家庭及朋友的个人忠诚。亚历山大·乔治和朱丽叶·乔治对这种不适当的“强压感受”（crushing feelings）做出了总结：“他在孩提时代就觉得自己不重要吗？那么只要他自己或其他任何人能够做任何事情使他相信他具有成就伟大事业的独一无二的能力——或许甚至是某些可以流芳百世的事业——就会是一种极大的安慰。他的父亲曾奚落过他的思维能力，这使他感到自己很普通了吗？那么如果只要他自己或其他任何人做任何事情能够有助于使他感到在处理那些他选择实施领导的事情上他具有高超的能力和一贯正确的判断力，就会使他得到舒缓——虽然只是暂时性的。成长在一种严厉的加尔文主义的氛围中，他就要受到该教对整个人类的不道德本性以及对他个人的不道德本性的批判吗？因而他就必须总是要使自己相信，他拥有高尚的美德。当他还是一个小孩时，他是否就已经感到在与专横的成年人交往时产生的那种孤立无援和脆弱感？因而，作为一个人，他就必须把他的意志强加于他人并且永不允许自己屈服于他人。”

根据一个家庭内部的传说，一天早晨，年轻的托马斯·伍德罗·威尔逊在出席一个喜宴[2]（wedding breakfast）时迟到了，他的父亲在向宾客们致歉时竟然精心编造说，小托马斯是因为发现自己又长出了一根胡子而兴奋不已，因而耽误了着
102 装，这才来晚了。他的一位堂兄回忆说，此时，一片痛苦的红晕掠过他的脸颊。但他从来没有公开反对过他的父亲；那很可能是一种毫无希望的对抗。他的父亲被他

① 托马斯·伍德罗·威尔逊（1856—1924），民主党人，1913—1921 年美国第二十八任总统，领导美国参加第一次世界大战，1918 年倡议建立国际联盟并提出 14 点和平纲领，1919 年获诺贝尔和平奖。——译者注

② 在婚礼后或在蜜月旅行出发前举行。——译者注

的教徒们称为“博士”，他是一个高大英俊的男人，一脸威严。在社区中，他是一个主宰者；在家庭中，他是一个专制君主；在讲坛上，他可以滔滔不绝地传经布道；而在他的牧师住宅里，他又成了一个言辞刻薄的人。而他的这个儿子——至少在这个男孩自己的眼里——是丑陋、愚钝和毫无价值的。

尽管这位博士竭尽全力在家里教育小托马斯，在教堂里鼓励他，但这个男孩直到九岁才学习写字母，直到十岁才上学，到了十一岁才能够顺利阅读。后来，他曾迫使他儿子三次、四次、五次地重写他的作文，直到完美无缺。但是小托马斯，像甘地早年那样，既不擅长于学习，又不擅长于体育。他仅仅勉强获得进入戴维森学院（Davidson College）学习的机会，但是由于某种身体上或情感上的疾患，不到一年他就离开了这所大学，这导致在此之后的 15 个月中，他一边在家休养，一边大量地阅读书籍。这是他身体上第一次出现大问题，此后每隔几年，这种状况就会以不同的形式折磨他一次，直到 1919 年达到极度衰竭。

我们并不确切地知道在这栋平静的牧师住宅内曾发生过什么。毋庸置疑的是，博士为他儿子愚蠢的表现感到沮丧不已。或许，在他看来，这个男孩似乎是争夺母亲宠爱的对手。我们只能猜测。但是，似乎的确很明显，“小托马斯”似乎是一件物体，被推入和压进一个预先设定好的模具中，当这个物体拒绝去适应这个模具的时候，他就成为了父亲很难掩饰的敌意针对的目标。博士的意思是很清楚的，“只要按照我的标准来做，我就保证让你通过”——这样的一种信息抑制了内在自尊的发展。

小托马斯对他的父亲怀有不同的情感，既爱又恨，既畏惧又尊崇。博士有的时候会很严厉而又苛刻；有的时候他也会很有趣，快乐，让人感到亲切。后来，他的这个儿子谈到了自己对他父亲的强烈的爱和微妙的忠诚；他不但抑制住了对他父亲明显的敌意，而且他把这种敌意转化成为一种不同寻常的对父亲的关爱，直到其生命的尽头。他深爱他的母亲，一位退休在家的妇女；他还和他的姐姐们保持着联系，她们可能对威尔逊在后来的岁月中与中年女性之间形成的热情洋溢的文学友谊起到了中介桥梁的作用。

但是精神上的伤痕是深刻而持久的。对受到伤害的自尊进行补偿的需要，成为后来威尔逊的道德说教、以救世主自居的教条主义以及寻求个人权力的根源。在普林斯顿，威尔逊和他的朋友及支持者绝交；在新泽西州，他与民主党领导人断绝关系；他与自己政府内部的助手及官员之间，存在着爱恨交织的关系；而且最重要的是，他在国际联盟问题上，表现出“不屈不挠的”立场——所有这些和其他的紧张 103
态势以及激烈爆发，都可视为源于针对他父亲和后来的其他权威人物的被压抑的敌对情绪所导致的僵化和教条主义的行为模式的组成部分。这种模式成为许多与威尔逊同时代的人反对的目标；这些人不仅包括劳埃德·乔治[①]（Lloyd George）和克里蒙梭（Clemenceau）（他说威尔逊谈吐像基督耶稣，但行为却像劳埃德·乔治），

---

① 即大卫·劳埃德·乔治（1863—1945），英国自由党领袖，1908—1915 年任英国财政大臣，1916—1922 年任英国首相。率先实施社会福利政策。——译者注

而且包括西格蒙德·弗洛伊德，他也感觉威尔逊像上帝；还有约翰·梅纳德·凯恩斯（John Maynard Keynes），他在凡尔赛将其概括为一个装模作样，只会布道且容易被狡猾的人所蒙骗的堂吉诃德；最后是威廉·艾伦·怀特（William Allen White），他呼吁人们通过重击来释放威尔逊潜意识中的“令其痛苦的愤怒”。

当然，还存在着“另一个威尔逊”，这个男人具有强烈的自尊，对其他的人，不管是个人还是集体，都抱有真切的关爱。这就是那个在普林斯顿作为一个学生在智力上和情感上实现着自己的威尔逊；他在这里从事着出色的教学和写作工作，并由于成绩显著而被六所大学聘为校长，最后他接受了任命，成为了普林斯顿大学的校长；他给他母校注入了新的目标和刺激因素，同时也留下了改革的持久烙印；他在新泽西州以策略制胜党首，从而得以推行他的改革计划；在1912年，他领导他的少数党取得全国性的胜利，在1916年他又重演了这一幕；他在华盛顿亲自掌控立法项目的通过，稳步结成被认为是不可能达成的联盟，正面进攻或侧翼包抄对手，充分地履行他对选民的承诺；他以高度灵活的战略，从1912年开始，使民主党从乡野的、个人主义的和保守的组织，变成1916年的更加自由主义的、集体主义的和具有都市精神的政党；当他想要说服人们时，他经常展现一种能够激发人们的超凡的能力；任何一届总统都没有能够像他那样，带给白宫一个明确而又深思熟虑的政治领导概念；他不但是社会力量的疏导者和催化剂，而且是一位富有创造性的领导者，他在教育政策、政府工作、政党和立法导向以及为成立一个新的国际组织而付出的努力等方面，都翻新改造了他的政治世界。

众所周知，1919—1920年，威尔逊在成立国际联盟问题上毫不妥协的态度，奠定了他在人们心目中顽固而独断的个人形象。在此，历史又一次开起了玩笑；这位甚至在20世纪40年代被好莱坞拍成电影的有原则的英雄人物，却在20世纪50年代变成气量狭小而又刚愎自用的人物；到了20世纪60年代，他又变成公司资本主义（corporate capitalism）的帝国主义代言人（将来的定论可能会再次改变这个形象）。人们可能会感到，无论他有什么失误，如何缺乏灵活性，威尔逊的确也对他的对手做出了让步——尤其是对以威廉·霍华德·塔夫脱（William Howard Taft）为代表的国际主义共和党人——但是，他始终没有能够赢得亨利·凯伯特·
104 洛奇（Henry Cabot Lodge）这位在国会的权力体系中掌握实权的保守的共和党领导人的支持。通过与那个贪得无厌的对手的一再妥协，他可能错失了这个他原本要在1919年的全国巡回演讲和1920年的大选中提交给美国人民的议题。错失只是短期的，他本来可以挽救这项在将来人民可能会支持的事业，而不是放弃这个至关重要的集体安全原则，因此他错失的不仅是国联，**而且也**错失了这个议题。

威尔逊对这一议题的处理，不能脱离1919—1920年间短期的国会和选举的状况，当然也不能脱离20世纪20年代和30年代的长期战略，当时，有关“殉道总统”（martyred President）的可怕预言将会变成现实；随着希特勒的征服行动，一种新的国际主义将会产生，这也将为美国参加一个新的世界组织奠定基础。

然而，问题仍然存在：为什么这个专横的政治家竟然如此一败涂地，没有能够实现他所珍视的直接目标——让美国成为国际联盟中的一员。在分析这一谜团时，回忆一下下列内容可能是有所助益的，尽管自尊程度低会让一些潜在的领导者丧失领导能力，它也可以驱动其他潜在的领导者去追求名望和荣耀，以便克服他人对自己存在价值的怀疑。威尔逊似乎始终就是这种情况。乔治夫妇认为，“他需要他的朋友来证实他对自己的伟大命运及人生价值的信仰——这种信仰如此容易被外部的攻击所动摇，只是因为他的内心深处曾遭受过残酷的折磨。他需要他们颂扬他的大公无私的理想主义，特别是当他的诋毁者粗暴地剥除他精心装饰的合理化伪装时，尤其需要其他人的称颂”。在挑战像洛奇这样的反对派时，他可能始终表现出了一种征服对手的需要，而这是为了证明他作为一个领导者具有的杰出才能。罗伯特·图克尔（Robert Tucker）注意到，他一旦获得一种特定的领导角色，“就立刻利用这种领导角色来支持或者推行新的想法、对新政策的尝试和新的计划，如果取得成功，那么所有这些将为他带来更大的荣耀，很可能会为他开辟通往更高的领导地位的路径，同时带给他为取得进一步的领导成功的更大机遇”。这样一种对领导的理解的确颇有见地。

威尔逊自己可能会说，他的确最终证明了他的领导能力——25 年之后。其他人对此的回答是，世界无法承受得起这种耽搁。最起码来说，威尔逊的一生向研究领导的学者们证明了，我们要想解开一个伟人沉浮的秘密，就不仅仅要分析在他的童年时期所受到的各种心理影响和社会影响，还要分析在他的中年和晚年的生活中所遭遇和产生的各种政治力量。

第 5 章

政治领导的熔炉

如果要取得领导地位，早期的个人与社会倾向一定要与政治兴趣和政治活动相联系，而政治兴趣与活动又一定要与政治职业相联系。

政治学家们可能也会高估对权力的雄心，而低估人们对地位和被认可的需要。

潜在领导者的最显著特征，就是他们学习他人的能力，从周围环境中学习的能力——一种接受教训的能力。

多数职位追求者会中途铩羽而归，放弃他们的目标，所以误算的次数要超过正确的估计。

在竞争的社会，政治所具有的投资、预测、谈判和风险承担的特性，可能吸引那些个人主义的和企业家类型的人，他们会给政治带来自由放任的资本主义的那种道德和实践——它对于政策制定和政治领导具有至关重要的意义。

105 在西格蒙德·弗洛伊德（Sigmund Freud）七八岁的时候，一天晚上临睡觉之前，“在我父母的卧室中，由于尿憋急了，所以顾不得关于廉耻的各种规矩，竟然当着父母的面在屋里撒起尿来。父亲对我严词训斥，不经意地说出这样的话：**‘你这个孩子将会一事无成。’**这对我的上进心是一次可怕的打击（*Kränkung*，羞辱），因为在我的梦境中还总是会反复出现与这一场景相关的内容，并且它总是与我的一系列的成就和成功有着联系，似乎我想要说：**‘您看，我已经有所成就了。’**”

如果政治领导者能够像弗洛伊德分析自我那样认真仔细和具体生动地探究自己进取心的源泉，那将是令人高兴的事情。即使他们能够——或者，即使我们能够稍有几分信心地辨认出行为的相对清晰的心理根源——我们仍然不能对不同文化背景中众多的政治领导者的政治动机做出一般的概括。正如我们所看到的，政治领导的起源深深地植根于各种生物的、心理的和社会的力量之中，而这些力量主要在领导者的童年和青春期发挥作用。我们知道，推动人们承担领导角色的早期影响是和以下方面紧密相关的：父母的态度和行为、同伴关系、学校教育以及年轻时对领导者和领导职位的认识。这些影响中有些本身并不足以将人们推入领导之途；这些影响可能产生政治活动家、恪尽职守的公民或意识形态的狂热分子。如果要取得领导地位，早期的个人与社会倾向一定要与政治兴趣和政治活动相联系，而政治兴趣与活动又一定要与政治职业相联系。

这种联系是由适用于一种**政治机遇结构**的一系列**政治动机**构成的。有动机而缺 106
少各种开放和闭合的机遇结构，将会导致无方向的运动（如果不是无序状态的话）。有机遇而缺乏动机——有时候，这种现象在王位继承人身上表现得比较明显——可能形成一种枯萎干瘪的政治秩序。心理学家不仅在政治动机方面有了相当可观的发现，而且还收集了大量有关心理动机和社会动机的文献。但是，对进取心的探讨则主要留给了小说作家们。小霍雷肖・阿尔杰[①]（Horatio Alger Jr.）的经济英雄们，在描写年轻的威尔士人爬出矿井，攀上社会和政治阶梯的小说中，在关于无产者、向上爬的下等人、外来者和其他设法爬到高位的人的小说中，都可以找到他们的对应者。近来对个人的**成就**需要的科学研究工作一直在取得进展。

在古老的传统中，政治进取心（political ambition）被简单地定义为对权力的追求，而排除了其他的动机，这始终不利于分析政治进取心的本质。这样一种定义比较适合小说和社会科学中的戏剧化情节，但是更加全面的分析表明，政治领导行为源于一系列更加广阔的动机。菲利普・E・弗农（Philip E. Vernon）已经提出，应当在统治（dominance）和领导之间进行适当区分，因为可能有许多人希望统治别人，而不愿意行使负责任领导的责任；而在许多类型的领导中，取信于人、对群体态度的敏感性以及对满足群体欲望这一责任的接纳，要比统治的欲望更加重要。（我所使用的“统治”，它的意思是赤裸裸的权力行使。）

为了研究领导，需要在下面两种追求中做出至关重要的区分：一种是对**个人的被认可和自我发展**的追求，而不考虑它所产生的社会和政治结果；第二种是对某种能用来**促进实现集体目标**的地位和权力的追求，这种集体目标超越了个人的需要和抱负。阿尔弗雷德・阿德勒阐述了一种人格理论，强调人认同其他人的独一无二的能力；人们身上这种共情感觉的发展，让他们能够认识到他们个人力图发展的努力

---

① 小霍雷肖・阿尔杰（1832—1899），美国儿童文学作家，作品深受少年儿童读者欢迎。他写有 109 部小说，内容都是穷小子艰苦奋斗、发财致富的故事，其中的代表作为《衣衫褴褛的杰克》（1868）。——译者注

与集体寻求进步的努力是一致的，从而应该把个体的人的力量投入到对公益的追求中去。阿德勒的一个学生，A. H. 马斯洛扩展了这一理论，把构成个体权力动机的一系列需要分解成两个需要子集，这就是我们在下文中将会提到的，把成就（achievement）和声誉（fame）区分开来。

雄心的激励

当甘地在伦敦还是一个法律系的学生时，有一次别人问他为什么来到英国，他果断地回答："抱负！"然而，对于一个心怀凌云之志的年轻的印度人来说，甘地在伦敦遭遇到的却是一系列的挫折。他后来感受到，他无法在公众面前演讲——更糟
107 糕的是——他让自己显得如此荒唐可笑。他戴着高高的帽子，还戴着单片眼镜，穿着丝绸衬衫，套着鞋套；他修舞蹈课和小提琴课；他试图和年轻女士们交往，但是他的社交风度实在有限；选修的课程进展也不顺利；他惧怕那些行为举止大胆的英国女子（他没有让人知道，他在印度还有一个妻子的事实）。但是，他通过了律师资格考试，并且获得了在高等法院的注册，然后动身前往印度，却发现实际上找不到委托人。为了抓住一次法律工作的机会，他旅行去了南非，并在那里居住了二十多年。在那里，甘地第一次遇到了系统化的种族歧视和仇恨——也是在那里，作为回应，他预演了在非暴力不合作运动中承担领导角色，而这一角色正是他数年之后要在自己的祖国扮演的。在那里，他的雄心壮志变成了一种工具性的动机，变成了消灭不公正这一目的的手段。在法庭上，当法官命令他摘下长头巾时，他走了出去，而不是服从。在去往比勒陀利亚的火车上的头等车厢内，一个欧洲人走进来，上下打量着甘地，然后叫来了乘务员，后者强令甘地搬到货车厢去。甘地拒绝听从，被赶下了火车。在一辆马车上，他被要求坐在马车夫的座位上，而不是和那些白人乘客一起坐在里面；当甘地对不断的羞辱表示抗议时，这个粗壮的马车夫诅咒他，并打他的耳光。他被旅馆拒于门外，被一个警察推进水沟，后来落入一伙种族主义的暴徒之手，险些被他们的私刑所害。毕竟，这位爱穿长礼服和锃亮皮靴的年轻的内殿律师学院①（Inner Temple）的毕业生，只是一个"苦力律师"（coolie barrister）而已。那天晚上，当他乘坐的那列火车抛下他而独自驶向比勒陀利亚时，甘地坐在冰冷的候车室里，经历着他一生中最重要的时刻。他应该为权利而战呢，还是应该返回印度呢？他最终决定，返回印度将是懦弱的表现。"我所经历的苦难只是表面上的——只是对有色人种歧视这一痼疾的一个症状。"他必须清除这一顽疾。因此他继续前往比勒陀利亚。

埃里克·埃里克森说道："没有理由使人不相信，在这个历史的时间和地点所

① 英国伦敦四个培养律师的组织之一。自中世纪以来，英国培养法律家的工作不是由大学而是由出庭律师的行业性组织"律师公会"（Inn，也译成"学院"）来承担。共有四大律师公会，内殿律师公会（或学院）是其中之一。——译者注

发现的那个自我角色认同（central identity）就是这样的一种信念，即在南非的印度人中，他**就是那个受命运安排**来改变这种无论如何无法再忍受的境况的**唯一之人**。”

在南非，不仅印度人要附属于白人，而且黑人的地位比印度人还低；印度人自身又划分为不同等级。地位最高的是穆斯林商人，他们作为“阿拉伯人”从有优越感的白人那里获得一点社会地位。印度教和印度拜火教的教士们所在的社会阶层要更低一级，他们的侍从和家奴的地位比他们更低下。位于社会最底层的是“苦力”（coolies），他们是契约劳力①（indentured laborers），从印度被带到这里，在矿山和农场中工作，沦为半奴隶。印度人更进一步按照起源和宗教信仰划分成不同的身份：印度教徒、穆斯林、古吉拉特邦人、马德拉斯邦②人、基督教徒以及其他的身份。在异国的土地上，怎样才能把这样一个民族团结起来？ *108*

甘地一直迟迟未能形成一种个人的战略思想；他有时向当局让步，有时勇敢地面对他们，有时又与他们小有争执。他的身份一半是律师，一半是反叛者。在英国人的眼中，他只不过是另外一个苦力。从他自己所遭受的羞辱中，从那些每天来到他的律师事务所的印度人所处的困境中，从他对拉斯金③（Ruskin）、梭罗④（Thoreau）、托尔斯泰和其他人作品的研读中，甘地逐渐形成了一套政治策略。印度人必须在政治上团结起来，组织起来。他们必须通过游行示威、正面冲突、不顺从和消极抵抗的形式，把他们的困境以引人注目的生动形式表现出来。甘地和他的同事们学会了如何通过幕后操纵或者直接施压来筹集资金、公开宣传以及影响政府。被逮捕的抗议者挤满了监狱，甘地也身处其中。他组织了一次声势浩大的游行示威——这是甘地在印度所采取的战略的一个预演——而且，他被逮捕了三次；每一次他都交纳保释金，然而又回到老路上去。

这就是甘地的青年时期。他所信奉的是非暴力抵抗及不合作主义（*Satyagraha*），这是真理的力量所在，因为它在自我表现、容忍力、战斗力、自律和平等方面拥有巨大的潜能。他不但形成了自己的意识形态，也找到了自己的角色定位，并且他的巨大的潜能开始转化为现实的力量。往昔胆怯怕事的律师转变为一位坚定、敏锐而灵活的政治活动战略家，他的能力感和功效感不断增强，并且逐渐形成了一整套全面而有巨大吸引力的价值观念。在南非，甘地成为了一名**领导者**。

对阿道夫·希特勒而言，野心实质上是他的终端目标。尽管他声称，追求权力是为了拯救他的祖国，并且净化日耳曼民族，但这是自欺欺人的。他把这一目标完全等同于他自己的统治，而且为了他自己的权力他乐意毁灭他自己的民族。希特勒的野心很可能是在波美拉尼亚（Pomerania）的陆军医院中形成的，当时是第一次世界大战的末期，他中毒受伤，躺在那所医院中接受治疗。后来，提及这些“可怕

---

① 指与人订约来到他国，充当劳力若干年以偿付旅费和维持生活的异乡客。——译者注

② 印度泰米尔纳德邦的旧称。——译者注

③ 约翰·拉斯金（John Ruskin，1819—1900），英国艺术评论家、社会改革家。——译者注

④ 亨利·梭罗（Henry Thoreau，1817—1862），美国作家，超验主义运动的代表人物，主张回归自然，代表作是《沃尔登，或林中生活》，反对蓄奴制和美国侵略墨西哥的战争，其《论公民的不服从》一文影响巨大。——译者注

的白天和更加糟糕的夜晚”时，他如此写道：“现在我知道，一切都失去了。”他陷入了沮丧和退缩的时期中，并不时地号啕大哭。被征服了的德国的命运与他的失败感似乎融合为一体——如同后来胜利的希望与他自己的权力合二为一一样——或许，就像沃尔特·兰格所指出的那样，他对德国战败做出的回应，就好像那是他自己以及他真正的深爱的母亲遭受了强暴一样（在《我的奋斗》一书中，他在提到德国时，仍然称之为“她”）。当他躺在医院里，时而歇斯底里，时而沮丧消沉时，在基尔①（Kiel）的水手们叛变了。一些人来到医院，拿着一面红色的旗帜，号召大家革命。几天之后，一个过路人告诉病人们，德国皇帝已经离开德国，亡命他乡了，这时，希特勒似乎意识到了这种彻彻底底的失败。“再一次，我眼前的一切陷
109 入了黑暗之中，我跌跌撞撞地摸索着回到我们睡觉的地方，把我滚烫的脑袋埋进毛毯和枕头下。”

他后来说，在这些夜晚，对德国背叛者们的仇恨开始增长。他发誓不要休息也不要和平，直到“11月的罪犯们”被彻底推翻。就像他在《我的奋斗》一书中所写的那样，他决意成为一名政治领导者，这样他就可以惩罚那些在国内从背后刺了他的祖国一刀的叛徒们。可能这种决定来得并非如此突然，然而这一段时期对他而言必定是至关重要的。否则，我们无法开始解释这位元首（Führer）的出现：事实就是，这个男人，还不到30岁，在慕尼黑漂泊游荡了数年，然后在军队中例行公事般地并几乎是毫无目的地服役4年，几乎没有接受过正规教育，没有政治关系，退役后没有工作或者职业，事实上没有实际的工作经历，只有一套由各种模糊的政治信条拼凑而成的混成物——而这个男人会在5年之后形成一套政治方略、一个意识形态的纲领和一种控制民众的方式，这些让他在10年之后绝对地统治了德国，并且在短期内主宰了半个世界。在近代历史上，我们很难想到，在世界范围内还有其他的权力行使者能够像他这样如此迅疾而稳固地确立自己的统治方式。

他返回了慕尼黑，也就是他志愿参军的地方，再次与战前就认识的那些极端民族主义者和种族主义的煽动者混在一起。不久，他就成为李斯特军团（List Regiment）的一名密探。当他暗中监视政治集会，并通过军队开设的课程接受政治意识形态的灌输时，他的真正的政治教育也就开始了。1919年的秋天，他研究了德国工人党，该党是慕尼黑这个热气腾腾的政治孵化器中孵化出来的众多小团体中的一个。他被该党的纲领所打动，并且相信他有能力改善它的组织和策略，于是他加入该党，并成为执行委员会的第7名成员。很快，他就完全控制了工人党。

在1933年以前，希特勒还谈不上是一个创新者，他只是一个技术娴熟的融合者，把政党组织、宣传技巧与政治信条合并为一体。在慕尼黑激烈的政治竞争中，他发现：他逐渐地能够吸引众多人的注意，并使他们为己着迷；他能够在辩论中战胜对手，偶或不能，就由他的武装追随者们来镇压他们；他能直觉地理解旗帜、海报、徽章、盛典以及其他手段和标志物的作用，这些都可以令他的听众兴奋激动；

① 德国北部港口城市，是重要的海军基地。——译者注

他对工人党的独裁统治要远远高于执行委员会的集体指挥。政治是他的职业，也是他的业余爱好，在很大程度上是因为他擅长于此，而且几乎别无所长。

最显著的是他所信奉的教义的一致性。阅读他在 20 世纪 20 年代初期的演讲 110
稿，就是在阅读他在后来的 20 多年中发表的演讲。《凡尔赛条约》的粗暴，证券交易中资本主义的邪恶，俄国布尔什维克的威胁，对一个强大的中央政府的需要，权力准则，一大堆社会福利的（而不是激进社会主义的）措施，日耳曼人优越论，以及——从头至尾总是在谈的——犹太人的邪恶和威胁：所有这些都在后来的岁月成为家喻户晓的陈词滥调。希特勒很难被谴责为骗子；在他的演讲中，在他的政党纲领中，甚至在《我的奋斗》这本书中，他的计划和目标已完全展示出来，让整个世界都可以看到。希特勒的崛起是如此迅速，他早期的成功是如此引人注目，以至于他唯一不得不需要学习的东西就是耐心。1923 年 11 月，他在慕尼黑策划的一次未遂政变给他补上了这一课。他被囚禁在条件舒适的朗斯堡（Landsberg）要塞监狱中，在那里，他写成了《我的奋斗》这本书，他决心等待，直到重大事件的发生改变他的现状。20 世纪 30 年代初期的经济衰退和政治动荡，就是他所需要的大背景，凭借这一背景，他巩固了他的残暴政权。

列宁的抱负也是在他成年后的早期形成的，在随后的岁月中，他也是以非凡的坚韧不拔的毅力始终坚持他的战略——如果不是他的策略。他究竟是一个赤裸裸的权力行使者，还是一位领导者？在 1893 年的秋天，他在圣彼得堡投身于革命研究和革命活动。在随后的 10 年中，他经历了一次持续的自我认同和自我定义危机①（crisis of identity and self-defination），维克多·沃尔芬斯坦认为，这可能是两种情感的融合物，一种是对他父亲的去世的内疚感，另一种是对他哥哥被处死的强烈而无法抑制的愤怒，这段时间发生的事情让列宁的意志变得坚强起来。他早期接受的马克思主义影响了他的理智感知和判断。但是在列宁坚定不移地追求革命领导这一职业生涯中，最具有决定意义的影响，毫无疑问就是这一职业本身以及他在这一职业上的几乎立竿见影的成功。

他系统地考察了圣彼得堡的工人们的生活条件、工厂的同志们以及他们的政治观点，而且也汇集了各种数据资料来支持他对俄国资本主义的发展进行研究。他建立起一个学习小组网络，向其进行思想灌输，同时兼作革命的基层单位。由于不断受到警方的追捕和骚扰，他学会了用各种伪装和诡计来避开他们。当他最终被警察追踪捕获，并流放到西伯利亚时，他仅仅通过大量深入的阅读和与外界的书信来往，就得以继续他的革命事业。他获释后，又开始在俄国开展他的革命活动，同时在欧洲那个充满革命宣传和阴谋的封闭世界中广泛游历。在巴黎，他为积极分子开办了一所学校，他成为了一名教师，同时也是一名革命宣传者。他知道他写作革命宣传的小册子要比演讲更加有效，但是他那简单明了、直言不讳、铿锵有力的演
讲，有时能够剥开耶稣会论证的迷雾，唤起他的工人阶级听众。他展现出一种非同 111
寻常的自律，不管是在情感上还是在理智上。他不但宣扬革命责任必须高于个人的

① 指青年期产生的心理矛盾和混乱现象，难以认识或树立自己性格的同一性。——译者注

友谊、感情和爱情，而且对这一原则身体力行。他的婚姻和他的爱情生活完全服从于伟大的革命事业。

当列宁在《怎么办?》(*What is to be done*?) 一书中提出他的革命行动理论时，尚不满 32 岁。伯特伦·沃尔夫说，这本小册子既是一个发端，又是一篇完整的论述；它实际上包含了所有的有关政治和政党组织的原则，这些就是后来广为人知的列宁主义。在这本厚厚的小册子中，列宁既攻击了激进主义者，也攻击了恐怖主义者。他认为，人民群众通过自身的努力和自发性只能达到一种“工联主义的意识”，革命的实现只能通过训练有素而富于战斗精神的先锋队的领导——因此革命不能只是等待历史的缓慢运转，无论是马克思主义的或是反马克思主义的革命。

这本小册子的论证冗长而晦涩，但其间也闪烁出真知灼见的光芒，充满着对他的对手的学究式的责难。从这种论证中，列宁发展出一个中心概念，这一概念将在列宁的战略思想中占据主导地位，并有助于影响俄国历史和世界历史。这就是他关于领导的概念——由党对人民群众进行领导，由一个人对该党进行领导——而这个人除了列宁还能有谁？当然，这场运动已经有了一些领导者，但是正如亚当·乌拉姆[①] (Adam Ulam) 所指出的那样，“不经讨论就可以做出决策，人民只是被命令做这做那，政党的基层组织要事事汇报中央并服从中央，所有这些都预示着一种范围广泛的新发展”。

对列宁和他的政党而言，革命职业已经成为了领导战略。(在第 8 章中，我会描述革命的权力，它不仅是一种领导，也是一种变革型的道德领导。)列宁的领导只有短短几年的时间，但是他有时间去使用那些具有残暴行使权力特征的手段。作为领导的本质之一的冲突，逐渐受到压制（尽管主要是由列宁的门徒们实施的）。在共产主义革命理论中所预设的领导者和被领导者的融合，被颠覆为领导者对被领导者的统治。列宁对服从和一人控制的要求便成为一种合乎逻辑的结论。封建制度并没有完全被改变，但是封建的领导者已经被取而代之。但是如果说列宁是一个充满矛盾的个体，那么在他成为一个残暴的权力行使者之前，他还是一个领导者。如果他像毛泽东一样，有几十年的时间，那么领导者与权力行使者之间的平衡也许会显现出来。

亚历山大·汉密尔顿[②]说过，对名声的热爱是“最高尚之士的主要激情”。如果雄心壮志是一种连续的激进，我们必须对它的结果有更多的了解。在这三个案例中，希特勒实现了他自己的野心——直到世界末日般的结局出现——但是却摧垮了他的民族，尽管他曾许诺要带领他的民族走向荣耀。甘地对印度的雄心壮志始终未
112 曾实现。列宁实现抱负的工具——那个训练有素的政党——所用于实现的目的，有悖于作为一种解放力量的列宁主义。

---

① 哈佛大学的托洛茨基专家。——译者注

② 亚历山大·汉密尔顿 (1755—1804)，美国联邦党领袖，美国独立战争时曾任华盛顿的秘书，大陆会议代表，1785—1795 年担任首任财政部长，提出建立国家银行和加强中央政府等施政方针。——译者注

对满足的需要

马斯洛鉴别出权力所要求的两组需要：一种是对力量、成就、充裕、优势和能力、自主和自由的需要；第二种是对名望和威望、地位、支配、认可、关注和赏识的需要——实际上，也就是对技能的渴望和对名声的欲望。（他指出，阿德勒相对来说比较强调这些需要，而弗洛伊德则相对忽视了它们。）对政治权力的雄心只是由需要所决定的一系列广泛而众多的动机中的一种，而且通常是不太重要的一种。正像珍妮·克努森所指出的那样，获取权力只是直接与马斯洛的诸种价值中的一种——支配——相关，而且“许多类型的政治活动可能具有较高的地位、关注度和重要性等，但是却很少具有与这一角色相关的完整权力（不过仍是令人满意的）……”

政治家们可能也会高估对权力的雄心，而低估人们对地位和被认可的需要。在埃德温·欧康纳（Edwin O'Connor）的小说《最后的欢呼》（*The Last Hurrah*）中，当马瑟尔·加维（Mother Garvey）去拜访查理·亨尼西（Charlie Hennessey）并试图与其建立一个共同联盟来反对弗兰克·斯格芬顿（Frank Skeffington）时，他假定健谈的亨尼西会对权力感兴趣，或者至少是对能够获取贿赂之钱的权力感兴趣。“与我们一起来吧，”他恳求查理，“像你这样明智的人就该来加入我们的行列。我们会一起打败那个谋杀者，我们两个一起，把那家伙切碎，就当他是一只圣诞火鸡！”但是查理似乎不为所动。“啊，我亲爱的朋友，胜利并不能代表一切！”他大声喊道：“不、不、不！我们应该做的是让民众了解事情的真相，让他们知道正在发生的事情，要去打一场正义的战争，要去告知人们真相！真是太棒了！我要在每一个战斗的夜晚，坐在我的宣传车中，行驶在城市的每一个角落。毫不留情地鞭笞他们所有人！斯格芬顿，还有其余的人！反对斯格芬顿的那些家伙们同样糟糕，甚至还要坏！我将旁观侧立，不断地搅扰他们，搅扰他们！太棒了！他们就害怕这样。年复一年，他们会越来越害怕。有个人正在告诉人民真相！简直就是一颗定时炸弹！”加维闷闷不乐地想，他真像一只臭虫那样疯狂——但是，亨尼西并不疯狂，只是动机不同而已。

怀有哪方面的雄心壮志——这个问题不需要由推测或想象来确定。鲁弗斯·布朗宁（Rufus Browning）和赫伯特·雅各布（Herbert Jacob）两人，研究了一个中等规模的东部城市和路易斯安那州的两个县中活动的政客，试图评估权力欲望（desire for power）在追求政治职位时的重要性。他们提出了两个问题：与非政治活动家相比，政治家们追求权力的动机有多强烈？政治制度的特性在何种程度上会影响他们的动机？从以前所做的研究中，他们得出了一个假设，即：动机的衡量标准是和众多的变量联系在一起的，而这些变量在招聘以及其他行为中是非常重要的（承担风险、阶级背景、依赖性、持续性、对影响他人的时机的敏感性等）。他们根据研究结果做出的结论是：“单纯地成为一个政治家并不会产生对权力、成就或政 *113*

治联系的独特关注。”来自东部城市和路易斯安那教区的数据资料表明，“在经济领域内相对充裕的获得权力和成就的机会，会引导具有较强动机的人们投身于经济活动，而不是政治活动；在那些政治和政治问题成为人们的关注中心和主要兴趣的社区中，与那些政治只能赢得人们的次要兴趣的社区相比，被政治所吸引的人们似乎具有更强烈的权力和成就动机；能够提供向上攀升的政治流动性的政治制度，能够吸引那些具有较强成就和权力动机的人们；如果一个政治体制集中关注党派组织和权力问题，几乎排除了对公众政策的关注，那么就会使那些具有强烈参与需要的人们被排除在该政体之外。”

所有这些并不是要轻视政治雄心的作用，而是要把它放在一个更广阔的背景中去考虑——实际上，是要提高它的重要性，因为目前，在雄心的最宽泛的意义上，我们认为它起源于一系列的动机，这些动机根据它们在不同的文化和不同的环境中所承担的角色，会结合不同的力量发挥作用。以系统的研究和因果的观察两方面为基础，应该有把握做出下列的概括：**政治动机的最强有力的源泉——也是政治雄心的关键因素——就是未得到满足的对尊重的需要（既包括自尊，也包括他人的尊重）**。权力行使者和领导者都有这种需要。克努森指出，“因为具有尊重需要的人们已经在需要的等级结构中朝着自我实现的方向向上攀升了相当远的距离，因此他们特别有可能在他们的社会环境中表现活跃，而且容易占据领导地位”。詹姆斯·戴维·巴伯相信，取得某个职位的候选人资格这关键性的一步，会给个人带来极大的风险，使个人的生活和信仰发生巨大的变化，这一步“最有可能由以下两种人迈出：一种人，具有**高度**的自尊，因此他们相对来说是很容易应付这种变化中牵涉到的威胁、紧张和焦虑；第二种人，具有**低度**的自尊，因此他们准备来完成这件不同凡响的事情从而提高自尊”。然而，因文化与文化之间的差异，自尊的构成成分很可能相差悬殊。

对尊重、名望、荣誉和赞美的这种强烈的需要——这种需要，正如它产生了权力雄心那样，也会使权力雄心相形见绌——在“伟人们”的事业中，表现得尤为明
114 显——例如，伍德罗·威尔逊感到父亲对自己的爱并不安全；卡尔·舒马赫（Karl Schumacher）尽管有生理缺陷和压力，仍然需要向他人证明自己的过人之处；撒迪厄斯·史蒂文斯对他的出身、他离异的父亲以及自身身体残疾都相当敏感；迪斯雷利①（Disraeli）和甘地，在他们的早期，都曾有过被人歧视的经历；俾斯麦对他的母亲怀有十分矛盾的感情，同时他还患有忧郁症。

对尊重的渴求并不总是病态的；有些人只不过是对尊重的欲求较大而已。那些观察过总统、首相和王子的人们早就指出，起码在非极权主义国家，许多权力持有者对于官面排场的喜好，毫不亚于对实际权力的喜爱。还有一些人的主导特征是对掌控其他人或事怀有无尽的欲望，即权力意志，俾斯麦就是其中一个典型的例子。其他人则是为了满足他人的需要而关注对事件施加影响。这样一来，关键问题就变成：在他们自我满足或满足他人的企图、他们对这种满足的达成以及这种满足的后

① 本杰明·迪斯雷利（1804—1881），保守党领袖，于1868年和1874—1880年间任英国首相。——译者注

果对历史的影响之间联系的本质是什么。

自尊的影响对领导而言是最为重要的，自尊不仅仅是一种普遍化的力量，而且是在特定情境中与对特定行为和结果的特定期望和认识有关。富兰克林·罗斯福（Franklin Roosevelt）有能力精明地操纵他的政治对手，比如：约翰·L·刘易斯（John L. Lewis）、休伊·朗[1]（Huey Long）和约瑟夫·P·肯尼迪（Joseph P. Kennedy），这种能力在很大程度上来源于一种强烈的自尊感和政治能力意识，这在政治斗争中已经被反复证明了——这种尊重是他本人与他的诸多崇拜者共享的。自尊是人类性格中的一种混合而矛盾的因素，根据社会环境的不同，一个人的自尊的表达方式也会有所不同。伍德罗·威尔逊（Woodrow Wilson）的欠缺感（sense of inadequacy）没有影响到他的生活的**所有**方面，否则，他就会拒绝从事政治领导这一职业。

传记作者们倾向于强调“大人物”的备受瞩目的、戏剧化的、充满冲突的行为——那些尖锐地表达了心理上和社会上的剥夺与困扰的行为。这些行为在报纸上被大肆渲染，描绘得令人兴奋，它们被紧抓不放，成为茶余饭后的谈资。“伟人们”本身也不喜欢这样的一些解释，它们显示出领导者驱动性的雄心和强迫性的行为实际上并不是他们的过错，而是反映出他们的生活和艰难岁月留给他们的创伤。然而，大多数文化中的大部分领导者的特点并不表现为失控的雄心或者非理性的、不道德的、具有侵略性的行为。相反，他们的特点是深谋远虑、深思熟虑和控制管理；否则，在大多数文化中，他们很难成为领导者，或者即使他们成为领导者，也仅仅是象征性的，而不能实际发挥职能。人们处理难题时的方式，是他们最能显露内情的方面。总是过于赤裸裸地暴露恐惧和情感的政治家们——那些在一个轻视当 115
众表露情感的社会中（除非在需要表达感情的特殊场合）当众哭泣的政治家，比如马斯基（Muskie）1972 年在新罕布什尔州所做的那样；或者那些在充满敌意的观众面前失去控制和沉溺于激烈的慷慨陈词的政治家，就像罗伯特·拉·福斯特爵士（Robert La Follette, Sr.）在他的职业生涯行将结束时所表现的那样——这些政治家经常会被那些尊重自制和礼仪的社会阻碍于通往权力之途。我们不仅必须判断雄心的投射力，而且必须判断对它的政治回应以及对它的政治控制。

因此，我们看到，当雄心勃勃的政治家耐心地与盟友和对手打交道时，他们正在克制着自己强烈的挫败感；我们看到，那些为争取选票而导致分裂的政治家们，同时也正在修补同盟间的狭隙，采用高超的手段争取达成共识；我们看到，那些怀有坚定主张的政治家们，正努力广纳良言以理解事实真相；我们看到，思想倡导者们在努力与他们信奉的事业保持一点距离，这样他们就可以站在某种独立的立场来审视自身及他们所应承担的责任。来看看富兰克林·罗斯福吧。他是一个感情强烈的男人，他知道什么时候该沉默寡言，什么时候该直抒己见。他能够很好地接受和领悟事实，对盟友和对手的情绪及动机具有强烈的敏感性，而且善于欺骗和掩饰，

---

① 休伊·朗（1893—1935），于 1928—1931 年任路易斯安那州州长，提出公共工程计划和福利法案，反对富人拥有过分特权，参议员任内提出分享财富计划，被暗杀。——译者注

这样一种良好的（以及巧妙伪装的）理智结构让他通常具有一种其对手无法超越的敏锐和现实领悟力。在欧文·哈格罗夫（Erwin Hargrove）看来，罗斯福不曾有过焦虑的感觉，焦虑会破坏和干扰他的认识和情感功能。在政治上，他可能会犯一些错误，就像他在试图重组最高法院以及试图将他的保守派对手驱逐出国会的事件中所犯的错误，但是他总是在面对失败时表现得泰然自若，以机智的手段在政治上恢复元气，从而使他自己的自尊以及大多数选民对他的尊重都不会受到损害。确实，罗斯福在他的第二个任期内陷入了乱七八糟的纷繁事件中——他政治上的失败，20世纪30年代末期的衰退，克服大萧条时他所表现出来的无能为力，面临纳粹对欧洲的侵略他的无所作为——这些可能足以摧毁一个狂热分子，或者一个“真正的信仰者”。但他却以某种方式不仅克服了政治上的困难，赢得了第三个总统任期，并掌管着一个被改变了的政治局面，而且，即使深陷政治麻烦中，他最多表现出一种不失温和的焦虑，半带幽默的愤怒，以适宜的方式宣泄被压抑的情绪。不管怎样，罗斯福的安全感能够以某种方式与一种强烈的雄心壮志并行不悖，和谐共存；从他1910年卷入选举政治开始，他实际参加了每一次他认为体力和政治上都力所能及的公职选举——1912年、1914年、1920年、1928年、1930年、1932年、1936年、1940年和1944年的选举。

某些人认为，罗斯福和其他无数的政治家所表现出来的这种对政府职位的永恒追求，起源于神经质的不安全感和被剥夺感。但是，根据所涉及领导者的不同，这种追求也可以被看作是自信感和自我功效（self-efficacy）感的展示，这种情感反映
116 了要求**自我实现**（self-actualization）的健康的动机。自我实现一词是由卡特·戈尔茨坦[1]（Kurt Goldstein）创造的，后来，马斯洛使其更加广泛地流行起来。对于马斯洛，自我实现是“较高级”需要的一个复杂等级。这种需要并不如纯粹的生存需要那样急迫，与本能的肉体需要和心理需要也无较大联系；这是一种更加健康的心理需要，促使人们更加富有创造性，使人们在个人目标和集体目标之间找到一个平衡，并在一系列的挑战和任务中，坚持不懈地追求自身的有效性。它代表了某种动机，这种动机将培育出许多积极的品质，而那些品质就是自我的一种潜在的发展。马斯洛指出，自我实现不同于更为基本的需要，比如安全需要和情感需要，它是“有机体内部固有之物的成长，更精确地说，是有机体自身的成长”。发展来自于内部，而不是外部。克努森补充道，自我实现者可能具有一种灵活性，一种判断个人的性格需要以及其他人个性需要的能力，而且具有一种开放的精神（指认知上的，而非规范上的），这很可能有助于实现成功的领导。

这种自我实现——这种对成长和成就的需要，满足自我以及尊重他人的需要——也包括在一个人的言行中表现出来的能力感和自信感。罗伯特·怀特曾经提出，一个能力动机或者“效能感”（effectance）动机甚至可能是固有的，因为它满足了人们与生俱来的与环境相抗衡的需要。所有作用于潜在领导者的强大个人影响和社会影响，都是以纯粹的政治技能感为基础的，这种政治技能感就是在政治中的

① 德国神经病学家。——译者注

有效感，比如就像其他人在教学和网球领域中那样感到有效。对于那些力图实现政治抱负的人而言，有意识地去培养适合政治的各项技能是一种自然而然的倾向。但反过来也同样是正确的：政治技能有助于促进招募进来的人们参与到政治活动之中。理由可能仅仅是因为对这一行业的纯粹的热爱，人们具有从事这一行业的天赋。技能哺育出雄心壮志。

这些简单的观察具有重要的意义。从一个方面来说，它们意味着，政治技能本身变成了一种权力因素，正像弗雷德·格林斯坦曾经说过的那样，“演员的技巧越是精湛，他最初对优越地位或可控制环境的需要就越少，而**他自己**去争取使后来的地位变得优越并使其环境变得可以控制的可能性就越大”。假定技能在人们之间的分布或者人们对其的掌握并不均等，那么用哈罗德·拉斯韦尔的话来说，上述观察还意味着不仅存在着阶级斗争，而且存在着**技能斗争**，它们对于谁能够得到什么以及什么时候得到都会产生极为深远的影响。那种影响的性质取决于技能是在何种情境中被实施的，以及它是出于何种目的被使用的。这些技能的性质也会随着情境的不同而有所变化，但是所有的领导者必须具备一种天赋——认清与自己的需要相联系的追随者的需要的能力，帮助追随者与领导者一起为更充分地自我达成（self-realization）和自我实现（self-actualization）而向前迈进。

正是因为自我实现者就是各个层次上的潜在领导者——因为他们有发展的能 117
力，他们机动灵活，他们颇富创造性，他们胜任有余——所以自我实现对于理解领导的进程是一个强有力的概念。然而，由于过分强调**自我**实现，而不是与其他人的相互实现（mutual actualization），这个概念对领导的适用性已经大打折扣了。布鲁斯特·史密斯曾经抱怨道，马斯洛本人的观点几乎是“生物学层次上的”，因为马斯洛主张，人类“**在自己的本质中**表现出了一种压力，要努力寻求越来越圆满的存在，越来越完美的人性的实现，就恰如在自然主义的和科学主义的意义上会把一个橡树种子说成是‘被迫’长成一棵橡树，或者可以把一只老虎说成是‘被推向’成为嗜血的猛兽……”人本主义的心理学家始终认为，自我实现更多地来自于自我实现者和其他人之间的相互作用，而不是起源于内在的因素，伴随这一过程而持续增长的是对他人的宽容理解，对他们的一种开放而包容的态度，以一种“反思性的自我察觉”（reflexive self-awareness）的态度来评估自身的才能，以及面对问题时的一种相对理性而有条不紊的解决方式。

我认为，自我实现者作为潜在的领导者，其最为显著的特征远远超越了马斯洛的自我实现；这种特征就是他们学习他人的能力，从周围环境中学习的能力——一种接受教训的能力。那种能力要求他们具有倾听的才能，被他人引导而不会受他人胁迫的才能，依靠他人但不至于过度依赖他人的能力，既充满热爱又精细挑剔地判断他人的能力，具有足够的自主性从而使自己富有创造性的能力，同时又不会拒绝那些有利于自己发展和具有重要意义的外部力量。自我实现最终意味着**通过被领导来领导**的能力。

正是这样的一种自我实现，能够使领导者理解潜在的追随者的需要，用他们的视角来观察问题，使领导者的行为有助于满足民众的需要，比如对物质帮助的需要，对安全和尊重的需要。因为领导者自己总是在不断地穿越自我实现的过程，所以他们能够和追随者一起上升，通常会先于追随者一步；并能够回应追随者已改变了的需要，从而帮助追随者在自我实现的进程中向前发展。随着对需要的表达变得更加具有明确的目的——也就是说，随着这种表达变得不再那么主观、自私，不再局限于个体的束缚，不再目光短浅、只顾眼前；随着它更多地与社会普遍认可的目标和集体的目的及价值观念联系在一起——领导者便帮助追随者把需要转变成积极的**希望**和**渴望**。希望起源于需要，但是会受到领导者的密切影响，他们或唤起希望或给希望的火花泼凉水。借助领导和其他社会化的影响，希望（以渴望之情和对可能性的相信来向前展望）很容易被提升为渴望（对一个更高目标的热切而雄心勃勃的向往）。对渴望的各个层次所进行的研究表明，这种层次不仅会受到像对成功的预期这样的较主观的因素的影响，而且会受到领导者的影响——例如，通过实验的
118 实施者用对问题的描述来影响渴望的层次。当然，领导者也可以利用人们对失败的恐惧来影响渴望的等级。

反过来，领导者也有助于将希望和渴望转化为被认可的**期望**（*expectations*）。相对于希望与渴望而言，期望承载了更多的心理和政治力量。它们更具有目的性，更加集中，而且带来的影响也更大；期望通常被引导来实现更加具体而明确的目标，而这些目标也正是期望的建立者们所尊崇的。作为应享的权利，它们具有更大的合法性；人们盼望那些正当属于他们的东西，因而当他们无法得到时，就会被激怒或因此义愤填膺。而且它们还拓宽了被感知到的可能性的边界。所有这些因素，特别是最后一个，会产生两方面的更为深远的影响。它们孕育了这样一种情境，在该情境中，当各种被过度提升的期望面对的是不可能或者几乎不可能实现的状况时，就会联合起来在民众之中产生一种极度的被剥夺感。因此，各种革命理论都强调，人们的期望与所得之间不断扩大的鸿沟是一种关键性的条件。詹姆士·戴维斯认为，当任何已经成为例行性的可满足的基本需要突然之间无法得到满足的时候，暴乱的可能性就会日益提高。特德·罗伯特·格尔（Ted Robert Gurr）认为，当社会主体认为他们的“价值期望”和“环境的价值承受力”（value capabilities of environment）之间存在着很大的差异时，革命就会爆发。期望还会受到领导者所坚持认为必要、值得、合理和可能的东西的密切影响。

在将经济和社会期望转化为**政治要求**（*political demands*）时，也就是，转化为大众所坚持的直接针对政府的明确而具体的主张时，领导阶级甚至担当着更为重要的角色。由欲求到需要，由需要到希望和渴望，再由渴望到期望，在这个漫长的转化过程中，这一步似乎是一个符合逻辑而又几乎不可避免的结果。但是其先后顺序可能没有这般清晰。人们不可能详细说出他们的原本与政府有关的需要或者渴望。他们也不可能详细地说出那些事实上甚至是可以由政府来解决的需要。他们可能认为需要是政府所应关注的范围，然而此时，统治者——尤其是行政官员——对此却并不这么认为。针对拉丁美洲的许多城市的贫困移民所进行的研究，为此观点提供了一个例证。如果以中产阶级的标准来说，移民的最为明确而现实的“客观”需要，就是提高他们的居住条件，如获得更好的住房条件，将自来水管通到他们家

中，获得合法而可靠的供电（许多人是非法用电），等等。但是在墨西哥城，10 个**移民**中只有平均不足 1 人认为改善居住条件是他们最重要的事情。几乎半数以上的人更关心的是改善经济条件或者有稳定的工作；教育和健康状况也是他们较为关注的事情。

人们要求政府解决的**事情**会在几个方面受到领导的影响。基层领导者——教师、牧师、社会积极分子、乡村长者——将会密切影响人们对自己的需要的理解，这可能会违背观察者们对他们的“客观”需要的理解。政治活动家和实践家在动员 119
支持特定的需要而不支持其他需要时（根据这些活动家和政治家的雄心和意识形态而定），在为了谋求不同的目标而采取多种方式来组织那些支持力量转化为施加给政府的压力以及政府内部的压力时，他们起着领导作用。领导者们，在追随者之中寻求支持时，他们相互之间会产生竞争，努力认同追随者的基本的欲求和需要，从而能够动员和引导这些欲求和需要，以支持或反对某种政治制度，维持现状或者支持改革的或革命的行动。

被唤醒的欲求和需要、高涨的渴望和期望、得到强大支持的要求——然后，随之而来的可能是落空的期望或者遭拒的要求——这是构成政治领导的所有原料。在这些过程中，领导者们在形成、表述和达成普遍的要求中扮演了一个极为重要的角色。但他们塑造以及重新定向的能力是有限的，因为他们处理的不是稍纵即逝的大众舆论或者一时的流行时尚，而是从深植并广布于人们内心的强大动机之中直接涌现出来的要求。只有当领导本身被认为实际上遍布于社会的各个阶层和各个部门，而非仅仅局限于正式的政府机构时，人们才能有把握地说，主要是在领导的熔炉中，“较低的”需要才转变为“较高的”需要，政治要求才会被提纯。

开放与闭合：政治机遇的结构

不管雄心是以粗俗的形式还是细腻的形式表现出来，如果它对领导能够起到一种有力的刺激作用，那么我们必须要认识清楚，领导者不仅仅是强大的社会及心理影响的产物，他们还是勤于认知、博采事实和精心计算的人；他们将自己的目标与他们周围的政治机遇结构的现实联系起来，甚至使自己的目标服从于现实。实现特殊目标的动机驱动着一个人去谋求职权，但是各种不同职权的结构、风险和机遇——政治环境——影响了这种动机的后果。它们有自己的动态过程。

在各政体之间，政治机遇的结构与动态过程是大不相同的。在一个酋长国中，非皇族和王侯家族团体的人会被排除在正式政治领导之外；他们将其政治抱负寄希望于一些次要的行政机构的机遇。在一党制下，机遇通过正式而被划定的职业路线来输送，但那个政党可能会提供多样化的进入点。在一个发展中国家里，军队可能会提供政治发展的最好机遇。在一个更加多元化的社会中，问鼎政治的途径可能会 120
变得更加复杂，并且呈现出“非政治化”的特点；因而从“侧面”进入政治领域就有更多的机会，可以从商业、工会、宗教组织中进入政治领域，通过专业界、体育界或者有组织的犯罪行为亦可以进入政治领域。政治开放与闭合的结构会随着时间的推移缓慢地发生变化。1832年大改革法案之前英国的有限的政治选择路径，与19世纪后期为中产阶级的渴望所提供的政治机遇形成鲜明对比；而这些机遇又与经过了选举权的进一步扩大和工人运动的高涨之后提供给工联主义者的机遇形成鲜明对比。

我们可以从一个简单的两个对立极端开始：在面对制度化的和相对不变（并非永远不变）的政治职位结构时，事业型的人会在其将要从事的特定政治职业方面表现得相当灵活。不管他们的雄心多么强烈，他们都将根据可能的切入点和升迁的渠道来预测自己的机会。这看起来似乎是一个相当简单的操作，但实际上却充满了复杂性和意想不到的困难。因为政治职位并非是一个被动的容器，由某个装配线来向其填充人员。它们有着属于自己的某种生命力，它们能够唤醒或者泯灭那些占据这些职位的人或其他与这些职位相关的人的某种期望。它们可以作为取得其他职位的垫脚石，可以使个人的事业停滞不前，甚至可以摧毁个人事业。

英国议会制度就是这种制度的最为显著的例子，几个世纪以来，这种制度回应着来自变化的社会背景的那些新生的政治领导者的雄心壮志，却一直保持着其结构和连续性；在英国政治生活的缓慢的大潮中，它一直是政治抱负的焦点和规范政治晋升渠道的手段。刘易斯·纳米尔（Lewis Namier）指出，“几个世纪以来，英国主流阶层的年轻人和成年人的梦想一直没有改变，它被定位和集中在下议院，这个为战斗、推动和支配而设立的被修饰的、社会化的竞技舞台”。脱离了议会便是脱离了这个世界。

对议会职位的组织确立了政治抱负实现的渠道。不管人们取得职位的能力如何——通过拥护国王的党，或是利用金钱买通，或是曲意逢迎那些重要的政治家族和著名国家领导人——这都是一个必须志在必得的**议会席位**。一个议会席位本身不仅是有用的——它能够提高威望、增加收入或者逃避债务——而且它还常常是通往上议院、行政闲职和特别军事委员会的垫脚石。切斯特菲尔德勋爵（Lord Chesterfield）在1749年写给其儿子的信中说道：“如果你想在你的国家中出人头地，你就必须在议会中谋得一席之位。”目标就是由558位成员组成的议会，其中，大多数
121 的当选者来自英格兰，只有少数来自苏格兰和威尔士。在英格兰的议会代表分配，反映的是财富和人口的分布，因此是有利于南方的。英国有议会代表的市镇（boroughs）接近1/3是港口城市。在有过多代表的南方城镇中，包括了大量人口稀少的“腐败选区”①（rotten boroughs）——这既是腐败的根源，用纳米尔的话说，又是“对国家目的而言的大量累赘之物的根源，正是在那里，职业政客、公务员和大商人，即集中在伦敦的行政和商业阶层，占据了议员席位。现在，全国性候选人与地区性候选人的对抗，被政党组织移植到选区之中；而在18世纪，这是在腐败或腐朽选区的帮助下来实现的”。

在19世纪中叶，议会仍然是英国人实现政治抱负的中心。那时，虽然选举权

① 指1832年《改革法案》通过前，那些选民很少但仍由少数人控制议席的选区。——译者注

的范围有所扩大，但是政治影响的渠道仍然没有变化；谋取议会的席位仍然得耗费大量的钱财，在许多郡县依然是富有的土地所有者掌控着选举过程。只是到了第一个改革法案和（特别是）第二个改革法案才有了机会，既拓宽了选举过程，又扩展了人们的抱负与期望，这才使新的政治力量注入令人尊敬的下议院，最终进入上议院。一旦打开这扇闸门，通往下议院的路径结构便不断变化，但妇女还被排除在这一过程之外，争取妇女选举权的领导者被迫在该体制外进行宣传，以争取在该体制内的选举权。主要是在自由党的领导下，地区性政治联盟和竞选指导委员会①（caucuses）被建立起来，政党官员被雇用，政党工作实现了专业化，政治纪律得以严明。马克斯·韦伯说，“为了赢得广大民众，有必要建立一个庞大的民主联盟机构”。

诸多来自中产阶级的内阁成员当然曾与一些大土地所有者的儿子们一起在公立学校接受教育，他们只是具有旧时地主贵族的外表，有时也会接受地主贵族们的信条；尽管如此，政治领导的社会来源依然无情地扩大了。这一进程在继续发展着。到 19 世纪的末期，劳工选民获得了代表资格，最初是在自由党中，后来是在自主的政治组织中。许多有威信的劳工和劳工的后代进入了下议院，尽管此时他们很少有人进入内部的权力走廊②（inner corridors of power）”。当工党从其早期以狭隘的工会为中心，转变为依靠各种利益集团联盟的全国性政党的角色之后，它就变成了左翼中产阶级领导获取权力的工具。尽管如此，机遇的正式结构尚未发生重大的改变。一些地区性职位——例如约瑟夫·张伯伦③（Joseph Chamberlain）时期伯明 122
翰的市长一职——可以提供少量的威望和权力，但是商人、工联主义者、新闻界的巨头们和其他类似的一些人，都在盯着议会这个政治权力的主要阶梯。只要议会是通往政府部门和内阁的垫脚石，那么它就仍然是人们追求的目标。

与英国相比，革命后的苏联见证了在政治机遇结构中一场彻底颠覆，但在变革与结果产生的深远影响方面，仍然与很多人的期望相差甚远。国家的最高职位，曾经主要地限制在贵族和上层阶级的手中，现在被夺取过来，面向广大民众大量开放了。职位申请者越是一无所有，获得正式任命的资格就越高。像美国一样，苏维埃政府体系在地方、地区、加盟共和国和国家各个层次上都建立了一个夹层蛋糕式的机遇结构。在共产党内部，建立了一个更加强大的金字塔式的机遇结构，其底座包括六七百万党员。第二层是几万名党的工作人员和积极分子。斯大林在 20 世纪 30 年代说道：“共产党有 10 万名到 15 万名的基层党员，他们是党的非任命的干部。”在他们上面的是由大约 5 万名党的中层领导者和重要的行政官员构成的骨干，如工厂厂长、法官、区长、高级市政官员以及一些科学、技术和专业人士。从这里开始，机遇的结构就急剧收窄，到达了雷蒙德·鲍尔（Raymond Bauer）、亚历克斯·英克尔斯（Alex Inkeles）和克莱德·克拉克洪（Clyde Kluckhohn）所说的几

---

① 该词在英国是指政党为取得选区内行动协调一致而建立的操纵选举的组织。——译者注

② 指暗中左右决策的权力中心。——译者注

③ 约瑟夫·张伯伦（1836—1914），英国政治家，原为英国自由党统一派领袖，后任保守党政府殖民大臣（1895—1903），推行扩张政策，挑起南北战争，倡议保护关税和帝国优惠税制。——译者注

千名“高层精英”(top elite)，而非“统治精英”(ruling elite)。后者是一个明确界定的权力金字塔；也许两千名主要的党和政府官员，在他们之上依次是几百名共产党中央委员会委员，然后是10多名在党的中央主席团中的领导者或候补委员，之后是总书记周围的一个小型的智囊团，最后身处权力顶峰的就是那一号人物本人。

1787年美国宪法的制定，以及一种新的全国政府的建立，对机遇结构产生了深远的影响。不仅是像英国那样建立的两院立法制度，而且有强大的潜在能量的行政机构和全国的司法系统，都创造了大量的政治机遇。总统职位、内阁以及关键性的总统任命一时之间变成了政治家雄心追逐的焦点，同时还有数百个议会席位和诸多可观的联邦高级司法席位。这种机遇的层次位于现存的州和地方结构的上层；与英国形成鲜明对比的是，美国的州和地方政府的职位本身既可以作为目标，又可以作为通往国家行政和立法职位的重要的垫脚石。这种发展并非偶然——是美国宪法制定者“计划成那个样子的”。亚历山大·汉密尔顿在纽约批准宪法会议上说，美国十三州联邦宪法[①] (Articles of Confederation) 中规定的国会议席，始终是人们
123 实现抱负的一个如此微不足道的对象，以至于“很难有人愿意忍受由这样一个软弱无力的政府带给他们的这种屈辱”，但是新的政府将准备好来“实现伟大的目标……”

州、县和地方政府机关过多职位的存在，具有其本身的独立后果：它为来自诸多社会经济群体、少数民族群体和种族群体的男人们（在较低的程度上，也有女人们）创造了大量的机遇。几乎每个人都可以竞选市议员、城镇行政委员、地方长官以及各种各样的司法和执法职位，而且几乎每个人都是这样做的。它并非总是要求一定的教育背景，该机遇结构还可以将那些来自移民潮的领导者的政治雄心吸收和融入进这个国家。与英国狭窄的政治渠道相比，美国政府的职位数量太多并且太容易得到，以致不可能筛除所有的低收入和使用多种语言的成员。

机遇结构并非由狭义上的政府职位构成。职位的谋求者们为了赢得任命和当选，为了对具有行政任命权的执法者和立法者施加压力，会建立自己的政治支持群体；这样，围绕着每个重要职位，就会发展出一种领导与追随的政治基础结构。对职位的竞争也可能会发生在政党内部，在这种情况下，候选人将会寻求政党领导者和大会代表等诸如此类的人的支持。或者在另一个极端，候选人会建立自己的私人组织，它在运作时将根据临时的指令通过政党系统或者绕开政党系统。无论在何种情形下，当政党内部的和候选人的私人组织中的职位本身变得有价值时，就创造出了新的机遇基础结构。所有的这些都拓宽了在美国已经多样化的机遇结构。

如果要以有抱负、有心计的职位追求者的眼光来了解开放与闭合的排列情况，就要同时考察这一进程的结构和动态过程。职位就摆在那里，由立宪行为和立法行为所创立，由官员们所占有，而许多官员亦可以觊觎其他的职位。职位谋求者们的行为是典型的投资者的行为：他们会预测风险和各种可能性。政治之内或者之外的哪些选择需要放弃？在薪水、补贴、地位和职业发展方面该职位是否有利可图？财

---

① 制定于1781年，于1789年被现行的美国宪法所取代。——译者注

政上或其他方面，对其他人应承担的责任，无休止的出差奔波的压力，家庭关系的损耗，还有对个人清静生活的破坏，谋求这一职位要付出多大的代价？在不受欢迎的情况下，什么样的“缓冲器”能够缓解受到的冲击？因为在大多数国家的政治中，取得一个职位是完全公开的行为，所以投资者们必须仔细盘算，他们会听取来自朋友、家庭、政党官员、学者和自封的政治顾问的好或不好的建议。

所有这一切似乎都合乎事物自然而永恒的秩序，但是开放与闭合的结构、职位追求者的认知和情感回应，依然会产生重大的系统影响。对机遇的预测能力将是领 124
导形成的一个重要的因素。注重对开放结构的理性——在预测的意义上——回应，并非意味着这种回应就准确无误；无疑地，多数职位追求者会中途铩羽而归，放弃他们的目标，所以误算的次数要超过正确的估计。预测和投资方法的确意味着这种可能性，即某种类型的人和政客会比其他人更愿意承担风险，并会更成功地承担风险。我们一直关注统治我们的这类人，我们必须也要考察一下**没有**赢得职位的那些人：例如，由于从事政治活动和职位竞争中的那些令人厌烦的方面——如资金投入、厌倦及缺乏私人空间——以及作用在他们内外的个人与社会的影响，他们在多大的程度上不愿或者没有能力将从政作为自己的一种职业呢？在竞争的社会，政治所具有的投资、预测、谈判和风险承担的特性，可能吸引那些个人主义的和企业家类型的人，他们会给政治带来自由放任的资本主义的那种道德和实践——它对于政策制定和政治领导具有至关重要的意义。

此外，职位排列的性质和渴望者熟虑的本性，在机遇的总体结构内部建立了一种事业路径的子系统。特定类型的渴望者将会追求特定类型的职位，这一点已经被人们所接受。在许多文化中，渴望者应当从底层开始干起，逐步向上发展；在其他一些文化中，“低级”官员没有指望到达权力的顶层，而是被人们所忽视或者冷落，以利于来自横向的人。某些职位可以指望导向其他职位，这主要由于以下几点原因：一是因为他们所服务的选区是更高职位的选区的组成部分或与其重合（例如，在美国，一个州的众议员竞选州的参议员，或者一个州长竞选美国参议员），因此候选人的选区被认为是可传递和可转换的；二是因为在一个职位上获得的技能被认为与其他职位是相关的；三是因为人们希望职位追求者能够沿着权力的阶梯向上攀登。

对职位机遇之间的相互关系的谋划，可能会变得相当复杂。在英国，拥有一个“保险席位”（safe seat）可能有助于延长在机构中的供职期限，而这又意味着将来有可能在政府各部及内阁中获得职位。在美国，随着州、国家和地方政府职位的激增，为了谋求更高的职位而避免低职位的风险，渴望者可能根据职位所提供的机遇估算职位风险的大小。具有四年任期的地方长官在任期中途可能会参加国家参议员或者总统的竞选。参议员在其六年任期的第二年或者第四年可以谋求竞选总统职位而不受惩罚；众所周知，这种情况影响了一些对总统提名感兴趣的参议员的参选机 125
会——至少是可以参选的时机。政客们会玩一种错时选举的防御游戏。据说，一些美国联邦参议员反对把众议员的两年任期变成四年任期，因为他们担心有四年任期的众议员在任期的中途将会利用一次“免费的机会”去剥夺竞选连任的参议员的席位。

职位的结构也造成了政客之间的集体性和个体性程度的多样化。若是选区重合，有相对强大政党的支持，并且选民间团结一致，那么职位追求者将会在很大程度上倾向于凭借互相依赖和团结参与选举活动——今后也可能采取此种方式进行统治。在这种情境下的倾向有利于纪律和协作。缺乏知名度和吸引力的政客可能将其命运寄附在相对比较成功的政客身上——因此导致了攀权附贵（coattail-riding）的现象。另一种不同的选举和职位结构——这种结构提供给政客们分离而不重合的选区，具有重叠的任期——会使谋求和担任职位不再是一种集体行为或者合作行为，而更多的是一种个人主义的行为，同时使职位的谋求者只埋头于自己的政治资源。在这种情况下，某些候选人会避免攀权附贵之嫌，同时尽量脱离那些不受欢迎的候选人，因为他们担心这些人可能会给他们自己的竞选努力抹黑。

为了最大限度地降低对自己职位的威胁，有势力的官员们可能会操纵机遇的渠道。在新英格兰，国会众议院选区本质上是由民主党控制的，所以在职的官员们不必担心执政的共和党会挑战他们的席位；主要的威胁来自于一些利用民主党的初选发起攻势的雄心勃勃的年轻的对手。因而国会议员们曾经利用其影响力鼓励潜在的对手们竞选州立法机关的职位。那种提供选区外竞选激励而抑制选区内这种激励的艺术，或在选区外造就一个正在崛起的政治家，而**在**选区**内**又不会造就一个未来强大的对手的艺术——这种手段利用了所谓的“蒸汽锅效应”（steam kettle effect），即改变政治压力的方向，使其进入安全渠道。

所以机会的开放结构也是机会的闭合结构。托洛茨基和布哈林（Bukharin）最终也没有在权力的顶峰寻找到一个可靠的职位，这是因为布尔什维克党及其权力体系在名义上允许集体领导，但在实际上却往往并非如此。布朗热[1]（Boulanger）通过在法兰西的竞选活动赢得了众多热情洋溢的支持，但是在现存议会体系中却不能够找到一个稳固的安身立命之处。丹尼尔·韦伯斯特[2]（Daniel Webster）赢得了许多声名显赫的职位，但由于在辉格党内存在的分歧，使他不能将马萨诸塞州作为
126 赢得最高目标即总统宝座的垫脚石。那些被体制所筛除的人并非必然被阻止了通往权力之路；他们可以改变制度从而在其中找到合适的位置，他们可以效仿拉丁美洲的将军们或者希腊的独裁者们，或者他们可以求助于不受法律约束的或革命的机遇。

政治领导是个人动力、社会影响、政治动机、工作技巧以及职业可能性结构的产物。这些力量不仅造就了不断崛起的政治家，而且它们之间也彼此影响着。因此，赢得其他人尊重的需要激发了政治新手去竞选职位，但是这种职位和职业可能性又反过来塑造着已得到的尊重需要。在抱负与机遇的熔炉之中，点燃起领导之火。

① 乔治·恩斯特·布朗热（1887—1979），法国将军，陆军部长，政治冒险家，策划推翻共和，建立军事独裁，被定叛国罪，逃亡比利时后自杀。——译者注

② 丹尼尔·韦伯斯特（1782—1958），曾担任美国众议员、参议员，1836 年为美国辉格党三名总统候选人之一，1841—1843 年及 1850—1852 年两度出任美国国务卿。——译者注

如果以西方"多元论者"的眼光来看待职位机遇的结构，我们可以将选举产生的或者任命的职位看作是个人主义的目标，可以看作是为了晋升而采取的竞争性争夺的目标。不论这些职位的政治影响甚至动态过程是什么，它们本质上都是渴望者瞄准的目标。然而在个人主义稍逊的文化中，职位与渴望者的关系可能恰恰相反，在其中，领导职位自身往往有一种自发的推力，即这些职位的赞助者和守卫者会积极征募潜在的领导人，并且激励他们参与既定的领导职位的选举。

关于该种类型领导机遇的最为明显例子，便是对于王子的教育。王位的要求是相当清楚的；教育的任务就是让王子适应其将来的职务。为了利于稳固罗马皇帝的世代沿袭，安东尼王朝的皇帝们异常小心地选择和培养继承者。几个世纪之后，伊拉斯莫（Erasmus）在《基督教王子的教育》（*The Education of a Christian Prince*）一书中，就如何训练世袭领导者，在实践及理论方面提出了精辟的建议。一个真正的王子必须是一个基督教哲学家。其指导老师必须对年轻的王子慢慢地灌输基督教的原理和道德观念，不能向其传授与将来职位不相符合的思想。伊拉斯莫警告说："除非你能够使王子摆脱普通百姓的那些最普通也是极度错误的看法，否则企图在治理理论方面提出任何建议是徒劳无用的。"这里没有根据民意调查进行的治理。首要的事情是王子必须要根据其未来职位的性质来接受教育。伊拉斯莫指出："其他所有人要从事其职业，就必须要承受这种获取前期知识的巨大煎熬，而王子为了具备治理理论的前期知识要付出更大的耐心！"王子亦要警惕那些奉承者的手段。胡安·德·马丽亚纳（Juan de Mariana）提出了一整套关于国王教育的指导理论，包括国王的锻炼、饮食、服饰及共事者。

有关王子教育方面的著作如此繁多，以至于它本身就能构成一个流派。马基雅弗利的《君主论》一书就是最为著名的一个范例。然而，一个规范的社会既要对王子进行预备教育，也要对那些愿意行使权威的平民进行预备教育。在四个朝代的一千多年的时间中，信奉儒家思想的中国主要是由一个经过高度训练的文官机构来统治的。儒家教育与国家的官员征募需要直接、明确地联系在一起。一种严密的考试制度适合于名门望族成员的能力和教养，但是政府也努力扩大该制度，以期涵盖一些有才华的普通人，这导致了几代人的明显的职业和社会流动性。出身底层的学子可以成功地爬上权力的高位，但也只有那些最具学识、着装文雅和讲究礼仪的人才能做到。人们获取功名、谋取官职的动机非常强烈，因为学者——特别是在政府中的学者——跻身于社会等级的顶层之侧，其地位仅次于皇帝和贵族阶级。公共职位充满幻术和礼仪，并且与国家的道德和政治学说直接相联系。 *127*

在政治机遇的组织方面，儒家时代的中国和维多利亚时期的英国似乎有着明显的相似之处。鲁珀特·威尔金森（Rupert Wilkinson）说："这两种制度都以教授行为举止的方式传授道德观念：都通过礼节，通过'良好仪表'的美学要求来塑造人们的行为，非常类似的是，这两种制度都追求一种非专业的理想，都认为礼仪（表现美德）和传统文化（表现和谐精神）的理念，是比专业而实用的训练更好的领导文凭。"这两种制度都为地主贵族服务，尽管在儒家思想统治的中国要比英国更甚。实际上，在中国，通往权力巅峰之路要比在英国更为艰难。牛津、剑桥和很多公共学校都可作为英国政府的招募代理，特别是为英国外交部和外交服务部门招募人员。19 世纪，我们可以看到大批中产阶级的子弟进入这些学校，在那里他们与贵族的子弟们混杂在一起，模仿着上层阶级的语音腔调，采用着上层阶级的穿着和礼仪。根据他们将来所进入的部门的威望的不同，情况也有所变化。英国内政部的许多文职人员来自“小型的”寄宿学校，但是，在第一次世界大战前的 5 年中，外交部驻外使馆的所有官员中有 2/3 的人来自老伊顿公学。

纵观 19 世纪的大部分年代，在英国官僚机构的更为排外的飞地中，有才能的工人阶级的青年人事实上并没有机会赢得较高的职位。许多中产阶级青年也确实在高层找到了立足之地——但是他们能产生什么影响呢？也许他们可以作为贵族统治中的酵母，但是尽管招募了才华横溢的中产阶级青年，他们在伊顿公学的运动场上的志同道合与竞争无疑会更多地导致贵族生活方式和价值观念的胜利，而不是中产阶级生活方式和价值观念的胜利。这种趋势也许在儒家时代的中国并不严重，但是英国在 19 世纪已经进入了科技发展和社会问题激化的时代。在公学中，对重视科学的缺乏，对历史语言学习的死记硬背的教学方法（已经在第 4 章中讨论过），对
128 传统的精英行为规范的抬高，对乡村价值的偏好，对贵族式的体育运动的神化，对工人阶级生活近乎绝对的无知——所有这些都表明通往职位机遇之路受到了严重的限制。另一方面，正在崛起的资产阶级学习了一些贵族的价值观念——如贵族阶级的义务、荣誉和勇气——并不得不除去一些他们从自己的社会背景带来的个人主义的和金钱的价值观念。

在美国政治领导的培训方面，虔信的戒令要求要明显多于现实的努力。因为美国的知识传统太不成熟，所以造成杰斐逊-杰克逊主义那神话般的机会均等学说过于强大，对私人学校中政治教化的担忧过于强烈，商业和职业的吸引力过于诱人，因此私人学校无法为领导的招募提供清晰而有效的渠道。尽管有罗斯福和肯尼迪这样的人通过专门的教育机构升迁上来，然而有更多的人如哈丁、杜鲁门和约翰逊等还是发现了其他的晋升渠道。许多著名的私人学校劝年轻人步入政府部门，但却几乎不能为他们提供政治培训和预备知识。例如格罗顿高中在世纪之交还强调希腊和罗马的古老语言教育，教授欧洲历史，却很少讲授美国历史，对孩子们的教育也是灌输式而非教育式。它的校长恩迪科特·皮巴蒂（Endicott Peabody）鼓吹需要步入政治，但这是为了净化政治。然而，他的那些有关反对政治欺诈和政治妥协的规劝，并不能帮助处理美国政治家面临的利害考虑和迁就通融的棘手问题。而富兰克林能够赢得成功，并非是由于格罗顿的教育，尽管他毕业于此。有许多格罗顿人，如萨姆纳·韦尔斯[1]（Sumner Welles）和迪安·艾奇逊[2]（Dean Acheson），他们在政府机构中开创了辉煌的事业，然而，这并非是因为他们自己赢得了选举，或者是与大多数赢得选举的政治家相处融洽。

---

① 萨姆纳·韦尔斯（1892—1961），美国外交家、政治报刊专栏作者。1933—1937 年任美国助理国务卿，1937—1943 年任副国务卿。——译者注

② 迪安·艾奇逊（1893—1971），于 1949—1953 年任美国国务卿，在其任内促成建立北大西洋公约组织，签订《日美安全条约》，支持美国政府发动朝鲜战争，推行“两个中国”的政策。——译者注

在 20 世纪，发展中国家的领导人也没有避免类似成熟国家经历过的某些事情。在某些情形中，培养当地年轻人从事公职的旧殖民制度原封不动地被保留下来；而在其他一些情形中，政治领导的新的教育体系已经建立起来。每一种情况下的目标都是相同的：征募在政治上高度可靠的人才进入政治机遇结构。该进程并非没有紧张关系——例如，传统主义政治领导者与正在进入关键的行政和技术岗位的更年轻、更专业化的大学或培训学校的毕业生之间的紧张关系。对国家军队的需要，如果只是为了国家威望和统一，也为有才能的人士提供了另一种可供选择的渠道。在多数情况下，有才能的年轻人所选择的渠道是进入在政府广泛控制之下的州立学校 129
和大学。在印度尼西亚，20 世纪 60 年代，两所大学为政府的招聘提供了约 90%的大学毕业生；多数毕业生都聚集于中央政府之中，巩固了国家地位，但是却耗尽了边远乡村地区的政治和管理的人才资源。在菲律宾，进入正规学校接受教育不仅是成功进入行政机构的前提条件，而且也是成功赢得选举职位的前提条件。在苏联，也像在某些独裁主义国家一样，一种统一而繁重的政治化教育制度不仅被用来向民众进行思想灌输，而且用来招募和培训政治领导者。

为了组织和控制政治机遇结构的征募渠道，这些努力在多大程度上是有意为之并且是深谋远虑的呢？答案随着国家的不同而有所变化，主要是基于意识形态统一的程度和国家政治与社会过程中集中控制的程度。英国的公学显然并没有打算成为政府公职的征募代理；是历史环境的相互联系产生了现在的结果。在其他一些国家中，学校及大学并不完全是动员新的领导者为现存领导体系服务的温驯的工具。即使在大学的政治控制严密的时期，学生和老师的回应也可能是任意多变和难以控制的，并且政治领导教化的长期作用也是前途未卜，甚至弄巧成拙。无论如何，教化未来领导和控制征募渠道的加倍努力再次表明，正规的政治机遇结构并不是雄心所追寻的一堆消极目标，它有着自己的生命力和影响力，在互动的过程中对有抱负的领导者产生着心理的和社会的影响。

创造追随者

按照熊彼特（Schumpeter）的说法，人民不能进行统治。民主的方法是“用来达成政治决策的制度性安排，在其中，个人通过竞争来争取人民的选票以获得决策权力”。在很多方面，甘地对印度民众的吸引力，以及对身边圈内的追随者的激励和严格的要求，都表现出了这种精英主义的领导方式。不同之处在于甘地完全与他的追随者交融在一起。用埃里克森的话说，甘地在激励他的信徒工作时，“对他们的管理能力给予指导，使他们的实践天赋和参与意识不可思议地增长”，从而创造出了同时也是领导者的追随者、“对最高政治权力的渴望者”以及现代印度的缔造者。甘地和所有其他有影响力的领导者所创造的“领导者—追随者”的模式表明， 130
在领导者和追随者之间那种传统意义上的区别是不恰当的；这迫使我们更加深入地考察不同类型的领导者、下层领导者（或者干部）和追随者之间复杂的内在联系。

首先要弄清楚领导者和追随者之间互动的渠道，我们可以根据以下几个方面进行考量：激发者（activators）、被激发者（the activated）、反应者（respondents）和反应（response）的本质——最后是它在改变现存互动结构中的作用，不管这种作用多么微小。激发作用（activation）包括能够刺激产生一种反应的任何初始行为；如果没有任何的反应会由一种激发作用的努力产生，那么激发作用本身也就无从发生。如此定义的激发作用包括了广阔范围的行为，从激起长期的期望到促成一个直接的反应——房东对房客的警告，一个首相或总统的演讲，酒吧男招待对预选的评论，宗教团体散发的某个请愿书，对民众发起的革命呼吁，竞选者与路人主动握手，宣传家跨越国界的呼吁，出于政治动机的红卫兵冲突，一位大学教师的演讲或评论，拒绝投票运动（get-out-of-vote campaign），发展中国家乡村地区的某种反殖民主义，民族主义政党改变信仰，像休伊·朗、布朗热或者狄摩西尼[①]（Demosthenes）这类人的“煽风点火之能”（kindling power）。

我们可以细致确定激发作用的一般模式：（1）面对面的谈话和其他一些互动方式，激发者在其中可以格外有效，其原因正如保罗·拉扎斯费尔德（Paul Lazarsfeld）所指出的，激发者的言论明显不是别有用心或刻意宣传；对追随者的了解和呼吁可能具有影响力；灵活变通的能力以及在首次遭遇抵触时能够采取其他方法；以及追随者对激发者持有的信仰或信赖；（2）在群体及协会成员的背景之下的激发作用，其范围从小型的社会群体如家庭，到工作群体和学校班级，再到更大更正规的联盟，如工会、少数民族协会和商业组织；（3）为争取权力的政党、群众运动、革命组织及其他团体激发人民群众支持而做出的努力；（4）现存的政权为了保持和扩大对那些构成某种选民的追随者的控制而采取的策略；（5）公共和私人传媒对外国政府及人民发出的呼吁。激发作用的**“背景”**是一个关键的因素；一个地位确立的政党在寻求选民支持时，与一个新党或反政府运动所处的地位有所不同，因为它会得到许多选民的可靠的和几乎是“盲目的”支持（或反对）。

被激发的追随者一般来说会比激发者（领导者）更加多样化；实际上，正是相
131 反的假设——一个追随者必然与另一个相似（因为这个追随者来自相同的家族、工会、民族团体、党的基层组织、职业部门）——导致了如此多激发作用的尝试或者全无回应，或是只有非预期的反应。将众多追随者进行分类的一种方法，就是将他们置于他们自身的心理、社会和政治背景之中。追随者处于不同程度的潜伏状态和潜在刺激中；他们抱有强烈程度不一的信念、态度、需要和价值观念。诺曼·尼（Norman Nie）、宾格汉姆·鲍威尔（Bingham Powell）和肯尼思·普里维特在开始他们的五国研究计划（德国、意大利、墨西哥、美国和英国）时，采用了5类被认为与他们的调查相关的态度，即：（1）公民的责任感；（2）对政治的基本了解；（3）在政治结果中感知到的利害关系；（4）政治功效感；以及（5）对政治事务的关注。

① 狄摩西尼（公元前384—前322），古雅典雄辩家，反对马其顿人侵希腊，发表《斥腓力》等演说，后失败，服毒自杀。——译者注

对事件的了解和对现实的认知上的心理差异，将会构成一个广泛的连续序列。人们可能已经留意到政治刺激，并因此能够被激发起来；或是必须首先付出极大的努力，才能获得他们的关注。他们可能因为种种态度、需要和规范而如此保守和封闭，以至于努力实施的某种政治激发作用注定会以失败告终。或者他们对动员可能有成熟的反应，就像一些青年人和大学生一样。这些心理因素中的每一种都是一组性格特征。正如 V. O. 凯伊（V. O. Key）所指出的那样，态度的强度性质本身就可能包含了多种不同的关切事项。“强度可能依赖于一种群体的认同感；它可能产生于赤裸裸的、直接的利己主义；它可能出自对共同体价值观念的某种信奉；它可能不过是建立在知识基础上的信念；它可能来自一种焦虑感，担心现存的秩序进程会受到威胁。”凯伊又补充道，认为强度对不同的人、不同的情景、不同的议题具有相同的意义，是值得怀疑的。

理解追随者类型的第二种方法，在于理解他们的社会母体和心理母体。长期以来，被认为对政治参与有重要意义的某些环境背景包括家庭、学校、阶级、身份群体、工作团体、居住区（特别是城市或乡村）以及政党；还可以研究职业、性别、收入、种族、宗教、年龄及其他范畴的变量与政治参与之间的众多的相互联系。至少在西方国家，最为一致的发现就是，政治参与的程度直接与是否有更好的教育、更高的社会经济地位、较大的年龄以及是否为男性和是否有固定的居所有关。生存于一定背景之中的追随者，只能被那些考虑背景的刺激因素所激励——这是一个很明显的事实，但是这个事实总是会被某些政治家和政论家们遗忘，他们对吸引那些自为的、自主的或许是“理性的”人们寄予了过多的期望，希望他们能够以某种方式超脱于他们的家庭、阶级、教会、性别或邻里关系之外。并且人们在这些背景中 132
的地位一定不能被看作仅仅是“成员资格”的问题，而应被看作是由他们希望获得其尊重的其他群体成员的态度、期望和要求所确定的角色。

追随者也有其**政治**背景，他们在各个党派和有组织的利益集团中，拥有各种程度的认同、附属关系、从属关系、会员资格、忠诚以及采取活动的倾向。他们属于各种政权的不同政治系统（这些政治系统有其各自的登记和投票体制，它们对政治参与起着促进或阻碍的作用），而这些政权总是试图对他们进行政治动员，或镇压或引导他们的政治参与。他们直接选举出某些领导者，另外一些领导者则由间接选举产生，还有一些领导者则不会对其施加显著的影响。他们可能需要在存在着激烈竞争的候选人和党派之间做出选择，或者他们也可能会置身于非竞争的一元政党的地区，在这些地区，选举的结果是预先确定了的。主导的政治见解可能是具有很深的价值内涵和强烈的意识形态的，或者是实用主义的和“实事求是的”。

正是这些不胜枚举的激发形式，作用于处在不同环境下的无穷种类的追随者，才产生出各种政治参与的类型。人们习惯上认为，参与选举过程的人们可以被划分为两种简单的类型——投票者（voter）和不投票者（nonvoter）——当然，这两大类中包含了很多的子类。但是，长期以来很明显的一种现象是，投票人只参加某些选举，而不参加其他的选举；在同一张选票上，投票赞成或反对某些候选人，而对其他候选人一无所知；列出一张自己推崇的候选人的名单，忠实地依此来投票，或完全随意地投票；有意或无意地错误填写自己的选票；或者，也许是迫于独裁政权的压力，仅仅是在壮观和具有象征性意义的场面中，参与一种仪式性的演出，而这种演出的结果每一个人几乎都能百分之百地知道。

投票者和不投票者这种两分法，其本身的价值是很有限的。它无法涵盖大部分人的参与范围，从那些仅仅是投票而已的人们的参与活动，到那些在政治活动中热情积极的人们的参与行为，或者介于这两者之间的诸多等级。在关注和不关注的公众之间，凯伊做出了区分——一边是人数相对较少的、感兴趣的、了解情况的公众，他们引导着对领导者施加影响的力量；另一边是对政治事件有些关注的芸芸大众，但他们必须被动摇，使其摆脱潜伏状态，被震撼、宣传或说服去关注或参与。拉扎斯菲尔德强调在当地有影响力的人物在激活人们和影响其政治参与的过程中所发挥的作用。其他人已经更为精确地区分了政治参与的程度。莱斯托·米尔布拉恩（Lster Milbrath）将选民划分为“观众”（spectators）、“过渡型积极分子”（transitional activists）和“格斗型积极分子”（gladiatorial activists）。在这个参与性不断递增的层级中，他将“观众”看作是那些将自己暴露在政治刺激之下的人，他们参与投票，开始一场政治讨论，试图说服别人以某种方式投票，或者佩戴上一个政治
133 徽章；第二组人与某一政治领导者或政府官员有密切接触，向某一政党或候选人提供资金，参加政治集会；“格斗士”将时间投入到某一政治运动之中，参加某一政党的核心小组会议，筹集政治资金，竞选公职——在这一参与等级的最高层次上，就是掌握政府或政党的职位。

只要我们记住，人们实际上是分布在一个很灵活的范围之内，在这一范围内清晰的区别是难以界定的，那么以上这些分类就是有帮助的。选举能够包含一个广泛范围内的行为，正像我们已经提到的那样；参加一个政治性的会议（积极地或消极地，发表意见或保持沉默，反抗或信赖），或与另一个选举人谈话，甚至在政府部门供职（独立行动，依仗某一特定的利益集团并为其提供服务，等等。）也是如此。在此，时间是一个关键的因素：去年的未参与者可能是今年的积极者；今年是被唤醒的市民，也许因为厌恶选举结果，在第二年就变得冷漠，无动于衷。政治世界中经久不息的风云变幻和潮起潮落，真的很难去捕捉和标注。

最重要的是，大多数人既是激发者又是反应者，既是领导者又是追随者，在同一时间或不同时间。对选举的研究已经发现了一个交流和影响的“两级流动”（two-step flow）现象。在竞选过程中，与那些在整个选举中始终坚持自己的投票决定的人们相比，改变选举意图的人更多地引证朋友和家庭成员这些影响源。那些影响者或激发者，被证明是在表达民意的媒体面前曝光率相对较高的人。作为传播的纽带，激发者既是领导者又是追随者。日常的观察可以支持这一观点；我们知道，某些人——走家串户的游说者、路边的示威者、政党选区的领导者——他们出现在许多领导者与追随者的相互关系中，很难将他们区分开来。事实上，这股影响力的流动并不是双向的，而是**多向**的；全国性的领导者和政党会为各级干部灌输思想，而这些干部反过来也会激发当地舆论的领导者，同样，这些领导者又反过来迎合潜在的支持者的欲求和需要。

关于领导者与追随者的关系的各种结论主要来自于西方国家的经验和研究，然而非西方国家的经验却显示出类似的情况。例如，这种影响力的两级流动，在中国已经被形式化了，在中国，共产党的领导人仍然坚持“人民群众路线”，同时以工人阶级为领导核心，就像干部和一般群众的关系，也是如此。毛泽东在 1945 年写道：为了确保政治路线既从群众中来又到群众中去，“就不但需要党和党外群众（阶级和人民）有密切的联系，而且首先需要党的领导机关和党内群众（干部和党员）有密切的联系”。传统的代表主体已经被废除或绕过，因为共产党要求，群众路线应提倡建立一种有机的直观的干群关系，而不是行政的或法律的控制。让群众 134
讨论并征求他们的意见，被作为一种引导群众并开发群众的能量和责任感的方法。例如，著名的大字报（被张贴出来或游行时高举的醒目的巨大手写布告），被认为是不仅反映了干部的教导，而且表达了群众意见。中央的指导到何处为止，地方“民主”又在何处开头，这个问题很难判断——就像在所有的政治活动中一样——但中国由中央命令和控制的主导模式不应该掩盖政治当局与作为人民整体之间的互惠关系，或干群之间的象征关系 简言之，在这一复杂的互动中，政党官员必须激发、动员、引导民众的能量，而且必须能够预测和调整民众的回应和抵制。

这些政治参与模式，激发和动员模式，领导者与追随者相互作用模式，很难说是什么新奇的东西；它们在许多国家的研究中已经被详细地记录在册。但是，从这些发现中我们可以得出一个结论，同时也是对政治领导的研究具有深远意义的难题：在多数政党中，领导者和追随者的角色之间不存在清晰或者是明确的界限。在任何一个社会中都不会存在没有追随者的领导者，也不会存在没有领导者的追随者。而且，随着时间和政治环境的变化，领导者和追随者之间的角色也是可以互换的。很多人同时既是领导者又是追随者。领导者有一种特殊的角色，即作为激发者、倡导者、动员者。个人的影响力，通过两级或多级流程的复杂网络，垂直地或水平地流向了许多的方向。某种政治活动——投票、说服其他人投票、参加会议、联络政府官员——曾经被认为往往是由少数积极分子来控制的。但是，由西德尼·维巴和诺曼·尼所做的重要研究揭示，至少在美国，能动作用（activism）绝不是完全重叠的；各种类型的追随者从事不同类型的政治活动，产生的结果是“不同的模式以不同的方式影响领导者”，不同人群对不同政治活动的领导者的影响力确实是巨大的。

有的人会持有一种僵化的信念，将人类划分为两类：一类是少数的、热情活跃的、有知识的、团结的精英，另一类是广大的公众，他们处于一种无知漠然、低动机的状态之中。如果一个人持有这种信念，那么他可能仍然不会重视上述所有这些研究的重要意义。许多研究和分析已经否定了这种过分简单化的两分法。尽管缺乏了解、关注和参与的广大地区并未包括在此类研究之中，但这并不是绝大多数公民的真实情况。当凯伊在总结他所进行的一项大范围的研究时，他所做出的结论简单地说就是：（美国的）“投票者并不是傻瓜”。

尽管如此，凯伊说的还是**投票者**。如果领导和追随的过程难以区分开，那么在 135
某种程度上，作为领导者或追随者的参与者与那些从不参与的人之间，确实存在一个最为重要的两分法。后者是那些冷漠者、颓废者、疏离者、被排斥者——政治旁观者或政治孤立者。他们是潜在的追随者，是尚未实现的追随者，处于蛰伏的状态。

无论是出于何种原因，那些被控制接近和进入政治过程的人通过有意的作为或不作为而隔离在政治过程之外的人们，与那些以无论什么样的理由而**使自己置身于政治过程之外的人**有所不同。第一种人被长期隔绝在政治职位、选举、社团和政治活动之外，无论是在民主制还是独裁制，君主制还是共和制之中，都是如此；他们是穷人、无土地者、妇女、年轻人、罪犯、病人、弱智者、宗教或种族的少数群体的成员以及异教徒和无信仰者。将这些人排除在外的方法独特而多样：由政权或政权支持的组织彻底强制排除；根据制度的和法律的规定将人口中的某些种类的人群排除；设立不可能达到的登记要求；设置法律障碍，它往往以保护更高的价值为幌子，比如国家安全、法律和秩序，或者防止内乱。有时，这些排斥行为在花言巧语的掩护下会看似合理，如：无法为缺席者提供有效登记，也无法为住院者、卧病在床者或海外士兵安排选举。当然，民主社会正在更多地将以前被排除在外的人群——穷人、妇女（就在最近，瑞士这样做了）、黑人、移民、年轻人——逐渐接纳进来。

在大多数社会中，使自己置身于政治之外的绝大多数人是**冷漠者**（*apathetic*）。这些人避免参与政治，是因为政治在他们的生活之外（即使他们生活在那里）。他们也许深深地陷入个人的麻烦事、沉重的事业压力、漂泊不定的工作或是被隔离的社会飞地中，就像被疏离的少数种族或超脱世俗标准的亚文化群体，因此政治对于他们来说是无足轻重的。他们也许完全在为维持生存而挣扎，使自己不受攻击和免于饥饿。赫伯特·麦克洛斯基（Herbert McClosky）指出，由于他们忙于自己生活中的事情，所以很少能够去关注其生活之外所发生的事情。冷漠有时或许会有更多的认识上的原因；一些冷漠的人将政治看作是晦涩、枯燥、毫无意义的，因为他们的政治环境就是晦涩、枯燥、毫无意义的——没有那种能够唤醒人们的事件发生，或许是没有相互竞争的政党，或没有鼓舞人心的领导。有人做出这样的猜测：不仅那些遇到较大挫折的人很可能变得冷漠，而且鲜有挫折的人也一样可能变得冷漠；前一种人可能会被政治活动束缚其手脚，而后一种人则对政治厌恶至极。对于这些冷漠者来说，真正冷漠的不是他们自己，而是政治体系本身。

疏离者（the *alienated*）之所以拒绝政治，是因为他们觉得政治拒绝了他们。
136 他们相信，无论他们是否投票，一个当权派或几个内部人士或者该政体都会自行做出决定。他们在政党之间或者在候选人之间看不出任何有实质意义的区别。对于他们来说，政府是那样遥不可及，那样纷繁复杂，他们无法理解，无法接触，更别说掌控了。他们怀疑整个政治体系只会给少数精英带来利益，而不会给他们带来任何好处。他们拒绝任何政见，也拒绝参与政治。这些疏离者不仅仅是冷漠者，他们也是否定者和抵抗者。

颓废者（*anomic*）缺乏自我成就感、目的感、根源感、归属感。他们觉得没有准则、没有目标、没有力量。L. 斯洛尔（L. Srole）提出关于颓废（anomia）的五个方面，将具有空虚感的人说成是感到政治领导者漠视他们的需求；认为社会秩序是反复无常和不可预测的；害怕他们及与他们同类的人无法实现生活的目标，甚至是在已经达到的目标面前退却；已经失去了生活的意义感；认为他们目前的人际关系网络既无法预料，也无法依靠。

哈德利·坎特里尔（Hadley Cantril）在世界范围内对人类所关注的问题进行了研究。在印度人群当中，他发现了冷漠的最极端状态："这些人仍无法意识到他们的问题；他们过分沮丧从而使自己无法心怀许多进取心；他们同样没有认识到在国家层次上采取行动来改进他们福利的可能性；他们的消极主要源于古老而普遍的宿命论，这使数以百万计的印度人仍然能够接受他们那悲惨的命运……"如果说冷漠者不能在政治上被唤醒，如果说疏离者感到被政治所拒绝，那么颓废者则感到的是被他们自己所抛弃。毫无疑问，这种空虚的感觉因社会和政治环境而加剧——用马克思主义者的话来说，就是因民众的社会条件与官方的规范之间的不断扩大的鸿沟而加剧，或者用罗伯特·默顿（Robert Merton）的话来说，就是因导致社会瓦解的政治体系之间的矛盾而加剧——但是，空虚的根源深深植根于空虚者的心理成长过程中。

如果存在着各种不同类型的冷漠者、疏离者、颓废者，如果心理、社会和政治的非参与者同样存在着巨大的差异性，那么将这些人说成是完全的政治**隔绝者**（*isolates*）这样的结论还是公正的吗？或许，我们应该承认，按他们自己的意愿，他们将不会成为政治上的积极分子，但是他们难道就不会被某种形式的领导所动员和激发吗？很明显，一些隔绝者是介于两者之间的，他们可以被诱导去采取某种政治行为，无论这是多么短暂。在印度，那些被绝育计划所激怒的人们对国大党予以了狠狠的回击。但是这些隔绝者的本质特点就是他们确实被隔绝了，是正常的政治激发鞭长莫及的。在相对被动、动机不明确的人与绝对的隔绝者之间存在着巨大的差别：前者是潜在的参与者，他们极易受到与他们有关的政治刺激的影响；他们所具有的潜能会被某些类型的领导者意识到，能够在某种相对可预计的条件下变成现实 137
的力量。但是并没有一种现成的办法或机制能够使一般的领导者触及那些完全厌烦的和冷漠的人；毕竟他们仍然处于这种条件之下，尽管过去曾有过许多喋喋不休的建议。没有哪种政治呼吁能够轻易感动疏离者；由那些"渴求权力、虚假、不诚实的政客"提出的政治呼吁首先就是这种疏离的部分原因，更多的呼吁也许只能增加这种疏离感。颓废者是离政治最远的人；因为他们所处状态的根源是社会和心理的，因此可以对他们进行政治动员的唯一影响力将不得不触及他们内心深处的自我，很少有政客知道如何做到这一点，或者认为此种努力是值得的。

时间或许会做出一些改变，经历很长的时期以后，伴随着社会和心理条件的改变，隔绝者也许能够登上政治舞台，参与者也许会离开。制度和法律体制也可能会慢慢地被加以修改。在 19 世纪早期，英国、挪威和比利时率先开始授予有限的选举权；此后选举权在西方国家逐渐扩大；到 20 世纪中叶，在大多数西方式民主政体中，选举权达到了基本的民主要求：普遍的、不记名的、平等的选举。在一些国家，政治参与成为一种要求：例如，不投票者会遭受处罚。在英国，赢得投票权只能部分地归功于那些没有投票权的领导者的努力，至少与之同样重要的，是像辉格党即随后的保守党这样的政党的领导；是像迪斯雷利这样的政治家，他看到新的投票力量加入选民队伍将给自己带来的好处；是那些在自由主义和平等主义的推动下采取行动的改革者们。

非凡的领导在将潜伏的追随者转变为积极的追随者方面也会做得与众不同。在像列宁、甘地和毛泽东这样的人的领导下，数以亿计的男人和妇女脱离了政治隔离状态，进入到一种崭新的政治参与中去。英雄的、超越的、变革的领导激发起先前的厌烦者、冷漠者；再造了与疏离者的政治联系；甚至触及了颓废者的欲求和需要，塑造了他们的动机。在新兴国家中反殖民主义的好战政权所动员起来的部落和乡村人民远远超出了迄今为止政治激发的潜能。革命的政党和运动招募大量的新成员，组织新兵，并在政治的舞台上训练他们。在民主体制下的英雄式领导者和竞争性政党，将触角伸展到那些厌烦者和疏远者，并赋予各种议题和事业以新的意义。但是所有这些都要求不同寻常的领导，而不同寻常的领导也正是那样一种领导。

第3篇

变革型领导

经验，不管它如何明智，不过是他人对领导的一种回应，而最佳的理智领导却可以凭借想象和智慧的武器，预见、协调并最终征服经验。

第 6 章

理智领导：作为道德权力的观念

> 理智领导者所遭受的磨难和压力肯定迫使他们对这个世界有了新的理解。更为重要的，而且很可能更为确定的是，这样的知识分子在道德和社会的冲突时期出现了。
>
> 知识分子们——尤其是理智领导者——需要有人陪伴。他们需要信徒支持，需要赞助者资助，需要爱慕者钟爱，需要敌人来交换仇恨，最重要的是，他们需要在知识分子圈子内外交流思想的途径。

141 据说，拿破仑有一次因巴黎的理论家们过于吹毛求疵而勃然大怒，从而杜撰了“***ideologue***”（空想家）这个术语。但被拿破仑鄙视为**空想家**的那些人，并非现在意义上的思想理论家（ideologists）。他们是**知识分子**（intellectuals）——这是在百年之后的另一个多事之秋在法国流行开来的一个术语。有关该术语的混乱，使人们对知识分子角色的讨论出现了严重的分歧和激烈的争论。这是一种什么人？形而上学者？梦想家？神秘主义者？空想家？福音传道者？业余艺术爱好者？目标制定者？超脱的冥想者？思想与行动的结合者？雷蒙德·阿伦（Raymond Aron）发现对它的定义竟如此之多，以至于最后放弃了这一术语。约瑟夫·熊彼特则几乎心安理得地认可了威灵顿①（Wellington）的

① 威灵顿（1st Duke of Wellington，1769—1852），英国陆军元帅，1828—1830 年任首相，以 1815 年在滑铁卢战役中指挥英、普联军击败拿破仑而闻名，有“铁公爵”之称，曾反对《改革法案》，镇压 1848 年宪章运动。——译者注

这种嘲弄说法："一群耍笔杆子的"（scribbling set）。

定义的含糊，其部分原因是没有认清两种知识分子之间的区别，一种是具有相对自主性和超脱性的知识分子，另一种是驰骋于特定文化环境和社会阶级之中的知识分子。就第一种意义而言，知识分子是思想、知识、价值观念的热爱者。理查德·霍夫施塔特（Richard Hofstadter）写道："理智（intellect）是思想中批判性、创造性和深思性的一面。然而智慧（intelligence）则寻求掌握、操纵、重组、调整、理性考察、沉思、好奇、推论、批评、想象。"知识分子的含义就更加广泛——指批评性地关注超越直接的实际需要的价值观念、意图和目标的人。根据这个定义，那些仅仅研究分析性的思想和数据资料的人是理论家（theorist）；那些仅研究规范观念的人是道德家（moralist）；而那些通过训练有素的想象力全面研究这两个方面并将两者统一的人则是知识分子。有些学者认为价值会败坏这种批判感；他们赞成道德中立。但道德中立本身充其量只是一种方式价值，是对以自由精神所
142 进行的各种思考的敌视。

理智领导者既处理分析性的思想观念，也处理规范性的思想观念，并且运用两者来影响他们所处的实际环境。然而，对于理智领导者而言，无论其理论与价值观念如何具有超越性，都不能脱离他们的社会环境；他们通常力图改变这种环境。J. P. 奈特尔（J. P. Nettl）认为："对知识分子所作的具有实际意义的定义，必须……不仅包括一种特定的思考方式，还要涉及社会结构的意见分歧的关系，至少是潜在地涉及。"某些知识分子——可能在他们之后很久——广泛地影响了一个时代的知识分子的品性和政治家们的思想和行为。理智**领导**的概念引入了由价值观念产生的**有意识目的**（conscious purpose）的作用。知识分子可能会成为一个守旧的官僚，但理智领导者绝对不会。理智领导是一种**变革型**领导。

但是，知识分子，也像理智领导者一样，不能游离于社会之外，因为他们是对社会需要的一种回应。根据爱德华·A·希尔斯（Edward A. Shils）的观点，即使是在发展初期的社会中，"也有知识分子大展身手的立足之地，他们的功能体现为艺术和解释性的思索"。较为发达的社会需要知识分子来解释罪恶的本质；"要解释社会过去的经历；指导年轻一代了解社会的传统和技能；促进和指导社会中不同部门的艺术的和宗教的体验……"希尔斯指出，这些需要不仅产生了功能性的知识分子角色，也激发了知识分子的创造力。

把这些普遍的需求转化为特定的理智领导的催化剂是**冲突**。许多 18 世纪和 19 世纪的知识分子似乎是由自身内心的冲突所驱动的，这种冲突表现为情感崩溃、退缩或冷漠。大卫·休谟（David Hume）在经历了理智上的才华横溢的时期之后，在 18 岁时患上了癔症、疑病症和忧郁症，长期处于精神崩溃的症状。伏尔泰（Voltaire）也经历了一段充满理智和情感危机的时期。傅立叶（Fourier）还是一个小男孩时，就曾沉湎于性内疚不能自拔，在后来的生活中，他变成了一个爱吵架、性情古怪的隐士（很多伟大的思想家，不管是女是男，都一直保持单身）。据说圣西门（Saint-Simon）年轻时非常顽固且任性，以至于他的父亲曾经因他不听话而监禁过他；长大之后，他成为了一个冒险家、放荡不羁的人、叛逆者和思想家。约

翰·斯图亚特·密尔（John Stuart Mill）在他早年的一段时间里，也患有严重的精神忧郁症，失去生活目的（尽管在他回忆时可能对此有所夸大）。孔德（Comte）也曾反复遭受精神崩溃的折磨，发作时，他总是乱扔刀子，用各种动作表现野心勃勃的想象。韦伯和曼海姆（Mannheim）同样经历了他们情感上的磨难。

在过了大约一个世纪之后，我们不能用心理分析的方法来分析这些思想家，但是，我们也不能忽视，在某些例子中，他们所遭受的磨难和压力肯定迫使他们对这个世界有了新的理解。更为重要的，而且很可能更为确定的是，这样的知识分子在 143
道德和社会的冲突时期出现了。特别是在 18 世纪的法国，受过教育的男女对一系列问题产生了深刻的分歧，其中包括：人类与上帝的关系、自然的本性、传统和习俗的合法性、人类在宇宙中的位置、理性与激情的关系、罪恶的必然性、人的自然权利以及由这些问题派生出来的各种哲学和现实问题。也许知识分子的生活——尤其是理智领导者的生活——天生就是由冲突驱动的，在纯理论家和实用者、否定者和肯定者、分析家和预言家、相对主义者和绝对主义者、古典主义者和理性主义者之间存在着紧张状态——这被称为“古人与现代人的争吵”。但是这些冲突的表现形式却会因社会和政治环境而加快、激化、僵化、转变、压抑和扩大。18 世纪的法国，19 世纪早期和中期的英国，18 世纪末的美洲和 20 世纪早期美国的“改革”时期，都是社会冲突的时代，它吸引理智领导者们登上了政治斗争的舞台。

处于冲突焦点上的知识分子

对于经历了 18 世纪喧嚣的知识分子斗争和骚动热潮的法国思想家，如果我们和许多人一样，假定这些**启蒙哲学家**①（*philosophes*）对人类本性及其追求理性和善良的潜能持有盲目乐观的态度，那我们就错了。恰恰相反，这是使思想家们深受困扰的问题。在他们的讨论和信件中，这一问题令他们大伤脑筋。他们不再是文艺复兴早期那些刚刚建立起对人类的理性与道德潜能的信念的一群盲目乐观的孩子。他们更多地继承了对人类本质的极端怀疑主义，有时甚至还继承了那未曾有所缓解的悲观主义，这种传统历时久远——它可以上溯到古希腊，并且在马基雅弗利、路德、蒙塔涅的“反文艺复兴”（counter-renaissance）中达到顶点，随后在霍布斯、帕斯卡、拉罗什福科②（La Rochefoucauld）和莱辛的作品中再次掀起高潮。斯宾诺莎说，人们具有仇恨和嫉妒的天性。普芬道夫（Pufendorf）认为，人“比野兽更加可怕”，没有法律他们就不能生存下去。人类的不理智、无法控制的激情、过分的自私情绪、空虚和伪善——所有这些都以不同的组合形式在不同的程度上构成了 18 世纪思想的主题。毕竟，这不是一个应该拥有简单的乐观主义的世纪。

---

① 作者这里所说的哲学家，用的是法文词，特指启蒙时代专注于社会政治问题的哲学家。——译者注

② 拉罗什福科（1613—1680），法国伦理学家，出身贵族，曾参加投石党反王政的战争，著有《箴言录》五卷，内容主要表现其愤世嫉俗的思想。——译者注

启蒙哲学家们对人类过去**曾经**是什么几乎不抱有幻想；但是他们对人类**可能成为**什么却寄予厚望。这就是为什么有如此多的人认为他们以及黄金时代的美国的道德领导者们一直很天真的原因。莱斯特·克罗克（Lester Crocker）写道：“在很大程度上，启蒙时代的乐观主义并非是关于人类本性的，而是关于能够对人类做些什
144 么的，即通过科学进程，通过教育和政府，总而言之，通过社会理性的重建，能够对人类做些什么。”他强调，启蒙运动的思想家做出的关键性努力，是通过理性的利己控制腐败的利己。数年之后，莱因霍尔德·尼布尔（Reinhold Niebuhr）和其他一些人重新发起攻击，他们争论说，自由主义者特别应当放弃对于人类理性和善良的天真的乐观主义，并应当更多地关注人类的自私和原罪。

用人类行为的原动力（spring）的自我控制，来控制这种原动力；建立各种制度，它们从人类本性中吸取最好的东西来克制最坏的东西；改变人们生活的社会环境，因此理性、宽容和慷慨观念的冲动就可以战胜不理智、残暴和自私的冲动：所有的这些都融合为一个强劲有力的理念。18 世纪法国的理智领导者们——包括启蒙哲学家、百科全书派和启蒙作家们（这些术语之间是绝不可以互相替换的）——在关于社会的主要弊病方面形成了一致的观点，但在实现这些崇高目标的手段的问题上存在着分歧。从他们的前提出发，他们既可能支持集权主义制度，也可能支持无政府主义制度；既可以赞成激烈的革命，也可以赞成渐进的改革。事实上，很少有启蒙哲学家赞成这些极端的解决方法，他们大都是中庸之人。虽然这些极端处理方法不合常情，但是也有自身的逻辑性；在这些极端的选择之间，存在着一个虽然模糊但却充满了希望和可能选择的世界，这是我们希望看到在这个**不洁之地**（place of *l'infame*）产生出的一种新社会的希望和可能。绝大多数启蒙哲学家都将其希望寄托于这个虚幻境界，而没有具体说明他们要追求的目标，也没有说明能够实现他们目标的方法。最重要的是，他们没有认清束缚在历史和人类本性上的沉重锁链。如果有一种新人可以在革新和开放的教育、政府治理开明、社会管理处于良性发展的社会环境中被造就出来——绝大多数启蒙哲学家都同意这个一般命题——那么，种种社会环境又如何从人类现存的情欲与堕落及其那愚昧、恶名昭彰和虚伪的制度中被造就出来呢？难道任何新型的社会制度甚至在它被建构的时候就不会由于妥协和被误导而承载社会中这些现存的根深蒂固的弊病吗？过去如何被驱除，旧账能一笔勾销吗？

在这方面，启蒙哲学家们的希望主要依据于这样一个观点，即人类能够接受开明的利己主义。根据重农主义主张的自然法则政治学说（Physiocratic doctrine），利己可以通过一种保护每个人的利益和权利的制度来实现；所有这些个人利益之间
145 的冲突和妥协，会产生一个公正的社会。根据卢梭的说法，利己可以通过保护、增强和巩固人类协同的普遍利益来实现。这两种学说都涉及经济和政治制度，自然法则政治学说涉及的是私人企业制度，以及在政府中通过立法机构形成的各种分离利益的代表，这种立法机构是由地方选举产生的代表组成，这些代表要对这些利益负责；卢梭涉及的是在经济方面的集体的——巴黎公社式的、重商主义式的，甚或社会主义式的——决策制度，涉及在政府中通过一个强有力的行政机构来表达至高无

上的普遍利益。

这些观念和其他的一些主张，漂浮在 18 世纪末法国知识分子的虚幻境界之上。启蒙哲学家们对实现公正社会的手段以及这种社会所基于的假设，都存在着深刻的分歧。尽管对人类与社会的本性、人类的善良与邪恶进行着没完没了的讨论，但他们几乎没有明确地提出一套可选方案，在其中，总体目标被明确地界定，工具性的手段（政治策略、政府结构、根据宪法确定的权力分配）被提出，而且更具体的措施（行政安排或者明确的教育改革）也被解释清楚。所有这些目标和这些手段中的大多数都曾被细致地分析过，但它们现在却处于——作为各种系统化的选择——理智上的散乱状态。

因此，到 18 世纪末，像罗伯斯庇尔（Robespierre）这样一位启蒙哲学家的后代，很容易有选择地借鉴当时流行的智慧。从孟德斯鸠（Montesquieu）那里，他吸收了代议制理论，主张负责立法的国会集中代表着"主权的本质"。从卢梭那里，他吸收了人民主权理论，宣称国家具有单一的意志，是一个公共的实体，是一种社会契约的表达，这种社会契约体现了卢梭的信条："每个与所有人联合的人，仍然不过是只服从他自己。"从无数的教育改革方案中，罗伯斯庇尔吸收了国民教育体系的建议，在这种教育体系下，五岁以后的孩子都可以接受启蒙教育和改造，使他们有能力维持这个新的社会。在这一阶段——在法国大革命的第一阶段——理智领导者罗伯斯庇尔是一个社会改革家，一个仁慈的革命家。他还呼吁废除死刑，并且谴责"可怕的告发制度"和其他一些恐怖的手段。

启蒙哲学家是**介入社会政治问题之人**（*hommes engages*）。他们内心的冲突与他们周围理智的和社会的冲突结合在一起，把他们拖入了他们时代和地区的冲突焦点。他们被重重包围，但又不是孤军奋战。阁楼中饥寒交迫的诗人形象，是对冷漠孤僻的思想家过分夸张的描写。知识分子们——尤其是理智领导者——需要有人陪伴。他们需要信徒支持，需要赞助者资助，需要爱慕者钟爱，需要敌人来交换仇恨，最重要的是，他们需要在知识分子圈子内外交流思想的途径。

几个世纪以来，宗教团体、大学、皇家法庭和思想团体（think tanks）都为知识分子提供各式各样的安全场所，供其思索与讨论。启蒙哲学家们进行社会活动和理智交流的场所叫做沙龙，在这里他们与狄德罗、卢梭、孔多塞（Condorcet），还有名气稍逊的理论家们，或者与国外名人如休谟、富兰克林或普里斯特利（Priestley）等聚会，他们互相交流思想、新闻、妙语和流言。金斯利·马丁（Kingsley Martin）说，"如果你是一个启蒙哲学家，你就应该明智地在星期一和星期三的吉奥弗安夫人（Madame Geoffrin）的沙龙中维护你在一个老式的社交圈中的良好声誉，你当然要去拜访莱斯碧那斯小姐（Mademoiselle de Lespinasse）（她几乎在每晚的五点到九点都会接待来访），你可以在星期二与爱尔维修（Helvétius）讨论他的著作（因为他总是当众写作），在星期五你可以拜访内克夫人（Madame Necker），如果你不珍惜星期天或星期四与霍尔巴赫（Holbach）共进正餐的机会，那么你就错失了本周社交活动的最精彩的部分。" *146*

一般都是那些光彩照人而又令人敬畏的女士们在主导这些活动；她们挑选来

宾，设定场面的基调，调停争吵并做出公断，她们有时还要设定话题讨论的界限。她们发挥如此大的作用因为她们不仅仅是女主人，而且还是知识分子的发现者、亲密友人和赞助者。她们为其宠爱者安排闲职，并且设法谋得多种荣耀；据说曾有一时期，科学院（the Academy）竟有一半在任院士都是由兰伯特夫人（Madame Lambert）培养出来的。20世纪，在沙龙中发生了一次意义重大的变革。早先沙龙始终带有一种排外的甚至是贵族化的品质；就像它在意大利的原型一样，是由皇室内部或与皇室亲近的夫人们所掌控。门客式的知识分子在很大程度上依赖于贵族的赏识和赞助，甚至是为了食宿无忧而投靠她们。而到了这一世纪的后期，由于启蒙哲学家们获得了更加广泛的支持，他们已经有能力在沙龙中为知识分子的讨论规定自己的标准，而且他们已经可以自由扩大他们的团体，这样就使那些所谓的流浪闲逛、一事无成的人（wandering ne'er-do-well），那些不善交际、一本正经的知识分子——最典型的例子是卢梭——得到人们的接纳和倾听。

沙龙总是一个与众不同的微型世界。它更多地褒奖机智、聪明、魅力与理智的胆识，而不是理智的内容，以及紧扣18世纪法国社会现实的政治评论。在沙龙中，需要取悦于女主人，这是不可小视的事情。狄德罗指出："女士们让我们习惯于富有魅力而清楚明晰地讨论那些枯燥、让人厌烦的主题。我们不停地对她们讲，我们希望她们好好倾听，唯恐她们会疲乏或厌倦；因此我们就发展出一种更容易表达自我的特殊的谈话技巧，并且这种方法从自由的交谈移植进了我们的文风中。"尽管孟德斯鸠总是抱怨"女人参与社交败坏了道德，并且形成了一种时尚"，但是主要的困难仍然在于启蒙哲学家们自身。夜复一夜，他们在圈内相遇，交流精辟的警句，批评他人的著作，评判谁的作品将最终树立起较高的文学声誉。刘易斯·科色
147 尔（Lewis Coser）说，那时出现的作品是"非常具有社交性的作品，这些作品有趣、生动并且闪动着智慧的火花——但是这种作品过于回避对深入的个体和哲学深意的探索"。这些沙龙既是思想的孵化器，也是思想的认可者，但是它们带有自我选择的少数人表演智力游戏的那种气氛。

如果说启蒙哲学家们与他们周围的这口社会巨釜分离开来，那么，还有一个比沙龙和那些女士们更加不寻常的原因，那就是审查制度。撰写或者印刷未经许可的图书要受到极其严厉的惩罚：根据1757年颁布的一项法令，会被判处死刑。大批的警察、间谍和告密者渗透到印刷厂、书店、咖啡馆和图书馆中，甚至在以前享有特权的贵族官邸售书也在其监察之下。禁书的印刷者、作者甚至单纯的读者都有可能被判处长期监禁。固然，这种监督是不规律并且效率低下的，而作者们也常常受到上流社会人士的保护。对一本书的封禁不可避免地会激起了解此事的人想读此书的胃口。在法国，秘密印刷非常盛行，很多书也从外国私运进来。法国大革命之前，伏尔泰的禁书《老实人》（*Candide*）竟然多达43种版本。但是审查制度也产生了一定的作用。至少，盗版书高昂的价格，让那些较为贫穷的中层文人望而却步。

于是，正如科色尔所指出的那样，审查制度就变成了"一种无意但却有力地将知识分子同社会隔离的机构"。作者们对审查官的反复无常和隐藏在这种审查制度

背后的政权所抱有的敌意心怀怨愤。然而，在导致其与周围社会隔离开来的因素中，作为知识分子自身的内在倾向毫无疑问与外部制约因素是同样重要的。启蒙哲学家们感觉他们形成了一个与众不同的特殊阶级，用查理斯·福兰克尔（Charles Frankel）的话说就是，他们相信，假若一个人是一个真正的知识分子，他就需要承担一定的社会职责，履行一种社会职能，还要参与一项社会活动。一位重要的哲学先驱达朗贝尔（D'Alembert）说："如果文人雅士最后意识到，最能确保他们受到尊重的方式是团结起来，把他们集合在一个圈子里；通过这个联盟，他们能够不费吹灰之力地在所有喜好不同及哲学观不同的事务中给这个国家的其他不同的人提供原则，那样的话，他们就是幸福的。"泰纳（Taine）批评百科全书派，说他们是不考虑历史现实，建造假想社会的乌托邦主义者，也许欧内斯特·卡西尔（Etnsr Cassirer）批评了泰纳的这种观点，也许这是正确的。因为百科全书派——以及整体上的启蒙哲学家——对数据、实验和经验有狂热的喜好。他们也对实际上的教育改革、刑罚改革、法律改革和管理改革有着极其浓厚的兴趣。他们所缺乏的是对政治策略及广泛的制度手段的把握，而这些策略和手段能够把他们的合理、进步和公正的重要理论以及实现理论所必要的改革与普通民众的需要、期望、能力及潜质联系在一起。

当托克维尔站在 19 世纪的高点回顾 19 世纪时，他认识到了这个问题。他在 *148*
《旧制度和法国大革命》一书中，描述了"文人（men of letters）如何领导了政治革命及其结果"，他得出的结论是，革命者与那些纯理论书籍的作者是一样的：他们对"广泛概括的、一成不变的立法制度和学究式的对称有着同样的兴趣；同样蔑视既成的事实；他们都喜好按照新颖、独特而有创造性的原则重建所有制度；他们同样渴望能根据逻辑规则和预先设计好的体系规则重建整个宪法体系，而不仅仅是对其缺陷部分进行修改。结果只会是灾难性的；因为作家的优点往往会是政客们的缺点，正是那些能够造就伟大的文学作品的品质，会导致许多灾难性的革命"。当然这是后见之明，但它使托克维尔能够了解 18 世纪的法国知识分子所不能了解的——社会这口巨釜将会漫溢，破坏他们的希望，危及他们的学说，然而却为未来开辟了巨大的机遇。

自由与权力

英国的经历与法国的情况有着非常明显的区别。英国 17 世纪的思想家对整个社会和整个时代的政治思想产生了极为显著的影响，这一点其他的知识分子很少能够做到。他们也思考人类的本性和其他那些令法国的一些伟大著作家苦思冥想的哲学问题。在对教会和君主权力的传统论证崩溃坍塌之后，他们与海峡对面的思想家们一起，开始解决一个极为重要的问题，即：如何找到一个全新的、世俗的权威基础。但是英国人只关注那些对他们来说似乎是最紧迫最重要的问题：捍卫那种对抗政府权力的自由（liberty against governmental power）。这种捍卫需要不断警戒，因为自由始终处于权力饥渴的威胁之下。马克蒙特·尼德汉姆（Marchamont Nedham）在17世纪50年代中期写道：“自由的利益，是一个人人都试图占有的处女。”没有代议制政府，“人在获得统治权之后所爆发出来的贪婪是如此强大，随之而来的必是一有机会便实施强暴”。

英国也同样在审查权力和追求自由，但这是在经历了一系列的实验——专制统治、共和政府、领主监护、复辟，继而从海外迎来一个被驯服的君主——之后，贵族和平民都明显感觉到了审查权力和追求自由的需要。1698年，阿尔杰农·悉尼（Algernon Sydney）总结了两个世纪的艰苦思索和更为艰辛的经历，他写道：“人们如此受制于邪念和情欲，因此他们需要学会在任何情况下克制自己；尤其是在其
149 掌权之后。某个个人的狂怒情绪可能只会伤害他的一个或数位邻居；但是不受约束的帝王的盛怒可能会给整个民族带来灾难。正是这些人，当其手中没有权力的时候会谦逊地生活，但当其认为没有什么能够抵制自己的暴行时，常常会是最凶猛的野兽。”霍布斯在其早期写道，人对权力的渴望是永无休止的，除非他死去。

也许，在探索维护对抗政治权力的个人自由的手段方面，一个最为显著的现象是，有许多曾经直接面对这一难题的天才思想家，却在若干世纪之后被世人遗忘了。有一条很著名的规则，“声望定律”（fame rule）——就是对政治领导人的新闻报道，会随着政治人物的重要性从第一到第二再到第三位地下降，而呈几何级数下降——这条规则在理智领导者中同样适用。传递给我们的只是“伟人们”的重要的思想：费莫（Filmer）以及他认为英国政府必须既专制又王权的理论，霍布斯及其对绝对君权的信仰，洛克以及他对议会政府的辩护。实际上，在洛克的著述之前，对权力问题与自由问题的主要分析及其理论模型的研究就已经开始了。但是现在，你甚至很难再从英国学生的口中听到诸如查尔斯·赫尔勒（Charles Herle）、H. 费恩（H. Ferne）、菲利普·亨顿（Philip Hunton）、查尔斯·戴利森（Charles Dallison）、约翰·兰伯特（John Lambert）和马克蒙特·尼德汉姆这样的名字了。查尔斯一世将名传后世，或许还有他为维护君主和议会之间权力均分的需要所做的颇显才能的辩护，但是为其起草辩护词的亲信智囊福克兰德子爵（Viscount Falkland）与约翰·克里皮皮尔爵士（Sir John Colepeper）这两个人的名字可能终将会被人们遗忘。有关洛克和霍布斯的研究著作和文章数以百计，但是介绍次要人物的作品却只有十来种或更少，而介绍三流思想家的作品更是少得可怜，至于介绍时事评论家、法官、牧师、议员、赞助人、学究和印刷出版者的作品就更是少之又少了，但是他们构成了一种支持与反对、冲突与沟通的结构，在其中新思想得以孵化、成型然后散播。

如果对这种思想的需求非常强烈，并且这是一种知识分子的集体的回应，那么17世纪的英国舞台便呈现为一种充满冲突的环境，一系列新思想在该环境下大量涌现。W. B. 温格（W. B. Gwyn）曾指出，在詹姆士一世即位和英国内战爆发之前的几年里，王室阵营和议会阵营中都出现一种“思想的贫乏”。主权思想和根本法的观念在16世纪的法国已经发展起来，但是英国人甚至在吸收这样的新思想方面，也表现得犹豫不决。“然而，内战一旦爆发，一些政治的、宪制的思想就在英国空

前繁荣起来，并且为英国本土，为殖民地区也为其邻国提供了一系列的新思想、新观念，那些新思想中有许多至今在宪法讨论中仍然还很流行。”正是国王与议会之间冲突的公开爆发，磨利了知识分子智慧的锋芒，并且迫使争论者们将其权力控制 150
的主张与在西方传统中各种根本的选择可能联系起来。此时不仅保皇派与议会派之间，而且在长老会教友、无党派人士和平等主义者之间，也产生了严重的分歧。政治思想家们充分体现并反映了那个时代的矛盾和冲突。霍布斯是贵族统治者们的老师，是一个好斗的思想家，他酷爱漫长的、有时是使人蒙受羞辱的争辩，他被认为是和平的阻碍者，他的作品被人们怀疑为无神论，他是一个不折不扣的反议会理论家，当他感到议会要威胁到他的生命时，就匆匆逃到了欧洲大陆。霍布斯对权力的永恒的追求很可能既是他对周围混乱无序状态的一种反映，也预示着他内心深处对控制和秩序的需要。洛克，一个严肃的清教徒的儿子，致力为人民党（the popular party）服务，这位哲学家后来写道，“从懂事起，我就发现自己处于一场风暴中，这种情况一直持续到现在”。他的学校，威斯敏斯特中学，是议会运动的大本营；而他的大学，牛津大学，是当时政治和文化斗争的前沿阵地。不久他成了阿什利勋爵（Lord Ashley）即后来的沙夫茨伯里伯爵（Earl of Shaftesbury）的私人教师和顾问，两人私交甚好，不久后就深深卷入了围绕着沙夫茨伯里的动荡不安的政治生涯展开的各种阴谋和反阴谋活动中。洛克同样发现，比较谨慎的做法是退休，前往欧洲大陆，在那里，他完成了自己的某些影响最为持久的工作，用彼得·拉斯莱特（Peter Laslett）的话说，他是一个“谨慎而老练的辩论家”。那时的其他思想家同样也被卷入到各种冲突之中；而一些最为优秀的作品也是在监狱中完成的。

英国思想家最突出的贡献就是将其理智资源应用到一个最迫切、最复杂的难题上，这个难题也是政治哲学家苦苦思索自由与权力的关系时所面临的难题。这一难题要关注的是，如何使政府内部中权力分配的各种安排，结合政府中代表社会各阶级、阶层和其他实体的特定手段，能够最大限度地实现个人自由，而又不削弱政府在实现政府根本目标、维持正义和秩序方面的效率。

现在，我们已经如此习惯于这些混合和分立的宪法体制的运行，因而将这些体制的理智基础在某种程度上视为理所当然，不论这些体制在施行中有多么糟糕或偶尔出现什么故障。然而，对于 17 世纪的理智革新者来说，这些理论和实践上的难题是十分棘手的。思想家们需要研究两种截然不同而又互相联系的政府体制。一种是混合政体，或者称之为平衡政体，这种体系需要通过平衡相互对立的社会各基本阶层——典型的是君主的、贵族的和平民的阶层——来维护自由和制约权力。另一种是权力分立的体制，在不同的政府部门或政府机构中，分割政府的职能，这样一 151
来，每一个分支便受到限制，只能实施它的特定职能。困难并不仅仅在于理解每种体制在极其不同而又始终变化的社会中如何发挥效能、为了何种目的，并且将以何种标准来检验它的成败。问题也并不主要在于每一种体制都有各种不同的可供选择的组合方式——因此，行政、立法和司法机关可以以不同的方式分离，而且在各部门内部还可以更进一步进行分离（就像立法机构内部可以分为两个议院）。当英国人为了捍卫对抗权力的自由而忙于梳理政府的各种模式时，他们主要的理智任务在于分析和解释这两种可供选择的体制——混合政府与分权，各自又有许多种版本——是如何互相关联的。

对17世纪的理智领导者来说，由于他们可以利用多个世纪以来人们对这个问题艰难探索而形成的理智资源，因而发展混合型政府的理论是这两项任务中相对比较容易的一个。柏拉图一直强调需要建立混合型政府，以便实现社会各阶级的平衡、和谐与妥协。亚里士多德看到了在社会各阶级间保持更广泛平衡的重要价值，但是他同意柏拉图的观点，认为每个阶级在政府中所占的比例是非常重要的；“适当的比例对宪政是必需的，就像它对（举例说）鼻子是必需的一样。”波利比（Polybius）和其他的罗马人曾就这个问题展开过更深入的争论；在这种古老的混合型政府学说传播到中世纪的欧洲之后，阿奎那（Aquinas）再次肯定了亚里士多德主张在君主政体、贵族统治和民主政治的基础上建立混合政府的思想。由于实际上存在着国王、封建领主和平民，他们对这些阶层的体现，为英国的思想家们提供了一个直接而可以感知的利益和制度环境，在其中他们可以进一步发展混合宪政理论。

然而，如何设计出权力分立的理论和相应的机构，对英国思想家们是一个严峻考验。关于机制的各种问题更是令人生畏；如何在制定法律和执行法律之间划一道真实的界线？何种执行决策的权力应较少服从于立法机关的控制（外交政策的制定）？什么样的决策必须要得到议会的批准？不同的政府部门或机构与其他部门之间相互独立而又相互依赖的程度是个更大的问题：在绝对分离和绝对合并之间必须找到一种可行的折中方案。在这种争论中，存在着大量对伟大思想家的误解、对相反理论的误判、对经验的误读以及价值观念与标准的混杂是毫不足怪的。

152 随后，实际上出现了一种理论的嫁接，将分权理论嫁接到混合与平衡各阶级的理论中，将政府机构分立嫁接到各阶级协作与均势的体系中。因此，就像M. J. C. 维尔（M. J. C. Vile）曾指出的那样，虽然分权是平衡宪政理论中的一个基本要素，但它却成为一种从属性的要素。然而，这种从属性的理论具有很强的生命力，它抛弃了均衡宪政理论中的阶级基础，将自身展现为一种立宪主义理论，不管怎样，这种理论公开地以功能区分作为分权的唯一基础，仅仅认可政府中的民主机构的立法权，将统治者的地位降低为纯粹的管理角色，并且在贵族成员可以被承认的范围内，将其吸收进司法体系之中。

正是值得赞美的17世纪英国的理智领导者们所具有的才智，才使得随后而来的时代既充满了持续的辩论与分析，同时又是一个平心静气的时期，一个政府渐进革新的时期，一个政治上相对平静的时期。尽管17世纪的讨论是以热烈的小册子、传单、宣传品的形式进行的，但是18世纪的英国的政治争论，多数是面对面地在咖啡馆中爆发的。在中世纪，仅伦敦就有两千多个这样的咖啡馆。咖啡馆比巴黎的贵族沙龙要民主得多，咖啡馆可以吸引不同阶层的人，这些人想在这里待多长时间都可以——他们在这里讨论、读书或者将自己的书供他人阅读。只要在柜台付上一个便士，便可以进入咖啡馆内；如果你是陌生人，那么你可以随便找个空座位，倾听诗人、政治家和剧作家的演说，当然也可以发言，可以加入其他人的讨论，或者也可以保持沉默。

伦敦的俱乐部要比咖啡馆更为排外，它主要迎合一些特殊知识分子的兴趣。有时俱乐部成员们会在咖啡馆的包厢内聚会，有时在酒馆或成员的家里聚会，后来他们才在圣詹姆士（St. James's）大街或其他地方找到不引人注意的舒适而固定的“避难所”。在这里，智力与权力已经联姻，因为作家和王公大臣们每周或每月便聚集于此，他们经常讨论政治事务甚至筹划政府的施政方针。有些俱乐部带有明显的保守党或者辉格党的倾向，于是他们自身也成为激烈争论的对象。就是在这样的俱乐部中，丹尼尔·笛福（Daniel Defoe）与乔纳森·斯威夫特（Jonathan Swift）磨利了他们的笔锋，深深地影响了他们那个时代的思想。也正是在这样的咖啡馆与俱乐部中，理论家与实践家、内阁大臣与理论批评家、传教士与小册子的作者们激烈地争论并或许在对上一个世纪伟大的理智领导者的政治思想制定实际的应用方案。

如果难以在一般的意义上衡量理智领导的影响，我们可以通过分析在一个更具 *153*
体的情境中集体的理智领导的过程，更确切地理解这种通过已知的话语结构来运行并对政治行为产生决定性影响的集体理智领导的推动性作用。美国殖民主义者与立宪主义者的经历为我们研究政治观念的影响提供了一个几乎无与伦比的机会，这些政治观念涉及一个普遍的、具有极端重要性的问题，跨越三千英里的海域，被移植到另一个国家，并且在一个众所周知的背景下导出一系列的政治和立宪决策，而这些决策在即将来临的几十年中会影响到一个新的国家的命运。

所有众多外部条件的结合，似乎让 18 世纪的美国成了在“自由对抗权力”（liberty against power）的问题上理智与政治交锋的战场。他们的祖先因为维护他们的政治与宗教自由而不得不从英国逃到美洲大陆，因此新大陆的主人们决不会轻易放弃那种自由。宗教的多元化——在 1775 年的宗教普查中，列出了 18 种不同的教派——以及教派内部的教义的多元化，引起了人们对自由的意义和国教的权威的激烈争论。殖民者实验了各种在英王统治下的政治体制，在他们自己的殖民体系内也实验了不同形式的代议制。这无休止的争论主要汲取了古典的、英国的以及和大陆的思想家们的观点，并汲取了商业、法律和政界人士的实际经验。

自由对抗权力——这似乎是对一个极为重要的问题所做的站不住脚的、甚至是有些误导性的阐述。但 18 世纪的美国人很清楚他们要做的事情。正因为这些马基雅弗利和霍布斯的学生们对人类的执拗与脆弱持有一种非常现实的观点，所以他们能够理解权力的必要性和不可避免性。但是，权力又是不断要求扩张的，它侵略成性、好斗、阴险和腐败，会永无休止地试图去“侵犯人的权利和自由”。美国思想家认为，权力并非促进自由和维护自由的手段。权力与自由是对立的。实际上，权力天然的捕食对象就是自由。权力与自由都是合法的；然而，正如伯纳德·贝林（Bernard Bailyn）所写道的，它们的运行的方式天生就是相互对立的：“一种是残暴、无休止地进取并且无所顾忌；另一种是谨慎、被动并且极为敏感。”麦迪逊注意到，在欧洲，自由宪章是被权力认可的；而在美国，权力宪章是被自由认可的。

如何征服这贪婪、狡诈和无法逃避的权力怪兽呢？英国就是美国的样板。美国人与英国同胞们一样接受了同样的有关自然法和人类不可剥夺的权利的基本假设，而且美国人极其羡慕地观察着英国模式，在这种模式下，英国立宪主义者似乎实现了在政府中的行政机构、贵族和平民之间权力的平衡——这种平衡又是建立在君
154 主、贵族和平民之间的社会平衡的基础之上。但是美国缺乏——或者说他们骄傲地唾弃了——君主和贵族阶级，而这两者正是英国政治体系运转的驱动力。托利党的一名批评家曾挖苦道，他们要做的，可能就是**发明**出一批侯爵和男爵来——他们是不是就来自那些因为焚毁小册子和侮辱惩罚（tarring and feathering）反对者而出名的英雄？美国人在这个问题上出现了分歧，像富兰克林和潘恩这样的一些人，希望能够把共和主义原则推向其逻辑的终点，依靠在一个强大的单一制立法院中人们审慎与明智的行动，并伴之以行政职位的定期轮替。其他人主张限制投票，做出终身任命，或者以其他方法压制民众因激情和无知而产生的愤怒。

在寻找这一谜题的答案时，美国人有三个优势。其一是在他们的公共教育中，普遍接受了英国和大陆的主要知识分子的理论学说。在这里，某个特定思想家的个别影响也同样被过分夸大了，尤其是洛克，如果有任何个别影响占据了主导地位，那可能就是他的思想。但是，殖民地的理智领导者还研读了大量前人的著作，如柏拉图、亚里士多德、弗吉尔（Vergil）、西塞罗、加图（Cato）、普鲁塔克（Plutarch）、西德尼、普芬道夫和博林布鲁克（Bolingbroke）。他们也阅读——或者从第二手、第三手资料中学习——许多今天很难再有人记得的思想家的著作，如：约翰·萨缪尔（John Somier）、托马斯·戈登（Thomas Gordon）、约翰·特伦查德（John Trenchard）和本杰明·霍德利（Benjamin Hoadley）等人。他们当然也有自己的优秀的知识分子：著名的富兰克林，以及名望稍逊的约翰·维兹（John Wise）、乔纳森·梅修（Jonathan Mayhew）、理查德·布兰德（Richard Bland）。所有这些人写作的时期，都是在1776年和1787年，那个不朽人物辈出的时代之前一两代人的时间；如果没有他们，也就不会有那些不朽的人物。

美国政治思想家所具有的最为实际的优势，是拥有丰富的传播他们思想观点的手段。他们可以印刷大量的小册子，而这些小册子通常可以在伦敦再次印刷，并且很快就招致英国托利党人编写出反驳性的小册子。他们经常为报纸撰写文章，这些文章通常会被殖民地内的各地周刊转载。在危难时刻，他们还可以在街道的角落里散发印刷品，以这种方便的方式提醒他们的朋友们。为了得到大量读者的支持，他们也为众多年鉴中的某一种撰稿。在公众场合，他们会发表演说，其演说后来还被人们印刷出来加以传播。他们还可以写信——并且乐此不疲。有一些人还利用布道坛；特别是在北部地区，殖民地的教堂很少禁止人们进行政治布道，甚至是过激的布道。实际上，人们希望牧师宣讲含有政治内容的宗教教义。任何一个要使自己的请求变得冠冕堂皇的人，都可以将自己的请求转变成正式的抗议，或向国王和议会发出请愿；于是就有大量的决议、请愿书、宣言和大陪审团的起诉书，在家乡作了适当的公开宣传后，被轮船送到大西洋的彼岸。

155 再一个优势是美国早期的政治思想家都同样沉浸于政治历练与哲学理论研究中。约翰·亚当斯（John Adams）是派系林立的马萨诸塞州政坛上的一个政治老手（被公认为较多坎坷波折的一人），他也是殖民地反抗英国的领导者，后来成为

1789 年之前的 13 州联邦的外交人员。杰斐逊是一个文艺复兴式的人物，还是一个多才多艺的人，在自然科学、发明创造、建筑学、政治学、教育学和哲学方面，无论是在理智上还是在实践上都有着浓厚的兴趣，他曾任弗吉尼亚州的议员、美洲大陆国会议员、弗吉尼亚州的州长以及驻法大臣。麦迪逊是弗吉尼亚州的州议会的议员，也是美洲大陆国会议员；汉密尔顿是一个军人；约翰·迪金森（John Dickinson）也是身兼数职的事务家；而富兰克林是务实男人当中最务实的人。但这些实践者仍然努力学习古往今来的理论家的思想；在讲坛上和研究院中的“思想家”与从事法律、政治和商业的“实践者”之间进行着生动的交流。

由那些得到广泛传播和激烈争论的思想观念的冲突碰撞，产生了——在脱离联邦、革命和立宪的危急时刻——对那个两难困境的一种伟大的解决方案。这个两难困境就是：在一个需要内部制衡却又在社会阶级和阶层中缺乏根基的政府中，如何保护对抗权力的自由。这种解决方案就是：利用人们之间的交叉分裂在政府**内部**建立一种权力平衡，要做到这一点，就要设计一定的选举程序、政府任期和职位的权力范围，这样一来，人们之间的固有不和，便转化为政府中的摩擦和冲突。因此，统治者就可以从事他们本应该做的维护秩序和实施公共福利的任务，而又无法协调他们的权力和精力来一致反对人民的自由。要在像英国那样的具有平衡势力的体系下建立这样的政府是一回事；在这样的环境中，冲突是如此传统、可预料和（典型地）温和，从而使权力均势有所保障。要认识到在一个没有皇室和贵族的“自由的”民族中，来自经济或者各阶层权力的威胁也会被分散和控制，因此政府将不会威胁到共和国公民的自由——这产生了一场思想上的革命，它代表了理智领导的巅峰状态。

詹姆斯·麦迪逊就是这样一位理智领导者，再没有人比这位来自于弗吉尼亚的立宪主义者更具有说服力地概括了权力制衡的策略。他清楚地认识到了美国人民正在形成中的需要，而且他的政治经历以及他对政治文献的研读，也使他对人的本性不再抱有任何幻想。他从一种冲突理论的角度，分析了美国的政治形势——民众政府向派系暴政的转变趋势，其结果必将是造成混乱、动荡和不公平。他考察了派系产生的根本原因，发现它们并非是表面的或暂时性的因素，而是“植根于人的本性之中”。这些力量可能爆发于宗教冲突、政治冲突和领导冲突之中，尤其是爆发于经济冲突之中，但是，“由于人类彼此仇恨的倾向如此强烈，以至于在具有实质意 156
义的原因并不存在的情况下，最细微、最荒谬的分歧也足以煽动人们的敌视的情绪，足以激发出最激烈的冲突”。由于派系分裂倾向如此强盛有力，因此根本不能用诸如“摧毁自由这个派系活动的本质所在”，或者赋予“每个公民同样的选择机会、同样的激情和同样的利益”这样的策略来平复它。这样的想法或是不切实际的，或是比派系活动这一疾病本身的危害更大。

不，保护对抗权力的自由的策略，必须与它要控制的力量同样强大。派系所产生的**根源**无法消除；能够消除的只是它的**影响**。要解决这一难题，就要“设计出这样的政府内部结构，使其各组成部分凭借其交互关系成为彼此保持各自适当位置的手段”。但是，政府的每个部门都必须具备各自的意愿，这种策略才能生效。如何生成这样一些相互对立而又相互冲突的意愿呢？可行的办法就是让各部门对相互冲突、相互对立的选民负责。“防止在一个部门中数种权力逐渐集于一人之身的最大的保障措施，就要赋予每个部门的管理者必要的宪法手段和个人动机，以抵制其他人的侵犯行为……必须要造就野心以对抗野心。人的利益必须符合所承担职务的宪法规定权利。”麦迪逊不无悲哀地补充道，就算所有的这一切都是人类本性的反映。“但是政府本身又是什么呢，它难道不是所有对人类本性的反映中那个最伟大的反映吗？如果人们都是天使，那么任何政府就都是不必要的。”如果人们倾向于统治其他人，那么政府就必须能够控制被统治者，同时必须有能力控制自身。

由于麦迪逊在这个问题上的陈述非常有见地，并且汉密尔顿、亚当斯和其他一些知识分子都竭力地构思、执行并维护他们的策略，所以后人们已经谈论起在 1776 年和（特别是）1787 年的政治才能的大爆发了。然而，如果我们退后一步，就可以看到，作为一个思想顶峰的美国宪法，来源于几个世纪以来艰苦的政治思索和政治分析，来源于直接的政治经验，也来源于美洲殖民地人民的各种特殊需要和各种特殊的政治环境。1787 年的“解决方案”不仅仅像贝林所称的那样，是一条“持续的、不间断的理智发展和政治经历之路”的顶点，架起了古代传统、17 世纪英国思想和美洲大陆思想以及麦迪逊的分析之间的桥梁。它也是知识分子所行使的政治领导权力的一个经典的，或许甚至是一个空前绝后的实例，这种领导是在这样一种情境中实施的：此时，知识分子们对人类本质有了坚定而现实的理解，他们对前
157 人的思想有了广泛而深入的把握，他们对自身与他人的经验能够有辨别地加以吸取，理论上和实践中的那些难题的本质得到了清晰的阐释，而且从哲学上和操作上解决这一难题——抑制权力和保护人民自由的难题——的时机和环境条件已然成熟。

知识分子与自由的本质

即使我们惊叹于约翰·洛克的政府理论适用的普遍性和强大的力量，惊叹于洛克之前的那些富有创新精神却不见经传的思想家们，惊叹于那些将英国自由思想应用于美国危机时期的睿智的理论家和实践家们，我们也必须提及理智领导的失败之处，这些败绩密切地影响了 19 世纪与 20 世纪的政治思想和政治行为。不仅 17 世纪的理智领导者们在调和混合政体学说或均衡政体学说与大相径庭的权力分立学说时面临各种困难，不仅由于社会经历着快速的政治变化使任何一种学说在社会中的应用都极为艰难，而且这一理智问题的难度是远为艰深的。思想家们根深蒂固且公开声明的主要前提，就是保护个人的公民自由和政治自由以对抗公共权力。他们所得出的结论就是，通过混合宪制或者权力分立或者两者的结合来建立一种稳定的有限政府。这些方略将有助于保护个人不受来自于君主、教会、贵族或者其他个人的压迫。

还有一个没有明确表达的更大的问题，人民是否有能力**通过利用政府的权力**来

共同扩展他们的自由，而不是仅仅捍卫他们**对抗**政府权力的个人自由。这一问题既涉及非普通人也涉及普通人的能力，既涉及他们利用公共机构消极地对抗私人权力的各种堡垒（诸如威胁他们自由的教会、贵族统治和乡村寡头政治），也涉及他们利用公共机构积极地改造政治、经济和社会制度及进程，从而能够在最宽泛的意义上扩大他们的自由——他们获得教育、食品救济、卫生保健和就业的机会。我们并不能责怪 17 世纪的思想家们没能克服这些三个世纪以后仍然困扰着我们的理智难题。问题在于，自由主义的知识分子们在追求“消极的”自由的过程中，会推动一些体制的形成，而这些体制将对考察、生成和分配“消极”自由与“积极”自由的方式产生最为直接的影响。这两种主导了理论家对实际问题的思考的最伟大的政治体制中的任何一种，都既有可能被用来限制这两种自由，也有可能被用来最大限度地扩展自由。在“纯粹的”分权体制下，垄断立法权力的立法机构可能以直接反映民众利益的方式来建立（比如通过选举立法者的方式），也可能以阻碍民众利益的 *158*
方式来组织（比如通过君主直接对国会议员施加影响）。一个混合政府体制可以通过反映多数民众意志的方式将行政权、立法权和司法权结合起来，或者也可以通过保护少数团体和既定的领导成员对权力的保留和行使这样的方式来实现这三者的结合。

17 世纪的理智领导者在面临关于政治领导和权力的关系重大的难题时，并没有认识到未来的政治和社会体制中将出现的巨大障碍。实际上，他们涉足应用各种有关领导的理论时，并不理解领导的更为广泛的含义，甚至都没有使用这个术语——更不用说对这一术语形成概念了。对于他们所处的时代和所处的地位而言，他们的观点已经足以令人信服了；并且此时在另一个大陆上的历史条件已经成熟到足以使他们的观点对美国宪法的制定者们产生深刻、广泛的积极影响；只是不久以后，美国人也将面对他们自己理智上和政治上的哈米吉多顿①（Armageddon）。但是在英国，当 17 世纪的思想观念正被应用于 18 世纪时，历史环境已经开始发生根本性的变化。因为随后的一个世纪将见证，在曲折的工业革命进程中，某种形式的权力获得了大幅度的增长，它必将对自由产生巨大的影响，此种形式的权力远远超出了过去教会和其他私人的权力。这就是资本主义的权力，这是迅速增长的一种满足自己、剥夺他人的控制欲望，这种权力集中于私人企业家的手中。英国的理智领导者该如何应对这种新型社会环境？

认识上和分析上的任务也是极为巨大的。那个时代的理智领导者并不能像我们今天这样“认识”到自由的本质；他们很难轻易地摆脱人类几百年经受权力压迫所带来的精神上的阴影。为了开拓私人自由——政治的、社会的和经济的（主要是捍卫人们对个人的私有财产的权利）——的一方领地，并使之合法化，实际上已耗尽了当时的理智资源。但是理智领导者们要想把握住积极的、集体的和自由的新潜能，他们所应做的远不止于此。他们需要开拓出国家在教育、住房、健康和工作保

---

① 基督教《圣经》中所说的世界末日善恶的决战场，也是神与人最终面对面的地方。《新约·启示录》中，指末日战争中三个魔鬼叫众王聚集在一处的地方。——译者注

障等更多领域的潜在资源，以便使普通百姓所拥有的实际机会能够有所发展并最大限度地增加；最后，他们还必须研究激进的机会平等的含义，以便消除条件平等的概念。

这就是那种观念上的挑战；而思考解决政府与政治制度建设的各种要求的任务
159 也在理智上令人望而生畏。积极自由的出现与扩大，需要建立一种政治体制，这种体制能够动员潜在的民众支持积极自由，将其与政府各个机构的支持结合起来，并建立一个政府机构来回应民众被激发起来的欲求和需要，制定和实施最终能够回应这些压力的各种决策。这样一种政治体制至少需要具备三个条件：拥有广泛政治权力的民众，将这种权力与政府联结起来的手段，以及政府内部能够制定并执行相关法律和决策的结构。问题在于，这些吸收了前人的理智资源而又未被其困扰的 18 世纪英国的理智领导者们，是否能够极富想象力地探索这些难题和机遇，探索这些问题，并且至少提出解决它们的其他可选择方案，同时对自由概念进行重新定义和可能的拓宽。总体看来，18 世纪的理智领导者并没有做到这一点。

实际发生的却是一个步履缓慢、零碎的和毫无计划的制度创造过程，它是由承担实际事务的实干家们在理论家的帮助或协助下创造出来的，时至今日，这些理论家中的绝大多数几乎已无人知晓或为人所淡忘了。这些制度中首当其冲被发展起来的是内阁政府。当理论家仍在争论权力分立和平衡政府的优劣时，务实的人们正在创造一种联结立法和行政活动的手段，并使之合法化。不仅孟德斯鸠、布莱克斯顿（Blackstone）和许多其他人都没有察觉内阁对统一而有效的政府所具有的潜在意义，而且那些致力于有限政府和权力分立学说的人们也攻击内阁体制。权力分立的一个忠实的支持者约翰·卡特赖特（John Cartwright）写道："我们看到，这些人既拥有创造政府职位的权力，又拥有提供薪水的权力；他们既拥有制定开支计划的权力，又有为他们自己的经费投票表决的权力；他们有权力随时根据他们那不成熟的观点将他们的国家拖入战争，并且有权力给他们自己提供补给。如此强烈的统治欲望，派系还能比他们要得更多吗？"他还补充说，无论法国还是美国，都没有这样一种体系；在那些国家中，你不会看到人们"像小丑一样从内阁跳到立法机关，又从立法机关跳到内阁"。

内阁究竟能够抑制公民的自由，还是鼓励公民的自由，这取决于它与公众愿望的联结方式。19 世纪初期，人们迫切要求扩大选举权——这种呼声在这个世纪的英国的 1830 年《大改革法案》（Great Reform Bill）中达到了顶峰。消极自由和分权型政府的维护者们看到了选举权的扩大对所说的"微妙的"平衡与和谐究竟意味着什么。而完全惧怕政府和社会民主化的保守人士们也在吵吵嚷嚷。并不能说那些认识到了积极自由的必要性的理论家们回答了这些批评者；从长远来看，这种自由
160 只能由那些认识到积极自由及其必备条件——普选权——的可能性的民众来维持。众多支持权力分立的人们也非常清楚权力的分立会使政府陷入僵化不灵的状态，但是在他们与那些希望变革或者理解变革的必要性的人们之间并不存在理智上的冲突，因为后者并没有看到积极的大众政府与社会变革之间的联系。政治理论又一次落后于实际变革的步伐。

伴随着数百万的英国男人、妇女和小孩涌入了遍布于工厂、码头和矿山周围的乱糟糟的城市，或者把他们自己的村舍变成小型工厂，社会变革的步伐似乎越来越快了。在新世纪中，什么样的哲学家能够画出并完成这一理论的魔法圈（magic circle）——将被修正的自由定义、对政府仁慈潜能的被拓宽的解释、对群众政治骚动和组织的需要的满腔热情的理解包容于一体？人们也许可以对杰里米·边沁（Jeremy Bentham）抱有期望，他发明了计算最大多数人的最大的幸福的“幸福计算法”（felicific calculus），并对传统的法律和制度进行了有力的抨击。人们一度希望他能进一步发展一种理智体系，使其包括多数人的需求、理性的政府和大众的行为。他的确为大多数的英国人建构了一些普遍的准则，这些准则能够将人们的自由选择权利最大化，能将政治自由最大化，而且在后来的岁月中，他还赞同议会改革、不记名投票、普选权和多数决定原则。但是，边沁对政府的种种可能性却持有晦涩而消极的观点。他认为，政府的根本目的就是对所有损害最大多数人的最大幸福的行为实施惩罚和制裁。他写道：“所有的政府本身就是一个极大的罪恶。”政府可能将人们从陈旧的和腐朽的羁绊中解救出来，但是，它自身并不能够为群众产生经济自由和社会自由。这位思想家有着丰富的刑法改革建议，有丰富的“冷水室”（防止食物腐烂）的建议，有新型教育理论和多种多样的计谋——但是这样一位思想家怎么会对政府持有一种如此消极的观点呢？那种消极观点可能源于其最基本的价值观念，尤其是对自由的观念。作为流行的原子论个人主义和放任主义的奴隶兼鼓吹者，他认为自由本质上是来自于政府的一种保护（在一定程度上，教育领域是例外的），他并不认为国家是一个道德的、文化的机构，不认为它可能去扩大人们追求自由和自我实现的潜能。

约翰·斯图亚特·密尔是边沁的一名年轻的信徒，他几乎是穷其一生的智力来对个人自由进行定义和分析，探讨如何使其不受压制和排斥。他的《论自由》（*On Liberty*）一书在这一主题方面依然被作为经典对待。在定义政府不得干涉的政治领域方面，还没有人超过密尔。他对这一领域的定义是：如果关注自身利益的行为没 161
有构成对他人的伤害，那么政府便不得对其进行干预。密尔还是一个政治改革家；他赞同比例代表制、妇女权利、义务教育、高额遗产税以及其他远远先行于其时代的思想观点。然而对于 19 世纪中叶英国的经济和社会的贫困、需要和发展机遇来说，他的自由观还不完善。正像格特鲁德·海默尔法布（Gertrude Himmelfarb）所指出的那样，《论自由》中存在的显著特征是模棱两可和前后矛盾。虽然密尔的自由观不像他的老师边沁那样消极，但是他也只是浮光掠影地涉及，而并没有涉及通过国家的行动来扩大自由。他对大批无知群众——可能是受工联主义者控制的多数选民——会夺取政府机器并鲸吞自由人的自由而感到恐惧，这使他的社会宽容感和社会同情心大受影响。但这种社会同情心还是使他在诸多方面违背了自己的原则，并使他成为英国向积极的自由主义发展的缓慢进程中的一个开山鼻祖，同时成了具有某种模糊的社会主义色彩的人物。但密尔并没有实施那种最终能够给城市工人带来有意义的自由的理智领导。

谁将来闭合这一魔法圈？不会是沃尔特·巴格霍特（Walter Bagehot）；他对内

阁政府的分析是十分苛刻的——称其为“一个起连接作用的连字符，一个起固定作用的搭扣”——再加上他对民众的惧怕远胜过密尔，并且仍旧以传统的方式要求下层阶级顺从，但在英国城市的民主化环境中，下层阶级的顺从必定会日益弱化。也不会是阿克顿勋爵；他从头至尾所持的标准就是自由，他把自由定义为对道德法的服从；他坚持认为，自由的威胁并非来自于专制君主统治，而是来自于由下层阶级的平均主义者（leveller）所提出的绝对民主，他们还是受到了一种顺从感的制约——但很可能只是暂时的。直到19世纪末和选举权扩大之前，以群众为基础的政党体制的崛起，与重新定义的自由概念，创造性地结合在一起。牛津大学一位哲学家T. H. 格林（T. H. Green）讲授了一种唯心主义的形而上学理论，该理论为从放任主义到政府计划和管理的转变提供了理智上的支持。损害个人的幸福就是损害公共的幸福，以此为前提，格林认识到，通过扩大政府在医疗、住房、矿山和小工厂监管，特别是教育等方面的积极角色，个人自由就可以得到相应的扩展。但是，这一理智魔法圈最终还是由那些名望稍逊的思想家们来完成的，他们多数是出身于宪章派、激进党、社会主义者、劳工党以及其他在社会和政治运动中涌现出来的思想家。

这些思想家们的理智之根一直可以追溯到早期的平均派（Levellers）和掘地派（Diggers）的思想家们。他们早就认识到了消极自由观念的社会后果；他们也为穷人的选举权而奋斗过；他们毫无顾忌地宣称应当利用权力来扩大平民的自由——前
162 提是政府由公正的人来管理。19世纪的最后10～20年之际的英国，劳工党人、自由主义者和社会主义思想家所面临的问题更多的是社会资料及相关分析、工业组织、政治策略和政府管理，而较少涉及广泛的意识形态和一般的策略问题。有关分析的大多数的任务主要由自称是费边主义者（Fabians）的杰出思想家集体来承担的。他们抛弃了直接的政治行为，而专心致志地投身于理智上的工作积累和细致地分析社会资料，并且对它们所包含的意义进行长期的——冗长的讨论。他们的政治策略就是渗透，通过演讲、出书和分发小册子，渗透到一些接近权力网的组织和实体——工会、社会主义和改革团体、内阁议会和市政议会以及伦敦的上流社交圈（London drawing rooms）。无法将费边主义的影响从孔德的实证主义者、基督教和非基督教的社会主义者、工联主义者、无政府主义者、土地改革家、亨利·乔治①（Henry George）的信徒以及很多其他人的影响中准确地分辨出来。但是，费边主义者的深远影响是毋庸置疑的，这种影响主要是基于对那些与维多利亚精神不相容的各种事实进行不知疲倦的收集和不留情面的宣传。尽管他们那沉闷的散文偶尔会闪现出萧伯纳式的智慧的光芒，尽管他们的爱好者之间也会发生争吵，尽管他们与工人阶级在情感上和身体上都很疏远，尽管他们规模还很小，尽管他们在政治上又毫无经验可言，但正是像比阿特丽斯·韦伯（Beatrice Webb）、西德尼·韦伯（Sidney Webb）和G. B. 萧伯纳（G. B. Shaw）这样的男男女女，在英国历史的决

① 亨利·乔治（1839—1897），美国经济学家，主张征收“单一地价税”，取消其他捐税，使土地增价收益全部归社会所有，主要著作有《进步与贫穷》、《土地问题》等。——译者注

定性时刻行动起来，将自由和平等的概念结合为一个整体，并且理解了他们的思想对政治行为和政府结构所具有的意义。

比阿特丽斯·韦伯非常得意于“幕后的理智领导”，她感觉她的丈夫西德尼在这方面颇具天赋。她感到他们的家正在成为工人运动的理智总指挥部。但 H. G. 韦尔斯（H. G. Wells）却一直对其身边的费边主义同事很厌烦，并最终与他们分道扬镳。他对这种小帮派的效率持有异议，并曾经对费边主义者说，“睁开眼看清楚这小小的集会，看清这小小的会厅，看看这些出售一些毫无分量的传单的小货摊；想想这分散的会员，这里一个，那里一个”。然后，他劝告他们，“走出这小屋，到斯特兰德大街上去吧。去瞧瞧那些规模庞大的建筑物和商业场所，瞧瞧那些令人眼花缭乱的广告，瞧瞧那车水马龙的交通和摩肩接踵的人群吧”。他总结道，这就是那个世界，“那个你们试图改变其根基的世界。而你们的这些零零散散的行动看起来又像什么呢”？比阿特丽斯·韦伯和 H. G. 韦尔斯两人都有些夸大其词了，但是在值得尊敬的社会习俗与理智上强大的思想观念之间爆发的冲突中，做出退让的将主要是韦尔斯的社会传统。

变革型权力的理智考验

当面临诸如自由与权力之间的关系之类的难题时，对理智领导的考验也是非常严格而必要的。在政治活动的世界里，这种考验并不仅仅是给政治家和政党提供思想观念，以便帮助他们获得权力或制定政策；它也不仅仅是知识分子对政府和政治直接施加个人影响的能力。虽然这些都是非常重要的职能，但是这些都不是对知识分子承担的政治领导地位的最终考验。它所要考验的是以这样一种方式构想价值观念和目的的能力，它要使目的与手段以分析的和创造性的方式联系起来，并且要求清楚地阐明某种价值观念对政治行为和政府组织所具有的意义。这种考验是对**变革型**权力（*transforming* power）的一种考验。这显然是衡量美国的开国元勋们的丰功伟绩的尺度，他们在构建政府结构以及［至少在《联邦党人文集》（*The Federalist*）和其他的著作中所隐含的］政治行动的理想方略方面取得了辉煌的成就，这些方略是为了维护他们所珍视的消极的自由——免于政府压迫的自由。 163

在一个正在工业化的国家中，对理智领导者和政治领导者而言，要形成关于由一个回应的、并有能力回应民众需要的政府实现**积极的**自由这样的学说，需要多长时间呢？一个积极自由体系中的一个重要的组成成分——就是由农场主、小债务人、工匠、边远地区人民以及其他不太富裕的人组成的联盟所实行的多数统治（majority rule）——随着杰斐逊在 1880 年大选中的胜出以及四年后的连任成功，以惊人的速度迅速形成。杰斐逊这位政治家兼哲学家，借助于自己广泛的号召力，挫败了联邦党的对手们，建立起了多数联盟。他通过支持温和的政策，并在其总统任期内将他称为“共和派联邦主义者”的人引入他的阵营，来证实了多数统治在本质上是有节制的。杰斐逊在政策方面实施总统领导，他抨击法院继续为以前的联邦党——也就是现在的少数派——提供庇护所，并且通过共和党的支持者们对国会施加巨大的影响。

然而，作为一种理智概念的多数决定，并没有在19世纪的美国站稳脚跟。杰斐逊在此方面的实践，要比对其进行的合理解释做得更为出色。没有哪个理智领导者能够站出来，提出一套理论和解释，将多数决定学说与启蒙思想、英国的政治思想与实践以及美国的具体环境与可能性联系起来。与此相反，19世纪的理智领导都是强烈的反对多数主义者，他们的最重要的活动是由一个极端的反多数主义者约
164 翰·C·卡尔霍恩（John C. Calhoun）完成的。他希望在麦迪逊模式中建立更多的权力制衡，以便维护他的生活方式、阶层和特有的传统。因此，在这个逐渐发展的国家中，卡尔霍恩和其他反多数主义者开采了一口充满反对多数原则情绪的深井。正如路易斯·哈尔特斯（Louis Hartz）所指出的那样，值得注意的是，由于这个国家如此紧密地团结在自由的“洛克主义的”学说周围，因而不存在一个多数派反对少数派以至于想要摧毁它的情况。但正是这种抑制少数的自由主义，使人们对多数派可能会采取的行动产生了巨大的神经质式的恐慌。卡尔霍恩写道：“值得考虑的是，现代政治历史上最驯顺、最温和、最刻板的一个多数派，已经被一系列显示出幻想的恐惧的限制条件所束缚。美国的多数派已经成了一只永远用束缚狮子的皮带拴起来的温顺的牧羊犬。”杰克逊那为反多数主义的辉格党人再次敲响警钟的改革运动所产生的更大效果，是赢得和行使了实际的政治权力，而不是引发对多数决定原则给予强有力的理智辩护。

此外，杰斐逊和杰克逊的改革运动，都是依据于一种在本质上消极的自由观念来运作的；他们在抨击法院、银行、其他贵族的和辉格党的庇护所方面，要比发现并实现政府的较为积极的目标方面做得更为有效。随着19世纪中期和后期工业化进程的快速发展，人们需要转变自由概念的真正基础，那么问题在于，美利坚的理智领导者们是否能够比英国的同行们做得更为成功。众多的因素让这种可能性变得悲观暗淡，前景渺茫。伴随着达尔文的进化论思想，美国人开始深受一种“社会”达尔文主义的吸引，“社会”达尔文主义鼓励公开竞争、个人主义和放任主义。由于大量的外国移民以及劳动力向西部边疆地区的流失，一种还处于萌芽状态的工人运动在形式上也总是处于不断变化之中。人们发现，若想把资本家的道义和实际行动“连接”起来，通过多种形式的商业联合主义要比采用武力和意识形态更容易取得更为直接的成功。社会主义的运动以及其他激进的运动在19世纪末期的政治文化中根本无法找到一个基础。通常，改革家分化为文官制度的倡导者、反沙龙的热心家、食品卫生的支持者、反托拉斯者、货币修补者（money tinkerer），还有其他数不清的改革者。

保守的、自由主义的个人主义者也显示出了一些最具天赋的理智领导能力。社会达尔文主义者威廉·格雷厄姆·萨姆纳（William Graham Sumner）将新教伦理、李嘉图经济学和自然选择学说结合起来，发展了一种社会决定论学说。正像理查德·霍夫施塔特所指出的那样，这种学说留给政府的职责，除了保护男人们的财产

和妇女们的荣誉之外，就再也没有其他什么职责了。法官斯蒂芬·J·菲尔德（Stephen J. Field）在做出判决并陈述判决理由时（就像在“洛克纳诉纽约州案”—— 165
纽约州限制面包师工作时间的一条法令），将达尔文的进化论、古典经济学和斯宾塞个人主义融为一体，否决了社会立法，也使政府利用工业主义所导致的社会分裂而进行创新的前景变得极为暗淡。《凯旋之民主》（*Triumphant Democracy*）一书的作者安德鲁·卡内基（Andrew Carnegie）虽然宣扬一种粗蛮的个人主义与资本主义的经营者对穷人的社会责任的奇特结合，但是他却谴责过度的平等主义，提倡残酷的竞争。主导这一理智场景的主要还是赫伯特·斯宾塞（Herbert Spencer）本人。1882 年秋天，这必定是消极自由观念发展的最高峰，当时，这位著名的英国人来到了美国，受到众多记者和酒店经理人的接待。他们在曼哈顿的德尔蒙尼科（Delmonico）酒店摆下盛宴招待他，而他同时还得到了包括萨姆纳，卡尔·舒尔茨（Carl Schurz），亨利·沃德·比彻（Henry Ward Beecher）以及美国思想界、商界和政界的其他领导者的热情洋溢的赞美。

在这样一种几乎没有思想家能够认清积极自由的可能性与必要性的环境中，一个知识分子就凸显出来了。此人就是莱斯特·沃德（Lester Ward），他是一名社会学家和社会评论家。沃德一直关注政府的目的，他颠倒了社会达尔文主义。他的论证是：与漫无目的的动物进化相比，人类可以通过有目的的行为对其进化过程和结果做出决定性的改变。他主张，人类与动物不同，人类可以有意识地改变自己所处的环境；在自然界和人类社会中的竞争造成的浪费要多于生产；消极自由适合于早期的专制统治，却并不适合于现在的代议制政府。因而政府需要扮演一个更加积极甚至计划的角色。作为广大群众的维护者，沃德认为知识分子应当发挥领导作用；然而，他并没有形成与其社会学相称的政治策略。他始终是一位略显孤独的思想家，因此在知识界中，他并没有博得一群信徒的支持，而这种支持很可能会使其更为有力地影响 19 世纪末期美国的政治思想。

直到新世纪的最初 10 年左右的时间，伴随着来自公平对待[①]派共和党人（Square Deal Republicans）、新自由派民主党人（New Freedom Democrats）和罗伯特·拉·福莱特[②]（Robert La Follette，Sr）的进步党人的揭丑者（muckrakers）、改革者和进步人士开始掌握权力和影响力，美利坚民族才开始面对通过政府方面的集体行动来扩大人们自由的需求。但是这种集体行动是犹疑不决且反复无常的，这在部分程度上是由于理智领导者并不能胜任这一任务。甚至在很多地区这种集体行为还没有出现，而理智领导也才刚刚开始着手寻找解决方案。美国并未拥有大量的社会思想和政治思想，而这些思想可能会为美国人系统地攻击工业和城市化的弊病提供足够的指导、内容和合法性根据。政府的行为支离破碎、零散脱节而又软弱无力。那时，需要有一套理论来为统一目的、政治和政府理论提供理智基础，

① “公平对待”是美国总统西奥多·罗斯福提出的口号，他自称矛头是指向托拉斯的。——译者注

② 罗伯特·拉·福莱特（1855—1925），美国进步党运动领袖，任威斯康星州州长，美国参议员，1924 年进步党总统候选人。——译者注

但是当时——以及今天——似乎很少有思想家能够有动机或能力发展出这样一种全面的理论。

166 这少数人中之一就有伍德罗·威尔逊。他曾经对巴格霍特的一些带有书生气的政府理论及其反大众的和反多数派的要旨产生过短暂的兴趣，在此之后，这位年轻的政治科学家很快就发展了一套为他终生提供指导和支持的理论体系。根据阿斯汀·兰尼（Austin Ranney）的说法，威尔逊在美国内战后首先提出了这样的学说，认为责任党政府（responsible party government）是在美国组织民主的最佳方式。从此，威尔逊成了坚定的多数主义者；他说，没有任何一个团体“在不占多数的情况下，有权利告诉我在美国我应该如何生活”。他又补充道，他没有听说过任何受托人团体“可以让我愿意将美国的自由托付到他们的手中”。他希望政党体制应当足够强大，以便能够统一分散的政府，给选民提供清晰的选择方案，并给执政党树立一个强劲的反对党。尤其是，威尔逊始终致力于作为一种提升力量的**领导**使命。他论述说，在权力破碎和作用范围狭小的国会中，不可能发现伟大而有天赋的领导。他最初主张，这种领导在总统身上也不能发现，因为总统往往是提名大会上通过妥协产生的无能之辈。随着他自己的观点渐渐成熟，并且看到西奥多·罗斯福①（Theodore Roosevelt）积极地履行总统职权后，威尔逊接受了这种建立在负责而民主的政党体制基础上的强有力的总统领导学说。而且他还从目的、原则和政策等方面考察了所有这些制度。关于领导者，他写道：“其领导地位要在原则与原则的公开战争中获得……现实需要政党具有明确的政策……**但没有领导者就没有原则；而没有原则也就没有政党。**”

然而，很少有人能有机会展示他们在讲台上呼吁的那种领导，也很少有人——哪怕是暂时的——能够像威尔逊那样恪尽职守地履行领导的职责。但是，最后威尔逊还是被他曾经抨击的那种分裂和相互破坏的力量所挫败，被他自己的**傲慢**（hubris）所击败。他曾试图重新组合他的政党，但是，威尔逊在20世纪20年代脱离了该党，那时它正滑向前途暗淡且吝啬粗俗的保守主义，直到罗斯福新政时期才从这种状况摆脱出来。威尔逊一直倡导，需要有强大的政党来贯彻执行多数获胜原则，但正是由于他所脱离的民主党过于软弱，导致了他在1920年遭受了有史以来的最大的失败。这一幕涉及对领导的一种最严峻的考验，稍后我们还要再来回顾它；在此，人们可以假设，威尔逊除了在应对其他领导者时所犯的错误之外，他对其政党的要求，对其周围及下属的领导结构的要求，以及对其追随者的要求，在20世纪20年代的美国，在理智上和政治上都不可能获得响应。

1932年，也就是伍德罗·威尔逊第一次成功竞选总统的20年之后，曾是他的
167 前海军少校及终生的仰慕者的富兰克林·D·罗斯福赢得了总统选举，当时美国正处于最糟糕的经济衰退的低谷之中。广大人民和新的政府迫切需要有能力的理智领导，以找到经济衰败的原因，确立新的发展方向，特别是发展出一个新的自由定

① 西奥多·罗斯福（1858—1919），美国第二十六任总统（1901—1909），共和党人，对内执行资源保护政策，对外奉行“大棒政策”，对拉丁美洲实行武装干预，因调停俄日战争获1906年诺贝尔和平奖。——译者注

义。这位新总统对一个智囊团（a brains trust）的利用发挥了很大的作用，这个智囊团成为政策革新的丰富的思想源泉。但是，这些智囊团顾问们的一个最为明显的特点，就是（例如与费边社比较）缺乏一套成熟缜密的思想，用来解释现代条件下自由的本质，以及实现它所必需的经济手段和政治手段。这或许是因为在美国社会中，没有哪个团体能将政治上的承诺与理智上的艰苦的深思熟虑结合起来。聚集在罗斯福身边，或者至少是宣称能以某种方式接近他的人，是那些反托拉斯派和经济集体主义者，预算平衡派和赤字开支派，经济民族主义者和威尔逊式的国际主义者，社会计划派和杰斐逊式的个人主义者，商业监管派和商业补助派还有商业原子化派。罗斯福所吹嘘的实验，既反映出了总统本人的理智习惯，又是对这种理智混杂局面的一种必要的回应。值得注意而又令人痛心的是，罗斯福最需要接触的一位知识分子约翰·梅纳德·凯恩斯，在新政期间始终躲避着罗斯福，这种状况一直持续到了新政的晚期。

最后，正是经济衰退和战争带来的巨大的压力，比理智领导的力量更为有力地促使罗斯福不得不对自由进行了惊人的重新定义。面对着希特勒，这个对自由有着自己独特定义的对手，面对着国内外人民想要知道战争为何而生的骚动，面临着这两大难题，罗斯福宣布了一个经济权利法案，用来补充和扩展一个半世纪以前的第一个法案。这位总统的表述也非常清楚；他说，“贫困的人并非自由人”。他还说，美国人民“已经接受了第二个权利法案，该法案可以为所有人建立起安全与繁荣的新基础”。所有的具体问题——工作、食物、衣服、住房、医疗保健、教育、社会保障，如果必要的话，所有这些都可以通过政府的资助而得到保障——当然，这些都是自然而然地来源于有关自由的一个全新的定义。

这个学说在英国前几代人中就已经占据了主导地位，那么，为什么美国人引进它需要耗费如此漫长的时间？举例来说，为什么美国要等到威尔逊的第一次就职演说发表之后，再继续等待30年的时间，才等来了对多数决定原则的第一次真正的阐释和维护［这些工作主要是由亨利·斯蒂尔·康马杰（Henry Steele Commager）和马克斯·勒纳（Max Lerner）完成的］？这里存在着众多的原因，但是理智领导的失败是其中最不可小觑的一个。在思考了英国“劳工的知识分子”（labour's intellectuals）角色之后，劳埃顿·哈里森（Royden Harrison）指出，任何理智学派在政治上的胜利必须依赖于某些特征的存在。“第一，该学派主要的领导人物必须 168
由密切的私人友谊的纽带联系在一起，并且这一友谊要能够持续多年而不变……第二，该学派必须能够制定出具有丰富内涵的原则，可以用它们来提供和充实各种立法方案。第三，该学派要能够建立一个至少能宣传他们纲领的组织”，例如能够控制报纸杂志和讲坛。“第四，他们必须能够赢得那些强大的、不满于现状且有意于变革的团体的信任”，同时，至少要和现存的最高权力圈保持某种形式的接触。“第五，不管是通过现存政党的‘影响渗透’（permeation），还是通过他们‘自己的’候选人，或者两者兼用，他们要具备推动直接政治行为的能力。”

再浏览一下这张列表，就可以看到美国的理智领导的状况是如何阻碍了美国人的发展的。或许，比较合适的说法是，在这片充斥着发源于皮尔斯（Peirce）、杜威

（Dewey）和詹姆斯（James）的低劣的实用主义的土地上，美国人将不得不接受**经验**这位苛刻的老师迟缓且不充分的教训。但是，经验，不管它如何明智，不过是他人对领导的一种回应，而最佳的理智领导却可以凭借想象和智慧的武器，预见、协调并最终征服经验。

第 7 章

改革领导

对领导们来说，运用权力的技能本身也是一种至关重要的权力资源。在各种各样需要特殊的政治技巧的领导行为中，对改革运动的领导必定是其中最为艰难的。

在一个深思熟虑的改革目标之下，如何动员那些具有改革本能但癖性不同且易变的人们；如何把一项改革大业与其他相关的、但表面上独立的事业联系起来；特别是，作为改革家，如何应对那些反映着更为复杂和普遍的需要及态度的政治家、政党和政府——这是对美国改革家的挑战，也曾是英国改革家面临的问题。

大量改革者都是以一个特殊的、受限制的方式来认识社会的需求的。绝大多数领导者并不了解或同情人民的更加基本的需要。

改革领导者可能会怀着“真正的政治完全是应用于公共事务上的道德”这种仁善的主张进行改革，但是他们在激烈的斗争中发现，真正的政治是在政府的和政治的市场中的日常的无休止的混战和交易。改革始终是在变革与交易之间保持平衡——在精神和态度上变革，在过程和结果上交易。

169 对领导们来说，运用权力的技能本身也是一种至关重要的权力资源，然而当我们详尽地研究历史的、心理的和理智方面的领导根源时，这一简单的事实有时反而变得不那么明显了。一个人可以支配丰富的经济资源、巨大的声望、坚实的政治基础，能够掌握民众的需要，但可能仍然在政治管理上缺乏政治远见和技能。正像美国总统那样，一个人有可能拥有这些权力资源，但是也有可能在处理一些危机和挑战事件——如《凡尔赛和约》、大萧条、越南战争、水门事件——时把这些资源浪费殆尽。真正的领导者——那些教导追随者们并从追随者身上获取教训的领导们——能够从日常经历中、工作的训练中、与其他的领导者和追随者们的交往中获得诸多领导技巧。

在各种各样需要特殊的政治技巧的领导行为中，对改革运动的领导必定是其中最为艰难的。革命领导需要承诺、坚持不懈、勇气或者忘我的精神，甚至需要自我克制（这对以自我为中心的领导来说是最大的牺牲）。务实的、交易型的领导需要具备能够发现时机的敏锐的眼光，以及讨价还价、说服他人和相互酬答的高超手段。改革可能需要这些品质，但是还需要更多其他方面的品质。由于改革的努力通常需要很多同盟者的参与，而这些同盟者有着自己各种各样的改革目标和不改革目标，所以改革的领导者们就必须处理自己阵营内部这些无穷无尽的分歧，革命者们通常都承认对领导的需要，但是改革计划却经常以反领导为其理论特征，并对改革计划构成一种嘲讽。

各种战略问题可能对改革领导提出了更多的需要。改革家究竟应该在何种程度
170 上激发起民众的希望，这种愿望可能反过来转化为民众的期待和要求，甚至远远超过了领导们设定的具体目标？改革领导者们究竟应当与现存的政党合作，甚至融入他们从而创造一个新的政党，还是应当避免政党联合以保持其党内成员的纯粹性和立场的坚定性？中上层社会的改革家们如何才能与那些既具有共同目标又持有不同的甚至反对改革目标的左翼阵营、工联主义者或者激进团体共事呢？改革家们究竟应该充分利用某一个引人注目的议题，如选举改革，还是应该利用一整套政治、社会和经济问题？胸怀大志的改革家们究竟应该借助现存的制度来达成他们的目标，还是应该改革现行的制度以满足改革的需要，同时承担此种行为的风险，即疏远现行制度的支持者？当富兰克林·罗斯福在 1938 年决定改革（反对者称之为“清洗”）民主党时，就曾面对这一问题——并可能做出了错误的判断。但是 30 年前，自由主义者们也曾挑战上议院的权力，以实现他们的一些其他目标，最终他们却获得了胜利。

根据定义，改革领导通常暗含道德领导之意，而这就产生了一种特殊的负荷。那意味着，改革家们在试图达成道德目标时绝对不能采取不适当的手段，因为不适当的手段可能玷污和扭曲他们的道德标准。采用道德领导，意味着一个人也必须**获胜**；一种强有力的以成败论英雄的伦理学附着于改革本身，至少在某些西方国家是如此。正是威尔逊没有把美国带入国际联盟的**失败**，而非他那些唱高调的道德说教，导致后人对他那些如此糟糕的历史评价。最近新就职的一个美国大州的州长，试图更换其下议院的议长，这是因为该议长似乎不适合处理该州长的立法计划——并且因为他在道德方面众所周知的有失检点。假若州长取得胜利，这种行为将被称赞为具有较高道德勇气的行为；若他失败了，便会被称作一个笨拙的堂吉诃德（a bumbling quixotic）。

正是改革的这种本质限制了战略的选择。H. M. 卡伦（H. M. Kallen）指出："革命家对整体发挥作用，而改革家只作用于局部。改革家所追求的修改，要与现存趋势相协调，并要与流行的各种原则和运动相一致。而革命家则力图使运动改变方向、停滞或颠倒，使原则发生根本的转变……正是这种坚定专一的单一主义（particularism），把改革者与革命者作为一种心理类型而区分开来。"改革的领导者们，无论其在本性上如何坚持渐进主义，只要变革社会或变革社会的某些部分是实现道德原则的必需要求，他们必定会愿意去进行这种变革。但最令人困惑的问题是，为什么一些人可以变成英明杰出且卓有成效的改革家，而其他一些人却成为失败者——或者为什么像威尔逊这样的一些人开始成功然后走向失败，而另一些如查理斯·格雷（Charles Grey）这样的人却开始失败，然后取得成功。

我们可以将格雷视为早期的、典型的改革家。1764 年，他出生在诺森伯兰郡 171
的法罗顿（Fallodon）一栋坐落于荒野和海洋之间的古老的乡村房舍中，该地长期以来就是掠夺成性的苏格兰人和英国人上演战争的舞台。在他的一位兄长去世后，格雷便成了其将军父亲的长子，其父由于曾经在美国革命战争中服役而赢得了霍威克的格雷一世伯爵（first Earl Grey of Howick）的封号。年轻的查理斯·格雷似乎沉醉于早期度过的依山傍海的童年生活，但是这种生活并未持续太长时间。6 岁时，他被送到马里波恩（Marylebone）的一所四日制寄宿学校，在那里，他度过了三年的时光，健康状况一直很糟糕，处境也极为悲惨。在他第一次出远门时，他的保育员带他到台伯恩（Tyburn）行刑场去观看一群犯伪造罪而被绞死的犹太人。当时为了看到整个场景，他被一个士兵高高地举在头顶上，他目睹的那死亡的惨状再也没有离开过他的脑海；在他的晚年，他总是会从噩梦一般的记忆中惊醒，满身虚汗。

9 岁时，他从马里波恩毕业，然后去了伊顿公学。G. M. 特里维廉（G. M. Trevelyan）说："就是在那里，他首次接触到政治与时尚的广阔天地，伊顿公学那时就是所有这一切的接待室。"尽管格雷在伊顿取得了一些社交和学术上的成就，但他在伊顿公学生活得显然并不快乐。直到毕业后 50 年，他才第一次返回到母校，而且格雷并没有把几个儿子中的任何一个送到那里学习，因为他认为自己在那里没有学到什么重要的东西。伊顿公学不但缺乏能够让孩子们对国家暴露出来的经济和社会问题有所了解的教师和课程，而且就连它所具有的上层社会的政治和时尚的教育也非常狭隘。从根本上说，伊顿公学对未来政治家的教育，就像 J. R. M. 巴特勒（J. R. M. Butler）所指出的，是着重于"如何在 600 位左右的绅士集聚一堂时赢得和保持他们的信心"的艺术，这意味着一种非常特殊类型的演讲艺术，雄辩、完美和高傲，"迎合特权阶层的荣誉感和责任心"。在剑桥大学三一学院（Trinity）的生活让格雷感到些许的快乐，在那里他既没有学到更渊博的知识，也没有理智上的突破，但至少那里有许多具有自由主义思想的朋友，这些朋友可能影响了他后来的一些观念。随后，他去法国、瑞士和意大利进行了传统的大旅行（Grand Tour）。

1786 年，当 22 岁的格雷还在其他国家游历的时候，他就被选为诺森伯兰郡的一名议员。按照当时的惯例，实际上是格雷的家人通过重金宴请一些选举人，才为其谋到这一席位。年轻的格雷没有受到强烈的政治信仰、纲领和个人承诺的妨碍，顺畅地进入了议会。他顺利地从布鲁克斯（辉格党人的俱乐部）到德文郡和其他一些大型的辉格党机构，直到进入查理斯·福克斯（Charles Fox）的圈子里。辉格党那时还是在旧的意义上的党，即由一些议会领导者及副手们组成的流动团体，与乡村贵族、乡绅、上层贵族和城市商人们有着紧密的联系。在福克斯的领导下，他们
172 在议会中遵循一种机会主义的结盟策略，以错综复杂的方式涉足宫廷政治；他们常常在面对反对派时犯错误，在政府机构中也没有表现出能够赢得重要地位的潜能。亨利·艾丁顿（Henry Addington）注意到，格雷在形象、发言、教育背景和举止上，看上去与议院的其他成员没有什么不同；而其他人则看到的是另一个不同的人——雄心勃勃、机智雄辩、脾气刚烈。这些都是他的特点，在不同的时间，他深深陷入政治泥潭，而后伤感地回到霍威克；他诚实高尚，却又能以国家为由而扯谎；他在精神上是自由主义者，但在政党观点上却颇为狭隘；他有时兴奋而积极，有时却懒散而缺乏自信；他有着一丝不苟的贵族式风格，同时却又更加缺乏民主。格雷缺乏一种全面的哲学学说，或有理性根据的政治策略。然而就是这样一个人，却在其生活晚期，在一种最严峻的政治情境中——围绕着 1832 年的大改革法案而展开的斗争中，展现出了他对议会领导艺术的完美的把握。

英国：坚定的单一主义者

对 18 世纪末、19 世纪初英国的改革家们而言，唯一一个最为鼓舞人心的议题就是选举改革。同时其他的一些问题——特别是奴隶贸易和天主教解放[①]（Catholic emancipation）——也被给予了较高的关注，但是具有自由主义倾向的人们认为，要战胜那些腐败选区（rotten boroughs），就必须抓住能够推动社会普遍进步的杠杆。经过了半个世纪的动荡混乱，从英国对美国和法国的革命做出的反应开始，到与法国之间的时冷时热的长期战争，到在英国人们日益增加的对社会和经济的不满，还有残酷的政治镇压，最终在英国对 1830 年的法国革命做出的回应达到了顶点，根据巴特勒的说法，“贯穿整个大网并且使其成为一个整体的一条线索，是一部分辉格党人在改革方面的信念，有时仅仅是一点点残余……”回想起来，英国势在必行的政治改革趋势是如此强烈，以至于是否要进行意义深远的选举改革已经不是问题，而是何时要进行改革。对英国来说，曾有过对两个重要的改革时机的非同寻常的选择，一个是 18 世纪 70 年代的后期，另一个是半个世纪之后。18 世纪 60 年代后期，在咖啡馆和酒吧中出现的对暴虐的国王和腐败的下议院的反抗，1769 年权利法案支持者协会的创立，以及对美国战争中的领导失误产生的不满情

① 即 19 世纪 20 年代在英国出现的要求给天主教徒以平等的公民权的运动。1929 年英国议会通过《解放法令》，规定给天主教徒以平等的公民权。——译者注

绪的激化，这一切导致人们提出了包括选举改革在内的各种大量的改革提议。1782 年，威廉·皮特（William Pitt）首次在下议院提出建议，要求任命一个委员会来详细调查议会代表的身份。

18 世纪 70 年代和 80 年代改革失败的一个原因，就是人们并没有从根本上感受到对这一法案的需要——对这种需要的感受要长过各部门之间的拉锯战。当时所表 173
达出来的主要的需要，是更好地管理和减少腐败，一旦用其他手段消除了这些显而易见的不满，正像巴特勒指出的那样，“由于英格兰依然是一个以农业为主导的国家，因此人们似乎就没有对这一改革的迫切需求了”。冲突不再需要以改革作为斗争的杠杆支点；而当时的各种争议问题将领导者分化成多样和多变的阵营。在诸多会使英法两国分裂的敏感问题上，许多领导者发现，支持和鼓动英国人和法国人之间的冲突，要比在英国人内部培养一种新的冲突有利得多，因为后者可能危害到“国家的团结”——以及他们自己的事业。

格雷就是那些等待更为有利时机的人之一。在 18 世纪 90 年代，他的确向着改革方向迈出了一步。格雷自己创立了一个由具有改革意识的人士所组成的协会，即“人民之友”（Friends of the People），专门来推进议会选举改革。1792 年，为了回应来自于这一组织的鼓励，格雷发出通知，说一项改革议会的法案将要在下次会议中被提交。他随口引用了皮特早先关于需要更公平代表的见解。然而，当他刚一落座，愤怒的皮特警告大家注意无政府状态，同时质疑人民之友的爱国主义。当皮特刚一结束自己的发言，福克斯就迫不及待地跳出来支持格雷，特里维廉说，自此辉格党就开始分裂了。在接下来的几十年中，围绕镇压问题的冲突，形势日益严峻，这使改革前景似乎变得越来越渺茫。关于煽动暴乱，皮特草拟了一个皇室告示，它似乎不仅针对汤姆·佩因（Tom Paine）以及其他激进分子发起的相应社团，而且同样是针对温文尔雅的“人民之友”。

正当英国面对法国大革命的暴风骤雨而步步退缩时，英国政府转而采取抑制手段来镇压改革的欲望，从而使英国进入了一个漫长的政治暗淡和萧条期。由于缺少一些重大而清晰的国内议题，格雷的政治命运时起时落。他参加了有“天才内阁”之称的一个政治联盟，该联盟承诺要将奴隶贸易非法化，在福克斯去世之后，格雷就成为了辉格党和议会的领袖。随后他失去了在诺森伯兰郡议会的席位，输给了一个曾依靠过他的贵族家族，该家族成员成为他的反对党的候选人令他大吃一惊。格雷转而选择其他选区，直到父亲去世继而他自己在上议院地位被提升，这种压力才有所缓解。格雷在耐心地等待国家在拿破仑战争的狂热情绪和战后的压制中挣扎，耐心地等待国家回到国内原有的战争，此时他感觉疏远了以前支持他的那些同僚们。

正是各种力量和事件的一个不同寻常的转折，救英格兰出水火，给改革以新生，也使格雷在政坛中不再保持沉默。到 19 世纪 20 年代末期，经济和社会力量已 174
经超越了旧有的选举和立法形式的限制。工业的扩张和运输业的现代化进程，帮助产生了一个工人阶级，他们在繁荣与萧条反复轮回的环境之下日益富有战斗精神，立场日益鲜明；它也帮助产生了一个日益增长的工厂雇主和商人的群体，他们对于被排除在政治权力之外而感到愤愤不平；它还帮助造就了各种小雇主们，他们对养老金制度、报酬丰厚的闲职以及法庭对富裕的老年人（the older rich）的承认心怀怨愤；最后还有那些佃耕者们，他们承租了土地，却没有享受土地所在郡的公民权利和各种利益。逐渐高涨的民主情绪反映了这些群体在政治上的需要和期望。现在他们被更好地组织起来——中产阶级和上层工人阶级参与了许多政治团体，持不同政见的工人阶级则参与了他们自己的社会团体。当有关改革的争论激烈时，这些团体就会合并成一些全国性的集团，以支持其在全国的发言人。

冲突的中轴也正在发生转移。威灵顿（Wellington）在1828年的上台执政，作为一种催化剂加快了四党派——威灵顿的托利党、卡宁的托利党、格雷的辉格党和布卢翰姆的辉格党——重组为两个在外表上大致显现出相对和谐一致的政党。当然，威灵顿通过开展天主教解放运动而挫败了辉格党，辉格党多年来曾致力于天主教解放——但是却付出了托利党内部分裂的代价。格雷置身于威灵顿内阁之外，但仍与其保持友好的个人关系，这使他既能够帮助转变冲突的路线，又能使自己不沾惹是非。始终存在着这样一种可能性，即辉格党和托利党自由派领导下的托利党结成某种联盟来支持一项象征性的改革法案，该法案将会导致改革者内部阵营的分裂。凭借后退和等待，格雷帮助避免了这种可能性。反之，威灵顿却把自己的党搞得四分五裂，从而帮助了辉格党在1830年上台执政。

党派、领袖和利益之争，也是思想观念之争。对辉格党而言，自由是其核心价值观念。所有的人都口口声声地支持这种崇高的理想；但问题是自由的真正含义——辉格党人很少对此提出质疑。在皮特对法国大革命和拿破仑征服战争的反应中，他们不寒而栗地看到了自己的政府在镇压公民的自由时可能会如何做。英国人因煽动性的言论——表达对托利党政府的批评——便被鞭打、监禁、流放和绞死。辉格党关于自由的观念自然也受到一定限制；它呼吁政府容忍个人言论、良心和异议，它并没有对政府关于社会和经济自由的保护和培育这个更为广泛的问题进行抨击。当数万人在大型集会中共同为改革法案高唱赞歌时，也就表明了当时民众对自由的理解：

> …By union, Justice, reason, law
> We 'll gain the birthright of our sires.
> 175 And thus we raise from Sea to Sea
> Our sacred watchword, Liberty!
> ……凭着联合、正义、理性、法律
> 我们将赢得我们祖先的天赋权利。
> 因而我们越过重洋高呼起
> 我们神圣的口号，自由！

在格雷写给一位朋友的信中说，在议会中保住辉格党的席位意义极为重大，因为该党是“唯一真正捍卫国家自由的党”。

不断增强的需要和期望、冲突水平的变化、作为指导行为的价值观——无论这些力量多么强大，如果缺少罕见而杰出的领导作为催化剂，便不可能产生真正的政治变革——这正是格雷在那关键时刻所做的贡献。早期的缺乏自信、一味退让、消沉沮丧与摇摆不定都已成为过去。“他在 30 岁的时候就已经看到了他 70 岁时必须要采取的措施，”后来一位历史学家以稍稍夸张的手法写道，“他好像就是为进行改革而生。”

格雷的改革策略在概念上比较简单：依靠一个强势的改革法案，将内阁、辉格党和国家紧紧团结起来。他告诉上议院的议员，“逐步进行改革”，会使问题“像以前那样处于悬而不决的境地”——他的意思是，人们的期望一直不断地在高涨，然而未能得到一点点的满足，因此容易落入那些想要即刻取得普选权的激进分子的掌控中。但是由于势力分化成左翼和右翼两个阵营，所以这一战略实施起来极为困难。不仅多数托利党人强烈反对这一法案——实际上，他们的确震惊于这一法案的鲁莽而大胆的条款，包括彻底清除“选举区的票贩子”，以及将选举权授予小土地所有者——而且许多保守的辉格党人，在被该法案震惊之余，对该法案的支持也不是心甘情愿的。在格雷的改革内阁中，左翼大多是在辉格党中的亲密同事，包括他的女婿。平衡左、右翼的势力是一个联盟的领导者的标准姿态，但是格雷必须解决掉另外两股更为棘手的势力，这使他的空中动作表演得更为精湛：一个是有些反复无常的君主，他几乎不能容忍改革法案，但是更惧怕混乱和革命；另一个是反对该法案的上议院，他们经常被国教会中的顽固分子唆使去粗暴地抵制法案。

格雷的领导绝不是在唱一出独角戏，他身边聚集了大批地位显赫的大臣，这些大臣们本身对议会和人民都具有重大的影响力；他亦被一群有同样重要地位的左翼人物所推动，这些人代表着本国中产阶级和工人阶级政治团体的意志。约翰·罗素勋爵① (Lord John Russell)，是一个年长而且坚定的改革支持者；格雷的女婿，“激进的”杰克·德拉姆［约翰·乔治·莱姆顿 (John George Lambton)，德拉姆伯爵一世 (first Earl Durham)］，他采取一种坚定的改革立场，并且曾经在一次改革法案陷入危机期间，同格雷爆发了一场令人痛苦的争吵；野心勃勃、具有机会主 176
义倾向而且有些煽动性的（他似乎有着温和的观点）贵族布鲁厄姆勋爵 (Lord Brougham)，他勉强接受格雷作为改革领导者；受人尊敬的霍兰德勋爵 (Lord Holland)，他不时地伸出有力的援助之手——这些人只是卓越的辉格党集团内一些更加引人注目的领导者，他们从托利党早期的压制中脱颖而出，但却迷失了辉格党前进的方向。

那时从外部不断反对国王和议会的是一群“二流”的领导者，他们团结起来可能比内阁本身的作用还要大。出生在一个赤贫家庭的弗朗西斯·普雷斯 (Francis Place) 由其暴躁的父亲抚养成人，弗朗西斯多少获得了一些教育，并且努力把自己培养成为了一个熟练的手工艺者，后来他继续努力，熟悉了威斯敏斯特的政治，

① 约翰·罗素勋爵（1792—1876），曾两度担任英国首相（1846—1852，1865—1866），辉格党自由改革派的主要人物，1832 年提出选举法改革法案，1866 年因新改革法案失败引退。——译者注

并成为了政治联盟的发言人，既为改革大臣们提供信息，又向其施加压力。他是基层民众联盟的缔造者，总是试图联合起支持改革的中产阶级和工人阶级的力量。银行家和历史学家乔治·格罗特（George Grote），有办法进入到其他改革家无法渗透的圈子中去。出身于一般劳动者家庭的威廉·科拜特（William Cobbett），他参过军，是一个对英国土地充满热爱的人（正像巴特勒所说的），通过他的新闻报道和在全国各地引人注目的演说来宣传议会改革。比威廉·科拜特更左的是亨利·亨特（Henry Hunt），他是一个热情四溢的演说家，反对者嘲笑他是一个纯粹的政治煽动家，但是他有足够的技巧来唤起民众支持改革，同时也为自己铺就了通往议会之路。在议会里，亨利攻击格雷的法案，说它对工人阶级并不充分。对这里的大多数人而言，作为沉思理性的存在——并经常身体力行——的人物，是詹姆斯·B·密尔（James B. Mill），他既是一个理论家，也是一个采取激进行为的战略家，现在他已经进入了他一生中政治和理智活动的高潮期。

无数的英国人都支持这些领导人，这些人在自己的政治团体和其他的组织中被动员起来，并且通过他们自己的直接发言人来行动。这是一个大规模群众集会的时代，此时，伟大的演说家们能够吸引聚集在他们面前的几万双眼睛和耳朵。在集会中，群众已经不是被动的观众，而是能够与演说者进行情感交流（当演讲过于冗长时，他们便会迫切地请求演讲者“打印出来”），他们经常的投票方式是用脚走进或者离开这个集会。这是一个在集会中组织大规模辩论的时代，并且这种辩论被带入议会，与维护自身利益的议员们对抗；这是一个有着高度政治化的漫画家的时代，其中最为著名的是约翰·道尔（John Doyle，“HB”），他虽然对议会的改革显得相当冷漠，但是能够将议会中复杂阴暗的勾心斗角刻画得入木三分，通过一些尖刻的小场景简明而清楚地展现当时政党和个人的相互影响。

在这样的环境下，格雷所要做的就是保持他在联盟中的中立，坚决主张一个更
177 加完善的强有力的法案，并且寻求各路政治势力的支持。由于懦弱的君主和顽固的上议院的阻挠，由于一度支持法案的政府人员和普通议员的优柔寡断，法案一次次地陷入危机之中，但是格雷凭借着坚定的意志和高超的斡旋手段，总是能动员各种基础力量在局面停滞不前时为他伸出援手。改革法案经过无数磨难最终在1832年变成了法律条文，此时格雷也实现了H. M. 卡伦的所谓改革家的定义，即改革家应是“专一的单一主义者”。在大改革法案通过之后，格雷又主持了处于不断分裂状态的辉格党内阁两年之久。但是，就像特里维廉所指出的那样，这些年取得的立法方面的伟大成就——废除奴隶制度、工厂法案、印度法案、新济贫法——并非他个人的成就。辉格党人的活动正在超越他们的改革联盟的范围，当约翰·罗素勋爵在爱尔兰教会的收入问题上采取了不同的立场，并且“掀翻了改革的马车”时，格雷似乎很乐于辞职并退居到霍威克。在格雷辞职的那年，也就是1834年，国会下议院被大火夷为平地；新的建筑，容纳了经过适度改革的议会，同时体现了格雷的领导遗产。

在诸如此类的政治改革运动中，社会基础会发生动荡，改革有时也会处于分裂

的十字路口，这时领导的才能是否会产生重大的影响呢？如果说格雷时机的选择、目标的坚定不移、斡旋的技巧有助于为大改革法案的战略胜利提供关键性的支持，那么10年以后人民宪章运动者的命运就预示着改革者缺乏统一的领导并坚持一种反领导的学说所可能产生的结局。

中产阶级对改革法案的偏见，唤醒并激怒了构成宪章派的工人阶级和其他成员的领导者们，他们提出要迅速对选举和议会制度进行彻底改革。人民宪章的内容是非常明确的：21岁以上的男性均拥有选举权；选举进行不记名投票；各选举地区平等；议员获得报酬；废除选举的财产限制；年度议院制。宪章派人士由于缺乏足够的选票，在已有的政党内也缺乏影响力，于是他们计划从外界给议会施加压力，让那些掌权的贵族和中上层阶级接受他们的这些要求。

对1832年法案的不满所衍生出的另一种发展，就是工人阶级的领导者果断地决定不再依赖名人的帮助，要走自己的路。谈到早期“人民激进主义高潮”，F. C. 马瑟（F. C. Mather）指出，在鼓吹成年人的选举权和一些其他的改革中，“它们的拥护者们有时候也会遵从占绝对统治地位的人的领导，这些领导一般来说是社会地位较高的上层阶级……伦敦工人联合会成立于1836年，这是一个由工人阶级发起和引导的政治运动，并且由于有意识地拒绝领导而变得生机勃勃……”该组织的主 178
要奠基人之一威廉·洛威特（William Lovett）就非常鄙视工人阶级服从于爵爷们、议员们或绅士们的倾向，他说，工人阶级“总是尊崇这种类型或那种类型的领导者……实际上，人民群众在其政治组织中也是被教导要尊崇‘伟人’……而非伟大的信念”。1837年，3 000名工人在伦敦斯特兰德（Strand）的“王冠与铁锚”（Crown and Anchor）广场召开宪章起草会议，罗伯特·哈特维尔（Robert Hartwell）在主持会议时说：“我非常高兴你们选举了一名工人作为主席，而没有选择一个有着响亮而堂皇的头衔的人，或一个能力非凡却并无诚信的人。这次伟大的群众性集会将洗刷掉工人阶级的耻辱，他们能够参加会议，能够支持己见，而不再像以前那样，只能注视着某个‘名流之士’，或者欢呼和接受他所提出的各种教条。”

对“伟人”领导的鄙弃，有助于工人阶级从其阵营内部挖掘出一批杰出的基层领导干部——例如，亨利·赫特林顿（Henry Hetherington），他以前是一个排字工人，后来成为一名维护言论自由的杰出的小册子作家；詹姆斯·沃森（James Watson）生于约克郡，身为工人阶级的父母教他读书写字，他后来成为了一名作家和巡回传教士，曾经因为他的自由思想而被监禁了三次；洛威特起先是制绳匠，后来成为木匠，也是合作商店的早期创办人之一，可能是当时伦敦最受尊敬的领导人；还有许多爱尔兰积极分子，他们用他们的热情燃起了运动之火，但却经常与伦敦的领导阶层失和。那种能够在运动中超越分歧并为了胜利制定战略的具有远见卓识的领导，并不被宪章派人士所欣赏。也许该运动过于分散而不适合这种领导；这种联盟始终是有着各种强大的区域性团体，而在伦敦的联合会却相对孱弱。在斗争策略上总是存在无休止和无法解决的分歧，如诉诸——或者威胁诉诸——武力的问题。究竟应该仅仅为了宪章派的政治目标而奋斗，还是为了政治改革要促进实现的社会目的而奋斗呢？领导者们在这个棘手的问题上存在着分歧。宪章派人士也不允许与运动之外的潜在的同盟者结盟；他们故意与中产阶级团体保持距离，并且坚决反对反谷物法联盟（Anti-Corn League）和它所设定的狭隘的目标。

然而，宪章派领导人是出类拔萃的动员家，他们成功地鼓动了工人的情绪和行动。他们不知疲倦地分发小册子和传单，举行一些激动人心的民众集会。他们策划了一个超过百万人签名的请愿书，重约六百磅，长约两英里。更重要的是，他们在英国工人当中极大地扩张了阶级意识——这种阶级意识在以后的一个多世纪中，将密切地影响英国的政治。他们动员了数千名追随者行动起来，虽然他们对活动的参
179 与起伏不定，但是这些追随者赋予这场运动以生机与力量，就像阿萨·布里格斯（Asa Briggs）所指出的，他们彪炳史册，成为历史的主体，而不仅仅是历史的客体。

宪章运动在议会中以及在后来孤注一掷的全面罢工中的最终失败，也许主要是由于其目标过大；也许它应该在其六个目标中建立一个优先级，并集中力量首先实现其中的一个或两个。又或者是它的时机选择得太糟糕；可能英国需要整整一代人，而非几年，才能适应大改革法案，使其过时，然后继续进行下一个伟大改革的努力。如果的确是这样，那么反谷物法联盟——一个非常不同的改革团体——则只是用正当的策略来确保废除已固化在英国经济和社会政策中的谷物关税。

反谷物法联盟所具有的一切，正是宪章派所不具有的——他们以身为中产阶级为荣，乐于利用“各种与反谷物这个形容词相联系的财富、组织和道德力量”；决定以反谷物法作为一个具体的目标；他们渴望并且依靠国内名人的领导。该联盟的出现非常合乎时宜，谷物关税已经存在了数十年，甚至是几个世纪了；由于经济和社会的发展，该税种已经明显过时了。联盟迅速组织起来，通过正常的影响渠道动员支持者，经历了数次挫折，将反对派击溃，终于看到了在议会中对该关税法投出的反对票，然后这一组织便消失了。1842 年初，该联盟筹集了 50 000 英镑来推动改革运动，那一年，关于该联盟的开销表明，它在影响公众观念上所作的努力非常巨大：印刷和分发了 900 多万份宣传册，举行了 650 场演说；150 多个代表团被派往有议会代表的市镇和县郡集会；40 万篇文章以广告形式刊登在报刊上；在演讲租房、印刷、布告、租金、税金、工人的工资等方面也有不菲的开支。联盟展示了其激发道德热情的才能和公共关系技巧，因而他们召集了 700 多名牧师担任见证人，在他们对贫民窟穷人照顾的基础上，证明贫穷对民众的宗教生活产生的有害影响。所有这些努力并没有产生直接的效果；事实上，在运动的鼎盛时期之后的一两年内，联盟的力量有所衰弱，但是他们努力的结果在以后几年中显现出来了。

宪章派和反谷物法联盟之间最主要的区别是他们的政治领导人的才能。反谷物法联盟拥有杰出的全国代言人理查德·科布登[1]（Richard Cobden），他是一个精通统计学知识的雄辩家：每年他都会在下议院与皮尔[2]（Robert Peel）首相针锋相

---

① 理查德·科布登（1804—1865），最早的自由平等贸易的倡导者，英国 19 世纪著名的政治家。——译者注

② 即罗伯特·皮尔爵士（1788—1850），保守党创始人，1829 年任内政大臣时建立首都警察部队，1834—1835 年和 1841—1846 年担任英国首相，1846 年因取消《谷物法》遭执政党内反对而被迫辞职。——译者注

对，向他陈述道德观念和精确的数字，终于有一天，首相在听科布登那滔滔不绝的清晰论证时，忍不住把正在记录的笔记揉成一团，转身向他的一个同事轻声低语 180
道："你必须回答这个问题，我应付不了了。"不久之后，皮尔对于自由贸易和反谷物法的态度发生了公开的转变。反谷物法联盟的办事效率如此之高，这导致大部分辉格党人和托利党人都转而支持这一事业。该联盟具有深层意义上的领导；在这个具有全国发言人和遍布英国进行呼吁的地方"传教士"的庞大集团中，约翰·布莱特（John Bright）只是其中最著名的一员。

像反谷物法联盟这样的单一事业的改革运动，或19世纪后期搅动英国政局的多项改革事业——包括禁酒、教育改革、市政改革和反帝国主义——对那些从事改革运动的外部政治而不是内部政治的领导者们来说，总是更为严峻的。在改革运动内部，领导需要解决的难题本质上是一些策略上的问题：提出更好的宣传、动员和组织方案，让领导者和追随者在支持单一问题上取得一致而不要偏向其他的相关目标；平衡运动内部中间派人士和不同政治社团之间的关系；保护自己在竞争中的地位；建立政党间及政党内的联盟。改革家们总是可以依靠卡伦的"坚定专一的单一主义"，并且只在狭窄而容易限定的领域内进行运作。外部的各种关系要求一种更为复杂、更远见卓识的领导。与议题不同但又相关的平行的改革运动（即宗教改革和教育改革等）保持联系，既不过分屈从于其他改革者，又不疏远他们；对政府施加压力，但又不因为过密的关系而妥协；尤其是，在改革运动与一个或两个主要政党之间建立接触，但又不放弃改革的原动力，以屈从于政党的同一化倾向——所有这些要求一种政治上和智力上的全面理解，这超出了很多领导者的能力范围。

那些身为政党领导者的改革家们还面临一个更为严峻的考验。在19世纪中期和后期，自由党的力量主要产生于它愿意支持各种民众改革运动。这是一个颇具诱惑力的战略，因为改革通常与自由党的学说或要求相关；改革团体可以提出并公开宣扬那些现成的议题，而不需要自由党付出太多的成本；并且那些单一议题的发言人通常也与自由党各派有着亲密友好的关系。但是，这还是需要付出代价的。该党日益变成了一个充满相互矛盾的方案或至少是相互竞争方案的"百宝箱"；作为一个全国性的政党，它丧失了其一致性和可信性；如此多的领导者和追随者热衷于坚持众多独特的目标，这招致了党内的混乱局面；某个特定的改革集团给予自由党的支持越多，它节制、背弃或以其他体面的方式进行政治上的讨价还价和讹诈的潜在可能性就越大。

在自由党领导者中，鲜有人会支持这种百宝箱式的混杂政策。逐渐发展起来的 181
是一种更加深思熟虑的学说，该学说主张那种能够将整个党凝聚在一起的有组织的或振奋人心的单一改革。该理论认为，振奋人心的议题具有压倒一切的重要性，党内其他的不同利益会被说服让自己的目标服从于它，至少是在一段时间。格莱斯顿[①]（Gladstone）逐渐笃信了这一战略，并成为精于此道的大师。在1873年写给

---

① 威廉·格莱斯顿（1809—1898），英国自由党领袖（1867—1875），曾4次任首相（1867—1874，1880—1885，1886，1892—1894），实行无记名投票（1872），通过《爱尔兰土地法案》（1881），进行议会改革（1884），对外推行殖民扩张政策，出兵侵占埃及（1882）。——译者注

布莱特的信中，他明确指出需要某种这样的议题，它会产生“一种能将我们作为一个整体推向前进的积极力量”，并且如果这种议题“变得具有了某种成形的条理”，就可能“非常有助于其他议题的梳理成形，至少是在当时”。约瑟夫·张伯伦却对此战略持反对态度。他信仰的是有计划的政治——主张同时促进和鼓动许多改革，主张讲授各种改革之间的联系，主张确定各种改革之间的优先次序作为政府行为的指导方针，主张将群众团结在像国家自由联盟（National Liberal Federation）这样的为普遍目的而工作的组织之中。该问题在自由党内部从来没有得到完全的解决，并可能成为导致该党衰落的原因之一。而工党却成为英国政治中真正有计划的政党，同时也是一个潜在的改革型政党。

俄国：自上而下的改革

长期以来，人们观察到，社会改革和政治改革——甚至那些最终动摇了现行秩序基础的改革——常常由社会结构中的上层领导集团发起，而并非由中层或下层社会集团发起。例如，英国格雷勋爵和迪斯雷利的政治改革，美国的两位罗斯福的政治改革，还有德国俾斯麦的政治改革，均可与其他众多国家政体的改革相媲美。贵族或上流社会的改革者是现代一种特殊类型的改革者，因为他通常在一种贵族责任和服务大众的道德气氛中成长，没有那种使人们尔虞我诈的经济欲求，还经常会为拥有别人享受不到的特权而深感内疚，但也可能惧怕如果民众没有及时地得到让步便会威胁他的特权。有时，他远远超前于周围许多中产阶级和工人阶级的影响力；而富裕的、上流社会的改革者徒劳地向那些冷漠的农民和充满敌意的工厂工人们兜售有益于他们的各种政治货色，这种尴尬的场面已经屡见不鲜。

历史所提供的最有戏剧性和最令人悲哀的贵族改革家的案例，莫过于俄国沙皇亚历山大二世（AlexanderⅡ），那位伟大的解放者（Great Liberator），那位自由的沙皇（the Czar of Freedom）。亚历山大即位的时候，他的国家刚在克里米亚半岛战
182 争中蒙羞而士气不振。他意识到，俄国如果要生存，就必须要加快现代化的进程，并且要制定一个合法解放农奴的绝妙的政策。在彼得大帝之后和大革命之前的俄罗斯历史上，他解放农奴的政策被看作是影响最为深远，最能够预示着未来发展的政治行为。这项改革领导的惊人举动的最终结果是什么呢？像大多数贵族改革家一样，亚历山大认为改革就是要保存。他要保存的是这样一种秩序，其基本内容已经在他的父亲尼古拉斯一世（NicholasⅠ）时期被很好地概括为东正教、专制和民族主义。在亚历山大解放农奴之后的70年里，东正教退让给无神论的共产主义，沙皇专制统治被颠覆，俄国民族主义在日本和德国的拒绝面前受尽羞辱。改革领导的失败几乎没有比这更为彻底的了。

亚历山大，以其出生和教养而言，几乎很难成为一个改革家。他在父亲的阴影下成长起来，其父的独裁统治为俄国的专制历史增添了一个最为暗淡的篇章。父亲要求亚历山大必须绝对地服从他；这个男孩非常敬畏父亲，总是担心把事情搞糟而

遭受父亲的斥责。亚历山大告诉他的母亲，沙皇“对我而言，不仅仅是一个父亲，他还是**我们亲爱的祖国的化身**”。他的教师都受过西方教育并且具有西方人的眼光，但是宫廷里却充斥着家长式和军国主义的氛围。这个小男孩还很和善也很懒散，在障碍和挫折面前这位沙皇长子便会陷入消极状态。亚历山大曾广泛游历俄国和欧洲；但由于在其周围有很多宫廷侍卫保护，并且被各种接见、视察搞得负担沉重，还要出席当地政府和教会的宴请，他能从这种仓促匆忙的旅行中学到多少东西便可想而知。亚历山大最后成长为一个与其父相差悬殊的人，在承担国内角色时他仍然保持着迷人和仁善的风度，但是一旦遇到国家发生紧急事态，他的举止就会变得勉强而笨拙；正像有人所观察的那样，他就成了父亲的一个“拙劣的复制品”。对待朋友和士兵，他的心肠很软，但是他的统治沿袭了历代沙皇的高压传统。后来他开始倚仗他的大臣们，但是他却经常毫无预兆地起用、关心、忽视和解雇他的下属。

在传奇故事中，亚历山大是以一种来自高层的突然的命令方式来颁布这项解放农奴的大法令的，并且几乎是单枪匹马的行动。而实际上，该举措是对宫廷内外施加影响于君主的各种力量的一种响应而已；这是一个集体性的决定。几十年来，主要通过一些酷爱旅游和受过良好教育的有识人士，西方的个人主义、现代性、自由主义思想不断地涌入俄国。英国、法国和德国的技术进步，不论是工业方面还是军事方面的进步，都令俄国人感触颇深。西方思想也渗透到了俄国各部分官僚机构、贵族和宫廷本身之中。但这些思想却被这些赞赏斯拉夫文化优越论的领导者们强烈排斥，威廉·张伯伦指出，这些领导者“尊崇家长式作风，信仰农民的俄罗斯，反对个人主义，反对都市化，对西方持怀疑态度”，他们捍卫俄国的东正教义，排斥 183
罗马天主教和新教。但是俄罗斯不断的退步对自由主义者来说是一个痛苦的警示，对民族主义者更甚之；退步提醒他们，国家要生存，就必须要实现现代化。

亚历山大有他独特的想法。他曾接触过西方思想；对需要温和的改革以避免动荡、激进主义和革命也有些意识；但最重要的是，克里米亚战争告诉其国内臣民和国外的敌人们，俄国的军队不堪一击，这令他沮丧不安。他的军事顾问们——特别是颇有天分的军事大臣德米特里·米利乌汀（Dmitrii Miliutin）——提醒他说，农奴制是建立一支现代化的、机动灵活而能够迅速作战的军队的直接障碍。在很大程度上，正是出于国家力量的考虑，这位年轻的沙皇才决定颁布改革大法令。

亚历山大得到了来自政府要害部门的领导层的相当的支持。在宫廷这个圈子中，他的姑妈埃琳娜·帕夫洛芙娜（Elena Pavlovna）的支持不仅给了他巨大的勇气——她向他透露，其实尼古拉斯一直希望儿子能够从跌倒的地方爬起来，成功地解放农奴——而且她还在官僚、王公贵族和知识分子中聚集力量支持他。各种各样尊崇西方自由主义思想家和法国的圣西门、傅立叶及普鲁东的知识分子们，都曾长期地支持农奴解放政策。而贵族们——拥有成百万农奴的地主们——最终被分化瓦解了。他们中大多数人要么依然死死地坚持整个农奴制度，要么要求只在保护他们的社会特权和经济权利的前提下支持解放农奴的政策。如同大多数统治阶层那样，他们都把国家的利益等同于自身利益。然而也有相当一部分有地位有影响力的贵族，意识到了农业经济的落后，他们受过家庭教师的教育，游历过西方，因而怀有自由主义思想，他们担心农奴制对缓慢的城市化和工业化经济所具有的那种根本性意义，因而都赞成解放农奴政策。处于社会金字塔底层的是农民，也被称作穆色克(Muzhik)，他们迟钝、无知、地位卑下——当他们的言行中规中矩时，便会得到恩惠和保护，否则，就要受到惩罚和残酷的对待。偶尔爆发的农民起义，虽然会被无情镇压，但却引起了对革命的恐惧。

意识到问题的存在和潜在可能性，亚历山大开始秘密地以迂回的手段行动起来。在1856年缔结克里米亚半岛和平协议的声明中，他向俄国人做出许诺，他们将会充分享受他们自己劳动的果实。然而他的言辞如此模棱两可，以至于一些愤世嫉俗的人嘲笑他的言辞，而贵族领袖们却对此忧心忡忡。几年之后，在向莫斯科贵族领导者们发表的一次著名的演讲中，这位沙皇对他的关于有意图解放农奴的谣言深感不满，表示自己至少目前尚无此打算，但是随后又变得高深莫测地说："但是，当然你们自己也明白现行的农奴制度不可能保留不变，与其等着它自发地、自下而
184 上地废除自身的那个时刻到来，不如现在就开始自上而下地解除这个束手束脚的东西。"但沙皇文雅委婉的胁迫并没有得到多少来自贵族领导的响应。这位沙皇迫不得已转向从自己的宫廷和官僚中寻求支持，他建立了一个秘密的解放农奴委员会，由其支持改革的兄弟大康斯坦丁公爵（Grand Duck Constantine）直接领导。该委员会计划利用10年的时间来完成转变农奴制度这一进程，但是他们并不敢把这一过程称为解放农奴，而只是说"对农奴的境况进行改善"。在委员会运作期间，亚历山大由于受到来自支持改革的贵族们和乡绅人士的巨大压力，因此他的想法转变为迅速解放农奴。

1857年12月，政府宣告了要计划逐步推行农奴解放，这造成了两个直接后果：它释放出了洪水般的希望和期待，并造成了官僚和贵族态度的两极分化。法令中有关解放农奴和赋予他们合法的财产权、买卖权、婚姻权的规定，实行起来相对比较简单；较为棘手的是，如何保障农民的社会、经济和政治权利。关于农奴出身的人被允许拥有土地的范围，有关前土地所有者应得的补偿和农民享有的那部分补偿的份额，关于村庄自治政权，以及在何种程度上土地所有者对农民的权力应让渡给一个平等的约束主体，即乡村公社，这些都是成堆的令人烦恼而复杂的问题。这些问题以及其他问题的解决将会影响俄国未来数十年的社会经济结构。

这位俄国沙皇开始领导这场自上而下的意义深远的变革——这几乎是一项不可能完成的任务，他所拥有的只是一部分官僚、一个庞大而无效忠之心的贵族团体、贫乏的经济资源以及近乎原始的社会数据和公共理解力。亚历山大本人摇摆不定、犹豫不决而猜疑成性。他对许多事情都持有怀疑态度；他的努力也遭到了一些官僚领导者的蓄意破坏，在那些对解放农奴政策的实施颇有影响的土地所有者中，也有许多人公开反对改革。阿尔弗雷德·里伯（Alfred Rieber）曾指出："正常的通讯和管理渠道需要通过国家官僚机构和省一级的贵族们发挥作用；然而，个别地看，这些人既不具备领导地位，也没有组织，更没有精神准备，去规划并且实施沙皇的意愿。"官僚和贵族之间的敌视进一步阻碍了改革的进程。沙皇否决了关于建立一个代表性团体以便支持其改革的贵族们联合起来这样的提议，这无疑是因为他认为

这样一个团体会要求对改革的内容和进程的控制权。

最终，解放农奴成为了一个具有重要历史意义的象征性法令。它赋予农奴一些本身具有深远意义的合法权利，它改变了贵族和农民之间的关系，但它并没有转变国家农业生活的社会基础和经济基础，因而并没有使俄国社会产生具有重大意义的 185
自由化和现代化。E. 兰伯特（E. Lampert）总结说："留给农民的是接受一个强制的契约制度，它使农民受束缚的状况与原先相比并没有获得改善。农民只是被煽动起来要求得到自由，而并不是得到他们想象中的那种自由。这是以经济上的依赖取代法律上的强迫，在俄国历史上，经济因素对人的奴役作用再也找不到比这更明显的例子了……"善于观察的俄国人也意识到这方面的失败；在解放农奴 12 年之后，一个政府委员会承认，绝大部分农民的处境与以前相比要么毫无差别，要么就是更加恶化了。农民被解放了，但是他们仍然没有自由；仍然没有获得平等。

这是一个有改革精神却优柔寡断的领导者的失败，一个分裂的官僚机构的失败，是一个妨碍有效改革的上流阶层的失败——在人类误算、社会挫折和失败的编年史上，这种失败已经屡见不鲜。然而，在俄国，改革领导的失败有其更加根本的原因。其中一个原因就是错误地理解了农民的——以及国家的——需要。文化优越论的人坚持主张，农民（*muzhik*）需要在他的土地、教会及民族之间形成一种神秘的统一；而自由主义者认为，农民需要政治自由和公民自由；贵族则主张，农民需要秩序和安全。屠格涅夫站在小贵族的立场上对年轻的虚无主义者巴扎罗夫说："不，不！我认为你们这些绅士们对俄国人民并没有真正的了解，你们并不代表俄国人民的需求和渴望！不，俄国人并不像你们想象的那样。俄国人民认为自己的传统是神圣的；他们是家长式管理的，离开信仰他们将无法生存。"但是如果以"真正的自由"为目标，俄国农民所要求的就是这样一种情况，即：把合法地解放农奴转化为满足人们的需要：文化、土地、农业技术、更好的交通、医疗、教育、营养、政治影响。在 19 世纪中叶，俄国只有极少数自由主义者和几个激进分子考虑到这些方面。

第二个因素是社会和政治冲突的结构，它严重妨碍了基本政治问题的提出、面对和解决。俄国最大的传奇就是沙皇同人民之间的奇妙结合。从各省出巡归来之后，亚历山大写道："在俄国，将君主和人民维系在一起的这种纽带给予了我们力量，而且上帝绝不乐意让其他任何人削弱这种联系。"沙皇这种真实而深刻感受到的观念，不仅使其置身于政治斗争之上，而且扰乱了斗争路线。兰伯特指出，官方和半官方的观点，都力图否认或辩解俄国国内真实的社会对立的存在。自由主义者，甚至激进分子都认为有必要对沙皇致以敬意，即使在他们向沙皇提出抗议时也应如此；因而，冲突也可以自上而下地被挑起或消除。没有哪个政治团体是真正名副其实的；利益集团并没有得到恰当的表现；那些无组织性的运动正在政治的乌烟 186
瘴气中摸索前进。扼杀公众舆论和不满情绪的审查制度，成批的流放新教徒的残酷法律，滋生在自由派组织和激进分子组织中的奸细和告密者，这一切也阻碍了有创造力的冲突形式的出现。

这次自上而下领导的改革之所以失败的第三个原因，也是最为重要的一个原因，就是缺乏对首要目标和超越性价值的认识。亚历山大拒绝一致性，也不愿意坚持原则，唯恐影响到自己的选择自由。他的许多顾问都在有意识地抵制空想主义，坚持相对主义的观点，注重时效性。改革中，对重大的原则，往往人人谈论的较多，而很少遵守。因此，当亚历山大主要出于对国家力量和军队效率的考虑而解放农奴之时，他同时也抛弃了像真正的政治自由或者社会机会这样的指导目标，这些目标本可以作为一种标准指导关于改革与持久的民众需要之间关系的日常决策的形成。对目标形成一种更为一致的认知，至少会明确崇高的改革理想与最终社会变革及人们生活的改善的有限性之间存在的差距。

在亚历山大颁布解放大法令之后，他又统治了 20 年，但是人们可能怀疑，他是否真正理解这种自上而下改革的失败。他也不会真正理解为什么那些极端主义分子，甚至那些可靠的自由主义者和激进分子都不信任他。曾多次有人试图杀害他。“这些卑鄙的家伙到底反对我什么，”他高喊道，“为什么他们像猎杀野兽一样地追捕我呢?”这一切看起来似乎完全无法理解，因为其他的合法改革在农奴解放之后相继推行了。1881 年 3 月，沙皇由哥萨克人护送，驱车行驶在返回冬宫的遍地积雪的圣彼得堡大街上，这时有人在马车的后面扔了一个炸药包。沙皇从破损的车辆中走出来，幸好没有受伤；按照他典型的做事方式，他拒绝离开现场，直到他查看完受伤的卫兵们的情况。但又有第二个刺客扔了另外一个炸药包，最终把这位农奴解放者炸成了碎片。

自上而下领导的改革的最大缺点，就是它会随着时间的流逝而变化无常。亚历山大二世的王位由他的儿子亚历山大三世继承，亚历山大三世与三十年前他的祖父一样，是一个正统、专制和尊崇民族主义的君主。他即位后，一场政治上的摧残几乎立即降临这个国家。时任神圣宗教会议的主要代理人波别特诺斯采夫[1]（Pobedonostšev）是新沙皇的前任老师，现在由他辅佐这位新沙皇，此人狂热醉心于君主主义，仇视改革和反对立宪，他提倡专制主义领导，尽管根据罗伯特·伯恩斯（Robert Byrnes）的说法，“他把俄国的历史看成是一个深受各种盲目的、有组织的、历史的因素影响的一个国家的历史”。当亚历山大三世读到俾斯麦曾经谴责议会政治制度是一种羁绊，并且表示希望俄国保持其专制主义制度时，这位新沙皇
187 写了这样一封急件：“所有这些都是正确无误的，都是公正的，也许上帝希望我们每个俄国人，尤其是我们的每位大臣，都像俾斯麦首相那样清楚地了解我们现在的处境，不要再试图去实现那些不切实际的空想和那个令人讨厌的（*parshyvyi*）自由主义了。”这位沙皇并没有伪装他专制统治的本性，即位后不久，便发布了一份由波别特诺斯采夫书写的宣言，宣称他绝对相信为了“人民的利益”而行使专制权力的力量和真理性。

亚历山大三世摈弃了他的父亲作为自由沙皇的姿态，这就意味着，如果在 19 世纪后期的俄国还要实施任何改革领导的话，那么这个任务将不得不主要由国家的

[1] 波别特诺斯采夫（1827—1907），俄国法官、政治家和思想家，通常被认为是俄国保守主义的主要代表，绰号“异端大裁判长”。——译者注

自由主义者来承担了。直到现在仍然很难精确地定义什么是俄国自由主义，或者说很难辨认该时期的俄国自由主义者。同在西方世界一样，自由主义包括保守分子、渐进主义者、激进主义分子和那些路线更左的人士；但是在俄国，由于存在众多斯拉夫文化优越论的崇尚者、民粹主义者、经济主义者，还有其他怀有某种自由主义目标的人士以及形形色色的与自由主义者在政治上合作的人士，因此俄国自由主义的状况变得非常复杂。根据他们对改革领导的意义，我们必须再次从根本上区别那些希望通过维护其个人的公民权利和法定权利来获得保护**免于**政府伤害的人，那些赞成拓宽政治权力和更为民主的代议制的人，以及那些主要关注有助于满足农民和工人需要的社会改革和经济改革的人。这些具有实质意义的主张包括了一系列的政治策略，从寻求在现行制度内的渐进式改革，到建立一个由体面而有声望的议会和强大的地方政府机构组成的宪政体制，再到以和平的方式推翻现行体制。

可以在宫廷和官僚机构中看见自由主义者的身影，他们还会存在于商人之中，同时也必然存在于知识分子之中，但其主要的社会基础还是贵族们。乔治·菲斯科尔（George Fischer）注意到，“教育、处世之道和接近国家权力使得19世纪俄国的贵族成为唯一敢于参与国家政治的阶层”。王公贵族在过去很长的时期都是军队和民事管理机构主要的招募对象，而且在亚历山大号召拥有土地的贵族准备好参加解放农奴的改革时，贵族的影响力达到了巅峰。然而在19世纪的剩余岁月中，由于农奴解放所带来的经济上的冲击、世界性农业危机和支持大型工业的新国家政策，贵族们的社会权力和经济权力都急剧衰弱了。作为贵族，他们被剥夺了长久以来由君主赋予的并被自由的反对派所激唤起来的特权，面临着失去政治权力的恐惧，这时它开始更多地转向曾经长期控制的地方政府机构。这种政治机构称作地方自治会（*zemstvo*），典型的地方自治会的组成，包括一个由选举产生并每年开一次会的代表大会，以及一个由代表大会选举产生的领取薪俸的常任执行委员会。由于 *188*
代表的席位是按照土地占有量的比例而不是“动产”来制定的，所以那些大土地所有者在地方自治会中占据着支配地位，他们可以有效地将农民阶级和小城镇资产阶级排除在权力之外。贵族的自由主义者们当然不可避免地会借助这种半自治的地方政治体制，将其作为回避和最终对抗俄国专制统治权力的手段。但是这种努力亦遭受到相当大的挫败。在解放农奴之后的30年内，中央政府剥夺了地方自治会的主要财政权、教育权和司法权。解放农奴的数年后，改革领导者们开始抛弃了权力衰退的地方自治会，但是从19世纪70年代后期直到1905年大革命，自由主义者又开始转向将地方自治会作为达成其目标的重要手段。

自由主义的改革领导们没有其他可供利用的资源。他们缺乏一个强大的组织和一个能够完全上通下达的沟通手段。他们没有一个全国性的议会能够让他们在其中抨击当权的保守派和联合各种反对力量。他们没有一个全国性的、有组织的政党，可以将他们的信息带到小城镇和乡村。他必须建立这样一种手段，能够为他们打开取得全国声誉甚至权力的大门。在一个多世纪以后的今天看来，他们当时的处境似乎非常的艰辛，几乎是毫无希望。他们所面临的任务是几乎要从头开始建立在西方作为自由主义改革的体现和载体的自由主义的制度和进程。西方国家曾经用两个世纪或三个世纪来完成这一过程；而我们现在知道，当19世纪行将结束之时，俄国的自由主义者们只有20年或30年的经历。他们以为他们还有更多的时间。

各种重大的因素似乎都在朝着有利于自由主义者的方向发展。亚历山大三世政权的残暴，以及——尽管被寄予厚望——1894年继承王位的尼古拉斯二世的残暴，激起了工人、农民和知识分子的怨恨和不满，而这种不满就形成了自由主义和激进分子反抗的温床。工业化也造成了围绕经济问题的冲突，并造就了最初的工人组织。新的领导阶层在地方自治会、各个行业和大学中发展壮大起来。在左翼方面，一些激进运动正在迅速发展壮大，并且威胁要战胜自由派人士，这在某种程度上说是一种有利条件；自由主义者可能以其他的选择会对俄国的专制统治造成更大的威胁为理由，谋求妥协。

自由主义的改革领导者确实取得了一些重大成果。在他们的影响下，地方自治会已经逾越了他们官方权限的狭隘范围，并在重大的国家问题上开始向政府发起挑战。他们发起成立了一些秘密研究团体，建立了一个自由主义机关刊物《解放》（*Liberation*）。他们成立了一个新的组织，叫做解放同盟（Union of Liberation）——当然，该组织只能进行一些地下活动。他们还帮助组织了一些秘密的讨
189 论和集会，以分析政府的专制措施和政策。借助于对日战争的灾难性失败、星期日惨案和1905年的大革命浪潮，自由主义者们促进了改良主义政府的一对基石的建立：一个是自由主义的党，称为立宪民主党[1]（Constitutional Democratic party）或“凯德特”（Kadet）；另一个是杜马（Duma），它是一个拥有某些独立权力的议会。

对于改革领导者们来说，他们是否曾有可能保住一个“西方式的”议会和政党的政权？是否曾有可能避免1917年的那场社会和政治大变革？历史学家们将会不断地对此进行推测，并在这个问题上产生各种分歧。然而，即使不考虑俄国的“落后状态”的影响，但基于其工业和农业发展的不平衡以及农民缺乏文化素质和教育，俄国的自由主义的改革领导似乎可能从来不曾具备领导这样一场宏大的社会和政治变革所必要的远见或者活力。但它最主要的失败之处还是无法在整体上认识到俄国广大人民的基本需要。自由主义者们在20世纪早期努力寻求**来自**政府对公民的保护，但那时他们也应当——就这几十年允许他们所做的而言——积极致力于像民众普选权和议会体制这样的积极改革。特别是1891年可怕的大饥荒之后，当时农民最需要的是面包和土地，工人最需要的是社会立法和经济保障，而自由主义者依然在为他们那些狭隘的政治改革而努力。改革趋势、政治团体（特别是政党）和议会制度在西方曾是民主政体缓慢而曲折发展的主要特征，但是这三者之间并不存在长期的相互作用。对民众需求的这种错误理解，在相当大的程度上起源于支配着俄国19世纪的自由主义的价值观。20世纪早期，俄国自由主义者都比较崇拜亚当·斯密；他们主要试图减少国家对私人企业的控制干预。几十年过去了，自由主义学说也向更加积极正确的方向发展，并且集中于那些使社会改革和经济改革成为

① 立宪民主党成立于1903年，简称凯德特（Kadet）。——译者注

可能的政治改革。但是，即使到了世纪之交后，改革宣言仍然在强调那些公民自由、合法权利和政治改革，而当时人民的基本需要已经远远超出了这样的改革。

自由主义改革领导的这两种倾向都与第三种倾向相联系，即缺乏一种有意义的冲突结构，包括自由派和保守派之间的冲突，专制派与激进派之间的冲突。所有团体非但没有围绕冲突的主线组织起来，以抵御和反对专制统治，而且，除了激进团体之外，都与政府联系紧密，在某种程度上还依附于它。君主曾对自由主义者做出让步并且给他们恩惠，这让他们很难与政府对抗。在政府的高压政策之下——它严格的审查制度，以及对即使是温和的自由主义改革提议的过分反应——使得对冲突的组织更加困难。这些环境常会使自由主义的改革领导者令人奇怪地像改良主义的 190
独裁者那样，试图自上而下地改革国家及其制度，而不是在工厂和农民的房舍中开展战斗。

19 世纪俄国的改革领导者，像其他许多国家中的改革领导者一样，都因为自己是实用主义者而感到自豪。正像菲斯科尔所指出的那样，自由主义者们，特别是在开始的时候，其活动方式是因时制宜的，他们“可以被当之无愧地称为‘最卓越的经验论者’”。后来，自由主义的改革领导者们变得有些教条化，但他们终究无法克服他们关注直接而分散的改革的倾向。尼古拉斯二世曾谴责自由主义改革家们的那些“无意义的梦想”（指的是一项关于地方自治会参与国家内部管理的并不过分的建议）。替代无意义幻想的另一种选择就总是那些“小事情”（small deeds）——自由主义改革一般会选择后者。“小事情”这种说法是单一主义的俄国版本，而单一主义是其他国家中改革领导的典型特征。在俄国专制统治的最后几十年中，由于面临革命党权力的不断增加，自由主义者开始从小事情转向无意义的梦想。但是，对改革者们而言，这太远，太迟了。

美国的改革：进退维谷的变革型领导

在一个深思熟虑的改革目标之下，如何动员那些具有改革本能但癖性不同且易变的人们；如何把一项改革大业与其他相关的、但表面上独立的事业联系起来；特别是，作为改革家，如何应对那些反映着更为复杂和普遍的需要及态度的政治家、政党和政府——这是对美国改革家的挑战，也曾是英国改革家面临的问题。在 19 世纪 30 年代至 40 年代期间，许多美国人就像英国人和其他欧洲人一样，沉溺甚至醉心于改革精神。“在世界历史上，改革学说从来没有达到像现在这样的范围，”1841 年，拉尔夫·沃尔多·爱默生（Ralph Waldo Emerson）在波士顿对力学学员图书馆协会这样说道，“……没有一个王国、城镇、法令、教派、行业、男人或者女人，不被这种新的精神所威慑……改革之魔有其秘密通道，它能够深入每一座城市的每一个居民以及每一个立法者的内心……除了成为一名改革者，一个对人类已造之物的改造者，一个人生来还能做什么呢……”在形式和学说上，美国改革家并没有比他们国外的同行们逊色，艾伦·内文斯（Allan Nevins）指出：“在美国，尼尔·道（Neal Dow）为禁酒令而奋斗，伊丽莎白·卡迪·斯坦顿（Elizabeth Cady Stanton）为女性的权利而努力，罗伯特·兰图尔（Robert Rantoul）为了10小时
191 工作日而抗争，贺瑞斯·曼恩（Horace Mann）为人们争取更好的受教育条件，詹姆斯·G·伯尼（James G. Birney）致力于解放事业，贺瑞斯·格里利（Horace Greeley）呼吁田产自由，西奥多·帕克（Theodore Parker）呼吁建立更加纯粹的宗教；杰斐逊教导美国人要相信人类的无限的完美性。”这些事业中有许多都带有一种独特的、本土化的美国风味。

一部分改革领导者已经充分意识到了他们所面临的政治困境。关于改革的速度，温德尔·菲利普斯（Wendell Phillips）写道：“改革家不关心数字，不在乎是否广受欢迎，他只处理一些思想观念、良知和常识问题。他认为，因为上帝可以长久地等待像哥白尼那样的解释者，那么他就可以等待其追随者。对于直接的胜利他不期待，也不过分焦虑。政治家停留在无限延长的‘当前时刻’之中。他的格言就是‘成功’——他的目标就是选票。他的目标不是绝对正确的，但是像索伦[1]（Solon）的法律一样，当人民认可时，就是正确的。他的职责不是指导公众舆论，而是代表它。因而在英国，由改革家科布登制造舆论，由政治家皮尔将其定型为法令。”1853年，在曼哈顿鲍威利区（Bowery）举行了一场改革会议，目的是将所有的改革团体融合成一个庞大的组织；就在同一个晚上，妇女权利大会、废除奴隶大会和世界禁酒大会均在纽约召开，每场大会内部都将继续激烈地争论各自的热点问题，并且如果改革者要在“枝节问题”（side issues）上威胁要分裂大会，那么大会将逐出“造访的”改革者。随着时间的慢慢流逝，改革家将会参加几项事业，并且将在同一城市同一时间召开各种事业大会，这种趋势将会促成各种大会的联合——至少是合作。

参加废奴主义者运动的，有单一议题的狂热者，也有多重议题的一体化者；有渐进主义者，也有急于求成者；因此在改革家中，体现出了深层次的两重性。威廉·劳埃德·加里森（William Lloyd Garrison）曾经是一项政治运动的领导者，他是以神学的——通常是福音传道式的——方式处理南方奴隶制问题的一个集中体现。在其创办的《解放者》（*The Liberator*）第一期中，他高声呼喊：“我愿和真理一样苛刻；和正义一样毫不妥协”，因此“我将不再模棱两可——不会再找托辞——我将不再退后半步”，此时他就已经预见到，那些呼吁直接无偿解放农奴的人的目的和手段的根本特征，就是道德绝对主义。不管加里森的其他本能与兴趣是什么，他对单一的、高于一切的奴隶制度问题如此关注，以至于他将宪法［借用沙克尔党创始人安·李（Ann Lee）关于婚姻生活的描述］说成是“一部与死亡的契约，一纸与地狱的协议”，并且要求解散联邦。他似乎并不关心南方是否会脱离北方或是相反。他与其说是希望根除奴隶制度，不如说是要将其驱逐和抛弃，将其抛到他的意识和良知之外。他不会参加任何包含其他改革团体的团体联盟，当然也不

① 索伦（公元前638？—前659？），古希腊政治家，诗人，公元前594年当选执政官，进行经济和政治改革，解救贫困，修改宪法，制定新法典。——译者注

会参加任何有组织的政党行动，因为这样将有损他的改良主义的纯洁性。詹姆斯·拉塞尔·洛弗尔（James Russell Lowell）这样评价废奴主义者："他们对待思想观 192
念就好似无知的人吃樱桃，他们认为只有将樱桃连核一起吞下，才不会有损健康。"

许多废奴主义者都反对这种单一议题的纯粹主义，19 世纪 40 年代到 50 年代期间，他们的此种倾向也日益严重。他们利用在美国北方日益高涨的废奴主义情绪，开始完善团体策略，筹划第三党的冒险，扩大自身在大党政治中的影响力，并于 50 年代中期在美国转而实行最富冒险精神的政治策略：建立了一个新政党，用以挑战其他两个原有的政党并努力寻求有朝一日取代其中之一。废奴主义者并不会丢弃其以前的理论或者道德原则。马萨诸塞州的参议员查尔斯·萨姆纳（Charles Sumner）主张，"真正的政治"完全是"应用于公共事务上的道德"。但是萨姆纳也很擅长于联合与妥协艺术，他与其他的反奴隶制的领导者们，如宾夕法尼亚州的撒迪厄斯·史蒂文斯，都能够赢得在立法机构的职位。

最后，废奴主义者帮助形成了这样一种具有促进作用的政治环境，在此环境下，一个新的反奴隶制政党——共和党——战胜了分裂的反对派，选出了他们自己的人担任总统。为他们赢取胜利的是一个温和的人，亚伯拉罕·林肯，但这位温和的人却敏锐地意识到废奴主义者为新政党提供的道德力量。一旦他有所忘记，这些改革者们就会迅速对其施加巨大的影响。总统以其坚忍的毅力忍受住了改革的道德主义带来的烦恼，但也采用了他们的一些措施。林肯评论那些激进分子，"他们绝对是违法的——是世界上最难打交道的魔鬼——但毕竟，他们还是面向着天堂"。如果说废奴主义者的思想过于僵硬和教条，其中一个原因很可能是他们难于接触他们的两个主要目标群体：奴隶及其奴隶主。理查德·霍夫施塔特认为，这可能会使他们变成"内在智力驱动型"（driven inward intellectually），结果就是使他们的思想变得日益神学化和福音化。

最后奴隶们获得解放，美国南北阵营在阿波马托克斯重新统一起来。接下来改革的废奴主义者会怎样对待他们的胜利呢？内战之后，在全国反奴隶制协会的一次会议上，加里森提议，协会应当被解散，因为协会的目的随着第十三条修正案的通过已经达到。但是由于其从前的狂热信徒温德尔·菲利普斯的原因，他的提议搁浅了，菲利普斯呼吁要为获得自由的奴隶们制定一个积极而全面的重建政策。这样，协会非但没有解散，还选举菲利普斯任大会的主席。他现在具有了这种政治基础，他借此基础着手制订他自己的重建计划，不仅呼吁为黑人解除束缚，而且还呼吁为他们争取土地、教育和选举权；认为除非由社会、经济和心理上的自由加以支持，否则"消极的"解放自由就只能是一些幻想而已，这样的观点并非波士顿激进分子的独家教义。内战期间，在共和党领导者的推动下，陆军部（War Department）建 193
立了一个委员会，该委员会呼吁给予被解放的奴隶以法律上、政治上和经济上的保障——并切实呼吁没收南方的种植园土地，将其重新分配给被解放的奴隶和贫苦的白人。很多激进的共和党领导者都支持这一观点。史蒂文斯说，对那些人来说，40 英亩的土地和一间小屋要比选举权值钱得多。

现在的问题主要取决于多数战前的改革者们是否会集结在一个真正的重建纲领之下。他们是不会的。在拒绝联邦为了维护被解放奴隶的政治自由和经济保障而采取的积极措施的过程中，那些改革者们果断地削弱了共和党总统和国会在促进南方的根本变革和阻挠白人重建寡头政治方面的意愿和能力。可以想见，保守派、温和派和以前的南方领导者将会抵制那些在南方真正重建黑人生活基础的政策；改革家们对以前他们所追求的事业的无情背弃，标志着白人和黑人对南方黑奴的机会所抱的种种希望的破灭。

改革者们退却的种种原因，向我们揭示了其领导所受到的某些限制。大量改革者都是以一个特殊的、受限制的方式来认识社会的需求的。格兰特政府的丑闻激起了他们对腐败和欺诈的那种根深蒂固的厌恶。这种厌恶来自于基督教的道德伦理对个人诚信和责任感的看法，来自于对那些尸位素餐的龌龊暴发户的阶级偏见，来自于对私有财产神圣不可侵犯的强烈的信仰。绝大多数领导者并不了解或同情人民的更加基本的需要——特别不了解那些工人们的需要，他们受制于经济的繁荣与萧条，即使在经济景气时也只能获得微薄的薪水并不得不长时间的工作；他们也不了解那些农民们的需要，他们经不住干旱、运输垄断、中间商和成本收入波动的打击。由于主要集中于上层阶级所在的城市区域，改革者们在教养、教育、道德信条及社会地位等方面已经脱离了美国人民。尤其是，改革者们信仰经济个人主义和自由放任的政策，并且不支持政府对被解放的奴隶提供全面的帮助，即使他们显然并不想这样。这些如此尊崇私有财产的人们怎么可能忍受得了强制性的土地再分配政策呢？

即使改革者们赞同与民众看法和黑人需要有关的社会价值观念，他们也缺乏能够影响政府的政治技巧和资源。即使他们擅长在他们自己的这个中产阶级圈子内刺激和动员人们的改革欲望，他们通常也不能把他们的呼吁扩展到正在为低收入和失
194 去的机会而抗争的下层阶级和工人阶级，也不能扩展到在 19 世纪末美国严峻的土地所有制环境下越发焦躁不安的贫苦农民。自由主义的改革家将这些群体称为“危险阶级”——这一称呼所指的人包括移民、无政府主义者、社会主义者、罢工者、社会改革家、煽动政治家、鼓动者和聚众闹事者。工会是自由主义改革家们潜在的强大同盟，但是他们之间的联系却特别脆弱。根据约翰·斯普罗特（John Sproat）的看法，改革家们认识到工人们的确有很大的不满，但是认为“他们的领导者不是教导他们认识到资本家与工人之间的利益有着基本的一致性，而是鼓动他们对雇主横加指责，激起危险的阶级仇恨；煽动家们非但不劝告工人们耐心地等待‘自然法则’来调整经济的暂时不平衡，反而催促他们无知地要求商人们做出‘不自然’的让步”。

自由主义的改革家们也没有发现，在一个普遍利益的机制下，转向与其他群体结盟这种经典的手段——比如政党——是可能的，因为他们害怕并且讨厌政党。他们认为政党精神、政党纪律、政党的政治报酬和肮脏的政党争斗严重冒犯了他们的道德观、个人主义和纯粹主义。纽约改革俱乐部（New York Keform Club）从一开始就严禁接纳被称为政治工人（political worker）的人士为会员。像西奥多·罗

斯福或者亨利·凯伯特·洛奇这些试图从内部改善他们的政党的年轻的改革家，被称为整顿者和机会主义者，而遭到了严厉的批评。当然，改革领导者们看到了在民主政治中政党既是必要的，也是不可避免的；但是政党应该在绅士的领导下稳固、无私地运转，否则政党就应该被抛弃，或者应当被避免。政党精神应当始终服从于“真正的公众精神”。一位颇有影响力的改革型领袖穆尔菲尔德·斯托里（Moorfield Storey）提出了一个很有趣的理论，即政党在深刻的冲突时期非常有用，但在平常就会失去作用，那时它们甚至连诚信政府这样简单的目标也无法实现。

当美国政治的强制力——尤其是赢得总统选举和议会多数席位的需要——迫使改革领导者们转而寻求大党和第三政党政治时，他们依然效率低下甚至无能。1872年，由于不满第一任格兰特政府的任人唯亲和腐败成风，自由派共和党人决定召开一次独立的代表大会，并且提出了一份与党魁的重新当选相对立的改革派候选人名单。几乎所有主要的改革家都参加了在辛辛那提召开的一场大型秘密会议，在那里，充满着乐观主义的气氛，他们热烈地欢呼改革家卡尔·舒尔茨（Carl Schurz）的预言，即他们的努力将组建出一个“让全国的最优秀的人民都感到骄傲的政府”。但当最优秀的人民正在演说、张贴标语并且计划要提名一个无瑕疵的改革领导者——不亚于马萨诸塞州的亚当斯——时，其他的代表们却正沉溺在那种舒尔茨在 195
为大会定调的发言中所强烈谴责的“诡诈的操纵”和卑鄙的政治交易之中。那些代表们获得了对一位其改革立场十分可疑的人——贺瑞斯·格里利——的提名，而在此前进行的一次投票推举候选人的全体与会者的权力游戏中，他们也是投了他的票。那些“真正的”改革领导者们对这一结果十分震惊；因为格里利几乎支持所有时髦的改革，从傅立叶主义到反饮杀运动，但并不支持像公务员制度和自由贸易这样的值得尊崇的改革；在辛辛那提，他几乎立刻选择了密苏里州在政党分肥制度下获得官职的参议员B·格拉兹·布朗（B. Gratz Brown）作为自己的竞选伙伴，布朗曾经在代表大会的交易室外帮助格里利拉选票。后来民主党在自己的代表大会上也提名格里利，但在秋季选举中他被格兰特轻易击败。

在随后几年里，改革领导者在政党策略上变得成熟起来，至少在两党制内的权力平衡政治方面更加在行了。自由派的共和党人否决了对詹姆斯·G·布赖恩（James G. Blaine）的提名，虽然布赖恩的历史记录和承诺可能更值得自由派共和党人厚待他，但是他们还是支持了一个完全符合他们心意的民主党人格罗沃·克利夫兰①（Grover Cleveland）。克利夫兰上台后，证明了他正是他们那种自由派：节省开支、降低关税、提倡公务员制度，尤其是，他是一个保守的放任主义者。自由主义改革家也取得了其他方面的胜利；由于他们纲领的狭隘性，使得他们的事业相对集中，更容易坚持，而这使他们不可避免地会在某些方面取得突破，如公务员制度改革；但是那种改革似乎与数百万在工厂和田地中的美国人的需要和希望越来越不

---

① 格罗沃·克利夫兰（1837—1908），美国民主党人，于1885—1889年和1893—1897年两度当选美国总统，推行文官制，反对保护关税，镇压罢工，对外主张孤立主义。——译者注

相关了。

“真正的政治”就是“应用于公共事务上的道德”。20 世纪前 10 年中，改革领导者正在逐渐意识到萨姆纳定义所暗示的这种棘手的两难处境。19 世纪 80 年代和 90 年代的诸多事件——农民暴动、大量移民入境、劳工抗议和暴动、人民党人对民主党的控制——几乎对那种貌似文雅的、渐进主义的、逐个议题的改革的狭窄界限毫无影响。很多旧的改革仍然不能通过立法成为联邦或州的法律；像反政党分肥和反腐败这样被制定为法律的改革措施，其影响力常常也是非常有限；即使是那些曾经被狂热追求过的改革亦不能净化美国的民主政治。现在，由于一个偶然的机会，而非由于改革领导者的努力，一个名叫西奥多·罗斯福的改革者入主了白宫，此人在几年前已经与共和党单独讲和。罗斯福的一只脚站在保守派的行列，另一只脚却踏入了改革运动之中。罗斯福至少在敌意上是不偏不倚的；他几乎没有一天不抱怨保守派中那些老顽固，或改革家中的傻瓜和白痴，并挑动两派势力的互相争斗。对改革者们来说，这是既使人兴奋又使人困惑的 10 年；整个国家似乎都陶醉
196 于各种新的观念。然而，实际的改革——以及立法改革的切实的实行——却是姗姗来迟。在这 10 年之期行将结束时，罗斯福让位于和蔼可亲的非改革家威廉·霍华德·塔夫脱，改革议程的采纳则遥遥无期了。

并且这个议程进行的时间比以往任何一次都长。艾达·塔贝尔（Ida Tarbell）、林肯·史蒂芬斯（Lincoln Steffens）和其他人对这 10 年的调查报告；一些披露丑恶问题的半通俗报刊的大量涌现，其所披露的问题包括：雇用童工问题、肉类加工业的问题、掠夺公共土地问题、拥有大量财富的犯罪者和新富人的新权力等；庞大的专业人士和中产阶级的崛起，他们因地位的丧失感和疏离感而行动起来，他们的崛起既为各种丑闻和曝光提供了持续不断的源泉，同时也为那些好发义愤的人提供了广阔的市场。

所以这个老问题比以往任何时候都更加紧迫：给定在美国的政治体系中存在着持续的权力分裂和分散，给定美国的政治家们具有实用主义的并经常是保守主义的倾向，也给定经济个人主义、反政府的自由主义和放任主义这些学说仍具有广泛的力量；但是还要给定，现在还有数百万的美国人仍然感受到改革的动力，那么改革领导们要设计什么样的策略才能够将新精神的影响最大化？

很多改革领导者在解决这个问题时，都本能地不利用有组织的力量，而是避开它。霍夫施塔特指出，美国进步党的团体分化成两部分，“一部分人提议要坚决地、不妥协地与这样的组织作斗争，另一部分人主张通过建立对立组织、提高专业化和领导以及承担新的责任来与这样的组织作斗争”。反组织的改革家们主要追求在一些大社团、工会、政党和政治机器中将过度集中的权力分散开，这样可以让公民的个人主义和自身责任感得到更加自由的发展。新闻记者威廉·艾伦·怀特主张，只是打破这种机器还远远不够；有必要创造一种新的处理事务的形式，其中政治机器将完全没有存在的必要性：“现代的美国政治运动中充斥着狂暴者、好战分子和无所顾忌的人，他们为了个人的自由伸展空间而将民众推到外面。”与此观点比较相

近的一个观点认为，政治应当作为个人之间理性地交换意见而被经营，而不是作为在有组织的团体中的个人之间无休止的冲突而被经营。公民应当为社会福利做出贡献，不是通过他自己的——或社会的——明显感知的需要而行动，而是应该像霍夫施塔特所说的，“通过对共同体需要的无私回应”。这种超越深刻感受到的“自私的”、集体需要的努力，实际上就是在努力消除集体冲突——有组织的团体或政党之间的冲突。

另一种消除集体和系统冲突的方法，是通过一种旧的改革策略，即确认个别的 197
改革议题，发展支持这样的议题的组织，当改革被完成或者被放弃时就让该组织走向消亡。M. I. 奥斯特洛戈尔斯基（M. I. Ostrogorski）进一步发展了该思想，他主张建立单一议题政党，这种政党将随着这些议题产生、繁荣和衰落而被组织和再组织。选民们“不会被凑合在一个乱七八糟的混合体中，不会被机械地限制在永久性政党那固定不变的渠道中”，而是“能够按照他们的自然的联系，以同一类别，自愿地结合或再结合。”奥斯特洛戈尔斯基将民主理解为一种原子论式的事业，孤立的个体可以参与其中对公共事务进行理性的讨论，远远超越众人的激情。

但是在改革领导者中，最强有力的冲动，还是政党的民主化和最终的纯粹化。20世纪前期，使政党似乎可以民主化的策略已经具备：直接初选（the direct primary）。这并不是一个新策略，但是却在这个喜好揭露名人丑闻的时代获得广泛欢迎，其原因是那种对美国政治制度产生极其重要影响的特定的历史发展环境。自杰克逊执政以来，美国各个政党就已经在全国代表大会上提名各自的候选人了。只要这两个大党互相处于竞争状态，这种程序就相对来说运行良好；由于代表大会容易受到城市老板（city bosses）或者财团的支配，如果任何政党允许自己明显地受制于“既得利益集团”，那么它就会冒着被公众反对并在下一轮选举中失败的风险。简言之，政党**间**民主是对政党**内**民主的保护，使其不致衰落。这在很大程度上取决于激烈的党派竞争，而在1896年的大选中，全国性政党的平衡被严重扰乱了，那时，选民按照地域界限而分化严重：麦金利（McKinley）在北部和东部获得了一边倒的胜利，布莱恩在南部和西部大部分地区获胜。这种不平衡在今后的10年左右的时间里仍然很严重。政党老板们利用他们的地区性垄断，可以通过提名他们能够控制的人来对抗公众——也许改革领导者也是这样。初选就是改革派对此做出的回答，在这个进步时代的改良主义气氛中，很多州很快都使用这种“人民的工具”选举候选人。然而，让很多改革家不解的是，在淘汰掉很多不合格的领导者时，他们也淘汰掉很多优秀的领导者；在摧毁“老板操纵”时，他们也很可能失去了很多民主的、有创造性和富有想象力的政党领导者。

其他一些改革领导者理解这一点，并且想要如此。对他们来说，政党像大多数组织一样，不可避免地会出现腐败现象和不民主的现象。在“治愈不民主的唯一良方是更加民主”这种主张的旗帜之下，他们支持诸如公民的创制权（initiative）、
复决权（referendum）和直接罢免权（recall）这样的改革，设计所有这些制度都是 198
为了使公民绕过政党领导，对政府的程序和决议直接施加影响。改革者们为了阻止只投一个党的全部候选人的票这种投票方式（straight party-ticket voting），便取消

了那种很容易只用一个“×”便为一个党的所有候选人投了赞成票的选票。[1] 他们通过加强公务员制度的法律，来抵制赞助商的影响。在很多地区，他们设立了无党派投票，这就将冲突的重心从两党竞争转移到大量的“独立候选人”（independent）——通常是不知名的候选人——之间的多边竞争。一些州投票通过建立交叉登记初选制（cross-filing），根据这一制度，候选人可以竞争不止一个党的提名；他们制定了这样的法律程序，使民主党人可以很容易地在共和党的初选中投票，反之亦可。所有这些努力在州与州之间有极大的差别；在海勒姆·约翰逊（Hiram Johnson）的领导下，加利福尼亚差点取消了该州的政党体制。

一些改革者和知识分子看到了党派制度毁灭的危险；不管党派制度怎样失败，几十年来，它始终使冲突与共识得到了有效的组织。但是，最令他们感到困扰的是政党的民主化，他们感觉不到在使各政党更有效地代表其基层党员与使各政党在各级政府中更激烈竞争这两种要求之间存在着潜在的冲突。党**内**民主与党**间**民主——或竞争——仍然处于不谐调状态。几乎没有人能够意识到这个至关重要的矛盾。这种进退两难的改革局面产生的一个结果，就是一些进步的领导者径直跨越可能的政党重建，而要求一种本质上独立于政党的领导。比如，亨利·琼斯·福特（Henry Jones Ford）这类人便要求更多的总统领导权，因为在美国，唯一一种可能的政党领导方式就是通过总统领导。福特写道：“总统制的伟大是人民的杰作，它突破了宪法形式的束缚……”他认为政党要作为行政机关和立法机关之间的链接，但是“实际情况是这样的，行政权力的扩展仍然是推进民治的唯一有效的方法”。其他人，比如赫伯特·克罗利（Herbert Croly），将汉密尔顿派的行政权威的传统付诸实践，他声称，“先进的民主需要行政领导”，而且这种领导要优于任何议会或者立法机制，“组织并且激活多数决定原则”。他严厉地批评现行党派制度的性质并且对此不抱有任何希望，尽管在理论上他信奉这种制度。伍德罗·威尔逊是能够彻底全面地理解政党的潜在作用的少部分人中的一员，但是他在理论和实际中，却转向了大多数民众的直接行政领导这一观点。

结果是，改革领导者接近了现代美国历史上的一个最为关键的时期，然而却对
199 改革理想和政治与政治权力的组织之间的关系没有一个理论上令人信服且实际中可以操作的理论，没有一种能够将改革影响最大化的政治策略，没有对改革目标和政治环境之间的相互关系的清晰认识。这就可以解释，为什么尽管改革和改革领导没有持久的根基，却会在罗斯福的新政中起着不可替代的作用；解释了为什么在自由主义的共和党运动过后几十年，改革者仍然不甘心忍受美国政治的现实。也有助于解释为什么罗斯福没有可靠的有组织的多数可以依靠，而不得不在前进的过程中建立特定时间和特别目的下的联盟，通过把单个的议题从一般性的辩论中抽离出来，使之戏剧化地表现出来，并且把自己独特的说服技巧应用于这些议题之上。这产生的一个结果是，改革似乎和罗斯福一起死去；当他的后继者试图通过国会来推动主要的改革立法时，改革又不得不在新的联盟和联合中重新复活。这种联合不仅没有

① 在美国选票上，对候选人表示赞成用“×”的符号，而不用“√”的符号。——译者注

代表性，而且当单个议题得到解决或难以解决时，这种联合便会四分五裂。哈里·杜鲁门、约翰·肯尼迪和吉米·卡特每个人都试图设计或重新设计足够广泛、足够强大的领导同盟以支持他们的计划，这表明改革领导的巨大的两难困境在美国始终持续存在着。

当我们思考英国、俄国和美国的这些改革领导的案例时，有两个方面极为显眼，一种趋势是：贵族阶层、上层阶级、绅士和上层资产阶级的成员在改革那种似乎支撑着他们的特权地位的制度中起着领导作用。尽管这些变革主要是为了大多数人或者人民大众的利益而提出的，然而，并不是在这些团体中，而恰恰是在工人阶级、农民阶级、中下层阶级和部分上层阶级以及其他更高的阶层中，人们却可以发现对这种变革做出的最固执的、最恐惧的回应。这种长期观察到的趋势——上百个其他的例子可以证明——常常被归因于富人和出身贵族之人的舒适的生活，归因于他们广泛的友谊、良好的教育和全球旅行所造就的更广的视野，归因于他们有充裕的时间资源和金钱资源，归因于他们贵族阶级的责任感，归因于他们对富裕生活的罪恶感。我认为一个更加根本的原因是，在他们的基本的安全和物质需要得到满足并因此消退后，就容许其他方面的更高的需要、期望以及良知要求发挥作用。然而较为狭隘的阶级观念和社会利益会影响很多富人和出身贵族之人抵制改革，在很多社会中，心理和文化的力量非常强大，足以使出身贵族的改革家成为改革领导中一个至关重要的因素。革命也极大地吸引了出身名门之人和有钱人，但它通常更加依赖于从工人和农民中招募新人。

另外一种趋势是：改革领导无法取得与领导者所承诺的变革以及以改革的名义
所承诺的变革相称的实际的（真正的）社会变革。改革领导者可能会怀着“真正的 200
政治完全是应用于公共事务上的道德”这种仁善的主张进行改革，但是他们在激烈的斗争中发现，真正的政治是在政府的和政治的市场中的日常的无休止的混战和交易。由于改革领导者们认可了那些他们行动于其中的政治和社会结构，他们的改革努力就不可避免地要妥协，还要常常退却，这也是现行制度的强大的惯性使然。尽管改革领导者的角色异常重要，但是最终，那些意义深远的变革通常更多的不是改革领导者们实施的，而是由那些认识到他们的政治野心与改革努力是纠缠在一起的政治家们实施的。改革始终是在变革与交易之间保持平衡——在精神和态度上变革，在过程和结果上交易。革命的领导者们理解这一点。他们尽量避免或者降低交
易的过程或代价——因此他们自己要付出其他的代价。 200

第 8 章

革命领导

我们起码知道革命成功所需要的某些条件。领导者必须能够完全地献身于他的革命事业，并且能够为这个事业付出时间和努力，甘冒生命危险，承受入狱之灾、流放、迫害以及持续不断的艰苦磨难，以此体现出这种献身精神。

列宁在 1917 年展现出了娴熟的领导。对这一成功的解释，有人将其归为对马克思主义革命理论的运用，有人将其归因于他个人的严格自律、领导气质和坚定的信心。但是，政治因素也许比意识形态和心理因素更为重要。其中的一个政治因素就是列宁了解俄国民众的真正需要，特别是农民的需要。当自由派的改革者们在为民众争取公民自由和政治权利时，这位布尔什维克领导者却认识到，大多数的农民和工人需要的是一种经济上的改善和社会变革，根据这位共产党人的观点，这才是真正的自由所不可缺少的基础。

毛泽东取得的辉煌成就，不仅仅因为他作为宣传者和组织者所具备的技巧，而且还因为他比对手更加符合“农民群众”的需要。如果说天才的政治领导者需要具备的一个最好品质，就是不仅要了解潜在的追随者的需要，而且要了解应以何种方式来激发和引导那些需要，那么毛泽东的实践、感知和分析，就使他具有了发动农民、领导农民的空前的机遇。

> 中国共产党始终是政治制度的卓越创造者；他们对共产主义理论及学说做出了很大贡献；他们让中国在意识形态上、政治上，特别是在文化和社会上，产生了巨大的变化。他们所做的是一种变革型的革命，但是他们在方法论和近期目标的理论方面，比在所有这些努力所服务的最终目标的阐释方面要有效得多。

“这是一次反叛”，当罗切富科-里昂库公爵（Due de la Rochefoucauld-Lian- 201
court）告诉路易十六（Louis XVI），皇家军队面对民众的进攻时已经倒戈投降，而巴士底狱也已经被攻破时，路易十六这样气愤地说道。公爵却回答道：“不，陛下！这是一场革命。”汉纳·阿伦特指出，在这场对话中，革命（revolution）一词的古老的天文学含义——众星按照人类能力所无法改变的固定轨道旋转运行——已经有了在现实世界中的含义，它转指一种不可抗拒的运动，无人能够阻挡。

这场对话还有更为广泛的含义。这位被围攻的慌乱无措的国王无疑是这样来推测的，攻占巴士底狱只不过是最近爆发的一次民众起义，而这种攻击国王统治的起义自古便存在着，但是它并不会触及其政权的要害。也许公爵感到这远不止是一次普通的起义，它有更加深刻的含义，这是一个引爆器，它会导致一场更大规模的爆发，而这种爆发反过来将在某种首要目标的名义下，迅速聚合起某种集体的力量，改变阶级和地位系统结构，并在总体上改变大众的观念和期望，同时变更政权形式。

两个世纪以后，在一个更加愤世嫉俗的年代中，路易十六的推断看上去似乎是更有道理的。因为，布尔什维克夺取政权的长期结果，是在残酷的幻灭中觉醒，有些人由此得出结论认为，革命是杰出人物玩的一种大众所不能理解的游戏，是被投射到更广阔场景中的宫廷斗争，其意义并不比在一个香蕉共和国[①]（banana repub-
lic）中发生的政变（*coups d'état*）更为持久，充其量就是一朝统治者更换为另一朝 202
统治者——所有这一切，对成千上万的人民大众的生活与希望都影响甚微，他们只是在台下观看这场戏剧，既无意参与，结果也与他们没有利害关系。最好的情况是，领导者会为了适应其追随者的可预见的反应来调整自己的行为；最坏的情况是，领导者所作的决定根本不去考虑人民大众；如果某些激进主义者[②]（sans cu-lotts）事后提出反对意见，当权者可以通过甜言蜜语和各种形式的直接操纵来平息这种抗议。

就其最广泛的意义而言，革命是整个社会体系的一种完全和普遍深入的转变。它意味着一种彻底全新的意识形态的诞生；它意味着一场在这种意识形态基础上致力于改变社会的运动的兴起；它意味着推翻原有的政府；它意味着建立新的政治体系；它意味着重建经济、教育、交通、法律、医疗体系；它也意味着确认并可能是

① 指只靠出口诸如香蕉等单一经济作物且受外资控制的拉丁美洲小国，带有贬义。——译者注

② 指雅各宾所动员之群众，直译为“不穿马裤之人”，以别于18世纪中等以上的装束。也可称之为“无裤党”。——译者注

神化一种新的领导。在实践当中，“纯粹的”革命形式是少而又少的。也很少有哪一位革命领导者既帮助发动革命，又一直坚持从斗争、胜利到巩固政权的整个革命周期，还指导社会变革的过程。法国革命无情地抛弃了它的领导人；列宁也只是享受了几年的领导权而已。只有毛泽东、菲德尔·卡斯特罗（Fidel Castro），或许还有少数几个人，能够作为变革性的力量，经历他们自己参与发起的革命。更为常见的情况是，在革命周期的后续阶段，会有其他的领导者脱颖而出发挥他们的作用。

在变革型革命的所有阶段中，促发革命的观念或愿景（vision）的诞生，以及有决定性数量的人们接受这种观念或愿景，也许是通向变革的最为关键的阶段，可能除了最终真正具体地夺取国家政权之外。在一位领导人或一小群领导者头脑中，这种观念或愿景的来源，就像是艺术家或者作家头脑中的创作灵感的来源那样神秘。这一新的福音的传播——就像那一小群受迫害的基督徒对福音的传播那样——同样是极为神秘的。

但是我们起码知道革命成功所需要的某些条件。领导者必须能够完全地献身于他的革命事业，并且能够为这个事业付出时间和努力，甘冒生命危险，承受入狱之灾、流放、迫害以及持续不断的艰苦磨难，以此体现出这种献身精神。正因如此，卡斯特罗和他的那小部分追随者才会长期以来备尝艰辛。领导者的这种献身，有时候可能会以殉难而告终，所以必须战胜所有的失败和挫折。并且，革命就像所有真正的领导行为一样，必须满足大众的欲求和需要以及他们的愿望——这些就是革命的动机，可能追随者们开始时体会不到，但是可以通过宣传和政治活动来使他们懂得，并调动起这些动机。除此之外，就像所有的领导一样，一场革命也需要**冲突**。但是革命性的冲突更具有极端性；它被戏剧化地表现为圣人和恶魔、英雄与恶棍这些人物角色之间的冲突。随着权力机构或杰出人物与穷人和反叛者之间的界限愈加
203 明显，革命的理论和目的在严酷的革命考验中得以强化。最后，还必须具有一种强烈的使命感，能够强烈地意识到革命的目的价值和超越性目标。

以上这些过程可以概括为一句话：领导者和追随者双方的社会和政治**觉悟**的提升。

我们将探讨和分析以下三场不同的革命的过程，注意人的欲求与需要、力量、冲突、觉悟、价值观等方面之间的相互作用是如何导致各种不同形式的变革的。革命领导，或许比其他类型的领导更具有集体性；同时，在当今的时代中，甚至比改革领导更依靠运动、党派和各种政治组织。我们将注意观察那些推动人民群众反抗的简单而又迫切的需要，以及在几种截然不同的环境下革命道路的多样性。

很少有领导人会像马丁·路德（Martin Luther）那样看上去不适宜承担革命领导的任务，因为他的运动是在没有党派和组织的情况下进行的；他的力量来自于他几乎不了解的一种集体的追随力量。然而，也很少有领导者能像他这样戏剧性地唤起人们的意识，或者像他这样对其所在时代的政治和宗教态度产生如此震撼性的影响。在其一生的大多数时刻中，马丁·路德几乎都是一个穷困的修道士；他没有自己的政治基础，只有一个不牢靠的神职基础；他也没有军事上的保护——而且他自

己的生命和自由也经常处于危险境地。他实际上并没有接受过历史、政治、地理等方面的训练，并且对历史背景、政治组织形式以及他所强烈攻击的那些势力的战略部署也缺乏了解。他并不是通常的宣传家：他几乎不会考虑他人的观点如何，也没有提出什么值得一提的政治纲领，没有从事组织工作的天赋。他既不是一位博学的神学家，也不是一个受过良好教育的哲学家。他基本上是一个保守的人，努力要回归到原始的教义，而不是去创造新的具有革命性的教义。但是他领导了一场革命，其反响至今仍回荡在我们自己的时代中。

路德所具有的禀赋比正规的学习和政治手腕更为有力。他有一种坚定的、狂热的信念引导他去做一切事情。他何其幸运，能够生存在一个适于在观念上有所改变的时代，在这个时代中，传播方式已经更加现代化了，因此这个孤独的修道士的声音可以在众多地方得到传播。

像很多意识形态的颠覆者一样，马丁·路德回归到了最初的教义和根源——就他来说，就是回到了《圣经》本身。他对《圣经》加以消化吸收、宣讲并且翻译。他崇尚个人的良知、人类内心的神圣情感以及上帝和人类之间的直接的个人关系。他要扫除庞大的罗马教皇的天主教会的固定地位以及它在使用赎罪权和开除教友教籍的行为中肆无忌惮的金钱掠夺，它在将同样的戒条加诸虔诚信徒身上时的那种刻薄嘲讽，它对《圣经》教义的背离行径。恢复人们内心的美德似乎不是政治领导的 204
一种宣言，但是它却意味着对赎罪权的废除和改革，而且这也是对教皇统治赖以存在的经济基础的一种威胁。因此路德遭到了教皇使节、皇帝、国王和红衣主教们的对抗。他不会退缩，更不会讨价还价或改变立场；他不懂得这种算计性的语言——或许也不知道算术技巧。由于自己已被逐出教会，他烧毁了教皇的驱逐诏书，以及罗马教皇法律的核心——教令集（the decretals）。路德被召至在沃姆斯帝国议会（Diet of Worms）的皇帝面前，并被命令公开放弃自己的信仰。对此，他报以否定的回答——并且补充道："这就是我的立场，我别无选择。愿上帝助我，阿门。"①

是什么使他产生了这样一种激情和热诚？路德的父亲是一个农民的儿子，后来发迹，成为了一个小铜矿的矿主；他讨厌教士，希望马丁以后会成为一名律师而不是一名修道士。有些人认为，路德小时候的经历对其后来的发展起到了至关重要的作用。有证据表明，在路德的家庭中，家规是甚为严格的，这就导致了后来路德短时期的离家出走；也许路德后来对神圣的罗马教皇的反对仅仅是他早年对家中那位严厉、顽固的父亲怀有敌意的一种投射。另一方面，孩子与父母之间的关系也是相互交融、相互依靠的；早期的恋母情结关系能否解释后来的路德？或者是否要将如此具有反抗性的路德追溯到更为基本的心理因素的影响，就像埃里克·埃里克森在他对年轻人的研究中曾出色地探讨过的那些因素？马克思主义历史学家更强调青年时代的马丁成长于一个上升的自由家庭之中这样一种事实与德国北部繁忙的、商业性的、追逐利润的环境之间的相互影响。而哲学家和理论家则强调理性和认识的影

① 1521年1月，马丁·路德被教皇判以绝罚，4月18日路德受命为自己做长篇辩解，据说这是该辩解的最后一句。但后世学者的考据多认为路德当晚并未说过这句广为流传的名言。——译者注

响，特别是路德在“信奉异教的”罗马的旅居生活，以及在他从一个寺院跋涉到另一个寺院的长途旅行中与普通德国人的接触。

短短几年之后——事后看来，几乎是一夜之间——他从一个衣衫褴褛的穷困的修道士，变成了一个强有力的传道者，一个杰出的作家和受欢迎人士。起初的交流主要是停留在口头上。他看透了人类的本质。理查德·弗里登撒尔（Richard Friedenthal）说道：“他的语言变得更加丰富，而且他对城镇、乡村居民以及流浪者的生活有了更深的理解，这些认识反映了当时德国社会各个阶层的生活状态，那些阶层的不安、冲突和希望，让当时的德国几乎达到了爆炸的边缘。种种政治见解是在路上通过讨论和争辩得出的；在城镇中，人们彼此了解，因此人们通常在陈述己见时是有所保留的。而在大路上的谈话——一个农民与一个贵族之间、一个托钵修士与一个骑在马背上的修道院院长之间、一个妓院老板与一个大学教授之间的谈
205 话——才是产生那些激情四射的作品和谈话的真正来源，这些作品和谈话比国会那些枯燥的议会会议记录和令人难以捉摸的议会宣言，更真实地反映当时社会动乱的现状。”

但是，也许在这个时期，印刷文字对改革的推动要比以前任何时期都更加强烈。各种文化知识迅速普及，各种印刷出版物也如雨后春笋般地发展起来以满足这一新的需要。4 000 册路德的《改善基督教的地位》（*On Improving the Christian Estate*）一书在短短的几周之内全部销售一空——在那时，这是一个令人吃惊的销售量。至少在 10 多个城市的印刷商们，只要能得到路德的布道稿，便以最快速度发行它们：木版画把这种新的教义戏剧化地表现出来，其中很多还刻画出了路德的肖像。富有激情的赞美诗成了宗教改革的战歌。当然，《圣经》成为最畅销不衰的读物。

人们后来在谈到马丁·路德时——就像谈到其他所有伟大的领导者时一样——会说，他仅仅是社会变革的一个催化剂，是那些已经积蓄起来的即将爆发的历史力量的导火索。当然许多力量在 16 世纪早期就开始走向联合之路，在伊拉斯莫和其他思想家的影响下，人文主义得到了空前的繁荣，正处于全盛时期。对罗马教会的反叛情绪正在急剧地增长。大众对政治和宗教运动的理解更加深刻。政治动机和暴力行动正在四处蔓延。路德对这些力量做出了回应，但是他并不是一个被动的接受者。为了与当地的德国民众交流，他说当地的德国方言土语；他将《圣经》译成德文，从而极大地扩大了他对德国和整个西欧的普通民众的影响力。他检查他布道的印刷本，并毫不客气地对粗糙的印刷质量和使用的劣质纸张提出批评。然而，他之所以能引导公众舆论，主要是因为他所创造的一种勇敢、独立的形象；如果路德不是那么坚定和不妥协，那么他的任何修辞和技巧都是毫无用处的。就像其他革命一样，路德的革命在某些方面最终也将趋于保守，甚至变得反动。但是没人能够否认其爆炸性的革命影响。

路德在人们的头脑中引燃了一系列叛逆的思想，而这些思想撼动了整个西欧的神学和政权基础，在这个过程中，路德证明自己是一个高超的传道者和宣传家。他不是一个组织者、集体领导者或战略革命家。他更像是一个预言家而不是政治家。

卓越的组织者将随后而至，接着宗教的和政治的军队将大踏步向前。16世纪的革命改良主义导致了后两个世纪的“启蒙的”理性主义——并且，在其后的两个世纪中，又导致了一系列的革命，这些革命将首先瓦解西方的政权，然后令东方的政权走向覆亡。

法国：领导的大旋涡

18世纪90年代，在法国的波旁王朝时期，爆发了一场革命。有些人把那场社会突发事件看作是一场大戏剧，很容易地就导致了拿破仑王朝取代波旁王朝。但是历史学家越是深入地研究巴黎和其他城市的警署记录与文档资料，事实就越加清楚 206
地表明：至少在巴黎，这是一场传统意义上的革命。尽管通向革命的最初举措是由贵族和上层资产阶级采取的，但是，新的领导者从大众中脱颖而出，他们蔑视和不理睬这场动乱的著名领导者，并且对决策施加了至关重要的影响。

在18世纪80年代，法国局势呈现出了所谓的革命要爆发的各种典型的迹象：一个应该稳固却表现出弱势的君主政权，在它应该做出适当妥协时却表现出强硬；一个代表贵族、法人团体和行会权利的实体结构，否定了国王大臣们的改革努力；中产阶级的人才很少能够触及权威和权力的通道；国库空虚；王权、贵族、上层资产阶级之间蕴藏着一触即发的矛盾冲突；更为重要的是，在每一个这样的阶级实体中，都包含着（除了知识分子和政论家之外）一批受压迫的下层阶级，这些人受到卢梭和其他启蒙哲学家的鼓舞，美国革命及其成功的传闻也使他们兴奋不已。在一段虚假的相对的社会平静时期之后，到了80年代末，事态开始逐步升级。在1787年，国王召开了由知名人士参加的紧急会议（最后一次召开这种会议是在半个世纪之前），希望这批改革者缓和日益加剧的紧张局势。然而，这次努力以失败告终。由于国王与古老的非代表性议会之间爆发的冲突进一步加剧，议会在1788年的春天暂时停止了一切活动。175年来，法国的第一次三级会议①（Estates-General）是在具有广泛代表性的基础上召开的（当然，其中并不包括穷人和妇女）。三级会议于1789年5月在凡尔赛召开，当时，在一片盛大华丽的场面中，600名来自第三等级（third-estate）的代表，身着中产阶级的简朴服饰，步入会场，紧随其后的是身着华衣彩饰的贵族，再接着是穿黑袍的神父，最后是国王路易十六和玛丽·安托瓦妮特②（Marie-Antoinette）以及他们的侍从。

路易并没有提出任何重要的改革计划，会议后来演变成了小规模的争吵，并且一度陷入了僵局。而后出现了令人震惊的高潮：像贵族和教会这样的势力坚持他们自己的阶级要拥有自治权——以及否决权，而众议员们则认为，能够拥有此种权力

① 法国大革命前君主制下的三个“等级”的代议制议会。三个等级是：教士、贵族（享有特权的少数）和代表平民大多数的第三等级。法国大革命期间代议机构的名称改为“国民议会”。——译者注

② 法国国王路易十六的王后。——译者注

的只能是一个国民议会，于是双方出现了力量的较量。第三等级在要求设立将由它主导的国民议会时，援引了一项新的权利：人民的普遍意志。但是，国王阻止第三等级的代表进入议会的大厅。随后，这些代表就转至网球场，发表了著名的网球场宣誓，并且仍然把自己当作国民议会的成员，继续参加会议。面对这种挑战王室权威的行为，路易优柔不决；他突然将他的改革大臣内克免职。乡村地区爆发了奇特的大恐慌（Great Fear），在巴黎发生了动乱，而后发生了对巴士底狱的突然而至的猛烈的攻击。

所有行动除了最后一个以外，都似乎是由第三等级的领导者们来操纵的，他们
207 懂得如何讲话、谈判、吸引人们的注意力、拟写宣言、做出让步——也就是说，操纵这些事的人是那些一直都擅长此类事情的人，因为他们受过教育、外表体面、通情达理、能言善辩、富于理性。在这场革命的“第一阶段”，几乎听不到下层阶级和他们的领导者的声音。即便如此，也不能忽视他们的存在。在法国，扎克雷式的起义①（Jacqueries）留下了具有强大影响力的民间记忆。1752 年和 1755 年，巴黎的民众就曾因面包的问题而发生过暴动。在革命发生之前的半个世纪中，罢工运动屡见不鲜——其中有织袜工、制帽工、装订工、毛皮商人、锁匠、矿工、搬运工和面包工举行的各种罢工。那些洗劫了巴士底狱的人，后来被保守主义的历史学家描述为“疯子”和“凶手”，这些人几乎都是手工业者和挣工资糊口的工人。

1789 年 4 月的一次偶然事件——有些人称之为这场革命的第一次重要突破，另一些人称其为旧政权的最后一次发作——反映了群体行动的性质。有一位叫做雷维朗（Réveillon）的墙纸制造商，作为一个友善的雇主和好市民为众人所知，人们传说他曾经公开悲叹：现在的工人们，每天 15 苏的工资已经不能使他们满足了。数百名长裤汉②（*sans culottes*）聚集在巴士底狱的附近，对雷维朗的模拟像施以绞刑；而后，聚集起来的暴民的人数逐渐增加，开始了持续两天的暴动，他们抢劫商店和住宅（包括雷维朗的家），并且冒着迎面而来的炮火，勇敢地抵挡卫队的袭击，尽管伤亡惨重，仍然努力回击。后来，据说这场暴动的群众及其领导者大多来自暴动地区之外的地方；但是调查研究结果表明，大多数的暴动者来自邻近地区。这些参与暴动的人并非像历史学家泰纳所指责的那样，是“土匪强盗”（brigands）；他们既不是被谁所收买，也不是外部力量的工具。

当群众在街头被动员起来时，领导者在暴动的人群中就自发地产生了。他们是其他人行动的催化剂。我们并不清楚这种领导的结构和形式，以及领导者的来源和身份，也不知道这种领导的持续性和潜力如何，因为当时还没有记者，而且这些群众领导者没有留下任何的文件记录。群众行为分析家们后来利用对巴黎暴民的过分渲染的报道来支持他们那种带有倾向性的群众行为理论。因此，古斯塔夫·勒·邦（Gustave Le Bon）说：“领导者们起初大多数也是被领导者。他自己也是被这种观念所支配，因此他也就成为了这种观念的倡导者。这种观念已经完全掌握住了领导

---

① 指法国北部农民 1835 年反对贵族的大规模起义。——译者注

② 法国大革命时期贵族对贫苦的共和主义者的蔑称。——译者注

者。”勒·邦继续说道，这些领导人，“是从那些神经质的、病态的、容易激动的、处于精神崩溃边缘的半精神错乱的人们中挑选出来的”。而仔细的调查研究则对这种对巴黎民众行为的解释提出了质疑。

这种火山爆发似的力量的根源和这些民众的动机是根本性的：那就是饥饿。普通的巴黎工人都生存于灾难的边缘；在18世纪，工人们通常要花上他们收入的一半来购买面包。家庭在面对面包价格的任何增长时，在面对干旱、虫灾、中间人的 208
盘剥、失业、交通瘫痪、政权危机的影响时，其承受力都是非常脆弱的。当面包价格在巴士底狱起义发生前的几个月中不断上涨之后，一位巴黎普通建筑工人为维持正常消费而花费在面包上的费用在收入中所占的比例，由1788年8月的50%，上涨到1789年2月至7月间的80%以上。关于面包供应紧缺的传言和报道，在长裤汉们中激起了恐惧和愤怒。妇女们积极地参加街道上的行动是不足为奇的；她们没有选举权，不能参军，不能在国民议会上诉说她们的苦难——但是她们能够参加街道上的行动，而且她们的确也参加了。乔治·吕德（George Rudé）同意这样的观点：“在这一时期，激励革命群众的最主要的，也是最长久的动机，就是人们希望得到足够的价格低廉的食品供应。”在乡下，农民还承受着其他的苦难和痛苦——包括首都人对他们这些贱民的轻视。受神秘的“大恐慌”的驱使，农民们袭击了贵族的庄园，而成帮结伙的流浪汉则转悠到乡下抢掠和纵火。

在1789年夏天的暴乱之后，出现了一个改革、庆祝和相对平静的时期，人们现在认为路易已经摆脱了他的那些邪恶的顾问的怀抱，兴高采烈的群众将其作为法国之父和“自由人民的国王”致以敬意。他拥护三色旗（*tricolore*）（波旁王朝的白色和巴黎的红色与蓝色结合起来，象征着渐进的改良主义），承认国民议会是拥有最高权力的立法机构，并且接受拉斐特（Lafayette）担任新的国民卫队的最高长官。国民议会关于“完全废除封建王朝”的决议并没有得到执行，但是的确取消了税收豁免，废除了对官职的所有权，将政府机构中的职位向所有人开放，不论其出身如何。尽管有例外、有补偿、有妥协，但是国民议会的决议开辟了财政、行政、司法体制进一步改革——以及教会改革——的道路。戒严令的使用被限制。规定了全国统一的关税制度，教会财产归国家所有。放弃了以征服为目的的战争，贵族制度被“废除”，地方政府得到重组。

尽管保留国王这一位置的做法仍然是反常的，但是在法国的生活中，敌对的各方之间似乎达成了一项停火协议。

由于国家议会的权力现在被认为是至高无上的，那么在法律意义上，改革就不再必须得到国王的允许方可实行，但是控制国会的温和派还是希望通过某种方式，使国王可以接受甚至颁布法令。在初秋，由于巴黎爆发了一次短期的面包危机（还有其他原因），他们敦促这位不情愿的国王从凡尔赛迁回巴黎。但是路易并不愿意搬回巴黎。女人们从巴黎的中心市场出发前往凡尔赛，拖着大炮在雨水和泥泞中前行；在凡尔赛，由于得到了富有同情心的国会代表的帮助，国王答应接见她们。但 209
是，他并没有答应妇女们的请求，但当他得知巴黎的国家卫队正在赶来的时候，便同意返回巴黎。一支庞大的由军人、贵族、代表和妇女们组成的凯旋的队伍，护卫着皇家马车进入了巴黎。

由于近期取得了丰富的收获，并且君主在某种程度上变成了人质，因此法国得以享受了几个月的社会和平。目前，一个最为关键的问题摆在了法国的政治领导者面前（以后，这个问题也将摆在革命领导者面前）：法律、宪法、行政和财政等方面的改革是否能够深入到制度结构的内部，从而最终导致真正的社会变革，并且能够经受住这种真正的社会变革。欲求、需要、期望和要求的增长步伐将远远快于改良主义的实际社会影响。很少有社会能够得到足够的时间去进行这项生死攸关的竞赛。

自由主义的政治改革和平等主义的社会变革需要广大人民群众的普遍支持，但是社会冲突已经随着革命的发展而加剧了。在每个阶级或阶层、等级或群体内部，都存在着非常深的矛盾冲突。没有一个统一的“上层阶级”来对抗穷人和农民，也没有联合在一起的“下层阶级”的共和派组成的团体。一些贵族是激进的雅各宾党人，有些激进的共和派是狂热的保皇主义者。而城市人的确倾向于联合起来反对农村人，但是在手工业者和雇佣工人之间、工厂主和工人之间也都存在着分歧。在天主教教会里面，各个教区的牧师要比主教们更倾向于同情革命思想；而牧师们在诸如教义和组织等重大问题上，也存在分歧。现存的商业利益集团享有皇权所带来的垄断和特权，他们反对新兴的企业家对自由生产和买卖的要求。在左翼方面，激进主义者内部也在政策和战略问题上展开了激烈的斗争。

革命过程的最具决定性意义的因素，还是在整个欧洲革命者和反革命者之间一种日益高涨的敌对态度。革命精神任何时候都不会局限于国家的界限之内，在巴黎燃烧的革命火把激励着比利时、荷兰、奥地利、波兰、爱尔兰以及其他一些地方的激进领导者。法国革命者与国外的志同道合者携起手来，而法国的君主主义者也与国外的君主主义者联合起来。他们彼此之间并不存在共谋，甚至也没有高度合作的行动。但是巴黎革命越是危及路易十六，君主制的拥护者就越是联合起来支持路易十六，尽管在其他情况下，他们可能也会谴责他；外国的领导者越是谈论要入侵法国以拯救王朝统治，革命就越是会成为全国范围的行动，来自国外的威胁就越是被视为对祖国（*la patrie*）的攻击，巴黎的革命领导者们就越将反对革命的人视为不忠诚的人和颠覆破坏的人。

210 在巴士底狱陷落6周之后，国民议会颁布了《人权宣言》。在1789年那个著名的夏天的政治动乱时期，议会在经过激烈的争论之后，否决了认为响亮的宣言可能会引发无法实现的期望的反对意见。根据R. R. 帕尔默（R. R. Palmer）的评价，此项宣言是第一个具有重要意义的政治法案，“是对否定旧秩序的道德基础的一个强有力的道德肯定”。比起美国的《独立宣言》，它更像1776年的《弗吉尼亚宣言》，因为前者主要是一个律师列举的一些委屈和不满（尽管它后来所象征的要远比这多很多）。

从表面上看，宣言体现了多种意义：一个标准的建立、一个方向的设定、各种道德目标的陈述。在一个冗长的序言之后，宣言提出了一系列的主张：人人生来且一直是自由的；在权利上，也生来且一直是平等的。所有政治组织的目标都是要保护人与生俱来的、不可侵犯的权利——自由、财产、安全和反抗压迫的权利。自由是指人们能够做任何不伤害他人的事情。思想和观念的自由交流是人类最宝贵的权利之一。所有公民在法律面前一律平等，只要他们在品德和能力上没有差别，就可以根据个人的能力，平等地享有在所有公共部门、机构的就业权利和在所有行业中的就业资格。

这些主张成为对个人自由的一种毫不妥协的坚定承诺，而个人自由就是 17 世纪和 18 世纪的资产阶级革命所为之奋斗的最高的价值标准。但是，《人权宣言》又是矛盾的，在这一问题上甚至是分裂的。在个人自由方面，几乎所有的承诺都是为了平衡对有组织社会的各种要求的承诺而做出妥协。社会差别可以存在，只要它是“基于共同的功利”。由于所有的主权原则在本质上都是建立在国家的基础之上，因此任何人都不得行使并非来自国家“明示”的权威。任何人都不得因为他的言论而受到干涉，“甚至在宗教方面”也是如此，但他们宣称的内容不得违反法律所规定的社会秩序。每个公民都有演说、写作和出版印刷品的自由，但是“在法律所限定的情况下，他也要为滥用这种自由而承担自己的责任”。价值观中隐含的冲突，使整个革命时期的理论和实践被分离开来。在 1793 年，大恐怖行动的前夜，一项新宣言的草稿在其附件中对个人和社会作了明确的区分，“任何侵犯人民主权的个人都应立即被自由的人们处死”。圣约斯特（Saint-Just）巧妙地总结了这种针对个人和社会的二分法：“自由，对于那些遵守法律的人来说是无需畏惧的”。然而，与第
一个宣言相比，这第二个宣言是一个更加体现平等主义的文件，在更大程度上强调 211
了满足人们的经济和社会需求的义务，尽管保护私人财产权仍然是这两个宣言中的一个不可或缺的重要的承诺。

对于各个时代的革命者和激进主义者来说，法国的宣言既具有历史的典型性，又是胜利的召唤。巴黎街道上饥饿的人们手中的旧式步枪发出的枪声，要比莱克星顿草地[1]（Lexington Green）的民兵的排枪齐发更加响亮，是“能够被全世界听到的”真正的枪声。根据汉纳·阿伦特的观点，一个可悲的事实是，“法国大革命，虽然以灾难告终，但是它却创造了世界历史；而美国的革命，尽管是如此的大获全胜，却仍然不过是一次具有地方性影响的事件”。但是，如果说法国大革命把贵族的自由和平等观念传播给了各地的人本主义的领导者，那么它也留下了有害的遗产，这就是这些价值观念之间的冲突。处于半饥饿状态的长裤汉和渴望得到土地的农民，在政治上受到他们自己的领导者的动员，希望政府能够实现它的平等主义的信条，满足他们的经济和社会需求。他们所渴望的“自由”主要是那种能够保护他们免受个人和政府的压迫，并且使他们能够对政府当局施加压力，要求为他们提供工作机会、满足面包需求、控制通货膨胀和改善工作环境的自由。

对于组成革命运动领导层的主要力量的中产阶级来说，价值的优先排序正好相反。作为启蒙运动的产儿、启蒙哲学家的学生、敌视对财产和商业进行经济控制的

---

① 莱克星顿是美国马萨诸塞州东北部城镇，传统上被认为是美国独立战争第一次战事的发生地。战争发生在莱克星顿草地，现在也被称为“战斗草地”。——译者注

自由派中产阶级成员以及狂热的个人主义者，他们主要是按照自己对自由的定义来评价所有的自由的。作为革命的主张者，他们同情穷人；但是，满足社会和经济需要的努力，决不能以牺牲个人自由为代价。

两种革命目标之间的这种冲突中所隐含的是一个更加严峻的问题：革命究竟是为了什么？从本质上讲，它是否要努力建立人民民主的各种制度，从而使人民可以参与民主并主宰自己的命运，只要这些制度能够存在下去？或者它是为了满足人们的直接需要，解决实际存在的经济和社会问题？在阿伦特的观点看来，真正的自由在很大程度上是指前一种，而且这种自由正在被那些将人的权利转换成长裤汉的权利的革命党人败坏着，他们使真正的自由让位给生存需要。阿伦特争论道，在一次穷人（*les malheureux*）的起义中，结果是无足轻重的，原则是疯狂的，有意识的目的不是自由而是幸福。

对社会革命的这种不抱希望的消极观点受到了严厉的质疑。革命的追求并不是
212 为了所谓的快乐，而是为了生存和自由，摆脱绝望。如果认为革命由于受到贫穷的阶级和他们的问题的侵扰而有所扭曲，那么贫困和饥饿的人们对此又能采取什么解决方法呢？创造一个广泛的、参与性的民主（或共和国）是自由的最终定义吗？或者事实上，它只是其中的一种手段——或者最为接近的目的——这些手段对于最终实现诸如自由、平等、公正、安全、幸福这些终极目标具有决定性的作用？政治自由和社会福利是不是总要如此分裂？阿伦特戏剧化地描绘了革命的一种两难困境——事实上，所有的改革中都会遇到这种困难的选择——在俄国和中国的革命中，这种两难困境会以一种奇特的方式重现。要理清在革命的情境中直接的实际手段、制度结构和最终目标之间的相互关系——以及在革命的混乱、挫折和机会主义之中领导在联系以上各个因素方面所发挥的作用，是极为困难的。

当然，完全掌握手段与目的之间的全部复杂的相互关系，超出法国革命领导者的能力范围，他们最多只能遗憾他们争取自由的努力的失败，就像罗伯斯庇尔的情况一样，他在自己的最后一次演讲中预言："我们将被摧毁，因为在人类历史中，我们错过了创立自由的大好时机。"各种事件在自然发展，而这些事件更多的是由当地各地段的领导人和街道上的群众制造出来的，而不是由国民议会中声名显赫的公众人物造成的。1792 年 6 月，国王与议会之间的冲突再次爆发，在此之后，两个纵队的全副武装的士兵，在携带武器和各种旗帜的大批民众的伴随下，聚集在国会的门前；他们的演说家，一个海关职员，被允许进入会议厅，他要求废除行政权力。在返回的途中，群众闯入了王宫，对国王和王后纠缠不休，并且强迫路易戴上自由的帽子。保皇派对这种侮辱皇室的行径大加谴责，这就导致了更进一步的分化，而这种分化又因对外国人入侵的恐惧日益增强而更加尖锐化了。

8 月，令人畏惧的巴黎民众，在他们自己的领导人的动员之下，进攻了杜伊勒里宫[①]（Tuileries），袭击并占领了王宫。这个插曲以及随之而来的对国王的"架空"构成了革命的转折点。在此之前，在王权力量和革命力量之间还有一个相对的

① 原为法王的行宫，后被焚毁。——译者注

平衡；而现在的争斗主要是议会领导者与巴黎各城区、各地段和各群体的领导者之间的争斗。

也许，在这种革命环境下，革命的领导就注定要走向暴力和独裁。国民议会中老的雅各宾派仍然在杰克奎斯·皮尔·布里索[①]（Jacques Pierre Brissot）的领导之下，他是一个贫穷的糕点厨师的儿子，曾经是反对罗伯斯庇尔的改良主义的记者，他献身于革命，并且一心一意，因此赢得了大街上民众的信任；还有乔治·杰克奎斯·丹东（George Jacques Danton），他曾经是一名法务官的办事员，用钱财在国王议事机构的小型法庭中买了一个荣誉职位。丹东的力量表现为在武装对抗国内外的反革命势力的过程中成为革命的化身。在之后的几周内，议会的安全委员会（后来发展成为可怕的公共安全委员会）与巴黎公社成员的领导者彼此竞争，进行新闻检查，抓捕嫌疑犯，并且征收武器分发给爱国者。在 9 月份，民众攻入了巴黎，并且屠杀了 1 000 多名男人和妇女。 213

几个月以来，布里索的支持者以及山岳党人（Montagnards）（意为山上之人，由于他们坐在议会左边的最高位置而得名）之间不断发生激烈的斗争，而雅各宾派就像是山岳党人的决策核心，并且最后剥夺了布里索的议员资格。在此之前，布里索曾经说过："瓦解者（disorganizers）是真正的革命者，因为一个共和主义者必须是一个瓦解者。但是，现在瓦解者成了反革命者。他们是无政府主义者和平均主义者。"民众要求废黜国王的压力日渐增强，国王被视为使保皇派的反革命者联合起来的一个中心点。一个年轻的狂热者，安托尼·德·圣约斯特要求杀死国王，这并不是因为他犯有什么罪行，而是因为他是敌人，应该根据战争法施以绞刑。要求采取缓和措施或推迟执行的布里索分子们被指责为秘密的保皇派。国王路易十六在 1793 年 1 月 21 日被送上了断头台。

如果在国内没有一个保皇派的反对，革命的领导者们会严重地向左偏离，更加激进。战场上的士兵们被告知，他们可以在其所征服的任何土地上进行改革——这样的行动激怒了国外的专制君主们，他们也面临着国内的抗议。法国对英国和西班牙宣战；几个月之后，它几乎与所有主要的欧洲国家处于正式的战争状态，除了美国和瑞士（这两个国家被认为是姐妹共和国）之外。激进主义发展的速度越来越快。由于怀疑巴黎有外国策划的阴谋，领导者们建立了一个革命法庭，该法庭拥有专门的检查权力。他们规定，所有被抓获的武装反叛者，都要按照军队做出的决定，在 24 小时内将其处死；他们建立了地方革命委员会，也建立了公共安全委员会，都是由革命的领导核心组成。代表大会，这个由全国的男性选民投票选举的最高宪法权力机关，现在被指责为忍受不忠的行为；在一个由 12 人组成的委员会被指派来调查反对代表大会的阴谋活动之后，山岳党人成功地从代表大会中清除了内部的温和派领导，从而坚定了他们的革命方向。几周之后，让·保尔·马拉[②]（Jean Paul Marat），这位革命早期的英雄，同时也是负责代表大会清洗运动的一名

① 杰克奎斯·皮尔·布里索（1754—1793），法国的共和主义者和革命者。——译者注

② 让·保尔·马拉（1743—1793），法国大革命时期著名的活动家和政治家。——译者注

领导人，在进行保健浴时被夏绿蒂·科黛①（Charlote Corday）刺杀而死。

如果夏绿蒂是按照她的领导理论——这一谋杀能够制止极端派，鼓励温和派——而采取行动的话，那么她在1793年7月的行动就完全有违于自己的初衷。
214 这种行为有助于加快恐怖时代的来临。从前线不断传来的坏消息使恐怖（*enragés*）措施进一步加强。长裤汉们接连不断施加的压力，以及对国外威胁的偏执反应，造成了一种弥漫着恐怖和仇恨的气氛。囤积居奇成了当时的一项主要的犯罪行为。随后颁布了一项新的嫌疑犯法案，规定对任何一个可能被怀疑为政治上不忠的人，可以立即实行逮捕；结果，根据这项法案的条款规定，有300 000人被关进了监狱。玛丽·安托瓦妮特（Marie Antoinette）被施以绞刑。死囚押送车在巴黎不停地忙碌奔跑；在其他的省份，这种残酷的大屠杀更为严重。在里昂，在一次大规模的恐怖屠杀中，数以百计的受害者被迫站在掘开的壕沟旁，然后是加农炮对他们的狂轰滥炸，这是较晚世纪大规模恐怖屠杀的先兆。

然后，革命领导也开始掉转矛头，攻击自身。布里索以及他的几个助手在一个小小的法庭被审判之后被推上了断头台。权力在山岳党人之间和议会之间来回转换，每次冲突都会导致很多无辜的伤亡。左翼的埃伯尔派②（Hébertistes）受到了孤立，被指认，并且遭到杀戮；然后轮到了右翼的丹东分子，他们的下场同样如此。控制权如此迅速地转移到了极端分子的手中，这样一来，曾经是激情满怀的激进统治者突然发现他们自己被污蔑成了反革命分子。到了1794年7月，这种情况就轮到了罗伯斯庇尔的身上，然后是圣约斯特。很快，这场恐怖就结束了，它的幸存者们对此早已感到了厌倦；不久，这种摇摆不定的事态就偏离了革命的方向，开始向反动的方向发展。

很多人认为，法国革命吞噬了自己的孩子；或者说革命是一股强大的激流，它首先是把自己的孩子们掩入复仇与恐怖之中。这两个比喻都说明革命的领导者失去了控制，并且成为了某种非人的命运或历史必然性的傀儡。但更进一步看，那些声名卓越的或者臭名昭著的领导者们，似乎并不纯然是命运的受害者；他们是大众的下层领导者的代理人，而这些下层领导者在他们与大众之间发挥着中介调和作用。这些革命领导者们在一定的组织机构——例如国民议会、雅各宾协会、公共安全委员会、基层的行政区和巴黎各分区——中找到了他们的政治立足点。所有领导者都必须要找到这样的立足点，而这些基础通常要具有一定的力量、可靠性和持久性。然而，在18世纪90年代的巴黎，这些组织机构本身都受到了攻击，并且将随同占据它们的领导者们一起走向灭亡。

造成极端主义的主要原因是巴黎的群众及其领导者。实际上，在革命后期的年代中，每一个事件的主要转折点——就像早期的转折点一样——正是长裤汉们的领导者采取了决定性的主动行动。正是这些群众的领导，反复地对抗或闯进国民议会

---

① 夏绿蒂·科黛（1768—1793），是法国大革命恐怖统治时期的重要人物，是温和共和派的支持者。——译者注

② 埃伯尔（J. R. Hébert，1757—1794），法国革命者，曾为巴黎公社成员，因反对罗伯斯庇尔失败而被逮捕，并被处斩。——译者注

或代表大会；正是这些群众的领导，一次又一次地攻击革命领导者，因为他们没有能够很好地解决食品短缺和价格问题；正是这些群众的领导，贪欲无度地渴望看到更多的头颅悬挂在观众的面前；正是这些群众的领导，聚集在市政厅（Hotel de Ville）前，向政府的检察官（*procureur*）高喊："我们不要承诺——我们要面包，而且现在就要!"；正是这些群众的领导，经常会把法律控制在他们自己手中，当政 215
府当局似乎不愿意杀人时，他们就自己制造大屠杀。群众由于**需要**而保持了高昂的战斗精神。尽管有所有这些承诺，但是食品危机仍在继续；正是由于所有这些承诺，对食品的期望被提高了。长裤汉们又一次在高喊着要面包，但是巧妇难为无米之炊。

因为革命领导者们不能满足这种需要，因为他们在面对群众的平民主义者的冲击——那种无法吓倒的令人恐惧的对抗和侵犯——时感到愧疚和无助，也因为左翼人士更容易受到比**他们**更左的人的攻击，革命极端主义的倾向——没有记录，除了在警署的记录之外——是群众领导。而且如果革命似乎迷失了自己的方向，那么一部分是因为革命领导者们既不能建立满足人民群众基本需要的制度机构，也不能建立一种能够与中产阶级个人自由观念的信条和工人阶级对平等和福利的要求相协调的意识形态。马·杰·西德纳姆（M. J. Sydenham）得出结论说，真正的悲剧在于，"革命者们真诚地尊重大众的权威，但是从来没能在一个能够得到普遍支持和服从的自由机构中体现出这种权威"。革命的动力受到的是一种混乱的领导。

俄国：领导的天职

俄国革命之前的 50 年，是这一时期最值得称道的，在此期间，一群男女有意识地付出努力，以求理解历史的进程，并确定社会行动的杠杆。他们组成了一个独一无二的学院。他们散布于伦敦和纽约，一直到西伯利亚偏远的省份；他们还受到警察的追捕，并且受到渗透进来的特务的监视，被政府当局由一个城市驱赶到另一个城市；他们被强制流放，但经常会逃跑并且返回原地；这些马克思主义的革命者们对社会冲突和社会变革的最根本问题进行了激烈的大陆性的对话。他们通过各种临时性的会议互相学习；在他们的粗糙的薄薄的报纸上，他们用自己的革命理论与炽热的耶稣会士们争论着尖锐而细微的革命理论问题，他们进行谴责，联手抵制，吹毛求疵，与其断绝关系，而后又修复关系。唐纳德·特雷德戈德（Donald Treadgold）指出，他们的机关杂志的目的"是非常严肃的；每一篇文章，每一个议题的每一个字都是极其认真的"。他们以集体的方式提出了一种世界观、一个宏大的战略和一个战术计划。

这群革命的思想家、辩论家、活动家的政治和理智领导行为，至少可以与 17 世纪英国的理论家和 18 世纪美国的理论家所提出的创造性思想相媲美。他们只有一个重要的不同之处。英国和美国的立宪主义者建议要控制和稳定民众政权的领导；而欧洲的革命者们——首先是列宁——追求的是一种领导策略，这种策略能够 216

使大众被动员起来，并且能够领导他们投入到历史早已决定的政治行动中来。

在思想上，欧洲的革命者是以曾经横扫欧洲的一种最强大的学说为源泉和依托的，但是也不可避免地受制于此种学说。卡尔·马克思的《资本论》（*Das Kapital*），最初是在1867年出版于德国，5年之后，最早的一种翻译版本出现在俄国。这本著作令众多的知识分子如获至宝——普列汉诺夫、列宁、马尔托夫（Martov）以及其他中产阶级知识分子——他们努力寻求一种有关历史的解释以及一种能够为革命需要服务的经济发展理论。马克思主义成为他们灵感来源的“圣经”宝典、理论的源泉和行动的指导纲领。像所有其他的权威著作一样，这部伟大的作品也有它模棱两可的地方，因此，围绕马克思主义理论对政治领导战略的意义——甚至，政治领导是否真的必要——爆发了激烈的争论。

对于俄国革命者来说，核心的问题是马克思以及后来的马克思和恩格斯是否不仅为他们提供了一个广泛的阶级斗争理论，而且也提供了一种政治行动的战略，以及在主要思想学说下发展出来的政治领导战略。在马克思看来，某种政治运动显然会产生于作为无产者的工人阶级，他们被“生产方式和手段”锻造成一股团结而强大的力量。马克思和恩格斯宣称，要反对有产阶级的集体的力量，工人阶级除非在自己内部成立一个政党，不同于有产阶级建立的所有的旧政党，并且反对有产阶级组成的所有旧的党派，否则他们是不能作为一个阶级行动起来的。而且这是必要的，目的是要保证社会革命的成功，而它的最终目的是要消灭阶级。但是具体要建立什么样的政党？是由一小群中产阶级知识分子领导组成的小党？还是一个由自由主义的、革命的、左翼的力量组成的广泛的联盟？还是一个联合工人、农民和知识分子的党派？而且要如何来领导这个党派，如果它确实需要领导的话？是不是由那些基层的工人或农民来领导？或者是由外部来的领导人士——学生、知识分子、职业的革命者来领导？又或者是以上这些人和其他人的联合体？而且这种领导的本质和范围又是怎样一种情况呢？

在这些问题上，马克思和恩格斯对政党的作用提出了一种初步的或至少是高度灵活的观点。他们较为熟悉的是小团体和组织的政治运作，而且有时候他们就是这些组织和团体的成员；他们也熟悉新兴的群众政党，如德国社会民主工党、英国刚刚成立的工党、美国的农民和工人政党，当然还包括国际工人组织联合会，以及在
217 1864—1872年间存在的第一国际。他们相信，一个工人的政党，应该有一个不同于其他政党的激进的纲领，但是在其他方面，他们又对政党的组织和战略缺乏明确而一致的观点。他们似乎相信党应有适度的中央集权。他们倾向于一个有广泛基础的工人政党，但是政党的联合在很大程度上取决于政治环境，特别是取决于“民主”控制与专制控制的平衡。

马克思和恩格斯更关心工人阶级的觉悟状况，而不是工人阶级的政治组织。就像罗塞纳·罗森达（Rossana Rossanda）所说，对于他们而言，革命“只不过是一种物质状况（阶级之间的对抗）及其政治表达（权力机构的危机）以及所形成的觉悟同时作用的产物”。有了这样一种觉悟，任何事情都成为可能；没有这种觉悟，则一事无成。由于历史的铁的规律，工人们被抑制、被压迫、与其工作相异化、与

其他阶级相隔离。随着阶级被组织起来反对阶级，革命觉悟便首先在冲突中锻造出来。但是对于马克思来说，觉悟是否是一种自然的、内在的、客观生成的东西，还是人为有意塑造的一种力量，这个问题并不完全清楚。

这种模棱两可反过来导致了一个最具实际意义的政治问题，即：能否依靠无产阶级通过不断提升自己的觉悟来产生自己的革命组织？或者是不是这种觉悟必须由无产阶级以外的领导者去激发、唤醒、加快和深化它的发展？这就是所谓的“自发性”的问题。一些革命领导者相信，如果去人为地加速一个自然的必然的过程，是非马克思主义和非民主的。列宁强烈反对这种观点。他提出了革命战略的第二种理论。他说道，所有国家的历史都证明，工人阶级依靠自己只能产生工会意识，而并不能发展出自己的革命战斗精神，并且工人阶级运动的自发的发展仅仅意味着工人在意识形态上受到资产阶级的奴役。

这些原理非常明确，就像一记记的重锤之声那样振聋发聩，而且这些原理正是列宁写的小册子《怎么办?》的中心思想所在。他一次又一次地回到这一中心观点：工人们会因改良主义、工联主义和由资产阶级妥协产生的眼前诱惑而误入歧途。共产主义会被自发性彻底地压倒。其结果将会产生一种机会主义，而这种机会主义只能带来一些细枝末节的改革，而不是社会的根本变革。这一过程只会增强资产阶级的力量。列宁说道：“因此，我们的任务，社会民主党的任务，就是要**反对自发性**，使具有自发的工联主义倾向的工人运动，从资产阶级的羽翼下**脱离出来**，使工人运动投入到革命的社会民主党的阵营之中。”

《怎么办?》实际上是有关政治领导的理论和实践的一本小册子——是迄今为止所创作的最有影响的一本册子，它最终将会与马基雅弗利的作品齐名。这本小册子 218
的中心思想是：无产阶级作为一个整体必须在即将到来的革命剧变中担当领导重任。但是由谁来领导无产阶级呢？列宁对那些认为一个新的社会秩序会随着群众的“自发的行动”而到来的人们嗤之以鼻。列宁写道：“我们的祖先们，以他们的古老的智慧曾经这样说过：‘任何蠢人都可以生孩子’，而今天‘现代的社会主义者’……以他们的智慧说道：‘任何蠢人都可以帮助自发地建立一种新的社会秩序。’”不是这样的，革命的领导是一个小规模的、秘密的、高度组织化的政党的任务，而这个党是由经过训练的、值得信赖的、历经考验的革命者组成的训练有素的干部核心来领导的。这不是一个群众与领导的问题，而是好领导和坏领导的问题。

这本关于革命领导的小册子回避了很多棘手的问题——关于有革命思想的工人与他们的同伴和领导者的关系问题，关于组织领导与追随者的关系的制度形式问题，关于政党领导者的限制的性质问题，关于夺取国家政权的方式和其后执掌国家政权的方式之间的关系问题。但是这本小册子由于建立在一个综合的革命理论基础之上，因而获得了很大的力量。这个理论的中心是冲突的作用问题。革命的工人阶级成员所获得的无产阶级觉悟，并不是来自各种自然的力量，而是因为领导者证明了革命运动的本质是夺取政权的斗争，阶级斗争是不可调和的，以及在无产阶级的权力和资产阶级的权力之间没有一个中间路线。作为一个战略问题，列宁建议要放弃同盟和联盟，并且有意识地缩小革命运动的基础，目的是要使它更精悍、更坚定不移、更加有意识和更加革命。因此他的无产阶级领导理论，建立在阶级冲突的基础之上，并成为了一种有关政治权力的理论。

但是，如果列宁的领导策略是较为完善地建立在一种历史和社会斗争的理论基础之上的，那么它与了解人类需要和价值观念的联系就不是非常紧密的。就像事实上所有的温和的改良领导者和社会革命者那样，列宁深信他知道大众想要的是什么——或者至少他们需要什么。改良者们在世纪之交仍然在强调从专制统治中获得解放的消极目标：公民自由、选举权、公平的代表权等。列宁主义的革命者指出了社会和经济自由的重要性，如获得改善的工作环境等，但是他们对这些目标以及如何来实现这些目标并不十分清楚。列宁对于工具性的革命近期目标表达得极为清楚，并且非常诚实坦率；相比较而言，对革命的终极目的，他却说得较为含糊——
219 特别是关于他的目的和手段之间的关系——在随后的几十年中，这将始终会困扰列宁主义政党。

历史对政治思想家和后来取得政权者的丰功伟绩加以渲染、夸张并将其奉为经典；历史承认胜利者的助手们的角色，也承认获胜者的主要对手的作用；历史忽略次要的力量，尽管它们也许曾经很重要——构造政治冲突的无数团体、分散的各种运动以及第三、第四和第五政党。列宁的主要对手，至少在对马克思主义理论做出权威性的解说的竞争中，是那些社会民主主义者，他们出于理论和实践两个方面的原因，反对列宁的政治领导和策略。到 1895 年为止，大约有 20 个马克思主义团体加入了列宁、马尔多夫以及其他人领导的争取工人阶级解放战斗同盟；3 年之后，有几个代表，侥幸逃脱了警察追捕的罗网，成立了俄国社会民主工人党；这个党把制定宪法、由普选产生的议会以及言论和新闻出版自由作为他们的近期目标，而把包括土地在内的生产资料的社会主义所有制作为他们的最终目标。在号召实现一些诸如每天 8 小时工作制和农业改革这样的具体目标时，以及一些最终的目标，比如推翻资产阶级领导，建立无产阶级专政这样的目标时，这次会议展现出许多俄国革命者在实际方面的吸引力和在理论上的含糊不清相结合的特点。列宁没有出席这次成立大会（他在 1895 年已被放逐），但是他密切地注意着事态的进展，并且很快就与创立者们在一些问题上产生了争论，其中既有细小的问题，又有意识形态的问题。

俄国的马克思主义革命运动内部所有的各种各样的冲突，似乎要在 1903 年的第二次党代会期间来一次总的爆发；这次党代会最初是在布鲁塞尔召开，但是在比利时警察的数次骚扰和追捕之下，会议地点转移到了伦敦。在将近 50 名代表之中，仅有 4 名是“真正的”工人。会议召开之时，列宁也在那里，并且对会议在革命学说和战略问题上的分化发挥了主要的作用。这个“团结”的大会最后由于无休止的激烈争吵而中止了，并且使该党分化成两翼：布尔什维克（Bolsheviks），如此命名是由于他们在选举中获得了轻微多数的胜利；孟什维克（Mensheviks），或者称之为少数派。眼前的问题就是《火星报》（*Iskra*）的控制权问题，这是党在放逐时期的报刊，列宁想要接管这份报纸；根本问题是革命的战略问题。孟什维克普遍相信，为了符合马克思主义所划分的历史阶段的理论，独裁统治必须要被一个资产阶级政权所代替，在“一段重要的间隔时期”之后，真正的革命——社会革命才可以发生。孟什维克并不惧怕这个“间隔”。这将是一个资产阶级改革与公民自由的时期，在这个时期，工人阶级的人数和力量都将得到增强。列宁强烈反对这一观点。220
社会革命只有作为武装革命和不妥协的军事行动的结果，才有可能到来；他坚信，这无须通过与工会和自由主义者的联合。

在所有这些学说的模糊不清和内部斗争之中，问题最终归结为领导权的问题、激进主义问题以及推动历史进程的问题。对于列宁来说，最重要的问题就是，“革命的结果要取决于工人阶级是否作为资产阶级的附属者，这种附属地位仍然具有对独裁政府的强大的冲击力，但在政治上并不重要；或者工人阶级是否在人民革命中扮演领导角色”。他嘲讽说，孟什维克分子，“走得很起劲，但领导得很糟糕”。

其他团体也威胁要夺取领导权。比分裂的社会民主党人更左的是社会革命党人（Social Revolutionaries），该党成立于世纪之交，是由一些党派聚合而成的。与正统的马克思主义原则相反，社会革命党的领导者提出在推翻独裁统治之后立刻转入社会主义。他们坚持一种暧昧的平民主义学说，该学说要求建立一种农民的公社所有权的纲领（农民将在革命中扮演主要角色），并且谴责马克思主义的“国家社会主义”并不比现有的“国家资本主义”好到哪里。社会革命党人还相信，恐怖可以作为一种策略，社会革命党人资助了一系列的暗杀事件、武装抢劫，或者说是“没收他人财产的行为”。右翼的是那些自由派的领导者，他们是 19 世纪俄国伟大的改良主义传统的继承者。在 19 世纪 90 年代的动乱中，自由派在帕·内·米留科夫（P. N. Miliukov）的领导下，从对实际需要全情专注，转向更激进、更长远的目标。这位历史学的著名教授，接受了西方思想的教育，并且深受理性主义思想家诸如康德、洛克、休谟、马克思等人的影响，因而迅速地转向了左翼，他也因此而被沙皇政府逮捕入狱达三次之多。他在其他自由主义和左翼力量中寻求同盟，但是由于自由派的运动充斥着一种狭隘的政治改良主义，因此他无法使这种运动超越它汲汲追求的眼前进步，朝向根本性的社会和经济变革行动。列宁讽刺自由派——实际上可以说仇视他们——说他们是不可救药的资产阶级分子。他说，自由派永远不会跳出他们阶级和物质利益的限制范围之外。他们既要沙皇，又要自由；但是，他们不可能两者兼得。列宁不会接受他们的政治援助。也许列宁是惧怕自由派会成为工人阶级领导权的潜在竞争者——他们在西方国家中已经成功地扮演了这种角色——但是他看上去似乎也非常痛恨那些经济主义者和其他温和派人士。

所有这些力量和其他的力量以及个人，在 1905 年进入了冲突状态。1904 年俄 221
国与日本爆发了战争；俄国人在一系列的陆地战斗中遭受了重创，并且帝国海军的一支庞大的舰队航行到对马海峡时，在几个小时之内就被彻底歼灭，而此前，这支舰队曾耀武扬威地巡视了半个世界，这次事件使俄国羞愧难当。沙俄政权在履行其最神圣和最基本的使命方面再一次落败；而政治骚动也再一次被搅起，不是由争论不休的革命者挑起，而是由于国家遭受了落败并蒙受了羞辱。在 1905 年的一个周日，一群被组织起来的工人，高举着上呈沙皇的请愿书和沙皇本人的肖像，却遭到了沙皇卫队的子弹的射杀。在血腥的星期天之后，自由主义者、工人、革命团体又再次爆发新的动乱。当政府当局以笨拙迟缓的动作阻挡民众的抗议时，自由派呼吁召开立宪会议，农民组织也聚集起来进行抗议活动，地方自治机构①（*zemstvos*）的领导者们要求进行广泛的政治改革，而且在工业区也爆发了工人罢工。一名社会革命党人刺杀了沙皇的叔父。

这时候的列宁也跟以前一样是在流放途中，他不断地为社会民主党人提出劝告。当他返回到俄国时，一切都太迟了，在俄国度过的令人沮丧的几个月中，他不断地受到警察的追捕，甚至差一点被警方隔离起来。正像列宁后来所说，如果1905年是一个“伟大的预演”，那么布尔什维克的领导者在革命的舞台上只扮演了一个小角色；实际上，列宁是在几乎所有重大的革命行动都结束之后才返回到俄国的。列宁仍然不相信“自发性”，他几乎不知道怎样处理意料之外的革命成果——在圣彼得堡和其他地方出现的苏维埃②（soviets）主要是在孟什维克的影响下建立起来的。在1905年末的几次起义中，布尔什维克扮演了一个角色，但并不是领导角色；这些革命都遭到镇压，列宁认为，社会民主党人拒绝采纳恐怖主义的做法是不正确的，并且建议他的追随者采取“打了就跑”式的进攻，建议他们对银行和政府部门实施“没收”。列宁讨厌并且不信任那些支持革命的力量：虽然软弱和胆小，但却赢得了选举的立宪民主党人、恐怖分子、知识分子、支持苏维埃的孟什维克，甚至还包括工人和他们的自发性。他的期望越来越多地转向农民和他们的革命潜能。

1905年之后，俄国似乎已经为改革领导与革命领导之间具有划时代意义的斗争搭好了舞台。1905年10月，沙皇政府颁布了一项声明，称俄国将改革成君主立宪制。自由派领导者米留科夫对此项声明及其对政治和公民自由的保证表示欢迎，称其既是一次伟大的胜利，又是斗争的一个新阶段。1905年的革命沉重地打击了尼古拉，几乎没有增强他对建立立宪民主政体的可能性的信心，即使有所增加，最多也只是一点点而已。

一些历史学者得出结论说，这并不是一场公平的竞争，因为改革领导者一直都没有获得必需的时间和必要的政治资源来进行稳定的社会改革。这个国家缺乏一个对政权进行自由主义改革的基础设施。地方自治组织也并没有发展成为有效的议会
222 机构。在世纪之交的政治动乱中涌现出了一系列的政党，但是他们的组织状况和领导情况都是极为混乱的。旧政权僵化的官僚机构在风雨中飘摇，勉强维持，但是几乎没有受到这场动乱的影响。大多数的俄国人仍然是大字不识；很少有人对自治这种新鲜的发明物和矛盾体有实践上的经验。根据米歇尔·特·弗洛林斯基（Michael T. Florinsky）的看法，自由派“还有待于继续学习巧妙的妥协艺术，因为这对于复杂的代议制政府机制的成功运转来说，是至关重要的”。但是革命者没有感受到他们有这种妥协的需要。一位年轻的名为托洛茨基的政治煽动者，在圣彼得堡的激进分子中脱颖而出，他在对1905年进行总结时说：**革命死去了，革命万岁！**

对当时的人来说，在君主立宪政体内进行自由主义改良，其前景看上去并不是

① 即俄国沙皇时代乡村区域地方选举的议会。——译者注
② 即劳工代表会议。——译者注

那么暗淡。俄国人一直被迫经历着很多的社会和经济变革，这些变革在其他社会中构成了自由主义宪政大厦的根基——工业自动化、城市化、一个不断成长的中产阶级、活跃的新闻媒体、工联主义以及社会多元化。从那些在理论上和实践中厉行自由主义的核心人物中不断地涌现出有能力的领导者。新的党派和他们的领导者，尽管没有受过什么教育，但似乎大有前途。在 1906 年 2 月发表的一项法案，宣告一个真正的议会正式成立，由国家杜马作为“大众”的下议院，由国务院作为上议院；显然，沙皇向民主做出了真正的、也许非常勉强的让步。下院选举的安排，当然不能充分代表人民大众（特别是城市的居民和产业工人），而沙皇仍然保留着对立法的绝对否决权。但这并没有过度地打击改革领导者。绝大多数的自由政权最初都不能充分代表大众。毕竟，伦敦的“议会之母”（Queen of Parliaments）在 1905 年时也是由一个强大的上议院和不能充分代表较低等级的人民大众的下议院组成的，并且议会仍然深受王权的重大影响。在俄国，君主立宪制的发展，以及它对领导的限制和稳定化的作用，取决于 1905—1906 年的革命变革是否是未来几年政府持续的自由化和民主化进程的前奏。

绝大多数革命领导者对这一事实都没有疑问。对于他们来说，资产阶级阶段只是在社会革命的客观条件具备之前的一个历史必经阶段。一些社会革命的领导者提出越过这个资本主义阶段而借助革命直接进入社会主义阶段。列宁反驳了这种策略。他指出，俄国可以越过资本主义发展的阶段是纯粹的胡言乱语。社会革命党人没有能够弄清楚，“即使按照农民的愿望，把所有能够得到的土地给农民重新分配，
也不能为推翻资本主义做出丝毫的贡献，而是恰恰相反，这只会刺激资本主义的发 223
展并且加速农民内部阶级分化的速度”。对于列宁和其他的革命者来说，这个资本主义阶段的必要性给他们提出了一个很痛苦的问题：革命会在他们的时代到来吗？

列宁认为，资产阶级革命的范围越广泛，越具有决定性和持续性，无产阶级反对资产阶级的斗争就越有把握。俄国的资产阶级革命很难说具有决定性和持续性，尽管在前几个月中，它看上去很兴盛。维特（Witte）这个沙皇在无奈之下所选择的新内阁总理大臣，从官僚机构中清除了一些保守主义分子——特别是令人生畏的波别特诺斯采夫（Pobedonostsev）——并且做出真正的努力来扩大内阁，使其包括自由派的和地方自治机构的组织。适时举行的杜马选举，导致了宪章自由党和劳工同盟的广泛胜利。没有一个公开的保守派当选，并且庞大的农民代表团表现得异常激进。杜马立即着手提出了进行政治改革的要求，这是俄国自由派敦促了几十年的经典的政治改革：广泛的选举权，直接选举，议会享有最高权威，土地改革。

然而，温和派转向了左翼，这是脆弱的沙皇和刚出生的自由派政府机构所难以承受的。维特受到了来自各个方面的攻击，他让出了自己的职位，随后由国王的一个官僚侍从接任了这一职位。沙皇拒绝了自由派领导者提出的政治改革要求。在这个代表了广泛的四分五裂且互不妥协的党派的议会中，爆发了令人不知所措的各种各样的冲突；不到 10 周时间，第一届杜马就被解散了。当 200 名左翼代表要求通过抗税和抵制征兵的办法来消极地对抗政府时，他们遭到逮捕，被宣布有罪，并且被监禁起来，由此拉开了长达 10 年的镇压运动的序幕。此后，通过受限制的选举

产生出的国家杜马日趋保守。许多社会革命党的领导者逃离国境，大多数社会民主党的领导者转入了地下活动，或者是被流放，这个党因此被分化成了许多小团体。

如果俄国的自由派改革领导没有在这个时期令自己名闻遐迩，那么革命领导者也没有做到这一点。社会革命党人和社会民主党人都抵制了1906年的选举，从而帮助立宪民主党取得了胜利。在1907年国家杜马的第二届选举中，两个革命党派都改变了他们的策略，社会民主党赢回了65个席位，而社会革命党赢回了34个席位。列宁，由于他始终无法去掉对自由派改革者的怨恨，因而领导着革命者对立宪民主党人进行了集中式的攻击。由于这次从左派而来的攻击，由于沙皇对极右势力在财政和其他方面的支持，以及在公众舆论中出现的一种非常强烈的保守主义倾
224 向，结果在新杜马内的立宪民主党人的数量减少了一半之多。在列宁的策略中，暗中破坏自由派领导是非常关键的，但是革命领导者并没有因自由派的衰落而取得胜利。伴随着那些充满了追捕和流放的阴霾的日子的持续，在列宁的政党内部产生了强烈的内讧。列宁因为他的教条主义和专制作风而受到攻击；甚至连小的布尔什维克团体也受到了警察间谍的骚扰；由于自由主义的和左翼的反对力量脚跟不稳，沙皇统治似乎再次赢回了权力。

只有一个更大规模的更普遍的动乱，而不是来自内部的革命，看上去才更有可能推翻旧的沙皇政权。这场动乱从1914年开始。战争爆发时列宁正在度假；他对即将爆发的世界大战并没有什么预感。很多年他都在期盼着在资本主义国家之间爆发一场战争；而且，很多年来他也在盼望着所有国家的优秀的社会主义者超越他们的沙文主义的本性，携起手来，越过战火燃烧的边界，共同组织一场针对帝国主义的战争。他不敢相信自己所得到的消息——在德意志帝国的议会和其他的议会中，真正的社会主义者竟然投票支持战争。这种激进的爱国主义的爆发，使列宁陷入比以前更加孤立的境地。到现在为止，他在大多数社会主义者阵营中成为了一个令人轻视的、没有信用的人物。他失去了自己的好朋友，也失去了盟友；在1914年他几乎受到国际社会主义运动的谴责。然而，亚当·乌拉姆指出，回过头来看，“他在那几年中的孤立状态和人们对他的恶意的攻击，后来成为他在1917年取得伟大胜利的主要原因”。在那时候，没有人愿意与他分享极端主义领导路线的领导权。这位具有传奇性的麻烦制造者和教条主义者，在革命的最后阶段，成了能够适应当时那种充满了暴力和烦躁不安的情绪的唯一一名领导者。战争之前和战争期间的考验最终给了他巨大无比的自信，使他能够领导和指挥周围的那些意志坚强的人。

1917年的最初的几周内，罢工和骚乱横扫俄国，沙皇退位的消息随之传来，当时还在苏黎世被放逐的列宁无比激动。旧政权就这样垮掉了。起初，列宁错误地估计了形势，以为革命是法国和英国大使的杰作；后来，由于不了解这场剧变的规模，他担心沙皇会发动一场反革命政变，并夺回政权。他内心非常渴望回国，并且德国方面在政治战中施展了出色的手腕，为他提供了著名的“封闭火车”（sealed train），从而使他可以带着他那“和平主义的”观念和革命的热情，回到这个作为德皇敌国的故乡，它正处于分崩离析的状态之中。列宁回到了首都，它正处于动乱和分裂状态，但也有令人兴奋的自由。各个政党、集团和派别的内部以及它们相互

之间，都似乎在毫无希望地分化瓦解着。在反对者和讽刺者的攻击中，列宁抛出了他的《四月提纲》(April theses) ——这也许是他整个领导生涯中最令人震惊的领导行为。他对自由主义者、孟什维克和社会革命党人没有做出任何让步。对临时政府的攻击必须加强。更为重要的是，他的政党必须更名为“共产党”，并且即刻没收庄园财产，将土地分发给农民，建立一个新的**共产国际**（*Internationale*），使它能够排除孟什维克和温和派。《四月提纲》的提出，仿佛是一枚重型炸弹。列宁是不是在否定马克思主义，在要求立刻进行一场**社会主义**革命呢？ 225

在列宁坚决地掌握革命领导权的过程中，《四月提纲》只是第一步——也许是最具决定性的一步。他在党代会中的首要地位此时并没有得到确认；众多的反对者在革命的浪潮中纷纷攀到了权力的顶峰。每天都会产生新的危机，难以处理的问题，实际性的选择——所有的决定都必须在对马克思主义原则进行无休止的讨论之后才能做出。列宁的策略也是每天都在发生改变。大多数时间他都在准备和鼓励他的追随者们对临时政府实施直接攻击。在其他时候——特别是在七月，当工人和士兵中间爆发了一次“自发的”行动，威胁革命要以不合时宜的高速度发展时——列宁不得不限制一下革命的发展趋势。由于列宁本人被指责拿了“德国人的金子”，还有德意志帝国的免费车票，因此在这期间，他大多数时间都是躲起来的；通讯条件是极为落后的；根本上的政策分歧使列宁和他的许多同事分道扬镳。他的老伙伴和老对手，季诺维也夫①（Zinoviev）和加米涅夫②（Kamenev），坚持主张直接进行革命行动是不成熟的，那无异于自杀。这些人中甚至包括托洛茨基，一般说来他是列宁的最亲近的支持者，但是列宁也与他有不同观点。伊萨克·多伊彻（Isaac Deutscher）指出：“列宁非常关注革命所要达到的目标。托洛茨基更关注政治形势，关注大众的情绪，以及是否有必要赢得那些动摇分子的支持，这些人可能会响应苏维埃的号召，但是不会响应党的号召。”

1917 年秋天，克伦斯基③（Kerensky）政府为了防止一次武装威胁，允许赤卫队④（Red guard）重新武装，并且释放了他们的长官。9 月，布尔什维克在彼得格勒的苏维埃中获得多数，不久之后在莫斯科也赢得多数。10 月，列宁仍然坚持要采取行动，并且担心温和派会反对他，于是创设了一个军事革命委员会来准备发动一次武装起义。左翼的社会革命党人，由一位 18 岁的年轻人领导，与布尔什维克结成了同盟。这时，列宁比以往任何时候都更加急躁，即使他最亲密的同伴都在劝他推迟行动，但是他仍然坚持己见。但是，正像乌拉姆所指出的那样，情况似乎是，受到列宁激励的一些布尔什维克分子几乎宿命般地感觉到，他们甘愿身涉险

① 季诺维也夫（Grigori Evseevich Zinoviev，1883—1936），共产国际执行委员会首任主席，苏联共产党早期领导人，联共（布）党内“新反对派”的主要代表之一。——译者注

② 加米涅夫（Lev Bolisovich Kamenev，1883—1936），苏联共产党和苏维埃国家早期领导人，联共（布）党内“新反对派”的主要代表之一。——译者注

③ 克伦斯基（Alexander Fyodorovich Kerensky，1881—1970）。俄国社会革命党领袖，第四届国家杜马中劳动派领袖，曾在 1917 年临时政府中先后任司法部长、陆海军部长、最高总司令。十月革命后组织反苏维埃的叛乱，逃亡国外。——译者注

④ 俄国十月社会主义革命前后及苏俄内战初期俄国无产阶级武装力量的重要组成部分。——译者注

地，冒一切危险，也不愿意抛弃他们的领袖。事件突然之间就发展到了一个高潮；临时政府是如此软弱不堪，政治的空当是如此之大，尽管布尔什维克仅仅有一支随便武装起来的乌合之众，尽管他们也曾铸成大错，遭逢不幸，但是他们最终还是能够夺取政权。在几个小时之内，列宁已经在撰写他的第一个布尔什维克法案——关于和平与土地的法令。

226 历史的判断更钟情于胜利者而不是失败者，而历史对列宁的论断是：他在1917年展现出了娴熟的领导。对这一成功的解释是大为不同的。是不是由于他对马克思主义革命理论的运用和掌握？尽管这样一种预测了资本主义衰落和无产阶级胜利的学说是列宁坚定信心和确定大方向的主要源泉，但是，作为一个理论家，在具体的困难面前，列宁却表现出一种敢于蔑视这种学说的非凡的能力。有一段时间，他甚至似乎准备同意无政府主义；另一个时候，他又支持恐怖主义——坦率来讲，这两者都是让人讨厌的东西。他看上去在有关革命的两个阶段这个陈旧而传统的问题上反复地改变着自己的态度。他口头上说，马克思主义认为广大的劳动阶级应组成广泛的同盟来进行革命，但是行动却又远远超出了无产阶级的想法。

其他人将列宁的成功归功于他的严格自律、领导气质和坚定的自信心。列宁在他的伙伴和追随者中间经常表现得像一个仁慈而威严的父亲；根据维克多·沃尔芬斯坦的观点，列宁在心理上是在扮演父亲的角色。他说："列宁可能并不是有意识地要成为俄国社会民主党的领导者，但是在无意识之中，他不可能承担其他的角色，只能是领导者。"对于渴望获得最高领导权的人来说，与同伴的关系是很难处的。"但当他自己是领导者的时候，当他在他的革命孩子们面前能够扮演父亲的角色的时候，满足感就超过了紧张不安……"他成了一名"强大而公正的领袖，一名深受'孩子们'爱戴、惧怕和尊敬的领导者……"这位领导者尽力用非人格化的方式来处理他对追随者们的爱恨交织的矛盾情感，即通过建立客观的规定和程序，并通过保持对追随者的集中控制，这通常要借助一个有纪律的政党。列宁使用了这两种手段。

政治因素也许比意识形态和心理因素更为重要。其中的一个政治因素就是列宁了解俄国民众的真正需要，特别是农民的需要。当自由派的改革者们在为民众争取公民自由和政治权利时，这位布尔什维克领导者却认识到，大多数的农民和工人需要的是一种经济上的改善和社会变革，根据这位共产党人的观点，这才是真正的自由所不可缺少的基础。曾几何时（在1917年的春天和夏天），"资产阶级"政府曾坚信俄国农民、工人和士兵传统的爱国本能（或者说至少是自卫本能）会支持战争，列宁却看到，这日益高涨的抗议并不是像很多自由主义者感受到的那样，是针对战争过程中的错误，**而是针对战争本身**。布尔什维克承诺给人民以面包、土地与和平，他们通过各种平台（数以千计的演讲台、小册子、报纸）向人们宣传，这些承诺直接抓住了俄国人生存需要的核心。

227 在列宁的领导战略中，同等重要的是一种冲突理论，该理论帮助他以适应革命形势需要的方式划分政治斗争阵营。尽管自由派的改良改革者们总是试图扩大他们的组织或政党联盟，以便让温和派、自由派和左派分子能在选举和议会中超过反对派，而列宁通常是唾弃这种讨价还价和掮客经纪。

个人的气质只是部分原因；更重要的原因在于列宁有意识地建立一支小规模的精干的政党先锋队，它不只是在纪律性和活力（élan）方面能够弥补大多数掮客般的议员们的软弱无能。他认为革命战略要求重建冲突阵线，这样人们忠诚支持的**强度**会被提高，尽管——并因为——这种支持的**宽度**会被缩小。与列宁同时代的人，甚至也像后来的历史学家们一样感到惊奇，列宁在最需要支持的时候，却宁愿拒绝甚至坚持拒绝他人的支持。十月革命的前夜，当其他领导者，或许出于机会主义的目的，有意加入到布尔什维克队伍中去时，列宁尽管正在失去他的亲密的同伴，却并不努力去争取温和派的支持。

列宁对于需要的理解以及他激化矛盾的做法，都与他信奉的**价值观念**有关。作为一个马克思社会主义理论的信徒，他也是启蒙运动的儿子。即使他的自由的概念在很大程度上归功于曾经激励过早期革命的自由、平等和博爱的学说，但是似乎始终存在着这样的疑问：这些终极价值是否本身就能胜过革命这种工具性的价值。最终，把列宁和其他人区别开来的不是他的一整套终极价值观——很多其他的领导人也信仰同样的理论——而是他对**革命领导天职**（vocation）的献身精神。他拒绝使获得革命成功的途径屈从于那种革命所要实现的自由。他不仅对农民渴望得到土地的要求做出了让步，尽管这种让步与社会主义最根本的集体主义原则相矛盾；而且他获得权力（以及后来掌握权力）的方式也同样违背了被认为是共产主义价值体系的组成部分的个人自由和政治自由。因此在列宁的终极目标和近期目标之间出现了一种扭曲，它会对苏维埃政权的性质造成致命的影响。

这样的代价以后是需要支付的。在 1917 年，列宁是所有专家中的专家。他把政党塑造成先锋队是经过深思熟虑的，也是有原则性的。就在起义的前夜，他还在分析和教授革命的方法：“永远不要拿起义**当儿戏**，但是起义一旦爆发，就要牢牢记住：你**必须把它坚持到底**……一旦起义已经开始，就必须以最**坚决**的方式行动起来……**转入进攻**。人们必须要努力争取**每天**至少有小规模的胜利……以便以任何代价来保持**最高昂的士气**。”他曾经在法国的一所为革命者开设的学校中、在无数的信件和小册子中以及在党的委员会和各种会议面前，讲授领导职责。现在他把所讲 *228*
的化作了具体行动。

用阿基洛库斯[①]（Archilochus）［或者艾赛亚·伯林（Isaiah Berlin）］的话说，他既是一只“知道很多事情”的狐狸，又是一只只“了解一件大事”的刺猬。在他类似狐狸的一面中，他的多变的策略并不比同时代任何其他的领导者更为高明；他也会犯错误，对形势做出错误的估计。正是在这件他所知道的最重要的大事，也是他为之倡导、为之奋斗并且敢于努力实现的大事上，他才表现出刺猬的智慧。那就

① 阿基洛库斯（公元前 710—前 676），古希腊诗人，他曾写道：“狐狸知道许多事情，而刺猬只知道一件大事。”历史学家艾赛亚·伯林在 1953 年的一篇散文中引用了这个比喻，并将其解释为：有些人将所有的事情都同一个中心思想联系起来，而另一些人则同时探寻许多目标。前者是刺猬，包括但丁、柏拉图、帕斯卡尔、黑格尔、易卜生、陀思妥耶夫斯基和普鲁斯特；后者是狐狸，包括莎士比亚、希罗多德、亚里士多德、蒙田、莫里哀、歌德、普希金和巴尔扎克。——译者注

是，在俄国，民众想要得到的是一种经济和社会自由，就像他所说的那样，专制政权的改革者和自由派的立宪主义者永远都无法提供这些自由。但是，他对革命的奉献要远大于他对自由的奉献。他是一位理论家，但是，他是一位关注后勤保障和手段的理论家，而不是关注内在的价值和目的。因此冲突和控制冲突的工具性的手段，就成为主宰所有其他因素的一种终极目的。这种手段有可能通过转化为目的本身而歪曲自由的目的，这种可能性是列宁没有认识到的一件大事。

中国：对领导的崇拜

约翰·W·刘易斯（John W. Lewis）写道，中国共产主义的最明显的特征是领导学说，中国的党的精英凭借这一学说统治了中国。一些人没有考虑这种学说，因而将在中国的共产党的领导看作是胁迫民众服从或给民众洗脑使他们迎合的简单过程。实际上，中国的革命领导在实践中显而易见地有效，而在理论基础上却又令人吃惊地不协调。在实践中有效，是因为这种领导将 7 亿民众融为一体，至少自皇帝统治的鼎盛时期以来无出其右；不协调则是因为领导者总是不断在颂扬马克思主义，但是他们在关于革命运动的本质问题上却是与马克思主义最根本的原则相违背的；因为中国共产党人发展了最为精细的斗争和冲突理论——远比马克思的理论精深复杂——尽管他们倡导和谐；也因为他们真正避免了追名逐利和机会主义，因而最终成为了占世界 1/4 人口的“主宰者”。

把起源于欧洲的马克思主义与中国大陆严阵以待的农民革命的领导者联系在一起的主要是列宁。在第一次世界大战期间，列宁抽出时间写了一本小册子《帝国主义——资本主义的最高阶段》——这本书既不是一部原创性的作品，也没有深奥的内涵，但是它恰好吸引了当时处于殖民地的各族人民；他们被战争拖入了世界经济
229 轨道，同时体验着他们自身日益增长的民族主义情感。像往常一样，列宁从马克思主义的前提出发，论证说：“资本主义越发展，就越感到需要原材料……在世界范围内对生产资料的争夺就会更加激烈，从而对殖民地的争夺也就会愈演愈烈。”随投资而来的是他国的国旗，随国旗而至的是大国之间的战争。殖民地国家的人民大众不可避免地成为西方国家工人的同志；所有人必须加入到推翻国际资产阶级统治的斗争中来。

这是一种令人欢欣鼓舞的学说，它可以激发民族主义者和革命主义者的战斗热情。第一次世界大战末期，中国看上去好像是亚洲受伤的巨人。这个国家已经经历了近 20 年流产的改革和革命，它们与欧洲各国的经历并非完全不同。比俄国要早 10 年的时间，中国也曾被日本的军队蹂躏过。两千年的封建统治受到了军事失败、日本和其他国家的渗透以及西方的技术和自由思想的缓慢传播的威胁。清政府被逼无奈，不得不零零星星地对教育、文官制度、鸦片贸易等方面进行改革；有人甚至争论说，孔夫子本人也在某种意义上是一个改革者。清政府甚至在 1908 年还颁布了一部宪法，但是这部宪法实质上是巩固了帝王统治而不是限制它的权力。用弗雷

德·格林（Fred Greene）的话说，这些改革以及其他改革努力失败的主要原因是："中国政府缺乏能够控制国家、减少暴力以及进行必要改革的强有力的、有远见的领导。"在省一级的立法机构中，也曾做过某种类似于俄国地方自治组织的实验——并且也取得了相当长期的成功。

一个把改革当作儿戏而不去推动它、控制它的领导，激起了进一步动摇清政府基础的期望，并释放出进一步动摇清政府基础的力量。在 3 年的时间内，就曾爆发了 7 次大规模的武装起义，力图推翻清政府。由于在封建统治之下不能进行大规模的政治改革，因此中国国内和国外的改革者们越来越寄希望于推翻清政府。在所有这些改革领导者们中间，最为杰出的一位就是孙中山。1866 年，他出生于广东和澳门附近，是一个贫困的乡下手艺人的儿子，孙中山在夏威夷的一所教会学校读书，并接受基督教的思想教育；后来他又在香港学医，而且在澳门行医，与此同时他在政治上也变得相当活跃。当 1911 年末一场起义在汉口爆发并且迅速向中国南部蔓延时，孙中山正在国外；他迅速赶回国内，协助领导这场起义。由一个 6 岁的小皇帝领导的旧政权就这样土崩瓦解了。1912 年初，孙中山在南京被任命为中华民国临时大总统。 230

对中国那些西方化的、自由主义的领导来说，曾经被清政府阻碍的经济、社会和政治改革的道路现在似乎已经被开辟出来了。在新的立法团体中，孙中山是最大的政党国民党的领导者，他被广泛认为是改革和革命力量在思想和精神方面的领导者。但是孙中山缺乏列宁在 1917 年之后所表现出来的一种组织才能，看上去他似乎无法控制这个巨大国家的多变的、动乱的和分散的政治局势。在中部和其他省份的反对者们不断地折磨他，因此他很快就把临时总统的职位拱手让给了自己的一位对手。随之而来的是持续数年的军阀统治，国家南方和北方之间的冲突，来自国外的外交和经济干涉，在各个不同的"首都"建立的敌对政府，政府的瓦解，以及农民更加深重的苦难。为了安全，孙中山一次又一次地被迫流亡。尽管他的威望仍然很高，但是他不能将革命影响扩大到 1921 年他成为总统的广东政府之外。他转向美国和其他西方国家寻求经济和外交援助，但都是白费力气。然后他转向俄国的新的布尔什维克政府——它做出了回应。

接着出现了政治历史上最著名的一次领导联盟。苏维埃有现实的政治理由与国民党进行政治联合，因为它需要在东方建立一个稳定的政权来面对 20 世纪初西方国家的反革命浪潮。甚至它有更好的意识形态方面的理由，因为根据马克思主义学说，中国还没有走完资产阶级民主革命阶段，因此进入共产主义的条件并不具备。莫斯科方面很愿意在这项任务中给予协助。其中最不寻常的因素并不是我们所熟悉的国际共产主义的战略，而是俄国人为了维持与中国国民党人的联盟而付出努力的程度。苏维埃的顾问们［其中有较为著名的传奇性人物迈克尔·鲍罗廷（Michael Borodin）］为组织混乱的国民党提出各种建议，在党派结构、宣传策略、军事组织以及集权的中央政府方面提出建议。然而——更为棘手、更为复杂的是——莫斯科的共产党人不得不约束他们自己的同志——中国的共产党。这个政党于 1921 年成立，由一群在第一次世界大战后的民族主义浪潮中成长起来并不再对国民党抱幻想的人所组成。它的早期领导者，最著名的是李大钊和陈独秀，他们都是北京大学的教授，受过西方思想传统的教育，而且是最近才接触到马克思主义学说。对于这个强有力的学说的讨论，首先是以北京大学的马克思列宁主义学习小组为中心展开的；然后，陈独秀通过他以前的学生，也在其他城市积极活动。由于得到俄国代表的支持和鼓励，12 名中国的马克思主义者于 1921 年 7 月在上海召开了中国共产党第一次代表大会。

231 接下来是几年的迷惘和失败。党的主席陈独秀同意莫斯科的说法，认为中国的无产阶级还没有发展到能够进行革命运动的程度。但是，当克里姆林宫的代表在积极地帮助国民党实现现代化并在思想上训练它的时候，共产党要做的是什么？在中国共产党内部，也分裂成两派，一派倾向于独立进行革命，另一派则希冀在国民党的内部工作，以加强国民党左翼的力量。莫斯科的政策几乎是不会发生改变的，因为有关中国的重大战略问题，已经卷进斯大林和托洛茨基之间日益激烈的争斗之中。

开始，布尔什维克的领导者广泛同意，遵循标准的马克思列宁主义理论，共产党人可以支持企图推翻旧式政权（*ancien régimes*）的民族主义运动。他们希望，在国民党越来越多地控制了中国政权之后，国民党内部的左翼以及最终的中国共产党人会将民族主义者推到一边，自己取得政权。斯大林说道，民族主义者“要被利用到最后，要像一个柠檬那样被榨干，然后被扔掉”。而且布哈林甚至幻想，中国的革命之都广州，对正在觉醒的亚洲殖民地的人民来说，会成为某种程度上的“红色莫斯科”。乌拉姆指出，克里姆林宫的策略，是预见中国最终会出现一个“十月革命”，但是这种计划的困难之处在于蒋介石了解了俄国革命，并且决心要做一个**成功的**科尔尼洛夫①（Kornilov）。确实有一段时期，他成功了。斯大林的反对者们害怕国民党会首先出卖克里姆林宫，尽管托洛茨基自己也谨慎地对这种政策提出质疑。中国共产党显然遵从布尔什维克的战略领导方向，但是他们有自己的理解。中国共产党害怕，1925 年孙中山的逝世和国民党内蒋介石影响的扩大会使国民党右转。而在国民党人一方，他们对与左翼的同盟的坚定性几乎没有什么信心可言。

在 1926 年，这种不稳定的平衡崩溃了。夏天，在蒋介石的领导下，国民党从广东向中国的北部地区发动了一场大规模的进攻，占领了长江流域以及沿岸的大城市汉口、南京和上海。国民党左翼和他们的同盟中国共产党控制了汉口，以及离下游的南京数百英里的整个武汉地区，并且得到了农民和工会工人的广泛支持。当汉口的共产党领导者挑战蒋介石，要成为民族主义运动的领导者时，蒋介石在 1927 年攻下了南京和上海之后，便把进攻的矛头转向了他以前的左派盟友。由于得到了
232 莫斯科不准抵抗的命令，上海的共产党很容易就被瓦解了。许多领导者遭到杀害。面对莫斯科的含糊指示，鲍罗廷和其他的俄国顾问离开了武汉政权。在中国大陆，

① 科尔尼洛夫（Lavr Kornilov，1870—1918），曾任彼得格勒的防守司令，因在 7 月总攻击时在前线立功，被克伦斯基提拔为俄军总司令。但后来与克伦斯基在观点上出现分歧，于是调动部队向首都彼得格勒集结，企图肃清苏维埃，强行改组临时政府。但行动暴露后，铁路不为他运兵，电报局不为他通信，连士兵也表示无意跟随着他推翻政府。不到一个星期，克伦斯基下令在他的总司令部将他拘捕，后来侥幸脱身。以后在内战期间领导白军在俄国南部战死。

共产党人发动了一系列的进攻，但均未成功。蒋介石仍然牢牢地控制着大获全胜而又重新统一起来的国民党；中国共产党则处于混乱和失败的境地之中。

实际上，国民党正在从成功走向失败，而共产党则从失败走向了成功。随着与国民党关系的破裂，新的领导者涌现出来，其中之一就是毛泽东。毛泽东于 1893 年出生于湖南省的一个贫苦农民家庭，他的父亲通过买卖谷物成为一个富农。他的母亲没有文化，是一个虔诚的佛教徒，毛泽东也是在这种宗教信仰中长大的。从童年开始，毛泽东就常常与父亲产生冲突——至于造成这种情况的根本问题并不是很清楚。那种冲突，后来不免让人们猜测到，毛泽东的革命活动是否最初来源于与父亲的对抗。一个貌似可信的解释是，由于其父亲地位的上升，他陷入了一种模糊的阶级立场之中——或者说，他从 6 岁开始必须用一部分时间在农田中劳作，而到了 13 岁，就必须整天待在农田劳作。16 岁时，毛泽东公然反抗父亲，离开家去读小学。他设法继续接受教育，并努力学习西方古典名著和中国英雄主义的故事，最后获得了长沙师范学校的文凭。

1918 年秋，毛泽东去了北京，在北京大学找了份工作，从此开始了他理智发展的一个决定性的时期。在北京，毛泽东接触到了共产党领导者李大钊和陈独秀两位教授以及其他激进的知识分子的思想，还接触到了学生们强烈的民族主义思想。

在北京，毛泽东仅仅是李大钊手下一名图书馆助理员，与其他 8 位湖南学生共用一间屋子，因此他的地位很卑微。据说，当他试图向胡适请教问题时，这位显赫的实用主义哲学家竟不肯屈尊回答这位小小的图书馆助理员的问题。毛泽东参加了学生社团，以及马克思主义研究小组，不久他就卷入了这个大学城的革命浪潮中。到 1920 年，毛泽东就成为了一名忠诚的马克思主义者。

但是，毛泽东属于哪种马克思主义者呢？中国的革命者甚至比俄国的革命者更为紧迫地面临着一个艰巨的任务，即在当时城市无产阶级为数不多而又没有普遍革命热情的情况下，如何将马克思主义理论应用到这个“落后的”农业的殖民地的国家。就像在俄国那样，中国社会改革的任务异常艰巨，人们花费了大量的精力去争论资产阶级、无产阶级和农民在革命中的角色问题，特别是他们的领导阶层的相互关系问题。在这里，列宁再次起到了重大的联结作用，因为他是一名理论上的机会主义者，总是在“阶段”和“阶级”的问题上不断改变其观点，但他总是坚持对革命领导的需要和纪律严明的组织的需要，在这方面，毛泽东是一个超级的列宁主义者。在 20 世纪 20 年代前期，毛泽东充沛的精力与革命承诺提高了他在共产党人中 233
的影响力，但他的革命理论尚未形成；当然，他在遵循与国民党合作的莫斯科路线方面并没有遇到什么困难。

1924 年，毛泽东主要因为健康的原因——既有身体上的又有政治上的——回到了湖南省。这是他作为革命领导者在上升过程中迈出的重要的第二步。他在自己的村子里曾有着农民生活的不快记忆，因此他仍然将农民阶级更多地看作革命支持的来源而非革命领导的来源。令他感到惊讶的是，他发现湖南的农民已经被外国对中国的侮辱以及他们乡村的不平等地位所唤醒。毛泽东的名著《湖南农民运动考察报告》反映了他对新发现的农民的战斗精神而感到兴奋。他写道，“很短的时间内，将有几万万农民从中国中部、南部和北部各省起来，其势如暴风骤雨，迅猛异常，无论什么大的力量都将压抑不住。他们将冲决一切束缚他们的罗网，朝着解放的路上迅跑。一切帝国主义、军阀、贪官污吏、土豪劣绅，都将被他们葬入坟墓。一切革命的党派、革命的同志，都将在他们面前受他们的检验而决定弃取。站在他们的前头领导他们呢？还是站在他们的后头指手画脚地批评他们呢？还是站在他们的对面反对他们呢？每个中国人对于这三项都有选择的自由”。毛泽东指出，农民不仅有能力组织和实践革命领导，而且他们也已经做到了，难道还要求他们做更多的事情吗？那么，“革命不是请客吃饭，不是做文章，不是绘画绣花”。毛泽东否定儒家的行为举止美德（一种西方的方式价值）。革命就是革命，就是一个阶级推翻另一个阶级的暴力的行动。

要将农民视作革命的先锋队——这肯定是背离马克思主义的正统观念的。毛泽东清楚地指出，无产阶级的行动对革命也是必不可少的，而他也已经做出了自己的承诺。然而，“短时期内”将爆发农民起义的乐观前景，却陷入了持续数年的失败和挫折之中。在 1927 年，随着蒋介石对共产党员的屠杀，以及斯大林要求采取革命军事行动，毛泽东直接领导了湖南的秋收起义。起义失败之后，他受到指责，并被剥夺了领导权，最后被迫退出了湖南。

毛泽东和他的亲密战友朱德向东转战，并且在江西地区的偏远山区找到了一块安全地带。在这里，朱德成为毛泽东的军事统帅，而毛泽东此时才能演练他的政党
234 领导技术、宣传手段、自我批评理论和农民运动理论，后来他又将这些理论应用到了更广阔的舞台上。但这些演练的时间却很短暂，因为获胜的国民党领导者蒋介石开始对共产党发动了一系列“围剿运动”。毛泽东的红军避开了国民党的围歼；他带领一支约由 12 万男人和女人组成的衣衫褴褛的军队开始了匪夷所思的长征，最后到达了安全地点陕西。到长征结束时，这支军队只剩下大约 10 000 名士兵——但是，毛泽东作为中国共产主义运动的不可替代的领导者，得到了广泛的认可。

在陕西省，为了革命的最后胜利和取得政权，毛泽东建立了革命根据地，正是在那里，他展现出他在取得权力和巩固权力中采取机动灵活策略的能力。正统的马克思主义学说要求土地的社会化和农业管理的集体化，但是毛泽东发展了一套渐进的税收和土地改革计划；正统的马克思主义学说谴责“冒险主义”，但是毛泽东却从著名的（暂时性的）蒋介石在西安被扣留的事件中获益，尽管他也许并不同意这一行为；正统的马克思主义学说要求城市无产阶级充当革命的先锋队，但是，毛泽东发起的革命运动却是建立在农民基础之上；正统的马克思主义学说否认中产阶级、农民和无产阶级可以共同影响根本的变革，但是延安的共产党人却在那些阶级中建立了一种联合的统一战线战略。可以肯定，共产党在统一战线上的立场主要是受 20 世纪 30 年代日本侵华的影响，但作为一个理论问题，共产党人不需要主张他们实际所采取的高度爱国主义和民族主义的立场。共产党在毛泽东的领导下，对土地所有者、地主和商人利益集团采取了一种如此温和的策略，以至于不仅某些美国人而且很多中国人都认为共产党本质上是“土地改革者”（agrarian reformers）。

20世纪30年代和40年代发生了一系列重大事件——日本扩大侵华战争；珍珠港事件后，美国和英国与国民党中国结成战时联盟；国民党人和共产党人为了在战后一决雌雄都保存实力；国民党进行了姗姗来迟和近乎痛苦的政治改革努力；美国试图阻止中国内战的爆发，但是失败了；蒋介石竭尽全力地对抗共产党，并在1947年取得了早期的胜利；其后，共产党又集结农民力量进行反攻，首先是放弃了国民党控制的城市，并最终通过革命又控制了这些城市——这些事件多被毛泽东充分利用，就像第一次世界大战导致了布尔什维克夺取政权一样。除了台湾，中国共产党 235
迅速巩固了对全中国的控制，中华人民共和国在1949年10月1日宣告成立。毛泽东在夺取政权和使用权力方面，不断展现出政治实用主义的特点。但是，如果认为仅靠实用主义就够用的话，那么毛泽东的对手们可能会取而代之；毛泽东的领导有着更加稳固的根基。

毛泽东为了中国的共产主义和他自己的领导而走出的关键性的一步，就是他否定了马克思主义正统理论的重要标准，同时转而将农民作为革命的推动力量。这一思想并非毛泽东所独创；还有其他中国的政治家们，无论是共产党人还是非共产党人，都曾为了美好的理想而“深入农村”。毕竟，马克思在本质上是城市文明的产物；而中国在本质上是乡村。毛泽东取得的辉煌成就，不仅仅因为他作为宣传者和组织者所具备的技巧，而且还因为他比对手更加符合“农民群众”的需要。虽然他的阶级地位略高于雇农，但是他小时候经历过田间的辛苦劳作，这种经历再与革命理论结合起来，使他在后来更易于走向农民阶级。毛泽东有意识地去努力研究农民，分析其对现状的不满及革命潜力，在关于湖南农民考察的报告逐步完善的过程中，以及在其他的一些研究中，他调查了具有代表性的普通的中国民众的各类群体，确定他们的物质环境、观念以及对各种行为方式的选择偏好。他总是关心“具体问题”——食物、土地、佃农及妇女所受的压迫——及其对个性特征和政治行为可能产生的影响。人们长期以来一直都认为，农民将为革命行动提供支持力量；但毛泽东还将其视为革命领导的一个来源。如果说天才的政治领导者需要具备的一个最好品质，就是不仅要了解潜在的追随者的需要，而且要了解应以何种方式来激发和引导那些需要，那么毛泽东的实践、感知和分析，就使他具有了发动农民、领导农民的空前的机遇。

毛泽东开始认识到中国社会中社会和政治冲突的可能性和必要性，认识到冲突与领导和权力的关系。他迅速成为了冲突的受害者、利用者和伟大的冲突理论家。最重要的是，在对冲突的分析和处理中，他显示出了对政治领导战略的驾驭能力。小时候毛泽东就因为与父亲的冲突而从家中跑出来，不料在学校中，竟会因为他的举止笨拙和褴褛的衣衫又遭受来自出身较高阶层的同学的敌视。在北京大学，他是 236
一个地位卑微的人；在由知识分子领导的政党中，他的理论威信非常有限；在知识分子主导的运动中，他也根本算不上是一名马克思主义理论家。他为国内矛盾付出了代价：他失去了很多同志。他的第一任妻子和妹妹在1930年被国民党杀害，许多年后又在朝鲜战争中失去了一个儿子。他的无数朋友和追随者被他的敌人杀害；当然他也会处死无数的地主和反革命分子，或者使他们被处决。在他早期的一篇著名的文章中，他论述了一个通常有益于健康的体育教育问题："欲文明其精神，必先野蛮其体魄；苟野蛮其体魄矣，则文明之精神随之……运动宜蛮拙。"他提到伟大的战役和英雄们的技艺："其道盖存夫蛮拙，而无与于纤巧之事。"

他的成熟的冲突理论相当清晰和全面，在对心理学和哲学基础的探索上，要远远超过列宁的理论。毛泽东的理论以二元对立（dualism）和矛盾普遍存在的观点为开端。二元对立是指成对出现的、根本相对的两个方面，例如：动与静，旧与新，合作与冲突，生与死，现在与将来，纯与不纯，阴与阳。这些二元对立同样存在于个体之间以及个体内部。就它们与物质生产力及阶级关系的联系来说，它们刻画了社会阶级结构的特点。

即使是在社会主义社会或者共产主义社会，矛盾也将无休止地存在下去。"只要矛盾存在于主观和客观中，存在于前进与落后中，存在于生产力与生产条件中，那么社会主义社会与共产主义社会中唯物主义与唯心主义的矛盾就将继续存在，并且以多种形式表现出来……任何人都不是十全十美的……仍然会有好人也有坏人"，现实中只存在思想上相对正确与相对错误的人。

矛盾论不仅强调对立，而且还强调黑格尔的"对立统一规律"。毛泽东写道："原来矛盾着的各方面，不能孤立地存在。没有其他对立方面，那么每个方面也就失去了存在的条件。"没有生就没有死，没有"上"就没有"下，"没有福就没有祸。他还继续论述了一系列"相互联系，相互贯通，相互渗透和相互依赖的"社会对立面：地主和佃农，资产阶级和无产阶级，帝国主义国家和殖民地，等等。

毛泽东将矛盾区分为对抗性的矛盾和非对抗性的矛盾（即与阶级无关的矛盾），例如工人之间的矛盾或者农民之间的矛盾。但是，只有对抗性的矛盾才是基本矛盾斗争的要素。该学说也是黑格尔和马克思主义哲学的核心，毛泽东对其加以润色，并且应用到中国农业生活的社会和政治环境中。如果斗争达到激烈对抗的程度，那
237 么就会发生"辩证转化"：例如，统治者可能将被迫与被统治阶级换位。毛泽东的论证受到了相当多的曲解，但是有三条含义却相当顽强地体现出来：政治冲突是社会变革所必需的；冲突可以被领导者所控制；冲突可以由领导者来制造。毛泽东思想的基本点是，冲突对变革和最终统一是必不可少的。弗朗茨·舒尔曼（Franz Schurmann）说："这种思想风格的特殊之点是它的简洁性。它从马克思列宁主义那里接受了若干哲学前提，然后将各种思想观念套入一个无尽无休的二元对立关系中。"

矛盾的解决可能会导致新的矛盾和新的冲突。因为根据毛泽东的观点，存在着许多矛盾，其中一个占支配地位的矛盾——经济矛盾——决定着其他的矛盾；领导的主要职责就是在历史进程的每个关口确认这个主要矛盾，并且找到解决它的中心线索。这给予领导一个相当大的活动空间。领导者并不是主要社会冲突的消极反映者，他们要渲染某些矛盾，淡化另一些矛盾，还要忽视其他一些矛盾，他们面临的风险，是其他反映人们需要的领导者向他们提出的挑战。另一方面，在一个多元体系中，交易型领导者在面对他们所承认或忽视的各种群体和利益集团中的冲突时，会更容易受其摆布。

我们一直在提毛泽东，把他作为唯一的“领导者”（the leader），等等；但实际上，这是对整个领导体系的速写。在这本有关领导的书中，我们毫无理由去抵触一个基本的观点，即，领导是一种集体的事业。毛泽东身边总是围绕着一个缓慢发展起来的强大的领导者的等级结构，其中一个人便是其第三任妻子——党的激进主义分子江青。庞大的中国共产党被制度化，领导结构已经扩散到中国所有的主要公共机构中，并且通过党的各层领导，到达共产党的基层组织。该党秉承了一般的共产党的模式：全国代表大会，中央委员会，政治局，中央书记处，细化的省和地方机关，还有经过精心挑选、受过严格训练并且定期交纳党费的党员资格制度。该党建立了通常的组织机构、宣传机构、党的财政机构、研究机构以及其他类似的部门。该党当然控制了所有的大众宣传手段，并特别强调口头教育和面对面的说服工作。老式的新式的说服技巧——隔离群众使其受到最大影响，激起其紧张情绪，使问题简单易懂——这些技巧可以用来提高群众的觉悟，对他们进行政治教育，直到把他们变成基层的意识形态宣传者。

然而，毛泽东及其他领导者在利用党作为实现最高领导的工具过程中，在某一个方面远远超过了标准的共产党人。根据刘易斯的观点，毛泽东是中国第一位这样的领导者，他不是基于权威，而是基于“政治领导者与广大中国人民的互惠的和有 238
组织的关系”，来实际锻造坚固的阵线。毛泽东对这一点表述得很清楚也很直接。他这样要求党的领导者：必须向自己的下级学习！“我们切不可强不知以为知，要不耻下问，要善于倾听群众和基层干部的意见，在做先生前先作小学生；在你发号施令前先向基层干部学习。”他也悉心教导基层干部如何贯彻执行“从群众中来到群众中去”的学说。必须将群众的愿望和不满收集、梳理、总结起来，并且将其与政府的方针路线联系起来，以便将这些反应上传给政治领导，这样它们便可以与政府和党的政策联系起来，而政府和党的政策便可以据此进行相应的修改。对新的政策的解释还会再返回到人民那里。这种辩证的过程将会无休止地进行下去。

这种领导与追随者相互作用的过程所产生的结果，就是有史以来最强大的一种领导体制。就群众的态度影响了党的政策来说——这种影响无论被官方如何夸大，都是非常重要的——追随者变成了领导者。因此，用舒尔曼的话说，中国共产党建立了这样的“一个组织，它在其结构的所有层次上都是由那些毕生以领导为最大目的的领导者所组成的”。每个层次的党的领导都遵循着一种生活方式：公开、透明、集体以及在工作时间、精力和个人奉献方面的严格要求。需要将大量的时间投入到批评、自我评批、“批判大会”还有“整风”运动中，该方法被西方看作是以团体意愿代替个人思想的“洗脑手段”。中国共产党也绝不是不存在严重的问题——例如，领导的老化，在上层集团中缺乏上升的流动性，意识形态宣传者与技术人员之间的摩擦——但作为一种领导体制，该党的力量和持久力还是给人以深刻印象。没有对群众中的领导潜力的有效动员，该党几乎不可能在“文化大革命”的巨大压力中维持生存。

共产党领导者面临的一个最为有趣的战略问题，就是共产党领导将如何对待他们所取代的社会精英阶层，特别是上层知识分子，那些颇具修养而常常接受过西方教育的专业人士。从根本上来说，这些特权阶层的人被看作是一种威胁。他们被剥夺了政府的额外补贴和许多财产；他们通过审查和再教育而沦为下等人；他们的孩子被送到农村与农民一起从事体力劳动。他们中一些人将孩子送到国外暂住。其他人则不情愿地顺从了共产党的权力；很多人投靠了新的革命运动，他们相信牺牲少数人的安逸可以给此前受压迫的数百万人民带来更大的幸福。但是这种体制从根本
239 上仍保留着反知识分子的偏见，因为知识分子的好奇心、好怀疑的态度、生性多疑、独立甚至超然的立场，过去是、现在仍然是与这种情绪高涨、相互依赖、纪律严明、本质上具有“宗教性”的革命运动相背离的。

现在仅剩下一个问题，就是这种过去的领导体制服务于什么价值观念；在此，与对布尔什维克的同样问题的回答一样，其答案还不完全清楚。中国共产党始终是政治制度的卓越创造者；他们对共产主义理论及学说做出了很大贡献；他们让中国在意识形态上、政治上，特别是在文化和社会上，产生了巨大的变化。他们所做的是一种变革型的革命，但是他们在方法论和近期目标的理论方面，比在所有这些努力所服务的最终目标的阐释方面要有效得多。从政党的承诺和纲领中，从该政权在过去的 1/4 世纪所制订的经济计划和社会计划中，当然可以得出很多推论。平均主义的目标是显而易见的。但在各种最高目标之间的优先排序及相互关系这些严峻的问题上——尤其是在一个集权社会中，个人自由和集体权利的问题上——革命领导始终阐述得不是那么清楚和肯定。只要这种情况存在，就无法断言革命领导的最终成功。无论在理论上还是实践上，中国革命的领导者没有可以依赖的公民自由的历史传统，他们也没有创造出一种公民自由。

对革命领导能做怎样的总体概述呢？它充满热情、专注、忠诚、无情、自信、勇敢、不知疲倦，通常很严肃，还经常很残酷；它总是以一个政治神学为基础，但在实践中，在应用其神学时它会保持灵活性。它致力于冲突。它建立在信仰天使、恶魔和拯救的基础上。它不能忍受异教徒的存在。它需要一个预言家，但它的生存也需要制度的支持和集体领导。它的源泉是点燃人们欲求和需要的干柴似的领导，那个由于压迫、沸腾的民怨和改良主义破产而遭受挫折的领导。它的成功依赖于强大的价值观念体系，依赖于对大众需要的回应，依赖于对异己的系统性压制。它在理论上是平均主义，但并不总是付诸行动；它在公开冲突的情境中如果能达到互惠，就有资格成为领导；如果不能，就成为一种残暴的权力。法国大革命的领导最终退化成纯粹的恐怖主义，尽管革命初期的道德愿景在革命本身死亡之后仍然成为激励后代的精神源泉。俄国革命的领导破坏了改良主义；通过满足俄国人民对恢复社会秩序、改善福利以及维护民族自尊的需要而幸存下来。中国革命的领导是这三种革命中最具有变革精神的领导，但是它同样也有大规模的残酷行径及其众多的受害者。

240 革命所具有的人道的目的价值，经常得到各阶级的广泛共识；那是革命者的力量之一。但正是由于缺乏革命的方式价值——在这种斗争中所实施的不人道和不负责任的行为——才产生了恐惧和反革命。由于像华盛顿和亚当斯这样的革命领导者

本质上是忠诚甚至是文质彬彬的，所以美国革命几乎没有给人们留下深刻的伤疤。革命所产生的第一代领导者似乎不仅代表而且身体力行了革命事业的较高目的；还有谁能够比列宁、毛泽东、玻利瓦尔[①]（Bolivar）、卡斯特罗、胡志明更有能力领导他们的革命呢？要接受考验的是第二代领导——杰斐逊们、尼赫鲁们——考验的是革命最初的人道目的在多大程度上被权力的欲望所破坏。

正是在这种考验中，斯大林失败了。他就像伍德罗·威尔逊一样，由于担心人们认为他毫无价值，所以他强迫自己成为一个理想化的形象，而这又反过来迫使他需要人们的阿谀奉承，把他当作一个杰出的政治领导者，甚至理智领导者。但是列宁留给了他一个有缺陷的遗产，那份遗产概括地说，就是强调革命的手段高于革命的目的。即使没有那份遗产，这位格鲁吉亚人也不可能克服自己早年的艰辛和心理上的伤疤的影响，以及俄国人几个世纪以来承受的压迫的重负。他帮助他的人民认识到了 1941 年和 1942 年那迫切的生存需要。但是他绝不会认识到人民更高的改革需要、创新需要以及自由表达思想的需要。一旦他巩固了自己的权力，并且残酷地处死了大批旧时的同志和对手，就像他的死敌阿道夫·希特勒一样，他就不再是一位领导者，而蜕变成一位暴君。

---

① 玻利瓦尔（1783—1830），委内瑞拉政治家，南美西班牙殖民地独立战争领袖，一生曾把 6 个拉美国家从西班牙殖民统治下解放出来，获“解放者”称号。1819 年建立大哥伦比亚，当选总统。——译者注

第 9 章

英雄和思想倡导者

英雄式领导在过渡性或发展中的社会中扮演着至关重要的角色，在这样的社会中，甚至更具有偶像崇拜性质的英雄式领导方式可能会满足领导者和追随者的特殊需要。被崇拜者通常是由对爱、自尊和自我实现的强大的需要来推动的。

政治意识形态要处理以下问题：谁将成为统治者？统治者是怎样被选出来的？他们统治所凭借的原则是什么？最后一个问题会引出其他的问题：意识形态是如何囊括生活中的主要的价值观念的？意识形态“就其基调和解释来说”，在何种程度上是“合乎规范的、伦理的和道德的”？它反对的是哪几种道德说教或哲学？

在社会变革中，领导者的最终角色，在很大程度上取决于他的意识形态的领导，包括在何种程度上把他作为偶像和英雄的吸引力用来服务于他自身的目的以及追随者的目的。

241 西格蒙德·弗洛伊德在世纪之交前不久的一次去罗马的旅行期间，参观了孤寂的圣彼得镣铐教堂[①]（San Pietro in Vincoli），并且亲眼看到了米开朗琪罗（Michelangelo）创作的摩西雕像。几年以后，这部伟大作品给他的初次印象仍萦绕于脑海中，挥之

① 该教堂因保存着圣彼得被囚禁时的镣铐而得名。——译者注

不去。于是他再次返回这所教堂，连续 3 个星期日复一日地研究这座雕像，测量它，画它的素描，一连数小时徘徊在雕像周围，仔细揣摩它的细节。他精细地观察摩西如何将法版（the tablets）紧夹在身侧，如何转头冷眼怒视那些崇拜金牛犊[①]（Golden Calf）的人们；他那长长的胡须如何飘向一边；弗洛伊德长时间地反复思考所有这一切的含义。他最后得出结论，摩西并不是在对那些偶像崇拜者发泄他的愤怒，而是在极力控制那种愤怒。

然而，弗洛伊德对自己得出的结论并不确定，因此等了几年之后，才公开发表这些结论，而且还是以匿名方式发表。他的传记作者欧内斯特·琼斯（Ernest Jones）推测，弗洛伊德把自己与摩西认同为一，并且试图模仿米开朗琪罗在他的"惊世"作品中捕捉到的克服愤怒的那种成功，因为当时弗洛伊德正在尽量控制自己对倒退的弟子阿德勒及其他人的愤怒之情，就如同摩西要控制对那些堕落的偶像崇拜者的愤怒一样。弗洛伊德本人后来承认，这部作品是一个"私生子"，他花了几年的时间来使它获得合法地位。在他的漫长的一生快要结束之时，他出版了《摩西与一神论》（*Moses and Monotheism*）一书，在该书中，他详尽地描述了摩西作为一个伟人，如何在决定历史的各种缘由之网中发挥作用。

摩西是最早的杰出的"魅力型"领导者（"charismatic" leaders）之一。弗洛伊德指出，他在两个方面影响了历史：一是他的人格，二是他所代表的思想。弗洛伊德既抓住了摩西之所以伟大的本质所在，也捕捉到了个人魅力这一概念的模棱两可，这种模棱两可直到今天仍阻碍着我们了解这位"历史上的英雄"。这位充满魅 *242*
力的领导者是否是他的人民的精神和政治之父，是权威的源泉、立法者、睿智的政治家，是动员大众支持他所阐释并信奉的宗教和政治思想的人？抑或是偶像和圣像、奇迹的创造者、预言家、拥有魔力的人，是这样一个"非凡之人"，他激发起他的人民并不是因为他的法规和思想所具有的内容，而是因为他的魅力所产生的光环效应？摩西是所有这一切，甚至更多；正如马丁·布伯（Martin Buber）所说，他既是一位先知，但同时也是"人民的领导者，是立法者"。摩西以王子的身份，被抚养长大；他得到了上帝的启示；他把一棵树投到了玛拉的苦水中，水就变甜；他击打磐石，水便从磐石中流出。[②] 然而，作为上帝的代理人，他所宣布的法律和价值观念在形式上如此明确，又能够如此普通地满足人类的需要，因此它们强烈地影响了西方人的政治思想和行为。既是偶像，又是坚持某种信仰的思想家；既是英雄，同时也是立法者；这样的领导者是罕有的。

在 15 世纪 20 年代末期，从缪士河流域（Meuse valley）开满鲜花的牧场和神秘的橡树林中，突然出现了一位令世人震惊的、颇具魅力的人物，此人后来成为了一位鼎鼎大名的女英雄，而没有成为一位立法者。圣女贞德（Joan of Arc）（如同后来人们所称呼的那样）出生在一个贫穷的农民家庭，她始终坚持抗击英军，而那些军人几乎没有时间顾及农民，更加没有时间理会一个 18 岁的农家女孩。贞德勇

① 古代以色列人崇拜的偶像。——译者注

② 以上奇迹载于《圣经》中的《出埃及记》。——译者注

敢地号召法国的皇太子像一个国王一样采取行动，她在战斗中的勇气，她的殉难及随后的恢复名誉，以及（更晚的时候）被梵蒂冈教廷追封为圣徒——所有这一切都是铸造英雄的素材。她说她所听到的天使的声音让她深信不疑并坚定了信心，而这却在短短的一年中几乎招致一切都与她作对。这种冲突使她声名大噪。英国人和他们的法国盟友视她为军妓或者就是一个妓女，甚至可能是一个密探或女巫。教会惧怕她所树立的榜样以及她所听到的“声音”。历史学家们仍在争论这位传奇式的领导者在历史上存在的真实程度究竟有多大，但是承认她所听到的“声音”和看到的“幻象”是与通常的幻觉模式相符合的。

在贞德活着的时候支持她——并且在她被焚之后仍然支撑着这个传奇——的各种力量，就是那些在战斗中、在她和她的几个随从经过的飘扬着三角旗的街道上聚集在她周围的追随者。对于普通民众而言，这是一个天启的时代，也是一个崇拜圣母马利亚的时代，而贞德恰好满足了这两方面的精神需要。在这个时代中，其他的少女们也听到了那种指挥她们的声音，但是没有一个农家女孩像贞德一样勇敢和坚定，拥有这种机遇和纯粹的幸运，这些使贞德成为了人民大众偶像崇拜的对象，也使她成为皇室和教会机构中恐惧和憎恨的对象。她的被迫害以及被“钉上十字架”遭受火刑——和早期的一名异教徒的命运如此地相像——还有希望她复活的持久的愿望，这一切让她的名字铭刻在人民的意识中，同样也铭刻在历史的史册中。

243 问题仍然在于：贞德的英雄式的领导具有长期的影响吗？在她死后的一段时间内，官方的态度始终是晦涩不明的，只是在她死后对她的“重新审判”和恢复名誉才使得她的名誉得以挽回。而这种行为更多的是回应当时强权政治的需要，而不是回应普通民众的要求。她将所承担的将英国人驱逐出法兰西的军事使命只是部分地完成了。作为普通百姓的孩子，她激发起一股持续的平民主义的情感；当一种正在萌芽状态的民族主义开始塑造我们今天所熟知的法国时，作为法国爱国主义的保卫者，她留下了一个令人印象深刻而光辉伟大的形象；每当危急时刻，法国都会让这一形象重新焕发光彩。莱特博迪（Lightbody）说，法国将永远纪念她，是因为“作为人类解放战争中的一名战士，她表达了人民的需要和深层的愿望”。但是，在政治学说、制度创建或者基本法律方面，贞德并没有留下有价值的遗产。在她的生命的最后几个月中，相互对立的派别仍为她争论不已，她只能算是历史上的一位英雄，而不是历史的创造者。

英雄式领导

马克斯·韦伯总结道，各个社会按照一定的顺序会经历三种“纯粹的”权威类型：魅力型、法理型（rational-legal）和传统型。首先是基督或穆罕默德这样的宗教救世主的神奇而超凡脱俗的领导；在随后而来的这个时期，魅力被常规化和官僚化，权力是通过合法的和“理性的”制度与做法来行使的。一段时间以后，这一体制进化为一种因循传统的社会，在这种社会中，权威是靠惯例、先例和习俗而合法化的。当这种社会变得越发受到传统的束缚，并且停滞不前时，它就为一种新的魅力型领导和权威的诞生播下了种子。社会就是以这种方式循环往复的。俄国似乎非常符合韦伯的这一模型。詹姆斯·戴维斯指出，在俄国，传统主义统治的原型就是沙皇，“他们认为自己是按照长期确立的习俗来行使权力”。当一个教士代表团来觐见沙皇，并劝说他任命某人为国家教会的首脑时，彼得大帝指着自己说道：“我就是你们的主教。”

魅力（charisma）这个概念丰富了领导学的研究。正是它的模糊性，使得它能够被不同学科的学者抓住并应用于不同的情境。这个术语本身意味着具有神性魅力的那种天赋，但是韦伯并没有弄清楚，这种魅力的天赋是领导者具有的一种不受社会影响的素质，还是一种依赖于追随者认可的品质。该词具有若干不同但相互重叠的含义：领导者具有魔力的特质；领导者与被领导者情感上的联结；群众对一个父亲般的人物的依赖；关于领导者强大、无所不知和品德高尚的大众假定；归于领导者的那种巨大的超自然力量（或者世俗力量，或者两者兼备）；只是民众对于一个 244
领导者近乎于爱的支持。这个单词一直承载着如此之多的含义，以致严谨的分析会使其分崩离析。它也已经变得廉价了。林登·B·约翰逊可能会抱怨，他的麻烦就是他缺乏“魅力”（他在说“charisma”这个单词时，第一个音节发了软音“ch”——受到了知识界的嘲笑）。

不可能再用这个词来完成分析的任务，因此，我将使用**英雄式领导**（heroic leadership）这个词来表达下面的意思：相信领导者只是因为他们的角色，而不考虑他们久经考验的能力、经验或在有争议的问题上的立场；相信领导者有能力克服障碍和危机；愿意授予领导者控制危机的权力；民众对这种领导者的支持是直接表达的——通过投票、鼓掌、信件、握手——而不是经过中介或机构表达的。英雄式领导并不单纯是某人所具有的一种品质或存在；它是领导者和被领导者之间的**一种关系**。这种关系的一个至关重要的方面就是不存在冲突。丹尼尔·卡茨（Daniel Katz）指出：“人们通过把自身的恐惧、敌意和期望投射到某些能够使冲突得到象征性解决的社会物体之上，来寻求摆脱他们的冲突，而不是去了解他们深藏的动机。”英雄式领导为内在的和外在的冲突提供了象征性的解决办法。

英雄式领导者——与那些只想博得民众赞许的领导者相比——通常产生于正在经历深刻危机的社会中。现存的冲突解决机制已经瓦解了；传统、既有的权威、旧的合法化、做事情的常规方式——所有这一切都在承受着极大的负荷。民众的漠然和社会的分裂正在形成。强烈的心理需要和物质需要得不到满足。长期坚持的价值观念将要被取代或改变。许多次级领导者开始逐渐占据显著地位，他们提高了人们的期望，使人们的需要更加强烈。简而言之，在信任与合法性方面的危机，压垮了现存制度的统治者、意识形态和组织机构。然后，就会出现一个反叛旧的权威和传统的领导者或领导集团，他或他们在同情心和能力方面具有罕见的天赋——精力充沛、足智多谋、反应敏捷。

在这种领导产生的诸多事例中，苏丹的马赫迪①（Mahdi）的例子是最为突出的。18 世纪和 19 世纪的初期，在土耳其帝国领域的边界地，阿拉伯、利比亚，特别是在苏丹，爆发了声势浩大的带有强烈的清教徒色彩的宗教运动。社会正在解
245 体，因为传统的伊斯兰教信仰体系支离破碎了。“外国的”入侵者和征服者试图把“异族”的法律和刑罚方式强加给当地人民，从而进一步威胁了人们的古老的忠诚感。许多改变宗教信仰的人利用并助长了这种动荡不安的局面。长期以来，一直流传着这样一个神话，“一个神所指引的人”将降临世间，拯救伊斯兰教社会。

穆罕默德·艾哈迈德（Muhammad Ahmad）是栋古莱②（Dongolese）的一个贫穷的船工家庭的儿子。他很小的时候就成为了孤儿，然后被送到一个叔父家生活。“作为一个儿童，他表现出不同寻常的学习动机，更有一个异常聪慧的头脑，这让他在 9 岁的时候就能背诵整部《古兰经》。”由于不能在颇负盛名的阿尔-爱资哈尔大学（Al-Azhar）接受教育，他继续留在苏丹，并且按照当时的风气，过着苦行僧般的生活。不久，他成为了一名正式的改宗者（proselytizer），并且由于他极其虔诚、谦恭和禁欲主义的生活而赢得了声誉。他与既定的统治者为敌，指责他们不敬神的行为，比如享受音乐和舞蹈。他被驱逐出自己的教会，随即加入了一个对立的教团，并且很快成为它的领导者。他宣称自己就是马赫迪，并且声称，在一次幻象中，先知穆罕默德委任他为安拉使徒的继任者。

这位新的马赫迪所要传达的信息是直接而明确的：回复到清教徒式的伊斯兰教，抛弃罪恶的追求，支持永远的禁欲主义。政府当局不仅视之为宗教威胁，也视之为政治威胁，因此派遣了一支军队去镇压这个篡权者及其追随者。这支军队的失败，以及随后几个月中马赫迪的一系列的胜利，让更多的人加入到他的伟大事业中来。但是，他的主要力量似乎存在于以下几个方面中：他的预言的力量，他有能力使这一预言适合不同阶层和团体的需要，他承诺拯救在战斗中牺牲的信徒，他能够在与反对派举行的复杂的神学辩论中取胜。当他的军队占领了喀土穆，并且杀死了英国的英雄人物查尔斯·戈登（Charles Gordon）将军时，他赢得了世界的赞誉——在英国，则被唾骂。马赫迪在攻陷喀土穆后不久便去世了。有关继承的事务暂时和平地进行着，但是后来遇到了挑战，当英国人在基奇纳将军（Kitchener）的领导下重新征服苏丹后，这一戏剧性的插曲就宣告终结了。

马赫迪所导致的实际变革的范围，仍然是一个有争议的话题。“价值转变”的程度本身是无法被衡量的，但值得注意的是，在最后一次大规模的抵抗运动中，一万多名马赫迪的追随者奋不顾身地冲向英军的机枪。理查德·德克梅吉恩（Richard Dekmejian）和玛格丽特·怀佐米尔斯基（Margaret Wyszomirski）总结如下：“这位领导者在他处于权力的顶峰时去世了，而没有机会目睹那时几乎尚未开始的重建（常规化）过程。结果，马赫迪想要对苏丹社会进行的全面的精神和社会重建

---

① 伊斯兰教中由神派来拯救世界的精神领袖或世间的领袖。——译者注

② 栋古莱（Dongola）是位于苏丹北部的一个城镇，北方的首府和贸易中心，6～14 世纪时曾为基督教王国穆库拉都城。——译者注

工作始终没有变成现实。换言之，部落制的苏丹人至关重要的社会整合和精神同一化的运动流产了。”鉴于马赫迪的预言过分强调神学，而他的学说又是清教徒式的反现代类型，所以即使他仍然活着，人们仍然可能会质疑是否会发生持久的社会变 246
革。归根结底，马赫迪并不是社会变革的代理人。

英雄式领导在过渡性或发展中的社会中扮演着至关重要的角色，在这样的社会中，甚至更具有偶像崇拜性质的英雄式领导方式可能会满足领导者和追随者的特殊需要。被崇拜者通常是由对爱、自尊和自我实现的强大的需要来推动的。他们想要并且需要一些观众，而观众也需要他们。追随者们成群结队地去观看这样的英雄，拥挤着要去碰触他们的手或他们长袍的衣边。观众也被他们自己的需要所推动——他们需要通过把他们自身的恐惧、希望和敌意投射到那些至少能够提供象征性解决办法的英雄身上来克服他们自己的挫折感；他们需要将那些有权势的、令人敬畏的人与自身等同起来；他们需要从那些认可并奉承他们的表演者那里获得尊重——因此，他们也需要自尊。英雄人物会让运动带有个人化色彩，而他本人也成为某种思想的代表。在“新兴国家”的某些选举中，只字不识的人们不认识一个候选人或一个政党的名字，甚至不认识一个政党的标志图案，比如母牛，但是他们仍然可以通过挑选印有候选人的肖像的小球来做出抉择。

按照罗伯特·C·突克尔（Robert C. Tucker）的话来说，偶像崇拜型的英雄式领导，“从本质上讲，是由殖民地统治的传统社会向政治上独立的传统社会转变的一个支点”。卢西恩·W·派伊（Lucian W. Pye）在他有关缅甸过渡时期的政治的研究中指出，个人的忠诚与认同的问题是至关重要的，而偶像化的领导者与追随者之间的关系一般是一种情感上的或富于情感的联系。国家统一和个人支持的象征遮蔽了政策问题。但是派伊也指出，这种关系“有可能逐渐消失”；人们对领导者的期望逐渐提高，而这种期望是偶像化的领导者很难实现的。

一位缅甸的政治家抱怨说：“人们相信，就是因为我很重要，所以没有什么事情是我办不到的。如果我不能为他们做什么事情，他们会说，我要么就是对他们吝啬，要么就是一个软弱无能的领导者，他们应当另觅他人。我们的人民根本不了解，做任何一件事情都是如此困难。”

仍然存在一个问题：英雄所做的任何事情是否更多的是为了偶像崇拜者，而不是要激发并满足人们情感上或心理上的需要？这可能是很重要的——对某些非常重要的观众而言——因为“追随者”对于“领导者”的精神投入可能非常之高，而反方向的关系可能是微乎其微。对英雄崇拜者的生活或幸福产生的影响可能是脆弱而短暂的，而表演者则很容易继续吸引新的观众。重要的问题是：在“新兴国家” 247
中，偶像化的英雄是否有助于发展各种政治运动或政党，这种政治运动或政党可以把个人的追随转换成持久的追随，把个体的影响和标志转化成政策和纲领。相关记录是混合多样的。某些罗马皇帝宣称——或被归于他们——具有与上帝同等的权力，因此他们几乎没有兴趣去认同或回应他们的人民的长期的“真正的需要”。穆罕默德是一位偶像化的宗教领袖，但是，像摩西一样，他只留下了一份有关社会和政治价值观念的遗产——包括平等的价值观念（两性之间的平等除外）——这有助于影响伊斯兰教的思想和行为。拿破仑鼓励个人崇拜，但是像摩西一样，他去世后为法国留下了一部法典。土耳其之父[1]（Atatürk）由于其勇气和九死一生的经历，通常被想象为一个“魅力型”领导者，实际上他更加是一个谨慎小心、精明诡诈的领导者——丹克沃特·A·拉斯托（Dankwart A. Rustow）对他的评价是：“一个有条理的人被投入到一个充满魅力的情境中。”恩克鲁玛[2]（Nkrumah）——外型英俊、优雅、热心、反应灵敏、声音“既低沉又悦耳”——自认为是在伟大的“思想家即政治家”的传统中，集甘地和列宁优点于一身的人物。加纳的报刊中有一篇文章声称，恩克鲁玛“显示出自己像是一个摩西——是的，一个更加伟大的摩西……在所有非洲领导人的支持下，他能够领导他的人民穿过帝国主义大屠杀和受难的红海”。但是不久后戴维·阿普特（David Apter）说道：“恩克鲁玛缺乏发展一个国家的想象力和技巧。他只是一个没有规划方案的革命者——是一个有愿景的人，但不是一个建设者。”

“发达”国家也绝不可能避免这种英雄偶像崇拜的现象。1936 年，在《真理报》（*Pravda*）上刊登了一首赞颂斯大林的诗：

> 啊，您是各族人民的伟大领袖，
> 是您给人以生命，
> 是您使大地结满果实，……
> 啊，父亲……，您是太阳……

《中国妇女》（北京）在 1961 年也发表了一首赞美毛泽东的诗：

> 您是播种季节的及时雨，烈日当空时的和风；
> 您是永远不落的红太阳……

在美国 1960 年的总统大选期间，当约翰·F·肯尼迪和他的随员走近的时候，许多“跳跃者”跳上跳下，疯狂地尖叫着。人们可以质疑，这些十几岁和不足十岁的孩子们之所以为肯尼迪欢呼雀跃，究竟是不是因为他在老年退休金或拉丁美洲政策方面所持的立场。在接下来的 10 多年中，约翰·F·肯尼迪和杰奎琳·肯尼迪（Jacqueline Kennedy）的照片的确装饰了数千万份流行杂志的封面。他的外形很英
248 俊，像大男孩一样咧开嘴笑，但是在 1960 年，肯尼迪和年轻人的基本的需要、期望和价值观毫无联系。肯尼迪的外形和举止让他们感到刺激；那就足够了。

---

① 即穆斯塔法·基马尔（Mustafa Kemal，1881—1938），又译凯末尔，土耳其共和国的缔造者。1923—1938 年任第一任总统，1923 年创建人民党，后改称人民共和党，发展民族经济，实行社会改革，废除哈里发制度，1933 年被授予“土耳其之父”（Atatürk）的称号。——译者注

② 恩克鲁玛（1909—1972），1949 年在加纳创建人民大会党并任主席，1957—1960 年任加纳独立后的第一任总理，1960—1966 年任总统，主张非洲统一。1966 年出国访问期间国内发生政变，遂流亡几内亚。——译者注

在这种现象出现之前的几年中，有一个加利福尼亚的码头工人哲学家，名叫埃里克·霍夫尔（Eric Hoffer），当他看到并通过读书接触到那些“真信仰者”（true believers）时，他便开始着手分析他们。他剖析了这些似乎最容易受到领导影响的群体，因为这种领导“清楚地表达出了受挫者心中所压抑的怨恨，并且认为这些怨恨是正当合理的”，这些受挫者包括不能适应环境的人、过分自私的人、厌世者、罪人以及各种各样的穷人。他对被领导者——也就是每天观察并倾听的那种人——而不是领导者，更加感兴趣。他指出，“完全舍弃一个鲜明的自我”是实现团结和自我牺牲的一个先决条件；对于遭受挫折的人们来说，“摆脱责任比摆脱约束更加吸引人”；他们臣服于领导者，是因为领导者能够将他们带离他们并不想要的自我。他们专心致志于大规模的群众运动，以此逃避了个人责任——同时也失去了自由。

“逃避自由”也就是“逃避冲突”；观众可以喜爱表演者而无须仇恨其他人。（不用选择站在哪一方是更容易的。）环绕着头号人物的光环，使政治风景沉浸在和谐一致的光辉中。此时，并不存在任何目的，因为目的需要在冲突中得到强化。尽管英雄和观众的情感需要是高度联系的，但是，除了短暂的精神上的依赖和满足感外，没有什么主要的目的或集体的意图能够把表演者和观众联系在一起。如果并不存在一个超越一切的目的，也就不存在可能与最初目的相关，或者由最初目的衡量的真正的变革。

因此偶像化的英雄并不是值得信赖的领导者，因为他们与观众之间并不存在真正的联系——也就是并不具有下列典型特征的联系：深层次的动机、共享的目标、理性的冲突以及对变革形式的持续影响。

意识形态式的领导

与偶像化的英雄形成鲜明对比的是，意识形态式的领导者（ideological leaders）献身于要求实质性社会变革的明确目标，并投身于组织和领导追求这些目标的政治运动之中。意识形态式的领导者可能也有自尊和自我实现的个人需要，这些需要同偶像化的领导者的个人需要一样迫切，但是，这些领导者如此强烈地体现并且象征着集体的目标，以至于其他的人的欲求、需要和渴望——领导者和被领导者都具有的——可能会被**运动的目标**所淹没。至少，这些领导者曾经“投身于”一项 249
崇高的事业和追求中。他们与追随者在心理上、政治上和组织上的关系是非常密切的。领导者与被领导者之间的关系，一项事业与另一项与之匹敌的或威胁性的事业之间的关系，都充满了冲突——在运动内部，针对具体的策略和目标，充满了实际的或潜在的冲突，而且与对立的意识形态的冲突也是经常存在的。领导者最终的成功不是由人们对某个表演或某个角色的喜爱来检验的，而是由实际的社会变革来检验。衡量社会变革的是思想家的目标、纲领和价值观念。

意识形态已经变成了一个含义模糊而且具有贬义的词语，就像魅力这个词语一样。这个词语诞生于冲突之中，自那时起这个词语就始终有些令人怀疑。在 18 世纪 90 年代，法国的一些贤哲们，基于他们在国家学院（the National Institute）的崇高立场，发表宣言，攻击法国大革命之前的伟大哲学家和神学家的虚伪的抽象学说。为了取代服务于旧政权的思想，他们提出新的“思想的科学”（science of ideas），并称之为**意识形态**（*ideology*），通过对它的研究，所有的观念都可以归结为产生它们的感觉。这一新型的哲学体系和他们的革命性的思想没有逃脱拿破仑警惕的目光，作为一个皇帝，拿破仑认为，这些空想家尽管不了解实际的治国才能，但是对政治秩序和对他自身而言都是一种威胁。他大手一挥，便重组了国家学院，并且取消了道德和政治科学的二级学科（the Second Class of Moral and Political Sciences），因为这一领域是大多数**思想倡导者**（*ideologues*）的聚集之地。“意识形态”这个词存留下来，但是其间经历了诸多波折起伏。第二次世界大战之前的若干年中，这个词语变得非常流行，那时各种强大的意识形态似乎相互之间处于论战状态——苏联的共产主义、德国的纳粹主义、民主社会主义和一种尚不明确的自由民主主义的意识形态。战争爆发后，美国的专家学者们便宣告了“意识形态的终结”。在这个讲求实效的年代中，这个词语逐渐用来代表一切教条主义的、抽象的、武断的、一成不变的以及虚幻的东西。然而这个概念代表着一种意义重大的思维策略——以及领导策略——因此，它应该被保留下来。

意识形态的关键特性，就是把人们信仰**什么**——人们的信仰体系、价值结构、**世界观**（*Weltanschauung*）——与**怎样**获得某种信仰这两方面结合起来。这些信仰是透镜，人们透过它们来看世界；它们是各种观念、经验和动机，人们用它们来梳理和评价所感知到的众多现象。阿瑟·施莱辛格（Arthur Schlesinger）和兹比格涅夫·布热津斯基（Zbigniew Brzezinski）在一定程度上较好地把握了这种双重性。施莱辛格认为：“关于意识形态，我所指的是一种体系化的、一成不变的信条，人们凭借此种信条去理解世界——去维持或改变这个世界。”布热津斯基的观点是：“意识形态把行为——由于它的对象是社会，因此这里的行为必定是政治行为——与目的意识及对历史的一般动力的认识结合起来。”苏联的共产主义意识形态，特别是在革命之后的几年中，证明了这种双重性。就我们的目的来说，我们可以将意识形态看作一套重大的价值和认识与感知的方式，它奠基于需要的等级结构与价值
250 的等级结构的和谐一致，所有这些都在不同程度上以强化和对立的方式相互联系，并与各种社会和经济因素及制度相联系。根据这样的定义，那么政治意识形态就既包括人们关于现实的各种理论、关于真理的各种模式等，**又**包括那些强有力的“主义”（isms），这些“主义”占据了人们的想象，不仅可以巩固古老的习俗、社会和精英，而且也可以颠覆推翻它们。

以这种方式定义意识形态，是提出一种纯粹的模型，但这种模型可能只能用作一种诊断工具。这种模型的一个突出特点，就是意识形态的各种关键要素——**认识、冲突、意识、价值和目的**——之间的充分一致。领导者和追随者在他们的环境中以及在他们的相互关系中所认识到的一切；与对立意识形态的冲突，正是这种冲突把领导者与追随者联系在一起；他们的社会意识和历史感；对他们具有道德意义的价值观；产生于这种意识形态的社会和政治目的——所有这一切都是彼此相互加

强的。由具有这些品质的追随者所参加的运动，显然能为体现和代表这一运动的领导提供一个异常强大的基础。

在如此定义的意识形态的背景下，价值观念的结构、冲突的战线和领导的阵营，都是明确界定的，并被深深地铭刻在社会之中。在统治者的权力所及之处，意识形态中异端的、或有敌意的、或不完全一致的价值观念都会被禁止和抛弃。体制内的领导成为占主导地位的意识形态的直接表达。领导者可能会偏离正统观念，但其目的只是“策略上”的偏离，不会挑战整个价值体系。公开表达的冲突会从政体内部转移到其对外关系。当两种意识形态体系中的冲突加剧时，领导者便成为国际对抗的动员者和发言人。

正像对四国的研究所表明的那样，在明显的意识形态内，社会的“实际生活”中的一致性程度不应当被过分强调。该研究发现，在有重大国际分歧的问题上，“政治体制或意识形态与所测定的社会价值观念之间，并没有明显的联系”。要找出一个国家总体的价值观念与一个国家的社会结构的突出特点之间的一致性，是非常困难的，或许这是因为在价值观念方面，国内的分歧要比国际分歧远为重要。但根据这一研究所得出的结论也表明，“政治领导的社会化在很大程度上是发生在国家层次**之下**的过程，而且在国家内部，社会化的力量是充分多样化的，因此，领导者的价值观念很难被简单地确认为‘美国制造’，或波兰、南斯拉夫、印度制造”。这恰巧与本书的重点相合。本书强调的是**整个社会化过程中**的领导角色，而不仅仅是居于最高层的领导角色。

最后，正像罗伯特·莱恩所说的那样，政治意识形态要处理以下问题：谁将成 251
为统治者？统治者是怎样被选出来的？他们统治所凭借的原则是什么？最后一个问题会引出其他的问题：意识形态是如何囊括生活中的主要的价值观念的？意识形态“就其基调和解释来说”，在何种程度上是“合乎规范的、伦理的和道德的”？它**反对**的是哪几种道德说教或哲学？为了崇高的道德目的并在与对立意识形态的冲突中团结起来的意识形态运动（根据定义），是一种强大的推动力量；正像威拉德·马林斯（Willard Mullins）所指出的，它是“历史变革的一种积极动因”。它正在转变着领导的方式。

对所有形式的领导的检验标准——不论偶像崇拜式的领导、意识形态式的领导，或是介乎两者之间的领导，也不论领导的制度化是通过政党、师出有名的运动、政治化的利益集团，还是有组织的个人追随——都是目标是否实现，这种目标要根据人民的需要来衡量，而人民的需要又反映在社会和人类的价值观念中。领导者可以依靠公众舆论的“外表”来发挥作用——依靠暂时涌动的舆论，依靠崇拜偶像的观众的掌声，依靠暂时冒出的社会和政治狂热，依靠编造出的国外危机，依靠夸大了的国家安全面临的危险——而无视那些激发追随者并等待领导者激发的持续的、广泛的和强烈的需要与目标。但对领导者作为**领导者**的效能的最终检验，将是真正的、预期的社会变革这一目的的达成。社会目的得以实现的革命的、理智的和改良主义的过程是多种多样的，也是令人着迷的，但是，最终的变革温床，将是领导者和追随者的动机、需要和价值观念向领导**权力**的转换，即转换为各级领导者都可获得和运用巨大权力。

绝大多数领导兼具意识形态式和魅力式二者的特质，伟大的领导者创造性地把两者融合在一起。毛泽东就是这样一位领导者。他履行了他必须承担的英雄、父亲般的人物、崇拜对象、偶像这些角色。除此之外，他还了解中国民众有崇拜领导人的需要，这种需要反映了他们的依赖需要——这种需要可能起源于他们童年的生活环境和生活条件。他将领导理解为领导者与追随者之间的一种强有力的联系，这一总体思想部分地体现在这样的看法中，即领导者满足了追随者的**心理**需要，同样，追随者也满足了领导者的心理需要。“文化大革命”爆发之后，毛泽东告诉埃德加·斯诺（Edgar Snow），中国人民在赋予他的思想以神秘的威力方面，可能走得太远了；但是，他继续说道，在某些特定的时期，个人崇拜是必要的，因为在人类事务中，始终存在一样东西，即：“被崇拜的需要和崇拜他人的需要。”作为一名领导者，毛泽东的卓越才智部分地在于既认识到了追随者的特殊需要，也认识到了领导者的独特需要。

作为变革的领导

252 然而，在社会变革中，领导者的最终角色，在很大程度上取决于他的意识形态的领导，包括在何种程度上把他作为偶像和英雄的吸引力用来服务于他自身的目的以及追随者的目的。很明显，并不存在毛泽东屈从于英雄崇拜这种严重的危险；他太超脱、太有心机、太善于自我保护、太**注重意识形态**。他曾经写道：“激发［他人］的感情是可以允许的，但是决不要向他们发泄情绪。”列宁有关领导的看法的核心是同志关系，但是毛泽东像许多其他的伟大领导者一样，当他感到不得不做出选择时，他会依赖意识形态，而不是英雄崇拜者。

最终，毛泽东将利用英雄崇拜来服务于意识形态的需要和目的，“文化大革命”的出现证实了这一点。在那个时代中，进一步的“革命”即使是对一个思想家而言，似乎也是没有必要的；在取得最后的军事胜利之后的 10 年中，中国共产主义的意识形态的胜利似乎是全面而彻底的。政治机构、政府机构和法律机构被撤销或重组，以迎合意识形态的需要，从而使新的“上层建筑”能够表达大众的新的价值观和目标。共产主义的价值观和目标是由党的理论家宣布的，并且在中小学和大专院校中，在报纸上和电台里，在墙报和大众集会中，得到了广泛的附和。当局谴责一切不为大众的政治教育服务的艺术形式，理由是：超越政治的艺术是不存在的，所有的艺术都反映了阶级感情，无产阶级必须要有自己的革命艺术。历史被重新整理，被改写，只为了适应新的统治秩序的需要。中国的共产主义的意识形态几乎不会质疑自身，尽管允许群众对方式和手段进行极为有限的批评。毛泽东说道：“真的、善的、美的东西总是与假的、恶的、丑的东西相比较而存在，相斗争而发展的。”各种意识形态都会轻而易举地把圣徒与魔鬼区分开来。

但是，正是由于意识形态方面的问题，毛泽东并不感到满足。他的最高目标是要建立一个平均主义的、无阶级的社会，但这一目标实现得还不够快。他得到了其他领导人的支持，特别是他的妻子江青的支持。江青以前是一名演员，后来自称对文化感兴趣，据罗克泽·威林克（Roxane Witke）在《江青同志》（*Comrade Chiang Ch'ing*）一书中引用她的话说，她曾经“说服主席（她曾经为此事争辩了好几年）迫切需要在意识形态方面占据上风，而这必须通过大力促进无产阶级在艺术领域的最高权威来实现”。毛泽东特别担心，社会主义上层建筑的成长正受到“修正主义分子”的阻挠，所谓的修正主义分子是指那些据说是要恢复资本主义思想和制度的党的领导者、行政官员和知识分子。毛泽东指责修正主义分子助长了共 253
产主义政党的官僚主义倾向，并且培养了一批脱离人民群众的官僚主义精英。在中国向社会主义发展的第二个阶段，为了建立一个社会主义的上层建筑，党内的官僚主义分子必须被推翻。

他以一个神奇的动作开场了。1966 年 7 月 16 日，中国共产党的这位 72 岁高龄的主席跳进了长江湍急的水流中，并且在一个小时内，游了 15 公里，据说打破了所有的奥林匹克纪录。这是当时 8 亿中国人民的传奇式的领导者做出的一个高明的具有象征意义的动作。在数千名其他的游泳者之间，畅游于长江之上，实际上他是在邀请中国的年轻一代和他一起发动一场新的革命，“在大风大浪中前进”。毛泽东知道他将要做什么。这次游泳结束了，几个月后，他说道：“火是我点的，我认为给人们一个震动是件好事。许多年来我一直在考虑如何给党内的修正主义分子一个震动……最后我想出了这个办法。”

在这些话中，毛泽东对冲突的强调是有其深意的。在“文化大革命”中，他的宏伟战略就是要激发、合法化和引导一场组成成分不断变化、活动范围也会持续扩大的群众运动，就像他早年在中国农村作为一个游击队的领导者所做的那样。这战略的核心就是利用、引导并操纵群众运动与党内官僚机构之间的政治**冲突**，使之服务于他自己的目标和群众的目标——他相信这两者的目标是一致的。毛泽东的冲突战略是建立在列宁主义的共产主义的基础上的，强调的是普遍存在于社会中的辩证法、矛盾和对立。冲突被用来支持领导者，同时削弱反对者。通过自己写的有关革命理论和实践的著作文章，毛泽东的战略思想也得到了贯彻执行，因为这些文章是他与人民群众的需要和期望之间最直接、最强有力的意识形态的纽带。

在许多其他国家的首都——特别是在莫斯科，人们会这样猜测——人们惊讶于毛泽东会自下而上发动一场群众运动以实现他的目标，而不是简单地解除他的政敌的权力并通过法令自上而下地改革官僚主义。要想对此做出解释，需要求助于我们在前面对毛泽东基本的领导哲学的研究，他几乎怀有绝对的信心，认为人民群众最终有能力帮助解决问题、实现社会变革，最后建立一个共产主义社会。他仍然热衷于“群众路线”，热衷于他的“从群众中来，到群众中去”的领导学说，热衷于他的民主集中制的观念。这个观念与列宁最初的看法是不一样的，后者本质上适用于党这个先锋队的内部领导。“文化大革命”的本质就是毛泽东的集权主义的领导与 254
其革命的追随者的群众行动之间的独一无二的互动。“文化大革命”是毛泽东的政治信条的最终体现。

毛泽东的领导，是基于他在“文化大革命”中娴熟扮演的几种相互关联的角色，即作为意识形态的领导者、大政方针的创议者、政治的经纪人和调解者。像在游击战争年代中一样，他始终强调党内的集体领导。在1959年，这位主席放弃了对中国政府的直接控制，越来越多地退出党的管理工作，这部分地是为了让他的继任者得到锻炼，也是为了集中考虑有关意识形态和政策的更广泛的问题。在几年的时间内，他广泛地放权给刘少奇、林彪、周恩来等其他人。在“文化大革命”期间，他重掌最高权力，并且再一次与他的同事分享权力，不仅与激进主义领导者，也与国防部长林彪分享权力。林彪在毛泽东的指导下，曾在人民解放军内部开展了一场仅限于军队的“文化大革命”。

毛泽东在“文化大革命”中采取的策略，与他以前成功使用过的策略非常相似：缓慢而谨慎地行动，直到出现“适宜的气候和土壤”才采取决定性的行动；考察反对派并设法让他们自我暴露；利用他的对手的“反面教材”来赢得支持；分化反对派，“集中优势兵力，各个歼灭敌人”。所有这一切都需要一种不同寻常的能力，能够增强和支持——同时精明地利用和操纵——其他领导人、追随者及对手的需要和动机。正如卢西恩·W·派伊（Lucian W. Pye）所指出的，毛泽东“在理解他人的情感方面是一个天才”，这让他能够充任伟大领导者这一典型角色，而这个角色不仅要了解追随者当前的需要，还要调动起他们内心深处的更新的动机和期望，这些动机和期望将来会为毛泽东希望提供的那种类型的领导提供一个广泛的群众基础。这种类型的领导就是变革型领导。

这就是毛泽东式的领导。他震惊于反领导的态度（特别是较年轻的共产党人的反领导态度），以及上海人民革命委员会提交的一份正式建议，该建议请求取消一切“长”，理由是所有的领导者都是或正在变成反动派和修正主义的代理人。毛泽东回复道：“这是极端的无政府主义，是极其反动的……事实上，‘长’是始终都需要的。”我们可以作这样的补充：如果没有“长”，就不会有变革。

第4篇

交易型领导

交易型领导必定会导向种种短命的关系，因为买主和卖主不会重复同一交换；他们都必定要转向新的满足类型和水平。最为重要的是，交易型的满足本身可能是一种限于表面的和无足轻重的满足。

第 10 章

舆论领导：拼图遗失的一片

有三类舆论领导者：最受人关注并经常是最能产生影响效果的领导者，是那种具有重大目标的人——这种目标可能是意识形态的、纲领性的、政策性的、职业生涯的或直接自助的——他们试图激发、动员和激励所有与他们的目标相关的人。第二种类型的领导者由控制正式交流媒介的人所组成，他们控制着每一种类型的正式交流媒介，并且在某种程度上控制着每一层级的媒介，从国家的报纸或电视网络，到乡村广场上的卖报者或罢工时佩戴标志的纠察队员。第三类领导是由交易型的“舆论领导者”构成的，他们在大众传媒和广大公众之间斡旋。

我们再一次面对交易型舆论领导者的本质：大多数领导者也是追随者，大多数追随者也是领导者。

舆论领导可以用河床作比，沿着河床，舆论流既受到天然堤岸和人工挡土墙（retaining wall）的约束，又冲破它们的阻挡；河床有许多疏通水流的干渠水道，也有许多阻断水流的礁石落木，还受到潮汐和大风的影响。

257 很少有政治分析家比刚刚去世的小 V. O. 凯伊更仔细地考察了社会解体、民众冷漠、政治无知和选举混乱的状况。在他于 20 世纪 40 年代对南部政治所进行的无与伦比的研究中，他揭示了一个又一个州的一党统治、政治分裂、徒劳的冲突、遍布全州各县的蛊惑煽动、南部式的个人影响以及穷人特别是黑人始终一贯地被排斥在权力之外的模式。后来，在20世纪50年代，凯伊又研究了整个美国人的公众舆论资料，主要考察了那些来自艾森豪威尔时代的调查结果，在这个时期，总统相对孤芳自赏和缺乏生气，相伴的是参议员乔伊·麦卡锡（Joe McCarthy）追剿国内共产党人所引发的政治歇斯底里。人们可能会期望，随着其体质的日趋衰弱，这位政治科学家所做出的最终结论，会是一个在自由主义圈子中的时髦论断，即：美国的民主即使不是在腐败，也是正在僵化；民众或是将他们选举的代表降低到乏味平庸的水平，或是对他们进行疯狂的政治迫害；广大公众不仅无知和冷漠，而且缺乏宽容之心，反对公民自由论。

但他并没有得出这样的结论。相反，小凯伊在他最后一部著作的末尾做出了这样的评论：起码在美国，"选民并不是傻瓜"。无论是"见风转舵的投票者"，还是党的坚定拥护者，其行为都是相当理性的。然而，他不得不承认，在构成民主的拼图中有一块遗失的拼片，这块遗失的拼片就是领导者和积极分子的角色与行为。

我们必须要问：为什么这块拼片被遗失了？起码对公众舆论的研究者要问这样
258 的问题。在关于领导者与追随者关系的交易理论中，可以找到对这一问题的部分答案。当这一理论被用来解释在领导者与追随者关系中公众舆论的作用时，它设想领导者与追随者是在政治市场中交换满足他们需要的东西。在这一市场中，讨价还价的范围是被严格限制的，因为只有对那些容易辨认的、可计算的、实在的和可衡量的财物才能进行讨价还价。就这一点来说，这一理论与社会学中的古典"交换理论"是不谋而合的。但交易理论，根据我对它的定义，必定会导向种种短命的关系，因为买主和卖主不会重复同一交换；他们都必定要转向新的满足类型和水平。最为重要的是，交易型的满足本身可能是一种限于表面的和无足轻重的满足。

在公众舆论的世界，这些交易可能并不像用政治职位交换选举支持那样实在。相反，这种交易关系经常可能是"心理的"：领导者与追随者的交谈，采用那种会引导追随者做出回应的方式；追随者做出回应，也采用那种容易使领导者进一步采取主动的方式；领导者迎合他推测追随者所具有的动机；追随者做出回应；领导者激发进一步的期望并趋近交易本身，交换过程以这种方式得以持续进行。交易最初可能包括手势、笑容、掌声、许诺、民意测验和信件，此后会采取更实在的形式，诸如在选举中追随者投票支持领导者，领导者在立法机关为追随者的利益投票。

交易型舆论领导者所迎合的，有可能是基本的、持久的和真实的欲求，是深藏于内心的不易察觉的需要，甚至可能是追随者关于道德和正义的信念。但是，政治市场情境下的舆论领导与追随，很难借助这种实质性的诉求，或像变革型领导者那样借助创造性的、自我实现的回应。因为市场就是市场——一个拍卖场。它是一个快速联系和快速敲定的地方。在这个地方，有多种多样的领导者和追随者，领导者在寻求满足的过程中可以从一个追随者转向另一个追随者，而追随者也可以以同样方式来回应领导者。这里的气氛和风格是快捷；这种气氛和风格保证互惠性、灵活性、买主和卖主的可替代性、关系的易变性。**适应性**是这里的规则——以至于领导者与追随者难于区别开来。主导这种关系的是关于成本—收益的快速计算。

这种类型的舆论领导与追随，更容易出现在西方式的自由民主政体中，而不是出现在更专制的政治制度中。在通过民意测验和学术调查所进行的大多数西方风格的企业式的态度和舆论研究中，它既被加以概括，又被制作得可以运用。肯尼思·B·克拉克（Kenneth B. Clark）对这种企业的各个方面做出了严厉的批判："大多数社会心理学仍然主要关心对孤立的、琐碎的和近便问题的探讨，而不关心那些与紧迫的社会现实直接相关的问题……舆论研究在关注权力的某些成分的同时，并没 259
有对其表明立场，也并不关心舆论所产生的后果。它也许会问有多少人愿意与黑人做邻居，有多少人没有意见。它通常并不调查这些人在给定情境下会实际怎样做，也不探寻会改变或延续其行为方向的社会变革手段……"电视收视率调查也经常受到批评，因为它倾向于强化平庸，忽略持有不同意见的少数人的意愿。

唤醒：政治舆论的动员

即使在西方自由民主政体下，舆论领导的交易型理论也只适用于解释舆论形成系统的某些部分。即使在美国，公众舆论的"自由市场"也是一个有限的市场。公众舆论的稳定性甚至黏滞性的程度，也给人以深刻印象，这种情况不只是存在于舆论刺激鞭长莫及的偏僻村庄。我们先前所考察过的家庭与宗族、学校、教会以及工作场所的社会化趋势，都能够像虎钳一样将人们紧紧夹在一起。在缺乏外部舆论的情况下，共有的价值观念会通过群体成员间不断的交换而强化，就像在中世纪的修道院和基督教门诺派群体（Amish community）中那样。群体内部的亲密友谊甚至使舆论进一步趋于稳定。分离主义可能是由于种族优越感或偏执狂；它也可能是基于对自我利益和公共机构存亡的最精心的计算。

分离主义的作用效果，取决于各种机构及其他社会机制与其成员的需要和态度的相关性。如果各种阶级、群体和地区被"封锁"起来，阻塞来自外部的信息交流，那么内部的交流就将促进一致或共识。在那些向外部世界开放的群体中，有凝聚力的内部舆论可能会强化外部舆论，并因此放大外部舆论对自己成员的影响。对士兵、教士和革命者的训练就是这方面的例子。埃利胡·凯茨（Elihu Katz）和保罗·拉扎斯费尔德指出，使信息交流易于传导的条件是："第一，与同事频繁的交往；第二，与共同信守某一特殊规范或标准的其他人进行交往；第三，加入一个补充和强化大众传媒信息的群体；第四，加入一个社会群体，其本身的'人际交流系统'与大众传媒的人际交流系统'勾连'在一起；最后，充分'接近'一个社会表达渠道，它适宜表达积极的社会行动。"

什么样的社会力量能够冲破那种强迫一致、共识和稳定性的强大的心理和体制 260
的壁垒？只有那种能够与各种潜伏的舆论来源相"勾连"的力量，无论对经各方同意而产生的领导，还是对在竞争中形成的领导，这些潜伏的舆论来源都是能够越过壁垒的潜在的号召因素。例如，电视就可以进入各个孤立的家庭，激发起更多的占有欲望，它也能够激起同情心，就像电视台播放一部警察用狗来攻击民权示威者的影片时激起人们的同情之心那样。

冲突的可能性是多种多样的。父母与子女的心理关系，兄弟之间的心理关系，都会形成根本的紧张关系，这种紧张关系与外部的由社会产生的冲突联系在一起。即使在稳定的和富裕的社会中，个人在欲求、需要、期望、社会态度和政治观点方面所经历的一系列变化，会导致社会内部的阶级、群体和各个方面之间的回应和反应方式出现一系列改变。例如，劳动的分工创造了各种角色，这些角色在一定条件下会出现冲突（管理层与员工，警察与青少年）。

领导，特别是交易型领导，在所有这一切中起着中心的作用。就像凯伊所指出的，反对意见的聚集构成了支持反对派领导集团的基础，而有竞争力的领导者又会培育能巩固其地位的分裂。冲突的分类可能采取多种不同形式，领导的形式可能随之不同，但领导又反过来刻意制造和扩大或缩小在下级领导者和追随者中所存在的分裂。领导者与舆论之间的关系显然是复杂的——其复杂程度如凯伊所言“可能使其永远无法被分解成其组成因素……”他接着说：“政治冲突的接触点，主要是在正式的和非正式的政治机构中的相互对立的领导中心之间……但也正是在这种对立的领导中心之间的关系中，会出现冲突的和解和化解。”领导的冲突和结盟，反过来又塑造了流行的舆论。

领导的作用与冲突和共识的关系，随感受特定领导的情境而变化。考虑到这一点，领导作用就会显得更加复杂。因此，一个小的同质性群体的领导者可能只是起一个“头领”（headship）的作用，因为该群体的成员是如此团结一致（不论在该群体中存在什么样的潜在冲突），以至于该群体的头领只能起到简单的代表（representative）作用——该群体是由他来“再现”（re-presented）的。但是，如果该群体在一种更加异质的情境中存在，它就很容易在某些方面与其他群体或与在更大的组织中流行的原则和领导者发生某些形式的冲突。这样，同一个领导者，在一种情
261 境下是达成共识的凝聚点，而在另一种情境下却成为冲突的源泉——例如，一位陆军将军投身于政治情境中。一个领导者通常不会只限于这两种角色，而是会成为许多不同的甚至冲突的群体的代表并居间斡旋——陆军将军与新兵的关系和与其他军官的关系是不同的，他要努力调解同一哨所中的黑人士兵与三 K 党成员之间的关系。大多数领导者所面临的最困难的问题，就是当自己事实上是各种分裂群体的领导者时，如何调解这些分裂群体之间的关系。结果，冲突不仅会在支持领导者的群体、阶级和选民中发生，而且会**在**这样的领导者**内部**发生。

政治冲突在一个领导者或领导集团中被反映和被稳定化的程度，取决于冲突中的各种社会力量在冲突情境中的两极化程度，在这种情境中，冲突相互强化，而不是相互抵消。持有强烈的民族主义和宗教原则来与外部因素相对抗的无产者——例如北爱尔兰的爱尔兰天主教徒或在魁北克的法国人——不可避免地会培育出与“统治”力量截然对立的领导。这会使领导者很难在自身中容纳这些相互对立的力量——像瓦尔特·惠特曼（Walt Whitman）所说的，“去包容多样性”——虽然一些领导者无疑曾经尝试过。但是，在典型的异质性社会，冲突的各种路线并不是收

敛集中的，而是彼此交织的。同一个领导者可能在这个月是追随者的众矢之的，在下个月却又成为追随者心目中的英雄——但是在不同的问题上。

在讨论各种不同意见的汇集对政治领导的效果时，凯伊指出："人们必须探求多种多样的政治分歧与政治秩序的本质之间的关系。个人能够持有并不一致的观点而并不感到严重不适。虽然政治领导者必须设计某种方式，既可以制定使其选民受益的社会福利法案，同时又不强制向他们征缴所需的税金。但是，如果他是个立法者，那么他也必须使自己可能在明天向今天的敌人寻求支持。"街头百姓可以通过"感知歪曲"（perceptual distortion）的机制在某种程度上摆脱这种冲突的负担——将并不一致的领导者或领导者与追随者之间的关系看作具有一致性。领导者也可能诉诸这种方式，但也许要以其政治生涯作为代价。就像罗伯特·莱恩和大卫·西尔斯（David Sears）所建议的，还有一些其他的方法来减少"不和谐"，它们取决于舆论信念和领导支持的强度，但领导者所承受的负担似乎要重于追随者所承受的负担。

一致与冲突的**结构**被用来刻画大多数社会中的领导者之间的关系和领导者—追随者关系的特征，但专注于这一结构，可能面临过分强调稳定力量的风险。有抱负和有竞争力的领导对政治舆论肯定会有影响，但他们激发和驱动的是那些已经以潜在的形式存在的各种态度；即使当他们对民众的欲求和需要做出回应时，他们也在 *262*
塑造着这些欲求和需要。公众不是由庞大的同质群体构成的，而是由各种极不相同的人构成的，从被动的（但是潜在可动员的）人到相对积极的人。领导—追随之间的互动是以其行动的强度、范围和程度来衡量的，借助于对领导—追随之间互动的各种状况的界定和分析——通过寻求领导者的主要类型和追随者的主要类型并考察它们的相互关系——我们可以对这些类型的"领导者"和"追随者"的政治行为进行分类。

最受人关注并经常是最能产生影响效果的领导者，是那种具有重大目标的人——这种目标可能是意识形态的、纲领性的、政策性的、职业生涯的或直接自助的——他们试图激发、动员和激励所有与他们的目标相关的人。除了在绝对的专制、独裁和严密管制的社会中——在这种社会中，这些人并不是在我们所定义的"领导者"的意义上作为领导者来行动——之外，他们是根据其他领导者（结盟的或对立的、上级或下级等）及各类参与者的预期反应的背景来做出领导决定。

第二种类型的领导者由**控制正式交流媒介**的人所组成，他们控制着每一种类型的正式交流媒介，并且在某种程度上控制着每一层级的媒介，从国家的报纸或电视网络，到乡村广场上的卖报者或罢工时佩戴标志的纠察队员。选举产生的政治领导者要受到"选民压力"的严格限制，媒体的经营者似乎不必承受这种限制。但他们的经营是在各种错综复杂的限制和预期反应中进行的，这些限制和预期反应来自财政资助者（主要是广告商），来自于竞争同一受众的竞争对手，来自那些他们希望留住或吸引来的读者、听众和观众——尽管他们在传播系统中的垄断地位的高低会对他们的控制产生极大影响。此外，电子媒体必须在某种程度上回应政府的监察（例如，公平原则）。媒体的经营者以两种方式引导公众舆论：通过操纵、歪曲或

“客观地”介绍那些所谓的“直接的新闻”；或是通过公开发表社论、选择专栏作家和评论家、选登读者来信等手段来对舆论进行公开和有意的影响。因此，出版帝国的所有者与设计《世界报》（*Le Monde*）头版的编辑各自都对舆论的形成具有独一无二的和可辨明的作用。

第三类领导是由交易型的“舆论领导者”构成的，他们在大众传媒和广大公众之间斡旋。根据凯茨和拉扎斯费尔德的说法，舆论领导“是领导的最简单类型；它是在最小的朋友圈子里、家庭成员内和邻里间随意实施的，有时是无心的和不被察觉的。它不是在丘吉尔那种高位上的领导，也不是地方政客层次上的领导，甚至也
263 不是地方上的社会精英层次上的领导。它是处于另一个相反的极端：几乎是难以觉察的，当然也是最不显眼的领导形式，存在于私人间日常的、亲密的、非正式的、日常的接触当中……”舆论领导者是无所不在的，起码在美国的环境下是如此；实际上在社会的每个阶层都能够发现这种领导者，但他们也进行跨阶层跨群体的交流。舆论领导者可以是隔壁的药店主，当地的出租车司机，车间的领班，或干脆就是一个没有什么特殊地位但却具有提供信息和观点的能力的人。他们可能更加有效率，因为他们在传播信息和观点时并没有明确的特殊目的。他们懂得如何使他们的影响“个性化”，其方法是根据交谈对象的兴趣和偏好来调整自己所谈的内容；他们有足够的时间和充分的接近机会使其听众坠入被掩饰的一连串宣传或影响之中。对 20 世纪 40 年代总统选举的开创性研究表明，与个人影响的效果相比，大众传媒的效果是较小的——或起码来说，由大众传媒的舆论领导者发出的信息和观念，其内容在传播给不太留心的公众的过程中，被第二级的舆论领导者监控和改变。

舆论领导者在不同的政体中会采取许多不同的形式。在印度的那些文盲村庄中，一个识字的人——实际上，任何一个来到这个村庄的能阅读或引述邦报的人——都是在信息和舆论渠道的关键位置上的把关人。在希腊的卡洛斯（Kalos），社区中两个识字的人中就有一个是教师，他们收到报纸后，可以随心所欲地选择其中的部分内容传达给那些感兴趣但不识字的人。在大城市中的少数民族聚居地的成员可能会高度依赖他们的“使者”来与更大的社区进行联系，而这种使者反过来又会用他们能够理解的言辞和符号向他们传达城市或国家的法律、习惯、新闻和争论。专制政体并非不知道舆论领导的用途——或有效的个人影响的特点。根据亚历克斯·英克尔斯的说法，俄国共产党的宣传模范是这样的人：“他不仅懂得车间里的每个人是如何工作的，而且懂得他是如何生活的，他的家庭是怎样的，他的生活条件如何，以及他在这样或那样的个人问题上是否需要忠告。”在家庭内部，党的路线可以有选择地加以解释，以适应个体成员的需要和态度。

就像领导者一样，公众也可以被分成三大类。从较主动的公众到最被动的公众，公众具有无限多样的类型，而在其中划分出三大类公众，是多少有些任意的。较主动的公众可以叫作“专心的公众”（attentive public）——他们相对关心政治，
264 了解重大的政治问题，关注政治信息，意识到政治领导的竞争，起码在较低程度上积极参与政党或集团政治，关心选举的结果和政府措施的最终效果。普通公众中的第二类——让我们称其为“半积极分子”（semi-actives）——是一种不确定的部分，

他们了解那些被公开宣传的候选人和问题事项，并被吸引去关注政治和参加政治争论；这些人愿意参加投票，起码是在较重大的选举中投票支持备受关注的候选人。第三类是“潜在的公众”（latent public），他们通常不关心政治，不参加投票或者政治活动，但总是有可能被吸引去关心政治和参加政治活动——也许是对特别具有煽动性的政治领导的回应，但更经常的是由于像战争、萧条、外来威胁、国内危机和对阴谋的恐惧这样的创伤。潜在的公众是被恐吓、驱使或说服而参加政治活动的，其行为方式可能是无法预测的，其对政治活动的参与可能是一时性的和低强度的。

所有这些类型的领导者和追随者之间反复的互动和交易，构成了政治舆论领导的结构。在这一结构中，领导者有其通常的倡导、激发和催化的职能，但“舆论领导者”在所有层面还发挥着舆论的中转和沟通的职能。追随者具有各种各样的专心、半积极和被动的类型，但所有类型的领导者的行为，都要受到对其他领导者和追随者一般会如何做出反应这种预测的调节。分析人士已经发现了交流的“两级流动”，即从像总统和首相这样的备受关注的正式领导者以及有影响力的媒体，流向地方舆论领导者，又从地方舆论领导者流向观念和信息的最终受众。实际上，存在着**更多的**交流步骤，就像有影响力的酒吧伙计的传播过程：他将在电视上看到的事情传播给顾客，顾客回家后又将这些信息传播给他的妻子。在提到“我们原始样本的调查对象、他们所影响的人、他们所影响的人所影响的人以及他们所影响的人所影响的人所影响的人”的时候，“两级流动”的研究者承认现实的复杂性。但他们补充道：“如果考虑所有这一切因素，我们就几乎无法开始研究”。

这种结构是复杂的，但互动的脉络却是可以辨识的。舆论之流可以在阶级或等级地位的范围内横向流动，或者跨越阶级或等级地位纵向流动，但舆论之流通常会依循朋友或亲情关系、闲聊的话题、工作团队以及群体内和群体间的合作与交换的互动而流动。在某些文化环境中，舆论之流会更多地从高层人物流向低层人物，更
多地从老人流向年轻人，而不是相反（这是在公共事务方面，而不是在像电影和流 265
行歌曲这样的流行事项方面）。舆论之流也会依循冲突的线索流动，如具有冲突观点的人进行面对面的争辩，或竞选对手在报纸上、正式辩论中或走上街头相互口诛笔伐。

我们再一次面对交易型舆论领导者的本质：大多数领导者也是追随者，大多数追随者也是领导者。因此，我们必须质疑那种简单化的观点，根据这种观点所建构的系统，是由某种领导或精英集团构成的，在它的对立面则是无定形的广大公众。甚至连持有存在许多类型的领导者和许多亚公众（subpublics）这样深思熟虑的观点的凯伊，也将公众舆论说成是“一种堤坝系统，它给公众行动提供渠道，或确定一个自行决定的范围，使政府可以在该范围内行动，或使争论可以在官方层面上开展”。一种更恰当的比喻，是用河床作比，沿着河床，舆论流既受到天然堤岸和人工挡土墙（retaining wall）的约束，又冲破它们的阻挡；河床有许多疏通水流的干渠水道，也有许多阻断水流的礁石落木，还受到潮汐和大风的影响。

汇集：舆论的联盟

有一个被人们经常讲起的故事，说的是一个法国人坐在一家咖啡屋时，忽然听到外面喧闹一片。他跳起身来喊道："聚众闹事了。我是他们的领导者。我必须跟他们走!"这个故事包含了关于领导的一个貌似悖论的深刻真理：领导者事实上是追随者，我们必须将**对**舆论的领导与**由**舆论领导区别开来。这个故事也提醒我们领导的二重性。一些人经常被感受为领导者，或者只是因为反映了其追随者的需要和态度——或是因为他们**有别于**他们的追随者，并试图改变他们的意见。如果他们试图如实反映其追随者的态度，他们便会像那个咖啡屋中的法国人——他的追随者就是他的领导者。除非他们愿意将对其追随者的代表发展到与其他追随者群体或与整个社会相冲突的地步，否则他们就可能被看作是一个有着特殊的和个性化目标的人，通过满足群体的需要和态度来寻求他们自身的发展。这是交易型舆论领导的最简单形式之一。

更为典型的情况是：公众舆论表达的是**各种目标**的冲突；的确，对一些公众舆论的研究者来说，这一主题并不能与冲突的概念分割开来。威廉·阿尔比格（William Albig）将舆论过程看作是在群体内部就某个有争议事项而出现的互动；金布尔·扬（Kimball Young）将舆论看作实际上是对某个有争议的论题或对某些事实的价值解释或道德意义的种种信念；克拉伦斯·舍特勒（Clarence Schettler）则强
266 调在公众舆论形成过程中的互动和冲突。

当出现关于目标的冲突时，在唤起公众支持而进行的竞争中，领导者作为追随者的悖论，以及交易型舆论领导既服务于自我利益又服务于更广大利益的二重性，变得更加明显和重要。今天的领导者，可以利用现代社会科学和技术，来确认和评估追随者的舆论，并强化和改变这些舆论。因此，在一本书中将不同的政体中舆论领导者试图测量和影响其追随者的态度的无数方式加以完全概括，既不可能，也没有这个必要。宣传家、"幕后说客"（hidden persuaders）、媒体专家、传教士和类似人物的说服技巧，在技术上是令人着迷的，但在理智上却是不足道的，除非它们与更广泛的权力、价值和责任问题相联系——特别是与这样的问题相联系，即当交易型舆论领导者在回应媒体专家让他们迎合追随者的多变的和肤浅的态度的建议时，他们会在何种程度上放弃他们自己个人的、原则性的和政党的承诺。一般来说，说服技术是策略选择的问题；是否采用它们的决定几乎完全取决于宣传技术的可行性和成本、进行说服的文化和政治情境以及舆论影响者及其顾问的技术方面的技能和判断。

战略问题则远令人困惑。政治舆论的领导者如何"储备"支持以备未来斗争之用？政治领导者是贪婪的；他们又是不安全的。他们需要争取最广泛的支持，确保这种支持的持续存在，并同时为这种努力付出最少的政治代价。小群体和地方上地理孤地（local geographical enclaves）的领导者在这方面相对简单；战术上的精明

和坚持可能就足够了，几乎不需要汇集舆论。但要达及更广泛、更复杂的公众，并面对这些公众所固有的种种分裂和冲突，领导者就面临经济或节省的问题：他们怎样才能将公众舆论汇集起来支持他们的抱负和目标，而不会付出包括失败的威胁在内的不必要的代价？

一个战略就是**组织一大批个人追随者**，这批追随者对领导者要忠心耿耿，能够压倒可能会导致组织分裂的内部冲突。这可能涉及领导者对英雄崇拜现象的战略反应。拉丁美洲提供了这种战略有效运行的一些主要案例。**个人统治主义**（*personalismo*①）政治学倡导围绕有吸引力的和才华横溢的个人建立政治舆论组织。倡导政治党派和政治纲领服从于领导者的个人组织，这种组织为领导者提供坚定不移的和不加批判的支持；如果领导者赢得了选举，就要在政府中建立一种个性化结构，它 267
具有一种本质上是"领导者与追随者之间的庇护（patrón）关系"。政治上的个人统治主义对充满活力的魅力型领导是一种有前景的战略；但对那些有志于实现政治目标和达成真正社会变革的人们来说，这一战略的最大缺点就是事业会随着一个并非不朽的领导者的成败而兴衰。因此，它并不能替代变革型领导。

政党通常能够将对领导者的支持转移到党内的继任者；而个人领导却经常无法进行这种转移。有一些迹象表明，对从 1930 年至 1954 年间执政了 20 年的巴西总统格图里奥·瓦加斯②（Getulio Vargas）的支持被转移给了他的继任者，但更细致的考察揭示，瓦加斯和他的继任者各自都不得不组织自己的个人追随者阵营，这证明即使在同一政党内——或者说，实际上在同一政治家族内——对瓦加斯的支持也是无法转移的。同样，在阿根廷对胡安·D·庇隆③（Juan D. Perón）的个人支持也不能随意转移；只有当庇隆从流放地返回后才能重建这种人格主义的关系。另一个例子来自美国的民权运动和像南方基督教领导人会（Southern Christian Leadership Conference）这样的组织，小马丁·路德·金④（Martin Luther King，Jr.）对该组织的高度个人化的领导，无法在其被刺杀之后有效地进行转移。作为一种舆论领导战略，人格主义对发展中社会可以是一个有用的中途小站，这种社会缺乏成熟的政党体系或通向领导地位的可靠渠道，但在大多数庞大和异质的社会中，人格主义为持续的领导和领导的接续所提供的基础过于脆弱，起码在那些投身于实现重大社会变革的长期努力的下级领导者、积极分子和追随者看来是如此。

汇集政治舆论为政治领导奠基的另一个战略，是**动员来自社会—经济阶级的支持**。以阶级为基础的战略从表面上看似乎简单。由于实际上所有社会都存在着收入

---

① 该词为西班牙文，在拉丁美洲指抬高一个领导者的做法，拉丁美洲的政党的组成往往靠个人追随一个领导者，甚至用领导者的名字来命名政党。这通常会导致牺牲政党、意识形态和立宪政府的利益来效忠领导者。——译者注

② 格图里奥·瓦加斯（1883—1954），1930—1945 年间任巴西总统，实行政治、经济和社会改革，促进国家现代化，1945 年被军人政变推翻。1950 年再次竞选总统获胜，执政中受到各界抨击，被迫辞职后自杀。——译者注

③ 胡安·D·庇隆（1895—1974），庇隆主义运动的创始人和领导者，1946—1955 年间担任阿根廷总统，1955 年被军人政变推翻后流亡国外，1973 年回国后再次当选总统。——译者注

④ 小马丁·路德·金（1929—1968），美国浸礼会黑人牧师，非暴力民权运动领袖，两次被捕入狱，1963 年参与组织 20 多万黑人的"向华盛顿进军"，促使国会于 1964 年通过民权法案，获 1964 年诺贝尔和平奖，后遇刺身亡。——译者注

和财产方面的重大差异，由于这种差异趋势持续存在数十年甚至数百年，而且由于有产者和无产者似乎在竞争有限资源时天然地彼此憎恶，因此对于擅长迎合无产阶级（或工人阶级）或资产阶级（或上层阶级）的政治领导者来说，起码有两种政治组合可供选择。由于大多数政治问题、政府决定和最终的行政措施都对财产和收入的分配或再分配具有重大意义，因此对政治领导者来说似乎不难在两大对立阵营之中找到一个安全的立足之地。

事实上，这一战略将遇到的各种困难是难以对付的。潜在的追随者并不必然察
268 觉到政治家可能期望他们察觉到的可能性；特别是在低收入、低教育和低参与的群体中，阶级取向的政治问题并不容易被理解或与日常生活联系起来。“大众”可能完全意识不到其他人所看到的“客观”状况。在另一些情况下，他们可能意识到——他们也许完全认识到——他们的客观阶级处境或地位，但他们可能觉得对此不需有所作为（他们的处境是上帝或命运的安排，或是由他们的敌人或他们自己的无能造成的），或是觉得对它无能为力（他们陷入了无法摆脱的境地），或是觉得对其可以或应当有所作为，但不用依靠政府或政治领导。这就是获得民权前许多南方黑人的情形。

上层社会—经济阶级的成员可能同样缺乏认识、缺乏动机、被动、与人隔绝或无望，即便在保卫他们的财产和收入时也是如此。对他们来说，冲突可能是贯穿式的（cross-cutting），而不是纵深式的（reinforcing）。在阶级成员察觉到他们的阶级地位并且愿意对其做出反应的情况下，仍然存在着阻碍阶级行动的进一步的障碍。他们可能对非阶级取向的问题高度敏感（诸如宗教、地区、种族、对外关系、民族情感），这些问题并没有强化阶级意识（在某些情境下可能会起到这种作用），而是混淆和毁灭了阶级意识。被压制的下层群体的成员可能意识到阶级（或种族）地位的本质，意识到变革的可能性。在这种情况下，民权领导人能够唤醒这些群体去采取行动，就像在美国南方那样。但在这种情况下，这种潜能必须经由领导的培育才会使行动成为可能——这是交易型领导和变革型领导的结合。即使阶级成员的阶级意识提到很高的水平，阶级冲突处于非常尖锐的状态，在阶级成员的态度与其采取和这种态度相应的政治行动的意愿——经常会面临严峻的个人风险——之间仍然存在着沟壑。简言之，从“客观的”阶级地位到主观的阶级立场，到阶级意识，到察觉到阶级与政治和政治领导的关系，到充分的阶级意识，再到在支持政治领导者方面采取有意义的阶级政治行动，其间似乎存在着合乎逻辑的链条（或相互作用和相互连锁）——但这一链条在许多所谓的联结之处是断裂的，或者会出现断裂。

使支持领导的政治舆论得以汇集和稳定的第三种战略，是利用**政党**。在影响其成员和积极分子以及那些政党试图保住或争取的选民的政治舆论方面，各个政党的愿望和能力存在着很大的差异。一个积极热情的、纪律严明的、有意识形态的、有计划的并且获得广泛参与的政党，运作于一种相对无序的公众舆论环境之中，与那种已经基本被调整得适应了现存政治体制和公众舆论结构的老的和稳固的政党相比，可能具有更大的变革性影响。但在这两种情况下，并且在许多介于这两极之间
269 的政党中，政党内的坚定领导能够利用党的符号体系和机制来激发和稳定舆论。而

对较老的政党来说，只要抓住了对党的标签（“民主的”或“共和的”，“社会主义的”或“基督教民主的”）的控制权，并且在党的名称和标题之下提出新的建议和观念，就会赢得众多党员的支持——或起码不会有什么反对的情况。新的观念仅仅从党的识别标志就获得了某种合法性。

这一过程主要是交易的过程。政党舆论的主要内容会受到党的领导者所控制的某些刺激和运动的影响，党的领导者会利用政党的符号体系和机制来导致普通党员态度的变化。党的领导者在试图为变革施加影响时，必须在某种程度上使自己适应党的传统、期望和要求。一旦达成了变革，党的领导者就能够在努力宣传和实施新政策时力争使党的态度趋于某种程度的稳定。因此，在罗斯福和其他主要新政政治家的领导下，民主党开始支持一项社会保障的计划；当对该项计划的支持得到了保证，罗斯福和党的继任领导者就能够进一步提出公共福利主义的新概念，它在党内汇集了广泛和可靠的支持。

这种互动可能是非常微妙的，特别是在那些缺乏有组织的政党体制以及党的领导与普通党员之间缺乏明确关系的国家中。凯伊注意到：“如果把党的性质看作是工具，并且在党的追随者看来党是与某些广泛存在的问题相联系的，那么人们就不必期望在党的支持者的意见与党的领导者的意见之间能够及时地直接衔接和精确地协调一致。但是，从长期来看，大众舆论有能力使政党为其服务，这是毋庸置疑的。”党的领导并不是像奴隶一样代表党员或大众的意见。领导地位的“庞大”(mass)，通常再加上期望领导者将最终满足党员的需要和欲求而产生的对领导的忠实信仰，就会产生某种有益的错觉。

如此微妙的交易实际上不仅存在于领导者和普通党员之间，而且存在于党内所有等级的领导与追随关系中——完全不受政党等级之外的需要和压力的影响——它通常使领导者花费很长时间来巩固其在党内的地位，以便使他们能够反过来利用党来达到社会的和政治的目的。他们为了赢得党内的支持而做出的让步，他们所安排的或明或暗的交易，在他们作为领导者试图对党内施加影响时可能会反过来让他们苦恼。在大多数情况下，这种条件有利于在改变党内舆论和行为方面的渐进主义；但在某些情况下，领导能够阻挠渐进的改变。领导者可能在一个党的建立和早期发展中发挥了非常主导的作用，以至于使该党与这种领导者的个性和计划几乎不可分 *270*
离，因此他们可以将党实际用作他们个人的工具——就像路易斯·穆诺兹·马林[①](Luis Muñoz Marín）和波多黎各的人民民主党的情况那样——尽管这种发展可能导致党内过分的人格主义。有的领导者可能通过议会党崛起，他们因此而获得的地位使他们能够直接影响党的政策而不必过分依赖普通党员；英国的内阁大臣们经常体现这种关系。有的领导者可能是从党外引入的　　或可能是直接闯入的——他们对党的舆论和政策施加影响，而不必因失误受到普通党员的惩罚。

温德尔·威尔基（Wendell Willkie）在 1940 年取得的成就就是这样，在经过

① 路易斯·穆诺兹·马林（1898—1980），1938 年在波多黎各创建人民民主党，任波多黎各第一任民选总督，并于 1947—1965 年间连任四届。——译者注

一个短促和辉煌的竞选活动之后，他赢得了共和党总统候选人的提名，并成为这个伟大而历史悠久的政党的掌舵人，该党不得不与他关于竞选紧急状态的观点保持一致，而不顾普通党员的抱怨。威尔基极力鼓吹政府经济；很少有人能像他那样出人意料地用政府经济控制了这个稳固的政党的组织、机构、名称、符号体系和诉求。吉米·卡特也是在 1976 年“爆冷门”获得了民主党的提名，但他又继续在 11 月赢得了大选，因此同时继承了交易型领导的经纪佣金问题和变革型领导的道德两难困境。

在塑造政治舆论的过程中，有多少机会和主动权留在领导者手中？在发展中国家，大众舆论可能是无定形的和多变的，像恩克鲁玛和穆诺兹·马林可能在动员和调整民众态度的方式上保有相当的活动余地。在更成熟和稳定的政体中，领导者只能在更狭窄的限制内运作。与拒绝现存体制、以完全不同的方式寻求重新组织民众的支持，并冒分裂党而不是重建党的风险相比，寻求汇集方式的最低限度的改变，以便在已经趋于稳定的政党和议会政治中继续推行以往的交易政治，似乎更加容易并肯定更加安全。使前一种行为方式难以成功的原因，是普通党员及其领导者坚持现存政治态度和安排的倾向。重新组织支持是领导的独特职责，但只有勇敢和有天赋的领导才能够完成它。

在历史的伟大转折点，一些人明显感到了重组的需要，但国家可能缺乏急剧变革的智力和体制资源。这种情况在 20 世纪 30 年代的法国是非常明显的，法国的多党体制遭遇了危险的保守主义或**静态平衡**，“命若悬丝”的议会联盟在压力之下解体了。一些领导者如乔治·曼德尔①（Georges Mandel）倡导建立强有力的中央行
271 政当局，它能够对各种问题表明立场，并通过强迫各党或是与执政领导结盟或是与其对立来推行两党制。在 20 世纪 30 年代中期，列昂·勃鲁姆②（Léon Blum）及其同道者在这个方向上推进了一小步，创立了由激进党、社会党和共产党组成的人民阵线，但在德国政权崛起、西班牙内战、经济危机和其他事态发展的压力下，该联盟解体了。在战后的法国，夏尔·戴高乐（Charles de Gaulle）建立了**人民法兰西联盟**，然后又遗弃了它。后来，他帮助建立了一种新的宪政体制，在这种体制中，行政权力居于主导地位，但在戴高乐这一创举实行数年后，这一变化是否将多党制转变为竞争最高行政权的两党制，似乎还是有疑问的。

在过去几个世纪中，英国政党领导者们所活动的政治情境，令汇集舆论来支持

---

① 乔治·曼德尔（1885—1944），1934 年担任法国邮政部长，大力提倡与苏联结盟遏制希特勒和纳粹德国，并反对《慕尼黑协定》和绥靖政策。1939 年，他主张法国军队应与来犯之敌作战，法国沦陷后他被迫逃往摩洛哥，但被逮捕和监禁。丘吉尔将其称为“第一个抵抗者”，并试图营救他，但没有成功。1944 年他被遣送回法国并遭杀害。——译者注

② 列昂·勃鲁姆（1872—1950），法国社会党领袖，1935 年领导一批左翼政治家建立由共产党、社会党和激进党组成的人民阵线，该联盟在 1936 年的议会选举中赢得 376 席，勃鲁姆当选政府总理。在西班牙内战的问题上，由于受到各方的压力，采取不干涉主义，遭到共产党的强烈反对，勃鲁姆于 1937 年被迫辞职。下台后即倡导法国结束其不干预政策，因而又于 1938 年重返总理宝座。上台后又遭遇右翼压力，其政府于当年垮台。德国入侵法国后他一直被囚禁至战争结束，1946—1947 年第三次出任法国总理。——译者注

领导者的努力更有成效。保守党的领导就是一个明证。在工业革命的影响达到巅峰的城市化和市郊化时期，托利党认识到政治权利的开放及中产阶级和工人阶级群众的参政是不可避免的，于是全面支持公民政治权利立法，并努力保持获得广泛阶层的支持，不仅是来自中产阶级的支持，还有来自工人阶级的支持。不断的研究表明，通过一个世纪的广泛的国内和国际变革，自成风格的托利党已经努力控制了大约 1/3 的来自工人阶级的选票。社会党和工党则为这样多的工人阶级群众没有为他们明显的自身利益投票而感到震惊。当恩格斯看到 1868 年大选中来自工厂区的选举结果时，在给马克思的信中这样写道："无产阶级再次令人可怕地使自己名誉扫地。"一些人试图对其合理性做出解释，认为工人阶级的"背叛"只是由于仍然迷恋王权和贵族统治而投出了"顺从之票"，但对投票的分析表明，许多工人投托利党的票，是因为他们感到保守党人能够更有效地治理国家，起码是在国内经济事务的范围之外的那些问题上。自由党领导也显示了重新汇集政治舆论和政党支持的能力，特别是"伯明翰竞选指导委员会"（Birmingham Caucus）和约瑟夫·张伯伦在党内建立更强大的选区组织的努力。

有理由认为，保守党和自由党重新汇集舆论的努力，本质上只是一种通过在党内诉求和组织方面的温和的变革或微小的让步而获得最广泛的民众支持的灵活性努力。英国工党在第一次世界大战后的各种决策，可能是这种重组政党支持战略的较 272
好例证。尽管工党在世纪之交转向了独立的方向，但工党成员和自由党成员在实际事务上一直合作，特别是在战争期间。两党中的一些人呼吁新的结盟策略，希望合作使双方都能受益。另一方面，各方也都有人不再对结盟抱有幻想：在第一次世界大战期间，工会成员的人数增加了，工党的战斗精神也提高了；尽管自由党的领导看到了与工党继续结盟的好处，但许多选区领导者和政党却反对这样做。在这种平衡状态中起关键作用的是工党普通党员不断增长的阶级意识，不断明确的要求、目标和期望，以及像亚瑟·亨德森①（Arthur Henderson）这样的党的领导者的愿景，亨德森看到了工党基于对工人阶级意识形态和利益的明确诉求而独立行动的可能性。工党此后取代自由党成为英国第二大党——有时是第一大党——似乎证明了这一战略的正确性。

在大国中，美国政治领导在汇集和重组公众舆论方面的作用是最复杂和令人迷惑的。其原因起码有两个方面：美国人大致上无法接受那些有力而精密的政治原则，以其作为领导的对手们实施的有目的的、持续的行为的基础；在美国，强大的地区势力，加上使广泛的政府权力落入州领导者（包括国会中各州和地区的代表）手中的联邦主义体制，使得舆论的汇集缓慢而困难，也使得选民的重组曲折而不平衡。这些再加上一些相关因素，导致了更多的挫折感，而不是生机勃勃的表达和积极地实施领导。

19 世纪初叶，在美国出现了以大众为基础的两党制的成长与繁荣。早先的政

---

① 亚瑟·亨德森（1763—1835），工党领袖，曾任英国外交大臣（1829—1831），1934 年获诺贝尔和平奖。——译者注

党是以立法领导者和地方显贵为中心的，随着许多重大的国家问题的产生和投票权的大幅度扩大，它们转变成全国性的党，它们建立在州和地方政党组织的坚实基础之上，并由于政党地区会议（cauceses）和政党代表大会（conventions）这样的新的政党体制的建立而生机勃勃。这一重大党建过程的主要领导者是杰斐逊和杰克逊（Jackson），但起着同样重要作用的是一大群政党联合者（party unifiers），如辉格党的克莱[1]（Clay）和民主党的范布伦[2]（Van Buren），他们擅长建立地区间和群体间的联盟。到 19 世纪 40 年代，美国政党具备了稳定、成熟和参与式政治的关键特征：它们组织良好、相互竞争，并直接代表选民。针对一些形成公众舆论的重要的全国性问题，如关税、银行体系和用于改善国内状况的政府补贴，两党各执己见。

273 在那些年代，美国政治沿着经典的路径发展，这后来被视为发展中政体的特征。在经过围绕着重要个人、利益和有争议事项而进行的第一次调整后，公众舆论被汇集于全国性政党。对领导者和追随者的关键性考验，是当国家面临新的问题和事项的挑战时其**重塑**舆论和**重组**民众支持的能力。这种重塑和重组不只是党内平衡的变动，而是根本的、有组织的变革。根据沃尔特·伯纳姆（Walter Burnham）的说法，重组“本身是立宪行动：它们产生于社会危急的紧张状态，这种紧张状态由于没有像往常那样得到政党政治的组织或措施的充分控制，因而达到了爆发点；重组是问题取向的现象，主要与这种紧张状态相联系，并或多或少地会导致解决方式的调整；重组导致了一般政策形成方式的重大变革”；它们塑造了组织精英的角色。

显然，如果领导者希望大规模地汇集和调整舆论，他们必须首先做出的具有最重大影响的战略决定，就是是否通过政党来进行这一工作。人们可能想尝试**不**遵循政党战略。领导者于是会直接向潜在的追随者发出呼吁，根据他们的意愿来建立追随关系及其组织，根据事件和条件的机缘与其他群体联合，从外部对政府施压和游说，坚持不懈地去实现他们动员了所有资源而要达到的目标。可以找到无数非常成功的独立政治行动的例子。最值得一提的例子之一就是禁酒联盟（Anti-Saloon League），它吓坏了两大主要政党，对立法者和其他政治官员施加了极大的压力，并完成了罕见的壮举，使美国禁酒的宪法修正案得以通过。另一方面，遵循政党战略，需要有效地迎合普通党员和他们的领导者，弱化计划和原则使其能够被一个主要政党的领导者们接受，忍受与形迹可疑的党派结盟及妥协，从总体上说，要愿意使自己热衷、支持的事业服从于党的一般利益。

但从长远来说，政党的诱惑通常是无法抗拒的。政党为一个事业的领导者提供大批的人马、有经验的基层领导者以及经过检验的与主要的选民观点相一致的立场。政党也使舆论领导者或候选人与选举过程建立起直接的关系，通过这种关系，舆论能够转变为选票、政府政策和社会与经济的变革。选择政党路线当然还没有解

---

① 亨利·克莱（1777—1852），美国政治家，辉格党领袖，主张建立“美国制度”，曾任国务卿（1825—1829），领导反对派与杰克逊政府进行斗争。——译者注

② 马丁·范布伦（1782—1862），美国民主党创建人之一，美国第八任总统（1837—1841），因娴于政治权术，获“小魔术师”绰号。——译者注

决舆论的领导者和交易者们面临的战略问题。他们将必须决定是将他们的赌注投向这个大党还是另一个大党，或者可能通过这两个党或所有的党来进行运作。或许他们可能选择控制一个小党，或建立一个新党——它们能够被改造得对现存占主导地 274
位的政党构成主要威胁，就像英国的工党所做的那样。在特定政体中占主导地位的民众需要和目标、选举模式、党内组织和党间竞争以及重组的可能性的各种特殊结合方式，将会对这样的战略选择产生重要影响。

投票：舆论的转换

“我们称为公众舆论的这个模糊的、起伏不定的、复杂的东西——它是全能的，但却是无法确定的，它是至高无上的君主，万众都在倾听它的声音，但由于它用这样多的声音来讲话，就像狂暴大海的浪涛，因此很难听清它的言辞——公众舆论在美国是如何表达自己的……”布赖斯勋爵①（Lord Bryce）问道。布赖斯感到，在美国和其他西方民主国家中，公众舆论的最佳指标就是选举结果。随着民意测验和其他评估舆论的技术的出现，就选举反映民众态度的精确程度来说，公众舆论的研究者比布赖斯还没有信心。但作为舆论与政治行动之间的联结，选举比民意测验更重要；选举既是对舆论的大致反映，又是一个**决定**。

对政治领导者来说，一场选举，就是将重组的政治支持转换为政府职位、地位和权力的一次机会。他们必须将对政治态度的汇集与选举过程结合在一起。公众舆论，在他们看来，是各种现存和潜在看法的集合，有着一致和截然分裂的所有状况，看上去就像布赖斯所说的那样模糊不清和起伏不定。不仅如此，选举体制还绝非中立。即使以最精心的努力来使选举完美地反映公众舆论，即使只是机械性问题，也会产生一些歪曲；更重要的是，确立选举安排的理论基础对公众舆论向政府政策和措施的转换会产生深远的影响。魏玛共和国为了反映公众舆论的每一个层面，设计了在数学上给人深刻印象的转移和集中选票的体系，但仍未能识别和奉行使共和国可能得以生存的那种被汇集的统一的看法——相对于占一定比例的多数看法。在法国，在某些宪法下，多成员选区的“花名册”制度，个体候选人在该名单上的排位顺序，对哪个候选人会当选有着重要的影响，并从而对哪一种政治态度会在政府中获得直接的表现有着重要的影响。

政党提名候选人的方式，无党派群体通过请愿集会和其他方式推举候选人的能 275
力，规范政治捐款的法律，选区的大小以及划定选区的“公平性”，由选举来填补的职位的数量以及不同的选区彼此重叠的程度，选举日投票的机制——这些以及大量其他的因素导致了选举安排的无数组合。有效的政治领导者必须了解他们的选举体制是如何运作的——以及能被如何运作。他们不仅要理解公众舆论的一般形式，而且要理解公众舆论对特定的选举影响的回应方式。在新西兰，这可能意味着认识

① 布赖斯勋爵（1838—1922），英国外交家和史学家，著有《美利坚共和国》三卷本巨著。——译者注

到阶级在选举中的持续力量，尽管许多新西兰人声称他们的社会是一个无阶级的社会。在挪威，这可能意味着认识到地理、气候、宗教、社会阶级之间互动的特殊重要意义，以及对中央权威角色的深层不安。在瑞典，它可能意味着认识到消费主义、现代主义和社会计划的重要性。在以色列，它可能意味着认识到与被安全问题缠绕在一起的宗教的、传统主义的和现代主义的态度的独特混合。所有这些也许都是对显而易见的现象的认识，但正是这种推测现存的和潜在的态度的能力，这种理解并或许影响选举安排的能力，而且最重要的是将二者结合在一起的能力，是一个在党、舆论和选举领导方面的伟大战略家的标志。

就像划破夜空的闪电，选举突然照亮了政治的战场，将长期发展的各种力量彰显得黑白分明。那些一直在努力争取支持并夸耀拥有庞大的追随者队伍的政治首脑们要受到检验。格斗士控制了领导权，冒着托尔斯泰式的战斗硝烟（Tolstoyan murk of battle），他们与所选择的敌人进行搏斗，并努力使那些在选举日这个战斗的时刻可能露面也可能不露面的庞大的、不太知情的普通民众投入战斗。

谁是选举的领导者？一场重要的竞争白热化的选举，会使各种各样的领导发挥作用。领导者根据不断变化和强化的欲求、需要和态度产生政治分歧这一持续不衰的假设，对这些分歧所构成的各种冲突做出回应，并进一步强化这些冲突。

我们可以辨别出不同的领导者：首先是强大但无组织的舆论群体的领导者，这种舆论群体将在选举日为领导者送上一些选票；第二类是有组织群体的领导者，这种组织会对与该群体利益和意见相关的事项表明自己的立场；第三类是小政党的领导者或大政党内的各派别的领导者，他们通过边际策略（marginal tactics）或权力平衡策略对选举施加影响；第四类是大政党的领导者，他们试图激发普通民众对其
276 提名的候选人的支持；第五类是候选者本人，他们努力争取选举中的压倒多数，不仅要获得党内普通党员的支持，而且要获得他们能争取的任何群体的支持。这些不同类型的领导者用他们不同的感知、目标和利益在选举的竞技场中相互施加影响。

公众的注意力总是集中于“执政者”（ins）与“在野者”（outs）之间年复一年的选举战。但通常更有意义的是在党内以及在政党与非政党领导者之间围绕着“执政者”的构成（makeup）与“在野者”的构成——不是简单地围绕着**谁**赢得选举决定，而是围绕着**什么**赢得选举决定——而展开的斗争。这种斗争通常围绕着**问题**领导者（issue leaders）与**政党**领导者（party leaders）之间的基本冲突而展开。问题领导者献身于某种事业（cause）或纲领；政党领导者是组织的首领，他们所领导的组织通常已经存在相当长的时间，承担着对党外和党内群体的沉重的责任和忠诚负担，支持广泛的政策而不是专注于任何单一的事业，并且其目的不仅是用组织来达到更广泛的目标，而且要维持组织自身的生存。有些时候，一个生机勃勃的新事业的波涛会强化党内和政党之间的现存冲突分野。偶尔，伴随变革道德问题或引发激烈争论的事业而来的舆论两极化，会中断、扰乱和改变分歧的主导线索——这就是那种所谓“创造历史”的事件。奴隶制就是美国历史上的这种事业。

目标或问题或“事业”领导（我们将如此称之）与政党领导之间的互动，值得进一步细致考察。事业领导者本身也有许多不同类型，这取决于这样一些因素，如

他们投身于这个事业的强烈程度，他们是否面临其他的可能相互冲突的事业，以及他们现在或潜在地是处于或涉足于一个同情其事业的意见群体，还是一个支持其事业（或许其他事业）的有组织的群体，还是一个投身于这一事业和/或其他事业的小党，还是一个关注这一事业并有兴趣利用这一事业的（执政的或在野的）大党。政党领导者也有不同的视角和策略主张，这取决于他们如何评估该事业在整个政党中的领导者与追随者心目中的重要地位，取决于该事业在政党领导者所属的党内派别或地域群体心目中的重要地位，取决于两大政党之间竞争的程度和性质，取决于党内对可能与新事业相冲突的其他事业的一贯的忠诚程度，也取决于在多大程度上那些实际领导政党的人不是对党有着长期承诺的组织领导者，而是可能利用党来实现投机的短期目标的候选人或权力行使者。

主要政党的领导者在努力赢得选举和获取或重新获取执政权的过程中，以不同的方式对新出现的重大而有争议的问题做出回应。考虑以下五种主要的回应类型。

1. 一个或两个主要的大政党的领导可能对问题采取骑墙态度，或同化、“分割”、软化它，并使其与党所投身的其他目标相一致（就像在英国的健康与住房问题上的情况）。 277

2. 两大主要政党的领导可能无法对正在浮现的事业做出回应，甚至于没有试图去同化它。在这种事件中，一个新的小党的领导可能借此赢得执政权（主要是针对奴隶制问题而组织起来的新的共和党在 1856 年就采取了这种战略）。

3. 引发激烈争论的热点问题可能会像一把热刀划破长期冰冻僵化的领导结构，当新领导者随着新题材的出现而崛起，原有的领导者随着老题材的消失而衰落时，就会使一个或两个主要政党中的两极和中间的力量发生持续的重组（就像奴隶制和南北战争在美国所产生的影响）。

詹姆斯·桑德奎斯特（James Sundquist）指出，可能回应并坚持新事业的领导者有三种类型：狂热者真心献身于新的事业，甚至可能使自己的利益服从于事业的要求；投机者很少亲身涉足新的事业，但利用它服务于自己的前程；处于该事业最有号召力的地区的地位稳固的政治领导者，他们因此会迫于选民压力而支持它。因此，狂热者必须“不仅击败他们在该问题上的反对者，而且也必须击败骑墙者和骑墙的政策。实际上，政治共同体进一步两极化，使得骑墙者不再受信任并且其支持基础被消除，这会使狂热者和他们的反对者都从中获益”。

4. 一项伟大的事业可能聚集起如此广泛、强烈和持久的支持，以至于它使一党或两党的领导结构受到打击。在这种情况下，党可能衰落和消失（就像 19 世纪 50 年代的辉格党那样）。另一方面，两大主要政党的领导可能都会响应一个事业或运动的支持者［就像美国的民主党和共和党对 20 世纪初叶美国的进步运动（the American Progressive movement）所做出的反应］，尽管存在着不少的犹豫动摇。

5. 政党领导对新问题的最有意义的回应类型，也许出现于一个主要大党对于新问题比另一个大党做出更强的回应之时。极端化的势力更容易在在野党中发展起来，因为在野党在寻求新的有争议问题来颠覆当下的政党平衡，而“执政党”会普遍满足现状。在这种情况下，一个党的领导可能被重组，但这不是发生于执政党中，虽然从长远来看，那些发掘并利用了一个具有持久性的有争议问题的政党（就像民主党在 20 世纪 30 年代抓住了萧条问题），会取得对对手的战略优势。

278 桑德奎斯特指出，重组的形式取决于支持新的争论议题的极端势力在获取对一个主要政党的控制权时所面临的难度，也取决于极端势力在获得这种控制权时这种争论议题发展的程度。重组在一次或多次关键性选举中达到其巅峰，这种选举可能会决定或阻碍重组的进程。

政治历史学家确认了在美国历史上出现过的三个主要的重组时期。第一个时期几乎出现在美国两党体系刚刚建立和巩固之后。在 19 世纪 30 年代和 40 年代，民主党和辉格党都是在全国范围内松散组合成的政党，两党围绕着像关税和改善国内生活这样熟悉的问题而相互对立。废除奴隶制的事业是天边的唯一一朵云；实际上，在许多北方地区，废奴主义者是遭到拒绝、仇恨和迫害的。在宗教的、经济的和反正统态度的缓慢发展的推动下，反对奴隶制的情绪在新英格兰发展，随新英格兰移民的足迹蔓延至美国中西部上游地区。由于受到两大主要政党的责难，反对奴隶制的力量组成了第三政党——1840 年成立的自由党和 8 年后成立的自由土壤党。它们再次发现了第三党行动的重大战略缺陷：第三党倾向于寻求得到在新事业中与自己的立场更接近的主要政党的支持，并因此帮助了最敌对的政党（在这个案例中是民主党）。

反对奴隶制的领导者对付这一困境的做法是：不断在辉格党内开展工作，实际上分成了良心派辉格党人（Conscience Whigs）和棉花派辉格党人（Cotton Whigs），但急于找到反对广泛占据主导地位的民主党的制胜题材。两大主要政党中大多数领导者对奴隶制问题所持的持续的骑墙立场——特别是在 1850 年所达成的妥协方案——迅速加强了两党中极端分子的力量。辉格党全面分裂，南方和北方分裂为强硬派和温和派；民主党也以同样的方式分裂了，尽管还继续在“坚持南方原则的北方领导者”的名义下维持为一个国内联盟，但党的权力逐渐转移到南方人手中。在 1856 年，共和党作为一股新的势力，继承了自由土壤党和良心派辉格党人的大部分选举力量。到 1860 年，奴隶制的争论议题所产生的爆炸性影响使民主党一分为二，并使共和党赢得了总统选举。1860 年的选举反映和催化了至少积聚了一代的力量。

共和党就像在政治上取得了胜利一样，在战争中也取得了胜利。在南北战争之后，它利用关于奴隶制的老问题——现在是关于脱离主义的问题——很快就发展了既得利益。“投票，就像你射击一样”，退伍军人联盟（Union Army）的复员老兵是这样被激励的。由于拥有工业、劳工、农业和美国内战联邦退伍军人协会的主要成员，共和党使自己成为占主导地位的政党联盟。民主党人以惊人的速度找到了他
279 们重返主要大党地位的方法；到 19 世纪 80 年代，他们与共和党激烈地角逐总统宝座，并且在格罗沃·克利夫兰的领导下连续三次赢得了大选的多数议席（尽管在 1888 年的第二届选举中未能获得总统选举团的多数票）。什么能威胁重建的如此强大的两党制？答案在于在城市和农村中积聚起来的不安定因素。恐慌、萧条、物价

上涨、剥削劳工、不顾一切的罢工、低贱的农产品价格、紧缩的货币——这些以及其他的不安定和抗议的源泉，似乎为新的政党重组搭建了舞台。

长期以来，民主党人不能有效地利用不满情绪有着若干的原因：他们的领导者格罗弗·克利夫兰在唤起农民和劳工运动支持者方面缺乏吸引力；该党仍然受到过去的“喝朗姆酒，信天主教和反叛”（rum，Romanism，and rebellion）这种坏名声的影响；该党的南方和乡村成员对其委员会实际上施加着不适当的影响。第三党的一系列努力——绿背党人①（Greenbackers）、工人、农民、人民党人②以及其他人——使得问题尖锐化，但并没有取代主要政党中的任何一个。两党都保持在保守主义的领导下，而党内的力量出现了两极化。1896 年，被威廉·詹宁斯·布赖恩③（William Jennings Bryan）的讲演所激发，民主党内的农民、西部人、人民党人、南方人以及主张自由铸造银币者的领导者们，在党的全国代表大会上，从东部保守派和“金本位论者”手中夺取了控制权。民主党人吸收并利用了人民党的冲击，但却付出了惨重的代价。布赖恩的吸引力在地域上是如此有限，以至于失去了密西西比以东的北方各州、新英格兰的每一个县以及工业化的东部的大部分劳工的支持。民主党的各个派别永久性地极端化或起码是支持土地改革，与此同时，民主党沦落为一个少数党，不可能赢得总统选举，直到共和党在 1912 年出现了大分裂。这是一次部分的重组，对老大党④（G. O. P.）的对抗起不到什么作用。

前两次重组的酝酿过程是缓慢的，因为抗议的力量需要积聚动能，但每一次重组都在一次关键的重组选举中达到了高潮。第三次重组紧随经济和社会状况的快速变化艰难来临，但却在数十年来的一系列选举中展现自身。这就是 20 世纪 30 年代的“罗斯福重组”——它与前两次重组的不同之处为我们透视政党领导者角色与选举领导者角色提供了重要的视角。

当 20 世纪 20 年代末大萧条开始威胁国家经济时，两大主要政党的领导权仍然掌握在保守主义者手中。两大政党曾经对 20 世纪头 20 年的进步冲击做出了回应，但现在在两党中占主导地位的领导成员所认可的目标仍然是受限的全国政府、低税率、政府经济、不屈不挠的个人主义、各州的权利以及类似的 20 世纪 20 年代的政策和口令。在每个主要大党中，都有一小部分领导者采取了进步主义的立场。共和 280
党自由派可以吹嘘像爱达荷州的威廉·博拉⑤（William Borah）参议员、俄勒冈州的查尔斯·麦克纳里⑥（Charles L. McNary）参议员这样的人，可以吹嘘秉承西奥

① 绿背党（Greenback Party），美国历史上主张以美钞为唯一通货的政党。——译者注

② 人民党（Populist Party），也译“平民党”，成立于 1891 年，主张政府控制铁路，限制私人拥有土地，增加通货，实行所得税。——译者注

③ 威廉·詹宁斯·布赖恩（1860—1925），美国国会议员，曾三次竞选总统，均告失败，于 1913—1915 年担任国务卿。——译者注

④ 老大党（Grand Old Party，G. O. P.），指共和党。——译者注

⑤ 威廉·博拉（1865—1940），美国共和党参议员，曾任参议院外交委员会主席（1924—1940），反对中央集权，奉行孤立主义，支持 20 世纪 20 年代的新政。——译者注

⑥ 查尔斯·麦克纳里（1874—1944），1917 年起开始担任参议员直至去世，1933—1944 年间在国会担任少数派领袖，并担任共和党全国代表大会主席，1940 年竞选美国副总统失败。——译者注

多·罗斯福传统的州长们；民主党人可以吹嘘他们多次担任州长的阿尔·史密斯[①]（Al Smith）和担任州长与总统的富兰克林·罗斯福以及多次担任参议员的大卫·沃尔什[②]（David Walsh）和罗伯特·瓦格纳[③]（Robert F. Wagner）。当反对党寻求可以制胜的争议问题时，民主党人本可以通过联合所有政党中的进步主义者，有望打败保守的共和党，但民主党既缺乏领导也没有原则——当然也缺乏团结一致——来完成这样的战略一击。1928年提名史密斯为总统候选人是一个摆脱旧政策的大胆开端，但欢乐武士[④]（the Happy Warrior）的吸引力，就像布赖恩的吸引力一样，过于狭窄，难以凝聚可以制胜的联盟。

在30年代初期，在经历了三年痛苦的失业、失望和政府的无所作为之后，形势发生了戏剧性的转变。罗斯福将民主党团结在他的身后支持其1932年的竞选活动，他也向共和党"大角麋"派[⑤]（Bull Moose）发出呼吁。尽管罗斯福的竞争过于小心翼翼和精于计算，难以说服**整个**共和党的进步派，但这种精明却足以导致选战的胜利。接着出现的是：在胡佛总统任期的最后数月的经济瘫痪；罗斯福在"百日"[⑥]（the"hundred days"）中进行的惊心动魄的领导；复苏显现初步迹象，它既是经济的，也是心理的；工人、农民、老人、失业者和其他焦躁不安的群体追随像约翰·刘易斯[⑦]（John L. Lewis）、休伊·朗和考夫林神甫[⑧]（Father Coughlin）这样的新领导者加入政治行动，使骚乱和激变迅速蔓延；罗斯福在1935年的"第二个百日"转向左翼；在1936年的竞选中他满怀激情地向绝大多数人发出呼吁，并取得了广泛的全国范围的胜利。

1936年的选举似乎是第三次政党大重组时期达到顶点的标志：民主党变成了明确的自由党，共和党则永远地抛弃了其进步派。在一定程度上，随着"罗斯福式的共和党人"转入新政的队伍，以及保守的民主党人的大批离去，各党都被重组

---

① 阿尔·史密斯（1873—1944），即阿尔弗雷德·史密斯（Alfred Emanuel Smith），美国民主党政客，1919—1921年及1923—1929年间担任纽约州州长，1920年和1932年竞选民主党总统候选人提名失败，1928年竞选美国总统失败。——译者注

② 大卫·沃尔什（1872—1947），1919—1925年及1926—1947年间担任参议员。——译者注

③ 罗伯特·瓦格纳（1877—1953），民主党人，支持罗斯福总统的新政，曾主持拟订全国产业复兴法（1933）、社会安全法和国家劳工关系法（1935，即《瓦格纳法》）等法案。其子小罗伯特·瓦格纳（1910— ）曾任纽约市市长（1954—1965）、美国驻西班牙大使（1968—1969）和美国驻梵蒂冈总统私人使节（1978—1980）。——译者注

④ 美国前总统富兰克林·罗斯福对其友阿尔弗雷德·史密斯的称呼，此人出身贫寒，曾连续四次任纽约州州长，进行政治活动时兴致很好，劲头很足，故有此称呼，后来也用于称赫伯特·汉弗莱参议员。——译者注

⑤ 西奥多·罗斯福1912年建立的进步党的标志。"大角麋"式即指西奥多·罗斯福的进步党主张。

⑥ 指美国国会从1933年3月9日至6月16日那整整一百天，在此期间曾举行特别会议，通过罗斯福总统的新政时期的主要法案。——译者注

⑦ 约翰·刘易斯（1880—1969），美国劳工领袖，任煤矿工会主席多年。性格暴躁，面部特征为粗眉大眼。——译者注

⑧ 考夫林神甫（1891—1979），美国天主教教士，从1926年开始通过无线电台的固定节目进行布道。曾经是富兰克林·罗斯福的早期支持者，所创造的"要罗斯福还是要毁灭"这一名言当时流行一时。但从1935年开始反对罗斯福的新政，同时又反对银行巨头、工会、共产党，颇有煽动性。他建立了"社会正义全国联盟"，并帮助建立了短命的"联盟党"，1936年后公开支持法西斯主义，反对布尔什维克主义，并出版《社会正义报》。在他影响的巅峰时期，每周会收到8万封听众来信，约有1/3的美国人是他的听众；并未亲自执政，却能通过广大的听众而影响政策，被认为是20世纪最大的煽动家之一。——译者注

了。但这只是部分的重组，其中包含着其特殊利益。罗斯福在 1936 年连任总统之后，进行了各种有争议的改革，如他的最高法院扩充议案（Supreme Court-packing proposal），以及他对民主党阵营中那些主要来自南方的反对新政的国会议员的努力“清洗”。但是，由总统一级所发动的重组似乎对南方和北方的几个州没有多少影响。绝大多数保守的南方参议员和众议员都完全满足于留在民主党内，即使在他们看来“社会主义的”罗斯福和他的“左翼智囊团成员”正在将民主党引导到一个险恶和危险的事业上去。罗斯福本人则在他的“清洗”失败后很快开始在国会山安抚 281
南方的民主党成员，这样，到 20 世纪 30 年代末，民主党似乎仍然是那种延续了一个世纪的由北方的城市人和来自乡村的南方人所组成的不太协调的联盟。

这次没有调整的原因，部分地在于正在欧洲和亚洲蔓延的侵略，以及罗斯福需要南方支持他的外交政策，再加上来自南方的大多数民主党议员的国际主义立场。但是主要的原因还在于罗斯福对选举和公众舆论的领导方式。

罗斯福是一位完美的公众舆论管理者——如果真的可以测量的话，他可能是美国历史上最有技巧、最有效的公众舆论管理者。他采用“炉边闲聊”（fireside chat）的方式与广大听众直接交流，他利用新闻发布会来达到自己目的的能力至少不亚于新闻记者，这些都显示出他对交流技巧的熟练把握。但他并不只是一个技师；他对新闻的影响主要是由于他通过无穷无尽的创新、立法提案、小惊喜、危机措施、引起争议的改革、国内外的旅行来**制造**新闻。他那和蔼可亲的性格，有助于获得和维持与各种各样的政治领导者以及其他领导者的友好情感；他在说服、让步、推进、后退、要求和妥协方面的才能——按照当时情境所要求的——使其能够将分歧最大的各种力量至少在一段时间内团结在他的纲领之下。

罗斯福能够控制公众舆论的原因之一，就是他研究公众舆论；与过去的任何一届总统相比，他更多地分析邮件，更多地从行政机构收集报告，成百份报纸被做成剪报，各种摘要被编辑起来。罗斯福总统对民意测验数据的接触和关注，也比当时一般所知道的要更多。最后，罗斯福对时机有一种超然的感觉力。在他的政敌正在动员时，他注意不去与其对抗；等到对手的努力达到顶峰并开始衰减时，他开始快速反击。他承认，公众不时会厌倦改革和激情，需要一段喘息的时间。有时，他在影响公众舆论方面行动非常迟缓，这使他那些更好斗的助手们着急和抱怨；但有时他又行动得非常迅速。“我像一只猫”，他有一次说道，“我做出迅猛的一扑，然后就休息。”

对舆论领导的严峻考验就是选举的胜利，而罗斯福几乎很少在这种考验中失利。在他长期的政治生涯中，他两次赢得了州参议员选举，两次赢得了州长选举，四次赢得了总统选举，他只失败过两次，一次是在考虑欠周的争取美国参议员提名中失败，当时要战胜的对手是坦慕尼[1]（Tammany）支持的候选人；另一次在 1920 年（当时民主党正处于低点）作为詹姆斯·考克斯[2]（James M. Cox）的竞选

① 纽约民主党总部所在地，意即民主党机关。——译者注

② 詹姆斯·考克斯（1870—1957），美国报纸发行人，拥护威尔逊政纲。曾担任两届俄亥俄州州长（1913—1915，1917—1921），1920 年为美国民主党总统候选人，但被击败。——译者注

282 伙伴竞选美国总统。罗斯福在选举中战胜的不仅是强大的共和党竞选者，而且是一些当时最难以对付的舆论领导者——不仅有刘易斯、考夫林和艾尔·史密斯（1936年），而且还有威廉·伦道夫·赫斯特①（William Randolph Hearst）、伯尔顿·惠勒②（Burton K. Wheeler）、亨利·卢斯③（Henry Luce）以及其他的领导者。在他的提携之下，他将其他一大批候选人拉进了政府。

同样是这些使罗斯福成为公众舆论的伟大动员者和选票丰收者的特质，却没有使罗斯福成为有效的政党重组者。他日复一日的成功，一次接一次的选举胜利，是这样的激动人心，使得他缺乏动力为了长远的发展来组织民主党。利用他自己的个人技巧来满足即时的需要，比改进这个摇摆不定和行动迟缓的党组织要容易得多。当然，罗斯福总统在1938年的确对一些州和地方的选举斗争采取了干预措施，以遏制保守的民主党候选人——对一个重视与各方面的政治家保持个人友谊的人来说，这一举动是需要勇气的——而"清洗"则是这方面的适当案例：罗斯福总统并不是将其政治资源投入于对民主党自由派群众基础的长期建设，而是以非常个人化的、没有事先计划的和一次性打击的方式来进行干预。那些使罗斯福成为一个杰出的策略家的特质——他的灵活机敏，他对各种不同角色的把握，他的个人魅力和吸引力，他管理公众舆论的能力，他熟练的、富于戏剧性的选举技巧——对于艰苦、长期和有目的地建设具有一致政治纲领的强大民众运动，并不是最佳的特质。

所有这一切似乎并没有什么独特之处——是讲求实际的政治家处理当下的、具体的问题的一种自然倾向——但有一点是例外的，即罗斯福本人完全意识到民主党的根本缺陷，完全意识到重组的需要。他在1932年的一个晚上对雷克斯福特·图格威尔（Rexford Tugwell）说道："雷克斯，我们将在华盛顿待八年。在这八年结束的时候，我们可能还有也可能不再有一个民主党；但我们将有一个进步党。"在重组的可能性上，他坚守着哈罗德·艾克斯（Harold Ickes）和其他先前的进步党人的希望。后来，他对温德尔·威尔基明确地提出了这一问题，虽然不是以直接的方式，威尔基当时受到他自己党内的中立者和保守者的排斥。"我认为民主党'清理党'内南方的反动分子并将共和党中的自由主义者吸引到党内来的时机已经到了，"罗斯福在指示他的顾问萨缪尔·罗森曼（Samuel Rosenman）与威尔基谈话时这样说，"我们应该有两个真正的政党——一个是自由党，另一个是保守党。而现在，每个党都被持不同政见的人分裂为二。"这是一个长远的计划，罗斯福补充道，但"我们可以在今年秋季的大选后立即开始动手建设"。威尔基很感兴趣，但将信将疑。他担心罗斯福只是要将他个人争取过去，并在选举时分裂共和党。他决
283 定保持观望，等到选举之后再说。但在选举前一个月，威尔基去世了。

---

① 威廉·伦道夫·赫斯特（1863—1951），美国报业巨头，创建赫斯特报系，曾拥有25种日报、11种星期刊和多种杂志，以轰动性新闻、醒目的版面和低廉的售价竞争取胜。——译者注

② 伯尔顿·惠勒（1882—1975），美国参议员（1923—1947），美国进步党副总统候选人（1924年），第二次世界大战后为孤立主义的主要倡导者。——译者注

③ 亨利·卢斯（1898—1967），美国出版家，1932年创办《时代》杂志，1936年创办《生活》杂志，观点右倾。——译者注

后来的民主党总统和民主党提名的总统候选人都继承了罗斯福在战略上的尴尬处境，但并不总是都有他赢取选举的那种才能。他们可以甘冒在总统选举中失去保守的南方民主党人支持的风险，以加强罗斯福在北方的联盟（包括越来越多的黑人参与），因为选举团的“赢者通吃”的机制有利于北方的或作为总统候选人的民主党人。赢得选举的民主党总统候选人（除肯尼迪之外）在选举团中不需要南方的支持；那些在选举中失利的民主党候选人也不会由于南方的支持而获救。实际上，在这方面南方也不再受控制；从反天主教而背叛史密斯为起点，并再次由反民权而背叛杜鲁门开始，南方各州一次次地拒绝对民主党提名的总统候选人提供支持，转而支持共和党或第三党提名的总统候选人，直到他们自己的宠儿吉米·卡特赢得 1976 年的大选。民主党总统和总统候选人对拒绝南方的忧虑，主要不是因为他们对选举的威胁，而是因为他们在国会中对自己计划的威胁。保守的民主党人在两院中经常能左右投票权力的平衡；通过国会资深制的作用，他们的影响——特别是他们的负面影响——被放大了。

这样，伟大的新政重组时代似乎在重组过程中半路搁浅了：南方支持州和地方民主党的候选人，但不支持全国民主党的候选人；黑人和北方其他自由积极分子也批评民主党的总统胆小和虚伪，并高谈他们自己的第三党运动。然而，在州和地方的层次，值得注意的重组**的确**发生了，但这主要是州和地方领导者以及基层领导决策的结果，并且发生得很缓慢。在缺乏全国性领导的情况下，政党的重组进行得笨拙且步履蹒跚，但它在进行。一大批基层领导者反对杜鲁门、肯尼迪、约翰逊和其他人的自由主义，挣脱了他们与民主党一脉相传的纽带。其中许多人是年轻商人，他们越来越倾向于共和党及其降低税率、减少开支以及最低限的商业管制的主张。其他人是种族隔离主义者，他们不喜欢两大主要政党的民权立场，但发现共和党更少令人讨厌。一些政府官员和党的官员，如得克萨斯州的约翰·康纳利（John Connally），突然转向主要大党；另一些人则变成了政治独立者或加入了第三党，然后采取了共和党的立场。南方各州的转变是踌躇不定和曲折起伏的。民主党在杜 *284*
鲁门领导下支持民权之后的 25 年，在国会中南方大部分席位都被保守的民主党成员占有，他们仍然受益于国会中资深制和反多数主义的安排（anti-majoritarian arrangements）。但零散的向共和党的转投一直持续不断。

为什么第三个重大的重组时期与前两次重组相比行动迟缓？答案部分地在于缺乏像伍德罗·威尔逊、西奥多·罗斯福和罗伯特·拉福莱特那样的勇敢和卓越的废奴主义与反废奴主义或进步主义的领导——但这只是部分原因。主要的原因在于那场在 20 世纪颠覆了美国政党体制的变化。先前，各政党相对来说是组织良好和团结统一的，在全国性的党和州与地方的党之间存在着相当的一致性。“在 19 世纪”，根据桑德奎斯特的说法，“一个人在总统选举中是辉格党人、民主党人或共和党人，在州和地方政治中便自动地属于同一政党，反过来也是一样”。但从 1932 年开始，选民在总统选举中的行为与在州和地方的选举中的行为有很大的差异。

怪异的是，这种根本性变化却根源于第二次重组时期，根源于 1896 年针对布赖恩所引发的尖锐的地理上的割裂。在国家的许多地方，正常的政党平衡被打破了，当时，这次选举和后来的选举在“团结的南方”和“团结的北方”都产生了无数一党独占、无竞争的选区。强大的政党总是获胜，弱小的政党毫无获胜的机会——这种组合鼓励了一种腐败和软弱的政治。这种发展迎合并可能有助于强大的进步主义对粗糙、杂乱的政党政治的威胁，并有利于无党派的、“独立的”政治行为。这种政治行为不仅会消灭政党的选区首脑，而且会消灭对他们的信任；不仅会消灭这种机制，而且会消灭这种机制的垄断者。

根据“治疗民主的唯一良药就是更加民主”的假定，改革者着手打乱政党的结构，他们在这样做时，可能并没有充分理解其行为的隐含意义。在许多州建立的候选人直接初选制，使对提名的控制权从政党组织转移到选民大众，他们并不太理睬政党的影响。通过在选票中对分列各政党候选人方式的废除，一些州不再鼓励只支持某一政党候选人（straight-tickets voting）的投票。在许多州建立了“无党派”选举——在选举中候选人不能以政党提名的候选人身份进行竞选。公务员法试图消除政党恩惠关系。“独立”成为一种值得炫耀的公民美德，它更关心问题，更少专注个人的领导权和政党的纲领。19 世纪的生机勃勃的党派出版物让位于 20 世纪的“独立的”、非党派的报纸。稍后，出现了收音机和电视，它们都肯定是非党派的，
285 并被政府要求避免政治偏见，从而使得候选人能够直接向选民发出呼吁，而无须政党组织的干预。州和地方选举安排的年份与总统选举错开，从而使选民在总统选举与州和地方选举中只投票支持一党候选人（“straight” party voting）变得更加困难。随着“沙皇”坎农①（“Czar” Cannon）的倒台，集权的政党领导在众议院被削弱。

这些趋势导致了美国政党体制在许多领域的广泛瓦解。“政党逐步失去了它们对选民的控制”，伯纳姆总结道，“这两个政党，特别是民主党，在这十年所遭受的损失，显然大部分集中在这样一些社会阶层，其成员最容易通过与其人数不相称的政治体系并在这一体系中行动。其导向可能是使作为选举抉择和其他与政治相关的行动的行为中介的政党逐步解体”。投分裂票（split-ticket）的人数和将自己划为独立者的人数急剧上升，是这一趋势的主要标志。

在美国，就像在其他地方，舆论领导包括许多维度：需要、欲求、态度；以意识形态的不同形式和内容对舆论进行构造；政党在各种不同程度上的组织、重组甚至解体；作为这些变量的结果赢得或输掉选举——以及最终政府的组成与权力的分配。形成和动摇这些互动和平衡趋势的最重要的推动因素，就是在伟大的领导者出现了相互对立的冲突情境下，对已经动员起来的公众舆论进行领导。政党——在本质上是领导者和下级领导者的组织——能够为伟大的领导提供一个组织舆论的基础。最终，正是提出一个伟大的道德价值观念能够使领导者动员和引导舆论，组织、调整和重组政党，并且不是只偶然地赢得一次选举，而是赢得足够多的选举，从而使领导者能够执政。政党的舆论领导是一种具有特别意义的交易型领导，因为

① 即约瑟夫·坎农（Joseph Gurney Cannon，1836—1926），美国众议院议长（1903—1911），共和党中的保守派，曾在众议院工作 46 年，结成宗派，阻碍改革立法。——译者注

它将投身共同目标的领导者和追随者的各种流动的自发组合凝聚在一起。

领导者并不需要只反映选民的表面舆论和特性，这一事实被戏剧化到这样的程度："伟大的领导者们"更多地产生于偏僻地区或社会的孤地，而不是产生于该国的中心地带。例如，拿破仑来自科西加岛，劳埃德·乔治来自威尔士，麦克唐纳[1]（MacDonald）来自苏格兰，更不要说希特勒来自奥地利，斯大林来自格鲁吉亚。迪斯雷利（Disraeli）、富兰克林·罗斯福、戴高乐、列宁、马克思、恩格斯，这只是在数百个实例中挑出几个来说，他们几乎都不是无产者的后代，甚至不是中下阶层的后代。一些领导者本人似乎亵渎了其追随者珍视的每一样东西。例如，就像莱昂斯（F. S. L. Lyons）所注意到的，查尔斯·斯图亚特·巴涅尔[2]（Charles Stew- 286
art Parnell）是领导一个主要由中产阶级组成的政党的贵族，是一个动员天主教徒的清教徒，是领导一个由仇恨地主的人组成的政党的地主。被其穆斯林追随者尊为"伟大的领导者"的真纳[3]（Jinnah），其本人的行为就违背了其运动的一些最古老的风俗。但这些领导者坚信自己及其追随者所从事的事业的正确性；领导者和追随者对这样的事业的信奉，能够使领导超越代表表面舆论的常规界限。

---

[1] 即拉姆齐·麦克唐纳（James Ramsay MacDonald，1866—1973），英国费边社成员、工党右翼领袖之一。1906 年当选下院议员，1924 年和 1929—1931 年两度任工党政府首相，后另组国民工党，1931—1935 年任保守党操纵的联合内阁政府首相。——译者注

[2] 查尔斯·斯图亚特·巴涅尔（1846—1891），爱尔兰民族主义者，爱尔兰自治派领袖。曾被选为英国下院议员。——译者注

[3] 穆罕默德·阿里·真纳（1876—1948），巴基斯坦创建者，1947 年印巴分治后，任巴基斯坦自治领第一任总督、制宪议会主席。——译者注

第 11 章

群体领导：议价者与官僚

交易型领导在小型群体中是非常盛行的。群体中的正式或非正式的首领在其群体内和群体间的行为方式就像经纪人一样。这些交易包括相互支持和相互的许诺、期望、义务、回报。

群体领导者满足成员的需要越多，他们所积累的用于政治市场的政治资本就越多。

287 领导不仅是国家与军队凝聚力和生存能力的中心，而且也是较小的、更普通的群体的凝聚力和生存能力的中心。"在这样或那样的意义上失去领导者，对领导者产生疑虑，将导致恐慌的爆发"，西格蒙德·弗洛伊德在**《群体心理学和对自我的分析》**(*Group Psychology and the analysis of the Ego*) 中这样写道。弗洛伊德观察到，作为一条规律，随着群体与其领导者关系的终结，群体成员之间的关系也就同时消失了。像甘地和约翰·肯尼迪这样的国家领导者遇刺，导致了在印度和美国出现的民心紊乱和社会不安。人们很早就非常清楚，在战场上部队指挥官的死亡会使其部队士气受挫和突然瓦解。那些更普通群体的生存能力也依赖于这些群体的领导。

让我们来考量诺顿街（Norton Street）一帮青年的案例。这是波士顿一个街头群体，全部由 20 多岁的男青年组成，在休闲的过路人看来，他们可能是一伙无定形的年轻漂泊者，其生活或成员之间的朋友关系是没有什么条理的。但根据威廉·怀特在

《街头社会》(*Street Corner Society*) 中的描述，它是一个群体，而且是一个最有凝聚力的群体，有着稳定的相互关系和清晰的领导结构。最高层的头是多克 (Doc)，在他下面的是迈克和丹尼，并且也与朗·约翰有着某种不确定的关系；在迈克和丹尼下面是纽特西、安吉洛、弗兰克以及其他六个追随者。多克对群体的组织来说是核心。“在他不在时”，一个观察者报告说，“这个团伙的成员便分裂成几个小群体。并不存在共同的行动或普遍的对话。当领导者出现时，情况便出现了显著的改变。小群体形成了大团伙。对话变得普遍了，接着便会频繁出现统一的行动。在这种讨论中，领导者变成中心点。一个追随者开始说些什么，当他注意到领导者并没有倾听时便停顿下来，当领导者又注意他时他再开始接着说。当领导者离开该群体时， 288
统一便让位于在领导者到来之前曾存在的那种分裂状态”。

多克 1908 年生于波士顿贫民区的诺顿街。他的父母属于那些在 19 世纪末来这一地区定居的数千意大利移民，这离城市中心仅一步之遥，并且是值得纪念的革命事件遗址。多克是一个大家庭中最小的孩子，是他母亲的心肝宝贝。在多克 3 岁的时候，小儿麻痹症使他的左臂不听使唤，通过强化锻炼，他重新恢复了这只胳膊的几乎全部功能。早年，他的母亲让他穿戴得干净整齐，把他当作好孩子的榜样。在多克 12 岁时，他第一次打架，是在他的一个哥哥的唆使之下动手的，并且打赢了。他意识到自己处在一种靠身体较量和抗击的文化之中。多克一路打成首领，这是对其残臂的一种补偿吗？他肯定认识到，一旦他位居众人之上，就能对诺顿街的小子们发号施令。“他们听我的。如果他们不听，我就打得他们满地打滚。”他在交易方面的角色，就是为他们提供保护；如果他的一个朋友挨打了，他就会叫挨打的人指出是被谁欺负了——然后他也会把打人者打得满地打滚。

与外面人的冲突以及群体内的冲突，有助于在诺顿街团伙内部创立稳定的相互关系网络。街头青年们也发展出了他们自己的规范。“我们是科纳威利最好的街区”，多克自吹道，“我们不偷喝醉了的人的东西，也不参与双骰子赌博游戏。有时我们偷偷溜进电影院不花钱看电影，但你还能期望什么……”多克在学校表现很好，但在上高中三年级时离开了学校，在一家彩色玻璃公司找了一份工作。在大萧条时期，这家公司倒闭了，他失去了工作。多克可以在工程振兴署找到临时性的工作，但有很长的停工期。正是在这些停工期，他把时间花在这个群体上，这是他曾经认识的最可靠和获得最多回报的群体。这个群体也许不可避免地会卷入政治。意大利于 1940 年进攻法国，富兰克林·罗斯福将墨索里尼统治的意大利抨击为“一只握着短剑的手”，出于对“母国”(old country) 的忠诚，这个群体对此做出了抵制性的反应。但这个群体的主要政治角色，是作为各种庞大而广泛的竞选组织的某种独立的基层群体。因此而获得的利益不大而且是个人性的。一个科纳威利的男人能够冲到政治的前沿，或者是通过支持共和党，从商，并且如果成功的话，最终离开这个居住区；或是通过与当地的民主党“机器”合作，在科纳威利拉选票，并且最终沿着民主党的等级阶梯升上去——并可能涉嫌非法交易。他不可能同时走这两条路线。对街头青年来说，来自政治的主要回报就是接近当地政府机构的机会，以 289
及从严厉的执法中获得某种保护的机会。

像这样的交易型领导在小型群体中是非常盛行的。群体中的正式或非正式的首领在其群体内和群体间的行为方式就像经纪人一样。这些交易包括相互支持和相互的许诺、期望、义务、回报。回顾威尔逊、列宁、希特勒和甘地之类的领导者，他们看上去都是作为崇高人物，高居于一种充斥着无名大众和几个二流、三流人物的萎缩的政治景观之上。事实上，这些巨人正是这种广泛而复杂的群体关系结构的产物，而且也总是它的组成部分；在这种群体关系结构中，他们不仅影响那些“下层的”人们，而且也被他们深深地影响。但是，传记作家的关注程度随着一个人在重要人物的等级地位中的下降而减弱。享有盛名的领导者通常可能是上百部传记的主角。稍逊一筹但还是广为人知的领导者也会有不少书来写——通常是由本人“授权的”传记、一两篇吹捧的评论、一部采取苛求或揭露形式的批评性传记、一部改编的电影剧本，最终是一个多少有些“盖棺定论性的”评价。像内阁成员、主要的国会议员或较小的独裁者这样的二流人物能够获得一篇体面的传记将是一种幸运。[迪安·艾奇逊据说在读到一篇研究论文将其定位为只是一个缺乏独立性的善变者（dependent variable）时大为震惊。] 再往下走，人们的关注程度迅速减弱；二流和三流人物以报刊简述的形式在历史的卷页上被一带而过，主要是**名人录**（Who's who）中自己撰写的概述，以及不乏溢美之词的讣告。但是，忽略这些与威尔逊和列宁之类的领导者结盟、施加影响并被影响的不太杰出的人物，就是忽视交易型领导的关键性构成因素。

小群体的领导

正是由于在20世纪30年代，当时还是年轻的哈佛研究生的怀特为了进行社区研究而住进波士顿的中心区，得到了多克的合作，并通过多克成为诺顿街社会中的一个成员，因而使我们对诺顿街头青年的领导能够有大量的了解。怀特的研究发表于1943年，当时人们对小群体的结构和领导有着强烈的兴趣。自古典政治思想——亚里士多德讨论过族群和家庭——时代开始，研究者就把群体看作是社会的“基础”，但在20世纪50年代，对这一问题的兴趣异常浓厚，第二次世界大战期间
290 对轰炸机机组和其他小群体的研究，以及在工商业中对工人群体的士气、依从度和生产率的日益关注，引发了这种广泛的兴趣，并取得了令人满意的研究成果。

这些研究带有倾向于西方特别是美国经验的偏见，从这样的研究出发，发展出一个关于小群体的相对一致的定义——将其定义为具有共同目的和价值观念的个人的集合，彼此具有面对面或其他身体上接近的关系，由于共同的兴趣和相互的影响使他们之间具有广泛的社会联系，并且各种角色具有某种稳定性。

就像早先对领导和社区的研究，对小群体的分析也趋向于夸大意见一致的重要性，并低估群体内部的冲突的重要性。西德尼·维巴抱怨说，“群体动力学”学派所坚持的假定，可能在小群体的实验情境下是有效的，但在组织的环境中却是无效的。“这可能被称为‘无冲突’假设：存在唯一的群体目标或唯一的实现群体目标

的方法，这一目标是基于所有有关各方的最佳利益——既包括领导者的利益，也包括追随者的利益。”领导者的利益和追随者的利益被假定为是同一的。这样一种假设对于那种与外部压力绝缘的小型实验群体来说具有某种有效性，但对于其目标处于冲突状态的复杂的社会和政治情境却是无效的。

因此，群体被假定为是处于均衡状态的人们的集合。在这种状态下，将群体转变到一个新的行为水平或类型的努力，将会带来群体返回到先前均衡状态的压力。变革的努力，可能会使人们敌视作为变革发动者的领导者，因为领导者的角色应当是在群体成员的个人需要和欲求与群体整体实现目标的活动之间保持均衡。

这种均衡依赖于付出与获得的结构。小群体成员彼此谈笑，提出和得到忠告，相互提供线索，给予和获得帮助，或偶尔出现意见不一并表现出对立。越是熟悉，越是有更多的互动——反之亦然。一个强有力的因素是相互的责任感和互惠的需要。在一些理论中，群体作为一个系统被认为具有自我稳定、自我维持的倾向，不存在内部的紧张关系，只是被来自外部的刺激所搅扰。怀特在科纳威利的案例中看到了一些这样的均衡现象。“每个人在与其他个人互动时都有自己独特的方式。”诺顿街帮有着明显固定的日常行为模式。在心理上，这些街头青年需要一种稳定的、持续的群体行为；在物质上，他们需要从相互的责任感中受益，特别表现在相互借钱、递烟或互送咖啡。

在这样的小群体中发展出强有力的一致性的倾向。大量实验表明，对最“客 291
观”现象的个体感知都深受群体标准或判断的影响：现象越是模糊不清，感知越具有一致性。群体不仅倾向于为内部事务建立标准，如在工厂中的生产率，而且也为在群体“管辖范围”之外的行为建立标准；因此，不仅是对群体领导者的选择，而且包括对外部政治领导者的选择，都会受到墨守成规倾向的影响。随着群体吸引力的提高（即群体以各种不同方式回报其成员的能力），以及来自群体的直接压力的增大，一致性的程度也会提高。伯纳德·巴斯注意到：“其他人做什么，我们就做什么，这样可以避免受到我们尊重的人的排斥或责备，或者还能获得各种回报，如鼓励、金钱或友谊。”群体，就像民族国家一样，会将偏离视为不忠，将不守规矩视为背叛。

一致，可能就像羊群那样是一种盲目的扎堆抱团，但它通常是群体围绕着或多或少明确的目标和规范而形成的聚合。一致或共识是有**目的**的。群体成员期望遵循的行为标准是根据群体明确或隐含的目标做出的。A·保罗·黑尔（A. Paul Hare）这样写道：“每个人在内心都有一套规范和目标，它们是一种合成物，其中包括他自己的特殊理想，他当下所参加的群体的期望，以及他所从属的其他群体的期望。”在个人需要与群体期望之间的某种紧张关系几乎是不可避免的。在一个冲突事件中，可能会发生某种诉求——诉诸传统，“群体团结”，明文的或非明文的程序、章程；或诉诸群体目标宣言；或诉诸某种“更高的”道德规范。持有不同意见的群体成员也可以诉诸这种道德规范。但根据黑尔的观点，离经叛道的群体成员还有四种其他的求助手段：试图改变群体规范、保持偏离状态、离开该群体或放弃对立并与群体保持一致。

一致，并不依赖群体成员间的平等地位；人们通常会确切地感受到群体的各种地位层级，依靠群体的内部结构及其群体间关系，这可能会导致更加一致。群体成员经常根据这样一些因素以非正式的方式排列各自的位置，诸如：群体成员在实现群体目标方面被公认的能力，个人实践群体规范和遵守群体规定程序的程度，那些与群体没有特别的关系但在群体文化中被高度评价的个人品质。这一过程以两种方式发生作用：如果根据某种与组织需要密切相关的品质来对人们进行评价，人们便倾向于更加保持一致，具有这种品质的人们的地位甚至会被抬得更高。在一个没有
292 清晰目标或规范的群体中，群体成员可能依据更一般的、更难以确定的标准来进行排位，诸如外表或投缘。群体的目标越明确，地位就越依赖于能力或对帮助实现群体目标的承诺；一个田径队会将其明星运动员排在更高的地位（但并非必定是最受欢迎的）。具有更高地位的人倾向于居于沟通网络的更中心的位置，并倾向于具有成为群体领导的更大的潜能——但这一潜能的实现依赖于多种其他因素。

小群体可以是人类社会中最团结、最持久和结构最严密的实体之一。小群体可以在最强的压力和紧张状态下生存——实际上它们似乎正是在这种压力下获得了发展，就像无数关于军队的历史记载所证明的那样。许多历史学家将这种类型的团结一致归因于士兵忠诚于领导者或有一套明确规定的国家目标。人们非常熟悉德国士兵为他们的元首（führer）和不可战胜的德意志民族而战的画面；很少有小群体能够超过第二次世界大战中德国陆军军团所表现出的同仇敌忾、团结一致和对上级权威的绝对服从。为了一个遥远的领导者或抽象的意识形态而自愿去战死，如何来解释这种现象呢？爱德华·A·希尔斯和莫里茨·詹诺维奇（Morris Janowitz）将**纳粹德国国防军**（Wehrmacht）的凝聚力解释为是直接由于士兵能够将其个人的安全和生存与希特勒和纳粹事业在战斗前线的推进等同起来。观察者发现，德国部队的战斗力很少依赖于它们对政治或意识形态的关心，甚至也不依赖于它们对德国民族生存的关心；大多数士兵对战线的最新进展所知甚少。相反，他们是靠对希特勒的献身而被激励起来的，他们将希特勒作为一个强大的甚至不朽的人格，他一定会给他们以力量并使他们受到保护。只要部队将它们的元首看作是最高统帅，就会保持高度的团结一致和对职位较低的军官的服从。希特勒是一个残酷的权力行使者，但他的角色在特定时期对特定群体是交易型的。当一个强大的希特勒的形象开始被怀疑时，士兵与士兵之间的联结纽带，以及士兵与领导者之间的联结纽带就被削弱了，部队的凝聚力和效率被削弱了。交易停止了；不再有向其他的相互交换水平上升的动力。

在最理想的条件下——对德国士兵来说，就是希特勒在 1940 年居于其权威的顶点——群体领导将直接为群体而行动，提高其团结程度，并使它坚强得足以完成其职责。在实验条件下和真实生活中，群体的团结统一、群体成员的顺从一致以及领导的具体代表给人以如此深刻的印象，以至于可能会导致一种偏见。群体和群体的领导很容易被视为稳定的、不变的互动系统，围绕着固定的任务和清晰的
293 目标构建起来，不会受到冲突的破坏。领导者从这样的群体中产生；他们是这种

群体的代理人；他们居于群体沟通的中心；他们是最顺从的群体成员；在很大程度上他们是该群体的产物和俘虏。但是，交易型领导也是这样一种力量，它强化群体的冲突，在群体中行使权力，不仅依循群体的规范和价值观念，而且也对它们提出挑战和改变，它不仅在群体内和小群体间保持现状，而且也推动社会的变革。

在小群体中，冲突的最主要根源是其成员从属于不止一个群体。无论作为像家庭或工作团队这样的基本群体的成员对个人具有多么中心的意义，他们还是会与其他群体的成员打交道，还是必须对其他群体的需要和要求做出回应，作为维持其在那些群体中的成员地位所付出的代价。这种重叠的群体成员身份是潜在冲突的温床，当群体成员响应对立群体的主张，对中心群体的主张提出挑战时，这种潜在冲突就公开化了。这种群体成员此时正在承担领导者的角色，无论它是多么短暂。重叠的群体成员身份不仅在领导者之间而且在领导者**内心**促成冲突。萨缪尔·斯托弗（Samuel Stouffer）举了人们熟悉的一个例子，即一个军士所遭遇的冲突情境：“一方面，军士承担着执行命令的职责，当来自上级的命令与他的士兵们认为正确和必需的方案发生冲突时，他的上级期望他执行命令。但他也是一个士兵，具有士兵对军官们都有的那种经常敌视的态度。结果，非正式的控制系统使他陷入这样的情境：如果在这种冲突中站在他的士兵一边，就会受到称赞；如果不这样做，就会受到惩罚。”这样的冲突情境所采取的形式，可能是重叠的和相互竞争的群体成员身份，可能是群体成员对不同群体的规范所采取的冲突态度，也可能是群体成员对不同群体或群体的不同领导者对他们发出的相互矛盾的期望所作出的回应。

领导者比其他群体成员更容易出现分歧，因为他们要比其他群体成员更多地对各种外部联系做出回应。这可能导致对冲突的抑制。怀特注意到领导者在群体内的特殊地位与其在群体外的情况相关：“领导者在群体外的声誉会支持他在群体中的地位，而他在群体中的地位又支持他在群体外的人群中的声誉。”领导者使群体成员适应外部环境的能力，也依赖于群体成员的态度；领导者可能会输给一个竞争者。

当外部各种力量趋于中立或处于均衡状态时，甚至在群体完全与世隔绝这种罕见的情况下，内部的各种力量可能会产生冲突。群体内部的需要变化——例如，长期的农业丰收和没有外敌入侵，会使农民家庭成员的生理和安全的需要转向情感和 294
尊重的需要——可能会改变领导的构成和群体内的各种关系。冲突的产生可能围绕着一些必须解决的问题，如群体成员的自我尊重与他人所给予的尊重之间的不一致。群体成员越是在群体中被其他人尊重，他们就越可能试图获得领导权，并且越可能取得成功；他们的自尊程度越高，就越可能试图获得领导权。这二者间的不一致会导致领导的冲突和领导结构的改变。

在群体中的高地位与所受到的他人尊重之间的不一致，也会导致同样的倾向。巴斯总结道：“如果一个人的自尊高于他被其他人尊重的程度，他就可能会谋求更多的领导权，但与那些所受到的尊重与（自己的）高自尊相称的群体成员相比，他却可能更少获得成功。地位和自认的地位遵循着同样的道理……因为地位或尊重导致成功，就像一个领导者一样，如果高地位成员不受尊重或受尊重的成员没有高地位，就容易产生冲突。”群体中其他各种推动因素也会造成冲突——例如，单纯的代际更替，任务安排的改变，以及恋母关系。

群体领导者行使权力而不是只作为象征性权威的程度，依赖于领导者对资源的占有，这些资源可以被领导者用来调动其他群体成员的各种动机基础（motive bases）——欲求、需要、动机、期望、态度和价值观念——以便诱使或迫使这些成员（追随者）按照领导者所希望的那样去行动。群体领导者的资源可能具有许多不同的类型：可以在某些条件下转换为实际影响力的正式权威，在完成和实现组织成员所重视的任务和目标方面的能力，在交流网络中使他们能够控制信息的中心地位，在满足成员期望方面被期望的能力。但是，领导者权力的根本，主要并不在于他们符合有关领导者的风格、角色以及类似方面的一般看法的程度，而在于他们能够满足——或看上去要满足——追随者的特定**需要**的程度。这些需要在马斯洛所提出的需要等级结构中可能处于较高等级或较低等级，但它们以持续的、动态的和多样的方式联结着群体领导者和追随者。它们将追随者带入领导过程；如果领导者必须最终满足追随者的需要，领导在小群体中的角色就如同在大群体中一样将包括从启蒙到清晰表达到促进实现这样的行动。

群体领导者满足成员的需要越多，他们所积累的用于政治市场的政治资本就越多。领导者会威胁拒绝满足成员的“低层次需要”。“无人害怕恺撒本人”，爱比克泰德①（Epictetus）写道，“但他却害怕死亡、失去财产、监禁、被剥夺特权。也没有任何人热爱恺撒，除非恺撒是某种功绩卓著的人；但我们热爱财富、保民官的
295 职位、军事执政官的职位、执政官的职位。当我们热爱或憎恨或恐惧这些东西时，就不得不使那些控制它们的人成为我们头上的主人。”与此类似，当地方政党的领导者（就像芝加哥的民主党领袖们）在选区拉选票时，他们所显示出的操纵或巧取的能力远不如他们通过与福利局的调解、确定违章停车传票、找工作或只是提供认可、关爱或尊重来满足选民需要方面的效率。

小群体的目的通常就是完成这些非常具体的任务。衡量群体的成功和领导者的有效性，并不只是看这种任务的完成情况，还要看这种任务在多大程度上体现了群体的价值观念，以及这种任务的完成在多大程度上促进了群体的基本目标。目标可能是多重的，如果是这样，那么就应当以等级的方式来对目标进行组织。目标之一可能是群体成员的“有意义的社会参与”，就像 E. P. 霍兰德（E. P. Hollander）所建议的，但这一价值可能要服从于更为基本的价值，如物质和精神的收入在群体内和群体间的更平等分配。其检验的标准就是实现由群体领导者和追随者集体决定的“真正的变革”，不论这种政治群体有多小。

---

① 爱比克泰德（公元 55—135），古罗马斯多葛派哲学家，奴隶出身的自由民，宣扬宿命论，认为只有意志属于个人，对命运只能忍受。——译者注

官僚机构与领导

从表面上看，官僚组织所体现的领导特征似乎会不同于小群体和交易型领导的领导特征。官僚组织似乎产生于领导者的有意识决策，其目的是组织人力与物质资源以实现精心确定的目标，而小群体则被视为或多或少是社会条件自发、自动发展的产物。官僚领导看上去具有正式和实际的权威来将雇员组织和重组在等级关系之中，以实现其持续和变化的目的。小群体所遵循的目标可能是缺乏明确界定的、冲突的并且容易受到群体变化的影响；其领导可能缺乏正式的合法性并可能缺乏外部的信誉，并且特别容易因追随者的忠诚和目的的变化而受到打击。它可能是非等级化的。根据这些看法，不论小群体有多么坚忍和耐久，它的这些特性都取决于它自己的资源，而非取决于正式的或法定的结构或权威。所有这一切都与关于官僚机构的那一套规则形成鲜明对比。

官僚机构是这样一个世界，它有明确表达的目标、规则、程序和已知的事实，它们界定和规范了其“成员”的地位；它是一个专门化和专业化的世界，个人的角 296
色被精确地指定和区分。其雇员是根据目的、过程、委托人或位置来组织的。这个世界更加鼓励一致性、可预见性和效率（狭义的），而不是创造性和原则。角色和职责主要不是由上级（领导者）来规定的，而是根据传统、正式的考试和技术资格来确定。职业和工作安全受到任期、退休金、工会规则、专业标准和诉讼程序的保护。罗伯特·莫顿注意到，这一结构是要“实现完全消除个人化的关系和非理性的考虑（敌意、焦虑、情绪化等）”。这种个人化的关系消除得越多，那种回应欲求、需要和价值观念的互惠可能性——交易型领导——就越少。

以这种典型方式所刻画的官僚特征，是与本书中所界定的领导截然对立的。官僚机构通过对任务的有条理分配，通过其中介和协调以及“调整”程序，通过其对组织精神、目标和权威的强调，实现了一致，减少和抛弃了被认为威胁组织稳定的那些冲突和争论。官僚机构不鼓励那种由调动雇员中的动机基础（motivational bases）和运用个人资源——相对于组织资源——而产生的权力。官僚机构所追求的目标很容易与原初的目的和价值的等级排序相分离，就像它们很容易与人类的需要相分离一样。官僚机构远不会指导社会变革或作为历史变化的一个推动因素，而是有意识或无意识地有助于维持现状。

在这种对官僚机构的理论描述中，权威（authority）替代了权力（power）。官僚权威是一种正式的个人权力，根据人们所拥有的职位授予个人官僚权威，即授予各种职位本身；在这种权威之下，权力的行使既被规则制定者和决策者所认可，又被那些服从于这种规则和决策的人所认可。上级和下级的个人特征与规则和决策的优善或对它持有的好感，被认为是不相干的。在一个奖惩系统中，这种权威可能被用来影响下级；但权威被接受通常是因为下级被促使去尊重权威的可靠性和合法性。正式的权威并不承认其他的动机基础。可靠性和顺从性是官僚机构的标志；因此，莫顿观察到："在宗教的或经济的官僚机构中，纪律的至关重要性可能就像在军队中一样受到了高度的重视。"

在这种模型之下，"世界的官僚化"——无论是在民主国家、专制国家还是发
297 展中国家——被如此广泛地看作是一种普遍的或起码占主导地位的现象。但马克斯·韦伯观察到，官僚权威在历史上并不是一般规律，而是一个例外。他指出，即使在大型的政治体制下，如四处征战的古代东方帝国、日耳曼帝国和蒙古帝国以及许多封建的国家结构中，统治者也是通过他们个人的心腹、圆桌伙伴（table companions）和皇宫侍臣的内部圈子来贯彻重大措施的。另一方面，在一些文化环境中，官僚机构却是组织的支配性基础——如新帝国时期的埃及；晚期罗马的帝国君主政体；罗马天主教教会，特别是自 13 世纪以来的天主教教会；中国近代历史的大部分时期；以及现代的欧洲国家和大型的复杂的资本主义企业。对韦伯来说，货币经济的发展是建立纯粹官僚组织的前提条件。税收和分配收入的权力从贵族或总督转到中央行政机构，对于中央行政的确立具有关键性的意义。对官职、军职和闲职的购买让位于更加非个人的、固定的和"常规性的"政府雇用职员方式。官僚机构最值得注意的领域就是**战争**。直到三十年战争期间[①]，士兵的武器、马匹和军服还是属于个人的，官阶是通过购买委任状而获得的，军团就像一个经济的和管理的组织，由像企业家一样的上校指挥作战。当战争被国家"国家化"时，战争也变得官僚化了，这很像后来铁路和设施被社会主义政府接管的情形。

社会的官僚化在早期引发了反对之声，人们反对的是它看上去的那种冷漠无情和僵硬刻板，反对的是那种集体的专断，它比过去的统治者个人的反复无常有过之而无不及。托克维尔针对"一个庞大的监护权"警告说，它将它的臂膀伸向整个社会，"用细小的复杂的规则网络来覆盖社会的表面，这些规则是细微而统一的，更具原创性的头脑和最生机勃勃的个性都无法穿透它脱颖而出"。这种罗伯特·尼斯比特（Robert Nisbet）所称的"人道主义的官僚机构"是大众民主和平等主义的产物，这使它在现代世界中似乎具有很大的威胁性和欺骗性。

对官僚机构的反对，不论是抱怨苏联官场那没完没了的表格和等候的长队，还是抱怨美国大型的公共和私人官僚机构的无止无休的文案工作，或是抗议那些与英国的和其他殖民统治相联系的新国家中经常被新的本国官员弄得更加复杂的办事程序，这种反对几乎与官僚机构本身的过程一样普遍。对官僚机构的深思熟虑的反对主要基于两点考虑。一是忧虑个人会被这种官僚机制吞噬，与工具相分离，与工作
298 相异化，并最终像索尔斯坦·凡勃伦[②]（Thorstein Veblen）所论证的那样，被训练成无能之人：成为所谓的组织男女（Organization Man and Woman），反人类（anti-human），反个人（anti-individualistic），反他们自己的真实本性。与此密切相关的另一方面的忧虑是，原本人们工作或行政的**目的**会被逐渐淹没在组织的**手段**之

① 指 1618—1648 年间在欧洲以德意志为主要战场的国际性战争。——译者注

② 索尔斯坦·凡勃伦（1857—1929），美国经济学家和社会学家，制度学派创始人，应用进化论和动态学方法研究经济制度，著有《有闲阶级论》、《企业论》等。——译者注

中。曾经是理性的工作程序变成了愚蠢的例行公事。设计用来促进沟通的文案工作现在阻碍或歪曲沟通。当工具价值取代了终极或最终价值时，目的和手段的等级结构关系就被颠倒了。行政官员动机的改变伴随着目标的错位，导致了僵化和形式主义。

官僚机构的这些倾向，似乎远离动荡不定的领导——变革型领导或交易型领导——世界，特别是远离动荡不定的民主政治世界。但是罗伯特·米歇尔斯（Robert Michels）对官僚机构做出的最深入详细的分析，就是将大众政党这个看上去最有活力、最受欢迎和最为目标导向的民主体制作为其研究主题。他在写到工会和政党时，阐明了一个普遍的规律，即“领导者权力的增长与组织的扩张直接成正比”。因此，“寡头统治铁律”（iron law of oligarchy）倒转了领导者与被领导者的关系。那种被建立来挑战旧的贵族的或独裁的政治组织的政党，本身就已经使政治组织官僚化，并使政治行动窒息。

米歇尔斯将该铁律用于政党；韦伯提出的论题是，人民永远不会统治较大的社会，而是执政者和行政官员统治人民大众；多数分析家们主张官僚机构使雇员服从于严格刻板的权威——这些观点为研究领导和官僚机构提出了一个悖论。一方面，官僚——像我们已经看到的——似乎是领导的升华，因为行动的手段被精心地组织用来贯彻明确的目的；如果某些指令显现出是过时的或出现了错误，领导就有权来改变它们。另一方面，官僚机构的经典程式——严格刻板，寡头政治，服从，冷漠无情，专业化，缺乏领导者与追随者之间在欲求、需要、动机和价值观念方面的互惠关系——似乎体现出对领导的否定。就官僚体制**在实践上**就是自上而下地行使权威而言，它不是领导；就它根据领导者—追随者的需要所具体展现的冲突、权力、价值和变化而言，它又体现了领导。

即使是外表上纪律最严明和最统一一致的官僚机构，也会存在着潜在的和公开的冲突。对一个工业组织的分析，不仅会非常典型地表明雇主和雇员之间的紧张关系，而且会表明种种权力斗争，包括高层管理者之间的权力斗争，一线工人与办公室人员之间的权力斗争，不同专业协会的成员或不同种类的专业人士之间的权力斗争，以及渗透于个性和特性中的其他紧张关系。即使在纪律最严明的军队中，发牢骚、要手段、内部的竞争和批评也到处存在。在公共官僚机构中，冲突经常更加尖锐，因为它们负有向服务委托人负责的法定责任，而委托人群体又反过来向它们施加压力（例如，纳税人群体和与国防部有关的承包商）。沃伦·本尼斯（Warren Bennis）提出，个人需要系统与环境需要之间的冲突，出现于组织的所有部门；冲突的程度“主要取决于由参照群体和个性因素决定的个人期望的水平以及需要满足的水平，而不是取决于环境条件”。冲突会随着职位所处的位置而变化：罗伯特·卡恩（Robert L. Kahn）注意到，在组织结构深层的职位相对来说会免除冲突，而接近组织“肌肤或边界”的职位就容易充满冲突。在公共官僚机构内部的冲突也会受到政治文化和政治气氛——例如，外部世界对自由竞争和利益争斗的抑制、允许或鼓励程度——的影响。问题并不在于公共官僚机构内部的冲突是否存在，而是这种冲突的特点、严重性及其表达、引导或伪装的方式。

299

官僚冲突的根源，是某种为权力和名誉而进行的斗争。这种斗争遍布于官僚机构，因为那些利用彼此的动机基础和需要基础的人，以及那些拥有可在这一过程中加以利用或动员的权力资源（取消服务，拒绝尊重他人，通过将“私密的”情况提供给媒体这样的手段来扩大冲突的领域，进一步诉诸上级或工会或专业组织）的人，都会投身到这种斗争中来。这是存在于行政官员和工作领班的“合法”权威背后的“真正”权威。当权者被认为垄断着官僚机构中的奖惩权（sanctions），因此垄断着官僚机构中的正式权力，但是，就像使奖惩发生作用的人类欲求和需要是多种多样的一样，奖惩也是多种多样的，所以奖惩权也广泛分布于官僚机构的各个方面。其分布的程度随组织与组织的不同而有很大差异，它取决于一大堆内外因素，但对官僚机构中权力的分析不能局限于正式权威的范围之内。

在官僚机构中，就像在其他社会实体中一样，权力是专断任意和无所顾忌的，除非它被目的所指引。由什么价值来衡量的什么样的目的、意向或目标指引着组织权力的使用？答案再次是：组织权力随着行政领导与追随者的动机的不同而有所不
300 同。如果官僚机构是以理性的方式被组织和领导的，行政人员就会根据目的和手段的等级关系以及全面和统一的价值尺度来行事。在实际行为中，赫伯特·西蒙（Herbert A. Simon）写道：“高水平的自觉整合是很少能达到的。有意识的动机结构不是一种单一分支等级结构，而经常是一种相互缠绕的乱网，或更确切地说，是各种因素的不相关联的集合，这些因素只是以微弱和不完全的方式联系在一起，这些因素在等级结构中的地位越高——越接近最终目的——对这些因素的整合就越弱。”这并不意味着行政官员在直接动机和最终价值的迷宫中会真的迷失方向。特别是在公共官僚机构中，执行机构根据法律的委托去实现某种目标，官员们在实现这些目标方面的努力可能不只是装点门面。

我们经常发现，在追求像收入和就业保障这样的个人目的，与追求像机构的既定目标这样更广泛、更集体性的目的之间，存在着更加尖锐的矛盾。每个组织都同时包括这两套价值观念，通常是同一个人拥有这两套价值观念，在公共官僚机构中对更普遍目的的效忠程度，通常高于私人官僚机构（如一个经营企业），因为在私人官僚机构中，组织伦理与围绕它的商业亚文化支持人们名正言顺地追求更高的利润、更多的薪酬和更好的工作条件。当然，在公共官僚机构中，可能比在私人官僚机构中更经常出现的情况，正如莫顿所指出的，就是各种规定原来被作为实现目的的手段，后来却转变为目的本身，工具价值变成了终极价值，但更广泛的目的和价值起码还保留在那里，使政治权威和领导可以求助。就像韦伯和帕森斯都一直坚持的那样，组织必须最终由它的目的来检验和定义。

那么改变呢？关于官僚机构的老生常谈的观点，是把官僚机构看作一个抵制变化的组织机构。20 世纪 60 年代，哈佛教授亨利·基辛格[①]（Henry Kissinger）撰

---

① 亨利·基辛格（1923— ），美国国家安全事务顾问，国务卿（1973—1977），对决定美国外交政策有重要影响，对苏联采取“灵活反应”政策，促进中美建交，致力于中东和平，结束越南战争，获 1973 年诺贝尔和平奖。——译者注

写了一篇文章，该文对负责外交政策的官僚机构对创造性外交的压抑性影响表示悲哀。“人们的注意力往往从对行动的选择——它是对政治家才能的最终检验——转移到对事实的积累。直到危机的爆发已经刻不容缓，直到事件本身的发展已经明朗无疑，才被迫做出决策。但到那时，可能采取的建设性行动的范围已经缩减到最小。确定性的获得要以牺牲创造性为代价。”人们不会感到惊奇，当基辛格成为白宫的外交政策顾问并在后来成为国务卿时，他绕开了部门官僚的结构，而且采取了被一些人谴责为“孤胆骑侠式外交”① (Lone Ranger diplomacy) 的途径。

当然，实际上在所有社会中的大型行政机构都拥有强大的力量来防御对现状的各种威胁。但是，这种保护性的和僵化的趋势并不是普遍的和不可避免的。如果在官僚机构中存在着潜在的或现实的冲突，如果官僚机构要对一套比狭隘的组织规范更广泛的价值负责，如果这些推动力量与个人的需要和动机结合在一起并因此使自身展现为新的权力模式和权力联盟，那么官僚机构就更加会成为变革的策源地，而不是**静态平衡**的舞台。 301

这一过程会随变革类型的不同而有所不同。就最低限来说，官僚机构可能会对内部的革新力量做出回应，这种情况表现在一个新上任的行政领导者能够借助作为新领导者的合法性、其纲领对某些行政官员的吸引力以及在组织中奖励朋友和惩罚反对者的权力，动员来自官僚机构内部的支持。基辛格 1973 年掌握了国务院的舵轮时就是这种情况。但就像基辛格和无数其他人所发现的，行政官员会发现这些权力不足以对付已经完全固定化的例行程序和广泛的抵制，因此不得不寻找动员行政资源的其他方式。更为典型的情况是，甚至带有对立情绪的行政官员，在回应外部压力的过程中，由于生存的需要和保持中立的公务员道德，也起码会做出某种程度的改变。激进分子和革命者为了实现他们的目标，可能会感到需要变革或废除整个官僚机构的结构。而成功的革命者通常会用新形式的官僚机构取代旧的官僚机构。

另一种类型的变革是从内部产生的。某些反映其发展需要和外部社会影响的行政官员，能够成为某些相对独立的行政部门内部的变革力量，这种变革的精神可能具有感染力。还有另一种类型的变革是前瞻性的；就像路易斯·高素普 (Louis Gawthrop) 所说，官僚组织可能预料到变革力量将要出现，于是甚至在外部或内部群体提出具体的变革要求之前，就对这种变革做出“响应”。对变革的检验并不是被动的适应，而是政策和组织的创新和创造，就像维克多·汤普森 (Victor Thompson) 和其他人所指出的，这些都依赖于在官僚机构内部维持合法的冲突和“多元化的不同声音”(pluralized babble)。

一位 18 世纪的沙皇曾感叹道：“不是我，而是成千上万的官吏统治着俄罗斯。”在官僚机构中，韦伯既看到了自由的可能性，又看到了专制的可能性——通过集体理性，人类获得了自由；通过官僚手段转变为目的，人们又被非人化。毫不夸张地说，我们在大多数公共官僚机构中既看到了僵化的可能性，又看到了创新的可能

---

① 《孤胆骑侠》是描写美国西部英雄的动画片，Lone Ranger 也是片中主人公的名字，此人的标志是红衫、黑面罩和他的印第安人帮手 Tonto。——译者注

性。当这些力量在冲突中达到某种平衡时，官僚领导的潜能就能得到最充分的发挥。通过对这种冲突做出回应，通过将作用于组织的力量和在组织中起作用的力量结合在一起，通过清醒地意识组织机构内部的权力分布，官僚领导就能够成为给整
302 个社会带来变革的更广泛的政党、立法和行政领导力量中的一个重要组成部分。如果公共官僚机构承认它们本身是实现外部目的的工具，并且对它们所服务的个人和群体的互惠关系做出回应，那么公共官僚机构就参与了真正的领导。

官僚机构一直享有恶名，因为这种互惠关系经常被忘记或歪曲——官僚机构可能会领导，但它们也是追随者，是“人民的仆人”。但更经常的情况是，官僚机构只承认它们内部的互惠关系以及管理者与雇员之间的交易关系，并因此只对它们自己彼此的欲求、需要、动机和价值负责，而不承认与外部的这种**首要的**互惠关系。因此，官僚机构可能会将它们自己的生存作为终极价值而不是工具价值。福利接受者或“当事人”、学生、病人、私人和宗教组织的成员、顾客经常发现他们自己被那些受雇来为他们服务的人当作无关紧要的令人讨厌的人。公共官僚机构可能比私人零售企业更容易出现这种扭曲，因为它们经常缺乏竞争，缺乏对可靠绩效的要求，并且在职业保障与发展方面缺乏对服务对象的依赖。私人经营企业也可能出现这种扭曲，它与其客户的距离越远，就越会变得具有垄断性。

在政治利益集团中的领导

亚瑟·本特利（Arthur Bentley）在 1908 年发表的一部开创性著作中，对关于领导的流行观念发起进攻，他写道：“领导并不是领导者个人的事情。它在根本上是群体的事情。”对本特利来说，构成领导这一伟大现象的并不是领导者，而是为了领导其他群体而分化出来的各种群体所形成的景观，即一个专门的群体在行动的一个特殊阶段领导其他的群体。群体并不能仅凭领导者的高声呼唤就具有了生命力；领导者完全是从群体中获得了他的力量。本特利认为，说到底，群体**才是**领导；领导只是对群体的表达。

这种对群体的敬重，超过了对领导者个人的敬重。但当美国人在那十年中亲眼目睹了西奥多·罗斯福、威尔逊、拉福莱特以及一批受民众欢迎的改革者和丑闻揭发者的新生的或成熟的领导时，很少有人会接受这种观点。当本特利的论点在 20 世纪 30 年代重新发表时，它在这个有着富兰克林·罗斯福、斯大林、希特勒、甘地和其他全球性领导者的时代更加缺少说服力。但是，对小群体的重视导致了第二次世界大战后对诺顿街头团伙的研究和乔治·霍曼斯（George Homans）著作的出
303 版，在其影响下，本特利的理论重获新生，它有助于对许多政体中的政治利益集团进行更深入的研究。卡尔顿（W. G. Carleton）将这种学术研究中的转变描述为一种脱离“正式的、结构性的、静态的、演绎的、理性的和定性的研究方法，而转向功能性的、现实的、进化的、定量的、多元主义的和相对主义的研究方法”。但是，群体分析能否把握利益集团中政治领导的所有方面，仍然是一个问题。

对利益集团的分析——在其认识论和其定义两个方面——通常都起始于对利益集团和领导从中产生的方式的静态概念。这种概念没有为分析冲突留下多少空间。它从各类群体出发，这些群体是这样一些人，他们（1）具有某种共同的特征（如年龄、肤色、职业、苦恼或残疾、高地位）；（2）显示出基于这些共同特征的“最低限度的互动频率”。根据被广泛采用的大卫·杜鲁门（David Truman）的定义，利益集团指的是任何这样的群体，它“基于一个或多个共同的态度，对社会中的其他群体就确立、保持或促进由这种共同态度所隐含的行为方式提出某种主张”。像许多其他的群体理论家一样，杜鲁门承认在利益集团中领导的作用。他将领导者定义为以言辞或其他方式主动建构（initiate）这些为群体中的其他成员所响应的关系（这种关系必须显示出跨越时间的某种一致性）的人。但这个定义似乎更是定量的，而不是定性的；它指出领导者只是比追随者主动建构了更多的关系。最成功的领导可能是那些在私下响应了群体中的追随者行动的人——在这种情况下，追随者又被看成了领导者。这种等式被一个理论家总结为个人在群体情境中建构行动的频率与个人响应他人主动建构的频率之间的比率；据说，这一比率可以对领导者进行定量评价。尽管这种对相互关系的强调是合理的，但这种理论却将领导过程归结为那些所谓的领导者和所谓的追随者几乎机械承担的角色之间的一系列单纯的交换。这是一种循环的理论，它忽略了领导过程中那些独特的和动态的方面。这是一种极端的交易主义。

要抓住这些方面，需要对利益集团的领导进行分析，不是从各类群体间的相互关系出发，虽然这些关系是重要的，而是要从那些具有——或受制于——各种不同程度和类型的欲求、需要和期望并对其他群体、其他领导者和政府提出不同主张和要求的人们之间的互动出发。利益集团理论，包括本特利的理论在内，假定潜在群体的存在，并假定群体发展中存在着“倾向”和“阶段”，但这些一般的性质模糊
了利益集团领导的关键方面。某些人强烈地感受到一种欲求，与只是具有这一欲求 304
相比，会使他们能够对领导的主动建构做出更积极的响应。穷人或自然灾害的受害者是由他们所处的共同状况来定义的，但一些人会否认自己身处这种状况。就像阿尔杰半神话小说中的英雄，并不是所有穷人都感受到贫穷。

我们假定领导者主动建构与追随者的关系；那么这种关系的本质是什么呢？什么是这种关系的出发点？这种关系对领导者和追随者的作用是什么？如果领导者在一种欲求感（sense of want）的形成阶段进行干预，他们可能会影响追随者所塑造的这种欲求的性质。领导者也能够帮助将这种欲求转换成一个与资源相联系的更明确的**需要**（need），这种资源在领导者和追随者看来是有可能在他们所处的环境中获得的。当领导者劝说他们的追随者不仅去想要某种东西，而且理所当然应得到和**期望**（expect）得到某种东西时，他们就将追随者引导到一种更具政治倾向的状态；当领导者反过来帮助追随者将这些期望转化为**要求**（demands）时，他们就成为了利益集团的领导者，该集团对其他利益集团提出权利要求，并对政府提出这种权利要求。

这不是一种简单的线性过程。潜在利益集团的一些成员可能无法做出这种从欲

求的状况（如饥饿）到相应的需要状态的转变。其他成员可能无法从需要感过渡到相应的期望感或做出相关的政治要求的状态。因此，潜在利益集团的成员可能处于一系列不同的“阶段”或“倾向”。这就需要成熟的领导者帮助他们过渡到下一个“阶段”，这种转变可能是不稳定的、不平衡的和倒退的。

领导者在这些转变中也不是始终如一的不变因素；他们本身的需要和期望可能是不稳定的或可变的。他们自己的要求是与其追随者的欲求和需要相牵连的，因此可能过度依赖于来自追随者的响应，但这种响应可能实际上不会出现。他们可能完全缺乏交流、激活、动员、指导和命令所需的技巧。他们自己的欲求——对得到认可、地位和权力的欲求——可能比其追随者的这些欲求更高或更复杂，因此更难以满足——对他们来说，要知道它们何时能**被**满足可能更加困难。他们可能会被他们的追随者忽视或拒绝，因此失去领导地位，并同时失去他们满足自己心理的甚至生理的需要的能力。

此外，这些倾向经常会在**冲突**的情境下发生作用。领导者在感知他们自己和其他人的欲求和需要方面存在差异；追随者也在这方面存在着差异。领导者们可能会就他们中谁将有权力回应追随者的需要这一问题而发生冲突。满足大众需要的尝试不可避免地会争夺稀缺的资源。在一个大型的欧洲工会中，其成员既追求意识形态
305 的目标，也追求面包加奶油的目标，追随者和领导者都会围绕政府的政策——例如围绕着应当将更多的政治资源投入到产业的国有化，还是投入到改善福利计划这样的问题——而出现分裂。领导者的分裂，不仅围绕着谁应当取得领导的职位，而且围绕着领导的定义。诺曼·卢特贝格（Norman Luttbeg）和哈蒙·齐格勒（Harmon Zeigler）在对教师协会的一项研究中发现，该协会的领导者可能接受这样的前提，即协会成员应当服从追随者的欲求，但不能抑制对他们自主性的嫉妒。埃德蒙德·伯克[①]（Edmund Burke）认为，领导者在代表追随者的责任和行使独立判断的责任之间左右为难，这一案例似乎为这一见解提供了一个经典的例证。观察者发现，该教师协会的领导者无法解决这个问题。该研究的结论是：“组织的代表性质不仅对领导者具有重要意义，而且还可能导致领导的分裂。”

对民主政治来说，最令人头疼的问题之一，就是如何满足和补偿那些没有组织的、没有机会讲话的群体所发出的难以被人听到的呼声，这种群体首次被肯尼思·B·克拉克描述为“无权者”（the powerless）。在美国，这样的群体历来是穷人——在阿巴拉契亚山区的贫穷白人，在城市聚居区中的贫穷黑人，在保留地的美洲原住民——以及没有公民权的人（the disenfranchised），包括儿童、服刑的重罪犯、有精神疾病的人。主要由中产阶级组成的有组织的利益集团很少能有效地代表这些人。罗伯特·肯尼迪（Robert Kennedy）早先支持以各种方式来探究用何种手段来给予沉默者和没有影响力的人说话的机会和权力，接着有林登·B·约翰逊通过有组织的社会行动与贫穷进行的斗争，他们提供了一个开端，但从整体上看，像

---

① 埃德蒙德·伯克（1729—1797），英国辉格党政论家，下院议员，维护议会政治，主张对北美殖民地实行自由和解的政策，反对法国大革命。——译者注

福利权利组织（Welfare Rights Organization）这样的团体无法对官僚机构或立法机构施加重大的影响，并且它们的这种微弱影响也已日趋衰竭。大多数这样的组织已经将注意力转向了争取传统的政治权力（就像在南方选举黑人治安官那样），将其作为更容易的交易工具，如果不是作为变革社会的工具。

在专制社会中，是否存在利益集团——和利益集团领导——取决于定义和意识形态。在苏联，共产党拒绝承认任何在党的保护伞之外所形成的团体的合法性。党的一位发言人否认在苏维埃国家可以存在任何“有特权、不从工人阶级的目标和政治利益出发来评价自己的行为”的社会团体。他谴责议会和反对党的自由竞争。苏维埃社会团结的首要保证不是“各种力量的自由竞争”，而是“在共产党的领导下为共同和谐地工作而制定的明智的职能规划”。官方领导的原则未受任何侵犯——正式公开的侵犯。

苏联人甚至拒绝承认存在西方式的利益集团，这一事实妨碍了收集有关俄罗斯 306
利益集团的资料。更为严重的是概念问题。在传统上，利益集团被认为是由这样的人们组成的集体，他们基于一组共同的态度，或通过它们之间的互动，或二者兼有，提出政治要求和主张。人们对苏联的利益集团——除了那种主要作为从权力行使者到追随者之间的单向传送带的大型的正式组织之外——的规模和传播范围的测评已经有一些时间了。一个更艰难的问题是，当在群体成员中存在着不满（也许是对国家的压制措施的不满），但环境阻碍着群体成员做出公开的反应时，真正的利益集团是否存在。例如，政府的压制行动激起了全苏联的作家们的类似的但独立的反应，这些作家并不需要散发秘密的油印文件以表达对政府行动的共同反对。是否当这些作家们对政府行动做出反应之时利益集团就产生了？还是只有当这些作家们愿意并能够采取行动时才能说产生了利益集团？

解决这种难以回答的问题，可以采取这样的方式，即将利益集团不是看作只是由“相似的”人们或具有共同反应的人们或互动的人们组成的集合，而是看作由那些具有共同的需要并响应那些能够激发和帮助实现这些需要的领导者的人们组成的共同体。在这一定义之下，利益集团在专制社会中就起着微妙且重要的作用。在对苏联政治的研究中，H·戈登·斯基林（H. Gordon Skilling）与富兰克林·格里菲斯（Franklyn Griffiths）的结论是：自从斯大林执政以来，苏联已经显现出多元主义的初期迹象。苏联的无党派政治组织很少享有那种能够强化其利益的宪法认可，甚至连实践上的认可也享受不到，但利益集团——尽管官方诋毁“各种力量的自由竞争”——对决策产生了影响，并阻碍了苏维埃法令的实施。军队维护其自主性和战略观点，摆脱赫鲁晓夫的控制。科学家成功地实施了对科学院的重组，并将工程师排除在外——不顾当局明显的希望。律师群体对苏联法规的起草施加了某种影响，经济学家则帮助政府制定了物价政策。

哪里有真正的利益集团和冲突的可能性，哪里就有潜在的利益集团的领导者。传统西方观点认为，专制国家中的政治有一个稳定的外表，但在这个外表后面，竞争的领导者之间却在进行着不守规则的持续争斗。在苏联领导斗争中的竞争者，并
不是一批争权谋位的“无人追随的领导者”，而是权位的候选人，他们利用并获得 307

了利益集团的支持，他们采取的立场反映了这些利益集团的成员的需要和欲求。相互竞争的苏联领导者利用制度和利益集团的方式，看上去与西方惊人地相似。这些利益集团包括：官方机构，如军队和警察；地区支持者，如列宁格勒、基辅或第比利斯的市民；意识形态拥护者，包括传统的苏联自由派与保守派的分裂阵营；甚至个人崇拜——列宁、斯大林、赫鲁晓夫以及新领导人都具有他们实际的或假托的门徒（protegés)。斯基林和格里菲斯发现，尽管苏联官方对利益集团持反对态度，但利益集团影响政府政策的现象在苏联是不断膨胀的。他们的结论是："在大多数问题上，都存在着对立的势力联盟彼此针锋相对——既得利益集团寻求保持现状，而创新的力量则强烈要求变革——对这种冲突的解决，可能导致某些集团的胜利，其他集团的失败，或各种对立观点的妥协。"

在像诺顿街头青年这样的小型非正式群体中、在官僚机构中以及在明确表达要求的利益集团中存在的群体领导，在人类社会中是无处不在的。在人们利益和抱负的自然冲突中，群体与群体会发生碰撞，领导者与领导者也会发生碰撞，但实现共同的抱负在很大程度上依赖于作为群体成员的领导者与追随者之间的关键性的联系纽带。领导者动员追随者，将其作为争夺权力或名誉的更大斗争中的资源。正是这种联系，能够使像诺顿街头青年这样的群体赢得影响力，能够将官僚机构从例行公务转向创造性的回应行动，能够使利益集团的要求转换为政府的政策。交易型领导对群体领导具有关键性的作用，它对政党领导、立法领导和行政领导的各种更广泛的力量也具有同样的关键性作用。但它很少在变革型领导中发挥至关重要的作用。

第 12 章

政党领导

政治领导的权力来源于各级的政党领导者确认和激发现存的与潜在的政党追随者的欲求、需要和期望的能力，以及面对——或者承诺去面对——通过动员各种经济、社会和心理的资源所导致的各种要求的能力。

无论是什么样的政治文化，政党领导者的效能取决于提供物质或心理帮助的能力，而不是提供抽象告诫或说教的能力——就像普伦基特所说的，要能够提供帮助。政党领导者提供帮助的能力，首先取决于他们控制自己组织的能力，并最终取决于对主要的物品的公共分配者——政府——的控制能力。

政党领导者越是全心全意地代表普通党员，他们就越是可能被公众中一小部分人的态度和需要所局限，而政党在选举中的胜利和在推行全国计划上的成功，主要取决于领导者拓宽政党视野的能力，扩大其选民基础的能力，扩张其感染敌对的或冷淡的选民的能力，以及因此强化其对政府的控制权和推行其计划的能力。

最具有爆炸性的冲突，并不是敌对政党之间的冲突或党内竞争对手之间的冲突，而是作为政党组织的领导者与同一政党中在政府中拥有职权的领导者之间的冲突。

英国 1830 年的夏季——这是一个围绕选举改革的前景而出

现紧张加剧和两极分化的时期——在选举之后，政府和反对党甚至不能就哪一方在选举中胜出或失败达成一致。为了使皮尔爵士容易理解，一位年轻的部长将议员用各种名目加以分类，这些名目包括朋友（Fiends）、温和的极端者（Moderate Ultras）、可疑的讨好者（Doubtful Favorable）、非常可疑者（Very Doubtful）、反对者（Foes）和激烈的极端者（Violent Ultras）等。人们不知道这种澄清混乱的努力是否引起了皮尔的注意。西方政党通常是由在政府中或寻求进入政府的领导者在招募各种追随者的小群体的过程中组织起来的。这些经常被称为政党的团体，实际上是今天人们所说的小圈子、派别、宗派、秘密社团、联盟、智囊团。其在国家中的根基一般并不广泛，主要扩展到当地贵族或地主乡绅中的名流。宗派是多变和短命的。根据麦肯齐（R. T. McKenzie）的观点，只有组织秘书处（the office of the whips）以及后来的几个政治俱乐部在外表上与政党的组织和纪律相似。

美国政党也是发端于围绕着领导者所形成的各种群体。任何种类的政党都是名声欠佳；作为（第一个）共和党的创建人而名垂青史的杰斐逊曾经说："如果我不能与一个党一起进天堂，那我宁愿不去天堂。"但是随着领导者在种种问题和政策上出现分歧，并且为在议会和选举中获得支持而招集越来越多的追随者，建党的推动力就变得势不可挡。自从华盛顿总统要"超越政治"（above politics）并试图实行一种非政治的行政，各种政党开始围绕着华盛顿内阁中像著名的亚历山大·汉密尔顿这样的领导者以及在国会中像著名的詹姆斯·麦迪逊这样的领导者而组建起
309 来。在这个早期阶段，国会成员通常是通过联合朋友和邻居所形成的小型非正式组合而赢得职位，实际上并没有现代意义上的政治组织。逐渐地，他们竞选号召的范围日益广泛，在选票上开始注明候选人所属的政党。随着共和国疆域的不断扩展，政治家满脑子想的都是如何从不断扩大的选民中争取更多的支持者。

法国政党也产生于围绕着议会领导者而形成的团体，但它们的产生更加奇特——或起码更巴黎式。根据莫里斯·杜维格（Maurice Duverger）的记述，当三级会议的代表们开始到达凡尔赛时，他们感到迷惑和孤立。在比较有经验的人的领导下，他们很自然地组织起来捍卫他们的共同利益。布列塔尼（Breton）的代表们在咖啡店租了一间屋子定期组织他们自己的会议。他们召集了来自其他地区的具有共同政治原则的代表，布列塔尼俱乐部（Breton Club）以这种方式成为了一个意识形态团体。当议会从凡尔赛转移到巴黎时，该俱乐部无法找到一个新的咖啡店，只好租了一个女修道院的餐厅，并以其新的名称——雅各宾——而名扬天下。60 年之后，法国各政党还是用它们聚会地点的名称来命名，这部分是由于它们的原则仍然模糊不定；在 1848 年的法国立宪会议上，就有普瓦迪尔街党（Rue de Poitiers，天主教君主主义者）、卡斯蒂廖内街党（Rue de Castiglione）和金字塔街党（Rue de Pyramides，左派）等团体。同样的趋势也出现在德国的法兰克福和其他议会中。

从这些早期的团体向现代意义的政党的转变，是随着政治角斗士们在保持他们在政府中的地位的同时转向动员那些被逐渐给予选举权的大众而出现的。关键性的变化并不是领导者的野心或动机，而是成千上万的人从政治的局外人转变为政治的追随者，新的地方的和全国的领导也从这些人中产生出来。因此，以现代形象出现

的政党——那种号召大批民众来支持公共职位候选人的组织——不得不等待选举权的普及之后才能演化出来。这使得这种政党只能是相对近代的发明。比利时，斯堪的那维亚各国以及法国，直到 19 世纪末或 20 世纪初才确立了成年男子的选举权。而同样关键性的进展——给予妇女选举权——基本上是 20 世纪的现象。

政党领导者在其政党招牌和口号之下相互争夺来自那些新获得选举权的公民的支持，并且随着识字率和教育程度的提高，选民的知识也在不断增长，在西方政治的气候下一场巨大的变化出现了。大众并不只是投票者，而是有需要和目标的人；由于政党领导者和候选人一个比一个做出更高的承诺，大众的期望被激发起来。政党领导者为汇集对选举的支持而建立起来的选举委员会和其他组织，也能够被选民 310
用来建立与他们在议会和政府各部的领导者之间的联系，并控制这些领导者。这种推动力在左派方面更是强大。越是后来成为选民的人，越可能是低收入的人，他们对政府所要求的，不只是老的政党精英为支持他们的小团体领导者所提供的照顾。庞大的新选民要的是**政府政策**，因此他们要控制他们的执政领导者和执政党。

既然存在着这些欲求和需要，那么在西方民主制度中，政治主张者和选民力量的发展就不可避免地会超出政府内部的政党或议会党团之外，并试图使议会和政府服从外部政治的控制。这两种趋势交聚在一起：议会领导者要努力向外争取选举的支持，而外部的团体领导者也要努力进入政府的领地，这些努力经常彼此结合、重合或各行其道。不同的起源在发展中的政党的领导身上打上了印记，起码在一段时期内是如此。在英国，工党直接产生于世纪之交工会代表大会关于创建议会和选举协会的决议。独立工党①当时在政治上已经非常活跃了，但其基础却很薄弱；只有借助能够控制大量选票的各种工会的加盟，才能够创造一个有权力直接影响甚至控制政府的党。

英国的经历在其他国家也被劳工和其他利益集团所照搬。斯堪的那维亚的农民和工人组织了政党。荷兰的加尔文主义者组织了反对革命党以对抗天主教保守党。在比利时，担任神职和没有神职的领导者在全国各地建立了“天主教学校委员会”来反对他们所憎恨的关于世俗化教育的法案；后来，这些委员会都转变成了天主教党的组成部分。在其他地方，共济会成员、退休公务员、民族主义者、商人和其他团体组建了各种政党。并非所有这些政党在选举中都非常成功，但它们代表着一种组织选民并将领导者从外部送入政府的成功努力。

与“宫廷政党”（court party）相对的“国家政党”（country party）——在不太严格的意义上使用这两个词——代表着更广泛的公众。国家政党的逐渐出现，帮助产生了所有政治冲突中那种最公开、最持久的冲突，即“执政党”（ins）与“在野党”（outs）之间的交锋。宽容**反对派**——特别是宽容有组织的反对派——的观念，很难为宫廷政党所接受，它的传播非常缓慢。**政党**（party）一词在词源上来

① 工党（Labor Party）起源于独立工党（Independent Labor Party）。独立工党成立于 1893 年。1900 年，它与工会代表及一些小型社会主义社团一起成立了劳工代表委员会（Labor Representation Committee），在 1906 年的大选中再次改名为工党。——译者注

自于划分（division）和分开（parting）的概念，但该词既被用于指对差异的忽视和压制，同样也被用于指对差异的表达和合法化。“政党精神”，就像人们所注意到
311 的，在美利坚合众国的早期普遍不为人们所喜欢，受大众欢迎的、相互竞争的政党在美国的崛起，更多的是由于渴求政府职位的务实政治家的工作，而不是已有思想的作用结果。在英国，根据约翰·麦金托什（John Mackintosh）的说法，直到1841年“反对党才赢得了大选，皇室才接受了选举的结果”。对政党冲突的接受与现代自由主义的兴起有密切的联系。人们可以将奥尔特加-加塞特[①]（Ortega y Gasset）对自由主义的著名描述用于对反对党的宽容，他将自由主义描述为“宽宏大量的最高形式；它是多数人让与少数人的一种权利，因此这是在这个星球上曾经回响过的最高尚的呼唤。它宣布了与敌人共生存的意志；不仅如此，它宣布的是与弱小的敌人共生存的意志……”

如果基本的政党冲突是竞争权力的那些政党之间的冲突，那么**在**政党**内部**的冲突也同样意义重大，并经常更具解释力。任何规模的政党都是各种利益集团的集合，包含着所有团体都会有的各种冲突——在工会中技术工人与普通体力工人之间的冲突，在农业组织中富裕农民与勉强糊口的种田人之间的冲突，大商人与小商贩的冲突，宗教人士与世俗成员之间的冲突。作为拥有广泛基础的组织，政党还因地区利益集团间的竞争和狭隘的省地势力对中央指挥的反抗而分裂。政党作为现在和未来的领导者登台表演的地方，吸引着那些抱负远大的政治家；作为一种不断准备战斗的组织，它吸引着好战的斗士；作为一个公开寻求权力的冒险事业，它既吸引着务实者，也吸引着思想家；既吸引着温和主义者，也吸引着极端主义者。党内的权力顺着这种冲突的线索而被引导和分配，它创造了政治领导的交易型结构。

各种政党：冲突与领导

政治领导的权力来源于各级的政党领导者确认和激发现存的与潜在的政党追随者的欲求、需要和期望的能力，以及面对——或者承诺去面对——通过动员各种经济、社会和心理的资源所导致的各种要求的能力。这是对一个实行起来非常合乎人情和切合实际的过程给予了一种抽象的描述。在描述政党领导者的人情练达方面，大概无人能及著名的泰马尼[②]（Tammany）的二把手乔治·华盛顿·普伦基特[③]

① 奥尔特加-加塞特（1883—1995），西班牙哲学家，1910年起在马德里大学任形而上学教授，提出自称为“生命理性的形而上学”的哲学，主要著作有《没有脊梁骨的西班牙》、《群众的反抗》等。——译者注

② 即泰马尼协会（Tammany Society），又译坦慕尼协会，是1789年成立于纽约市的一个民主党实力派组织，由原先的慈善团体发展而成，因其在19世纪犯下的种种劣迹而成为腐败政治的同义词。——译者注

③ 普伦基特（1842—1924），生于贫穷的爱尔兰移民家庭，家住纽约被称为“黑鬼坡”的衰败地区。11岁辍学到肉店工作，21岁决定以政治为生。长期担任由纽约第15选区选出的州参议员，作为泰马尼的第二把手达40年之久，是纽约政治生活中的权势人物。他鼓吹所谓“诚实巧取”（honest graft），利用政治关系聚敛大量财富，死时已是百万富翁。他总是将纽约县（即曼哈顿区）政府地下室的一个擦鞋处作为他的“办公室”，在那里与别人交谈和做生意。——译者注

(George Washington Plunkitt)。他在他的“讲坛”——一个擦鞋处——进行他的布道：要掌握你的选区，“你必须研究人的本性并据此采取行动。你不能在书本中研究人的本性。书本比任何其他东西都更碍事。如果你进了大学，那么情况就更加糟糕……要学到真正的人类本性，你必须到人群中，看他们并被他们看。我了解第 312
15 选区的每个男人、女人和孩子……我知道他们喜欢什么，不喜欢什么，他们的优点和弱点，我从适当的角度来和他们打交道……我不会用政治论证来烦他们。我只是研究人的本性并据此采取行动”。

在理解他所谓的人们的欲求和需要——“他们喜欢什么，不喜欢什么”——的过程中，普伦基特当然要迎合特定的一系列利益。就像托克维尔早前所指出的：“在美国，有政治抱负的人首先确定他自己的利益，然后找到那些可能团结和联合的其他利益。接着他要去发现与这一新的利益组合的目的可能相适合的某种学说或原则，采纳它们以便推出他的党，并保证其广受欢迎。”在普伦基特的政治文化中，他努力满足他的追随者对职业、合同、圣诞节的篮子、旅行、执照、救济品的需要。而在另一种文化中，政党领导者要满足的却是对意识形态进行表述和回应的需要，与对手激烈战斗的需要，对政府的政治和计划的需要，批判或维护现状的需要。在这样的政治文化下，优先的并不是个人的或群体的利益，而是一般原则，它可能正是源于甚至照搬自泰马尼的头头们所唾弃的那些源泉——书本、宣言、学说宣传册。

无论是什么样的政治文化，政党领导者的效能取决于提供物质或心理帮助的能力，而不是提供抽象告诫或说教的能力——就像普伦基特所说的，要能够提供**帮助**。政党领导者提供帮助的能力，首先取决于他们控制自己组织的能力，并最终取决于对主要的物品的公共分配者——政府——的控制能力。

在具有民主倾向的政党中，领导者与普通党员的关系具有一种特殊的张力。一方面，政党学说对民主目标和程序的强调，迫使领导者关注其成员的需要、态度和情绪。党的制度和程序要求在地方会议上公开辩论，在选举党的官员时遵循多数原则，经常要采取秘密投票，在通过政党纲领时也应采取同样方法，选举产生的代表受托在党的更高层支持当地党组织的立场。等级化的领导机构直接或间接来自于基层群众，它通常包括全国的主席或理事长，全国的执行委员会或理事会，一年或两年召开一次的代表全党的全国代表大会，还有州或地方一级的委员会或理事会。对领导者的控制被制定为党的制度；例如，在决定组织政策或党的纲领时要由基层党员全体表决。

另一方面，各种强大的权势驱使政党走向强权领导甚至变成政治寡头。作为与
具他政党竞争的战斗组织的首领，领导者需要统一 致的支持。在多党制下，领导 313
必须能够与其他政党的领导竞争，或与这些领导谈条件和联合。领导需要能够迅速出击，并具有充分的灵活性和力量。不能坐等党的下层机构喋喋不休的争论和迟缓费力的决策。即使不论政党之间的争斗与合作，党的全国领导也寻求为民众提供一种共同一致的外在形象，并寻求掌握惩戒权以约束党内那些言行出格的地方或省级的分支组织，它们可能会损害这种形象。

政党领导的集中化与疏离化这两种对立趋势的竞争结果，随政党体制的不同以及个别政党间的差异而有很大的不同。最终的平衡不只取决于政党内和政党间的各种力量对比，而且取决于政治文化和结构的背景。一个国家的意识形态和传统可能会抵制在政党、政府或经济方面的集中控制；一个在地区、人种、阶级、种族或语言方面有着截然划分的社会，可能会拒绝统一的政党领导。符合宪法的和选举的制度安排会密切地影响政党的组织。一个将权力在中央、地区和地方进行分割的联邦制政府，会创造出许多分立的公共权力的中心，致使党的中央领导很难取得对它们的控制。在政府的任何层级上由宪法规定的权力分立，都会对政党的集中控制构成障碍，相反却可能促使在政党内部激活潜在的分裂。

各种可能性的范围是很宽的。一个极端是美国的政党体制，它长期以来以其权力的非集中化和领导的支离破碎而闻名。美国的政党是在一个推崇个人主义并对州的权利和地区的差异予以相当保护的社会中发展起来的。宪法确立了三级政府，其最终效果是迫使各政党为了在各个层次发挥影响力而扩张自己的力量。国会的选举和各州的选举主要基于单一代表区——这种选举制度要求各政党在国家的不同地区支持某种不同的政策。在世纪之交的人民党的运动[1]和进步党的运动[2]建立了大量的选举办公室，它们超出了党的能量和组织的负荷能力；建立党的初选制，从而使对候选人的关键性选举从党的领导人秘密会议和党的代表大会转移到党的组织经常无法控制的公开选举，因而减弱了党的权力。这种一般的情况也有一些例外。将政党领导权集中于一身的城市和选区的政治老板统治着许多大城市地区。商业巨头与政党领导的联盟控制着一些州，而农村利益集团与商业利益集团的联盟又控制着另
314 一些州。大多数城市机构早已长眠，州一级的政党权力就像在全国或地方的政党权力一样通常是分裂的，甚至是破碎的。这些情况及其相关趋势的结果，是使整个政党体制的领导被异乎寻常地分散和削弱。

将美国的政党体制与第一次世界大战前德国的社会民主党进行一下对比。其领导层统辖着这个拥有数百万工人作为其群众基础的组织。该党拥有大量缴纳会费、持有党员证的党员，在思想信仰和社会构成上具有相对的同质性。党的领导组织具有很强的纵向和横向的联系。该党为在工会和工人阶级中征召政治领导人发挥了有效的作用。它在柏林建立了一个著名的学校，为党的职业干部提供“中期职业培训”，为党和工会的领导提供有准备的候选人。在该党权力的巅峰期，即第一次世界大战前的那些年，它维持着一个由 3 000 名常任官员组成的官僚机构。社会民主主义的工人阶级运动，是为了反对在德国政治中占统治地位的贵族和资产阶级的影响而组织起来的，就像列昂·爱泼斯坦（Leon Epstein）所指出的，它成为了德国社会中的一种亚文化，本身成为一种完整的生活方式。“根据冈瑟·罗思（Guenther Roth）的说法，工人运动对数十万人来说变成了‘家园、祖国和宗教’，这一事实指明他们深深地脱离了主导的社会体制。”

---

① 即平民主义的运动，主张政府控制铁路，限制私人拥有土地，增加通货，实行所得税。——译者注

② 即老罗斯福所建立的进步党的运动，主张直接预选，创制、复决、罢免权及妇女选举权。——译者注

社会民主党如此紧密的组织，使它成为罗伯特·米歇尔斯关于“寡头统治铁律”的理论在民主社会中的一个典型。米歇尔斯的理论并不是定律，更不是“铁律”，但它对欧洲左翼政党中的集权化和官僚化趋势是一个强有力的指认。米歇尔斯认为，起始于被激进或革命（变革）的力量所推动的政党，以及将民主的理念既作为目的又作为手段加以宣称的政党，最终都会堕落为寡头统治的、反民主的（专权的）组织。一旦在政党的官场中站稳了脚跟，来自于大众的领导者就会拒绝给反映新的激进倾向的新的政治追求者以机会。地位已经确立的领导者会用好处和官职收买或拉拢正在上升的年轻的竞争对手，包括任命他们到政府部门任职。如果仍然面临被驱逐的威胁，现任的领导者就会威胁要辞职；党员们对领导者是如此崇拜和依赖，因此基层的党员们会集结起来捍卫其领导地位。当然，领导者有时也会在内部闹翻，并因此经不起外部反叛者的打击，但领导者通常都会结成一个“铁桶方阵”（compact phalanx）。所有这一切的结果，根据米歇尔斯的观点，就是官场习气占据了主导地位，甚至充斥于各级“民主的”代表大会。官僚机构的胆小怯懦取代了原有的大胆创新。政党领导者沉醉于与敌对政党谈条件、竞争和联合，而不是开展面对面的进攻。机会主义压倒了坚持原则的战略。本质上作为手段的政党，变成了目的本身。最终，社会运动具有了保守主义、静止不变和寡头政治的性质，而这 315
些性质所刻画的状态，正是当初组织政党所要对抗的状态。

米歇尔斯的论题至少有两个致命的缺陷。一个是他将西方民主制度的集权化和独裁化倾向过分普遍化。许多政党，特别是中立的和保守的政党，与德国社会民主党并不一样。例如，当米歇尔斯根据美国的政治经历来支持他的论题时，他引证了美国城市中的大佬政治（boss rule）和议长对众议院的控制，这是有意义的；但他忽视了在美国已经多少分散的政党体制中的相反趋势。米歇尔斯的另一个失误，在于他低估了政党领导者对广泛的权威和自由裁量权的合法需要。政党领导者越是全心全意地代表普通党员，他们就越是可能被公众中一小部分人的态度和需要所局限，而政党在选举中的胜利和在推行全国计划上的成功，主要取决于领导者拓宽政党视野的能力，扩大其选民基础的能力，扩张其感染敌对的或冷淡的选民的能力，以及因此强化其对政府的控制权和推行其计划的能力。

米歇尔斯论题的主要优点，用我们的话来说，在于他意识到了在西方政党中交易型力量与变革型力量之间的冲突。他的工作为理解在政党内部和政党之间的其他冲突的影响力提供了开端。

政党领导者和政府领导者

最具有爆炸性的冲突，并不是敌对政党之间的冲突或党内竞争对手之间的冲突，而是作为政党**组织**的领导者与同一政党中在**政府**中拥有职权的领导者之间的冲突。政党**之间**和政党**内部**的冲突根据胜败皆英雄（good winners and good losers）、多数裁定原则、“战利品归胜者所有”（to the victor belong the spoils）等这些久已确立的共识，而被认为是正常的、可以预测的和可以舒缓的；而政党组织的领导者与在政府中任职的政党领导者或党员之间的冲突，被人们以怀疑和绝望的态度看作是不正常的——因此遵循着较少的规则和默契。组织领导者不相信政府领导者；因为他们无视党的纲领和需要；因为他们与无党派或对立党的领导者调情、定约，有时甚至要结盟；因为他们得到了战利品——薪水不菲的政府职位、公众的关注和奉
316 承、礼仪性的和王室的奖励（甚至贵族爵位和骑士勋章），最重要的是指挥政府的**权力**——这是绝大多数政党领导者所得不到的。政府领导者不相信政党领导者，因为政党领导者限制他们的独立性；因为政党领导者要求他们忠实履行对其政党的承诺和许诺；因为政党领导者似乎低估了用权的实际问题（包括经常需要与反对党的领导者妥协）；还因为政党领导者想要分享战利品。

组织领导者与政府领导者之间的冲突，比政党之间正式的、公开的和可接受的竞争，或政党内部多种派别之间多少有规则的角逐，要无序和错综复杂得多。组织领导者和政府领导者之间的关系，取决于四种领导者之间的冲突和权力的相互作用，这四种领导者是：（1）选举政府官员的选区中的政党组织的领导者；（2）从这些选区中选出的属于该政党的政府领导者（通常是立法机构的成员）；（3）代表“全党”的全国组织的领导者；以及（4）属于该政党的“全国”政府的领导者。这是一幅简化了的图景，因为在其中任何一个这样的群体中的领导都可能是多维度的和分裂的。例如，在全国组织的领导者中以及在政府领导者中——实际上在政党和政府的每一个部分中——都有派别冲突。这种相互作用由于政党间的政治而进一步复杂化——党内关系，特别是组织领导者与政府领导者之间的关系，受到政党领导者们对政党**内部**的决策将如何影响政党**之间**的竞争所做出的不同估计的密切影响。再加上所有政治的各种永恒的特征——温和派与强硬派之间的冲突、各种意识形态和利益之间的冲突、代际冲突以及只是为了个人发展而进行竞争的野心勃勃的竞争者们之间的冲突——人们会感觉到各种权力关系的组合和变换真是无穷无尽。但最持续的冲突是在两党或多党政体下组织领导者与政府领导者之间的冲突——这是一个允许四种可能性的组合：（1）在两党环境下组织领导者对政府领导者的强影响；（2）在多党环境下的同样情形；（3）在两党环境下政府领导者对组织领导者的主导性影响；（4）在多党环境下的同样情形。英国、法国、澳大利亚和美国的政党制度分别体现了领导关系的这四种类型。

由于英国的保守党和自由党都是从宫廷内和议会内的派别政治中发展出来的，因此两党在19世纪由议会领导原则所主导并由党在政府中的领导者控制党的基
317 层——政府领导者高于组织领导者——就不会令人感到惊奇了。尽管地方保守党领导者不时地有所抱怨，特别是抱怨贵族成员通常在党的全国领导层的强大影响，但托利党基层党员的领导者很少有计划地去挑战议会中的保守党领导者和议员对党的战略、人员组织、政策和计划的控制。有一个例外，就是伦道夫·丘吉尔勋爵[①]

① 伦道夫·丘吉尔勋爵（1849—1895），英国保守党重要人物，是温斯顿·丘吉尔之父，曾任印度事务大臣（1885—1886）、财政大臣兼下院领袖（1886），发动第三次英缅战争（1885），兼并缅甸。——译者注

(Lord Randolph Churchill) 在 19 世纪 80 年代中期对保守党的“民主化”。凭借着作为托利党中的一个公爵——马尔伯勒勋爵[1] (a Marlborough) ——之子这一无懈可击的身份，丘吉尔可以肆无忌惮地攻击他的贵族同伴，并要求党更多地代表劳动者，并确实将“民有、民享、民治”(of the people，for the people，by the people) 作为其座右铭。部分地是由于丘吉尔被人们广泛认为是只想着他自己发展的政治冒险家，但主要是由于保守党的强大传统，这种“民主化”的努力失败了。直到今日，该党仍然宣称其在伦敦政府中的领导者有权做出关键的政治决定，并有权确定党的计划纲领，而组织领导者的职责就是在党的工作者和拥护者中唤起支持和强化纪律。

议会的“领导原则”在自由党最辉煌的那些年月中也同样是强有力的；它的辉格党领导层战胜了对该原则的一次直接挑战。当时，随着获得选举权的中产阶级和工人阶级的人数的不断增加，议会中的自由党成员就像议会中的保守党成员一样，也在寻求一个两全之策：既保护和扩大他们的民众支持，又不牺牲他们在威斯敏斯特[2]中选择政策和策略的自由。他们遇到一个无法避免的两难困境：如何能赢得群众的拥戴，又不给群众以更多的权力来影响党的政策？对自由党权力结构的挑战来自于约瑟夫·张伯伦。他是从一个成功的商人转变为自由党激进派的政治家。他刚刚在伯明翰完成了仿照泰马尼协会（或被其批评者说成是这样）建立“竞选指导委员会”制度的壮举，接着又领导创立了全国自由联盟（National Liberal Federation)，它是一个全国范围的、基层性的民主选举组织，用于为自由党提出基本的纲领，提名候选人去贯彻这一纲领，以及向议会政党施压使该纲领被制定为法律。张伯伦和全国自由联盟取得了一些重大的政治胜利，但这种使自由党民主化的努力却与格莱斯顿的持续领导、使自由党分裂的爱尔兰问题以及议会至上的英国传统发生了冲突。在 20 世纪自由党权力的巅峰时期，这种领导原则仍然保持完好无损。

在政府中的政党领导者对政党的组织领导者的强势地位是不可避免的吗？议会之翼一定会控制整个运动吗？19 世纪末在英国出现的工党领导对此说不。他们嘲笑两大现存政党允许由一小撮议会政治家做出决策，这些议会政治家以为党的地方 318 组织会支持他们的纲领并为他们赢得选举。看到张伯伦和丘吉尔对集权反叛的落败，他们既失望又高兴。工会的领导者受到激进的和社会主义的目标的鼓舞与支持，决心要使他们的运动——并最终使他们的政党——尊崇民主，并使政府领导者服从由基层党员民主选举出来的组织领导者。这是由工党做出的两个关键的决定之一；另一个关键的决定就是各种工会组织、社会主义组织和激进组织在与自由党甚至有时与托利党结盟合作的努力失败之后，感到要促进劳工的利益，就必须摆脱与两大主要政党的关系，创建他们自己的组织机构。一个独立的、自主的、代表性的、有阶级基础的、激进的和社会主义的政党——一场**变革的**运动：这是在世纪之

① 第一个马尔伯勒勋爵是约翰·丘吉尔·马尔伯勒（1650—1722)，英国将军，在西班牙王位继承战争（1701—1714）中统率英荷联军击败法王路易十四，因被下院指控滥用公款而被撤职。——译者注

② 伦敦西部的贵族居住区，在泰晤士河北岸，区内有白金汉宫、议会大厦、首相官邸、政府各部和威斯敏斯特教堂。在此喻指英国议院或英国政府。——译者注

交绝大多数工党领导者的基本目标。

对他们来说，决定使他们的党“民主化”并使基层党员控制党的议会之翼，要比保守党人或自由党人做出这样的决定容易得多。工党的领导先是在全民中——在改革运动、宪章运动、工会运动、合作运动、社会主义运动和其他运动中——崛起，**然后**才“扩展”进入议会；它不是从议会的派别向外发展成越来越广泛的领导圈子。麦肯齐注意到，工党决定将其经济和社会变革的运动带入议会，就像已经将它带入到其他部门一样。“由此产生的自然结果是，工党的议员们以及议会工党党团本身从一开始就被认为是‘这一运动的仆人’……这已成为工党的一条信仰，即议会工党党团最终服从于议会外的工党，这是‘该运动’民主结构的证明。”在作为在野党的长期岁月中，这一原则并没有受到直接挑战，因为该党没有那些面临政府职责、妥协的紧迫要求和权力诱惑的首相或内阁部长。但在 1924 年和 1929—1931 年参加联合政府的这段时期，工党在议会中的领导者就声称他们独立于基层组织。尽管有来自普通党员的不少抱怨，但那时的议会领导没有被征服。

如果说关于是现实还是言辞的问题一直持续到第二次世界大战结束，那么这一问题则是在保守党首相温斯顿·丘吉尔和社会主义的知识分子哈罗德·拉斯基①（Harold Laski）之间的著名争论中被澄清的。许多年来，工党一直指责托利党的做
319 法是“非民主的”，饱受困扰的托利党人对此的反驳也一直是：工党要建立对其议会成员的直接领导关系，这是对古老而备受尊重的议会至上原则的威胁。当主持看守政府（caretaker government）的丘吉尔邀请克莱门特·艾德礼②（Clement Attlee）作为仍为反对党的工党的领导人陪他去参加波茨坦会议时，这一争论达到了白热化的程度。作为全国执行（委员会）主席的拉斯基当时是党组织的首脑，他宣称艾德礼必须以观察员的身份参加；工党在没有权力的情况下是不会分担责任的。拉斯基激愤地补充说，他的党还未曾有机会讨论将在波茨坦被考虑的决定。丘吉尔于是质疑艾德礼参加该会的明智性；他尖酸刻薄地评论道，工党的制度“显然使执行委员会能够将工党首相召唤到他们面前并批评他所从事的和平谈判的行动……”稍后，丘吉尔扩大了他的攻击，并就“工党竞选指导委员会的独裁”发出警告。艾德礼拒绝这种指控；他承认必须咨询全国执行委员会的意见，但声称全国执行委员会无权挑战工党首相的做法和行动。艾德礼用他的行动印证了他说的话。在工党选举胜利后的庆祝仪式上，艾德礼宣布他被国王邀请组成政府。在他接受委任前并没有咨询全国执行委员会。他的同事们对他所宣布的内容大为震惊——特别是拉斯基本人，他当时正在主持这个庆祝胜利的集会。

一旦工党有了——或以为有了——一个首相，就会发现他是独立的。拉姆齐·麦克唐纳早年的生活促成了他后来独立的行为方式。他是一个私生子，生于一个两

① 哈罗德·拉斯基（1893—1950），英国政治学家，费边社成员，曾任工党主席（1945—1946），长期任教于伦敦经济学院（1926—1950），思想由多元政治转向民主社会主义，著有《现代国家的权力》、《政治典范》等。——译者注

② 克莱门特·艾德礼（1883—1967），工党领袖（1935—1955），曾担任英国首相（1945—1951），他的政府对英国大工业实行国有化，并创办国民保健事业。——译者注

室家舍（外间是厨房，里间是起居室），那是在离苏格兰高地不远的一个住着农场工人和渔民的村庄。在他还是孩子时，他就杂读了卡莱尔、罗斯金[①]（Ruskin）和亨利·乔治，一直读到马克思主义；在他到布里斯托尔去找工作之后，接受了社会民主联盟的福音会的社会主义。他移居伦敦，在那里他花了好几周的时间找工作，主要靠从家里送来的燕麦粥维持生存。在 19 世纪 80 年代中期，他涉足政治选举，加入了费边社（Fabian Society），并开始结识在英国政治上活跃的自由、激进的劳工领导人。他娶了一位既有钱又相信社会主义的女士，她使他能够享受娱乐和旅游。

在一个由保守党和自由党在政治上占主导地位的国家中，劳工开始让人们感觉到它自己是一股政治力量，与此同时，麦克唐纳的政治前途也不断拓展。他成为独立工党（Independent Labour party）的积极分子，该党成立于 19 世纪 90 年代早期，是一个独立的、社会主义的和工人阶级的组织。他在南安普顿竞选议员，结果只得了不到一千张选票，排行垫底。麦克唐纳认识到，独立工党缺乏基础；它由于 320
其温和态度而被马克思主义者所蔑视，同时又因为其模糊不清的社会主义而被工联主义者（trade unionist）所蔑视。但这是一个建党的时机。工会、独立工党、各社会主义团体以及费边社的代表们 1900 年召开了最高层会议，建立了劳工代表委员会（Labour Representation Committee），“以便于在议会中建立一个独特的劳工党团，它们将有自己的党组干事[②]（Whips）并在其政策上保持一致”。为此而付出了巨大努力的麦克唐纳成为了独立工党的第一任书记。同年，他在议会竞选中再度失败，但在转年他成为伦敦郡的政务委员，五年之后，他最终取得了议员席位。1906 年，他帮助独立工党转变为羽翼丰满的工党。

麦克唐纳似乎是天生的议会领袖，在主要由举止粗放的工会领导者组成的劳工党团中鹤立鸡群。他赢取温和的工联主义者和教条的社会主义者两方面支持的能力，使他在工人运动中居于统帅地位；不久，他被选为议会劳工党团的主席。他反对英国参加第一次世界大战，作为一个反战主义者（pacifist），他既赢得了喝彩又招致了责难；他认为，英国一旦参战，就应当打赢，并且他会配合战争的努力。在战争情绪占了上风的选举中，他惨败下来；但在 1922 年，他再次当选为下院议员，同年被选为议会工党党团主席。

随着曾强大一时的自由党的分裂和分崩离析，以及保守党人在面对战后的国内问题时的迟疑不决，工党已经准备夺取权力，麦克唐纳也为领导做好了准备。1923 年，工党取代自由党成为第二大党。保守党赢得的议会席位最多，但其他两党在新的议会中所获席位的总和却超过了保守党。麦克唐纳受命组建一个新的政府，他与自由党联合组成了新政府。在其政治生涯的早期，麦克唐纳曾与自由党结盟竞选，结果却转而建立了第三党；现在他发现两党之间的原则差异还是非常尖锐的。工

---

① 约翰·罗斯金（1819—1900），英国艺术评论家，社会改革家，推崇哥特复兴式建筑和中世纪艺术，捍卫拉斐尔前派的艺术主张，反对经济放任主义，著有《近代画家》、《建筑的七盏灯》和《时与潮》等。——译者注

② 政党在议会中有权执行党纪及敦促本党议员出席议会讨论的人，又译党鞭。——译者注

党—自由党联合政府在一年之内就让位给了保守党。在其执政的这几个月中，麦克唐纳所显示出的领导能力可圈可点，但他却引发了来自后座议员①（back-benchers）的质疑。多年来，工党所坚持的是：如果党赢得了执政权，那么党的议会领导者就必须最终对工人运动负责，但麦克唐纳就像自由党和保守党的领导者曾经做的那样独立地来选择内阁和决定政策，不考虑下一级领导者的意见。基层党员中已经出现了抱怨，说他们资深的“社会主义”领导者受到时尚的伦敦社会的过度诱惑，并走向投入“贵族怀抱”的危险。

321 无论在选举中是赢还是输，在这些年中，工党作为一个组织，在像亚瑟·亨德森这样的人的天才领导下，得到了极大的加强。在1929年的大选中，艰苦的组织工作得到了回报：工党获得的选票比1923年翻了一倍，最终在议会赢得的席位超过了托利党人。麦克唐纳再次执政，这次不需要再与自由党组成联合政府，而在选择他的内阁时，他再次没有咨询党的组织领导层，甚至没有咨询议会工党党团，而是咨询了党的最高领导层中几个亲信。在他执政期间，麦克唐纳选择在工党中那些他很想斥责为“华而不实”的强硬派与党内广大的工联稳健派之间走中间路线。实际上，新的工党首相似乎更感兴趣国外事务，而不是国内事务（他曾在1924年担任首相的同时兼任外交大臣）。

作为政府领导者，麦克唐纳坚持要求议会工党党团以及作为一个整体的有组织的工人运动坚定地忠实于他，不能对他加以干涉。老的工党党员们对于他对党会显示出多少忠诚感到纳闷。几乎从一开始他就似乎热心于安抚反对党的领导者和商业利益集团。在其1929年作为首相第一次对下院发表演说时，他就谈到了欢迎合作、集思广益以及议员们有责任使其举止更像一个“国事顾问（Council of State），而不要像在战场上对阵的兵团”。在英国更深地陷入萧条时，麦克唐纳更是拼命地抓住这样的支持不放。面对失业的不断扩大和英国的黄金储备遭受的沉重打击，他并没有利用资本主义的崩溃来引导社会主义时代的到来，而是转而投靠商人和银行家及其保守的盟友们。危机引发了削减支出以拯救英镑的问题，特别是要削减失业保险方面的支出。议会与大众两方面都对首相表现出了如此强烈的忠诚，使得麦克唐纳几乎说服了他的党来支持他保守的财政政策。但最终党的领导层中的大部分成员却固执己见。受到自己党的阻碍，麦克唐纳向国王提交了辞呈；皇室请求他留任；麦克唐纳毅然决然而且毫不留情地抛开了他在工党的老同事们（除了几个愿意跟随他的人之外），在与反对党进行了一番讨价还价之后，组成了一个新的“国民”政府。工党的组织领导由于被他们资深的领导者抛弃而感到“无奈和震惊”。至于麦克唐纳，据说他在组成他的新政府时曾说，“明天，伦敦的每个公爵夫人都会想亲吻我”。

322 在麦克唐纳的整个生涯中，他不时地从鼓吹变革的领导转向实践交易的领导。

---

① 根据英国惯例，议会下院开会时，执政党议会党团领袖、反对党“影子内阁”成员、在政府中任职的议员等均坐在前排议席，被称为“前座议员”（front-bencher），普通议员通常坐在后排议席，因而被称为“后座议员”。——译者注

在刚刚读了一点马克思主义之后，他便与一个党一起应对权势，该党做出的战略是要促进一个左翼纲领的实现，并且要与“资产阶级”政党划清界限，这样一旦它靠自己取得执政权，便可以最大限度地扩大变革的影响。但后来，他和其他的工党领导者同意与自由党人组成联合政府，并——事实上——于 1931 年与托利党人组成联合政府。他曾在 1914 年挑战好战情绪，结果却很快又参与了战争的努力；他在一生中的大部分时间都在攻击资本主义，却在资本主义受到审判时试图拯救它；他帮助建立了一个新的党，用以鼓吹社会的改造，但它却更多地被用作政治的掮客，而不是社会的创造者（起码是在第二次世界大战之前）。因此，麦克唐纳的事业生涯体现了西方左翼政党的困境，它们在意识形态上要变革社会，但在实践上却像资产阶级政党一样进行着政治交易——因此受到共产主义政党的嘲笑，而共产主义政党解决这一困境的方式只会使它们陷入更严重的困境。工党的支持者们早就该声讨麦克唐纳对党的背叛，但他们无法否认对党的领导的需要。

自第二次世界大战以来，议会工党党团的至上性已经在工党中被广泛接受，尽管官方的说法仍然强调党的基层的最终主权。矛盾的是，与西方民主社会中的其他政治党派相比，该党仍然是组织影响的典型代表。其原因在于：工党政策的争论和工党领导的补充，是在基层党员广泛参与关于候选人和计划的决策，以及对这些方面予以严密的基层领导的环境中进行的。在党的全国大会和理事会上，地方和地区可以直接表达它们的态度和思想，最为重要的是，党的全国领导的各个不同机构之间，以及这些机构与议会党中的领导结构之间，是有效地结合在一起的，这为组织领导提供了进一步的支持。英国政党特别是工党的这种异常性质，在将该党的体制与其他政党的体制进行比较时，会变得更加清楚。

居于中心地位的法国各政党的领导，历来以其自由放任的独立性、原则的灵活性和个人从事政治事业的才能而著称。没有任何政党能比激进社会党具有更多的上述特质，它通常被称为激进党。激进党是法国正式政党中最老的党，在 20 世纪 30 年代这个充满灾难的年代中，激进党达到了其影响的巅峰时期。它在战略上居于右翼和左翼各党之间，更多地受到法国大革命传统的推动，并由于其先前几十年激烈的反教权主义立场而赢得许多人的支持，该党似乎有潜力能够提供一种可以应付法国在 30 年代所面临的各种国内外危机的政治领导。但根据许多人的判断，它最终 323
还是一种政治家的政党，其领导者掌握权力但却拒绝领导。该党中的政府领导者的确具有对组织领导者的优势，但这主要是由于该党的组织太软弱了。党的地方委员会对被选到国家下院的议员几乎没有什么控制力；通常的做法是：只要当选的议员们对巴黎的官僚机构进行干预以帮助党的积极分子解决当地的或个人的问题，党的积极分子就会允许这些议员根据自己的喜好在议会中投票。该党的成员是较为广泛的，但既不够多也组织得不够好，无法支持一个强有力的全国组织。该党的高层委员会是由政府领导者主导的，而不是由组织领导者主导的。在 1935 年，彼得·拉莫尔（Peter Larmour）报告说，该党的全国执行委员会有 2 388 名成员，其中 1 406 名担任或曾担任议员、参议员（上院议员）、市长或部长，或者是这些职位的前候选人。党的全国代表大会在代表方面是更加平衡的，但其程序通常是由党的全国领导提前安排的——而且它也深受国会议员的影响。在党的代表大会的执行委员会中偶尔也会爆发反叛，但这些反叛通常都会通过巧妙的妥协而被平息。

在表面上，这种权力的分散似乎会为议会的领导提供相当的自主性。但这种领导同样遭遇了挫折。在议会中的激进党"党团"分裂成许多意识形态的小团体和耶稣会派别，只有采取非常简单化的方式，才能将其划分为左翼、温和左派、温和派和保守派。历史的、地区的和利益集团的种种分裂也形成了横断的区分。不受全国或地区组织约束的自由，使议会成员摆脱了政党控制，同样也阻碍着议会领导者、部长或总理用纪律去约束议会普通议员。政党的松散，就像政党纪律严明一样，是利弊共存的。不仅议会中的激进党领导者，而且激进党各派别的领导者，都失去了对他们那些作为个体议员的议会追随者的控制，这些个体议员与领导者、同事、追随者、其他党派的领导者、地方和全国的党组织以及外部的经济利益集团讨价还价和相互交易，无休止地联结、分离、再结合。但是最主要的困难就是激进党最终是一个少数党，因此，如果要分享权力，就不得不与右翼或左翼的政党联合。对激进党的领导者来说，分享成为内阁成员的政治回报和个人喜悦，当然要比接受为了原则的纯洁性而遭受政治上被孤立的惩罚更有诱惑力。

324 所有这些条件，都促使领导趋于对各种政治和体制力量的讨价还价、战术策略和调节适应，而不是战胜这些力量。它是一种伟大运动和微妙平衡的**政治**，但最终却成为一种固定不变和陷入僵持状态的**政体**。也许具有讽刺意味的是，许多领导者本身，就像拉莫尔总结的，"严格说来是值得赞扬的。大多数人都是诚实的，许多人是非常诚恳的；一些人甚至还具有高雅的法国人所具有的令人敬畏的完善的文化修养和气质……他们是共和国精英统治的组成部分，尽管表面无用，但却为共和国提供了一种坚韧和持久的基调。没有一个政党能够有理由获得有比他们更好的人，这使得他们失败的悲剧更加值得思考"。第二次世界大战后，激进党再获生机，它吸引了一些新的年轻领导者；然而它却再一次显示出了它的老毛病——分裂的领导、可塑的原则、松弛的纪律和过分的妥协——因此不可避免的是，该党难以承受戴高乐主义者的打击。

几乎处于与法国激进党对立一端的，是第二次世界大战后具有充分权力和纪律性的澳大利亚工党。澳大利亚工人运动产生于一个数量较少且相对同质的人口环境中的强硬的工联主义，它在早年也遇到过这样的经典问题，即整体的政党组织的领导者与其在州立法机构特别是国家议会中的成员之间的权力较量。议员们经常将党抛在一边，与自由党人和其他的反对派结盟，冲击工党的纪律。在这种长期的斗争中，该党的组织胜出，几次对议员们执行了纪律。议会的候选人必须是他们当地工党支部的党员。他们的候选人资格必须提交州和全国的党的权威机构审批。如果没有获得提名，他们就必须支持成功获得工党提名的人；如果被提名，他们必须根据党的纲领进行竞选活动。如果当选，他们就成为议会工党党团的成员，要参加议会党团的核心会议（caucus），根据党的政纲讨论问题，根据多数人的投票决定其立场——这些是议员必须服从的。特别值得注意的是，工人运动本身一次又一次地显示出强化纪律和团结一致的意愿，即使以短期政治上的挫败为代价，其理论根据是：政党最终将取得执政权，当它取得执政权时，它将会有组织和纪律的基础，使之能够变革社会。

澳大利亚工党的工作信条的根本原则是：其在政府中的领导者，就像其在该党中的领导者，是工人运动的仆人。其议会候选人被要求签署一个在党内经过长期和尖锐的争论之后才被批准采用的保证书："我在此保证我本人不会反对任何被选出 325
和批准的澳大利亚工党新南威尔士支部的候选人。我也保证，本人如果返回议会，会在所有场合下尽我最大努力确保工党纲领中所体现的各项原则得到贯彻，在所有这样的问题上，特别是在影响政府命运的问题上，根据工党党团的多数人在党团会议上所做出的决定进行投票。"

这种保证书的效力不仅取决于候选人遵守该保证的意愿；还取决于该党用党纪约束其议会候选人和议员的能力，并且最终取决于工人运动是否有能力克服其成员在地区、原则和宗教方面的差异，并利用劳工社会主义者和激进分子由来已久的恐惧，即担心人们一旦取得了议会的权力和津贴，就会抛弃他们的阶级。"朋友太热情，威士忌酒太浓烈，床垫子太松软。我的位子不该是在河床上的剪羊毛人中间。"

在西方民主政体中，很少有政党能够与澳大利亚工党的"铁纪"相比，但纪律约束的动力是无时不在的，它们在自由主义的、劳工的和社会主义的等各种不同的政党中形成了各种不同的有趣的纪律约束形式。比利时基督教社会党和意大利基督教民主党禁止政府领导者（即部长们）成为这些政党组织全国委员会的成员。各种社会主义的政党力求限制议会党团与议会中的非社会主义政党结盟的权力。比利时和奥地利的社会党力图约束那些也是议会领导者的党员对党组织的领导。这些解决方法的效果往往是有限的，因为它们只涉及党的权力结构的某个部分，也因为关键性的决策通常是由政府领导者而不是组织领导者制定的。许多左翼或中左翼的议会党团在议会的多党环境中显示出了明显的凝聚力（法国各政党似乎不属于这种一般情况）。但少数党内部的这种凝聚力，更多的是由于群众党员方面在基本原则上的一致，由于在与反对党对立和联合的过程中需要保持统一，而不是由于党的制度和组织。爱泼斯坦对这种情况做出了总结："任何议会制政府为了成功地建立行政权威并因此在这个现代世界中维持生存，就必须创建这种有凝聚力的党，而不论竞争政党的数量多少。"当然，许多政党并没有显示出这样的凝聚力，并且很少有政党能比得上澳大利亚工党的凝聚力和纪律。

我们必须做出这样的结论：从整体上说，**政府**领导者（那些在议会和内阁中获 326
得选举或任命职位的政党领导者）在政府甚至在政党中行使的权力要远远超过**组织**领导者（被党组织选举出的领导者）。这在西方式的议会政体中是广泛成立的。但在绝大多数这样的国家中，政府中的政党领导者的影响，与在美国的政府领导者对政党组织领导者的主导地位相比，要小得多。这似乎并不是在组织的结构图上所显示出的那种差别。美国的政党像西方的其他民主政党一样，显示出一种良好的垂直结构。组织的基层是成千的管区、选区、乡镇和城市委员会；中间是县和州的委员会，再往上是全国委员会，它很像其他政党的执行委员会，然后到达其全国权威的最高源头，即决定总统和副总统候选人提名的全国总统大会（the national presidential convention），它类似于通常的党的代表大会，只是它每三年召开一次，而不是每年召开一次。

事实上，这是最具有误导性的图景。对在美国政治结构中真正权力（相对于正式权威）分布的更透彻的分析显示，除了个别的例外，劝说、组织和激发选民的权力主要不是由政党组织的领导者来行使的，而是由围绕着政府职位的占据者和候选者建立起来的有组织的但高度个人性的团体来行使的。这种不平衡是被许多欧洲的观察者甚至美国的观察者慢慢感受到的，因为许多年来一直有一种神话，即美国的政党体制是这样一种完美的典型，即政治老板控制候选人，议会党团会议控制着议会中的政党，政党对市长、州长甚至有时对总统也能发号施令。在 19 世纪末，这种写照具有相当的真实性从而使其大行其道。城市的政治老板实际上的确雇用和解雇了某些市长和市政委员；经济寡头的确对某些州长、参议员和低层官员发挥着巨大的影响力；某些总统就职务任命——即使不是为了更大的问题——而与政治领导者进行协作。

但即使如欧洲的政论家所绘制的美国的大佬政治的骇人图景，即使如欧洲的政党政治家们所警告的采用更强的党纪会意味着将“泰马尼式的大佬政治”（Tammany bossism）输入比利时或荷兰或斯堪的那维亚各国的政党，在美国，政党的权力和责任也正处于分解之中。尽管有杰斐逊运动、杰克逊运动和南北战争后的共和党运动的推动，除了总统或有时是几个国家倾向的参议员具有集中化的影响力之外，各政党在全国组织、纪律或团结方面没有取得什么进展。政党的组织分解和权力分散的原因是多方面的：个人主义传统阻碍着建立一种像国外那样的工人阶级大团结
327 的努力；联邦体制将权力分散于政府的若干层面，妨碍各政党确保对政府机构的牢固控制；国家存在着许多地区和地方、宗教和种族差异，它在党的体制的心脏孕育了分裂并凸显了强烈的民族个性；在选举候选人方面所采用的政党初选制——一种机制，总的说来就像我们看到的，将选举候选人的权力从党的组织转移给人数更多、差异更大和更少政党倾向的投票者；主要是在 20 世纪早期采用的“长选票”（long ballot）在政府中低层创造了这样多任选的职位，以至于政党组织很难履行其帮助选择许多职位的候选人——并因此对候选人施加某些影响——的职责；以及对“独立”于政党和涉足一大批“无党派的”、“无隶属的”和“自愿的”组织——如妇女选民联盟（League of Women Voters）或（新近的）共同事业（Common Cause）——的日益尊重，这些组织的运作或超越各种政党组织，或围绕各种政党组织，或脱离各种政党组织。

结果是，在美国，在政党活动和政党组织的表面背后，政客们获得职位和保持职位主要依赖于他们能够在党内和党外以及跨党建立的个人组织的力量。大量的政治经费是由候选人个人而不是党的组织来募集和开支的。竞选活动基本是由候选人的人马而不是党的委员会来管理。一旦被提名，候选人或是利用党的组织或是忽略

它，这取决于他们的需要。一旦当选，他们主导党的组织——根据他们在意这一切的程度——的程度远远超过党能够影响他们的程度。联邦政府对候选人的资助远远超过政党所提供的资助。

政党仍然在一个主要的方面保持着力量。绝大多数选民都认为自己在不同的强度上是民主党人或共和党人，因此在大多数选举中，取得一个主要大党的提名，对竞选者来说是非常重要的，这会保证他们在选举日获得大量的选票。但由于政党组织通常是保持中立的，竞选者要靠自己来确保政党的提名，因此对于所获得的这些选票，他们更多地要感激他们个人的组织而不是党的组织。在竞选过程中，当胜利的前景似乎非常渺茫时，党有时不会主动支持该党提名的候选人，而会将时间和金钱转投更直接地依赖于政党领导因此也更忠实于政党领导的地方候选人。一旦当选，政客们就从根本上摆脱了党对他们政策立场的控制。当这些执政者抛弃了他们的党，无视（被假定为）他们赖以当选的政党纲领，或不能提供所期望的职位任命时，党很少剥夺他们被再提名的权利，其原因很简单，就是党组织在最后的选举决 328
战中无法战胜这些执政者的个人组织。

总统与党的全国主席的关系，最生动地展现了在美国体制中政府领导者对组织领导者的优势地位。一个逐渐形成的传统是，一旦总统候选人当选，不论他在党内的信誉如何或他对党的承诺如何，他都有自动的和绝对的权利来要求现任的主席辞职，并用他自己的人取代他。一个伟大的全国性政党，具有一个世纪或一个半世纪的历史，有着它自己的组织和传统，却可怜地使自己作为一个全国性实体服从于新的被提名者，但几乎没有什么人发现这有什么不对劲。总统候选人几乎不会指定一个在全国身居高位的政治家去担任政党主席；如果当选了总统，他就会将党的全国主席当作雇用的助手，把党的全国委员会更多地当作一个令人讨厌的事物，而不是一个政党指导和政治才能的源泉。

理查德·尼克松与共和党全国机构的关系是这种不平衡的例证。许多年来，尼克松培植该党的所有部门，以便获得该党在 1960 年及 1968 年的总统提名。一旦获得了提名，他便在 1968 年的竞选中依靠他自己个人的组织；一旦当选，他便选择水平一般的人来担任党的领袖，此后几乎对他们置之不理。尼克松在 1972 年竞选连任的过程中绕开共和党，信赖一个纵容违法和可耻的竞选行为的个人组织，这当然是这种关系的一种漫画和反常表现，但它也是两大主要政党的全国组织服从过去"强势"总统的一种延伸。共和党的全国领导过于软弱，以致无法梦想在水门问题上向尼克松提出质疑。另一方面，该党的领导很快提醒选民其被尼克松绕开了这一事实——并因此争辩它不应当为尼克松的错误行径而受到牵连。

在美国政党舞台上政府领导者对组织领导者的优势地位，并没有导致"政府老板"（government bosses）取代在 19 世纪声名卓著的"政党老板"（party bosses）而崛起。政府领导者发现他们在克服分裂权力的各种政治的和体制的力量方面，一点都不比组织领导更轻松。他们也不得不克服制衡制度、联邦制、候选人初选制、长选票以及公众态度的分歧性影响。其主要的效果并不是创造新的权力结构（除了一种情况之外），而是分解和碎化政治权力。如果美国政党体制的专家察觉到在 20 329

世纪晚期政党衰落和分解的显著征兆，那么他们就能够发现在政治体制的其他方面的类似解体。

这种衰败的例外当然是总统制。这一制度的权力主要是对环绕着美国其他政治制度的权力真空的一种反应。毫无疑问，总统不仅是“首席”立法者和三军统帅，而且也是“党”的首脑，但他却使他的政党角色和职责服从于其他的优先角色和职责，这鲜明地展现了一种实际存在于美国整个体制的所有层次和所有方面的症状：组织领导者从属于政府领导者。

一党领导

随着20世纪早期社会主义的和工人的政党在党员人数和选举影响力方面的增长，左翼领导者们冷眼笑看“资产阶级”政党的主席们绞尽脑汁解决他们的难题：如何在将他们的候选人选入议会后保持对这些执政的候选人的控制。左翼领导者自觉而清醒地直面领导和权力的难题与困境。他们通常都会献身于根本的社会变革；因此，他们唾弃那种掮客彼此交换好处和职位的交易型的议会式政治，而要求一种**变革**根本条件的战略。但变革不能靠意愿或命令来完成。那么如何来创建这样一种政治组织和政治策略，它们能够克服群众的懒散、狭隘、目光短浅和保守主义，能够吸收干部并对他们进行思想灌输，能够在投身于变革的坚定分子中保持纪律，并且最重要的是，能够约束那些赢得了议会领导权并容易受到机会主义、追逐名利的诱惑并最终投靠敌人和背叛事业的人？

列宁和许多其他革命者对这一问题的回答，就是建立一个精干的、统一的、忠诚的、用意识形态武装的和有纪律的党，它能够作为群众的先锋队。列宁在1900年12月**《火星报》**（*Iskra*）第一期中撰文写道：“如果我们有了一个强有力组织起来的政党，那么一次罢工就可以发展成为一场政治示威，成为对现政权的政治胜利。”多年来，他击退了社会民主党中那些要求开展广泛民主运动来支持社会改良而不是革命的人，而该党经历了多年的分裂和士气低落，直到第一次世界大战给予
330 革命者更大的机会。就在1917年夺取政权前的几个月，列宁仍然在斥责那些脱离了群众的社会民主党领导者，以及那些“限制群众独立的政治生活，阻碍他们直接参与自下而上的国家民主建设的”“资产阶级议会共和国”，“我们所要的是重新建立这个世界”。为了生动鲜明地表现这种与过去彻底决裂的需要，列宁赞成取消社会民主工人党的名称，改称共产党，它是新的工兵代表苏维埃的工具。

如果列宁去掉的是**党**这个词，而不是**社会民主**这个词，那么就会有助于澄清这个组织的性质，即使这没有满足新的共产党的需要。因为列宁使其作为一个“党”而在新的苏联掌握权力的这个组织，与西欧的政党几乎没有什么关系。西欧的政党是由缴纳党费的党员来做出最终的决定，上级党的委员会和权威对基层党员负有选举责任，其组织领导者的权力与在政府中的政党领导者的权力是严格分离的（无论实际上是如何违反的）。新的共产党很少在可接受的意义上是一个党，而更多的是

一种**领导**的学说原则、职业、战略和授权。它是一种领导**体制**，这种体制并不是将权力授予普通党员，也不是授予政府中的党的领导者，并且实际上也不是授予党全国委员会和代表大会，而是授予一批精挑细选的工作于每一层面的男女，它是由庞大而灰色的官僚机构内部的一小圈子人来指挥的。它是一种在党的招牌后面运作的**领导组织结构（leadership apparatus）**。

苏联的新的共产党为这种组织结构提供了舞台。在形式上，这种组织结构类似于传统的政党。在经历了由于国家的原因而多次扩张和收缩（或清洗）之后，到苏联政权 50 周年时，已经拥有 1 200 万名党员和候补党员的庞大规模。或是根据地理区域如行政区或选区，或是根据经济体如机关、农场和工厂，这些党员被组织成近 50 万个单位，每个单位的党员数量由几个到几百个不等。这些地方组织选举代表参加市或区的代表大会，市或区的代表大会又选举代表参加地区（州）的代表大会，地区的代表大会再选举代表参加各加盟共和国的党代表大会，各加盟共和国的党代表大会又选出代表参加全联盟的党代表大会。但党的各级和各部门的活动都是由办公室、委员会或领导者的小团体来支配的，其构成了整个机构的控制系统。

尽管有这些“民主集中制”的装饰，该党的宣传机构还是承认党的领导结构。根据 1961 年第 22 次党代表大会通过的修改后的章程，“苏联共产党是苏联人民经 331
过磨炼和考验的勇敢的先锋队，它将苏联工人阶级、集体农庄的农民和知识分子中更先进、在政治上更自觉的部分在自愿的基础上团结起来……苏联共产党在工作中将坚定不移地坚持列宁主义的关于党的生活的准则——集体领导原则、党内民主的全面发展、共产党员的积极性和主动性、批评和自我批评”。所有的“派别和小集团活动”都会被禁止。

这种领导的组织结构就这样被合法化了，但在这种组织结构内部，权力又存在于哪里呢？舒曼（Schuman）注意到：“俄国的马克思主义者们混淆现象和本质，庄严宣称各种‘法则’，而后又忽略它们，纸上设计的那些程序远离人们生活的现实，不断地调整、重组、放弃和更新党与政府的各种机构，其节奏令人头晕目眩。在这些方面，几乎没有哪个掌权者集团能超过他们。”从总体上来说，在苏联共产党中，政治领导的行使者，是那些——在克里姆林宫所划定的界限之内——了解广大公众、普通党员、各社会—经济利益阶层、各种意识形态派别、各个官僚组织（特别包括武装力量）和党的各级机构的欲求、需要、期望和态度的人，是那些能够整合适当的资源来满足或看上去满足这些欲求和需要的人。人们察觉到领导权在某种程度上的分散。在一个高度集中化、整体化和官僚化的社会中，动员各种资源的权力，取决于能否与政府关键部门、宣传机构、红军、秘密警察以及在较大的共和国和党的全国机构的关键部门中的党的官僚机构拉上关系并对其施加某种影响。运用强力、欺骗和恩惠的各种特殊策略，随着国家需要、公众情绪、对外关系和党的机构内部的权力关系的变化而有所不同。

就此来说，领导是交易型的。但权力和领导在很大程度上集中在全党的总书记手中，集中在党的最高苏维埃主席团的主流派手中，掌握在党的官僚机构中那些鲜为人知的、几乎不露面的官员们手中。如果可以做出一般的概括，那么可以说弗雷德里克·巴洪（Frederick Barghoorn）的概括很好地抓住了克里姆林宫这种持久性的权力结构。根据巴洪的观点，最高统治者是由“一群有权势的个人而不是一个同质的内在核心构成的；从该体制的早期的政治斗争来判断，可以看到处于最高层的权力集团通常是横跨各职能部门的，因为强大的政党领导者不仅在狭义的党的组织
332 之内，而且也在经济官僚机构、武装部队和秘密警察之中，有着各种朋友和同盟者。这些形式多样的命令链可以成为对抗党的中央核心的单元，但统治的警觉和无情的镇压总是能够将其打破；然而，这一问题从没有被最终和完全解决。”在这一体制中的某些改变是可能的，就像从列宁的相对开放的党，转变到斯大林的铁腕控制和无情清洗，再回到赫鲁晓夫及其继任者们的较为宽松的集权所表明的那样，因此我们可以在我们所理解的领导这一术语的意义上辨认出在俄国存在的各种**领导**倾向。但是，党的领导机构的权力并没有受到实际的挑战。

在苏联的一党独裁，为第二次世界大战后苏联的东欧卫星国中的共产党统治树立了典范。像布尔什维克一样，东欧的共产主义者曾经不得不作为秘密的非法社团而生存；像布尔什维克一样，它们是在战争时期得到机会而夺取了权力。但与布尔什维克不同，这些共产党赢得权力——或保住权力——主要是因为苏联这个外部力量的军事干预。因此，这些卫星国不必面对在多党政体下与各独立政党共存的困境。而西欧的共产党**就一直**不得不面对这种困境。一方面，作为神圣的共产主义者，这些领导者寻求通过列宁主义式的组织机构引发根本的社会变革。共产国际第二次代表大会警告所有的议会代表，他们并不是立法者，“寻求与其他立法者相互理解的基础”；而是党的**宣传鼓动家**，“被派来在敌人中实施党的决定”。另一方面，共产党的领导者必须生活在敌人的领地——议会制社会，在这种社会中，政治权力是被若干政党分享，被通过各种分立的机构来分配的——中并靠敌人的领地为生。在西方民主政体中，共产党领导者的命运由于莫斯科对他们施加的压力而变得更加艰难，莫斯科有时让他们与资产阶级政党合作，有时却又让他们与资产阶级政党进行战斗——党的路线会在没有任何事先警告的情况下快速改变。“欧洲共产主义”不得不对付这种压力。

在西方，共产党领导者对这种困境的回应，就是建立或维持一个具有相当政治自主性的组织，这在多元政体下还是能够运作的。党是被集中领导的，但是鼓励普通党员参与组织和策略的决策。在西欧的共产党具有通常的政党结构，设有地方组织或支部，地区和区域委员会，全国的官僚机构、中央委员会以及党的代表大会，但它们又不只是选举组织。它们有党的学校、运动俱乐部、文化团体和娱乐活动，从而维持一种半自治的社会，党员和拥护者可以在其中维持他们的大部分生计。外
333 部的影响因此被减弱。党创设各种青年组织，它们被作为新生力量的源泉和教化的手段。这些看上去具有代表性的机构和丰富的团体交往，并不能掩盖中央领导无时不在的控制。

法国共产党在一个被认为是极端异质性和令人生畏的个人主义国度中显示出其实施纪律约束的能力。全国代表大会的代表们并不实际挑选党的中央委员会的成

员，而是核准党的领导层的提名。法国的共产党人特别需要对那些在议会中取得席位的党员维持纪律约束，因为法国的议会以其政治上的自由冒险、政党路线的多变和争权夺利的诱惑而著称。他们熟悉罗伯特·德·儒温内尔（Robert de Jouvenel）的评论："不同政党的两个议员所具有的共同之处，要多于一个议员与其同一政党的一个激进成员之间的共同之处。"

法国共产党因此为议员们办了学校，为它的议员们提供研究设施，起草准备由他们提交给议会的议案，由党的秘书为他们提供服务，以取代私人秘书的帮助。根据共产党的传统，这些议员应该将议会提供给他们的薪金上交，以换取党给他们的报酬和津贴。但是，法国共产党给予他们的，它便能够夺走——有时它的确这样做了。如果必需的话，法国共产党宁愿失去一些支持选票，也要保证其议员的忠诚。因此，法国共产党的全国委员会在某些地方提名"外来的"候选人参加竞选，因为它担心当地人可能会建立分离的地方组织；实际上，法国共产党"轮换"候选人以对付过分嚣张的地方主义。共产党人的确也对**个人崇拜**（*personalismo*）做出某些让步。在其著名领袖莫里斯·多列士[①]（Maurice Thorez）50 岁生日时，法国共产党发行了特殊的党员证，上面印着这样的标题："我加入莫里斯·多列士的党"（J'adhère au Parti de Maurice THOREZ），其中还包括对这位党的领袖的生日颂词。但多列士是一个组织领导者，而不只是一个**政府**领导者。

法西斯主义憎恨共产主义的目标，但却采纳了共产党人的手段，特别是有纪律约束的党的组织结构。德国纳粹主义，而且意大利法西斯主义也都在较低程度上采用了共产党人采用的集中化的组织，它们有强大的纵向联结以消灭分裂和反叛；它们也同样重视青年组织并抓紧招收新人；它们同样关注直接的行动——宣传、制造动乱、抗议和暴力——而将选举的努力视为第二位重要；它们同样要求党员完全忠诚和全职服务；它们也同样要求党的议员们服从党的组织。但是，法西斯主义政党更热衷于用暴力来达到它们的目的；更着迷于驱魔和种族"纯洁"（将犹太人视为恶魔）；更热衷于党的精英们神话般的团结和患难与共；更热衷于几乎无休止地清洗官员和党员；总而言之，更热衷于以极权主义的方式来控制党，它甚至不能容忍对党的领导者的直接和间接选举，哪怕这只是装装样子。 334

纳粹分子以最极端、最反常和最残忍的方式来鼓吹和行使权力。这种权力行使者凌驾于人民、党、政府和宪法之上——实际上凌驾于国家本身之上。纳粹分子对纷繁复杂的世界做出极端简化的处理（terrible simplifiers），对那些连共产党人都要给予通融的复杂情况，他们也拒绝做出任何灵活的处理。这些权力行使者的统治是绝对的。关于极权主义的**领袖原则**[②]（Führerprinzip）已经在许多作品中被描写

---

① 莫里斯·多列士（1900—1964），法国共产党总书记（1930—1964），国民议会议员（1932—1939，1945—1960），曾在法国政府中任国防部长（1945—1946）、副总理（1947 年），著有《人民的儿子》等。——译者注

② 指纳粹德国的领袖独断原则，它被作为国家和社会的组织原则，即无论在任何国家或社会的层次，都只有一个人（即领袖）享有决定的权限，这个人的决定，向下应具有无限的权威，向上则应单独负责。社会和国家中的团体（如国会）的任务，仅限于向与之层次相当的领袖提供决策的参考意见；但决定的做出全然取决于个人意志。——译者注

过，但没有任何一种描写比鲁道夫·赫斯[1]（Rudolf Hess）在1934年纳粹党在纽伦堡的集会上所宣称的那样直接和简单："阿道夫·希特勒就是党。党就是阿道夫·希特勒。"

在所谓的发展中国家，政党领导的崛起比在其他任何地方都更富戏剧性，但也更加复杂和神秘。传统的领导集中于家庭的权威、村庄的长者、部落的首领；它通常是高度组织化的，但也是广泛分散的。当地方权威被用作王室或贵族权威的工具时，它就披上了异乎寻常甚至魔术般的权力外衣。劳埃德·法勒斯（Lloyd Fallers）这样刻画布索加王国[2]（Busoga）一个部落酋长："作为王族的代表，这个统治者的权威可以管辖所有各个氏族的成员；皇室的祖先在一定意义上是'民族的'祖先，并且王族通过这个统治者对国家的所有土地及其产品都有权益。王族是……整个民族统一的结构表现和符号体现……（酋长）与王室祖先和自然灵魂的特殊关系既被用来支持该统治者的地位，也被用来防止他对权力的滥用，因为人们相信这些超自然的力量会有益于整体福利，并会惩罚那些变得残暴和暴虐的统治者。"

在这种社会中，政治领导的结构似乎是僵化不变的。母系和父系的权威、氏族的规则、长者的决策、由（本地的或传教士的）宗教领袖所进行的意识形态控制，既反映又强化了阶级的、种姓的和地缘的联盟；殖民统治者的枪炮、金钱和法律可能会加强所有这一切。一种以聚合各种居民的广泛利益为基础的全新政治领导形式如何能够在这种传统体制中出现？答案在于缓慢的冲突与改变、平稳但有时是爆发式的互动过程。在村庄和地方省份中似乎紧密相互支持的各种殖民的、阶级的、种
335 姓的和观念的势力，同样可以是等待爆发的冲突源泉。在19世纪和20世纪，即使是较为偏远的村庄也无法逃脱世界大战、宗教和世俗的意识形态的传播、国际性的萧条和复苏、贸易通道的变化以及需要和原材料价格无情的跌宕起伏的影响。变化的根源也许就像某些被森林覆盖的山脉中的大河源头一样扑朔迷离。但是，交易中心中的抱怨、驼路上的闲谈、在健康中心的巧遇、送达教会学校的课本、被压迫人民需要感受上的变化——所有这些都可以加速在政治态度和行为上的变化，它们会在一场强大的变革运动中爆发出来。

产生于变化与冲突的激流交汇处的新领导，在建立新的政党和其他政治体制的过程中，通常会受到无法逃避的环境的制约。但起码他们有大量的经验和观察可以作为行动的参照。就如同受殖民统治的美国人要去洛克和布莱克斯顿"上学"，不论他们是否曾进过牛津和剑桥；就如同在19世纪富裕的拉丁美洲青年要在西班牙国王或其他国王的宫廷中接受教育，否则就会被巴黎或罗马的共和或革命思想所迷惑；新的领导者经常在英国、美国和法国的政治观念或政府体制中接受教育，或近年来在俄国、中国和古巴的意识形态和革命中接受教育。他们亲眼见证了一党制、

---

① 鲁道夫·赫斯（1894—1987），德国纳粹党副党魁（1933年），1941年秘密飞往英国，建议进行和谈，被作为战犯拘禁，战后被国际法庭判处无期徒刑（1946年），后在狱中自杀身亡。——译者注

② 非洲大湖地区的历史王国之一，位于乌干达境内，它由许多公国或部落组成。——译者注

两党制和多党制的运作，看到了权力集中的和权力分散的政党的运作，看到了革命的组织怎样获取了权力——从他们的观察（和有时的参与）中，他们可以吸取有可能适用于他们自己发展中的政体的教训。

对由这些客观决定的和主观意志的因素产生出的这些政治体制，很难一概而论。不仅各个社会所发展的政党体制是广泛多样的，而且同一国家在其政治领导体制方面也可能经历重大的变化。土耳其的例子就证明了这一点。马哈茂德二世①（Mahmud Ⅱ）仿效以往的西方君主，在古老的奥斯曼帝国中将控制土耳其军队、伊斯兰宗教领导者和土地所有者的权力集于一身，并在 19 世纪早期发起了一项改革和现代化的计划。在一个短暂的议会统治时期之后，出现了另一个苏丹独裁统治时期，接着是由自发的青年土耳其党（Young Turks）发动的第二个立宪政体时期。第一次世界大战过程中的军事独裁统治和协约国占领时期随着 20 世纪 20 年代早期对苏丹统治的废除而达到顶点。在 30 年的时间中，土耳其经历了先是穆斯塔法·基马尔——享有土耳其之父（Atatürk）的美誉——接着是伊斯梅特·伊诺努②（Ismet Inönü）的一党统治。第二次世界大战后，由早期的相互竞争的政党运动发展出了竞争的政党体制。民主党从基马尔和伊诺努领导下的占支配地位的政党人民共和党中分裂出来。就如同 19 世纪早期杰斐逊的共和党以及 20 世纪早期英国工党 336
所做的那样，民主党人在那些执政党没能触及的区域唤起了支持，1950 年，民主党人在土耳其赢得一场全面的胜利，将共和党变成了在野党。这促使共和党成为有效的反对派组织，20 世纪 50 年代末，土耳其可以号称有两个相互竞争、组织良好和生机勃勃的政党。一些观察家认为，土耳其最终形成了一种成熟而稳定的政党领导体制。但是在 60 年代，土耳其出现了军事政变和大范围的军事管制，又陷入了独裁统治时期。

在“欠发达”国家中可以观察到一些显著的模式。绝大多数这样的国家具有各种形式的一党领导。加布里埃尔·阿尔蒙德和詹姆斯·科尔曼（James Coleman）及其同事们在 20 世纪 50 年代后期进行了一系列开创性的和深入细致的研究，他们以“竞争程度”和“政治现代化程度”为标准对欠发达地区的政治体制进行了分类。在所分析的 74 个国家中，只有 12 个被划归为具有竞争性的政治体制。另一方面，有 26 个国家被划归为“独裁的”政治体制，其余都被划归为“半竞争的”政治体制。他们还根据地域——东南亚、南亚、近东、非洲和拉丁美洲——来对这些国家进行划分。但不存在截然不同的地域模式；所有这三个竞争等级在所有这些地区中都有很好的体现——只有非洲除外，非洲在那个时期可以说没有任何竞争性的政体。

在这一研究中，政治现代性的标准是质量和复杂程度，而不是竞争性。根据阿尔蒙德和科尔曼的主张，一个现代政治体制的较为普遍的特征，“是政治的和政府

① 马哈茂德二世（1785—1839），奥斯曼苏丹（1808—1839），即位后面临内忧外患，为加强帝国力量而致力于西方化改革，采用内阁制，向欧洲派遣留学生，兴办新军和邮政事业。——译者注

② 伊斯梅特·伊诺努（1884—1973），土耳其总理（1923—1937）、总统（1938—1950），共和人民党终身主席（1938—1972），第二次世界大战时使土耳其保持中立。——译者注

的结构具有较高程度的差异性、明晰性和职能区分，其中每一项都要为整体的政治体制发挥调节各个相应的政治和权威职能的作用”。在阿尔蒙德和科尔曼的研究中，依据任何合理的标准，只有以色列、智利和乌拉圭可以号称具有既是竞争性的又是现代性的政治体制；只有其他 9 个国家——马来西亚、菲律宾、锡兰、印度、黎巴嫩、土耳其、阿根廷、巴西和哥斯达黎加——具有竞争性的政治体制，并具有程度“不纯”的政治现代性。

在阿尔蒙德和科尔曼所总结的政治现代化过程中，政党领导可以扮演各种不同的角色。作为社会化的一种工具，具有大批积极分子和宣传技巧的政党，能够渗透于家庭、氏族、村庄和其他基本的组织，能够激发关注，挑战现存的价值观念，鼓吹新的态度，改变效忠的对象并最终塑造政治行为。作为一种招募机构，政党能够将人们从其民族、阶级、宗教和其他的亚文化中抽离出来，并以普伦基特老板
337 (Boss Plunkitt) 的风格使他们支持一项政治事业，将他们组织在一个政治组织结构之中——简言之，将冷漠者转变为追随者，将追随者转变为领导者。作为利益的表达者和聚合者，政党要确认主流的需要和要求，许诺对其负责，将其写进纲领，将其置于优先地位，并负责使那些政党有权对其施加某些影响的政府领导者考虑它们并据此采取行动。作为交流的工具，政党可以起到积极的联系作用，将普通党员和一般公众的欲望、要求和期望传达给党和政府的领导者。它同时也可以将领导者的许诺、劝告、成就和辩解传达给人民。

一党主导的体制在履行这些现代化职能和动员职能方面是否比竞争性的两党或多党体制更有效？这当然取决于特殊的政治情境，也取决于“有效”这个词究竟意味着什么，但人们普遍认为：一党领导能够激发和转变民众的态度而不需要适应或屈从于民众的态度；通过持续、集中和强硬地向追随者进行思想灌输和集聚权力，它能够挑战地方的、保守的和传统的社会结构，带来收入的重新分配，甚至社会的转型；——它能够这样做，部分地是由于一党领导具有属于它自己的政治地盘，不会被竞争所阻碍和削弱。其他观察者不同意这种观点。迈伦·韦纳（Myron Weiner）和约瑟夫·拉帕卢姆巴巴（Joseph LaPalombaba）观察到：“一些学者提出，最具动员力的（mobilist）一党体制有利于国家的整合，但它却抑制有效的参与，并因此有利于寡头政治体制的发展，它主要关注政治生存、国家扩展或个人的收益，而不是像经济增长、社会福利或民主政治价值观念这样的问题。”根据这一观点，一党动员与官僚机构一样会混淆目的与手段。它带来的只是权力控制的循环，而不是促进期望与满足升至新水平的交易进步，或领导根本的社会变革的变革型领导。

政党领导：权力与变化

政党是集体领导的载体。无论政党的领导者是闻名世界的人物，还是默默无闻的地方委员会成员，他们的政治职业都是确认现有的和潜在的选民的欲求与需要，

激发和强化期望，争取更多的人支持党的事业，赢得选举——然后利用党在政府内 338
外的影响力来满足不断提高的需要，并以此来赢得更多的选举，保持执政地位。政党领导者立足基层群众，手触政府权力的杠杆，其头脑既顺应大众态度和期望的变化，也合乎政治体制本身的变化，这使得他们在理想上具备最优越的条件成为一部巨型机器的组成部分，将大众需要与政府的回应联结起来，将政府的行动与大众的反馈联结起来，从而使政党能够维持对政府的强有力控制。

政党作为集体领导的角色会产生两个问题。一个牵涉政党促成与党的纲领、目标和意识形态相一致的变革的能力——政党究竟只是反映在党外发挥作用的各种更基本的力量，只是这些力量的被动接收器，还是推动这种有目的的、变革式的社会变化的最主要原因？另一个问题是：**在党内**，特别是在各种领导部门内，权力是在哪里被行使的？

我们必须清楚我们正在分析的是哪一种政党制度——集权主义的一党体制、竞争的两党体制、适应变化的多党体制，还是其他政党体制。我们必须清楚我们寻求的是哪一种变化——心理的、社会的、经济的、政治的、政府的变化，还是其他的变化。毫无疑问，有着完整纲领和意识形态的政党在一个正在经历建国过程的国家中掌握权力，会对政治体制的形成产生重大的影响。具有积极创新精神的政党领导者打破狭隘的地域的团体成员身份和隶属关系；他们激发新的欲望和抱负；他们挑战旧的忠诚并以新的忠诚取而代之；他们征召追随者并使其成为新的领导者；他们扩大参与，加强与先前分离的地区和地域的横向联系以及地区与中央之间的纵向联系；他们将各种不同利益结合起来，建立党的制度，最终夺取政权并重新改造政府制度。这样的新政党也会以负面的方式产生重大影响，它们推翻旧的政党结构，并压制那些威胁其霸权的其他新政党。

但交易型战略仍然可能是占主导地位的。詹姆斯·科尔曼与卡尔·罗斯伯格（Carl Rosberg）曾在“单党制或一党制国家”中区分了“实用多元型”（pragmatic-pluralistic pattern）与“革命型”（revolutionary pattern）政党。在热带非洲，越是实用多元型的政党，对意识形态的专注就越是有限，就越是顺应和合群，并在其现代化战略的范围、深度和节奏方面更容忍一种“受控的多元主义”（controlled pluralism）。更革命—集权化的政党，在意识形态上更持续、专注，甚至强迫的，在其
实现现代化的途径上是反传统、变革甚至革命的。政治动员的程度和期望追随者的 339
普遍投入程度，对第一种类型的政党来说是部分的和间歇性的，对第二种类型的政党来说则是高度的和持续性的。在实用多元型政党中，党内的等级和纪律严明的程度是不一样的，从更集权化的到更多元化的都有；“联合的垄断和熔合”一般是更松散的，“政党政府”对政治制度的吸收同化是有限的，而革命的集权型政党在等级、纪律、熔合和同化的所有这些方面都具有很高的甚至“完全”的程度。

在西方传统中发展起来的政党也显示出了显著的多样性——特别是在两党制和多党制之间——但一般来说，它们倾向于适应现存的政府体制，而不是寻求变革现存的政府体制。甚至英国的工党也不得不屈服于英国议会至上的传统。美国各政党在统一分裂的政府制度方面取得了一定的成功，但在它们试图通过联邦制和权力分

立的结构来实施影响和行动时，自身却趋向于分裂。法国政治倾向于多党制，这部分是由于立法院对政党联盟的建立者和无党派人士提供政治奖励，这与美国的总统政治和英国的议会政治的两党极化趋势形成鲜明对照。

制度安排可以影响政党的组织。在许多政体中，对选举代表制的操控为这种影响的方式提供了一种实际的实验操作。比例代表制几乎肯定会鼓励多党制，因为比例代表制会精确无误地再现少数派团体，它鼓励碎小的交易型政党进入政治舞台，期望它们所获得的微弱数量的议席起码使它们具备某些交易资本。规定单一成员选区的选举制度，在一个相对同质化的国家中，由于会放大由最大的全国政党所赢得的立法席位的数量（并在某种程度上放大由第二大政党赢得的立法席位的数量），因而趋向于歪曲选举的结果；在异质化的社会中，单一成员选区具有相反的效果，并因此促进多党制。美国类型的总统政府倾向于鼓励在国家层次上的两党政治，因为总统职位是这样一种如此有利可图的政治奖励，它使得分散的利益集团和地区集团寻求将它们的支持者集中起来，选民在维护这个或另一个领导者或总统候选人的过程中趋向于两极化。

因此，政党可能对政治体制具有重大影响。但政治变化可能并不意味着根本性的改变——一种人民大众能够看到、感受到和体验到的**变革**，那种能够重塑其生活
340 的**变革**。政党在领导真正变化方面能有多大作用？我们在这里给出的答案可能更具有试探性。在一开始，我们必须澄清这一问题。什么是变化的衡量尺度？是政党领导者所许诺的变化，还是一种可以用更客观的标准来衡量的变化？

对于被许诺的变化来说，可以根据政党目标实现的程度来对其做出大致的评价。对国家安全的维护，对个人自由保障范围的扩大，对国民收入以更平等的方式所进行的再分配，对一种不景气状况的克服，凡此种种，都可以参照执政党曾做出的承诺加以评价。这种衡量方式更适合于那些人民能够直接经验到的事项方面——就业、医疗、住房、教育、扶贫计划、环境控制以及类似问题——的具体政策。许多人非常怀疑政党会贯彻这种计划并兑现其承诺，但在许多国家中的政党记录并不是失信的记录。20世纪初在英国东山再起的自由党实现了它在重大问题上的承诺。对美国主要政党的纲领以及后续的立法记录的一项研究表明，政党所实现的承诺要远远超出挑剔的批评者们肯于承认的。

对强硬不屈、注重意识形态、垄断政治权力的政党的最大考验，就是它能否带来它所许诺的变革。这方面的记录同样随着国家的不同而有巨大的差异。苏联共产党在为俄国人民的共同生活带来广泛变化方面显然是先锋者。但任何密切观察俄国社会的人都可能对俄国生活的连续性留下与对其不连续性同样深刻的印象。假如一位俄国的瑞普·凡·温克尔①（Rip Van Winkle）在十月革命二十年后重返俄国村庄，就会发现，大概除了健康和营养之外，生活条件并没有什么变化。在其他国家

---

① 被称为“美国文学之父”的美国作家华盛顿·欧文（Washington Irving，1783—1859）的代表作《见闻札记》（*Sketch Book*）中的一篇短篇小说《瑞普·凡·温克尔》中的主人公，该篇小说叙述温克尔为避开性格凶悍的妻子藏身在Catskill山区，沉睡20年后醒来发现妻子已故，住屋成废墟，世间发生翻天覆地的变化。——译者注

中——例如南斯拉夫——共产党是创新和变革的强大推动力量。对具有强硬意识形态的政党来说，最令人瞩目的成功，大概更多的并不在于变革社会，而在于确定和实现当务之急。赢得一场战争，农业集体化，制造原子武器和核武器，控制人民的信息来源——这些更具体和更明确类型的目标在许多情况下是可以实现的。但要根本地改变人民群众的行为，就要另当别论。就像意大利复兴运动（risorgimento）的一位领导人在国家实现了某种程度的统一时所说的，“我们创造了意大利，现在必须创造意大利人”。

政党内部的领导角色是什么？蕴涵着这种政党领导独特角色的相互关系或过程能够被确认出来吗？领导在政党内和政党间的产生，依据在整个组织体制中纵横交错的利益集团和政治派别之间的**冲突**发展线索。在大多数社会中，这些冲突是复杂 341
的和多样的——在强硬派和温和派之间的冲突，代际之间的冲突，国家主义者与地方主义者之间的冲突，在支持相互冲突的政策的团体之间的冲突，以及其他类型的冲突。像我们已经注意到的，最首要的冲突是政党组织的领导者与同一政党中在政府中任职的领导者之间的斗争。这种斗争实际产生了四方冲突，即地方组织的领导者与全国组织的领导者之间以各种方式进行的联合和竞争，以及在政府中地方选举的政党领导者与负责掌管政府的党的全国领导者之间以各种方式进行的合作与冲突。这四种领导集体中的任何一方都可能与其他三方中的任何一方联合或竞争，因此会产生多样化的领导混合体。

在 100 多个国家中活跃的数百个大党和更多的小党中，政党领导的各个部分之间的相互关系采取了多种多样的形式，难以一概而论。当党内的斗争越出了党的秘密常委会的边界，演变成一种公开的冲突，在冲突中，各方都动员其支持者，并动用其所有资源，在这种情况下，就能够最清楚地看到在政党内部的领导集团合作与竞争的各种方式。在第二次世界大战后，英国工党在国内和外交政策问题上受到种种分歧的困扰。齐利亚库斯（K. Zilliacus）是在首相艾德礼领导下的工党政府的最尖锐的批评者之一，他担任议员，又被其盖茨黑德（东）选区的工党再次推举为他们在下次选举中的议会候选人。经过了一阵激烈的争论之后，工党的全国执行委员会（组成人员包括首相、12 名工会领导人、6 位大臣以及其他人）决定撤销对齐利亚库斯候选人资格的支持，并将此通知给党在盖茨黑德的地方组织。但齐利亚库斯与盖茨黑德的党组织的一些领导人有着亲密的关系，他们不服从上级的命令，相反却投票表决支持他。当齐利亚库斯推进他的左翼行动来挑战党的政策时，全国执行委员会投票决定将其驱逐出党。全国执行委员会指示放弃齐利亚库斯，另选一个候选人。但盖茨黑德的党组织将此案提交到每年一次的党的代表大会，在投票表决是否支持全国执行委员会的决定时，盖茨黑德的党组织落败。随后，盖茨黑德的党组织被“重组”，重组后的组织推选了另一位被党的全国领导层认可的候选人。齐利亚库斯以独立候选人身份参加大选，结果输给了工党提名的候选人。所有这一切对其他具有潜在反叛之心的工党议员是一种刻骨铭心的教训。

将这种党中央执行纪律的情况与美国一个与此多少类似的努力实例进行一下比较。1938 年，总统富兰克林·D·罗斯福面临着在国会中的民主党各级间的深刻分

342 歧，特别是北方支持新政的人与南方和边沿诸州①（border-states）的保守分子之间的分歧。他发动了其臭名昭著的“清洗”行动，在这种清洗中，他以民主党领袖的明确身份采取行动，在几个地方的民主党初选中，他敦促选民拒绝他们现任的民主党参议员，去选择可靠的新政人士。但各个地方党组织——就其实际确切存在来说——联合起来捍卫它们的参议员，民主党的选民也跟着这样做。罗斯福所缺乏的正是工党中央领导所具有的——一种组织良好的地方党组织，党的全国组织能够对其实施某种纪律约束。由于缺乏这样的组织，罗斯福只能是仓促上阵；如果他提前做好战略计划，并在民主党内建立起支持新政的地方组织，他的某些清洗尝试就可能获得成功，起码是在极南部②（Deep South）之外获得成功。

但是，在以集中而又民主的方式组织的政党中，实际发生的清洗只是例外情况。在英国政党中，化解领导对立的一个更典型的例子，是艾德礼政府努力克服那些要“坚持左倾”的工党议员的反对而通过征兵法案。当艾德礼在一个工党议员的私人聚会上宣布这一议案之后，该团体出现了分裂，几周后，七八十名工党成员签署了一项协议，要求工党拒绝这一议案，然后又进行了反对这一议案的投票表决。两天后，政府将该议案所提议的服役期从 18 个月削减为 12 个月。这一交易成功了；在下一个月政府以压倒多数的支持票赢得了该议案的通过，接着又赢得了工党代表大会对该议案的批准。

正是政党容忍和化解这样的内部权力和政策冲突的能力，使政党成为一种集体领导的体制。在大多数政党中，大多数冲突并没有达到公开抵制、威胁反叛和实施清洗的程度；明智的领导通过纪律约束与妥协的娴熟结合来防止这种危机的发生。各个派别有抗议的权力，政党领导有妥协让步和坚持立场的权力，这表明领导是分布于全党的。即使在工党中——在齐利亚库斯案和其他的案例中，该党的政府领导者能够与该党全国组织的领导者密切合作，利用该党的地方组织来约束地方政府的领导者（走入歧途的议员）——政府领导者在制定政策时必须不仅对议员而且对基层党员将会做出何种反应保持敏锐的察觉。政党的组织领导者和政府领导者是根据所预见到的支持和反对来做出大多数决定的。地方领导者行使权力，不必经营管理
343 权力，也许甚至没有看到权力。中央和地方的领导，政府和组织的领导——这些领导成分不仅容忍来自对立成分的领导，它们还需要来自对立成分的领导。政党的运作要求一种领导的平衡，包括纵向的平衡和横向的平衡。在这个意义上，政党成为了一种**领导结构**。

我们能够得出这样的结论：政党领导一般是交易型的，但它具有相当大的变革型潜能。政党作为一种在竞争政治情境中的领导结构，它驱动着整个结构中的领导者；随着有关政策和立场的冲突吸引越来越多的基层党员介入其中，政党也使追随者转变为领导者。当领导者试图动员选民支持领导者的努力时，这种冲突吸引了大量原先在政党组织之外的人介入进来。因此，对政党领导权力的最大考验，就是其

① 指南北战争前与一些北方禁奴州接境的特拉华、马里兰、肯塔基和密苏里等诸合法蓄奴州。——译者注

② 一般指佐治亚、亚拉巴马、密西西比、路易斯安那、南卡罗来纳诸州。——译者注

动员数百万追随者的能力，联合和重组选民的能力，塑造和重塑公众舆论的能力。由于这些过程创造了数以百万的领导者，其个人的权力可能是微不足道的，但他们集体的权力却使领导者更服从于追随者，而不是控制追随者，这潜在地使广义的政党领导成为变革社会和推动历史的强大工具。

第 13 章

立法领导：共识的代价

通常来说，立法机构中的派系领导者与利益集团的领导者并不遵循规定的角色要求，而是根据特定的政治情境做出反应。他们彼此间的关系明显是交易型的。利益集团的领导者及其游说者能够向立法者提供金钱、人员协助，特别是所在州或选区的支持。但是，就像马修斯曾经指出的，立法者们也能够向游说者施加影响。一种方式是不予合作。

立法结构并非天然有利于积极的、全面的和有原则的领导——变革型领导，而是有利于兼容的、经纪型的、渐进的领导——交易型领导。当各委员会的确似乎在发挥着重要的影响作用时，它或者是在阻挠议事进程，或者是在运用由议会或政党的更高权威赋予该委员会的议案批准权——这种批准权也能够被权威机构任意撤销。

大多数政府的兴衰沉浮并不是由于棘手的问题和选择，而是在很大程度上由于对荣誉、津贴、好处和特殊的选举安排的交易买卖。最终，议院只剩下“同谋者的共和”（republic of pals），在这些人中间，责任、权威和领导变得如此支离破碎和锈蚀斑驳，以至于在不断增长的危机面前，政府越来越成为动荡不安、墨守成规和无所作为的象征。

交易型领导的经典处所是“自由的”立法机构。由于议员们对立法的正式影响 344
程度是有保证的，并且在选区的“后院”（back home）都有权力基础，因此他们是在一个大致平等的平台上进行互动。立法机构的会议厅通常会成为一个交易的场所，在此，通过谈条件、互惠和贿赂这些古老的技巧，议员们的个人利益和目标得以协调。这种交易系统并非必然是自我维持的。公平、宽容和可信（如信守诺言）这样的方式价值（modal value）指导着立法活动。在发起、监督和确保交易的完成，化解争端，以及为以后化解争端积累和筹措政治资本方面，领导都是必不可少的。

并非所有的立法机构都体现了交易型领导。就像在某些国家中的某些政党可以成为**变革型**领导的关键机构一样，立法机构也可以在对领导系统赋予可动性和使之现代化的过程中成为引人注目的组成部分，如在俄国的最高苏维埃。在某些自由民主体制中，议会能够成为以“变革”社会为目标的政党或多数党采取行动的机构，就像许多英国工党成员在 20 世纪 40 年代希望通过下院要做的那样。但西方议会组织的传统、伦理、组织和精神是交易型和经纪型的。美国参议院在忠实地遵循这种传统和伦理方面是其他任何议会所不能及的。尽管其议会大厅偶尔也会沦为政党或多数党行动的工具，但它更经常的是交换的场所。

与组织机构一样，领导者个人也会在各种不同时间和不同条件下采取各种不同
的领导方式。在林登·约翰逊（Lyndon B. Johnson）担任多数派领袖的那些年月 345
里，他是立法机构中无与伦比的交易型领导者。他居高临下，热力四散，如此多的义务、期望和交换渠道经由他而扩展，以至于他的权力来源被称为“约翰逊网络”。约翰逊在参议院有相当可观的权力基础，主要包括对关键性的委员会的任命和某些主席职位的安排的决定性影响，分配国会活动经费、议员的任期以及津贴、公费旅游等。高度忠诚的助手们密切合作和集体领导，也使他获得帮助。但他的最大权力资源是他自己在下述方面的技巧：确认参议员的需要和动机，积累和使用信誉，顺从和支配两手兼施，以及运用约翰逊“手法”，其特色是将“恳请、谴责、引诱、兴奋、蔑视、流泪、抱怨、威胁的暗示”以各种方式调制在一起加以充分的运用。

离开参议院领导职位三年后，约翰逊成为了总统。他将他过去使用过的许多立法技巧带到了白宫。但他现在作为总统享有远多于过去的资源，并且将其用到极致。我们可以通过他所取得的立法成果及其后来对国家产生的影响，来衡量这种权力的膨胀。在艾森豪威尔时代，约翰逊作为参议院民主党领袖，并作为肯尼迪的副总统，帮助达成了几项妥协性的民权法案，这几乎耗尽了他所储备的交易权力，但这一政策过程的结果却只给黑人和其他人带来了极其有限的改善。在成为总统之后，他利用和强化了肯尼迪 1963 年提出的各种温和提案。约翰逊提出的庞大的一揽子民权法案 1964 年在国会获得通过，白宫携手政党领袖、民权领袖和宗教领袖一道尽其所能动员广大基层民众支持这一法案。在领导结构中最具象征意义的改变，就是他在打破参议院冗长演说[1]（filibuster）——这是保守的参议员将先前的

① 指以冗长的演说或提出不相干的问题等手法阻挠议案的通过。——译者注

民权法案“打入冷宫”所采用的重要武器——方面的作用。转年，约翰逊总统和国会中的自由派人士推进了普选权法案，该法案直接扩大了黑人的选举权，对南方政治的格局产生了持续性的变革影响。

一些人主张，没有行政领导，立法者们也能够产生类似结果，他们能够为此举出有力的例证。但一般来说，在 20 世纪，西方式的立法机构并未能对我们时代那些中心而棘手的政治问题采取决定性的行动。内部的立法领导并没有克服——除非有强有力的政府或政党的赞成作为后盾——立法审议的迟缓，立法机制和程序的陈旧过时，少数党对议事的阻挠和拖延策略，存在于这一切背后的代表各自选区的立
346 法者之间固有的分裂，以及多党制或多派制，它不仅使立法者们分裂为倾向于行动的多数派和与之对立的倾向于反对的少数派，而且将它们分裂为无数拥有绝对的或部分的否决权的派别。

作为领导者的立法者

1952 年，英国议会代表团的成员在参加了尼日利亚为一部新宪法举行的颁布典礼之后，顺路访问了黄金海岸①（Gold Coast），代表“议会之母”向黄金海岸国会赠送礼品。赠品包括厄斯金·梅（Erskine May）的一套**《议会实践》**（*Parliamentary Practise*），它号称汇集了六个世纪英国议会的智慧。温斯顿·丘吉尔和克莱门特·艾德礼相应地为这套书题了词。在举行的赠书仪式中，保守党议员爱德华·基林（Edward Keeling）告诉黄金海岸的议会说，根据流行的见解，议会能够做任何事，除了不能将男人变成女人和将女人变成男人。但是，他补充说，实际上它还**有**许多其他的事情**没有**做。例如，君主的名字决不会被提及，行政部门不会参与政治，反对派的权利会被精心保护。

对于一个即将亲身经历政治苦难的国家来说，这是一个值得缅怀的跨文化陶醉的时刻。然而在经历这种政治苦难的过程中，并非议会的那些优良做法都会被遵守。黄金海岸国会的议员们可能也会注意到，“议会之母”尽管在宪法理论上是最高权力机构，但在政治实践上却并非如此。实际上，下院那喧嚣的议会辩论风格，一度被认为是世界上最训练有素和管理严格的议会之一。忠诚的反对派是被容忍的，但却根本不具有权力——起码到下次选举之前。党的组织秘书们将大批的议员们视为“表决弹药”（vote fodder），当钟声响起，就像在巴甫洛夫的实验中所发生的那样，组织秘书就会驱赶着议员们通过计票员，并追查那些没有参加投票或参加了投票但没有正确地投票的叛逆者。

对大多数议会的这种看法，在许多国家中广泛存在。根据这种看法，立法领导这一概念本身可能会被看作是自相矛盾的。一方面，西方议会传统的继承者们回想起历史上的辉煌时刻，当时，“人民的代表们”（即便是自封的）聚集在庄严的议会

① 西非国家加纳的旧称。——译者注

中，抗议君主或其他形式的行政专制制度甚至暴政。立法机构权力的提升与被成文 347
和未成文的权利法案所神圣化的个人自由和人民统治的扩展密切相连。立法机构建立和繁荣起来，特别是在 18 世纪末和 19 世纪，当时人民议会既表达了自由概念的消极意义——反对政府不适当地限制商人、工人和其他人权利的专断行为，也表达了自由概念的积极意义——政府是被用来扩大人获得有保障的收入、体面的住房、老年的保护以及更多的社会和经济权利的。但在 20 世纪上半叶，人们看到的却是在法西斯主义、共产主义和其他形式的集权主义影响下，传统的议会权威被碾得粉碎。著名的德国国会在纳粹的统治下沦落为一群机器人，只会在被召唤表决时，奴隶般地批准希特勒的做法。

即便是在那些议会仍掌握一些权力的国家中，人们对"从人民中涌现出"的为自由地表达人民的需要和欲望而聚集在一起这样的传统伦理观念已不再抱有幻想，转而认为立法者们不过是受立法机构内外的各种势力控制的傀儡。人们认为立法者个人受到几类限制。

这些限制之一，来自于各种**地方势力**。立法者被认为是代表一个选区的，选区对中央政府或对国家其他地区的态度是如此一致，以至于该代表的行动自由会受到严格的限制。这样，英国议会中来自乌尔斯特[①]（Ulster）的议员，印度议会中来自像马德拉斯邦这样的具有语言和其他形式的分离主义倾向的地区的议员，或法国议会中来自巴黎的"赤色地带"[②]（Red Belt）的议员，如果要在下一次选举中保住他们的席位，似乎都要严格地受到其选区中占主导地位的态度的约束。在这样的条件下，立法者能够实施的唯一类型的领导，就是想出新的和更独创的方式来生动地表现家乡支持者们的整合一致的看法。

第二，人们感觉到立法者是被有组织的利益集团捆住了手脚的人，这种有组织的利益集团所代表的可能是其选区的利益，或是整个政治体制的利益，或是二者兼有。根据这种观点，这种利益集团在选区中运用手中的权力影响和促动选民，在国会大厦中熟练地操纵金钱、宣传和其他影响方式，它们实际上已经取代了立法程序，起码在其利益领域是如此。因此，人们在研究美国国会中的关税制定程序时，几乎把它看作一种数学转换式，即工商利益集团的经济权力转换为在参众两院中的决策影响力。

如果法律制定者没有被看作是利益集团的傀儡，他们就有可能被看作是第三种力量的走卒，这第三种力量是地区中的政党统治，或立法机构中的政党统治，或二者兼有。根据这一观点，立法者会将自己获得提名归功于一个选区的政党组织或政党"机器"，它们有权取消对他们的再提名，如果他们赢得了再提名，它们也能够 348
在大选中施加有效的影响力来反对他们。党的这种地方组织经常与党的全国组织绞合在一起，党的全国组织在立法机构的领导者会密切监视这些立法者，并通过党的机制在全国和地方两级实施胡萝卜加大棒的巧妙组合，使他们保持一致。

① 即北爱尔兰。——译者注

② 指受苏联或共产党控制的地区。——译者注

对立法者的领导角色的这些看法，已经被广泛的经验资料所证实。但是，关于这种角色——或潜在角色——的更宽广的认识，产生于与此不同的看法，特别是立法者们自己对他们自身角色的感受。他们可能认为立法机构本身比许多其他批评者所认为的要更有生机；不论对外人来说立法机构显得多么老态或过时，但对这些法律制定者来说，它至少是一个从事政治和政府事务的场所，往最好处说，它是国家中一个充满活力的领导源泉。他们也会注意到，不论议会在西方如何“衰落”，议会至上的原则仍然是一个强有力的原则。议会在宪法上仍然保持着至上的立法权力；在名义上它们是最高的代表机构。值得注意的是，即使在立法机构只是批准政党决议的那些国家，如苏俄的最高苏维埃，立法机构**根据宪法**仍然是至高无上的；在许多其他的专制国家也是如此。议员个人可能会实际感受到他们控制着一部分重要的自主权力。

更为重要的是，议员个人有无数的机会在议会组织机构的内部、在与选民的关系上以及在与党和政府领导层的关系上行使领导职能。许多议员在与其地区的关系上能够以多种方式最大限度地保持其独立性——并因此最充分地扩展其领导潜能。即使当选民对问题的看法达到一致并出现极端倾向时，这些选民通常也期望他们的代表在面对对立集团的领导者时能表现出一定的灵活性——就是说，大多数选民理解讨价还价的必要性。更为典型的情况是，选民本身在面对紧迫问题时也会出现分歧，或在他们对某些被广泛接受的政策的支持上存在着程度上的差异；立法者会利用这些差异使其互相争斗。因此，立法者还能够依靠大量愿意赋予他们某种独立性的选民，因为选民们认识到独立的行动是其职责的组成部分；选民们无须读过埃德蒙德·伯克对布里斯托选民的演讲便能理解，他们雇用的并不是一个傀儡，而是一个代表，他要贡献的是他的“无偏见的见解，他的成熟的判断，他的开明的良心”。
349 不仅如此，立法者还经常有机会在立法机构和其地区采取强硬立场，以此塑造选民的看法。一些选民将其作为思想的向导，这部分地是由于他们相信这些立法者，并且知道这些立法者对大多数问题有着远为充分的了解。事实上，大量的选民对政策问题通常是一无所知或毫无兴趣，这更强化了立法者的影响力。

上述的一些考虑也适用于立法者与政党组织及领导者的关系，以及与有组织的利益集团的关系。无论政党领导者向立法者施加多么广泛的纪律约束或影响，政党和集团的领导者必须认识到，立法者终归在一个被宪法承认为独立的议会中享有独立的权力。在其任期内，他们每个人都还掌握着最关键的权力——在立法中的投票权——政党和集团的领导者在将来唱名表决时将需要这一票。因此，议员们所具有的筹码总是能使他们在立法机构的赌桌上重新开局。议员影响力的取得还可以靠在有问题争议的领域显示自己的专业知识，靠在议会中的滔滔雄辩，靠在议会中的长期经历及由此获得的特殊待遇，靠向其他立法者施加个人影响的技巧，靠对立法技术的熟练运用，或靠制造事端和设置障碍（像休伊·朗曾做的那样）。然而，影响力和潜在领导力的最大源泉，主要并不在于个人的努力，而在于在高度政治化的环境中涌现出的各种团体的成员身份。诺布塔卡·艾克（Nobutaka Ike）在他的日本政治研究中写道：“使国会议员个人能够在政党决策中争取发挥更大作用的一种方法，就是在国会中组织半正式的团体。例如，一个政党的新国会议员经常会组建新人俱乐部，并定期举行会议交换观点。”日本的政党领导者具有广泛的权力，但为了保有这种权力，他们必须对基层的态度做出预测。

在印度，政党领导者对立法者个人的影响也是很大的，但在那里也不能对普通立法者施加过大的压力，就像下面的议会精彩对答所提示的那样。议长正在就执政党议员们对其领袖所表示的不信任发表评论：

> 议员不应当草率做出这样的结论，认为政府什么事都不想让他们参与……在我看来，这是过去记忆的残余，没有注意到我们现在这个政府的特点……我们必须改变我们对待政府的方式。（一位议员：政府如何改变它的方式?）不论政府有什么样的错误，我们现在是拥有最高主权的国会，政府是对国会负责的。（一位议员：它不是。）如果他们不对国会负责，我该说不把他们赶下台是国会的软弱。（一位议员：这取决于你。）这不取决于议长。国会的多数应该理直气壮和坚定不移，我坚信，任何声称是民主的和向国会负责的政府都必须要对国会所说的做出回应。 350

在英国下院中，后座议员的微妙影响，说明了在这样一个在英联邦内外被广泛仿效的议会中立法者个人实施领导职能的可能程度和所受到的种种限制。在威斯敏斯特[①]，后座议员可以通过参加各种政党的、地区的、有关争议性问题的和意识形态的团体——其中有些团体是跨政党的——来扩大他们的影响。他们可能在重要的党派问题上投弃权票，甚至在事关重大良心问题时投票反对其政党领导。政党领导者偶尔也允许“自由投票”，后座议员便可以据此采取独立行动，并试图动员来自其他议员的支持。对主要政党不愿表态的争议问题特别感兴趣的后座议员，会利用为议员个人提案设置的程序来使重大的改革措施成功在议会获得通过，就像赫伯特（A. P. Herbert）在 1937 年的婚姻法案中对离婚法的改革，以及西德尼·西尔弗曼（Sydney Silverman）在经过多次尝试之后几乎是单枪匹马成功地争取到废除死刑。议员个人有时公开反叛他们的政党领导和违抗组织秘书的命令；有时他们会受到惩罚，甚至失去其议席，但在多数情况下他们在政治上仍能继续维持生存。更常见的情况是，他们发出反叛或不满的威胁，迫使本党领导提前修改其立场。后座议员在议席上下发表的评论，经常比其最终“分组表决”[②]（division）时要独立和尖刻得多，这有助于确定议会的风格和习性，有助于形成一种有异议的环境，这种有异议的环境确立了政党领导者必须在其中采取行动的宽泛范围。

近年来，后座议员的影响更加广泛化的趋势已经受到关注。彼得·理查兹（Peter Richards）对其做出了总结：“议员可利用的设施条件有了重要的改善；行

---

① 喻指英国议院。——译者注

② 议会中赞成者与反对者分别进行的表决。——译者注

政活动现在要受到各种特别委员会的更充分审查……个体议员的立法议案变得更加重要；议员在分组投票厅①（division lobbies）中展现出更大的独立性。”这种发展不应当被过分夸大；这种趋势也可能是短命的。但个体议员的自主权和影响力的扩大，至少提高了其立法领导的**潜能**。

个体立法者在什么程度上能够实际实现其立法领导的潜能，取决于若干因素：（1）在其选区和立法机构中，他们行动所处的冲突情境；（2）在面对各种主张、要求和期望时他们所承担的角色；（3）他们所持有的价值观念及其所派生的各种目
351 标；（4）他们在何种程度上能够控制各种冲突的情境和角色，以便获得有助于实现其目标的立法或其他议会决议。

在典型的选区中，立法者周围到处都存在着冲突；问题是议员怎样感受它并对它采取行动。冲突反映着生产者与消费者之间、劳方与资方之间、农民与批发商之间、印度教徒与穆斯林之间、来自同一国家的不同地区的移民之间以及这些差别和其他差别的无穷组合与更细差别之间的司空见惯的冲突。许多个人承受着各种竞争和敌对的势力向他们施加的“交错压力”（cross-pressured），使他们个人的态度中也普遍存在着冲突。立法者可能只关注常规类型的冲突，却没有注意存在于选民头脑中的更微妙但可能更重要的冲突。要感受到在个人之间或个人内心世界中的大量差异，对那些不具备复杂民意测验技术的立法者来说可能是困难的——这种资源是总统或首相有时可以利用的，但小选区的代表们很少有条件利用它。立法者们通常根据面对面的接触、他们的邮件、先前的选举结果、小道消息与传说以及预感，按照经验法则（rules of thumb）行事。

立法者们在其应对冲突的方式上可能具有相当的自主性。典型的困境——或机会——之一，就是在试图代表其整个选区的总体需要、欲求、态度和利益来反对选区外面的主张，与（转动冲突的轴心）代表选区内的某些利益集团反对选区内的其他利益集团之间做出选择。他们可能寻求缓解这些冲突中的每一个——并且实际缓解所有的冲突——以便减少当下的压力，并消除下一次选举中的“软肋”。他们在何种程度上能够缓解冲突，既取决于他们的技巧，也取决于调和地区间冲突的难度，这种难度是历史环境造成的，也是其他政治领导者为了自己的目的而力图保持冲突状态的结果。因此，这种“由冲突而引发的冲突”（conflict over conflict），是由立法者、现有的或潜在的选举对手、全国的和地区的政党、全国的和地方的有组织的利益集团以及其他的政治实体来不断维持的。

类似的冲突状况也会主导立法机构的舞台，只是表现得更加激烈。立法者究竟是重视自己选区的与其他议员相对立的职责和要求，还是投身于其利益会破坏选区内团结一致的政党或集团？对此，议员个人会有某种选择。根据定义，立法机构是一个政治市场，在那里，代表们对政策和意识形态意见不一，并为有限的资源进行竞争。在某些问题上，立法者可能用为家乡人民带来的巨大实惠来消除冲突，就像
352 公共工程议案，它将高速公路、学校和其他福利以完美和无懈可击的公平方式分配

① 指议院中赞成及反对两派议员分别投票时的两个投票厅。——译者注

给所有选区。而在另一些问题上，立法机构和整个国家都会出现白热化的激烈论战，立法机构中会出现两极对阵，立法者无法置身事外。

大多数的议会冲突，都是介于分歧巨大的争议与温和友善的争议之间的某个位置，立法者如何以谨慎的和自我保护的方式来应对由这些冲突引发的无休无止的冲击，部分地取决于他们在其选区和立法机构中承担的领导角色。

用立法者们的眼睛，即他们所看到的政治情境，来看他们对角色的选择，就会超越**代表**（delegate）角色与**受托人**（trustee）角色这种简单的二项选择。一个由地方选举的服务于管辖广大区域的立法机构的代表，将不可避免地会感受到国家职责与地方职责之间的抵触。但这两种职责（或机会）中的每一个都会有许多不同形式，并且地方的和国家的职责或机会在很大程度上相互重叠，以至于立法者们的思考和行动可能并不是要在非此即彼的两极间进行选择，而是在各种不同选择所组成的一个连续系列中做出抉择——这些选择随立法者们所遇到的新的政治机会的出现和消失而变幻不定。来看代表的职责。如果立法者们决定优先考虑这一职责，他们就遇到一大堆棘手的问题。他们究竟应当对其选民明确提出的需要和欲求做出回应，还是应当努力立法来满足选民那种在他们看来是强烈的但没有明确表达的“真正”需要？他们绝不可能代表其选区中所有选民的所有利益；那么他们如何来定义他们必须为之服务的地方利益？

将“地方的”利益与“国家的”利益对立起来并不难，但这二者是相互交织的。立法者们可能试图对某个商品实施更高的税率，但该商品的生产是其所在地区的经济生活的命脉；如果他们经过与其他代表的讨价还价，并达成协议，在对这种商品实施更高税率时也同时对**其他**商品实施更高税率，那么就会使其选民受到物价普遍上涨的伤害，这些立法者真正代表他们的选区了吗？而对那些希望其代表在立法机构中作为“全国的护民官”而不是地方的代理人而行动的选民又该如何交代呢——立法者们通过承担代表的角色为这些选民的利益服务了吗？

那些试图“为国家服务”的立法者们也会受到同样问题的困扰；定义国家利益比定义地区利益更难。国内的各种力量甚至更加五花八门：有来自国内政党中各种名人和派别的政党压力，有新闻界和其他媒体的劝告和批评，还有意识形态的和政策的影响。根据定义，立法者们发出的都是各自的呼声，但集合在一起，他们就会理直气壮地宣称，他们是代表整个国家在说话，即便事实上他们只是与地方的要求保持协调。一些立法者的确成为了全国领导者：来自内布拉斯加州的参议员乔治· 353
诺里斯（George Norris）为保护马色尔浅滩（Muscle Shoals）不被私人接管而进行的长期斗争，以及他在建立田纳西流域管理局①（Tennessee Valley Authority）中的领导作用就是一个见证。但仍然依赖于其选区的立法者要成为全国领导者，就要付出代价，而诺里斯最终就付出了这种代价。来自阿肯色州的参议员詹姆斯·富布莱特（James W. Fulbright）的困境又是一个见证，他在参议院外交政策方面担任着全国领导，他可能被任命为国务卿，但却遇到阻挠，原因是他对民权措施的投票

① 1933 年建立的美国联邦机构，负责利用国家资金开发田纳西河流域的自然资源，尤其是水电力。——译者注

是保守的，而他却认为，这种投票是保住其参议员席位所必需的。

面对这种困惑，在西方式民主体制下的立法者们并不做出战略选择；他们“见机行事”。一位美国州议员说，“在家乡人民所要的与你认为对他们有利的这二者之间，存在着一条分界线。这条分界线现在并没有给我造成特别的困扰，但它可能成为一个大问题。我不认为我总是能够确定这个分界线在哪里。它太灵活多变了。每项立法都必须作为个案来单独确定这一界线。”另一位议员说，“我并没有采取任何一种一贯的立场——有时是这个，有时是另一个……我现在还在这里，这就证明了我的成功。”

议员究竟应当服务于地方利益还是国家利益？究竟应当遵循（地方的或全国的）人民的意愿，还是应当以议员根据自己所掌握的较多的信息、经验和取向而认为最佳的方式来制定法律？在这些方面，这些代表们并不能清晰地确定他们的角色。但最终可能证明，议员从一个角色跳到另一个角色，可能比确定某种他们愿意采取的一般立场更加困难。这可能仅仅是因为角色借用本身会使他们面临无数选择，而当他们能够建立并遵循某些大致的指导原则时，生活会变得更容易些。他们可能会在若干被宽泛界定的角色中选择一种或多种角色：

思想倡导者（ideologues）所倡导的学说，可能在其选区获得广泛的支持，但更典型的是被为数不多但却善于表达的少数人所持有。这种学说可能是经济的、宗教的、民族主义的、语言的、地区性的、革命的、反动的、仇外的、反中间路线的。在立法机构中，思想倡导者很容易找到具有同样学说倾向的同盟者。他们的投票——和言谈——经常跨越政党界限和其他既定的分界。

护民官（tribunes）［这个词被约翰·瓦尔克（John Wahlke）和他的同事们用来指那些“可能认为自己在根本上是人民需要和欲求的发现者、反映者、倡导者和捍卫者”的立法者们］可能认为自己从根本上代表着家乡人民或整个政治制度；在任何情况下，他们都将自己视为人民的渴望与政府的行动之间强有力的桥梁。根据瓦尔克等人的说法，“护民官可能表现了对其角色的三种看法中的一种或多种。他
354 可能把自己视为人民需要的发现者或鉴定者，可能视为人民利益的捍卫者，或视为人民要求的倡导者。”他们对人民的感受非常敏感，但并不一定任其摆布。

名利追求者（careerists）将在立法机构中的经历看作价值本身，或是看作向立法机构内外更高职位发展的台阶，而不是看作服务于更广大目标和利益的手段。为了促进他们事业的发展，他们施恩惠于那些最能够帮助他们的公共或私人团体。名利追求者并不必然有害于普遍的福利；这要看他们如何来确定他们的目标。他们可能只是在立法机构中努力去做那种会给其选民及国会大厦中密切关注的观察员们留下印象的招人耳目的工作。约翰·F·肯尼迪显然就将众议院以及后来的参议院的工作视为登上总统宝座的台阶。当他成为参议员时，他这样来谈众议院：“我们在那里只是一群可怜虫。”当他刚刚当上总统时，他也以同样的方式贬低他在参议院的角色。但他知道，如果他想赢得信任来竞选总统，他就不得不将立法者们的工作完成得干净利落，起码在大多数方面完成得干净利落。

议会老手（parliamentarians）扮演两种角色中的一种或两种。一个是**技师**（technician）的角色，他成为议会程序的专家，在加速或阻碍立法方面起着举足轻重的作用。另一个角色是**现有制度的捍卫者**（institutionalist），他要保护的是议会制度本身。他们可能折服于议会诱人的魅力、有教养的举止以及历史悠久的知识传承；他们也许相信议会的生存与健康运行对英国、日本或意大利的生活方式至关重要。作为“体制的爱国者”[institutional patriots，唐纳德·马修斯（Donald Mattews）的用语]，他们极力推崇知识传承、相互克制和相互保护、尊重传统和彬彬礼让，这些构成了在美国参议院这样古老而值得骄傲的机构中的生活方式。

经纪人（brokers），这可能是被最普遍承认的立法角色类型，他们认为，自己在调停对立的立法者、平衡各种利益、权衡所有各方、缓解冲突并最终设计和实现立法方面的一致和行动——如果只是达成最低水平的共识——等方面起着不可或缺的作用。用卡尔·弗里德里克的话来说，他们经常是在其选区中诊断群体舆论的专家，他们知道“究竟应该采取何种恰当的做法才能在来自各种特殊群体的压力与来自集团整体的抵制（被动压力）之间保持平衡”。

还可能确认其他一些立法角色：**政党忠实者**（party loyalists）在其选区或立法机构中作为一个强大政党组织的代理人；**政策通才**（policy generalists）致力于一个广泛的计划，这经常是一个政党的计划；**政策专家**（policy specialists）将其立法工作集中于解决一个问题，在这个问题上，这种专家被承认是某种程度的行家，有几分热心，也许还有些令人厌烦。这些角色中有些是彼此不相容的；立法者们要以 355
一致的方式扮演这些角色会遇到困难，如既扮演思想倡导者的角色又扮演经纪人的角色。而其他角色却能够很容易共存于一人之身——例如，名利追求者、议会老手和经纪人。什么因素决定着立法者们将扮演的角色以及他们将处于潜在的领导地位？主要的决定因素是他们在一个（通常是）竞争的情境中如何认识构成其立法情境的那些条件：来自其选区的各种选举力量和舆论力量对他们的压力，以及他们在立法机构所面临的制度限制和政治压力。他们直接的本能可能是单纯地维持政治生存，他们的主要角色可能是机会主义者的角色。但是，假定存在着少量的安全保障，假定存在着使各种角色彼此影响的可能性——利用他们扮演一种角色的效果去强化他们扮演另一种角色的效果——假定存在着将一段时间的信誉和影响力“储存”起来的可能性，以便使他们可以在需要时有一个可以利用的权力储备库——假定存在所有这些条件，立法者们所持的立场将会不仅是寻求单纯的生存。因此，他们扮演一种或多种角色，将主要取决于他们为自己设置的目标或目的。这些目标或目的可能是高度关注自身利益和追求名利；它们也可能与其选区或其政党有更多的关联；它们也可能服务于一个伟大的事业。这种目标可能反映一种马克斯·韦伯意义上的**靠政治为生**（live off politics）的性情倾向，与其相对的是**为政治而生**（live for politics）——为了某种普遍目的，它远远超出并高于立法者的个人幸福或成功之上。这些目的随立法者与立法者的不同而有极大差异，随立法机构与立法机构的不同而有极大差异，但随着立法者们更深地涉足于立法结构之中，更深地投身于利益集团与政党的集体目标，这些目的将会呈现出某种一致的形式，对议会领导的研究来说，它们具有某种共同的意蕴。

团体领导和立法结构

关于议会团体与派别的主流观点，是将其视为一组本质上由院外利益集团控制的立法者——简言之，是一群追随者。“立法者们可以分为什么样的不同类别?”詹姆斯·麦迪逊（James Madison）问道，“不过是两种，即某种事业的倡导者和参加者，他们决定该事业”——并且，人们会补充说，该事业也决定着他们。几十年来，关于立法机构的流行观点（不只是在美国），用厄尔·莱瑟姆（Earl Latham）的话说，是把它看作“一部收款机上的被动零件，只是记录着力量的消长；是一个没有头脑的天平，指示和标志着各种竞争团体的权力大小和分布”。但莱瑟姆接着
356 说：“各州议会也是一些团体，并且显示出非正式团体要有效代表其成员就必须重视某种认同感和自觉性。”这再次提醒我们，领导与追随是不可分离的，不能只凭着外在的表面现象或单一事件就将一个政治家归为领导者或追随者。

在英国议会中，议员团体和派别的角色特别具有欺骗性。威斯敏斯特的议会传统不喜欢利益集团和压力集团的赤裸裸的表演。萨缪尔·比尔（Samuel Beer）指出：“议会制度不允许来自选民的‘权威指令’和‘委托’。它也不允许在议会外建立各种联合体来决定议会该做什么并将这些决定作为来自更高权威的决策强加给议会。”内阁对下院的影响和强有力的政党纪律似乎也不鼓励派别。事实上，议会支持这样一种生机勃勃的团体生活，它直接反映议会外有组织的利益集团间的冲突。围绕经济、意识形态、外交政策、退伍军人、单一议题（single-issue）以及其他利益问题，议员们组成永久性的、半永久性的或临时性的委员会，与那些组织并不完善的立法机构的议员们所做的没有两样。对英国工会联盟（the Trades Union Congress）来说，支持至少100名工党候选人成功进入议会是很正常的事情。现任议员们不仅在议会工党党团中共同工作，而且在那些对英国工会联盟具有非常重要意义的具体问题上也携手合作。在工商业方面，议员们——特别是保守党的议员们——围绕着保险、储蓄、酿酒、出版及许多其他问题而联合起来。

议员们在何种程度上可以代表那些与其相联系的特殊利益集团来行动，并没有非常明确的界限，这既给予政治家们相当的行动空间，但又不鼓励他们跨越某种边界。议员们不可以利用他们在议会中的地位为他们自己或为与他们有商业关系的人谋取经济上的好处；但他们却可以——并被期望——代表那些支持他们的更广泛的利益集团采取行动。理查兹这样解释道：“如果一位先前做过矿工的议员就煤矿安全发表演讲，或一个先前做过教师的议员争辩说教师应当享有更高的报酬——这会被视为履行代表职责的组成部分。但如果一个议员由于获得了特别的报酬而在议会中采取行动，其行为就是不道德的。”这一界限不仅是写在明文的规定之内，而且同样也融入了微妙的惯例和共识之中。

议会团体既要作为政府的组成部分，又要作为向政府施压的一个源泉。英国最大的退伍军人组织英国军团（British Legion）是说明议会团体这种显著能力的一个例证。伊恩·弗雷泽爵士（Sir Ian Fraser）多年来担任该军团的主席。他是在第一次世界大战中双目失明的退伍军人，并且是保守党的一名议员。该军团具有退伍军人组织通常具有的利益和目标，主要是要求提高伤残退休金和其他政府福利。该军团在议会中组建了一个“下院分会”（House of Commons Branch），其成员包括该 357
军团在下院的所有团员，并炫耀下院议长是其名誉主席。弗雷泽尽力谨慎地平衡他对政党、议会和军团的义务。当保守党人在基本养老金方面提出一个小幅度的改进议案时，他对自己的政府既表示赞同，又提出温和的抱怨；他必须应付该军团在下院的分会中那些反对党工党的议员，他们指责他屈服于他的保守党党魁；他必须应付英国军团中的积极分子，他们质疑他是否应当继续做该组织的首领；他还必须应付像英国肢残退役军人联合会（British Limbless Ex-Servicemen's Association）这样的与其竞争的组织。在议会唱名表决这样的关键时刻，弗雷泽紧跟其党的组织秘书，但也有一次他走进了反对党的投票厅。无论如何，他设法保持了他在保守党、英国军团和军团在下院的分会中的地位，始终以灵活的方式领导着议会中的退伍军人力量。

英国军团分会及其保守党领导者在威斯敏斯特的派系领导，体现的是内阁和政党组织秘书所容许的“自主”（free-floating）领导的一个极端案例。一般来说，议会的和政党的领导对派系领导者的主张和要求是极为警惕的，他们有一些克制其行为的手段。而在美国，在国会以及大多数州议会中，派系和团体领导被容许有大得多的活动余地。在美国全国立法机构中，群体主要是按地区来组织的。这在英国并不陌生，英国的两大主要政党内外就存在着苏格兰和威尔士的民族主义者。但在美国，地方主义更加多种多样，甚至更加强烈。像中西部集团、新英格兰集团以及最为重要的南方集团这样的群体，有时被正式组织起来，但地区的权力在地区似乎面临挑战时早已准备就绪并且无处不在，以至于正式的领导和组织结构并不是必需——并不需要组织的敦促，领导者就会跳到麦克风前。

在国会和美国州议会中的派别和派系领导，通常都是以选区中有组织的利益集团为基础的，正是这种关系造成了一种简单化的认识，即认为只有利益集团及其游说者一方所施加的单向压力。但事实上，这种关系完全是一种双向的交易关系，立法领导者经常比利益集团的领导者更加主动，发挥的作用更大。立法领导者通常身处一线，他们可能最先揭示出对团体的某种威胁，他们直接掌握着交流和抗议的手段，他们的声誉经常使他们比游说者更能引起人们的关注。这些角色是可以互换的；有时，立法机构中的派系领导者会比利益集团的领导者更多地向利益集团的成 358
员发出警告，激发他们的关切，动员他们的政治潜能，教给他们与立法机构打交道时应当采用的战略，统一他们对当下争议问题的看法，并淡化其他会引起分歧的有争议的问题。我们经常听说，当由劳工、退伍军人或反活体解剖者组成的利益集团被激怒时，信件和电报会像潮水般涌进议员的办公室；但我们却很少听说立法机构的各个派别曾采取主动的措施来迅速减少这潮水般的函电涌入他们自己议员和其他议员的办公室。查尔斯·克拉普（Charles Clapp）曾发现一个在国会中被广泛接受的观点，即最有影响力的游说集团是国会议员自己在国会内组成的游说集团。

这些双向的交易——实际上是多向的，因为在立法机构内外通常都会牵扯有各种对立的子派别——在很大程度上取决于派系领导者所承担的角色。他们可能将其在立法机构中的角色看作是中立的裁判或超然的仲裁者；但更经常的是，起码是在纪律不太严明的议会中，派系的立法领导者将自己看作是团体利益的真正代表——实际上，他们很难感知到在其从属团体的参照框架之外的问题。大卫·杜鲁门注意到："一个立法者—政治家与任何其他人同样……生活在一系列主要由团体界定的环境中。这些环境向他提供看法、参照系、观点，它们使他更容易接受某些提案，不容易接受另一些提案。"许多立法者极其真诚地坚持认为"他们是凭着自己的良知来投票的"，但"他们的'良知'是他们所生活的特定环境的创造物，是他们所组成和隶属的团体的创造物"。

通常来说，立法机构中的派系领导者与利益集团的领导者并不遵循规定的角色要求，而是根据特定的政治情境做出反应。他们彼此间的关系明显是交易型的。利益集团的领导者及其游说者能够向立法者提供金钱、人员协助，特别是所在州或选区的支持。但是，就像马修斯曾经指出的，立法者们也能够向游说者施加影响。一种方式是不予合作。"参议员有游说者想要的东西——投票权、声誉、进行全国宣传的渠道以及立法机构的'内幕消息'。此外，游说者对这些东西的需要并不只是一次性的，而是长年里的多次需要。参议员处于可以讨价还价的地位。"马修斯观察到，参议员还可以与游说者建立友谊，这使游说者愿意保护参议员的利益；参议员还可以通过各种策略与游说者建立起长期的"信任"，它是参议员在关键问题上可以利用的东西。

根据长期的观察，随着立法者们在其议会之家亲切且或许险恶的怀抱中度过越来越多的时光，议会的体制使他们日趋社会化，议会的各种神话、习俗和不成文的
359 规则被灌输到他们的头脑中。身受选区父老乡亲全面的道德说教式的重托，怀着满腔热情进入议会的新人，在这里所学到的却是：为议会的效率所付出的代价是闭住自己的嘴，听长者说，特别是遵守规矩和习惯。"如果你要生存长久，就要循规蹈矩"，这是交易型立法领导者的忠告，在许多国家的议会语言中都能听到这样的话。往极端处说，这种趋势可能会使立法者们成为这个可能正在衰败甚至已经死亡的制度的奴隶。但许多人没有看到，某些立法者的确有能力不受议会环境的控制，并且利用议会的环境来实现自己的目的——或许更经常出现的情况是：他们在某些方面屈从于制度的要求和主张，以便能够在其他方面行使对立法机构及其立法过程的领导权。

在这些方面，实施领导所能达到的程度和性质，部分地取决于立法者们所担当的角色。议会老手多年研习程序，使他们在加速自己提案的立法过程、延缓和削弱其政敌提出的举措方面处于绝对优势地位。提案要通过立法机构的重重迷宫，而技巧娴熟的经纪人却能够利用无数的机会斡旋于各个敌对的派别中，并因在这一过程中施加的附加影响而获得"经纪人佣金"（broker's fee）。如前所述，制度捍卫者通

常推崇议会的生活方式，这不只是因为他们乐于此道，而且因为他们从中受益。另一方面，在权力分散的立法机构中，思想倡导者可能会吸引很多关注，但对立法过程却影响甚微；而政策通才则可能不得不满足于渐进主义，而不会提出突破性的计划。

议会体制中最重要、最持久和最引人注目的组成结构，通常是各种委员会。第二次世界大战后在一些大国新建或重建的议会都设立了强大的委员会制度，这可能具有某种重要意义。这些委员会经常由有效的领导者来担任主席。在日本，战前的国会（Diet）曾有若干个常设委员会，但在每个议院中行使领导权的却在很大程度上是一个“全体委员会”（committee of the whole）。在战后国会中，有了一整套常设委员会，每一个都主管着一个重要的政策领域，如教育、财政、外交事务或交通。现在国会的大部分立法工作都是由这些委员会来承担的，这些委员会还有调查的权力。这种委员会系统加强了立法机构，它反映了战后制定日本宪法的美国人决意要使新的国会成为新的政府体系的核心。20 世纪 40 年代后期在东京的那些美国的立宪者们，大概就像 1787 年他们在费城的先驱们一样，低估了政党的潜在作用。 *360*

印度下院——人民院——的各立法委员会，为制定重要决策的领导提供了机会。由战前的议会发展而来的强有力的常设委员会在 20 世纪 50 年代早期的一场政治斗争中被政府废除，这场政治斗争所反对的制度被认为既与政府作对，又违背英国的议会传统。然而，两个有重要意义的财政委员会，即公共会计委员会（the Public Accounting Committee）和预算委员会（the Estimate Committee），被允许保留，起码发挥消极的影响。关于预算委员会，W. H. 莫里斯-琼斯（W. H. Morris-Jones）的观察是：“该委员会对政府的间接影响——既通过一般的公众舆论，也通过下院和政党发挥作用——甚至可能比其直接影响更为重要。”公共会计委员会的作用则是警惕地监督政府开支。

联邦德国的联邦议会拥有各种相对强大和自主的委员会，各委员会的主席行使着相当的主动权和自由裁量权。议会在很大程度上依赖于这些委员会所做的实质性工作。不论这种情况是否受到了美国经验的影响，目前德国的委员会制度与美国国会两院中的常设委员会结构相比，其重要性相对逊色。

两院的各常设委员会似乎应该为立法领导提供充分的机会。长期以来，这些委员会就被认为是“小型立法机构”，它们有充分的权力自主立法，并有充分的权力批准、否决和大幅修改由政府、国会议员个人或委员会自身的成员提出的立法提案。这些委员会令人印象最深刻的特征大概是它们的稳定性：这些具有持续的和可预测的影响力的小型组织是整个立法体系的坚实组成部分。因此，具有长期历史的参议院的外交关系委员会和众议院的法规委员会（House Rules Committee）就具有突出的政治地位、独立行事的良好声誉、引人注目（或当它们愿意时的不引人注目）的形象、与国会山中的其他权力中心的密切联系、广泛的实质性的权力管辖范围和积累丰富的立法经验，所有这些集合在一起，使得这些委员会具有了一种持续的影响力。尽管政治气候千变万化，尽管会有威胁委员会自主性的新总统上台就任，尽管立法系统本身会改革和重组，这些委员会一直保持着它们的影响力。值得注意的是，国会在其近两个世纪的成长过程中，对其各个委员会不断进行重建和“改革”，却没有（总的来说）根本改变这些委员会的影响力和自主性。

在这种委员会的可靠基础之上，这些委员会的正式领导者——主席，这些委员
361 会的多数党和少数党的首席委员，以及分委员会的主席——能够建立群体和个人的势力范围以实施持续和可预测的影响。这种趋势由于委员会资深制（seniority system）的存在而具有重要意义。尽管偶有例外，但这种资深制几乎肯定会将委员会主席或少数党首席领导人的职位奖赏给那些在委员会中连续任期最长的个人。资深制反过来又与许多参议员席位和大多数众议院席位长期被一党占据的趋势相联系。那些成为主席的人们经常是来自“安全”席位（“safe” seats）的国会议员，这种席位是他们多年苦心经营的，不存在两大主要政党之间的竞争，不利于向在任者的再次提名发动挑战，也很难对他们的再次当选造成威胁。不可避免的是，委员会的主席即使能力非常有限，也照样能控制委员会中的立法内容和程序；他们还具有立法的资源，他们可以将其用作对付国会中其他权力中心的政治资本。在国会山的互惠、中介和交换的整个交易体系中，委员会的权力居于核心的地位，而委员会的主席则控制着大多数的资源。

在国会的各个财政委员会——参议院的财政委员会、众议院的赋税委员会（House Ways and Means Committee）以及两院的拨款委员会——中，这种影响表现得最为持久稳定和最可预期。这些委员会的主席所具有的影响潜能也同样无人能及。在众议院中，根据理查德·芬诺（Richard Fenno）的说法，拨款委员会主席“有责任召集委员会开会，确定议事日程，并主持会议。他有责任在他认为必要时创立分委员会，并任命多数党的议员在每个分委员会中任职……他有责任就拨款议案向众议院与会者提出建议（由议长正式约定时间）……他有责任监督委员会的工作流程，从听证到对议案的最后审定，到委员会全体会议……他决定拨款议案何时提交到众议院，并与参议院商议两院委员会会议（conference committee meetings）的时间”。芬诺注意到，这些权力和期望是被众议院的传统确定下来的；它们可能会由委员会根据多数人的意见加以修改，但过于巨大的改变将会对众议院这一“最神圣的规范”构成威胁。

一个世纪前，伍德罗·威尔逊将常设委员会的权力描述并谴责为“常设委员会统治”（government by the Standing Committees），众议院拨款委员会为此提供了一个极端的例证。威尔逊将各委员会主席的“部门分割管理体制”（disintegrate ministry）与英国议会中的中央集权和政党负责的政府体制进行了比较。与美国、
362 法国以及不少在其他方面都将英国奉为楷模的立法机构相比，英国议会几十年来一直坚持不给予其常设委员会以很大的权力，这并不是偶然的。下院的各委员会不能扼杀各种议案或无限期地拖延它们。它们的工作涉及的是具体的细节和技术方面，而不是立法的整体内容。内阁和政党领导更不容许各委员会威胁它们的权威。

因此，在一些立法体系中，各种独立委员会和委员会主席的影响力是相当可观的。然而，不应当将其夸大。这种影响在本质上可能是消极的，主要被用于阻挠或

削弱其他领导者的计划；只有委员会领导者能够将他们积累的影响力"储备"和集中起来，这种影响才可能有助于积极的行动。委员会领导者的权力似乎也是显而易见的，这主要是因为其他方面的权力在整个立法机构是如此不显眼地被分散了。但是，整体的制度结构和议会的政治环境构成了对委员会领导的主要限制。无论委员会的领导者多么足智多谋、精明强干和善于操纵，无论他们多么精通储备资本和擅长牵线搭桥，他们很少能够使自己摆脱制度的束缚，得以超越各种直接的政治力量来实施广泛和具有想象力的领导。因此，尽管各委员会及其主席们被赋予了极大的权力，但威尔逊仍然坚持认为在国会中不存在"有权威的领导者"，不存在代表着各种重要原则的国家领导人，而只存在一大群"宫廷男爵"（court-barons）或"贵族领主"（lord-proprietors）。这种貌似封建体制的权力分散有利于交易型体制，在许多立法机构中，这种分散的权力仍然有利于交易型体制。

即使对那些最有权势的主席们来说，制度和环境的压力也会难以抗拒。芬诺说，众议院拨款委员会主席具有极大的影响潜力，但这种潜能实现的程度，取决于他在多大程度上是根据国会的规范来扮演这一角色。主席必须遵循资深制，避免不适当地抬高自己的地位，要与其同事妥协，作关键性决策前要进行磋商，并且尽可能淡化党派色彩。因此，就像一个分委员会主席对该委员会主席所做出的评论：只有当"他擅长为人处世且应对得当"，他才能发挥领导的影响力。如果这符合拨款委员会的实际情况，那么它对于在国会和许多其他立法机构中的更小的委员会来说，会具有更为重要的意义。

立法结构并非天然有利于积极的、全面的和有原则的领导——变革型领导，而是有利于兼容的、经纪型的、渐进的领导——交易型领导。当各委员会的确似乎在
发挥着重要的影响作用时，它或者是在阻挠议事进程，或者是在运用由议会或政党 363
的更高权威赋予该委员会的议案批准权——这种批准权也能够被权威机构任意撤销。

集中的立法领导

大多数立法机构的领导潜能，似乎既不是来自议员个人的行动，也不是来自积极活动于各派系并置身于委员会结构之中的立法者团体的集体努力。靠经纪人牵线搭桥和妥协让步，行；靠变革型领导，不行。但这种观点正是产生自 20 世纪的经验和感受。在一个世纪之前，人民——起码是在议会民主制国家中的人民——将立法机构看作是在国家中进行集体领导的地方。他们看到的是才华横溢、口若悬河的雄辩家的表演；这些吸引着其他立法者们和旁观席上的时髦女士们着迷目光的光彩照人的抗辩人、辩护者和智者，成为小孩子们立志的榜样。这不仅仅是一次演出；议会老手们经常能够制造这样的表演。面临南北方关系的破裂，参议员克莱和韦伯斯特能够实现全面的化解，即使只是暂时的；面对工业开发和社会动荡，在缺乏关心社会问题的人的议会中，迪斯雷利和格莱斯顿赢得了重大社会法案的通过。他们

对议案所需支持的动员，并没有更多地借助于纪律严明、组织统一的政党——就像我们所了解的政党。

在今天大多数西方的民主制社会中，议会领导必须借助政党的影响力，以保证其所提出的大量立法议案能够得到普通民众的支持。传统的议会方式——不拘礼节，在议院内外温文尔雅的辩论，变幻莫测的团体联盟，对普通议员独立性的尊重，对传统的注重——不得不让位于能够争取最大限度的政党支持的各种纪律约束系统。印度是最近正在现代化的国家中比较典型的一个。就像英国议会那样，印度议会被视为最高权力机构。但在获得独立之后，领导与权力究竟应当如何在党的全国组织与议会中的政党议员之间进行分配，多年来却一直处于不定的状态。执政的国大党对这一问题的最终处理，是安排其议会党团的成员——现任的议员——与选区和全国两级党组织紧密地结成一体，特别是保证居于领导地位的国会议员在该党的组织系统中担任重要职务，并确立常规性的手段来强制执行党的纪律，包括设立
364 组织秘书。对此存在着各种指责，特别是在新闻出版物中，说政府执行的命令不是来自“有着至上权力的议会”，而是来自独裁的政党小集团。由于尼赫鲁的政治技巧和坚定不移，这一问题获得了部分的解决。有一次，他迫使一个“老派”印度教徒离开党组织的领导层，因为尼赫鲁担心他可能会不正当地利用其在该党中的地位在立法机构中鼓励保守的政策。为了有助于教育和“社会化”议会党团中的普通议员，国大党建立起了各种机构，包括 20 多个党的常设委员会，但党的这种铁腕经常戴着天鹅绒的手套显示于人。

当然，如果议员们没有一种共同的指导思想或意识形态，那么这种纪律就不能在议会中发挥作用。斯坦利·科查尼克（Stanley Kochanek）注意到，除了神的子民①（不可接触者）和部落成员之外，印度的选民就像大多数选民一样并不寻找与他们的社会身份完全一致的领导，而是寻找能够表达他们对自己的需要和利益的感受的领导。议会党团的领导出身于中产阶级和上层阶级的背景，多是专业人士和地主。在与英国人的斗争中他们在指导思想和情感上融于一体；在监狱中服刑既是荣誉的徽章，也是忠诚于运动的证书。随着斗争的记忆逐渐消退，人员招募方式也处于变化之中，但议会党团的领导还是能够在相当的程度上控制国大党的新候选人对党的指导思想的支持。在印度的其他政党也显示出这种强化纪律约束的趋势，并取得了不同程度的效果。

在许多其他地方的议会中，立法领导在政党的团结和纪律方面具有很强的基础。在加纳的人民大会党（Convention People's party）的议会领导——掌握领导权的主要是律师、记者和青年代言人——其影响力不仅产生于克瓦米·恩克鲁玛的魅力型领导，而且也主要产生于早年反抗殖民主义时的团结一致，产生于党的纪律。在波恩，根据格哈特·洛温伯格（Gerhard Loewenberg）的说法，随着重要政党数量的下降以及在议会中动员普通议员的支持变得更加迫切，在议会中的党团发展出日益复杂的内部组织。在日本，柳贺千年（Chitoshi Yanaga）在第二次世界大战结

① 神的子民（Harijans），指印度的不可接触者，即被排斥于种姓之外、社会地位最低的“贱民”。——译者注

束十年后方才写道，国会的投票表决被各政党严格控制，政党的核心会议（caucus）是“实际的政党政治”的中心，并不断被用作这样的中心，“国会议员受到核心会议决定的严格约束，很少有人敢于对它们置之不理”。当然，在议会内政党的纪律约束也有各种差别，在政治倾向上偏左和偏右的政党的纪律约束经常更强。

英国的下院被许多其他政治体制广泛效法，即使仅仅是由于这个原因，那么人们再次在“议会之母”身上找到议会党团实施纪律约束的最重要实践。丘吉尔在 365
1945 年竟然对工党提出指责，声称其议会党团被政党组织所主宰，但当时保守党却一直在用有时伪装华丽但贴身紧缚的马具控制着其议会的坐骑，这真是一种讽刺。当然，托利党不会接受“外部组织”对议会党团的广泛控制，但在议会党团内部，领导层具有相当的权力。一位保守党的议员抱怨说，议会的普通成员实际上是无能为力的，“议员是党的机器的卑躬屈膝的仆人”。保守党的领导者通过议会党团和政党组织，最终有权将犯错的议员驱逐出党，但这是很少被使用的武器，因为被政党驱逐就像被俱乐部开除一样是不体面的。领导层宁愿依靠由阶级、学校、职业和俱乐部自然产生的团结，依靠向服从者许诺安全的议员席位、低级别的大臣职位和各种荣誉这样的奖赏能力，依靠后座议员广泛承认领导是迫切需要的并需要靠纪律来支持。

人们普遍认为第二次世界大战前的法国议会领导是失败的，据此一些人期望战后的改革能够在制度上为领导的加强和稳定提供支持。在这方面所做出的努力，并未能克服导致不稳定和**墨守成规**（immobilisme）的知识界、社会界和政治界势力。在第四共和国，就像在第三共和国那样，在下院中的派别分歧是如此严重，以至于就像罗伊·马可利迪斯（Roy Macridis）所说的那样，组成内阁就像是要使交战各国签订一项条约。软弱的主要根源，仍然是联盟中的任何政党都有权退出联盟从而威胁使内阁垮台——以及由其退出的能力和意愿所产生的讨价还价的权力。软弱的第二个根源是议会党团的领导者对其是否有能力保住普通议员的支持并无把握。后座议员很容易在全院大会投票中弃权或与邻座的他党议员投一样的票。从整体上说，议会各党团保持了大致的团结，但其程度却随时间而异，随政党而异，这取决于面临的问题、领导层在议会中能够控制的奖赏与惩罚手段以及议会领导在何种程度上能够依赖选区中的政党组织来奖善罚恶。由于议会党团的领导与地方政党组织的领导之间的关系一般是微妙的，总理和他的部长们通常不得不为给予支持的问题而讨价还价，其议价结果并无定数。 366

人们可能会争论说，**议会党团**领导的有效性并不是检验**立法**领导潜能的公平标准，因为前者的权力源自立法机构以外的力量——源自政府，党的全国、地方或选区组织，或这些力量的组合。但是否有一种独特的源自立法机构本身——源自程序和制度、传统和权威、内部的动力资源或人力资源，或上述所有各项的组合——的真正的议会领导？美国的立法机构为这一问题提供了某种启发。

所有这些国家的和州的立法机构，都大致是在政党基础上组织起来的；实际上它们都是在两党（民主党与共和党）的基础上组织起来的。正式的立法领导是由政党选举产生的；在美国，当政党之间就最高职位（议长和多数党领袖）和其他的多数党与少数党领导职位进行投票选举时，几乎从未听说参议员和众议员不投票支持他们自己政党提名的领导者。在这一点上，政党保持着近乎绝对的团结一致。各委员会是以政党为基础来组织的；多数党会比少数党获得更多的席位；议员在参众两院都是按照党派来就座的；政党的组织秘书是被任命的；多数党领袖对议程拥有相当的控制权，但要与少数党领袖进行适当协商。

政党的强大作用力更多是表面的，而不是真实的。当涉及**政策**这一立法的实质内容时，政党的影响力要远小于其对程序和组织事项的影响力。党内团结的缺乏程度，在州议会间有很大不同，在国会内部也随着时间、事项和环境的不同而迥异；而各种地区的、意识形态的、利益集团的和个人的势力也强有力地修正着党的正常规范。政党起着向导、检验的作用，有时还作为各种力量的汇聚点，但摆脱党却并非是难事；实际上，党的背叛者会在选区中标榜他们“独立于其政党”，并经常因此在政治上获得收益。贾德森·詹姆斯（Judson James）注意到：“政党组织在当代的分裂和衰败，强化了立法者们的选区取向。”

在一些州和选区中，政党组织相对强大；但关键问题是：谁控制着党的地方组织？如果国会党团的领导对地方党组织有直接的影响，或甚至与其有直接的联系，那么国会党团的领导就起码在候选人提名的过程中可能获得广泛支持。但很少存在这样的影响力。地方党组织通常或是自主的，或是被与党的全国组织没有什么关系的某个市长或州长或其他的地方或州的官员所控制。实际上，在候选人提名和选举
367 的关键时刻，国会会设置障碍防止党的全国组织的影响。1940 年的《哈奇法》①（Hatch Act）不仅是一个使公务员免受政党政治诱惑的隔离措施，它还在某种程度上是一个精心设计的手段，用来削弱总统和党的全国组织将联邦的职位分配给国会议员的地方政治竞争对手的权力。此外，在两院中的民主党和共和党人还建立了国会竞选委员会来为国会的候选者筹集资金和其他政治资源。

鉴于政党的这种弱点，以及政府部门对由地方和独立选举的立法者们的有限影响，美国的立法机构似乎为自主的立法领导潜能提供了一种有用的检验。它也的确进行了这样的检验——但检验的结果并没有显示出实际或潜在地存在着成功的领导。在缺乏来自外部的行政领导或来自外部或内部的政党领导的情况下，那种能够汇聚对立法的支持、划定冲突的界限、动员国内的支持，并将议案变为法律的属于立法机构自己的**议会**领导，似乎无法在立法机构中产生。人们能够找到一些例外，发现一些伟大的议会领导者能够借助个性和原则的力量主导立法机构，但在 20 世纪，这种例子是凤毛麟角。如果对领导的最终考验是**行动**，那么从长期来说，不借助政党或政府的资源，议会领导者是无法通过这种考验的；他们无法左右数以百计的独立选举产生的立法者们的政治前途，无法将这许多人的努力协调起来以便产生全面和系统的立法成果。

---

① 1939 年通过的以美国参议员卡尔·哈奇（Carl Hatch）的名字命名的法案，它规定在政府中任职的人不得参加竞选或捐款。——译者注

在法国，寻找伟大的议会领导的构成条件不可能排除政党在国家立法机构中的影响。在 20 世纪 30 年代的第三共和国时期，法国不仅在多党制方面而且在众多弱小党派的并存（起码在左翼政党之外）方面，无意识地进行了一次实验；在这个情形下出现的领导者，是老练的经纪人和联盟构造者，但很难成为革新、创造或根本性社会变化的领头人。列昂·勃鲁姆在众议院对皮埃尔·赖伐尔[①]（Pierre Laval）喊道："你的顽固不化、阴谋诡计和油头滑脑使一切都堕落了。"他也可以对许多其他的议员说同样的话。勃鲁姆自己有能力在人民阵线中建立一个非同寻常的有效联盟，但也以失败告终。大多数政府的兴衰沉浮并不是由于棘手的问题和选择，而是在很大程度上由于对荣誉、津贴、好处和特殊的选举安排的交易买卖。最终，议院只剩下"同谋者的共和"（republic of pals），在这些人中间，责任、权威和领导变得如此支离破碎和锈蚀斑驳，以至于在不断增长的危机面前，政府越来越成为动荡不安、墨守成规和无所作为的象征。

即便是处于最佳环境下的议会——有强大的行政领导、政党领导和议会领导， 368
这种领导与全国的和各选区中的政党组织有着各种直接的联系——能否成为有效指导平稳的但却是根本性的社会变革过程的组织基础？拉尔夫·米利班德（Ralph Miliband）甚至对这种可能性都表示怀疑。英国工党绝对信奉**议会**制社会主义，使得该运动的领导者对威斯敏斯特采取完全接受的态度。在那里的生活所提供的诱惑，趋向于为了虚假的全国统一而淡化社会主义的纲领，趋向于紧跟议会领导者——如麦克唐纳——即使他们抛弃了社会主义的事业，趋向于使社会主义的纲领遭受保守主义的侵蚀，这种侵蚀在任何议会中都不可避免，并在那里由于上院贵族、皇室和伦敦的社交生活所制造的各种牵制和阻挠而被强化。当然，米利班德的证据表明，英国的社会主义不只是在议会的浅滩上搁浅——工党的温和反映了该国议会传统的力量、工人们阶级态度的削弱以及大多数工党和工会领导者的温和与缺乏激进的战斗精神。米利班德注意到，在世纪之交，议会中的工党议员在年轻时读的不是马克思，而是莎士比亚、罗斯金和狄更斯；而且，工党在议会中的领导并没有使该运动摆脱这种倾向，而是使这种倾向更强劲有力。甚至安奈林·比万[②]（Aneurin Bevan）的议会党团在他的领导下也搞起了随机应变和交易式的政治手段，它钝化和淡化了左翼的影响力。对工党运动中一部分人来说，包括某些转向共产党的人，直接行动是他们希望抓住的诱人选择。但对数百万左翼或右翼的人们和他们的领导者来说，实施立法或政党行动的最容易、最可行的选择却是行政领导。

立法机构的结构，就像小型的或非正式的群体领导或较大的等级官僚机构一样，体现的是交易型领导。它依赖于领导者与被领导者对所感知到的欲求、需要、期望和价值观念进行的交互反应。其运行也取决于种种冲突；冲突或是被压制，或

---

① 皮埃尔·赖伐尔（1883—1945），法国总理（1931—1932，1935—1936），出卖法国给德国纳粹的主要策划者，1940 年后任维希政府的副总理、总理（1942—1944），战后以叛国罪被处决。——译者注

② 安奈林·比万（1897—1960），英国工党左翼领袖，下院议员，工党政府的卫生大臣（1945—1951），1951 年任劳工与兵役大臣时，因反对工党右翼重整军备预算而辞职。——译者注

是可能爆发导致分裂、僵局或混乱的结果，交易过程因此会以失败告终。如果冲突能通过多数的胜利或派别间的妥协而达到解决，就可能会导致更高层次的期望和社会改变。如果立法机构不对其选区负责，交易也会失败，就如同当利益集团使领导不复存在时，交易会失败那样。但立法机构不能靠自身的力量实施变革型领导。

第 14 章

行政领导

在20世纪的领导者中，无人能像夏尔·戴高乐那样以多姿多彩的方式在民主体制下实施行政领导，并使其人格化和象征化。也没有人像戴高乐那样自觉地为自己定义行政领导者的角色。

戴高乐的政治权力并不是来自传统的各种政治机构，而是源自于他的自信和不屈不挠，源自于他与法国人民直接的、个性化的接触。

组织越大、越复杂，所追求的目标的数量就越多。使问题复杂化的一个因素就是时间要素。一个为实现某种确定使命而新建起来的组织，其性质可能主要由这种核心目标来加以规定；但随着时间的流逝，原先的目标被实现，被修正，或被遗忘，新的工具性目标就可能取代原有的目标。

各种目标的排列必须具有某种形式和一致性，否则组织就会变得四分五裂。

行政领导本身对持续的和有计划的社会变革来说是不充分的。行政领导对危机情境是不可缺少的，在完成具体的和有限的目标方面是有效的。但是，行政领导结构内部的失去方向和控制，相互冲突的承诺、动机和目标的持续压力，行政过程固有的种种限制，给予大多数行政系统的有限时间，再加上领导者在调动外在于行政系统的意识形态资源和政治资源方面的无能——所有这些妨碍着那些在表面上并且在短期内似乎是有效和实际地掌控着一切的行政领导者。

为了产生所计划的真正变化，行政领导必须坚实地建立在权力和原则二者之上。

369 在20世纪的领导者中，无人能像夏尔·戴高乐那样以多姿多彩的方式在民主体制下实施行政领导，并使其人格化和象征化。也没有人像戴高乐那样自觉地为自己定义行政领导者的角色。在其高潮迭起的总统任期之初，他就明确表示，他认为自己是“法兰西共和国的向导和首脑”，他准备“充分地行使至高无上的权力”。没过几年，他进一步提出：法国人民必须理解，“国家不可分割的权威被人民完整地交托给他们选出的总统，不存在任何其他的权威，没有任何行政的、民事的、军事的和司法的权力不是由总统来授予和保持……”戴高乐对行政领导的理解，形成于其早年当军官的经历，在第二次世界大战中流亡期间，他的领导经验使其得到强化，对政党政治的长期观察使其受到千锤百炼。阿尔及利亚危机和其他法国二战后的危机使其日趋成熟，这种对行政领导的理解，使他在应付组织机构的对立、体制的限制和局部的政治问题时得心应手，使他在直接呼吁法国人民的支持时信心十足。

戴高乐没有议会的背景。在第三共和国和第四共和国的16位总统中，无一例外都曾是议会两院中某个院的议员，其中有10个人曾经是某个院的议长。势力强大的议员们能够信任的是这样的行政首脑。而戴高乐长期以来一直鄙视议会账房中的经纪与交易。他同样蔑视各政党的政治芭蕾，伴随着没完没了的结盟与分裂、妥协与临时拼凑，导致的却是政府命若悬丝，弹指之力便会使其分崩离析。争吵不休的各个政党和议员们不能为法国带来戴高乐上下求索的团结统一、目标一致和灿烂辉煌。

370 第二次世界大战后不久，戴高乐就声明：“不言而喻，行政权力不应当源自议会——议会应当为两院制并行使立法权——否则将会导致权力的混淆，从而使政府沦为各个代表团的大杂烩……如果不想使国家领导迅速退化到无能为力和无所作为的地步，就必须将法国政府的统一、团结和内部纪律视为神圣不可侵犯。”

戴高乐的政治权力并不是来自传统的各种政治机构，而是源自于他的自信和不屈不挠，源自于他与法国人民直接的、个性化的接触。他首先依靠对自己个性的充分施展。这种施展——后来被称为将军“风格”——根据多萝西·皮克尔斯（Dorothy Pickles）的说法，“要使人们感受到公共职务的尊严，要使人们受到总统盛典和礼仪的强烈感染，要明确宣示出国家宝座位居有人，无论是身居部长会议主席，还是就任国家总统；无论是代表国家出访外国，还是在外交事务方面作为首席发言人；无论是在国内，还是在国外”。戴高乐对记者招待会的利用集中体现了他的具有个性的方式。在用于节日庆典的豪华大厅里，面对600名记者以及两三百名内阁成员、政府官员、外交官和各种嘉宾，在闪光灯频频闪烁的映衬之下，身着燕尾服、颈系白领带的引座员挑开红色幕帐，戴高乐将军阔步穿行而来。戴高乐着力回答人们所期待解答的问题，他将记者招待会更多地用来使公众了解情况并消除疑虑，而不是用它来教化新闻媒体。

他与人民的个人关系，集中体现在由原来的间接选举总统向民众直接选举总统的转变过程中。戴高乐改变旧的间接选举制度，因为在旧的间接选举制度下，小镇的官员们拥有过分的优势。他说，直接投票选举会使总统获得“国家明确表示的信任”。直接的选举也使总统们在控制议会和各政党时具备了政治的合法性和可信性。

就最低限度来说，戴高乐的政治的和象征的权力，使他能够在保持政府的各个部门各就各位方面成为一个强有力的仲裁者，并保证总统享有最高权威。就最高限度来说，这些权力使他起码在实施行政领导方面成为一个由选举产生的掌握着近乎绝对权力的君王。首先，戴高乐喜欢将常规性的预算和行政权力交给内阁部长们和职业化的官僚机构，但这被证明是不切实际的，因为人民和议会在危机和苦恼时会找将军要求采取措施。菲利普·威廉姆斯（Philip Williams）和马丁·哈里森（Martin Harrison）注意到，戴高乐曾决心专注于战略性事务，避免为“军需官的业务”（quarter-master business）而分心，但这种想法“只是在战争正在进行和刚刚结束的那段时间，在戴高乐先前在任时所熟悉的那种情境中，才行得通，因为那 371
时战争刚刚结束，胜利和经济重建是所有政治团体的共同目标，不论他们为各自不同的意识形态和利益而可能争吵得多么厉害”。像阿尔及利亚这样的危机需要采取行动，但采取行动要花费金钱，并产生有关开支和征税的行政问题。戴高乐一直愿意成为最高行政长官；他也必须在某种程度上成为一名首席行政官。

夏尔·戴高乐的行政领导在他行使应急权力时达到极致。国家在他的领导下趋向于团结统一；行使宪法权力的各个部门中的对立退缩了，退到了外面的街头和壁垒。他的应急权力既能在真正的危机时被使用，也能在虚假的危机中被使用。尽管有许多抱怨，但曾经大权在握的法国立法机构在行政措施和危机管理面前放弃了抵制。在他总统生涯的后期，随着危机的减退，他很少再依靠应急权力，但这种先例却已铸成。

个人权威的获得，彰显的自信和卓越的政治技巧，消除立法机构的对立和党派的对立，与人民之间的个人化的、激动人心的联系，促进行政职能和责任感的提高，对应急权力的利用——这些都是行政领导的特质，而其中绝大部分特质都在戴高乐身上体现。然而，在经过了一代人的时光之后回首往事，我们可以问：在他当政的这许多年中，第二次世界大战后的各国国内和各国之间发生了巨大的变化，而戴高乐究竟带来了什么样的根本改变？当然，他在这段时期所推进或指挥的重大进展是无可否认的。他创立了第五共和国，号召法国人民重拾他们的民族自豪感和荣誉感，明智地终结了在阿尔及利亚和其他地方的旧的殖民结构，这些都是值得纪念的壮举。但根据大卫·舍恩布伦（David Schoenbrun）的主张，戴高乐任期最后岁月的这些重大成就基本上是消极的成就。尽管呼吁创新和追求卓越，但在成千上万普通法国人的生活中，并没有出现根本的改变，没有出现变革。在一个努力要洗刷自己在第二次世界大战中的暧昧和耻辱的国度中，戴高乐创造了一种统一的戏剧气氛。这是戏剧性的一幕，但不是达成社会变革过程中的一个实质性时期。

戴高乐的经历，产生了有关行政领导面临的困惑和具备的潜能的问题——尤其是行政领导表现和作用于潜在追随者的实际需要、渴望和价值观念的能力的问题。

政治行政官员：权力与目的

与政党或议会的领导者相比，行政领导者最明显的特征，是他们缺乏可靠的政
372 治和组织支持，在人员和预算这些方面要依赖于官僚机构的资源，并且最重要的是他们利用**他们自己**——在政治利益和价值观念的冲突中，他们利用自己的天分和特点，声誉和名声。在权力竞争中，政党领导者能够动员遍布全国各地的政治组织，激发普通党员支持自己的热情；议会领导者可以依靠那些代表选区选民的议员，他们可以动员选区选民来支持他的领导。在权力斗争中，行政领导者可能会诉诸公众舆论，但却缺乏有效的机构来激发它、塑造它、传播它并用它来影响决策过程。因此，与其他领导者相比，他们必须更多地依赖于个人的操控和行政管理，而不是有组织的支持。

如果行政领导者之间的竞争是在一种更受限制的竞技场中进行的，那么这种冲突在激烈的程度和后果的严重性方面都会毫不逊色。他们不仅要对付约束并分裂了他们所领导的官员的**组织外**影响，如不同的意识形态、差异的个性和冲突的利益集团隶属关系，不仅必须指挥属于各种不同政党、宗教派别、专业组织和工会的行政人员，他们还必须应付在任何大型组织**内部**都会产生的各种冲突。这些冲突根源于各种技术力量，通过复杂的组织而增生扩散，反映着专业化、地位等级体制及其不平等角度和履行职责的不同，同时还根源于年龄、教育、地位、职业期望、进身阶梯的差异。具有不同的教育背景和现任职责的专家们为保护和扩展各自的管辖范围而争斗。行政组织内部的各种关系反映着职业与家庭角色之间的紧张关系。紧张关系还可能产生于个人目标取向与组织目标取向之间的冲突。菲利普·塞尔兹尼克（Philip Selznick）注意到，在大型组织中自然会形成内部的利益集团，因为整体的组织机构总是包括一些下级组织。最后，存在着这样一种现象，即行政管理者为了他们自己的目的——通常是为了保持对工作人员的更好控制——而有意在其职员间挑起冲突。当然，没有任何组织能够免除权力的困惑和冲突。但问题是，在潜在的或公开的冲突情境中，政治行政官员们如何来动员、组织和管理权力——并且为了什么目的这样做。

人们在组织中辨别出各种不同的权力：合法权（legitimate power）、奖赏权（reward power）、惩罚权（punishment power）、参照权（referent power）和专家权（expert power）。参照权是由于一个人对另一个人在情感上的尊敬或认同而产生
373 的影响力。合法权与组织中的权威（authority）概念有着密切关系，参照权在某种程度上也是如此。当领导者被授予要求另一个有服从义务的人——并非一定是下属——服从其愿望的正式权利时，就被认为拥有官僚机构的权威。权威也具有心理学的维度：人们接受权威通常只是因为有一种如此做的倾向，而不是有意识地决定

要服从正式的合法权威。因此，许多行政领导者将权威作为担任公职的官服与装备、奖赏与责任的组成部分，它是随工作职责一道而来的。

这些观念对理解在大型和复杂组织中的行政领导权力的主要成分来说是有用的，但却不是充分的。只有当行政领导者能够激发组织中其他领导者和下属的需要和基本动机（motivational bases）时，他才具有有效的权力（而不只是正式的权威）。这种权力在本质上是奖赏和惩罚的传统权力——但回应者或权力的受动者将什么看作是奖赏和惩罚呢？在一个大型的组织中，这些动机可能像人类的需要一样是多种多样的——不仅有安全的需要、更高收入的需要和更好的工作条件的需要，而且还有情感、认可、遵从、尊重的需要，既有独立于行政领导者的需要，又有依赖于行政领导者的需要；既有保持一致的需要，又有彰显个性的需要——这些特质能够在同一个人身上存在。假设其他情况相同，那么领导者所能激发的基本动机越强烈，领导者能够对该人实施的控制就越强。

这一过程绝不是纯粹机械的或可以定量计算的。行政领导者必须评估其下属圈内成员的动机，评估与自己竞争的领导者的动机，他们的评估必须具有某种精确性。他们必须察觉在其组织内部的哪些看法可能深深地根源于基本的性格倾向，并因此不易受到领导权威或劝说的实际影响，而哪些信念可能只是表面的。例如，对一个大城市医院的门诊部所进行的研究发现，只是由于管理者没有准确地了解什么是护士们希望的奖励，就大大削弱了他们对护士的影响力。正式的沟通和信息渠道可能充塞或缠结着各种错误信息和偏见；行政官员为了他们自己独特的目的可能经常会建立他们自己的情报机构。在评估他人的需要时，行政官员必须也要对他们自己的需要做出评估——包括评估他们自己的需要会对他们评估他人需要造成的曲解。

决定行政领导者在组织内的权力大小及行使方式的主要因素，是其拥有的组织
资源和个人资源的多少。他们是完全控制着雇用、工作分配、职业保障、提职、加 374
薪、停职、解雇以及类似的其他事项，还是必须与政党组织、立法机构、法院、工会、专业协会及非正式领导者分享这些权力？这直接影响对惩罚和奖励的行政控制权。在组织的高层——高级职员和管理岗位的层次——直接的经济奖励和惩罚通常起不了什么作用，领导更多地要依赖于行政官员个人的资源，如他们给予或收回尊重、承认和偏爱的能力。人们需要欣赏、承认和成就感，需要相信他们被所看重的人们信任。但满足这些心理需要与满足像加薪这样的单纯物质需要不同，它需要更精湛地运用人际关系技巧。

领导者运用权力的效能，取决于他们是否有足够的技巧来激活他们的各种资源以及与这些资源相关的价值观念。他们必须能够与具有迥异的背景、气质、兴趣和态度的人们进行沟通。在这一过程中的关键因素，可能既不是信息也不是媒介，而是源头和目标。领导者的影响力在很大程度上取决于他们自己的性格、专长、声誉、智力、魅力和信誉的性质，但这些特性除非与被影响者的各种相关需要和动机结合起来，否则就不会产生什么影响。因此，在现代组织中，重点强调的不是正式的权威或自动的服从，而是说服的技巧，这些技巧并不是来自各种关于如何影响人

们的指导手册，而是来自个人性格和人类真实需要的“源头活水”。

最后，行政领导者们会考虑实施有效领导所要付出的代价。克服对计划的抵制，将计划与价值符号联系在一起使其与流行的价值观念相一致，用各种技术手段来确保服从——所有这一切都可能要耗费行政官员个人和组织的大量资源。策略应当是：使用这些资源，但不要将它们耗尽，然而要评估影响力储备的账户上可能出现透支的点并不是件容易的事情。另一个代价就是时间。只要提前做好准备并且努力持续足够长的时间，那么任何一种领导都可能产生影响效果。但是，这样做——赢得追随者信任的缓慢过程，对追随者各种真实的和感受到的需要的细心关注，在确定目的和手段时所需要的冥思苦想和周密计划——的代价也许过于高昂，它使得行政官员倾向于追求能够带来快速可靠结果的短期权宜之计。

没有哪一个行政领导者能够比富兰克林·罗斯福更好地展现出个性管理（personal management）的优点和弱点。他准确地——有人说他是直觉地——抓住了与他打交道的内阁成员和部长们的需要和动机。他所采用的许多技巧之一就是富有同情心地倾听人们道出他们的苦恼和挫折（经常主要是由总统本人造成的），就像在
375 约瑟夫·P·肯尼迪那件事情中所表现的那样，这对于一个健谈且喜欢唱主角的人来说是不容易的。他懂得如何用论证说服一个人，用魅力说服另一个人，用展现出自信来说服又一个人，懂得如何用奉承来说服一个人，用百科全书式的知识来说服另一个人。罗斯福无疑为他这种迎合式的管理付出了代价，因为它促使他遵循短期的临时性目标，而不是长期的政治战略。但在这一过程中，他展示了行政领导者利用组织资源和他自己的个人资源所能够达到的程度。

然而，对行政官员的管理和操控能力的详细讨论，有可能会夸大他们在事件的整体进程中的推动作用，而低估下级行政人员和追随者的作用。因为如果可以假定需要起着关键性的核心作用，那么我们就不能满足于只评估领导者和追随者的个人动机，尽管这些动机是重要的。我们还必须考虑影响组织成员的那些更一般的目标和价值——特别是公共组织，特别是在中高行政和政治层次。

人们长期以来一直认为，组织的根本的——如果不是唯一的——意义和合理性根据是其目的、使命、任务或目标。组织在本质上是实现一个终局（end）的手段，这个终局是由某种价值来确定和衡量的目的（purpose），人们将这种价值作为希望实现的终极状态，用它来唤起行动和指引行为。塔尔科特·帕森斯（Talcott Parsons）根据马克斯·韦伯和其他人的观点，认为目标（goal）规定了组织。从这一概念出发可以得出某些结论。为了达到一般目标，必须建立一些次级目标或工具性目标，并且必须用一种具有计划、政策、职位、管理者和专门任务的组织结构将这些目标制度化。

这种经典的观点近来在“组织理论家们”的抗议面前退却了。目标假定了某种**意向**（intent），而意向的本质——其主观的性质，其有意识和无意识的动机，以及其与目标及目标的实现之间的多少有些疑问的关系——通常是模糊不清的。威廉·戈尔（William Gore）写道：“在现实中，目标总是被一层层又厚又黏的模糊外衣所包裹。它们以若干形式呈现在我们面前：规定、利益、厌恶、关心、目的和承

诺……”只要目标概念能使我们衡量领导的有效性，它对于领导的理论和实践就是不可缺少的，但是必须将这一概念分解为一些意义清楚的范畴。追求目标的强度和对目标投入程度有很大的差异。目标可能代表着像和平、个人主义或平等这样的终极价值，它们也可能是实现这些目标的工具。目标可能会相互换位，它们也可能彼此替代。例如，就像罗伯特·V·普雷瑟斯（Robert V. Presthus）注意到的，传统的价值观念可能会被自我激励、地位借用（status borrowing）和逢场作戏（false conviviality）的市场伦理所取代。换位的最极端形式就是完全用手段来替代目的， *376*
如忠诚或资历这样的组织的工具性目标逐渐被作为本身就值得珍视的目标。（我们在讨论官僚机构时曾注意到这一问题。）

对这种抽象的观点，一些批评家指出，大多数组织都缺乏核心性的、统一的目标——我也持这种批评意见。与这种抽象的观点相反，组织的无数成员持有各种目标的无数组合。不存在单一的“组织目标”，就像不存在单一的“群体头脑”一样。罗伯特·坦嫩鲍姆（Robert Tannenbaum）、欧文·韦希勒（Irving R. Weschler）和弗雷德·马萨里克（Fred Massarik）注意到，通常的目标群中“包含着各种因素，这些因素对实现等级体系中具有‘更高’地位的目标具有不同的价值。例如，一个工业组织可能拥有许多目标：员工士气高昂、劳资和睦、高生产率、对社会福利的贡献等”。组织越大、越复杂，所追求的目标的数量就越多。使问题复杂化的一个因素就是时间要素。一个为实现某种确定使命而新建起来的组织，其性质可能主要由这种核心目标来加以规定；但随着时间的流逝，原先的目标被实现，被修正，或被遗忘，新的工具性目标就可能取代原有的目标。

各种目标的排列必须具有某种形式和一致性，否则组织就会变得四分五裂。如何来评估各种目标对组织的政治冲突、长期的影响力和领导权所造成的影响？首先，可以借助对个人目标和集体目标的区分；达尔文·卡特赖特（Darwin Cartwright）和阿尔文·赞德尔（Alvin Zander）区分了个人在群体中所具有的目标、个人为了群体而树立的目标以及群体的目标。我们再次面临二元论的问题：许多组织成员可能具有与组织无关（虽然会影响到组织）的目标，或具有与组织有关但可能妨碍集体目标实现的目标。其次，可以将各种目标看作是按等级排列的，在其底层是更个人化的、互不关联的个人目标，它们是非常多样和复杂的；在其顶层是更一般的、集体的、具有更高价值的目标，它们是由组织的权威发言人来表达并加以合法化的。对旁观者来说，要对这种杂乱一团的种种目标进行分级和排列是极为困难的，因为它们具有主观性和模糊性；但如果不能对它们进行分级——或用劳伦斯·莫尔（Lawrence Mohr）的话来说，起码将平凡的和临时的组织目标与主导的和持久的组织目标区分开来，将过渡性的（来源于外部的）组织目标与反映性的（来源于内部的）组织目标区别开来——就会妨碍对个人目标与组织目标之间的关系做出真正的理解。人们的确提出了一些粗糙的手段，用以辨识各种目标并了解其相对的重要性。

首先，对目标的追求具有一种动态的性质，被追求的目标最好不要被评价为组织结构中的各种稳定因素，而应被评价为能够在组织内外被激活的种种因素。行政

领导者依靠他们对与其部门的官员和雇员的需要与动机相关的权力资源的控制技巧
377 （包括沟通技巧），便能够将他们自己的目的灌输给行政部门，并压制或修正与其相竞争或相冲突的目的；或者，当他们面对部门的行政人员所追求的目的与自己的目的相反时，就需要修正他们自己的目标；或者（更为典型的情况），他们会进行交易。事实上，与行政领导者打交道的下级领导者，都具有自己的需要，并具有他们自己的权力资源和技巧。各种类型的领导者与下级领导者通常都会借助像政党和立法机构这样的外部的支持资源，但我们在这里强调的是行政机构内部的行政关系。

以充满激情的年轻人通常会遇到的情况为例，设想一位领导新变革或左翼内阁的领导者正处于上升期，他被任命为教育部长。让我们假设，他来到教育部，发誓要实现其政党在争取选票时所接受的平等主义的价值、目的和目标。他不仅有各种目标，而且有一个等级化的目标体系：他承诺（按重要性递减的顺序）要扩大贫穷或弱势儿童在教育上的平等权利和机会，改善所有学龄儿童的教育，并要改善所有教师的工作条件。眼下我们暂且不论这样的理论问题，即使人们都同意这些一般原则，人们也会就实现这些目的的适当手段问题产生无数分歧。我们也暂且不论那些只顾个人发展或明哲保身的人们故意拖后腿和道貌岸然的破坏。当新的行政领导者面对的（在该部门的各种执行单位中）下级领导者具有与其相似但次序不同（也许次序正好相反）的目标时，就会出现目标间的冲突。在行政部门的各单位中，目标的先后排序也可能不同，长期任职的官僚机构领导者会坚持他们对第二个目标[①]的长期承诺，而尊重教师工会和职业组织的职能单位的领导者却会将教师的工资和工作条件放在首位。

个人需要和动机的多元化，为目标先后排序的冲突提供了土壤并可能使冲突加剧。这些个人需要和动机与部门的公共目标无关，但事实上却使承诺、忠诚和目标的纠葛更加纷繁复杂。新部长来自于政党和议会政治的世界，他可能试图采用“理性的”论证和劝说方法来实现他的目标。但下级行政领导者就这些同样的目标已经进行了长期的争论，已经为其耗费了心血并且靠其为生，不会轻易转变。因此，这位部长可能需要退而采取讨价还价、交换和交易的手段。

与进入一个已经结构化的行政组织中的行政领导者形成对照的，是那些能够创造自己的机构的领导者所面对的机会。这种机会在私人的工商企业中是极为常见的，就像克虏伯家族[②]（the Krupps）和福特家族（the Fords）建立起用他们自己
378 的名字命名并贯彻他们自己的目标的机构那样；但这在公共机构中却并不常见。新的政府官僚机构通常是在军事危机、革命时期和改革过程中创立的：在军事危机的环境下，和平时期的现有组织不能被转变来承担战争任务；在革命时期，新的王朝怀疑那些为现存官僚机构服务的工作人员的忠诚与目的；在改革中，政府试图通过新组织的机构来实现优先的目标，就像富兰克林·罗斯福所组织的新政政府。借助

① 即改善所有学龄儿童的教育。——译者注

② 德国大军火制造商世家，由始祖阿恩特·克虏伯（Arndt Krupp，？—1624）靠购进大批地产起家，为德国三次对外侵略战争提供大量武器，至1967年作为军火商的家族史始告结束。——译者注

新的机构，行政领导者能够确定在其任期内所要达到的目标，安插他们自己的人员，挑选关键岗位的行政人员，授权给他们所选择的人，建立适合于其目标的沟通和命令渠道，并组织下级单位的结构。在这种环境下，新的行政部门有可能真的成为塞尔兹尼克（Selznick）所说的“体现目的的机构”——当然是**他们的目的**。

即使为他们清除了所有障碍，“政治家—领导者”能否完成所有这一切，仍需另当别论。他们可能实现和完成了他们原先的目标，然后可能领导组织转向新的目标；或者他们被一个新的政府引向一个新的目标；或者他们解体了，在许多领导者的领导下追寻许多目标。原先各种目的的先后排序和目的与手段的结构，可能被打乱或前后颠倒。专业化和常规也可能取代承诺和指挥。行政领导者究竟能否迫使他们的组织坚持原先目标的先后排序，还是能代之以具有同等的合法性和道德与政治有效性的新目标，将主要取决于他们控制**外部政治资源**的能力。如果缺乏外部政治资源，他们就可能被迫退而依靠他们自己的资源储备，依靠他们将下属需要转变为行政动力的技巧，并最终依靠他们自己所具有的性格——他们的驱动力、愿景、献身精神、坚忍不拔和全身心投入。

作为决策者的行政领导者

当伊恩·汉密尔顿爵士[①]（Sir Ian Hamilton）在西姆拉[②]（Simla）任副军需主任时，他会苦干到深夜构思长篇的备忘录来支持他在白天的决定。他的上司，即军需主任，也要熬到深夜来撰写备忘录支持或否决这些决定。当他的上司生病在家时，汉密尔顿接手其上司的工作，同时还要保留自己先前的职责，因为吝啬的政府不会为他提供一个副手。汉密尔顿害怕不可能同时承担这两份工作，但令他惊奇和欣喜的是，工作变得更容易了。他写道：“我像先前那样研究情况，但我的工作到 379
此为止；我不必说服我自己的下级……我只是发布命令——除非有人犯愁，否则这是一件非常简单的事情：我说‘行’或‘不行’！”

将权威集中于一个职位，使决策过程与外部的诉求隔绝开，只承担单一的职责，将各种备选方案归为行或不行——这些是行政决策者的神圣和正统的目标。决策的概念深受军队的影响，军队创立了自己有别于民事官僚机构的行政机构、人事体制、总部和行政领导。对行政决策的经典思考，将其在本质上视为有序的和理性的过程。确定和拆分问题，收集信息，提出各种备选方案，确立目标，设想实现该目标的手段，做出选择。根据切斯特·巴纳德（Chester Barnard）的说法，“目标的不断精细化是反复决策的结果，精细再精细，直到被具体化的目标最终在那时获得实现”。行政职能的本质就是使组织决策过程专门化。

---

① 伊恩·汉密尔顿爵士（1853—1947），英国将军，曾在印度和非洲作战，1910—1915 年任驻地中海英军总司令，1915 年指挥英国远征军在加利波利对土耳其作战失利，被解职。——译者注

② 印度北部城市。——译者注

这样一种严密的、符合逻辑的理论，很难逃脱根据现代经验所做出的批判性修正。修正论者认为，行政并不是在真空中发生的，而是在各种理性和非理性的政治力量和心理力量的作用情境中发生的。在实践中经常会变换和打乱目的与手段的严格区分。行政决策者并不是标准化的和可复制的人，而是由各种各样的狂热者、疑虑者、迅速执行者、谋求扩张者、调解者和其他具有自己的动机、态度和目标的人们结合而成。人们响应抽象的意识形态和神话，响应遥远的号角和战鼓。行政决策包含着许多未曾预料的和受到阻碍的行动。这种新理论关注决策者实际做过什么，而不是他们应当去做什么。但所有这样的行动是否遵循某种共同的模式？

行政决策并不像烤一只馅饼那样是一系列单独的、线性的行动。它是一个过程，一种行为的序列，向后延伸到梳理不清的过去，向前延伸至更朦胧难辨的未来。它与其他各种基本的社会过程相联系：分工、群体关系、奖惩制度以及其他的社会控制机制，还有——像我们所看到的——人们所持的单一或多样的需要、动机、目标和价值观念。组织理论家将这一过程视为一种澎湃汹涌的湍流，而不是装配线上的操作——用戈尔的话说，是“人们之间盘错缠绕、行无定型、颠簸蹒跚的相互作用之流，这种相互作用不断从理性模式转变到探索性模式，又从探索性模式
380 转回到理性模式”。

要理清这种极度复杂的情况，关键是决策者要计算如何利用和适应与其目标相关的因果链，无论这种计算是多么下意识、多么主观不成体系或有多少失误。行政官员通常都被各种机会和限制所包围。他们的地位和技巧、组织、客户团体（client group）以及选区的需要，为他们提供了基本的资源，使他们能够对资源的分配施加影响。他们通常要在各种能动因素之流中运作，它们封杀了大量的可能性，但又开放了其他一些可能性。在这一过程中存在着一种关键性的时间维度。行政领导者不能毁灭历史；他们继承了各种情境，先前的领导者、对立竞争的领导者与合作的领导者在这种情境中创造了决策的流水线，他们限定和圈定了他们自己的决策过程。像所有政治家和公共执行者一样，他们必须预测各种群体和公众将会对各种不同的决策如何做出反应，并据此修改他们自己的做法。信息、沟通、分析和预测可能都有缺点和缺陷。因此，行政官员要靠感受和反馈来工作。他们探索通向未来的道路，有时向前迈进一步，并随时准备遇到障碍而退回。或者他们“回头工作”，研究过去走过的路径，把它们与要实现的目标联系起来。反馈可能比预测更可靠，但它可能并不连贯，而且语焉不详。

所有这一切都是在多元社会的行政决策中特有的，在这种多元社会中，因果之流是变化的和多渠道的。但我们不可完全一概而论。行政决策的类型是多样的，从最独立和最自主的类型（像伊恩·汉密尔顿那样的类型），到最受限制的和依赖性最强的类型。前者的最佳例证通常是在军队中发现的——比如指挥官正在考虑攻击一个战略据点或发动一场侵略。假定他受到战略情境的限制（包括先前做出的大量决定），受到后勤的限制，受到其部队的士气、装备、训练和其他特点的限制，还受到无法预见的天气和敌人行动的偶然性的限制。但在他的职权范围内，他还是对各种能动因素有着广泛的权力。他能够分配军事资源，重组和表彰下级单位，提拔

和替换指挥官，建立和重建战术计划，安排时间程序。上下级指挥官、不良的沟通和信息、抵触的目标以及其他的类似因素会阻碍他行使权力，但幸运的是，他的真正的对手只是敌人。

广泛的决策自主权的另一个例子是革命后的情境。革命是要扫除那些阻碍实现革命目标的“古老的”机构和办事程序。革命干部（cadres）和人民委员部（commissariats）取代了旧的部、局。随着革命儿女接管了国家机器，旧王朝的官僚被辞退，各种规定被改变。但困难重重。在外交、财政和战争的复杂决策中仍然需要 381
专家，然而专家并不是自动装置，不可以卸下一套信仰和忠诚，再装上另外一套。原先具有明确的职责和目标的官僚，会被职责和目标模糊不清的新的热情支持者所取代。历史的火车头不会被如此轻易地转到新的轨道上去。但革命的战略起码会为铺设新路基提供可能。

改革政府也会谋求使行政领导者拥有充分的决策自主权。在这个世纪，被普遍采用的技术就是国有化，国家通过国有化拥有了对产业的所有权和“控制权”。但是，许多社会主义者发现，这种胜利是皮洛士式的①（pyrrhic）胜利；在国有化的矿井上升起联合王国的国旗（Union Jack），并没有使习惯和办事程序迅速发生转变。决策者要同许多同样古老而又必然会出现的势力进行斗争，包括那些对统一的抵制势力，那些老得无法再改善其有效性但又宝贵得无法废弃的古老技术，以及那些固定化的习惯和惯例。与过去妥协，向各种内外抵制力量做出让步，几乎是无法避免的。

在美国，罗斯福政府创立了田纳西流域管理局（TVA），目的是综合治理河流的泛滥和流域的贫瘠化。创立该局的另一个目的，是分散行政权力，将权威由华盛顿授予该地区。TVA 在实现其中心目标方面取得了显著的成功，但也付出了代价。由于缺乏来自白宫的全面支持，它必须在该领域培育支持力量，化解抵制力量。特别是，TVA 与七个流域州的联邦赠地学院②的推广处（extension service）进行合作，旧的推广处实际上变成了新机构的得力臂膀。TVA 不得不与对当地农业活动有深远影响的农村“县城政治”（courthouse politics）进行妥协，与像美国农民联合会（American Farm Bureau Federation）这样的地位稳固且多少有些保守的农业组织进行妥协，还要以牺牲农场承租人为代价与那些更有财力且更有地位的农场主进行妥协。“此外”，根据塞尔兹尼克的研究，“TVA 对推广处的承诺，使其卷入了为控制美国的农业计划项目而进行的全国斗争，将其拖入了农民联合会的阵营”。

如果行政领导者即使在最佳的情境下也受到重大的限制，决策者通常似乎更像是笼中困兽，而不是机会的创造者。先前的决策者已经为他们建立起了因果之流，行政领导者的角色本质上就是在这种因果之流所规定的可选方案——经常是非常狭窄和短期的可选方案——中进行选择。各种目的已被预先确立，所做出的决策只是 382

① 皮洛士（公元前 319—前 272），古希腊伊庇鲁斯国王，曾率兵至意大利与罗马交战，在赫拉克莱亚和奥斯库卢姆打败罗马军队，但付出惨重代价。由此以“皮洛士式的胜利”借喻代价惨重，或得不偿失的胜利。——译者注

② 根据 1862 年的法案由联邦政府赠与土地或经费的农业或工业大学。——译者注

在更有限的范围内选择具体的手段。在这种情境下，盛行的往往是狭窄的功利性标准。朱利安·菲尔德曼（Julian Feldman）和赫舍尔·坎特（Herschel Kanter）认为，由计算一组选择而产生的概率曲线，又被用于分析第二组决策。用查尔斯·林德布洛姆（Charles Lindblom）的话说，领导是一种渐进的行动、包容和调适。进步，就其本身来说，主要是通过竞争来实现的，而不是通过计划、决策和解释来实现的。

如果对领导的最终检验是变革性的改变，那么行政决策就只是其因果长链中的一个步骤，无论这是多么重要的一个步骤。切斯特·巴纳德既是组织理论的先驱，又是一位实践者，他曾是新泽西贝尔电话公司的负责人。他观察到，如果电话公司的总裁下令将两个电话线杆从街道的一边移到另一边，那么这一命令将会涉及居于15个地点的100个人的大约10 000个决定，“需要对几种环境进行连续的分析，包括该环境的社会、道德、法律、经济和物理情况，还需要对目标进行9 000次评估和精化，以及目标还会有1 000次改变……”然而，循着这个决策过程直到电话线杆迁移完成，我们可能只走完了这个因果事件过程的部分路程。依据迁移电话线杆的目的——更好的服务、美观状况的改善、公共关系以及诸如此类的目的——人们还需要研究在服务品质或街道外观上实际发生了怎样的变化。

对行政领导者来说，一个与确定目标相关的重大决策，会启动一个决策的体系。重大决策的做出，通常是根据对过去决策及其后果的了解，以及对未来决策及其后果的预期。这种决策可以通过一个组织沿着一个由越来越具体的决策组成的决策树来完成。追求一般目标的基本决策会涉及广泛的范围并产生广泛的潜在影响。它确定实施若干更具体的备选方案，同时排除了大量其他的备选方案。一个备选方案被选中，就会阻碍某些其他的备选方案，还会启动另一些备选方案。决策变得越来越具体（虽然可能影响越来越多的个人），直到最终的决定可以被合理地看作是具有真正变革的实际内容的行动。

举例来说，我们那位满腔热情的年轻教育部长所追求的最终目标是平等，他决定，在教育上处于不利地位的儿童必须获得更多更好的教育。这一决定排除了若干
383 其他的选择，诸如将资源转投于改善富裕的中产阶级子女的教育。它也确立一批新的备选方案：更多地关注农村地区或大城市儿童的教育，更多地关注某些种族或民族的儿童的教育，或可能更多地关注所有这些群体的儿童的教育。如果决定选择最后一个备选方案①，便又会开启一些新的可能选择，它们涉及根据财政需要、智力测验成绩、医疗（生理的和/或心理的）诊断来确定的资格要求。这种决策可能是由中央政府做出的国家决策。随着决策越来越具体、范围越来越窄，自主权和选择权可能会被授予省或市的政府，在那里，“具体化的漏斗”（funnel of specificity）会继续发生作用，但要根据区域或地区的条件。这一过程最终会落到关于学龄儿童的日常生活方面的最具体的决策——阅读辅导、特殊教学、夏令营、医疗服务、娱

① 即更多地关注所有这些群体的儿童的教育。——译者注

乐活动、看电视、心理咨询、与父母相处和分离的时间等。最终，要结束这一过程起码还要涉及其他两个因素：所显示的变化不只是**围绕**学龄儿童的变化，而必须是根据他自己的意愿**由**他自己**在**他身上产生的变化，这使他成为了这一因果过程的一个组成部分；另一个因素是时间，要经过成年累月的时间人们才能确定教育部长原先的决策是否产生了符合其目标的变化——实际上这是确定他是否实际做出了这一**决策**。

所有这一切并不意味行政领导者必须插手每一层级，以监督和保证与目标相关的次级决策的有效性。行政领导者指挥下级领导者，如果下级领导者意识到目标的优先排序并承担起对它们的责任，他们就能够监控目的—手段的关系链。此外，由于可以采用“成套决策”（decision packages），领导者可以因此实施大量的控制而省去很多精力。这样，如果领导者做出了一项有关使教育更直观化的决策，那么确保技术和信息就体现了先前强调技术和服务的决策。如果手段与原先的目的没有适当的关系，或不适合原先的目的，原先的目的就会面临危险。直观教育的“整套”决策可能被证明适合中产阶级子女的需要，而不适合来自工人阶级或少数民族背景的年轻人的需要。但是，凭借一定程度的知识和控制，便可以制定一个服务于领导者目的的转变战略，它不仅要利用技术，而且要利用行政知识、财政资源、社区客户群体、教师培训以及其他因素。

环境也许不利于战略的实施。行政领导者的目标可能并不明确；也许他们可能有一大堆目标却没有优先排序；也许他们除了自我发展或自我增强之外就没有其他的目标。下级行政官员可能误解了这些目标；也许他们可能理解它们却不赞成它们；也许他们不在意，一切顺其自然。当决策沿着决策树变得越来越具体，或融入外在于该组织的行政结构之中，目标就变得更加微弱，更容易偏转到各种由狭隘的
地方机构和目的所主导的渠道中，偏转到各种由团体和个人的压力主导的渠道中。 384
因此，就像巴纳德所观察到的，“不断确定新的战略因素的反复决策，对实现各种广泛的目标或任何非直接达到的目标都是必要的。”

当行政领导者要实现的是早已为公众所接受的目标，诸如保卫祖国或老年人的社会福利，而实现该目标所要借助的组织却受到误解、低效、沟通失误和过分追求团体和个人的自我利益等通常的限制，这时，行政领导者的任务就具有相当的难度。他们更可能成为其组织的牺牲者而不是实现公共目的的指挥者。但是，如果他们有意创新和创造，那么他们的任务就会变得更加困难。在过去，如同维克多·汤普森所写的，社会中创新的发生，主要是通过新的或创新性的组织的诞生与旧的或受传统约束的组织的死亡，但就当今技术的资本要求来说，这种方法似乎是浪费的——或起码是昂贵的。问题是**已有的**组织是否能够学会创新。对于行政领导者来说，寻找对现状做出较小改变的备选方案会更加容易，因为这种对备选方案的探索可以更容易地被评估和限定。创新的希望寄托于行政领导者的下述能力：不仅使组织中的通才能够发挥作用，而且也使组织中的专才发挥作用；容忍那种表面上无目的、慢悠悠甚至古怪的行为，它有时会产生智力上的突破；将冲突合法化，它经常会激发创新；培育新的观念，即使它会威胁下级领导者或该领导者自身的权力和地

位。最后，汤普森提出，创造性可能要求“通过工作实现自我”——这也许是马斯洛讲的高级需要与工作伦理的融合为一。

行政领导者在面对所有这些限制和困难时会束手无策吗？巴纳德提出了“战略因素理论”，“在正确的地点和时间以正确的形式对这种战略因素的控制，将建立一种符合领导者目标的新体系或条件组合”。有效的决策总是对可变战略因素的控制，这些因素涉及对目标的重新解释与具体实现。因此，决策的过程是一个不断接近的过程——一直在不断地精化目标，更贴近地确定事实的过程。米歇尔·克罗泽（Michel Crozier）根据对法国官僚机构的研究认为，组织进步的实现——或起码是组织僵局被打破——只能通过政权制度的重大危机。在戈尔看来，组织的生存，如果不谈其效能，本质上依赖于意识形态的甚至心理的性质。在所有这些情况下，人
385 们会怀疑，这种检验标准是否是对组织本身的控制，而不是对人类行为长链的控制，而组织被认为只是服务于人类行为的工具。

也许组织理论家在寻找的是一种不可能存在的权力——行政决策者在给定条件下在他们自身和他们的组织中动员那些充分提高控制各种能动因素的权力，以便用目标来影响组织，同时又引导组织去创造实际的能动的社会变化。唯一可能的选择也许是改变条件。一种改变条件的方式是塞尔兹尼克的方式——通过战略和战术的策划实现“使机构体现目标”——但这种选择要求在组织革新方面的如此巨大努力，以至于人们担心没有多余的精力来创造实际的社会变革；或者它要求一场清除行政舞台上的各种布景的革命，但其副作用却是不祥的和无法控制的。另一种改变条件的方式是使行政领导者能够动员团体、政党、公众舆论和立法机构中的政治资源——要使行政领导者成为完全意义上的**变革型**领导者。

作为行政领导者的美国总统

美国总统并没有被设计为这个新共和国的领导核心。如果政府的任何一个分支在这个将各种权力精心混合在一起的体制中成为一种积极的和创新的力量，那它就是立法机构。当然，美国总统并没有被期望是一个立法领导者或政党领导者。他应当是**行政**首脑（the chief executive）——美国宪法规定：“授予美利坚合众国的总统行政权。”——但他并不是行政**领导者**。部分地由于人们估计乔治·华盛顿将军会成为第一任总统，人们期望总统应该是明智的行政首脑和情操高尚的行政长官，在某种程度上远离派系冲突的混战。但时间的魔法改变了总统的角色，将其转变为近来所说的帝王式总统，甚至全能式总统。

美国制度设计者们最徒劳的希望，就是总统应当超脱于政治冲突“之上”。通过在分离的各机构中以巧妙的方式混合、分离与合并权力，通过使这些机构直接或间接地对不同的利益集团和选区组合负责，他们已经将冲突构筑于美国政府——包括总统之职——的结构之中。当华盛顿刚刚就任美国总统，各种利益和意识形态上
386 的分裂便已经开始在他的政府内部蔓延。通过宪法和政治的变化，总统越来越直接

地对人民负责，总统之职也随之逐渐面对和体现美国生活中最根本的冲突。几十年来，最伟大的斡旋者，如丹尼尔·韦伯斯特和亨利·克莱，都是立法领导者，而正是美国总统——著名的杰斐逊、杰克逊和林肯——体现和清晰表达了这个新国家在其第一个世纪那充满激情的政治事业。随着总统职位的日益“民主化”，总统竞选的获胜者日益成为政党冲突和政治混战的产物。

美国总统是冲突的产物，而不是冲突的鼓吹者。一旦在白宫中安顿下来，他们通常都会呼吁暂时中止派系对抗，重新团结美国人民，中止美国国内（如果不是更接近华盛顿）的政党政治。尚无记载表明这些虔诚的呼吁对政治行为具有任何重大的影响。国会每一次开会，都会引来大批敌对政党的献身者，与总统自己政党的阳光武士们（sunshine warriors）一起，云集在国家的首都。选举的时间严格规定为每两年和四年一次，即便是最激烈的南北战争或最严峻的世界大战都没有中止一次这每隔四年的总统选举大血战。随着全国政府承担起越来越多的对国内繁荣、社会公正和国家安全的责任，越来越多的最为强烈和最多分歧的事项闯入白宫（或者说白宫伸手抓住了它们）。在将总统设计为无党派的行政总统的 175 年之后，总统的一位副手会说，如果他要用一个词来刻画送交给总统的大多数事项的性质，“我会说那就是冲突——部门间的冲突，顾问们的各种观点间的冲突，行政当局与国会的冲突，美国与另一个国家的冲突，或国内的各个群体间的冲突：劳工与管理者，或种族与种族，或州与国家。”但不论冲突多么广泛和造成多大分裂——即使在越南战争的情况下——关于两党团结的响亮呼声始终不断。

冲突集中于白宫，因为那里的权力赌注（stakes）最高。总统的权力就像所有政治权力一样，随着领导者启发和刺激追随者的需要和欲求的意愿与其动员各种资源来满足这些需要和欲求的能力之间的关系而波动，领导者凭借对追随者需要的激发和满足来努力保持追随者的支持以便继续执政。几乎从一开始，美国就显示出一种超凡的能力，去领悟民众的情绪并将白宫戏剧化为“人民的办公室”（people's office）。在受人们爱戴的英雄——如杰斐逊这样的政党缔造者，如杰克逊这样的成功的将军，如林肯这样的朴实淳厚的政治家——进入或出现于白宫之后，他们成了流行传奇文学中的主角，并被供上了国家的万神殿。随着总统之职日益显赫夺目和 387
“受人爱戴”，对政治不满的选民们便转向总统来满足他们的需要和抱负，于是在人民和他们的总统之间发展起强有力的共生关系。通俗出版物、收音机和电视机的流行，更扩大和强化了这种共生关系。

然而，在总统满足民众需要所需资源的扩张过程中，总统的地位几乎经历了革命性的变化。美国制度的设计者们为这一职位赋予了足够的权威，使其有权管理行政机构，并保护行政机构免遭被认为在共和国中占据优势地位的立法机构的蹂躏。因此，总统否决国会法案的权力在本质上被视为一种消极的权力。几十年来，对这种权力的使用是非常克制的和自我保护式的。但在 20 世纪，否决权变成了最难对付的总统积极权力之一。有了这种权力，总统不仅能够阻挠国会的立法（除非法案在两院中以 2/3 的压倒多数通过），而且他们还能利用他们行使否决权的权利，作为一种讨价还价的策略，赢得其他的立法；或以行使否决权相威胁，诱使国会修改议案。总统还将权力扩大到收押国会所拨付的大笔资金，以及拒绝实施由国会批准的立法，就像尼克松总统使 1964 年民权法案第六章“不起作用”那样，使形式的否决权得到实质的补充。

总统的开战权起源于总司令对陆海军的组织和部署实施控制的权力，以及决定它们以临时和有限的方式打击边境入侵或海盗在公海对美国船只的劫掠的权力。这一权威逐渐转变为总统在全球的遥远地区进行大规模和长期战争的权力。总统与其他国家达成行政协定的权力，最初被视为对单一问题达成直接的、特别的、临时的协定的手段。慢慢地，如小亚瑟·施莱辛格所说，行政协定“以一种历史学家和法学家都没有完全解释清楚的方式”，开始表现为一种更一般的权力。最终，它被用于最重大的决定——例如，在 1940 年法国沦陷后，富兰克林·罗斯福用美国驱逐舰交换英国基地的租约。行政协定的数量最初是以算术级数增长，后来便以几何级数增长。根据小萨姆·J·埃尔温（Sam J. Ervin，Jr.）参议员的计算，在 1930 年，美国缔结了 25 个条约和仅仅 9 个行政协定。而仅在 1968 年一年，总统就签订了 16 个条约和 266 个行政协定。到 1972 年，美国有了总共 947 个条约和 4 359 个行政协
388 定。这些协定不再只是特别的和临时性的，它们在国际法中具有与条约同样的地位，它们处理同样有重大影响的事项。总统在国内政策和决策方面的权力几乎以同样的力量在扩张。尽管总统控制财政和货币政策的权力是不完全和不充分的，但通过收并和操控经济权力，白宫能够直接影响整个国民经济中的私人和公共决策。

总统的权力在其他领域也得到了巨大的扩张。但我们对这种扩张讨论得越多，我们就越直接地遇到一个根本的悖论。总统的权力在许多白宫以外的人看来是如此之大，而且实际上是过大了，但对总统和他们的助手来说，这种权力与白宫所承受的巨大职责压力相比又显得太小和太少了。他们深切地感到缺乏某些其他国家的行政首脑从其广泛的立法和政党资源中获取的有保证的、可依靠的权力。对他们来说，总统是非常孤单、孤立的，被迫依靠有限的权力基础，去应对国会和其他机构以及居于其中的野心勃勃的权力追寻者，在这种冲突中，总统的权力基础是被明确界定的。

根据这些认知，便产生了一种理论，它将总统权力看作本质上是议价和交易的权力（the power to dicker and transact）。根据曾任白宫助理的理查德·诺伊施塔特的观点，“说服的权力就是议价的权力。地位和权威产生议价的优势。但在一个‘各分立的机构分享权力’的政府中，所有各方都会享有议价的优势。总统凭借自己所控制的大量有利条件，其说服力可能远远超过他仅凭逻辑推理或个人魅力所能达到的水平。但他的优势并不能保证结果。还存在着反压力，他所影响的人们利用他们所控制的有利条件也能够对他施加影响。命令的效用是有限的；说服变成了给予和索取。白宫掌握它所拥有的有利条件是不错的。但在这种交易中，任何总统都可能需要所有这些有利条件——并且还需要更多”。

总统们将他们所拥有的各种资源都带到这种议价的市场上，如对公众舆论的影响力，否决权和威胁行使否决权，对政党和立法可能有的影响力，做出名誉性任命的权力，以及其他既定的政治资本。诺伊施塔特认为，他们还必须带上某种东西，

即作为成熟的议价者、权力行使者和领导者的声誉。总统必须具有一种权力意志，否则他们就不会成为成功的总统。他们必须不断地寻找权力，如果必要的话，要用他们能够找到的每一份正式权威和个人影响力来构造权力。他们必须不断地捍卫他们已经取得的任何权力。他们必须贮存权力以备未来之用。有效的议价意味着做出正确的选择，而正确的选择是要赢得对手退却，并同时强化总统的权力地位和 389
资源。

总统无止无休的议价、劝说、权力贮存、经营、操纵——这是行政**领导**吗？它完全取决于为这种斗争所下的赌注。总统战略的议价互利模式（bargaining-reciprocity model）受到人们的批评，不仅因为其规范过于马基雅弗利主义，而且因为它缺乏与各种目标和价值的联系。与伦理分离，领导就会降格为管理，政治就会降格为单纯的技术。当总统进入政治市场去与少数派的利益集团进行谈判，他们实际上就已经使这些利益集团合法化，并会向他们做出部分让步，这是议价程序的组成部分；他们这样做的代价，可能是将这些具体的事项、投资和目标提升到更高、更全面、更普遍的福利取向的层次。有组织的利益集团能够将他们最出色的议价者送入交易场，并动员对他们的支持；而有组织的利益集团所获得的收益，可能要以牺牲更广泛、更“大众化”和更平等主义的价值观念作为代价。总统，作为代表更广泛的公共利益的议价者，可能缺乏必要的手段。他们的战略处境远逊于**政治**领导者，因为政治领导者能够将冲突的事项从狭隘的议价场提升到纲领、目的甚至意识形态的层次。

认为总统选择追求普遍公共目的的战略，而不是只与一大群狭隘目标的追求者进行谈判，就是假定存在并可以确认某种**国家目的**。许多人否认这种国家目的的存在。根据汉斯·摩根索（Hans Morgenthau）的观点，“表述国家目的的历史，在美国就像在其他地方一样，是糟糕的神学和荒谬的形而上学的历史，是各种假冒理论和伪科学的历史，是对权势之显赫进行粗劣的合理化和世俗幻觉的历史”。根据这一观点，美国人从未见证过“意识形态的终结”；因为他们从未有过一种意识形态。

虽然没有意识形态，但是却有各种目的。在政客、传道者和政论家们的华丽辞藻、含混套语和空洞浮夸的背后，我们察觉到两种基本的价值观念，它们多年来在不同程度上贯穿于美国的目标之中。一个是对自由的追求，它在独立宣言中被奉为神圣的理想，在人权法案中受到保护，被废奴主义者所呼吁，在许多转移和变换之后被最高法院编入法律并加以保证。另一个是平等，它也在独立宣言中被宣布，在解放奴隶的斗争中被重申，在宪法第十四和第十五修正案中针对种族问题而被保护，在 19 世纪和 20 世纪初被工人、农民和其他弱势群体所强烈要求，并在伍德罗·威尔逊、富兰克林·罗斯福和继任的自由民主党的总统们的国内计划中或多或少成功地得到体现。这些价值观念彼此处于冲突之中，它表现在强调财产权的自由 390
概念与保护个人“人”权免受公共和私人权力任意侵犯的防卫性自由概念之间的长期斗争。这些价值观念还存在着**内部的**冲突，如在 20 世纪**机会**平等的平等主义概念与**条件**平等的平等主义概念之间的斗争。然而，在这些价值观念之间和观念内部，还是呈现出大体汇合之势，其最富戏剧化的体现，就是罗斯福 1944 年 1 月在其国情咨文中，将权利法案由强调**针对**政府的消极自由，明确扩大为**通过**政府实现（包括平等在内的）的积极自由。

大多数总统作为实干者和精明的议价者，都拒绝做出意识形态的甚至纲领性的承诺。但各种事件的压力迫使他们在各种价值观念中做出选择。这种压力将林肯从 19 世纪 40 年代和 50 年代的辉格党的、保守的和温和的平等主义者，转变为承担伟大解放者角色的平等主义者。这迫使作为杰斐逊式自由主义者的他在南北战争期间却暂时中止了各项基本自由权。他对他的侵权行为做出了他的经典辩护：“失去国家而保留宪法，这可能吗？根据一般法则，生命和肢体都必须得到保护，但经常为了挽救生命而截肢；然而，为了挽救肢体而放弃生命，就绝不是明智之举。”最终目的的问题仍然存在。**挽救国家究竟挽救的是什么？**正是最高法院给了林肯以最恰当的回答。在南北战争后做出的一项谴责已故总统所提出的总统战争权理论的决议中，最高法院指出：“一个以牺牲所有的基本自由原则而保留下来的国家，是不值得以这种代价来保留的。”战争、萧条、国内骚乱、像越南战争和水门事件这样重大的道义事件，都对讲求实际的政治家提出了最紧迫的价值和目的问题，不论他们如何努力回避它们。

总统是否有能力超越他们作为议价者和联盟建立者的日常角色，直接面对摆在国家面前的首要的道德和社会问题？这里所提出的不仅是原则、目的和伦理的问题，而且完全是对总统效能的考虑——考虑总统对社会变化及其产生结果的影响。总统的议价—劝说模型（bargaining-persuading model）的批评者们指出，这种战略使行政首脑们将他们对政策的影响局限于他们与各种利益集团的议价者们的谈判所能挤兑出的结果。当然，总统可能是具有更高技巧的交易者，其权力资源即使没有超过他的敌对者和竞争者的联合影响力，通常也是旗鼓相当。但通过在交易场中的讨价还价，通过隐含地接受谈判游戏的各种假定，通过提前允诺给予相当的妥协
391 作为限制冲突的组成条件，总统不仅极大地减少了其可能选择的数量，而且大大降低了其选择的重要性。卡特只是最近的一个例子。**他们只能在与其议价情境相关的可能性中进行选择**。他们不能选择改变游戏的规则和假定，不能选择将战场从一组问题转到一组全新的或重新定义的问题，也不能选择通过将斗争从交易场提升到紧迫的国家事务、广泛的民众选择和重大的公共冲突的层次来大大增加赌注。

总统作为行政领导者的效能问题——实际上是由所信奉和身体力行的道德与实践的价值标准来衡量的总统效能的定义问题——可以通过几位现代总统所处的情境来进行考察。从若干方面来看，第一位现代总统应当是林肯，面对严重的国内冲突压力，他开始行使广泛的权力。严重的国内冲突要求对各种人力物力进行社会和经济动员，由此导致了政府的集权化趋势。在美国，他的政府在行使行政权力方面达到了高点。他连续数月没有召集国会开会而自行其是。他扩充陆军和海军超越了法律所设定的限制，宣布反叛的奴隶获得解放，宣布戒严令并暂停人身保护令，并且未经国会批准而开支了数百万美元。为了进行战争，林肯抛弃了其原有的反总统权力的辉格党观点，完全以“实用的”和适用于军事行动的方式行事。

在南北战争早期，林肯在对待奴隶制的问题上，也采取了机会主义和权宜之计的态度。他明确表示，他进行战争绝不是为了对要退出联邦的各州的奴隶制进行干预，因为这些州可以在保留完整的奴隶制的前提下重返联邦；他还支持在世界其他地方进行的美洲黑人的殖民化；他的解放宣言的发布，既是出于道德原因，也许同样也是出于直接的军事和实际的目的；最重要的是，他继续强烈地捍卫各州的权利。为了赢得战争，林肯在废奴主义者与交界南部诸州①（border-states）之间、在国会的激进者与保守者之间采取了实属罕见的平衡举措，人们也许不能因此而责备他。但在他死后，还是要付出代价，因为南北战争的道义问题成为了战争结束的实际问题——重建问题②（the problem of Reconstruction）。

在这里，林肯的操作主义崩溃了。他曾如此谨慎，不干预军事事务；他曾在各州权力的问题上如此正统，以至于北方在结束战争时并没有从这位陨落的领导者那里就如何实施国家对被解放的奴隶所做出的伟大道德承诺的有关战后政策得到任何清楚的指导。各州的权利、中庸与妥协可能会妨碍立法和实施联邦对被解放奴隶的土地、选举权和其子女的教育的保证。林肯或许已认识到在他运作的环境内他的选 392
择受到了多么严重的限制。“我不能声称我控制了各种事态，而要坦白地承认各种事态控制了我。”

直到20世纪，才有另一位总统将其行政权力用到极致，并且毫不犹豫地宣布这一事实。西奥多·罗斯福说，他相信这样的理论，即“只有在宪法中写明的或由国会根据宪法所赋予的权力所制定的具体约束和禁律，能够限制行政权力。我的观点是，每一位行政官员……都是人民的服务员，必须主动和坚定地去做他能为人民所做的一切，而不能满足于明哲保身、但求无过，埋没自己的才能……我并没有僭越权力，但我的确扩大了行政权力的使用”。他说，他相信美国政府体制的效率取决于它是否拥有“强大的中央行政机构”，因此，只要有可能，他都会为加强行政机构而开创先例。西奥多·罗斯福是一个积极的行动者，但却不是政府的改革者。实际上，他完全接受相互制衡的体制，为了从该体制中汲取出他能够汲取的一切，他甚至与被他看作“白痴”和“怪人”的人们讨价还价。简言之，他本质上是一个行政领导者，而不是一个政治领导者或立法领导者。

要留待西奥多·罗斯福的远房堂兄弟富兰克林·罗斯福来显示由行政首脑在令人苦恼的国内危机时期所能够使用的权力。作为政治家的首领，罗斯福展示了如何掌握公众舆论的所有细微和复杂之处，并控制其潜在的影响；他所表现出的时机感——既表现为迅速出击，又表现为耐心等待——使其对手无法防备；他表现出对政治细节的关注，表现出周旋于各派系集团之间、离间各方使其互斗的技巧；表现出将反对派的领导者与其基层群众相分离的能力（就像他对约翰·刘易斯及其的煤矿工人所做的那样），以及选择他自己的战场并迫使他的敌人在那里进行战斗的能

① 交界指美国昔日的南北交界线 Mason-Dixon 线，交界南部诸州指南北战争前介于北部与极南部之间的几个州。——译者注

② 即美国南北战争后南部与联邦政府关系的重建，时间是从 1865 年到 1877 年。——译者注

力；表现出个人魅力与政治技巧的结合——所有这些特质结合在一起，使他大概成为 20 世纪最有效能的政治策略家。

这些政治技巧又配以各种非正统的、高度个人化的和令人叹为观止的行政手段。罗斯福得以凌驾于他那些永不安宁、争吵不休、野心勃勃的下级行政官员之上，靠的是充分利用他作为行政首脑的正式的和非正式的权力；靠的是提升目标、创造动能、激发个人忠诚、充分发挥人们的长处；靠的是熟练地掌握时机，有时在他的助手们不耐烦时还没完没了地等待，而有时却在他的人手还未来得及通知时就迅速出击，但通常所选择的时机是他的目标——一个拖后腿的机构或一个呆头呆脑
393 的官员——最脆弱时；靠的是故意在他的助手间促成竞争感和意愿的冲突，它会导致烦恼、伤心和愤怒，但也会加速行政精力的高涨和创造性火花的迸发；靠的是保持异常广泛的“控制范围”——或起码保持广泛的关注、激励和干预的范围；靠的是将一项工作分给几个人来做以及将几项工作分给一个人来做，由此加强他自己作为上诉法庭、信息存储中心和协调工具的地位；靠的是忽略或绕过像内阁这样的集体决策机构，而集中应对来自不同机构的人员的各种不同结合体；靠的是经常钻研具体甚至细小的事情，一些官员认为这些事情对行政首脑来说是微不足道或鞭长莫及的；靠的是有时扣留信息，有时又提供信息，以便对助手们和官员们施加控制；靠的是保持他个人的情报库，其信息来自于无数的来信、备忘录和闲谈，它是由相互竞争的下属们提供的；靠的是当规则、习惯和惯例符合他的需要时就利用它们来保护自己，而当它们不符合他的需要时就绕过它们——并且总是要靠劝说、奉承、玩弄技巧、随机应变、重组、协调、安抚、操纵。

这些重要的技巧被用于实现什么样的价值和目的呢？罗斯福是作为一个威尔逊式的民主党人来执政的，没有系统的纲领或意识形态，只有对自由和平等的一般信念。在这样的背景之下，并且面对处于危机中的经济的紧迫压力，在他执政的第一个月，他就宣布了三个非常具体的目标：复苏、救济和改革。改革立法的大潮带来了人们长期以来所需要的变化，它改变了雇主与工人的关系、卖家和买家的关系、大生意与小生意的关系、农民与中间商的关系、公用设施的使用者与投资者及公共设施的常规管理之间的关系。救济被提供给所有的需要者：产业工人、佃农、专业人士、各类艺术家、商人。但最高的直接目标就是经济复苏，这既是罗斯福投入精力最多的目标，也是人民对他寄予的重托。但在这方面的进展却是止步不前，失业率在罗斯福的第一个任期虽有所下降，但在他的第二个任期又再次大幅飙升，只是由于第二次世界大战的到来以及战争所带来的巨大开支需要，才使真正的复苏得以实现。

罗斯福策略的精细性无疑扩大了他的选择空间。在其第一个任期中，他对国会的领导异乎寻常地有效。这部分地是由于他广受爱戴，以及像诺伊施塔特所说的，在第一个任期开始，就“生动地表现出坚韧和各方面的技巧，由此便建立起一种声誉：能够顶住日常混乱的各种沉重打击，直到他准备好再次做出示范”。然而非常重要的是，尽管他在 1936 年争取连任中取得了巨大的胜利，但他并不具有他觉得
394 他所需要的权力范围。他试图“重组”（pack）最高法院并使之现代化，但这种企

图在国会遭遇了失败。他试图使民主党再现青春和自由化，并在 1938 年的民主党的初选中，插手力挺亲罗斯福的候选人，打击反新政的候选人，但再遭败绩。在 1938 年的国会选举中，他失去了参众两院的支持。在他第二个任期结束时，他对国内政策的影响力已大大减弱。他仍然声名卓著、技巧娴熟并广受爱戴，但他却失去了使其能够实施强有力领导的稳定的权力来源。

罗斯福是一个伟大的随机应变者（Grand Improviser），他能够不时地移动一只脚，佯攻，躲避，收回，抓住每一个机会，用尽他日常权力的每一丁每一点，他坦率地为他的这种能力而感到骄傲。他作为议价者的声誉是无与伦比的。但最终这是不够的；这是必要的但不是充分的。他还是未能在行政权力之内找到用来推动根本变革的各种资源，许多人觉得新政所主张的就是这种根本变革——整个国家的真正复苏，使占总人口 1/3 的人们食不果腹、居无定所和衣不蔽体的命运得到根本和长久的改善，使机会平等或条件平等的状况得到根本的改变。罗斯福不想建立纲领和意识形态；他不赞成政府的根本改革；他试图进行的法院清洗和对初选的干预，本质上都是在利用个人的影响力进行冒险。但他一直感觉到其权力所受到的各种限制；在他的整个一生中，他不断地回头探讨是否可能重组民主党，使其成为可依靠的、有纲领的自由党。这一事实显示出行政权力的明显局限，不论这位随机应变者有怎样的天赋。

自从伍德罗·威尔逊以来，还没有一个总统像约翰·F·肯尼迪在 1961 年进入白宫时那样清楚地考虑过总统的权力和职责的概念。这部分地由于他研究了“伟大的”总统们执掌行政权力的方式——并且他赞成这些方式。他喜欢宣称：“我不是辉格党人。”在他的竞选中，他说：“我要做一位总统，他不仅做出反应，而且主动出击——他研究各种群体，而且创立计划——他掌握单页的备忘录，而且控制复杂的问题。我要做一位总统，他是完全意义上的行政首脑——他对问题做出回应，不是指望他的下级采取行动，而是指挥下级采取行动——一个愿意承担责任要将事情做好的总统，一个如果事情没有做好而愿意承受责备的总统……”肯尼迪比罗斯福有更加系统的一套政策，但像伟大的行政首脑们一样，他打算最充分地利用他的行政权力。

但麻烦是这些权力完全不够用。肯尼迪既没有罗斯福在国会中的影响力，也不像罗斯福那样在选举和民意调查中广受欢迎，甚至要使一个很小的计划在立法机构 395
获得通过，似乎也会用尽他的政治资源。到 20 世纪 60 年代，民主党甚至比 20 世纪 30 年代更加混乱，所以该党不能为肯尼迪提供稳定的和可预见的支持。他大胆行使总统权力的热情似乎冷了下来。肯尼迪的一位贴身的总统助理西奥多·索伦森（Theodore Sorensen）在肯尼迪执政的第三年出版了一本书，肯尼迪还亲自为它写了前言。该书似乎反映了总统心灰意冷的感觉——或可能是一种新现实主义的感受。总统的权威不及他的权威，索伦森写道。总统具有非同寻常的权力，但却是明确受到限制的权力；他的政治资源——不论是金钱、人力、时间、信誉还是重要职务的任命权——似乎经常是匮乏的。

一些人不理解为什么肯尼迪没有做出更大胆或更具想象的努力来打破他所身陷

的这种几近绝境的状态。总统的确在1962年的国会选举中通过插手干预来帮助民主党人（直到他被迫返回华盛顿去处理古巴导弹危机），他采用了“阿谀奉承、迎头痛击和政治收买”的种种手段来影响国会。但他没有试图改变他在其中运作的体制。无疑，这部分地是由于他感到他的重大机会将会在1964年的大选中来临，那时他就会使民主党以多数席位横扫国会，所取得的多数将足以使他的计划获得通过，并至少可能进行小规模的政府改革。但肯尼迪缺乏自信的主要原因可能是思想认识；像大多数行政首脑那样，他感到他能够从他的行政权力中汲取足够的影响力来提供所需要的领导。他不敢尝试那种也许会失败、也许会唤起国会山的议员们的改革。或许是他的性格不适于改革，或许是他在理智上不赞成改革。根据索伦森的观察，肯尼迪他非常敏锐地意识到杰斐逊格言的含义，“伟大的创新不应强加给微弱的多数”。如果能给予他更多的时间，他还能做些什么呢？但他的遇刺终结了探索这一问题的任何机会。

尼克松的政府离我们太近了，我们还无法对其承担的行政领导者角色形成可信的看法。但如果尝试做出判断，那么可能的结论是：在行政领导者求助权力和先例方面，他既代表着一种登峰造极，又代表着一种巨大讽刺。面对民主党在国会两院中的多数地位，他采取的并不是道德领导，而是讨价还价。他继承的联邦法院，主要人选都是由民主党的前任们任命的，于是他用保守派人士来填补空缺，以保持意识形态的平衡，但并不是所有尼克松的法官都像尼克松的人那样行事。他所主持的共和党，在规模上萎缩不展，在组织上像民主党一样是一盘散沙，这使他几乎撇开了共和党，就像我们所看到的那样，依靠他自己多年建立起来的个人组织来竞选总统。如果罗斯福是一个杰出的随机应变者，那么尼克松就是一个十足的机会主义
396 者，他变换意识形态的观点，否认先前的主张（或使其“不起作用”），募集上千万的竞选资金来保证再次当选，阴谋破坏民主党，在轰炸东南亚以制止共产党武装蔓延的同时访问北京和莫斯科，在断然反对实施经济管制之后又采取了经济管制措施。最后走投无路、无法自拔之时，他似乎做出了最后的绝望努力，要从行政官员的内心深处找到他能找到的哪怕一丁点的影响力。但这时已无回天之力了。

这样，行政权力的这种两难困境仍然存在。在行政首脑们保护他们自己时——保护他们的声誉、选择和资源——什么是他们所捍卫的？如果他们不断地保护自己，他们在多大程度上还在守卫他们最终所要服务的**目的**？他们如何在为他们自己而保持权力与为了更广阔的目标而扩大权力之间划定界限？如果他们奉行机会主义和权宜之计的战略，难道他们不会屈从于这种战略的欺骗，而不是像人们认为威尔逊所做的那样，在对伟大目标的堂吉诃德式的追求中牺牲荣耀和声誉？

这预示着更严重的问题。如果总统们持续地耗用其作为行政首脑的过窄的权力，如果他们缺乏更广泛的立法和政党资源，那么从长远来说，他们难道不是将自己置于这样的处境，在其中他们只能在有限的可能性中进行选择，而没有能力大幅度地扩大他们的可能性和机会？如果因为总统和国会都不能正视这些问题而使它们仍然得不到解决，这是否会导致在经济、政治、世界稳定或国家道德方面的国内外危机？如果处于危机中的政府既是行政领导不可避免的产物，又是其最终的作用过

程，那么这是否是一个民主社会要付出的代价？

欧洲和美国的经验的意义是明显的：行政领导本身对持续的和有计划的社会变革来说是不充分的。行政领导对危机情境是不可缺少的，在完成具体的和有限的目标方面是有效的。但是，行政领导结构内部的失去方向和控制，相互冲突的承诺、动机和目标的持续压力，行政过程固有的种种限制，给予大多数行政系统的有限时间，再加上领导者在调动外在于行政系统的意识形态资源和政治资源方面的无能——所有这些妨碍着那些在表面上并且在短期内似乎是有效和实际地掌控着一切的行政领导者。有意义的是，持久的新政并非出现于罗斯福展现杰出行政领导作用的 1933 年的“百日”，而是出现于 1935 年的“第二个百日”，它产生于几十年的智力酝酿、政治行动、立法决策与行政决策；同样有意义的是，就工党在 20 世纪 40 年代后期给英国带来的根本变化来说，这些成就的源泉在于几十年的智力创造、意识形态酝酿、政策冲突和政治上的组织——特别是政党建设。为了产生所计划的真正变化，行政领导必须坚实地建立在权力和原则二者之上。

第5篇

启示：领导原则及其实际应用

真正的变革意味着根据个人和集体的各种价值等级的改变来调节的态度、行为和制度之间持续的相互作用。

领导者远远超过了那些只关注表面态度的政治家。为了提升人类的目标，达到较高的道德目的，实现预期的重大变革，领导者必须投身到最难驾驭的历史进程和结构之中，并最终成功驾驭它们。

第 15 章

决定和变革

毛泽东在变化的激流中显示出不同寻常的决断力。这一点有助于发现并指导一场广泛的革命运动如何通过专政、世界大战和国内战争最后夺取权力；更加不同寻常的是，它彻底改变甚至逆转了革命运动和联合统一的潮流。毛泽东的权力源泉并不是魔术，而是他对于中国人民新动机的超凡的洞察力。

在大型的、深刻制度化的政治体制中的政策制定者，肯定比任何其他领导者都更加意识到，他们行动于一个手段与目的相互关联的罗网之中。过于苛刻的制度压力，过于纷繁搅扰、充满敌意和难以驾驭的外部政治环境，不允许沉迷于乌托邦式的幻想。

在面对冲突的建议和公众态度的分歧时，决策者进行选择的一个有效方式，便是故意利用冲突来保护决策的可能性和权力，更有甚者，他们会利用冲突来构造一种使“建设性的”不和谐最大化的政治环境，从而为更明智的决策留下余地。这样做的主要手段可能是在决策者周围创立一种“多重途径”（multiple access）和“多重主张”（multiple advocacy）的体制。一些决策机构最初是根据这个原则来设立的。

401 1966 年 8 月中旬，毛泽东臂戴红卫兵袖标，向在北京天安门广场上举行盛大集会的百万红卫兵致意——这是 8 次激动人心的集会中的第一次，在这些集会中，毛泽东向至少一千万名到首都朝圣的红卫兵致以个人的问候。整个中国，被作为抗议的象征和方法的大字报不断重现于公共场所的百壁千墙，在它生动背景的映衬下，行走着公开批判和打倒党内“走资派”的游行队伍。在随后的数月中，数百万的红卫兵，免费搭乘火车，在全国串联，交流经验，并建立各种联络站来计划和实施联合行动。

接近年底的时候，毛泽东将“文化大革命”的范围正式扩大到工矿企业和农村。他告诫工人和农民要同时“抓革命、促生产”，这样，他再次在扩大群众运动的同时，对它进行了巧妙的限制。除了那些作为战士参加“文化大革命”的农民之外，广大农民群众仍然没有在“文化大革命”中发挥重要作用。但是，自称为“革命造反派”的城市工人在这一年年初便开始自发举行抗议活动，并且很快就变成了革命造反的先锋。年轻工人中有许多受到过良好的教育，他们的动机与那些造反的学生们大致相似。他们反对的都是不平等、命令主义和各种资本主义倾向，以及他们认为在工厂管理者中存在的贪污腐化。工人们的目标是平等，他们的靶子是“资本主义的”物质刺激。

402 在这个如火如荼的年代，毛泽东和他的党内战友以及各群众组织的领袖确定了群众运动的界限，并创立了新的权力机构来实现他们的目标。到 1966 年年底，毛泽东明显希望将这场革命加快向“左”推进。在中国最大的城市上海成立的“革命造反总司令部”的革命造反派工人接管了城市的报纸，取代了地方党的委员会，夺取了政治权力。毛泽东对此热情支持。他向“文化大革命”的领导者们说：“从内部造反很好。这是一个阶级推翻另一个阶级。这是一场大革命。”受此鼓舞，作为“文化大革命”的领导者们的喉舌的《红旗》（*Red Flag*）杂志的编辑们向各地的工人和学生们发出了“坚决夺权”的号召。

在这个时期的某个时候，毛泽东经历了思想上的转变。1967 年早期，他与国防部长林彪命令迄今保持中立的中国人民解放军以支持左派的名义干预这场革命。这个会明显改变这场斗争性质的影响重大的决定，导致在两个省内权力的更平稳移交。中国人民解放军部队，党的干部和来自群众组织的激进的积极分子组成了“三结合”的革命委员会来行使权力。毛泽东明确表示，在省、市级的革命委员会是中国新的权力机构的正确形式，可以鼓励群众组织夺取和行使权力，但不能单独这样做。随着革命形势的继续发展，革命者宣告成立“上海公社”（受 1871 年命运不佳的巴黎公社的启发），毛泽东将其指责为“极端的无政府主义”。他要求激进分子们与军人和党的干部一起在“三结合”的机构内工作。但是激进分子对此予以拒绝。他们抗议道：这是一股“反革命的逆流”，它将使“走资本主义道路当权派”重新掌权。在一些省份，红卫兵和人民解放军之间爆发了游击战和公开的战斗。

红卫兵们走得太远了；毛泽东失去了对他们的控制。他认识到他必须叫停这场他所发动的革命。这些不受控制的红卫兵必须由革命工人来加以约束和控制，而这时工人们仍然还留在工厂里“抓革命、促生产”。于是，来自北京 60 个工厂的 10 万名工人，被组成毛泽东思想宣传队，他们被告知要进驻北京各大学。与此同时，毛泽东召集学生领袖开会，批评他们的无政府主义和派性。“你们不仅让我失望，而且让全国的工农兵失望”。工人阶级积极分子接管并彻底改组了教育体系。到 1968 年末，共产党的官僚机构被砸烂了，由三方组成的革命委员会在整个中国掌 403
握了权力，人民解放军变成了“无产阶级专政的主要支柱”。1968 年底，毛泽东指示数百万知识青年，特别是红卫兵，到农村去接受农民再教育，这成为结束这场“伟大的无产阶级文化大革命”的最明确的信号。

在 1969 年 4 月召开的中国共产党第九次代表大会上，毛泽东向数千代表们宣布“文化大革命”结束了——至少是暂时结束了。现在是巩固时期，但革命尚未完成，还会有再次的革命。在随后几年，共产党被大规模地重建，党的群众基础被拓宽，在规模上扩大了一倍，并吸收了数百万的工人和农民特别是妇女入党。在农村地区的无数干校开展了广泛的再教育运动。“上山下乡运动”和各种干校这两种激进手段的目的，都是为了在恢复城市和平，巩固“文化大革命”的成果，以及——毛泽东最关心的问题之一——缩小城乡之间、工农之间、脑力劳动与体力劳动之间的“三大差别”。

所有这一切的结果是什么呢？真正社会变革的程度，按照我们对其所下的定义，是混杂不清的。工人和农民被大量接收入学。在工业和农业方面报道过一些消除不平等和物质刺激的具体措施，但这种变化不是根本性的。对官僚机构的各种改革，如缩小其规模、合并分立的党政机构和建立统一的机构，带来了一定程度的权力民主化。然而，毛泽东打击的主要目标，即官僚化，虽被削弱，但并未停止。

由“文化大革命”所带来的变化是动机和精神上的变化，而不是物质和结构上的变化——就像 K. S. 卡罗尔（K. S. Karol）所总结的，是一次“在意识上质的飞跃”——是中国人民在态度上和行为上的一次彻底转变。这次在意识上的革命在促进平等和友爱的渴望与价值方面最为显著。为了压制个人主义和精英主义，于是大力提倡集体主义和对共同福利的关心。“三大差别”和“四旧”——旧思想、旧文化、旧风俗、旧习惯——得到了一定程度的抑制。群众参与和批评——在限度之内——受到鼓励。这种精神上的变化是否能带来中国人民在规范、制度、行为上的重要变化——带来**真正的**变化——仍有待观察。大多数中国人仍然生活在 20 世纪 60 年代的贫困之中；不过他们有足够的食物、住处和医疗照顾来满足他们的生存需要，因此能够产生更新的更高层次的动机。这些新的动机是对共同体和合作的需 404
要与渴望；是对参与比个人生存更广泛的集体生活的需要和渴望，是在更高层次上对自由、平等、民主和正义的普遍价值的需要和渴望。由于毛泽东触击了这些有力的和强烈的动机，打开了泄洪的闸门，使受压抑的愤怒情绪和冤屈苦水得以宣泄；他引导这些抗议服务于他个人的目的，并在不同程度上服务于他的追随者的目的。在预测和准备“第二阶段”的社会主义革命——转变由“第一阶段”的社会主义革命所产生的动机和需要——方面，在提出一个宏大的战略以实施回应这些新的动机而做出的决策方面，毛泽东显示出作为变革型领导者的天分。

毛泽东在变化的激流中显示出不同寻常的决断力。这一点有助于发现并指导一场广泛的革命运动如何通过专政、世界大战和国内战争最后夺取权力；更加不同寻常的是，它彻底改变甚至逆转了革命运动和联合统一的潮流。毛泽东的权力源泉并不是魔术，而是他对于中国人民新动机的超凡的洞察力。

作为政策制定者的领导者

在西方已确立的官僚政治中的西方领导者们，很少有人会像毛泽东那样头脑发热地期望做出可能改变他们社会的各种决定。在大型的、深刻制度化的政治体制中的政策制定者，肯定比任何其他领导者都更加意识到，他们行动于一个手段与目的相互关联的罗网之中。过于苛刻的制度压力，过于纷繁搅扰、充满敌意和难以驾驭的外部政治环境，不允许沉迷于乌托邦式的幻想。作为领导者，他们必须避开那些会使他们的角色降格的种种压力，避免仅仅成为大多数高层和低层行政人员狭隘和短期目的的代理者。为了追求更广泛的目标，他们必须避免被拖入到现存的行政安排及其各种各样的制度要求之中，避免被它们分割成碎片。

对于转向新政策的领导者来说，甚至过渡时期都存在着风险。在 1932 年经济衰退加剧期间当选的总统富兰克林·D·罗斯福，面临着对赫伯特·胡佛的拒绝。胡佛打算让当选总统承诺现届政府在军备控制、战争贷款以及金本位方面的外交政策。胡佛和罗斯福以及他们的顾问们都认为，公众希望两届政府之间表现出某种和谐和连续性。然而胡佛和罗斯福彼此极不信任。胡佛认为，罗斯福的当选是经济进一步衰退的原因。在这场被弗兰克·弗雷德尔（Frank Freidel）称为“总统制历史
405 上最令人费解的斗争”中，即将卸任的总统努力将罗斯福拖入现届政府的怀抱，但当选总统却奋力挣脱。罗斯福提供各种合作，但就是不卷入胡佛的政策，就是不对 1933 年 3 月以前所出现的联邦行为负责。尽管受到来自新闻媒体和共和党圈子的尖刻批评——国务卿亨利·史汀生[①]（Henry Stimson）说，胡佛的高尚“使罗斯福看上去像个小人物”——但罗斯福坚持他的立场。他走马上任后召开的“百日”国会特别会议，完全摆脱了上届政府的百般纠缠。

罗斯福的例子是一个极端的例子：他是在一个关键的过渡时期采取行动，并且他拥有非同寻常的自信。大多数受到制度约束的政策制定者，在缅甸或英国，在苏联或美国，或在其他地方，都是在各种各样的限制的约束下行事的。他们可能对他们的处境和可供选择的可能性所知甚少；所以他们谨慎从事，希望能够获得足够的信息以引导他们进入下一阶段。在讨论由某些心理学家和政策理论家所定义和使用的决策模型时，雷蒙德·鲍尔注意到：“该模型假定了一个单一的决策单位，它具有单一的一组效用偏好；它通晓所有合理行为的可能性及其后果；其目的是选择具有最大效用的行动方式；具有做出精确计算的时机、意向和能力。在政策形成的过

---

① 亨利·史汀生（1867—1950），1929—1933 任美国国务卿，1931 年日本侵占中国东北后提出“不承认主义”，被称为“史汀生主义”。1911—1913 年和 1940—1945 年两度出任陆军部长，1945 年建议对日本投掷原子弹。——译者注

程中，这里的每一个假设都被违反了。”行动的成本经常并不十分清楚，较长期的收益更加难以预测。如果政策制定者具有更多更好的信息，他们也许能够施加更大的影响，但是获得这种信息所花费的时间和资源的成本也很高；经济学家莱昂内尔·罗宾斯（Lionel Robbins）注意到这种“不考虑边际效用的边际效用”。总之，政策制定者在过多的价值、目标、利益和需要中行事，这些价值、目标、利益和需要可能具有一种等级排序，但他们并不总是能够确认这种排序。

受制度约束的政策制定者摸着石头过河，靠着“感觉和反馈”行进。他们集中精力于方法、技术和机制，而不是更广泛的目的或目标。他们有时会以牺牲整体目标的惨重代价来保护其组织的运行和生存，因为他们每天都要面对由该组织直接保护的人们的要求。他们甚至在与官僚作风作斗争时还会冒出官僚习气。他们的交易多于管理，妥协多于指挥，制度化多于创议。为了更好地处理政策议题，他们将其分解和碎化，尝试限定选择的范围，把棘手的问题全部委托出去，接受模糊不清和前后不一的目标，适应环境以维持生存。因此，他们所体现的是经济学家所说的“满意”模型，而远不是“最大化”模型。

那么，政策制定者真的能“制定政策”吗？他们能够控制最后的行动措施并实 406
际带来变革吗？他们确实能实施**领导**吗？如果能，这种领导又是如何实施的呢？

作为**公共**政策的制定者，如果他们把广大公众的要求和目的作为最紧迫的要求放在心上，他们便能够并且确实带来真正的变革。就像我们所看到的，那些公众的需要和目的通常并不是各种利益、态度和倾向的毫无规则或飘忽不定的集合；它们有自己的形式、次序、结构和一套优先原则。如果公共政策制定者能根据公众的需要和目的来制定他们的政策和制度，他们就是有效的。但实现这一过程是非常困难的。“远在他方的”（out there）需要和渴望似乎是遥远的、不成熟的、难以捉摸的、昏暗不明的；而“近在眼前的”（in here）——在立法、行政或司法的政策制定实体中的——需要和渴望则是熟悉的、亲切的、可感知的。不仅从“远在他方”到“近在眼前”要有很长的路要走，而且各种目标和需要也不相同。领导者被行政、立法或司法的集体领导体制缠住手脚，这使他们无法越过这些同事而诉诸更广泛但更遥远的公众。

为了达及那些遥远的公众，立法者和行政官员接收来自“更接近现场”的下属和代表们的报告，他们可能不断受到那些抱有希望和不满的选民以邮件和其他交流方式所做的大量批评，他们在新闻中和其他地方阅读批评评论，人们在街上或在电话中与他们闲聊。一些政策制定者采取主动，通过民意调查、组织田野调查或其他方法，推测公众的态度和期望。在所有测试手段中最引人注目的当然是选举——在投票站总是存在着被抛弃的可能威胁。但是这些方法无一能够将广大公众的全部潜在反应都动员起来。

与这些公众接触的手段是粗糙的，不可避免地带有选择性并扭曲变形；所测量出的民众态度是表面的和易变的。仅仅去满足大量民众的可见的、直接的和无差别的需要与目的是不够的。有效的政策制定者——那些努力实现真正变革的人们——必须**紧随着**政策制定“第一阶段”的完成，直接并有目的地转向“第二阶段”——

对民众的需要和目标进行重组。特别需要注意的是，他们必须评估各种政策的影响，即那些政策在满足现存可确认的需要的过程中是否改变了这些动机，这种改变并不只是消除这些动机和使它们恢复到一定程度的平衡，**而是在满足这些动机的行动中创造出进一步的欲求和要求**。所以，他们还必须尽可能做出评估，看哪一等级次序的需要和价值可以推进到“更高”阶段。政策制定者不仅要预测来自正式领导者的反应，而且要预测非正式的和非官方的领导者的反应，不仅要预测他们在有组
407 织的传统的场合和环境下的反应，而且要预测他们在各种不同的场合和环境下的反应。所以对罗斯福来说，就必须从 1933 年“第一次”新政的经济“生存”需要，转向 1935 年“第二次”新政的平等主义和革新主义的需要。

许多政策制定者都在第二阶段及随后的阶段失败了；失败比成功更不足为奇。一些人偶尔获得成功，个别人反复获得成功，这看上去似乎部分地依赖于他们对直觉的信赖。各种神秘的解释没能对理解政策领导提供多少帮助；**共情**（empathy）的概念更有用一些，因为它把这种显然超理性的能力重新解释为某些政策制定者理解和回应各种需要的认知和情感结构及其隐藏于背后的各种价值的能力。共情能够理解更广大公众的需要，以及当这些需要得到**满足**时公众会做出怎样的反应。能够完成如此一击的政策领导者，或者是有着丰富经验的拳坛老将，因为经验能使他的触角变得异常敏锐；或者是个拳台新兵，但他却能透过公众态度的姿态和防卫方式看到隐藏在这种护具外表之后的各种真正需要和价值观念。

决策和异议

作为政策制定者的领导者通常在相对固定甚至结构化的政治情境中工作，这种情境处于公认的界限和限制的范围之内，并受到既定的和合法的传统、先例和声明的控制。政党领导者在关于大众英雄和公众象征的神话、政党的纲领和章程、外部的竞争和内部的压力下起作用。立法领导者要对宪法的和政治的各种约束和机会做出回应。司法政策的制定者要考虑法规和先例，它们即使在法理上歧义百出并前后矛盾，也为司法确立了方向和指南。在相对稳定的政治体制中，领导者也会受到他们先前所做出的承诺的约束。

西奥多·索伦森指出，美国总统“不需要盲目崇拜逻辑上的前后一贯性，但是他必须避免混淆或看上去像是在骗人。因此，在多数情况下，他将把自己制定的政策当作先例，并将自己做出的声明作为一种约束，无论这些声明是在记者招待会上对记者问题的回答，还是在国家正式文件中明文写出的……”

对于那些经历了共同的社会化过程、行动于相对固定和可预知的政治体制之中、面临共同的政策问题并应对大致相同的政策约束和支持的领导者的行为，我们能够有一定的把握做出一般的概括。但对那些处于危机情境中的领导者在压力之下的行为，我们是否也能做出一般的概括？他们通常要在没有指导方针甚至没有授权
408 的情况下迅速做出决定。在 20 世纪 50 年代和 60 年代，最高法院感到急需在公民

权利、选举程序以及宗教与国家的关系这些最敏感和最紧迫的议题上迅速地做出有约束力的决定，但有的仅仅是一些最一般的宪法条款，周围有一大堆相互抵触的判例，所处的还是一种紧张和冲突不断加剧的社会环境。在 20 世纪 70 年代，国会不得不在几乎前所未有的广泛焦虑和普遍关注的环境下制定具体的弹劾程序。在所有社会中，领导者都必须应对突发的灾祸，如地震、飓风或流行病，还要应对很少有人能够预测的经济和政治危机。

领导者经常不像领导者那样行事——他们不像是因为他们不能。实施领导就是根据一定的价值观念和目的采取行动；领导者采取主动，并根据存在于价值观念和目的背后的欲求、需要、期望和要求的结构，来组织支持。在突然紧迫的要求之下慌乱地在各种可能的选择中做出抉择，而此时民众对这些可能选择的反应顶多是模棱两可的，而且有时并在某些环境下这些可能选择并不是领导者所要选择的，这种被动的抉择实际上就是将权力拱手让给先前的决策者。1941 年 6 月纳粹入侵苏联后，斯大林所处的困境便是如此。希特勒的入侵决定，使在该年春季还对克里姆林宫敞开的那些可能的选择立刻被封闭了。但希特勒的进攻又为莫斯科敞开了一系列新的选择可能，然而其中仅仅有一个是可行的，即保卫母亲苏联。据说在希特勒开始进攻后的一些日子里，斯大林在心理上处于麻痹的状态。如果这是真的，那么他的迟钝状态可能反映的是一个习惯于在自己选择的条件下根据自己的主张行事的人所处的困境。

在理想的理性思考和行动的世界中，决策领导者借助对相关事实的分析和对结果与手段的再评估，来对突如其来的事件做出反应。约翰·杜威提出了一种经典的决策程序：感觉到疑难，确定困难的所在和性质，提出各种可能的解决方案，以理性的方法推演出这些备选方案的蕴涵结果，然后“进行进一步的观察和实验，它们可能导致对每一个方案的接受或拒绝”。索伦森也提出，白宫的决策在“理想上”应当包括以下步骤：“第一，对事实取得一致的看法；第二，对整体政策目标取得一致看法；第三，明确界定问题；第四，征集所有可能的解决方案，以及它们所有的细微差别和变形；第五，列出每一种解决方案所可能产生的后果；第六，建议并最后确定一种解决方案；第七，就这一选择交换意见；第八，规定其实施方式。”但是索伦森承认，这个程序并不是常规的。各种步骤无法按适当的顺序进行；对事实存在着争议；对目的和手段的判断各有不同；各种目标并不明确；所有“可行的选择都可能既夹杂善的方面，又混带着恶的结果”。因此，耶赫兹克尔·德洛尔 409
(Yehezkel Dror) 在一项大规模的研究中得出的结论是，在决策时，“个人几乎从不自发地使用这些‘理性的’决策步骤，如广泛地搜集各种备选方案，精化操作目标，确定明确的期望，也不会自发地使用这些最佳决策的严格概念和工具，如概率、逻辑、信息搜索以及随机化……许多决策满足的是个性的需要，它与被公开决定的议题并没有直接的关系。结果是，如果不进行深度分析，这种决策的全部意义就经常无法被理解，对这种决策服务于这种深层需要的‘效能’也很难做出评价”。

反对对决策过程作理性分析的人们，提出了关于决策和变革的另一种著名理论，即“渐进调试的科学”[1]（the science of muddling through）。所谓渐进调试，就是凭借小幅调整、逐次反应、来回试错（wrong turn）、少量创新、碎步行走、有限的行动来制定公共政策——所有这一切都只会导致渐进的变革。这些交易型领导的措施对直接的情境和压力做出反应，与同盟者和反对者进行讨价还价，遵循有限和短期的目标，试图保持平衡，避免全面变革。这种领导无法回应更普遍化、更深层次、更强有力和更可改变的欲求与需要。

采用渐进主义的、交易型的决策领导，再次强调政党、立法、行政以及其他的政策制定者的困境，即他们所面临的危机是他们无法完全理解的，因为他们所处的环境是其他领导者制造的，所在的时机是他们无法控制的，他们没有机会甚至能力充分地利用信息资源，弄清工作的目标，或考虑长期的影响并对民众的需要、欲求和价值观念做出回应。在传统的领导过程中，他们能使他们的决定符合“行动规范”，这种行动规范来自并支持一种价值的等级结构——因此将某种秩序强加给决策过程。但是新生的和异常的问题与危机却不能被输入一个决策机器之中。

决策者可能通过拖延时间的老办法对新出现的问题和危机做出回应。希望缓解问题的立法决策者，擅长于建立各种调查或商议机构，它们会在后来作出报告，那时公众的激动情绪有望减弱。法庭对有争议的宪法问题拖延判决的办法，可能是去进行案件模拟，或者把案件发给下级法院重审，直到公众“成熟起来”或者紧张状态被缓解。这种努力的成功通常得益于领导者控制之外的因素。立法机构在扩展法
410 律管辖范围方面的举措，会使法院免受难以决策之苦。对能够支持已经采取的立场或希望采取的立场的信息和权威进行搜索，可以避免其他不同的有挑战性的可能选择，因而也能够避免决策。奥利·霍尔斯蒂（Ole Holsti）记录下了艾森豪威尔的国务卿约翰·福斯特·杜勒斯（John Foster Dulles）所采用的各种“重构策略”（reconstructing structure）。杜勒斯认为苏联是扩张主义的和好战的，当他面临挑战他的这一观点的“不同的信息”时，他用重构策略来避免“认识上的不协调”。为了逃避做出涉及价值的重大决定，决策者会做出一些小的决定，作为“实际的”和“实用的”举措。他们可能一笔勾销先前曾做出的表示，不再同情那些因他们拖延不决而可能受到严重影响的人们。他们可能采取忏悔和赎罪的行动来解决他们的困境，以个人的方式使他们感到满足，但还是不做出决定。虽然这些方法会缓和决策者内心的冲突和紧张，但是从长远来看，它们可能表明了存在的问题或危机，或者至少使选择变得更加复杂，并只是将决策权推给了下级立法、行政、司法机构，或完全在这一等级结构之外的实体。

决策者的第二种反应更罕见：投降。沃伦·G·哈定[2]（Warren G. Harding）总统曾向他的一个朋友大发牢骚：“约翰，我真搞不懂这该死的税收问题。我听一边的话，他们好像是正确的；但我又与另一边谈，上帝！他们好像也是正确的。我

---

① 指渐进决策理论家查尔斯·林德布洛姆（Charles E. Lindeblom）1959年在《公共行政评论》上发表的《渐进调试的科学》这篇文章。——译者注

② 沃伦·G·哈定（1865—1923），共和党人，1921—1923任美国第29任总统，其政府腐败无能，声名狼藉。——译者注

转了一圈又回到了出发点。我知道会在某处可能有给我正确答案的书，但是见鬼，我却不能够读到这本书。我知道一定会在某个地方有位经济学家知道正确的答案，但是我不知道在哪儿能找到他，也不想去认识他；就是我真的找到他，我也不会信任他。上帝，这是怎样的一份工作呀。”这将是领导在决策上的最差状态。

在面对冲突的建议和公众态度的分歧时，决策者进行选择的一个有效方式，便是故意利用冲突来保护决策的可能性和权力，更有甚者，他们会利用冲突来构造一种使“建设性的”不和谐最大化的政治环境，从而为更明智的决策留下余地。这样做的主要手段可能是在决策者周围创立一种“多重途径”（multiple access）和“多重主张”（multiple advocacy）的体制。一些决策机构最初是根据这个原则来设立的。例如，立法机构和立法委员会可能就是在两党制或多党制的基础上组建的。权力平等的法院和陪审团，以及许多国家根据反面证据进行的审判，都将冲突的观念融入了它们的基础。在一些棘手的涉及学校废除种族隔离的案件中，法庭可能指定一位“专家”或一个顾问小组来对其他可能的选择进行分析。各种行政分支机构经常是根据不同的原则来建立——专一的判决和执行——但是多途径和多建议也能 411
够——我相信也必须——被建构于围绕行政机构的咨询体制之中。

要建立多重途径和多重主张的体制，就要建立一个多元的和容纳冲突的咨询体制；另外，它使决策者得以接触更广泛、更多样化的欲求和需要，特别是更广泛的要求、价值和目的。即使这些顾问仅仅是技术专家，他们也同各种类型的专家——农学家、原子科学家、经济学家、教育者、媒体技师——有着千丝万缕的联系，对各种舆论形成机构和他们自己的专业组织有着不可小视的影响力。处理更广泛的政治事务的天才顾问们，将应对和回应那些政治选民，他们将这些顾问与强有力的政治运动及各种其他力量联系在一起。

这些联系可能为政治决策者提供相当的控制手段。通过这些顾问，决策领导者能够动员领导者和追随者的网络，他们都扎根于有授权能力的选民之中。相互作用并彼此冲突的建议既有向内的推动作用，也有向外的推动作用。途径和主张越是多样，领导者能达及并可能动员的专业性团体和支持性团体也就越多样。苏维埃政党官员决定强调对生产资料的投资，印度政府决定要改变控制人口的公共政策，波兰共产党人决定提高消费品的价格，英国工党决定促进产业国有化，这些都将引起一大批专家、支持选民以及利益集团彼此之间的冲突。冲突越激烈，冲突变得越明朗，至少在某些渠道内部，那些“边缘的”（outlying）利益集团就会越充分地被动员起来，它们就越有能力从外部向政府施压。如果“内部”的决策者能够在某些网络内部赢得支持，他们就能够利用这些支持作为杠杆，来对付其他的专家和他们的选民，其手段是拉拢他们，引证相反的权威观点来反驳他们，通过他们来争取更广泛的选民加入到冲突的情境中来。

然而，利用专家作为杠杆，假定了政治决策者们本身是自信和冷静的，他们能与多重主张保持距离，能够利用它们的分歧，而不是被这些分歧弄得六神无主——或被它们征服，就像在哈定的例子中那样。偶尔，我们也能发现具有这种自信或坚定目标的领导者，例如，在第二次世界大战中的丘吉尔（对军事建议）、戴高乐和罗斯福似乎都具有这些品质。特别是罗斯福，他能使自己倾听最相互冲突的建议——例如，有一个时期他接受有声望的银行家们的建议，与据称是金融界的假冒行家们热情地交谈——却没有显示出失去自己的方向。但即使是罗斯福，在国家进
412 入 1937—1938 年的经济“衰退期”时，也被那些相抵触的建议以及他的顾问们所利用的相互敌对的利益集团弄得不知所措。多元的决策机构更容易被多元的主张搞瘫痪，因为多元主张鼓吹者和他们所代表的利益被植入了他们运作的核心部分中。

当在领导者们内部造成决策冲突的根源不仅是政治的和理智的，而且是心理的时，多重途径和多重主张所造成的这种六神无主和不知所措就会更加严重。欧文·贾尼斯（Irving Janis）说：“内化的道德标准，自我理想以及个人所关注的自我形象的基本内容，往往会被牵涉进每一个重要的决策。这些对后果的考虑经常是一闪而过的想法，或也许仅仅出现在白日梦的幻想中，并没有明确地涉及决策本身。然而，一般认为，对于每一个重要的决定，都会出现一连串可以识别的想法，它们至少是以引申的方式涉及关于改变自尊的令人烦恼的问题。（例如：‘我会觉得我的行动是道德的还是不道德的？我会为自己感到骄傲还是害羞或是内疚？我将不辜负自己的理想还是让自己失望？’）所有这类考虑被称为是**对自我认可或不认可的预期**。”

在某种程度上，决策者可以对多重途径和多重主张进行组织，用以鼓励或阻止冲突。亚历山大·乔治在描述尼克松总统对他的国家安全委员会的管理时，特别注意到尼克松在 1968 年上任后主张，他的体制“应当确保各种明确的政策选择能够直达高层，从而使各种观点都能在委员会的会议上得到充分讨论”。乔治说，观点的差异“应该被鉴别和保护，而不是被压制和掩埋。”总统说道，他不想“让眼前出现的都是官僚式的意见一致，这使我别无选择，只有接受或拒绝，使我无法知道是否还存在着其他的替代方案”。人们几乎可以得出这样的结论，认为尼克松在他的行政办公室内建立了一种多元化的立法机构。但乔治的结论是，多重主张严重削弱了内阁官员和其他高层官员的作用；尼克松式的国家安全委员会会使最高层的决策者负担过重；尼克松政府事实上采用的是一种集中指挥的、非政治化的政策制定体制。这一结论提醒我们，如果异议没有被完全压制或消灭，也可以将其重组和紧缩，使其影响降到最低限度；要使其影响最大化，就必须通过决策机构的每一层和每一个团体来鼓励和扩散。

在猪湾危机中，约翰·F·肯尼迪似乎付出了代价，他继承了前任政府做出的
413 现成决策，而在执行这种决策时却没有充分依靠多重途径和多重主张。小亚瑟·施莱辛格注意到，在这场灾难之后，肯尼迪懂得了“他必须要扩大他的咨询范围，更多地利用他个人信任的通才，并根据他自己的想法重新制定每一项重大的决定”。

古巴导弹危机给肯尼迪一个抵消猪湾危机错误的机会。负责考虑各种备选方案的国家安全委员会的执行委员会（ExCom），征求不同的意见，鼓励提出各种不同建议，鼓励低层级的官员提出建议，即使这些建议与上级的建议相反。但这两个危机最有意义的一点可能是：更遥远的公众向两个超级大国的领导者们施加了约束。罗伯特·肯尼迪（Robert Kennedy）记得他的兄弟忧愁地说：“这个国家的孩子们恐惧死亡，全世界的孩子们也都恐惧死亡——这些年轻人并没做什么，并没说什

么，并不知道什么，甚至并不了解什么是对抗，但是他们的生命之火也将像其他人一样被掐灭。他们再不会有做出决定的机会了。”在古巴导弹危机期间，赫鲁晓夫给肯尼迪总统的一封密信甚至更加雄辩和一针见血：“如果你还没有失去自我控制，还能够明智地想象出这可能导致什么，那么，总统先生，你和我现在都不应该再用力拉这个被你打上了战争之结的绳索两端，因为，我们两个越是用力拉，绳结就会越紧。过不了多久，绳结就会紧得甚至连系结的人都无法再解开它，然后就有必要剪断绳结，那意味着什么不应该由我来向你解释……”由于肯尼迪在古巴导弹危机中承担起了决策的责任，所以他使后来的领导者免去了更艰难的决策。罗伯特·肯尼迪提到的下一代孩子们——遥远的、“没有投票权的”公众——也不必遭受更为严峻的决策之苦。由于赫鲁晓夫能够做出撤退的决定，一场灾难被避免了——这一绳结被解开了。但是两位领导者都是在决策范围被缩小到危险地步的情境下采取行动的，决策范围缩小的原因不仅在于领导者自己所采取的措施，而且在于那些不太“负责任的”领导者们先前做出的抉择，在于环境的严酷。

检测：真正的、预期的变革

世界上大多数决策者，不管他们在新闻记者的报道中显得多有权势，都必须应对由各种事件、环境和其他人已经做出的决策所造成的后果，因此，像赫鲁晓夫和肯尼迪那样，他们必须在狭窄的约束范围内采取行动。他们所遇到的那些决策机会通常是若干有限的选择。设置各种顾问、机构和程序曾经是为了使决策者更强有力，但结果经常是变成了约束决策者的根源。决策者的主要作用——甚至那些标榜 414
为激进者、改革者或革命者的决策者的主要作用——经常是维护现存的政治安排，因此有助于制度的持续、均衡和稳定。这样的决策者是防御型和保守型的，而非创造型的。偶尔，他们也会在国家重大事件的关键转折点发挥作用，在这种情况下，他们细小的杠杆会将事件挑向一个方向而不是另一个方向，或使事件保持平衡或中止，直到后来决定能够被做出。但是那些后来的决定可能是各种干预性事件的结果，因而甚至受到更多的限制。

据说拿破仑能够审视极度混乱的战争场景，同时看到他可以利用的一致性关系。如果某些决策者似乎对历史有着巨大的影响，并且还被塞进了世界英雄的万神殿，这可能部分地是由于编年史家错误地估计了他们对历史主要时期的实际影响，以及赞颂者们把他们当成英雄加以美化。但造成这种现象的更重要的原因，可能是对变革本质的错误的或不适当的理解。激进的决策导致的可能仅仅是表面上的变革，或暂时的变革，或象征和虚构的变革，它将维护现存秩序，而不是改变或破坏这种秩序。戴高乐政府似乎就是如此。要使社会变革的概念用之有效，就需要对政策和决策领导进行现实的和严格的界定。

我在这里所说的社会变革是**真正的变革**——是构成我们日常生活的态度、规范、制度和行为的程度显著的转变。这样的变革不仅包括赫伯特·凯尔曼（Herbert Kelman）和唐纳德·沃里克（Donald Warwick）所说的“新文化类型和制度安排”以及“新心理倾向”，而且也包括物质条件方面的变化，那些明确的、被感受到的存在方面的变化，人们生活中吃和穿方面的变化。这样的变革可能离人们认为的立法、司法和行政决策将会自动带来的“变革”相距甚远。领导过程必须被简要地定义为实施从决策阶段到人们生活、态度、行为、制度方面的具体变革。甚至仅仅考虑这个过程的广度也还是不够的，我们还必须包括另外的一个维度：**时间**。态度和行为可以在一个特定时期发生变化；例如在战争、民众狂热和情绪激动的政治运动中，变化之后很快就会恢复原状。真正的变革意味着根据个人和集体的各种价值等级的改变来调节的态度、行为和制度之间持续的相互作用。

415 根据我们的定义，领导带来领导者**想要的**真正的变革。领导者似乎可以造成最巨大的变化——如内战之后遗留下来的人与物的残骸——但是那种残骸本身也许并不是领导者的主要目的。我们在这里测评社会变革的程度和性质是毫无意义的，除非我们也考察那些做出要导致变革决策的人的意图。如果我们要发现在各种事件发展过程中的目的和意义，而非纯粹的机会或混乱，那么就必须做出这种考察。一个对领导有如此多要求的变革定义，也要求我们考虑在所有层级和政体的所有缝隙中的领导者的整体决策情况。那些对引人注目的领导者们来说似乎是漫无目标和行踪不定的行动或变革，可能完全是那些不太引人注目和不太“合法的”领导者们有计划决策的结果。检测的标准是高层和低层的领导者的目的和意向，它来自各种价值和目标，它导致政策决定和真正的、预期的变革。

在现代世界中，社会变革是如此普遍和无所不在，并经常是如此剧烈和具有威胁性，以至于吸引了大量的学术研究。它已成为了一种智力增长产业。黑格尔和马克思不是唯一把社会变革作为社会分析和历史事实中的主要现象来对待的著名理论家。在对有关变革的大量文献进行搜集研究时，人们再次注意到在变革过程中缺乏对艺术的或理智的或政治的或社会的领导角色的明确概念，注意到大多数在理论和实践上涉及领导的著作中缺乏这种明确的概念。对**创新**过程的探讨，通常不是在使创新获得意义和方向的领导动机、目标和过程的宽阔框架中进行的。似乎变革是离开人的意志和参与而机械发生的。那么，我们对在真正的社会变革过程中政策和决策领导的作用能大致说些什么呢？

只有在吸引着大多数人类的稳定性、连续性、持久性和惯性状况的背景之下，这个问题才能得到回答。处于现时代的我们能够听到和看到如此多的所谓的“令人头晕目眩”的变革——领导者、王朝和整个民族的兴起和衰落，技术的不断突破和瓦解，大规模的移民，“人口爆炸”，经济状况的改变，艺术、文学和其他时尚的潮流涌动——以至于我们趋向于轻视在人类事务中稳定的重要性。罗伯特·尼斯比特（Robert Nisbet）观察到：“社会的相互作用不仅存在于社会的变革之中，而且存在于社会的稳定性和持续性之中。这就是为什么，如果我们想回答变革中的因果问题，我们就必须首先处理社会**持续性**的本质，然后，当我们转向是什么造成了所观
416 察到的结构、特性或观念的变化这种问题时，再处理各种**变量，而不是常量**。”体系一旦被建立起来，便会产生无数的力量和平衡手段来使其持续存在下去。

我们对变革的假定是受文化约束的。根据罗伯特·海布罗纳（Robert Heilbroner）的观点，"对世界上大多数只知道无变化的历史的人来说，对变革困难的强调是没有必要的。但是对我们自己来说，我们的世界观受到我们独特历史经历的异乎寻常的动态性质的制约，因此强调变革的困难是一种必要的谨慎。与我们通常所接受的信念相反，变革并不是常规，而是生活中的例外"。伦纳德·迈耶（Leonard Meyer）在以"静态平衡的概率"为题的一章的开始便指出："关于社会文化的发展是人类存在的一个必要条件的假设是站不住脚的。19 世纪前中国历史古代埃及的停滞，以及在其他文明和文化中累积性变化的缺乏，都表明稳定和保守，而不是变化，一直是人类的普遍规律……"

那么所有这样的主动行动又是什么呢？它主要是当体制在其基本模式中吸收各种小的变化并保持其自己的步调和方向时进行大量重新调整的表面现象。人类学家阿尔弗雷德·R·拉德克利夫-布朗（Alfred R. Radcliffe-Brown）注意到那些不影响社会的结构形式的结构内部变革。他在**体制维持**与**体制变革**之间作了明确的区分：体制维持（system maintenance）是一种社会重新调整，它在本质上是对社会结构均衡的调整；至于体制变革（system change）或"类型变革"（change of type），他将其定义为这样一种变革，"当其达到充分程度时，社会结构会从一种类型变为另一种类型"。高层和低层决策者的大量决策，都是为维持社会结构的平衡所进行的重新调整。

一个体制在维护其自身的稳定时可以表现出动态的改变。一个领导者如果在某项决策上背弃体制或群体的规范，就会遭受过度的关注、压力和制裁，并可能被拒绝或排斥。F. 梅雷（F. Merei）举了无数实验室实验中的一个，该实验证明，一个具有明显领导能力的孩子仍然要被迫遵守一个小幼儿园群体所建立的游戏规则。如果体制在某一方面的变革威胁了体制的其他方面，那么这方面的变革就会被封杀；至少不会允许它比其他方面变革得太快。围绕着稳定决策程序，设立起一大批制度预防措施，其中一些被赋予了神圣不可侵犯的地位或被神秘化。局外人和外来的观点会自然地被拒绝。在武器发展和变革的历史中，最常见的趋势之一，就是军事决策者一直拒绝新发明的武器，只是当很久以后出现危机或灾难时，新的武器才会被采纳，并在此后被他们用来保护自己的制度。

人们提出了一些策略来克服变革的阻力：强制策略、规范策略（通过激发已经 417
内化的价值以实现纪律约束）、功利主义策略（控制分配以及取消奖赏和惩罚）、经验—理性策略（对变革进行理性论证）、权力—强制策略（利用道德、经济和政治资源来实现变革）和再教育策略（通过情感和思想施加影响）。我们不需要在此对强制策略多费口舌，因为我们对领导的定义是将强制排除在外的；大多数其他的策略都是用来剥夺群体对自我的信念、态度、价值和观念的支持，自我的信念、态度、价值和观念结合起来使个人与现状紧紧联系在一起。贯穿于这些不同策略的一条共同线索——也许是唯一的共同线索——是它们的难度。大多数策略的目的似乎并不主要是改变变革的最终目标者——在日常生活中的公民——的态度和行为，而是改变政府或企业或其他团体中那些负责**执行**变革的下级决策者。即使高层的政策制定者能够对下级的政策制定者实施完全的控制，在实施决策与广大公众行为上真正的改变之间仍然存在着很大的差距。“近在眼前”还是完全不同于“远在他方”。所有这些都在理论上证实了决策领导者在实践中的发现：在“指挥线”上的断裂、锈蚀和混乱，会削弱基层群众的目标和行动；即使基层群众的目标和行动没有受到削弱，目标公众也可能不会做出响应。决策很少是自我实施的。许多用来传达高层命令和指示的行政手段，都变成了使决策链断裂和弯曲的手段。

简而言之，伟大的政策制定领导和决策领导会在最关键的阶段——影响民众态度和行为的阶段——失去作用。有什么方法来突破这种困境吗？

对这个问题的回答最终依赖于决策领导的目标的本质。这些目标的本质当然是非常不一样的。在最私人和个体的层次上，政策制定者可能会寻求一些只会影响他们自身的小变革。这些小变革可能是政府机构提供的服务、对一些规定的免除以及国家授予的一些荣誉或特别表彰。常规的官僚决策机制使他们受挫后，他们可能“带着他们的辞呈”走出行政的迷宫。在实现他们自己具体的和可能是狭隘的目标的过程中，在为他们自己而实现一些小的变革的过程中，他们几乎不接触决策过程本身。他们“战胜了体制”，但是从长远来说体制会战胜他们，因为他们的成功将降低改善官僚决策机制的压力——至少对他们来说并在短期之内是如此——所以对
418 于它所服务的大多数人而言，该机制会继续运转不良。一些个人的努力，不管包含有怎样狭隘和自利的动机，都会使其他人以某种方式受益，但是这些好处很少超过“满意”的水平。

另一方面，在普遍或集体的层次上，领导者的目标可能是现存的社会结构所不能容忍的全面社会变革。因此，在某些领导者看来，这种社会结构必须被连根铲除，并代之以一种全新的体制，可能要通过革命的手段来实现这一目标。但革命并不总是成功的，当它真的取得成功时，瓦解现存的结构和动员新的社会力量的革命行动，同时也诱发了各种新的需要和新的目标。真正的变革所采取的形式可能与最初所追寻的革命目标极不相同。最暴力的革命，不论它所宣称的重建社会的愿望多么远大，通常都不足以成为完全的真正革命。恩斯特·内格尔（Ernest Nagel）说：“在社会的结构形式上进行**完全的**变革，这一概念是……矛盾的。”

在单独个别的变革计划和全面激烈的变革计划两个极端之间，存在着一个**中等程度**的计划，它回应的是共同的需要和其他的动机，它要达到的是集体的目标，它是大多数社会中政治领导者所做的主要计划工作。这种**计划领导**追求的是为了集体目标而进行的真正社会变革，虽然这种变革并不一定像革命行动那样步调一致并具有非常广泛的战线。这种领导的任务是为真正的社会变革而做出政治上和行政上的计划。

关键的问题涉及计划方式和手段所要达到的预期目标的影响，以及全面的真正变革对现存的社会和政治体制（我们在这里用“社会结构”这一概念）所提出的要求。我们在这里所定义的计划，不仅是指为满足公众欲求、需要和期望而建立的确定的社会和经济目标，而且还指深思熟虑和目标明确地重塑实现全面的真正变革所需的手段。像拉德克利夫-布朗一样，刘易斯·科色尔区分了体制**的**变革和体制**中**

的变革。他所说的体制**的**变革，指的是“所有主要的结构关系、它的各种基本机构以及它的主流价值体系都发生了彻底的改变”。而体制**中**的变革则是通过相互刺激和调整，它能够导致广泛的变化，虽然不是体制的根本转型。在过去两个世纪，英国政治制度中所发生的累积性变革已经使其政治结构有了实质性的改变，不过这些变革（例如选举权的扩大）在那时看起来似乎是体制之中的变革。

如果仅是因为体制**的**变革很难发生的话，那么体制**中**的变革比体制**的**变革似乎 419
更能够改变体制。然而，自 1800 年以来，政治体制**的**变革程度已经是有目共睹。特德・罗伯特・格尔发现，在第三世界和受欧洲影响的区域，“体制转型的政治变革”发生的频率很高而且范围普遍。历史上的拉丁政体和亚非政体与该时期的欧洲国家的平均持续时间大致相同：12 年。格尔发现，从 19 世纪到 20 世纪，突发性的政治变革的发生率显著上升。根据戈尔的分析，“在该样本中，1900 年之前建立的 150 个历史政体有一半存活了 20 年；但是在 1900 年以后建立的 117 个历史政体中，‘半衰期’（half-life）只为 9 年”。领导者的集体决策和全面决策会使这些变革的发生程度极为不同，但是这些结果强调了那些看似坚如磐石的社会结构实际上是脆弱的和短暂的。

对结构性变革的计划，不论是对体制的结构性变革的计划还是对体制中结构性变革的计划，都是对受某种实现真正社会变革的目标、价值和意图所激励的决策领导的最终道德检测；它也是领导者最有力的**武器**。它是一种检测，因为计划要求沿着各种复杂的力量、制度和意外事件的广泛战线进行思考和行动；如果决策者真的“要这样做”，他们就必须根据他们要达到的目的的要求重塑手段。它还是一种武器，因为一个具有良好构思的计划，配合以可利用的计划技术，可以给领导者提供对人力、物力和智力资源的评估，它对于制定和完成一个实质性社会变革的计划是必需的。制定计划的目的，是要预测和对付那众多的妨害因素，它们会损害在计划领导者的政策制定与改善大多数人民日常生活的真正变革之间存在的决策和行动之链。

即使最好的计划仍会出偏差。为什么？部分地是因为计划不周或执行不力。部分地是因为计划遭遇到没人能预测的“偶然”变化。但最主要的原因，是大多数决策者集中关注的是技术和行政因素，而忽视了心理和结构的因素。在布尔什维克革命之后的某一时期，亚历克斯・英克尔斯（Alex Inkeles）发现：“革命时期政治和经济的发展已经远远超过了狭义的‘社会’发展。在仓促的革命实验中，新建立的体制形式与民众的动机系统、期望类型和行为习惯之间的一致性问题，没有受到系统的关注。此外，当新制度开始起作用时，它们所产生的社会结果既不是该政权所
计划的也不是它所预期的。”英克尔斯补充道，对布尔什维克而言，马克思主义的 420
意识形态使问题加剧恶化，这种意识形态使领导者倾向于认为，人的关系方式只是“被决定的”社会上层建筑的组成部分，它必定会随着政治和经济制度的变革而自动地发生根本性变革。

其他地方的计划者也遭遇到相似的人类动机问题。英国工党政府所推行的煤矿国有化，其主要目的是改善矿工的命运，但是他们却对这些矿工的反应做出了错误

的设想。对于许多矿工来说，变革似乎就等于用一种官僚机构代替另一种官僚机构。印度的人口计划者对印度农民的主要动机做出了错误的估计，他们养育子女是因为他们可以成为劳动力并因此能够使家庭获得收入——这种动机压倒了为了其他目的而支持家庭计划生育的宣传效果。1787 年，美国的政治计划者制定出一种使派系与派系互斗从而削弱政府中派系力量的超凡政治结构，但是他们低估了民众和平等主义的势力，他们会从外部威胁政府所达成的平衡和稳定。由于计划失误，因此不会令人感到意外的是，计划者经常试图将他们的新结构与通过政治体制发挥作用的不可预测的心理因素分离开来。因此，田纳西流域管理局的领导者建立了他们自己的“现场”决策机制，并且对华盛顿决策者的干预活动表示反感。然而，自治是一把双刃剑；它保护地方计划者免受中央政府的官僚主义侵犯，但这样做所付出的代价是缩小了领导计划的范围和权力。

指出有效的计划必须考虑各种动机和价值观念，这又返回到我们在一般政治领导理论中所强调的中心要点。与其他领导者相比，计划领导者更是不仅要回应民众的态度和信念，而且要回应他们现有的和潜在的追随者的基本欲求和需要、渴望和期待、价值和目标。计划领导不仅必须评估公众的初始反应，而且还要评估计划的成功将会在随后的“第二阶段”行动中唤起新的欲求、需要和目标的程度。计划领导者必须察觉到计划上的一致性可能是虚假的和危险的，必须认识到，**建议和冲突**必须被筑入计划过程之中，以回应多元的价值观。计划领导者必须承认**目标**——实际上，没有目标就没有计划——必须认识到不同的目标将会使政策过程具有不同的特点。各种计划也必须承认手段或执行方式的价值，它特别体现在那些使大多数人的看法得以表达而又不威胁隐私权和自我表达权的程序之中。计划还必须认识到权力的许多面孔；计划领导的权威和信誉最终将更少地依赖于正式的职位，而更多地
421 依赖于确认基本需要的能力、将大批拥有各种价值观念并追求各种一般目标的人们动员起来的能力、利用冲突和敌对过程而不屈服于它的能力以及通过现存的社会结构或通过改变这些结构而带来真正社会变革的能力。

卡尔·曼海姆在他死前简要地写道：“人们逐渐认识到，真正的计划在于协调制度、教育、评价和心理。只有能看到每一个步骤的各种重要细节的人才能够以现代社会的复杂性所要求的负责任的方式来行动。”显然，领导者必须以这种方式来看问题。但仅仅**看到**是不够的；他们还必须行动，并且在曼海姆和他的这本书中所提出的所有任务中，制度的变革是最困难的。因为制度是被包含在社会结构之内的，而社会结构本身又是对先前的需要、价值和目标的反应。在寻求改变社会结构以实现新的价值和目标的过程中，领导者远远超过了那些只关注表面态度的政治家。为了提升人类的目标，达到较高的道德目的，实现预期的重大变革，领导者必须投身到最难驾驭的历史进程和结构之中，并最终成功驾驭它们。

第 16 章

上升到一般理论

领导是一个互惠的动员过程，它是由那些具有某种动机和价值，各种经济、政治和其他的资源，在竞争和冲突的环境中，为了实现由领导者和追随者或单独或共同具有的目标的人们来实施的过程。

当与个人领导相联系的目标是由诸如安全与秩序、解放与平等、自由与正义这样的目的价值所引发，并用来满足这种价值时，个人领导就会被深深地政治化——变成了政治领导。

领导力量的提升和预期变革的实现，产生于人们各种变化的动机，产生于各群体之间和每个人之间的争斗和竞争，也产生于无数选择的做出及目标的明确和强化。

如果最高领导者帮助他们的追随者成为领导者，那么领导的作用就会更为合法和强大。只有站在他们的肩膀上，才能实现领导的真正伟大。

1968 年冬末，我请求对约翰逊总统作一个访谈，请他回忆富兰克林·罗斯福。我收到了总统和约翰逊夫人的答复，他们邀请我参加一个非正式的家庭聚餐。几天后，我穿过拉斐德公园前往白宫时，这个气势宏伟的老建筑的外表使我感到吃惊。这个地方现在显得阴沉、冷落、萎缩。这种看上去四面楚歌的景象难道只是我的想象吗?

在白宫的大门口，警卫仔细检查了我的身份证件，然后护送我进入官邸，坐电梯到二楼，接着被引入了总统家的客厅。在场的除了总统和第一夫人之外，只有一位工作人员和得克萨斯州的前任州长以及他们的夫人。谈话在谨慎和克制的气氛中进行着，每个人都避免谈及笼罩在白宫上空的那个阴沉沉的问题；直到总统的一个女儿穿着家庭便服闯进房间，坐在他父亲的腿上，然后靠着他坐在地板上，并突然开始谈论起越南。她说，她和她的丈夫的大部分朋友都是军人，但是她理解那些憎恨战争的年轻人的感受。接着她讲述起那些感受，这是我记得曾听到过的最为直率和雄辩的表述。总统倾听着，但一言未发。

趁着话题间断之际，我转向主人，询问有关约翰逊与富兰克林·罗斯福在战争
年代的一次会面。总统简单地回答了一下，但表现出对这个问题不感兴趣，然后开
始回忆他在得克萨斯州的孩提时代的往事。他谈到了他的父母，他母亲对于他的期
望，他父亲对他的训练，以及他的兄弟姐妹，一直讲到开始用晚餐。在吃晚餐时，
他边吃边聊，几乎不影响他的进餐。他谈到他的生活和在成长过程中经历的各种烦
423 恼。在晚餐结束后，他仍然在不停地讲啊讲，而他的妻子和朋友们显得饶有兴致地
倾听着这些她们必定已听过许多遍的故事。最终，总统滔滔不绝的长篇大论已使我
感到精疲力竭，同时为独占总统的宝贵时间而深感内疚，我设法起身，喃喃道出我
的歉意，总统陪我走向电梯，半路上提出带我参观他住的各个房间，顺便也看到了
总统床边堆满的各种备忘录和报告。

转天，我偶然站在总统助手办公室的外面，总统那高大的身影刚好又出现在我面前。总统把我带到远离椭圆形办公室的一个小房间，在这里他拿出了一捆 1976 年阿拉伯和以色列战争期间华盛顿与莫斯科之间的往来信件。他粗大的手指指向一封来自克里姆林宫的有着不祥预兆的信函，那实际是战争威胁；然后又骄傲地指向总统反对对抗升级的回函。我再次匆忙告辞，我不想让他对期望我扮演的角色抱有任何幻想。由于曾经使他在 1964 年获得了压倒性胜利的广大选民现在抛弃了他，这位总统正在历史的审判台前寻求最后一场胜利。即使我这位学者有可能在这场最终的裁定中投上一票，每个陪审员的投票都是同样算数的。

我反思了权力和领导的各种异常情况。在这里，我们有一位手握所有影响力杠杆的总统。他所统率的政党在国会两院都占有多数席位。在白宫执政了五年之后，他享有宪法赋予的权利再竞选连任四年。他可以预算和支付数十亿美元。他控制着大量的工作人员、人才、总统待遇、电视节目、飞机、汽车。只有他的手可以启动核武器的开关装置。但这个人又几乎是无能的。无论是由于身体健康还是政治健康的原因，他都不能再竞选连任。他在国会的多数席位不再可靠。使用常规战争策略，无法使他在东南亚取得胜利，但他又不敢采用核战略。人民看他，特别是从远处看他，看到的是一个拥有巨大权力的人；他放眼去看人民，感到的却是孤单和无助。

我后来得知，约翰逊在晚上总是会反复梦到自己变成了残废。他梦到他躺在白宫的红屋子（the Red Room）的床上，从脖子往下都麻痹了，他听到他的助手们在隔壁为权力的分割而争吵不休。他能听到他们说话，但不能向他们发话。当总统从

这种梦中惊醒后，他会穿过白宫空荡的走廊，一直来到挂着伍德罗·威尔逊肖像的地方。触摸到威尔逊的肖像可以使他获得安慰，因为威尔逊曾经瘫痪，现在已经长眠于世，而约翰逊却仍然活在世上并充满活力。到了清晨，这种恐惧会再次袭来——对身体瘫痪的恐惧，对总统职权瘫痪的恐惧。而他不久将会离职而去。

但他在离职时，会深深感到自尊心受到伤害。他觉得他首先始终是一个领导 424
者——是穷人、黑人、病人和被遗弃者的领导者。或许他还不知道他所领导的人们已经创立了他们自己的新领导——这部分地是由于他领导的结果——这种新领导已经在某些方面超过了他的领导。在体察黑人的欲望、确认黑人的需要、激发黑人的渴望、使黑人的期望合法化、满足黑人的要求的过程中，约翰逊不仅帮助像全国有色人种协进会（NAACP）这样的老牌黑人组织集中了力量并恢复了活力，他还在南方和黑人聚居区（the ghettos）动员了新型的黑人斗士，他们无所顾忌、吵闹喧嚣、武断自信，其行动远远超出总统鞭长所及。领导产生了领导，却并不承认它的结果。越南对他来说不仅是个难解的谜团，而且是块难愈的心病。他遵从了杜鲁门、艾森豪威尔和肯尼迪负责的、有节制的战略；他从先前的战争中认识到，如果你坚持自己的路线并锲而不舍，胜利就会到来。但是在越南，胜利不会到来；现在年轻人抵制征兵；宗教领导人正在白宫门前示威游行；大学生们如此充满敌意，以至于几乎没有一所大学的校园他可以去访问。而且还有一个性急的年轻竞争者博比·肯尼迪（Bobby Kennedy）以及其他一些人在后台等候。政治领导已经完全脱离了总统的控制，随之失去的是政治权力，追随者已经变成了领导者。

从表面上看，约翰逊失去权力并非不同寻常。温斯顿·丘吉尔、蒋介石、尼基塔·赫鲁晓夫、苏加诺以及后来的理查德·尼克松、戴高乐、英迪拉·甘地，都是突然滑落下——或者被推下——“涂油竿”（greasy pole）的。但约翰逊的困境特别惨痛和明显。一方面，在以某种程度满足黑人和其他人的经济需要的过程中，他无意中激发起他既不能完全理解又无法满足的更高的需要和价值。另一方面，由于他未能满足反越战的斗士们的要求，造成了更为广泛和激烈的冲突，并由此导致了他无法控制的风潮。在我采访他的几个星期之后，他就“退位”了，这正是对上述事实的印证。

如果一个似乎在使用权力的领导者经常缺乏权力，那么那些看上去软弱无力的追随者也会出人意料地施展影响力。毛泽东主义者要求领导者与利己主义和特权做斗争，这可以追溯到道家主张圣人必须使自己处于人民之下，为的是不冒犯他们。很少有人比奴隶更为无权和被动，但在美国南北战争前的南方，奴隶并不仅仅是权
力的被动接受者；奴隶主家长式的统治会激起一些意想不到的期望。尤金·吉诺维 425
斯（Eugene Genovese）的结论是：“借助于道德价值感的建立和对权利的主张，奴隶们由家长式统治下的逆来顺受，转变为拒绝奴隶制度本身。”

我们不需要回顾太多的历史，就可以看到领导者与追随者、行使权力与接受权力之间的相互制约。私人电视台的节目主要是由广告商来资助的，这些广告商进行广泛的调查来评估购买者的欲求和需要，而购买者的购买习惯又反过来深受电视信息的影响。组织革命运动或计划竞选公职的政治家们，在村落进行调查或通过民意

测验来了解人民的欲求——但人民的欲求又受到政治家们的允诺和说教的强烈影响。在我写作时，我身旁挂着一幅1830年在伦敦出版的漫画，表现了穿着男礼服大衣的约翰牛（John Bull）在阅读《泰晤士报》，有一条绳索从《泰晤士报》的报名一直拴到他的鼻子上。该漫画的说明词是："知识多的人容易被人牵着鼻子走。"但总是需要读者们的报纸编辑们，会面临其他报纸的竞争威胁。

这样我们又再次面临这一悖论：谁是领导者，谁是被领导者？谁领导谁走向何处？为了什么目的？带来什么结果？

领导和集体目标

要回答这样的问题，我们必须在历史的进程中来考察我们所定义的领导角色，这是一个艰巨的任务。让我们仔细来看一下这个定义。领导是一个互惠的动员过程，它是由那些具有某种动机和价值，各种经济、政治和其他的资源，在竞争和冲突的环境中，为了实现由领导者和追随者或单独或共同具有的目标的人们来实施的过程。这些目标是关键性的。它们可能是各自分离但又相互联系的；也就是说，两个人为了实现各自独立的目标可以相互交换物品或服务或其他东西。因此荷兰人（在美洲的殖民者）用珍珠与印第安人交换地产，法国立法者在议会上交易对各项不相关联的立法的表决权。这就是**交易型**领导。在这些事例中，所要达到的目的，并不是为了追随者的集体利益这一共同的目标而进行的协同努力，而是帮助那些各行其是的个人或群体为实现他们各自利益而进行的讨价还价。

领导者也可以通过领导的重要的**教诲**角色（the vital *teaching* role of leadership），塑造、改变和提升追随者的动机、价值观念和目标。这就是**变革型**领导。
426 这种领导的假设是：无论个人具有怎样不同的利益，他们会在对"更高"的目标的追求中被现实或潜在地团结起来，检验这一领导是否实现，要看是否实现了代表领导者和追随者集体的或共有的利益的重大变革。

这两种形式的领导都能用来实现人类的目标。如果领导者与追随者之间的**交易**导致每个个人目标的实现，那么追随者可能会满足某些诸如吃喝这样的欲望，以实现诸如审美需要这样的具有更高价值等级的目标。支配交易型领导的主要是各种**方式价值**（modal values），也就是手段的价值——诚实、责任、公平、守信——离开这些价值观念，交易型领导就无法发挥作用。而变革型领导却更关注各种**目的价值**（end-values），诸如自由、正义、平等。变革型领导者"提升"其追随者的道德层次，虽然对手段关注不足会有损于目的。

因此，这两种领导都会涉及道德。那我们该怎样定义那样的道德呢？如果阿道夫·希特勒被传唤到历史的审判台前，他会争辩说，他表达了德国人民的真正价值，召唤他们去迎合更高的神意，唤醒他们身上最神圣的牺牲精神。最冷酷、最热衷于交易的政客也会指出他曾帮助或满足过的追随者。必须运用三个标准来评估这些说法。必须用诚实和正直这样的方式价值来检验希特勒和这些政客——根据他们在多大程度上促进或违背了人类良好行为的基本标准。必须用平等和正义这种目的价值对他们进行评判。最后，在自由交流和公开批评与评估的情境下，会将他们的影响放在历史的决算表上，评判他们在触及他人生活时对这些人们的福利所造成的影响。

因为我们强调的是集体目标和变革，所以我们不仅强调那些使领导者与追随者产生差异的因素，而且强调将他们团结在一起的因素。但是，如果一个观察者只看到领导者领导追随者，却并不了解领导者在确认追随者偏好的过程中，或者为期望追随者做出反应，或者为了使领导者和追随者的行动与他们共有的动机、价值和目标协调一致，会修改自己的领导方式，那他就会对这种区分感到困惑。领导者和追随者被结合在一个共同的事业中；他们相互依存、兴衰与共，共同分享所计划获得的改革结果。

根据这样的定义，领导——尤其是变革型领导——比我们一般所认为的要更加普遍、广泛——实际上，更加常见；同时它也更受限制、更有限、更不常见。说它常见，是因为领导行为并不仅仅发生在总统官邸和议会会议中，而是更为普遍和强有力地发生在日复一日地通过相互开启领导者和追随者的动机基础而追求集体目标的过程中，发生在实现预期的变革的过程中。它不仅是牧师和政客的事情，而且是
父母、教师和同事的事情。说它不常见，是因为许多被宣传和被哀叹的领导事 427
例——激昂的雄辩、阴险的操纵、纯粹的自利、粗暴的压制——都不是领导。许多通常被认作领导的行为——独树一帜而缺乏追随者或持续性，在各种公共场合中装模作样，缺乏普遍目的而玩弄权术，独裁专断——与其说是领导，不如说是走在游行队伍前面的小男孩的行为，当行进队伍已经转入小巷奔向露天市场之后，他还继续沿着大道昂首阔步。同样，许多表面上的领导者其实只是部分的领导者。他们可能会开启追随者的动机或权力源；他们可能会提出有价值的主张；他们可能会使冲突尖锐化；他们可能会在最终的政策制定或执行阶段发挥作用，他们可能会兼有其中的一些或全部行为。对于他们领导职能的检测是他们对变革的贡献，它是由产生于集体动机和价值的目标来测定的。

即使我们从我们的分析中排除了那些非领导行为，我们还是必须将广泛多样的行为算作领导行为，它们或是本身构成了完整的领导行为——实施和达成预期的改革——或是在实现预期变革的整个过程中自觉地构成了最重要的联系环节。不仅包括组建新政党以便动员部落群体达成社会变革，或开展一场反文盲的运动，或实施一项社区发展计划，而且包括一个母亲有意识地改善她的小儿子对他人的敏感性，一个出租车司机争取成为谨慎驾驶的榜样，一个红卫兵领袖要确保在全国按计划平均分配食物和饮水——所有这些都是领导全过程的组成部分。领导要比迄今一般所认为的产生得要早，作用更广泛，形式更多样，遍布于更多的社会部门，在大部分人的生活中持续更长的时间。

在构成领导过程或其一部分的无数种行为中，可以察觉到一种一般的模式，它使得有可能对领导进行概括，这种概括反过来为一种有效的一般理论奠定了基础，并可以用来指导成功的领导实践。但这一答案不会在关于领导的传统知识和古老谚

语中找到——它们说，领导者是天生的而不是做成的，或者是做成的而不是天生的；它们说领导者必须被训练，或不能被训练；它们说领导者要展示出某些身体特质，比如显著的身高或非同寻常的忍耐力或威严的嗓音，或者展示出某些精神特质，诸如对面孔和人名的超强的记忆力或超常的智力，或者展示出某些神秘的特质。我们已经看到，领导就像我们所定义的那样，是一种复杂的生物、社会、认识和感情过程的一种作用方式，它深受周围机会和限制结构的影响，它可能出现于不
428 同人生活的不同阶段，它在各种不同的过程和场所显示出来——简言之，我们已经看到：通常对领导的概括是没有基础的（或者至多只适用于各种非常特定的亚文化）。我们是否能对领导做出跨政体和跨时间的概括呢？

我们这一代能够做出这样概括，是因为现在有了那些在道德发展领域耕耘的学者们提出的概念和数据。这些学者已经得出结论：处在所有文化中的所有人并不仅仅是内化他们周围的各种具体价值、信念和意见，他们也不仅仅是被动地继承父辈的意识形态，他们也不是境遇主义伦理学所说的反映者。这些学者确信，他们“已经确立了道德判断发展的一系列不变的阶段，它在文化上具有普遍性”。这是一个大胆的主张，还有待进一步系统地检验和证实。但人们不需要接受这些关于绝对的不变性、不可逆转性和普遍性的主张，便能够认识到这些发现对一般的领导理论的重要意义。强调人类价值和行为的发展性，是与阿德勒、马斯洛、皮亚杰（特别是在智力的发展方面）、埃里克森、罗基奇、科尔伯格以及其他人的研究工作相一致的，他们都认识到了人类成长和变化的强大作用。

我们在前面已经谈到了需要的层次、价值的结构和道德发展的阶段，我们现在需要更仔细地分析这些发展过程，以便了解它们对一般领导理论的意义。主要问题涉及的是领导者在帮助提升追随者的需要层次和道德发展阶段方面所起的作用。正如领导过程将马斯洛的静态模型转变为不断深化的剥夺和满足的动态模型，领导过程也将道德行为的结构转变为变化和发展的结构。正如我们所强调的，所涉及的核心过程是**冲突**和**选择**的过程。当孩子们经历各个道德发展阶段时，他们受困于两面夹击：一面是“自然的”欲求和需要，另一面是必须遵守规则以避免惩罚；一面是个人特有的冲动和欲望，另一面是为了获得奖励、回报的好处和其他人的认可而保持一致的刺激；一面是探索反常行为的渴望，另一面是由于合法权威的责备而产生罪恶感从而力图避免不可接受的行为；一面是一套价值观，另一面是与之相冲突的另一套价值观；以及最后，一面是他人的责难，另一面是自我的责难。这样的冲突是“上升”运动的主要“动因”或条件。这些冲突的解决和“上升”运动的推进，靠的并不仅仅是对更高思维模式的推理，而是日复一日面对的反映道德冲突的具体选择。这些冲突通常并不是在特定道德阶段的环境中得到解决的，而是在下一个更高阶段的重组前景中、在角色的扮演中、或在对领导的求助中解决的。

429 支配并体现这些选择可能性的是基层的领导者：父母、老师、同伴、牧师、帮派领袖、政党官员和村庄里的年长者。冲突越尖锐，领导者的作用就越大。儿童跨越道德发展方面的各个阶段只是部分地源自于父母、牧师、老师和其他人教育的结果；他们不仅受到教师所教内容的影响，而且受到教师本身**人格**的影响。儿童会内

化父母、学校和文化——社会母体——的价值观，但只有当他们发现这些价值观念与他们继续前进所通过的更宽广的社会环境之间的联系时，他们才向“更高”的阶段发展。他们的成长是各个回应阶段所组成的一个连续过程。儿童们在应付新的社会压力时承担起新的角色，他们凭借在角色关系中想象父母对自己行为的看法，来获得对自身的理解视角。角色扮演要求体察其他人的处境和观点，设身处地来设想他人的需要和目标。孩子、父母、老师和其他人以各种方式变幻无常地成为领导者和追随者。那些有着更强烈、更清楚的动机和目标成为“合法”教师的人，将会具有更大的影响力。在大多数文化中，这样的教师是父母。

我们发现有两种强大的领导力量在发生作用。领导者和追随者被固定在特定的相互关系之中，这种关系深受特定的地方、教区、地区和文化力量的影响。在领导者和追随者穿越需要、价值和道德发展阶段的过程中，领导者找到了一个更为宽广和深厚的基础，在此基础之上，他能够伸展去拓宽各种社会集体，以建立和拥抱“更高”的价值和原则。这种更宽广、更原则化的领导——往往是引人注目的、正式的和合法的——经常是在道德发展的更高阶段呈现出来的。甘地、威尔逊、铁托和富兰克林·罗斯福是 20 世纪的主要例子。

这个过程并不是一个简单或顺利的过程，也不是预先确定的。领导者经常要遭遇特定群体和地区的强烈且高度结构化的“境遇主义伦理学”（situationist ethics）。在一些原则性强的领导者看来也许是狭隘的、保守的、乖张的或冷漠的现象，根据他们自己的传统、结构、逻辑和道德，可能事实上是激情四射的领导者—追随者关系。只有借助时间、决心、信念和技巧——以及冲突这个不可缺少的因素——才能使追随者摆脱这些狭隘的集体，过渡到“更高的”目标和原则，这些目标和原则被正义和人性的最持久标准所确认，并在公开的、不断的价值冲突中千锤百炼。

这些更高的原则和目标包括着各种价值，我们在前面将其区分为**方式价值**和**目的价值**。在道德发展阶段的系列中，典型的方式价值，如诚实、负责、勇气和单纯的公平，日益获得更广泛、更社会化定义的道德性质。在前习俗层次，方式价值是 430
由奖励和惩罚来确定的；避免惩罚本身就是一种价值。公平是有价值的，但只是建立在互惠互利或互开方便之门的基础上，而不是建立在忠诚或正义的更高层次上，在这种更高层次上，方式价值就变成了目的价值。在习俗层次上，有价值的行为被认为是那种可以帮助或取悦于别人并能获得他人赞同的行为。善良的意图——“意愿良好”——是受到尊重的。与主流舆论、既定规则、权威和社会秩序的要求保持一致，在一定限度内是必需的和有利的。在后习俗层次上，更注重强调的是坚持与整个社会一致商定的原则相一致的标准，坚持与其政治体制的基本宪法安排相一致的标准。对法律的强调是建立在法律是可以被改变这一条件基础上的。**在最高层次上**，方式价值是根据良知来确定的各项权利，这种良知表达的是最广泛、最全面和最普遍的原则；因此它们融入了正义、平等和人权这样的目的价值。

方式价值更多地涉及个人的**行为**而不是变化，涉及个人的**风格**而不是**实质的结果**（真正的变化），这一事实并不有损于他们的重要意义。公平、礼貌、宽容、坦白以及尊重其他人的尊严，使得正当程序的精美体系得到加强和合法化，这种正当程序体现了人类的体面关系，表现了宪政民主的最佳状态。然而，尽管这些品质对于政治和政府体系有着重要的意义，它很大程度上是在诸如学校、家庭这样的并非**明显**政治性的环境中形成的。此外，尽管它们受到人们内心和人们之间的冲突与困境的影响，但它们并不是特别有争议的。实际上，研究者们已经发现，不同的文化中，人们坚持方式价值的方式既有大量差别，又有大量的相同点。这种价值的动力学主要是**个人**领导的动力学。

当与个人领导相联系的目标是由诸如安全与秩序、解放与平等、自由与正义这样的目的价值所引发，并用来满足这种价值时，个人领导就会被深深地政治化——变成了**政治**领导。如果在个人行为上方式价值的差别在各种人与地方之间、各种地区和文化之间的某些方面持续存在，人们就可能会料到这样的冲突会在极大程度上主导人们对目的价值的追求。在国内，自由党人与保守党人、左翼分子与右翼分子、社会主义者与托利党人之间，就政府的根本目的和目标进行着相互斗争；就明确的实质目的而存在的巨大分歧助长了意识形态的战争，而这种意识形态战争又反过来使国家间的关系更为恶化。这种冲突经常导致的并不是一种价值反对另一种价值，而是一种价值定义反对另一种价值定义。罗斯福和希特勒在第二次世界大战期
431 间都将“自由”这一符号作为其国家为之战斗的伟大目标；但正是关于自由的实质的冲突将这两个人以及他们的意识形态彻底分离开来。

正当研究者们已确认了一种“在文化上具有普遍性的”关于人们行为的道德判断所经历的阶段序列的时候，有大量的证据表明，围绕领导者和追随者都主张的目的价值所表现的一致和冲突，在很大程度上存在着跨文化的共同点。哈德利·坎特里尔在对至少 12 个国家的流行观念的大范围调查中，发现一个跨文化的具有强大影响力的人类关注和渴望的模式；他同时发现对穷困所做出的不断增强的反应序列，这一进程的发展步骤从苦难境况下（如在印度）的逆来顺受，到唤醒潜能，到掌握实现目标的手段，最终到促成行动的自我依赖和自作主张。各种不同文化的一个更共同的方面，就是大量的人明显地渴望自由地进行选择，坚持他们自己的个性，获得个人的尊重和尊严。米尔顿·罗基奇发现了价值发展的一种模式，它回应了人类的各种需要，并与马斯洛和埃里克森的发展序列在研究方法上相互关联，他认为，这种调查方法可以跨文化地加以运用。一项对四国研究的结论表明，不同国家的领导者的各种价值之间的关系是高度可比的，在同一社会中的领导者之间的差异，大于不同国家的领导者之间的差异。

这些是最初的发现：还必须收集更多的数据，作更详细的分析。然而，如果这些发现成立，那么就可能有理由开始提出一个极为重要的希望——可以确认这些原则是明显跨国界和跨文化的；这些原则既构成了方式价值又构成了目的价值；在维系这些价值的基础上，政治领导者和追随者能够相互塑造他们的目标；并且——由于这种序列的和发展的因素在发挥作用——当追随者支持他们的领导者时，政治领导者也会提升追随者。这并不是要低估使人们在价值上产生分裂的冲突。但这在很大程度上取决于冲突的**组合作用**（alignment）——也就是说，冲突是否会将

人们隔离在他们的国家、地区或地域，还是冲突会**分裂**这些实体并将人们按照目标和原则来排列，而不是根据地理或种族来排列。有关目标和原则的冲突，迫使政治领导围绕有关具有变革潜能的各种最重要的价值——围绕有关直接从人类的欲求和需要、抱负和期望中升华而来的目的价值——出现强制性的和严重的分裂。

我们敢于思索这些目的价值和终极目标吗？只能是在一定程度上。可能在以后的几十年，有关原则和目的的世界性的争论，将会更直接地集中在**自由**和**平等**这两 432
个价值观念上，这二者既相互竞争，又相互支持，维持着一种看似矛盾的交换平衡。有关政治、文学和艺术表达自由的争论，大概会在共产主义国家和发展中国家内部尖锐化，就如同它将继续成为西方民主政体的一个中心政治问题。尚未实现的平等主义许诺，将在“资产阶级”的民主政体中被坚持要求，并可能在以平等为其主旨的共产主义社会中逐步升级。这些价值将怎样被定义；在原则的等级层次或目标的优先排序中，这些价值彼此将有怎样的关系；“次级价值”（subvalues）——例如，作为隐私权的自由或机会平等——将怎样支持或者对抗相关的各种次级价值；特殊的才能和创新的自由将怎样根据表达自由的原则来得到保护——这些问题以及许多其他问题只能给予概略的回答。幸运的是，分析家们既可以在收集和分析经验数据的基础上，又可以在理性和逻辑的基础上，继续深入研究。这些年在研究方面最为突出的一个进展，是对人们的需要、渴望和价值观念的跨国界研究的数量和质量都在提高，与此同时，学者们还根据“正义”原则对平等的概念进行了重新分析。

在当代世界范围的话语舞台上，有关自由和平等及相关价值观念的争论，并不是关于善与恶的争论，而是关于概念和优先性的争论。一些人——如约翰·罗尔斯（John Rawls）和本书的作者——会认为**自由**优先于其他的社会善，假如这里所说的自由是平等的自由。（我认为唯一可能被提升到自由之上的价值是安全，但如果安全保障的仅仅是生存，而不保障诸如自由——它使生命值得维持下去——这样的价值，那么安全的价值就会降低。）其他人则可能将**平等**定位为他们价值等级层次中的最高价值。我们可以看到领导与这一选择和确定优先排序过程的关系。那些以诸如平等、进步、自由、正义、秩序这样的简单化的口号来吸引追随者的领导者们，既没有向追随者明确指示出领导者真正的立场所在，也没有动员追随者去寻求明确的目标；他们是在一致的最少内容——或最少创见——的基础上寻求最大可能范围的一致。他们并不像我们所定义的领导那样作为领导者行事。然而，在需要和价值的等级层次内部存在冲突的条件下行事的领导者，必须要在某种类型的自由、平等和其他目的价值之间进行选择才能采取行动。他们既利用目标，又被目标来指导。

领导力量的提升和预期变革的实现，产生于人们各种变化的动机，产生于各群体之间和每个人之间的争斗和竞争，也产生于无数选择的做出及目标的明确和强化。

作为原因的领导

433 用动机、价值和目的来定义领导，是要概观领导在历史推进过程中的中心作用。这一定义将帮助我们纠正某些不平衡，并梳理出某些被错置的优先排序，这种错置干扰了对因果解释的探寻。

该定义使我们可以做出一些关键性的区分，包括区分没有目的的历史事件与有目的的人类活动，区分人的故意行为与非故意行为，区分**权力**行为与**领导**行为。我们可能从历史原因的全面概念出发，然后逐步收窄我们对因果影响的定义范围，直到确认和分离出领导的作用。每个后继的概念都是作为前述更一般化概念的一个子集。

1. **历史原因**（historical causation）是各种人类和非人类力量的总和，这些力量直接或间接影响人们的行为。它包括**所有**因果性的相互关系：物理环境、生物进化、气候、自然灾害、昆虫和动物生命、传染病和饥荒以及人们的决定和行为对人类产生的影响。历史原因既包括着像斑疹伤寒这样的疾病传播现象，也包括人类对它的反应的现象。个人和非个人的力量一起产生了有意的和无意的改变的结合体。

2. **社会原因**（social causation）包括历史原因中那些由**人们**的决定和非决定、有意和无意的努力所产生的过程和效果。战争、移民、技术发明、竞选公职的决定，以及计划抵御诸如干旱这样的可预报的灾难的影响，都是社会原因的例子，**不**采取行动的决定同样也属于这种例子。当然，人类的决定并不总是产生意想的效果或所计划的改变；就算是会产生意想的结果，但这种意想的结果又反过来产生非意想的和非想要的结果。因此，统治者采取有目的的行动（例如：去打赢一场战斗），它有助于解开想要和不想要的互动链条（例如，输掉战争和听任革命）。社会原因是历史中由人类行为造成的部分。

3. **权力**包括社会原因中那些人们运用权力资源（权力基础）而进行的有意的、有目的的努力所产生的过程和效果——这种努力来自于权力使用者的动机，**不论权力使用者的动机是否与权力接受者的动机相一致**。权力运用的实际程度，是由预期结果的实现程度来衡量的。权力是**有意而为**的社会原因。

434 4. **政治权力**包括那些与“价值的权威性分配”相联系的权力所产生的过程和效果——根据现存习俗、传统、非正式的协定或宪法程序，它们被认作是权力的合法使用。这一合法性经常与正式的权威和既定的政府相联系，但并非必要。革命领导者也被他们的支持者视为合法；但他们的合法性是一种不同种类的合法性，它们来源于民众感受到他们对民众欲求、需要和渴望的承认和满足，这种承认和满足或是在一种情境中——除非并直到新的革命政权垮台——被感受到，或是在言论相对自由和自发的表达中被感受到。

5. **政治领导**是政治权力的过程和效果中的一个组成部分，在其中，一些其构成和角色随情境而变的行为者，受到渴望、目标和其他动机的激发，采取互惠改善的行动，或像变革型领导者那样在“更高”的价值指引下实现真正的变革，来吸引和回应那些可能成为追随者的人们的需要和其他动机。对政治领导的检验，是看他们利用他们的权力基础与追随者进行的互动在多大程度上实现了真正的和预期的变革。政治领导是**被广泛预期的“真正变革”**。它是**有着集体目的的推动因**。

设计这些定义，是为了扩大政治领导概念在分析被集体激发的政治行为方面的适用性。它们也有助于我们处理在行为因素和结构因素之间的古老的分析“二分法”。二分法有许多种形式，但结构主义方法通常强调系统的、制度的、“功能的”集成体，诸如阶级联盟，法律体系，教育官僚机构，政治组织（政党、利益集团、选举机构），以及其他的“外部”力量。而行为主义者专注于“内部”的影响，诸如在行为中所体现出的动机、感知、理解和知识，其中的一些可以通过民意测验、调查和选举结果得到测量。这种二分法被简单但颇为有效地描述为**对**人的压力（pressures“on” persons）与**内在于**人的压力（pressures“in” persons）之间的区别，要解释这种由社会形成的被动的“我”（me）与基于生物学意义的主动的“我”（I）之间的辩证相互作用［这是罗伯特·弗里德里克斯（Robert Friedrichs）在另一个语境下所用的词］，就要看到，使领导者获得权力和受到约束的，并不是一些前景暗淡、命运短促的实体，如支持阶级或反对党，而是对领导者在他这种实体中所能寻求到的对政治资源（选票、金钱）的评估（正确的或者不正确的），**它会根据领导者和支持者的动机而得到修正**。“结构”（工会、社团、地区性政党、政治化的教会）是根据领导者限制或阻止可能选择的其他进程的潜能来判断的。领导者要应对的是人——潜在的追随者——他们有着自己的权力基础——不论有多 435
小——和他们自己的动机层级。

在这一过程中，行为变量和结构变量都被转换为两个集合：（1）**动机基础**（the motive bases）——各种不同层级的欲求、需要、渴望等——它可以被竞争的领导者来动员；（2）**实际权力**（the actual power），它可以通过这些动机基础而被聚集起来——这种权力依赖于经济、社会和其他资源，这些资源被集中在机构、技术、联盟、宪法、规则、传统、投票、金钱、信息、智能、天赋和技术之中。领导者必须不断地处理这种双重的且相互关联的问题：在追求集体目标的过程中，这些人**能够**为我（或针对我）做什么？这些人**愿意**为我（或针对我）做什么？因此，领导者必须要像他们分析潜在的追随者和与其竞争的领导者的权力基础那样，认真评估集体的动机——既包括领导者也包括追随者的动机层级。这样，一个大公司的权力，在旁观者（或思想倡导者）看来，由于其本身的财力、技能和组织资源，似乎是使用大量的政治权力，但它必须要由公司领导者做出的与下列因素相关的行动和决定来检验，这些因素包括：领导者自身的动机，与各种可能的选择相关的其他人的动机，公司内外与这些选择相关的特定人群的权力基础，公司的经济权力转换为政治权力的可能性（要求对领导者和追随者的权力基础进行再计算），所意愿的选择能被施行的程度。该公司领导在这方面所受到的最大的限制，也许并不是动员公司内的领导者和追随者的权力基础方面的困难，而是在确认和整合领导者与追随者的动机层次的共性方面的困难，尤其是在将那些动机转入政治领域方面的困难。

所有这些也都可以用来说那个“颇具权势的”工会。新政与矿工联合会（United Mine Workers）之间的关系，富兰克林·罗斯福与煤矿工人领袖约翰·L·刘易斯（John L. Lewis）之间的关系，表明了动机基础与权力基础之间的迷人联系和可转换（convertibility）程度。1933 年，新政当局提出并经国会通过了《国家复兴法案》（National Recovery Act），其主要目标是促使工人回到工作岗位，而不是援助和煽动工联主义。刘易斯利用罗斯福在矿工中的威望，在矿区各处张贴海报宣称：“罗斯福总统希望你们加入这个工会。”1935 年，罗斯福对《瓦格纳法案》（Wagner Act）的支持也是一拖再拖，该法案也包括了劳工进行组织的权力，尤其是在产业工会方面的权力。1936 年，刘易斯和他新成立的产业组织委员会（Committee for Industrial Organization）支持罗斯福竞选连任的努力。刘易斯带着一张 25 万美元的支票走进了罗斯福的办公室，并带了一个摄影师准备将这一捐款的过程记录下来。罗斯福意识到这一交易对他自己的一些追随者的动机所可能产生的影响，婉言谢绝了这张支票。他说：“不，约翰，先留着它，如果当我有了任何小需要，我会打电话给你的。”在接下来的几星期，由于竞选的需要，从刘易斯的金库中悄悄地支出了差不多 50 万美元。然而，在罗斯福第二个任期，刘易斯与罗斯福在劳工、政治和外交政策上都出现了分裂。工会领导人认为总统软弱、狡猾，并且
436 缺乏坚定的信仰。1940 年，刘易斯宣布，如果罗斯福赢得第三个任期，他将辞去产业工会联合会（CIO）主席的职务。这是对罗斯福和刘易斯在煤矿地区的政治权力的一次考验，而罗斯福获得了胜利。后来，在战争年代，当总统号召煤矿工人不要进行罢工，罢工的工人要返回工作岗位时，矿工们“投票”支持了刘易斯。这两位竞争的领导者都将他们追随者的动机基础和权力基础利用到了极致，但他们在将对他们的支持转移到一个共同战场方面却失败了，或只是取得了不同程度的成功。当然，新政和煤矿工人联合会都不是“铁板一块”（monolithic）。

关于领导的这一观点的另一个优点，就是它使我们能够至少以初步的方式梳理出发挥作用的多重因素，避开那些依赖于这样的多重原因的解释，它包含了如此多的不同种类的原因，以致最终无法做出任何解释。同时它避免了继续探索**那唯一的**单个原因。某些因果因素能够转换为通用的、可比较的和潜在可测量和可量化的级别。失业、隶属于非经济的利益集团、对公共事务的普遍兴趣、恋母倾向、种族态度以及新近的社会化经历对人们的政治影响是无法比较的，除非这些因素能够被转化为可以识别和测量的权力与动机基础的通用因素。某种表面上看起来重要的单一因素——例如“工人阶级”的成员，或是拥有百万英镑——在被转换为与领导选择和决策有关的权力基础和动机基础之前，其重要性会大打折扣。

拥有一百万英镑**也许**是一个极为重要的事实，但只有当它在与领导相关的情境中与其他的权力基础因素相一致时才是如此。拥有雇用和解雇的权利**也许**是一个极为重要的事实，但只有与下述因素相关时才是如此，这些因素包括：雇员维持他们工作的愿望，其他人得到工作的兴趣，公司内部和社区内部对正当行使雇用和解雇

权利的态度，工会的规则和态度，当地或国家报纸记者对“新闻热点问题”的寻
找，法律权利与判例及引用它们的难度，以及——总是——雇员和“老板”与该问
题相关的需要层次。在无数情形下，被行使的是“赤裸裸的权力”（naked power）。
在一个由公司控制的城镇，没有诸如报纸或者独立的教会这样的权力中心与该公司
竞争，一个主张寡头政治的公司老板，有相当的权力控制公司的资金，以家长的方
式来满足雇员的欲求和需要，有一个工厂的“保安”单位，而且可能还有市民中组 437
织起来的治安维持团体，并有能力借助“黑人问题”对雇员的团结施加影响——这
样的寡头政治家是权力的行使者，但不是一个领导者。一个监狱看守也许控制着他
牢房里的人，但他的行为只是行使强制权的行为，并不是领导行为，因为领导总是
假定了在领导者和追随者之间存在着动机层次的共同点，总是假定了在冲突和竞争
情境中要做出某种程度的选择。

将社会原因中的领导活动看作是动机和意志的活动，而不是简单地看作“经济的”、“意识形态的”或“机构的”活动，即不将其看作是各种刺激—反应“集合”或“阶段”的线性序列，甚至不看作是由各种连续和交叉的力量组成的网络，而是看作涌流于整个社会过程中的各种领导—追随力量的源源奔涌的**激流**。这种活生生的组织的复杂性是难以想象的。相当多的因果关系都肯定是推论出来的，就像在采取创议行动之前，貌似的“领导者”要对貌似的“追随者”的预期动机做出回应，而追随者也会对所期望的领导行为提前做出回应。无数和无穷变化的动机基础和权力基础的实际相互作用和冲突，产生了大量无法完全理解的关系，尽管动机、价值和目的的等级和发展结构可以传达出一些秩序和方向。

为了以分析的方式处理这种复杂性，我们可以采用探索式的方法，根据“一张白纸”（clean sheet）的设想，来考察处于最开端的领导 追随过程。在这个最开端，有一位摩西或者一位约瑟夫·史密斯①（Joseph Smith）带领着他的信徒们奔向希望之乡开始新的生活，或有一位政治家发动一场新的群众运动，或有一位行政官员在一个远离首都的偏僻城市建立起一个新的行政机构。当然，一张白纸只是假设，因为领导者会随身带着在先前环境中所获得的社会化经历和整套的动机与价值观念，以及一个在“出埃及”②（exodus）前或期间就已经发展起来的领导结构雏形。但这个新的家乡至少提供了一个更孤立的环境，所要追溯的各种影响更少。

新情境的信号将是建立新的领导，就像“出埃及”的领导者用明确化的动机、目的和传教精神来鼓舞他们的信徒。追随者变成了传教者，他们根据自己被提升起来的意识来行动，并去激发其他人的动机。戴维·麦克莱兰说：“无论领导者的观念来自何方，除非他清晰地表达了在某种意义上是他的人民想要的目标，否则就无法鼓舞他的人民。当然，他越充分地满足人民的需要，他就越不必是能言善辩的；但讲起话来就好像他的角色就是使别人服从，这在任何情况下都是没有意义的。实

① 约瑟夫·史密斯（1805—1844），美国摩门教创始人，自称见“异象”，得天书《摩门经》，1830 年在纽约创立“耶稣基督末世圣徒教会”，通称摩门教。因该教实行多妻制，受到反对，后被捕入狱，在狱中被人谋杀。——译者注

② 指古代以色列人在摩西率领下离开埃及一事。——译者注

际上，他的角色是强化和提升，是使人民感觉到他们是这种社会政治体制的起因，
438 而不是棋子。”这种传教并不假定看法一致。在冲突的环境中，目标的建立会更加确定和坚定。这种冲突最初可能存在于“出埃及”的群体与敌对的力量之间（既在其先前的环境中，又在新的环境中），后来将会在“出埃及”的群体内部发展起来。

随着一个新的运动或者组织的扩张和稳定化，它的结构采用了制度化和官僚化的形式，产生了新的与追求名利、职业认可、组织地位和经济改善相联系的动机和行为。在这一过程中，原初的目的会变得模糊不清。该运动或组织对领导者和追随者的影响以及对更广泛的公众的影响，将主要取决于其内部的各级领导所建立的目标的推动力和吸引力。为了保持纪律、战斗力和目标，为了制止能量的扩散，领导将使用心理的和制度的资源。该运动或组织将尽可能地从以前的环境中被分离出来，就像“出埃及”那样；等级关系将被发展起来；交流将被集中化；纪律将得到维持。具有物理上和地理上自主权的各种军事力量，用不同的制服和其他符号以及内部的奖励和纪律制度来区分身份，这是努力协调目标、组织和运行方面的一个极端的例子，它部分地是通过孤立隔离的方法实现的。设计这种领导结构，是为了使因果效应最大化。

如果目标的一致为领导—追随关系提供了方向，那么领导者和追随者的权力基础就是足以带来真正变革的强大社会能量。在领导者们的竞争过程中，在领导者对追随者的动员过程中，各种政党将试图利用它们的权力基础，以便实现特定的目标。这些权力资源的性质有极大的差异：经济的，意识形态的，军事的，政治的（个人声望、接触投票人的途径、对交流的控制）的权力；各种技能、传统，规则，朋友关系网；接近决策中心的途径，通过新闻媒体吸引更广泛公众的能力，某些人对出风头的渴望，以及另一些人对抛头露面的恐惧。想要成为领导者的人要弄清**与眼下目的相关的**权力资源的分布。在这一过程中的关键，是要准确地判断各种权力持有者为了特定目的而使用特定资源的能力和意愿。**目的与权力是混杂在一起的**。但在这一过程中，动机是或应该是主要的。领导者希望代表追随者自己的目的来动员追随者的权力基础，但这些被动员起来的权力基础可能会反过来被追随者用于**反对**领导者。也存在一个时间维度：领导者与追随者可能会为了以后的不同战斗而贮藏权力资源。

要对一个政体或甚至一个一定规模的政治组织内的权力基础进行分类是不可能
439 的，这既是因为各种资源的类型和所处位置的多样性，也是因为对这些资源所需要进行的清点不是根据它们的抽象的或被公认的意义，而是根据它们**在各种特定情境下与所涉及的其他特定行为者的动机和权力基础有关的**因果影响。我们必须再次强调，提出这一概念不是假设权力的分布完全是多元的；也不是主张权力基础和动机层次是如此多种多样、不可过渡和不可比较，以至于集中化的权力只是一种神话。这只是要重申：这种权力必须**被分析**，而不是被假定；必须在其特殊的动机背景中来考察，而不是预先被假设。在某些案例中将会发现，在可能成为的追随者方面，反抗的动机倾向是如此微弱；而权力持有者们的动机是如此强烈和一致，他们的权力资源是如此充足和有保证，而且切合眼下的目标；并且追随者没有什么渠道来求

助于公众舆论、逃避、违抗、怠工、对抗性组织（如在工会中）、法律援助、司法干预、来自游击队和革命团体的支持以及诉诸传统、“权利”和宪法的保障——以至于根据这种因素的存在与否，可以来确定“权力精英”是否存在。然而，如果某一个“领导者”拥有了这样的权力，那么情况可能是强制性的，并因此超出我们所定义的领导范围之外。

看似矛盾的是，实施**领导**而不是行使“赤裸裸的权力”能够产生用真正的变革来测量的最全面、最持久的因果影响。所以如此，是因为领导者与运动和组织中各级追随者与领导者的动机的密切联系，使他能够利用所有自觉参与到这种共同努力中的人们所聚集起来的社会能量。如果共同目标可以表明所有层级的政治体制的特性的话，那么没有什么可以像共同目标这样充满权力、行之有效和具有因果效用。领导进行**动员**，而赤裸裸的权力则依靠**强制**。固然，与权力持有者不同，领导者将预先调整他们的目标以适应追随者的动机基础，但这仍然为领导、创新和行动留下了广阔的领域。此外，目标的统一和动机的一致会完全促进因果影响。由竞争和战斗凝聚起来的并借助**时间**来形成的共同目标是无可替代的。

领导和变革

只有在由动机等级结构的冲突与一致所产生的特定领导—追随的互动之流中，才能够理解领导的最终因果影响。在一些历史因果理论中，因果力量的运动被描述为分离的行动或推动或阶段的系列，给人的印象是历史就像是——回到我们先前的 440
隐喻——一群玩槌球游戏的人挥动木槌将槌球击入一系列拱门。但即使我们假定，当领导者采取主动，将他们自己与追随者联系起来以实现共同的目标时，因果影响才被推动，我们还是无法确认在这一过程中的各种分离的步骤。我们总是发现一连串逐步展开的相互关系，在其中领导者不断激发追随者在动机上的回应，并且，当他们在顺流和逆流的不息过程中遇到响应或抵制时，会修正他们的行为。

考虑一下 20 世纪第三世界的共同经验。一个左翼的、反殖民主义的政党有着坚强的和目标明确的领导，通过政党领导的明确表达来回应大众的欲求、需要和渴望，推翻了旧的殖民政权，并建立起一个民族主义和社会主义政权。工业的民族化被置于最优先地位。新的政权使议会通过了接管煤矿的法案，成立起新的煤矿董事会，赶走了殖民者矿主，建立了新的管理制度，并且掌握了对该企业的“控制权”。这样，对大众需要和渴望的动员，通过这一系列“步骤”为新政权创造了一种权力基础。然而，反应有所不同。本民族的管理者和工头们曾经在殖民者主人手下实际经营煤矿，他们反对新的管理，并且可能诉诸保持着一定程度独立性的法院。技术问题需要向以前的殖民矿主或管理者咨询。毗连的各个“新国家”削减了官方的进口以便发展它们自己的资源。煤矿的发展要求更多的国内外资金，而且并不是每一种资金都出于合作的动机。在煤矿的生活，被固定在例行程序、规则、传统、早已确立的期望和个人关系、管理权利和责任以及技能和技术的强制要求的模式之中，很难改变。生产没有提高并可能步履蹒跚。

几乎没有实现什么变革。但过程并未到此结束。在国家领导者、新的管理者、管理人员与雇员之间，在政党与革命组织之间，在国家与当地的政府官员之间，在就业者与失业者之间，对这一局势的看法出现了冲突。出于这些冲突，新的目的成为潮流，新的目标得以设定，新的程序和制度被建立起来。但是，在煤矿工人的工作生活方面，在支配他们生活的规则方面，在围绕他们的权力分配方面，在他们的家庭生活方面，真正变革的程度**必须经过调查研究，而不是假设**。

像这样的过程可以用“场论方法”（field theoretical approach）的某些复杂思考来解释，这种方法反对“发生学”（genetic）的因果概念，而强调各种密切相关
441 事件的因果关系；“现时的场被视为紧邻的场在刚刚过去的时间的产物”。注意力被集中在对与相继和从属行为相接近的点上的行为的测量上。困难是，长期的心理和社会因素被嵌入该场中的行为者的动机基础之中，并经常被嵌入其权力基础之中。场论鼓励人们关注在多边序列的因果行为间的运动；例如，选举者可能受到一些同时发生的事件的影响，如萧条、新政权的出现、游击队活动；选举者可能同时面对不同的交流渠道；选举者可能根据在同一时间所具有的群体隶属关系而做出反应，例如作为工会会员身份、对政党的效忠、宗教选择、性别和年龄；所导致的行为可能包括以某种方式投票或不投票，转而采取直接的行动或决定改善个人的状况，而不是参加集体的努力。然而，甚至这些多边因素也将具有一些机械的性质——就像用木槌击打槌球——除非既关注各种相继发生的因素之间的相互作用，也关心各种同时发生的因素之间的相互作用，而这种相互作用不能不考虑需要、期待、目标和其他动机因素的效果。

这种最终具体化为明显而切实的社会变革的因果影响，将是动机互动的产物，因为这种动机间的互动反过来动员了领导者和追随者的权力基础。这是一系列连续的、浑然一体的过程，因为政策是由党的会议、利益集团总部、立法机构和行政机构制定的，政策还是在集体努力的最终行动方面来实施的。政治家将启动这些权力基础——动员各种利益集团，要求信任，诉诸有助于其事业的传统和规则，引用党的纲领和创始人的告别演说作为合法性的根据，招募与政策问题相关的人才和专家。在实施的“最后阶段”，对权力基础的启动将继续，但在这里所利用的资源将更具体：来自国库和预算官员的资金，来自其他部门的人员或新招募来的制定规则和规定的权威，像通讯和交通这样的行政便利设施。这些实体并不是现成备用的；行政官员们有他们自己的动机和权力基础。

我们谈到了最后的阶段，但当然并不存在最后阶段。手段与工具性目的的结合，总是在其他的可能性被排除时，又开放了一些新的可能性。真正的变革意味着创造新的条件，而新的条件又会使它们自身的动机产生变化，产生新的目标，并导致持续的变革。

强调动机的领导分析使解释得到完善，因为它使分析家能够在许多发挥作用的力量的所有旋涡和逆流中确认出**目的**——这种目的本身能够在某种程度上被测量，
442 并能够与预期的结果（真正的变革）进行比较。考虑这样一个简单的例子：（a）琼

斯死于砒霜；(b) 她喝下了一杯放有砒霜的波尔图葡萄酒；(c) 史密斯将砒霜放进了那个盛有葡萄酒的杯子；(d) 史密斯曾要杀死琼斯；(e) 史密斯这么做是因为他会从琼斯的遗嘱中受益。所有的这些都是因果相关的，但史密斯要杀死琼斯的**动机**，作为一个在常识和理论上都具有重要意义的因素，位居 a、b、c 因果联系之上。动机是警察调查的首要对象；正是这个因素使我们认真思考我们是否能防止这样的谋杀；其他的因素是只能引起纯粹的个人或者技术兴趣的因素（琼斯喜欢喝波尔图酒；砒霜杀了她）。我们也许甚至会得出结论说应该使砒霜更难获得，但要认识到主要的原因在于人的动机，在这个例子中这种动机就是贪婪。正是人的**意图**，与利用权力基础的技能一起，凸显了在所有据说是创造历史的经济、社会、军事和其他“决定”因素中最具人的特点的因素。正是目的使人进入了历史

恢复有目的的领导在历史理论中的作用，使我们从抽象的世界中进入到日常关系的世界，进入到彼得·伯杰（Peter Berger）和托马斯·勒克曼（Thomas Luckmann）在讨论“对现实的社会解释”——人们与其他人共享的常识性知识——时所说的“日常生活的现实”。它使我们能够以现代历史学家的流行方式自下而上地看待历史，而不是仅仅从“伟人们”的角度自上而下地去看待历史。它使我们将历史看作是艾赛亚·伯林所说的“处于相互关系中的真实的男人和女人们对实际的、三维的、亲身经历的、物理环境的实际经验的总和”。

传统的领导概念是由从高处向大众发话的总统和首相的形象主导的，它可能使我们忘记了个人影响的巨大优势静静地、微妙地在日常关系中发挥着作用。读报纸的印第安店主、周游旅行的大叔、从效忠者的集会回来的地方政党的热心支持者、传递（或扣压或篡改）远方领导者信息的报纸编辑、村里的代书人、巡回的传教士、酒吧的服务员、电梯的操作工、在附近的小溪边洗衣服的妇女中的最健谈者——这些人有着他们自己或多或少独立的希望和目标，向“大众”传递来自高处的信息——但这是要付钱的。当地的、非官方的、未被承认的舆论领导者，他们具有像自尊和获得他人尊重的需要这样的动机，他们了解他们日复一日所面对的人们有着什么样的动机，而其程度和准确性是外部的领导者无法达到的。

不需要在这个分析的过程中降低“伟人”的作用；他只是不再被神化和神秘 443
化。如果最高领导者帮助他们的追随者成为领导者，那么领导的作用就会更为合法和强大。只有站在**他们的**肩膀上，才能实现领导的真正伟大。

第 17 章

作为实际影响力的政治领导

呼唤领导，是我们这个时代的基调之一。

毛泽东的另类选择赫然矗立，它对西方是一个远为巨大的实际的和道德观的挑战，特别是它对新兴国家、东欧甚至苏联的持不同政见的共产主义者具有吸引力。这种模式并不是通过为赢得选举胜利而竞争的各个政党来使不同的领导当权，而是这样一种领导，它通过动员群众反对他们自己在政党和政府中的官僚作风来更新和挑战它自身的体制。

而在真正的生活中，对领导者的最实用的建议，就是不要将卒子当卒子一样对待，也不要将王当王一样对待，而是将所有人当人一样对待。

伍德罗·威尔逊呼唤这样的领导者，他们借助对国家良知的大胆解释，能够把一个民族的人民从日常的自我中提升出来。使人民能够被提升进他们更好的自我之中，这是变革型领导的秘密，也是这本著作的道德的和实践的主题。

444 一部手稿曾一度在佛罗伦萨被人们悄悄地传看，似乎并没有引起特殊的兴致。然而到了 1532 年，在该书作者去世后五年，这部手稿在罗马出版，愤怒和斥责之声也随之汹涌而来。道学家们被惊得目瞪口呆。这是一本坦白地承认私利高于道德的小册子。它建议领导者们利用手段和欺骗，并更有甚者，利用赤裸裸的权力来实现他们的意志。对君主们的建议从来就是隐蔽在道德和神学的外衣之下。虽然这本新书公然以**《君主论》**（*The Prince*）为题，但它毫无疑问肯定是恶魔的作品。一些年后，它仍然受到罗马教会的谴责，并被置于禁书之列。今天，在作者诞生 500 多年后，在对领导者如何赢得并行使权力提供实用建议的书籍中，《君主论》一书仍然是最著名——并最声名狼藉的。

对一些人来说，这本小册子出自尼科洛·马基雅弗利之手似乎有些古怪，因为佛罗伦萨人好像并没有从他的实用智慧中获益。他曾经是那种年轻聪明能干的人，在那个动荡和变化的年代里能快速地浮出水面。在 29 岁时，他在新成立的佛罗伦萨共和政府中获得了一个有影响力的职位。在十多年的时间里，他先后担任了高级外交官、外交政策顾问、国内事务行政官及军事计划和组织者。1512 年，在与西班牙和德国军队的交战中，他新组建的民兵被打得溃不成军，佛罗伦萨共和国陷落，美第奇（Medicis）家族重返政坛。马基雅弗利被逐出政府，以叛国罪被逮捕，在刑架上受尽折磨，释放后被流放。那时他 43 岁。

在他那离佛罗伦萨大概一天路程远的祖传小农场里，他白天管理着农田里的工作，到晚上，他描述道：“我脱下那溅满泥点的肮脏农装，穿上王室的庆典礼服。 445
如此盛装加身，我便步入了古代圣贤毕至的殿堂，不再感到疲倦，忘却了所有的烦恼，既不害怕贫穷，也不恐惧死亡，我完全生活在他们之中。”他显然首先致力于写作后来发表的《政论集》（*Discourses*），它是对民主共和主义的辩护，对领导的呼唤，以及对增强军力的请求。然而不久，他就转入写作《君主论》。在 26 个短章中，他亮出了他入木三分的行为准则。对一个希望保持自己地位的君主来说，有必要学会如何不行善。君主必须模仿狐狸和狮子，这是因为狮子不能保护自己免落陷阱，而狐狸则不会保卫自己免遭狼欺；因此一个人必须是一只狐狸以识别陷阱，同时还应是一只狮子来威震狼群。那些希望自己只是狮子的人不懂得这一点。因此对于谨慎的统治者来说，当遵守信义会违背他的利益，或者当自我约束的理由不再存在时，就不应该再遵守信义。如果人们都是好人，那么这就不是一个好的规则；但当他们是坏人并且对你不遵守信义时，你就不必对他们遵守信义。如果一个人不得不在造成重伤和造成轻伤之间做出选择，他应该选择造成重伤。君主应该杀死他的对手，而不是夺取他们的财产，这是因为正是那些被夺取了财产的人而不是那些丧命的人会谋划复仇。

这些教诲是如此令人震惊，以至于使许多人怀疑这位佛罗伦萨人当真是这么想的。他究竟是在分析统治者**应该**如何行为，还是在分析他们**曾经**如何行为，这一点并不清楚。他真正想要做什么？他是一个像临床医生一样描述他所见到的事实的现实主义者吗？他是一个透过政治行为的形式寻找其背后的一般模式的政治科学家吗？研究罪恶就像科学家分析流行病一样不带个人感情？他是一个民族主义者吗？维护那种爱国者统一意大利都必须用到的方法？他只是他所处时代的一个普通人吗？反映的只是他的时代和他的地区的道德？或者恰好相反，他是鼓吹作为现代国家基石的强权政治（realpolitik）的明智先驱吗？他是进步力量反对垂死的封建贵族统治的召唤者吗？或者——在所有猜测中最引起争论的政治推断——他是一个出色的讽刺作家吗？要使《君主论》成为对美第奇家族的嘲弄和挑战，成为对佛罗伦萨人民的长鸣警钟，但它伪装得如此巧妙以免使作者遭受迫害吗？

没有一种理论来解释所有事实中这个最奇怪的事实：马基雅弗利的实用建议并不都是实用的。甚至在整个意大利充满血腥的对抗中，行为如此邪恶和自私的君主也只能赢得短暂的胜利。国家间的关系也不能长期依据他的许多原则来处理。这位佛罗伦萨人生动表达的是一个深刻但并不全对的真理——人在本质上是自私的、利
446 己的和自我保护的。但自私可以采取许多形式，其中的一些是友善的。马基雅弗利所设计的一些概念，充其量也只是适用于某个地方的冷酷和自私的意识形态。

不光是纯粹的自私；马基雅弗利主义的核心，是所有观念中最险恶和最无人性的观念，即将其他人、其他领导者当作**东西**来对待。与马基雅弗利持同样观点的理查德·克里斯蒂（Richard Christie）和弗洛伦斯·盖斯（Florence Geis）写道，似乎“一个人要成功地使其他人做他希望他们做的事，最好是将他们视为被操纵的目标，而不是视为他所同情的个人。与其他人在感情上联系越多，就越容易认同其他人的观点”。但显然正是这一点——对追随者观点的认同——从长期来看，使得变革型领导者远比玩弄权术的操纵者更加有效。

是教育式领导还是操纵？

马基雅弗利有无数的效仿者。流行的有关“如何做”（how to）的指南至今仍然兴盛不衰：如何获得权力，如何影响人们，如何竞选公职，如何接管一个组织，如何组织人民运动，等等。其中大部分的指南被宣传成是完全实用的——把它们买来细细研读，你便会真的赢得那场议会选举，更有效地管理你的政党组织，使老板高看你一眼，并且——我们能怀疑这点吗？——使你在苏联从州委员会主席提升到一个加盟共和国中央委员会的领导岗位。在具有高度可预测性和结构性的情境中——诸如指挥一艘潜水艇、在英国工人阶级地区竞选公职、给南美一个掌权的军人集团出谋划策、在中东一个酋长国制造影响——这样的指南也许有助于获得和运用领导权。在由确定的需要、渴望、价值观念和伦理主导的个人互动的情境中，它们也可能是有用的。但要培训更广泛、更复杂的集体中的领导者，它们就会是不切实际和误导方向的。作为针对特定情境而有效的指南，由于它们集中针对各种具体的环境，所以会对希望超越这些环境的人们产生实质性的阻碍。

这些指南的这个主要缺陷是非常有害的。尽管今天的人们很少再效仿这位大师就怎样强制、控制或欺骗其他人提供马基雅弗利式的建议，但许多人确实在试图培训人们管理与操纵其他人的方法，而不是**领导**他们的方法。这种技术通常是市场操纵的技术：通过使用饱和促销和宣传的手段，利用低层次的欲求和需要，创造出以前并不存在的希望和渴望。更有甚者，这些手册将人当作**物**，当作被利用的工具，
447 或当作像城堡一样被攻击的目标。他们最多也就是在人们之间和人们内心寻找动机的最低限度的共同点，而利用这些动机是为了权力行使者的利益，而不是为了权力

所影响的目标的利益。他们所讲授的充其量是交易型领导——而不是变革型领导。

现代关于个人影响力方面被最广泛阅读的入门书，是戴尔·卡内基（Dale Carnegie）的《如何赢得朋友和影响人们》。我面前的这本是“第 113 次印刷”；书的封皮上声称已卖出“9 533 500 册”（这是在 1964 年）。该书被翻译成了 28 种文字，我毫不怀疑这是所有这类书中最畅销的一本。它的确具有一种国际性的味道，因为其中的事件取自伟大男人——和一些伟大妇女——的生活，他们来自整个西方世界。卡内基也举办讲习班，成千的听众可以听到关于实施实际影响力的各种方式的讲座和故事。

仅仅把卡内基作为众多教授销售招数的人中最著名的一个教师是容易的：这种招数包括如何登门入户、如何打消消费者的顾虑、如何打败竞争对手。事实上这本书中还有着比这更高的意图，并且它在很大程度上实现了它们。最根本的策略就是不要瞒骗或者欺骗目标人群，而是劝说他们做影响者希望他们做的事情。销售人员——或者拉选票者——要做到这一点，可以采取记住名字、表示尊重、以不引起被影响目标怀疑的方式进行阿谀奉承——尤其是谈论他们本人和他们的兴趣或信仰等方法。卡内基引用詹姆斯·哈维·罗宾逊（James Harvey Robinson）的话说：“‘我的’（my）这个小词在人类事务中是最重要的词汇，对它的充分评估是智慧的开端。”他引用哈里·A·奥弗斯特里特（Harry A. Overstreet）的话说：“行动产生于我们的基本渴望……对想成为劝说者的人——无论他们是做生意、在家、在学校还是搞政治的——所能给出的最好建议是：首先，激起他人的热切需要。”他引用威廉·詹姆斯的话说：“在人性中最深刻的原则是渴望获得赏识。”

可能还有比这不仅更实际，而且更为人性和善良的吗？这几乎好像是戴尔·卡内基受到了马斯洛的熏陶（或马斯洛受到卡内基的熏陶）。首先，销售人员通过向客户出售吃的、喝的、御寒的或用于家庭安全的东西来满足客户的基本需要。然后，他通过夸奖他们的孩子、住宅或爱犬这种简单的手段取悦了他们的自尊心来满足他们这种更高的需要。卡内基在一个又一个的故事中讲述了各种难于攻克的目标——小气的业主、愤怒的顾客、强硬的放债者和不耐烦的官僚——从戴尔·卡内基人类关系课程毕业的学生，都成为了说服大师，他们找到了识别和安抚自我的方式，他们使这些难于攻克的目标缴械投降。“首先，激起他人的热切需要”——然后满足它。

然而，当一个人将这些说服技巧置于一种更广泛的环境中，并考虑它们对政治竞技场的意义时，疑惑便产生了。例如，导致销售出一台洗衣机的甜言蜜语到底有多重要，究竟能持续多久？如果一个销售人员靠的是其甜言蜜语，而不是产品的质量，那么这台洗衣机会不会在这种甜言蜜语的记忆淡漠之前就已经坏掉？在满足“较低的”需要时，销售人员激发起了“更高的”需要吗？他能对此有所作为吗？将这一问题用于政治领域，我们发现同样的问题，即候选人表现的是个性和魅力而不是实质。该交易是短暂的——并只是一个交易。投票者得到了认可、微笑、对他名字的记忆；候选人得到的是一张选票。这种交易会补充关于公共政策的更具持久性的交换，或者会取代这种更持久的交换。 448

但问题仍然是：在某种情况下以某种方式对人们施加影响的各种技巧显然是可以教授的，但领导可以教授吗？

开始回答这个问题最现实的方式也是最理论化的方式：以最广泛和最根本的方式定义教育和领导，并理解彼此之间的实质关系。在本书中，我们将领导设定为领导者为了实现预期变革的目的而对追随者现存和潜在的动机基础和权力基础的激发。我们也以同样根本的方式来理解教育。从这一观点出发，教育并不仅仅是塑造价值观念、传达“事实”或教授技巧，尽管这些都是不可缺少的；它是教授和学习的整体过程，进行于家里、学校、团伙、寺庙、教堂、加油站、街道、军队、公司、酒吧和工会之中，由教授者和学习者共同实施，牵涉到整个环境，影响的不仅仅是人们的头脑，而且是他们的**自我**、机会和命运。对人们的教授，是通过在各种可辨识的物理的、心理的和社会政治的环境之中的经验分享和动机互动。最终，教育和领导相互渗透变得几乎不可分割，但只有当他们二者都被定义为动机水平的相互提升，而不是灌输或强制时才是如此。

探寻“老师”与“学生”之间、领导者与追随者之间的整体性——这种充分的、**共享的和情感的**关系——绝不仅仅是一种个人的或者自利的追求。完全共享的领导者将他们的角色看作是构建有利于群体的未来，这种群体是他们所认同的，这种有利是被他们用可能实现的最广泛目标和可能达到的最高道德水平来定义的。领导者是任务的监管者和目标的设定者，但他们与其追随者共享着一个特定的空间和时间，共享着一组特定的动机和价值观念。如果领导者要有效地帮助动员和鼓舞他们的支持者，他们就必须是完整的人（whole persons），即有进行思考和感受的完
449 整能力的人。他们作为教育者、作为领导者所面临的问题，并不是去促进狭隘的、自我中心式的自我实现，而是去拓展对人类需要及其满足手段的意识，去改善教育者和领导负有责任并有权力影响的更大社会的状况。认为“所有领导的伟大目标就是帮助这些个人的孤岛创建或维持一个社会的港湾”，这是不是难以置信？但甘地几乎完美地身体力行了这一观点。

对于与操纵相对立的领导的教授来说，所有这一切意味着什么？“教师”——无论具有何种外表——都既不能以强制的方式对待学生，也不能将学生当成工具，而是把学生作为真理和相互实现的联合探求者。他们帮助学生确定道德价值：并不是通过将他们自己的道德观强加给学生，而是通过设定各种造成困难的道德选择的情景，然后鼓励冲突和争辩。他们试图帮助学生将道德推论提升到更高的层次，因而做出更高水平的原则性判断。教师自始至终为学生提供了一个可以**学习**的社会和智力环境。这并不是支持在家里或在教室中的“放纵”（permissiveness）或自由放任；相反，是要帮助学生去尊重他们所主张的公平、平等、诚实、责任和正义。这也并不是否认教授和学习具体技能的重要性。拥有“可以市场化的”技能不仅仅对交易有用，它对于个人的自尊、自我实现的资源和谋生的手段都是至关重要的。它是一种权力基础，与诸如选举权、言论权和抗议权等其他权力资源一起，使人们能够对经济和政治领域实施影响——如果它们可以和其他资源结合在一起，就能施加巨大的影响。如果一个人没有工作，那么他就不可能去罢工；这正如一个人如果没

有老师，就无法与老师争论一样。

显然，这样的教育并不局限在学校里面；它开始于家庭，并潜在地存在于社会的每个主要的部门和机构中。究竟是家庭还是学校，还是工作场所，还是酒吧对成长中的孩子和正在发展的成年人具有最重要的教育影响？围绕着这个问题可以听到许多的争论。对此的答案因地而异，因时而异。一项对以色列儿童的研究显示，“一般来说，在基布兹①成长起来的（kibbutz-reared）成年人在工作中显示出具有与非基布兹成长起来的成年人同样的道德责任感。因此，这个有关基布兹的数据似乎显示，与父母的紧密关系对于达到西方社会所期望的那种道德行为和判断的水平也许并不是必要的”。美国最先发展了免费的公立学校；对于一个据说要献身于自由事业的民族的人民来说，投入巨大精力（通过各个州）于社会化的教育体系，其学校的建筑是政府所有的，其教师和管理者是由政府雇用、付酬和解雇的，这似乎 450
有些离奇。也许是因为这些学校似乎对年轻人的思想和举止有着如此巨大的潜在影响，然而，学校作为一种公开的价值澄清和传播手段却失去了活力。因此，在很多方面，领导得到培养和成形的地点可能更多的是在家里、教堂、运动场上和工作中，而不是在学校。

我们正在讨论的领导教学，其所处的背景环境是：民主的程序和价值观念并不是装饰、时尚和外表，而是道德教育的本质。然而我们不能推论这种领导会在民主制度下广泛存在，而在独裁统治下衰微不振。人们将发现在民主制度下存在着一些坚持灌输和操纵式教育的飞地，在独裁统治下也会有容许异议和冲突的孤岛。民主社会往往会沉溺于它们自身的特殊恶习：缺乏坚定的意识形态信仰的老师们，并没有准备好在处理有关道德价值的关键问题方面克服理智上和教学方法上的烦人难题，因此他们可能会将诸如公平和体谅这样的道德问题，转换为像“整洁”或“安静”这样的服从管理的规定或便利教师的规定。这些美德有其自己的位置，但它们并不能替代道德判断和价值。

在考虑对领导的道德教育与公众和市民生活之间的联系时，我们讨论的远远不只是在家里、教室里和其他学校的教学技巧。我们讲的是在民主环境中对所有公民进行**政治教育**这个更广泛的主题。道德教育和政治教育之间的密切关系，一直是从柏拉图到杜威这些哲学家关注的中心。对那些想听完一次课却好不容易熬过了一节乱哄哄的课的实践者来说，这种关注长期以来就似乎是“理论化的”和“不切实际的”。但政治教育的失败具有严重的“实际”结果。民主和宪政的过程非常依赖于方式价值和目的价值在社会各界中争论的程度，以及使所有公民清楚明白地意识到它们的程度。如果不是由于美国举国上下的激烈讨论和辩论——尤其是由于对正义和道德的关心——使得弹劾这个长期沉睡的程序被直接呈现于公众面前，理查德·尼克松就绝不可能受到弹劾的直接威胁。对水门事件及其参与者的不道德行为的调查，对美国公众来说是一次深刻的教育经历——对其他地方那些看到了这种严格审查的民主过程并没有摧毁社会的结构的公众来说，也是一次深刻的教育经历。

---

① 基布兹（kibbutz）是指以色列的合作居留地，尤指合作农场。——译者注

早在魏玛共和国出现危机和希特勒崛起之前很久，马克斯·韦伯就注意到在威廉二世的德国明显缺失政治教育，它产生于若干原因：俾斯麦对“完全非政治的英
451 雄崇拜”的培育；在个人、团体和政治党派中不鼓励自主的权力；官僚权力不了解更广泛的公众价值观念；一个软弱和消极的议会；玩弄权术的行政领导。由于没有强势领导和积极市民之间的共生，使韦伯看到了存在于领导和公民**两个方面**的危机。他总结道，任务是［用劳伦斯·A·斯卡夫（Lawrence A. Scaff）的话来说］“教会公民明智的评价言论和行为，同时创建一个使政治领导成为**可能**的体制。这两点德国都没有做；结果使它生活于一个可以想象的最糟糕的组合之中：来自上面的不负责任的蛊惑民心的煽动，来自下面的情绪压力，但没有议会，没有负责任的领导，没有民主——也就是说，没有这些唯一能够结束这种状况并将政治冲突引导到建设性方向上的制度”。英国提供了一个明显的对比，它具有健全的政党体制、活跃的反对派、由宪法授予最高权力的议会以及像劳工教育协会（Workers Educational Association）这样独一无二的组织，它教育了成千上万的英国工人，教他们的内容不仅包括专业和技能，还有哲学、历史、社会学、政治学以及其他那些能达成深思熟虑的道德判断和更宽泛的公民概念的方法。

领导的武器

呼唤领导，是我们这个时代的基调之一。在毕业典礼的主席台上，回荡着激昂的呼声，希望年轻的毕业生们以高尚的情操为公众提供服务，而大多数毕业生却在为找到一份工作而忧虑烦恼。在“伟大领导”时期之后的时代（例如我们今天的时代），对领导的召唤似乎最为迫切。几乎没有其他国家比美国更经常地呼吁领导——但具有讽刺意味的是，美国政治制度的设计是用来分裂和妨碍领导的。一位大银行的老板提出了以下原本温和的观点，他宣称美利坚合众国的命运依赖于美国人是否能够恢复对民主过程的深远信念，并宣称为了恢复“我们必须有领导者”这种信念。一位记者评论说，如果火星的宇航员登陆地球，并提出“带我去见你们的领导者”这样的要求，那么地球人将不知应当将他们引向哪里。

有两个主题经常被用来刻画这些呼唤的特征。其一是我们并不真正地知道领导是什么。一位大学校长兼组织专家问道：为什么“领导者”不在领导？“我担心，原因之一就是我们中的许多人没有关于领导究竟是什么的最起码的概念。领导并不意味着管理。”约翰·加德纳（John Gardner）观察到：“对我们社会中的领导的本质，人们的理解是非常不完善的，许多关于领导的公开表述完全是胡说八道。”第
452 二个主题是对有道德的、振奋人心的和具有超越精神的领导的需要，这种领导具有深远的思想、广阔的方向和坚定的信念。加德纳说，领导者必须提供道德上的领导。“他们能够表达使社会团结起来的价值观念。最重要的是，他们能够设想并清晰表达这样的目标，它们能提升人们摆脱他们专注的琐事，带领他们超脱使社会四分五裂的冲突，促使他们团结起来去追寻值得他们付出最大努力的目标。”也许有

人能领导其他人走向**堕落**——走向享乐之路或野蛮之路。然而，领导具有——在我看来这是相当正确的——领导人民向上的内涵，朝向某种更高的价值或目标，或更高的自我实现形式。

当然，很少听到有人会反对领导，更不会有什么人反对道德领导。然而，当新闻界分析一位特定的领导者，特别是那种因持有高尚且坚持原则的观点而获得某种声誉的领导者时，人们就会观察到一种奇怪的爱恨交织的矛盾态度。我们坚信，领导者不是教条主义者、空谈理论的人或空想家，而实际上是一个讲求实际的人。领导者甚至会在地下室里做书架，在修车厂里改装汽车，或者在花园中种植芳草。它涉及的问题是把事情做好，使事情保持正常。简言之，领导者是一个"实用主义者"，有时甚至是——这是最高的赞词——一个**执著的**（hard-nosed）实用主义者。

对领导的呼唤，对究竟什么是领导的疑惑不定，对道德领导和坚持原则的领导者的爱恨交织的矛盾态度——我认为，所有这些，都反映出对领导在政治生活中的地位——至少是在民主政体中的地位，在那里，领导者被期望去领导人民，而人民却被认为要领导领导者——存在着很深的模糊认识和混淆。只要我们不能将领导与野蛮的权力区分开，不能将领导与宣传区分开，不能将领导与操纵区分开，将领导与逢迎区分开，以及将领导与压制区分开，那么这种混淆就会继续下去。我们在这部书中已经提出，通过阐明领导的定义，我们能够极大地扩展它作为因果分析手段的效用，以及它实现方式价值和目的价值的可能性。我们还要以简要的形式给出如此定义的领导所具有的一些特征，并强调其在实践上或其他方面的一些可能的含义。

领导是集体的（collective）。"一个人的领导"在术语上是矛盾的。领导者在回应他们自己动机的过程中，会激发潜在追随者的动机基础。当追随者做出回应时，就发展出一种共生关系，它将领导者和追随者束缚于一个社会和政治的集体之中。接着，骨干形成了；等级生成了；结构强化了。追随者响应领导者的创议，向政治家提出他们的希望和要求，这些政治家会利用与这些希望和要求相关的权力资源去满足他们。领导者试图动员现存的各种社会集体，不论它们是阶级的、民族的、种族的还是其他的集体。

一个关键性的考虑，就是集体的领导者—追随者关系所具有的形式或结构。英 453
雄的领导者和那些在群众集会上或电视上与他们联系起来的大量追随者之间的感情联系，便是集体领导的一种形式。但由于缺乏普通积极分子、骨干、下级领导者的各种"层次"（除了围绕着魅力型领导者的助手和顾问的小圈子），会导致领导者权力与追随者权力的失衡，导致他们的关系在一定程度上的不稳定和不安定，并且可能导致政治和宪法过程的混乱。所以非常需要政治运动，因为政治运动会变成那种在一定时间内帮助领导者满足民众的有效需要的政党。根据，冈纳·缪尔达尔的观点，"西北欧的工党是……一个多世纪以来伟大的有影响力的人民运动、戒酒运动、新教徒运动、合作运动、工会运动、成人教育运动以及普选权运动的最终成果"。在美国，没有一个主要政党坚实地奠基于社会运动之上，这削弱了美国民众与他们的领导者的联系，特别是与总统的联系。

领导是冲突性的（dissensual）。有意义的冲突是政治行动的发动机，它会产生参战的领导者，这些领导者反过来又会造成人们之间更多的冲突。与民众的渴望相关的冲突也是领导民主化的关键因素。它会推动领导者扩大战场，去争取更多的追随者，并寻求同盟者。它会将各种动机组织起来，使民众的各种要求更加尖锐，扩大和强化各种价值观念。它在很大程度上依赖于对冲突的组织——例如，冲突的轴心是否从国家边界或国内的地区边界，转移到国家或地区**内部**的阶级、利益集团或学说的分歧上。

在许多民主政体中，分歧和冲突会与“团结”的道德标准发生碰撞。政治领导者呼吁和睦和合作，虽然他们在职位竞争时做的恰恰相反。特别是，政党政治被认为应当“仅限于国内”（stop at the water's edge）。也许除战争时期之外，这种对民族团结的呼吁，可能会是民主社会中的一种危险的信号。美国在越南问题上、英国在苏伊士运河的问题上、日本在珍珠港的问题上都表明政党政治——冲突性的政治——不应当在人民关注的**任何**重大问题上戛然而止。对大多数组织来说，包括公司、工会以及大学的院系，把冲突引进组织结构中可能会更好。两党或两派制能够使执政当局有一个“忠实的反对派”，能够刺激自以为是的教条，还能够保持坚定且持续不断的猛烈批评。这种类型的冲突——它不应当压制其他类型的冲突——的范围和本质，需要在某种类型的宪章中明确加以解释。

454 摆在世界所有人民面前的头号问题，就是对冲突的全球组织和管理——怎样转移冲突的轴心，以便能在世界范围内激发和整合各种需要和渴望，使右翼政党、社会主义政党和左翼政党能在世界范围内组织起来，还能使全球各种政党和运动的敌对领导者们跨越国家的界限在志同道合的人们之间建立起联系桥梁。冲突能使人们团结，就像它使人们分裂一样。世界和平的唯一的长久希望，就是重组政治斗争和一致性的基础，以便使冲突能和平地控制在各个国家之内，而不是在国家之间靠武力解决。这曾是第一次世界大战前欧洲社会主义者的崇高愿景。鉴于全球的政治分裂，它仍然是一个乌托邦式的梦想。

领导是产生结果的（causative）。真正的领导不仅仅是象征性的或礼仪性的，“伟人”也决不仅仅是社会力量通过其来发挥作用的中介或机器。领导者与追随者之间的互动不仅仅是交易型的或是一个交换的过程。互动过程的结果是领导者和追随者的动机与目标上的变化，这种变化又对社会关系和政治制度产生因果效应。那种效应的范围从很小的难以引人注意的结果，直到开创性的和历史性的结果。当然，小的变化会更多，但这些小的变化集合和积累起来就能带来“渐进性变革”，它会永久性地改变历史的进程。领导者的角色，用西德尼·胡克的话说，可以分为“圆满处理事件的”（event-full）和“制造事件的”（event-making）；或者用詹姆斯·赖克利（James Reichley）的话说，可以分为摩西式的（计算式的、官僚式的）和亚历山大式的。假设事件制造者是道德领导者——假设他们都回应并提升受这种事件影响的人们的需要、渴望和价值观念——那么胡克所谓的制造事件的领导者，就是我们所说的变革型领导者。

领导的最持久具体的行动，是创建一个制度——一个国家、一个社会运动、一个政党、一种官僚制度——在具有创造力的领导者死后很长时间，它还在继续实施道德领导，促进所需要的社会变革。有人说，一个制度不过是一个人延长的影子，而建立一个持久的制度则需要许多男人和女人。1787 年，美国的制度创建者们——以及他们在各州的支持者和竞争对手们，还有那些带给他们思想火花的政治理论家们——建立了一种新的政府体系，它拥有分立和分裂的权力结构——在现代历史上，这大概是最具创造性和最持久的政治规划行动。具有讽刺意味的是，如此杰出的领导却会建立一种如此阻碍领导的体系；然而这种体系却能够应对 19 世纪 60 年代关于奴隶制问题的道德挑战，能够应对一个世纪后有关黑人权利问题的道德挑战，尽管这种应对是部分的和缓慢的。

在所有领导中，最持久和最普遍的领导是无形的和非制度化的领导。它是由各 455
种观念推动的影响力领导，这些观念体现在社会、宗教或艺术运动之中，体现在书本之中，体现在伟大的开创性文件中，体现在关于那些以伟大方式生存过的伟大人物的回忆之中。

领导是有道德目的的。所有的领导都是朝向一定目标的。不能树立目标是领导畏缩的一个信号。成功的领导能够指明方向；它也是使目标得以继续和实现的手段。菲利普·塞尔兹尼克写道，在需要领导的地方，"问题总是**选择各种关键的价值，并创造一种体现这些价值的社会结构**"。目标可能是单一的，例如保护和增进个人自由；或者目标也可能是多样的，在这种情况下，它会以一套优先性排序的方式加以表达。领导者和追随者都卷入了目标的形成过程中。本杰明·巴伯（Benjamin Barber）发现："我们的困境，因此不是缺乏领导者，而是缺乏可以支持领导者的那些价值观念；不是领导的失败，而是追随的失败，是民众意愿的失败，领导本可以从这种民众意愿中获得力量……"但是，变革型领导者要激发追随者的需要，提升追随者的期望，并帮助追随者形成各种价值观念——由此动员起追随者的潜能。

变革型领导者要进行提升（elevating）。变革型领导者是道德的，但不是道学式的。领导者与追随者结合在一起，但是，这是从更高的道德层次上的结合；在确定目标和价值的过程中，领导者和追随者都被提升到更具原则性的判断层次上。当领导者的道德水平比追随者的道德水平只高一个层次时，领导者与追随者的**联系**最为有效；但是在更高水平上行动的道德的领导——例如，甘地——与各个层次上的追随者发生联系，或者是以英雄的方式，或者是通过群众运动，它在具有各种道德水平的人们之间提供联系，并能极大地提高变革型领导的道德影响。这种提升性领导主要是要求追随者**做出**牺牲，而不仅仅许诺给他们各种好处。

在现代民主制度下，对领导者提升追随者的权力以及追随者支持领导者权力的最富戏剧性的检验，就是美国的民权斗争。缪尔达尔预见到，这是一场道德斗争，是为美国灵魂而斗争。几年后，缪尔达尔谈道，一些人利用人们的基础本能——这正是领导的阴暗面——但是更多的人呼吁"美利坚民族对崇高理想的道德责任"这一精神。"尽管在遵行方面存在着明显的、普遍的严重问题，但在我所知道的所有国家中，只有美国在涉及人类的相互关系方面，提出了表述最为明确并为其所有公

民一致接受的普遍的理想体系。”被其所有公民一致接受——那是斗争的核心。在
456 长餐桌旁，在高速公路上，在教室里，在法院大楼前，已经变成领导者的追随者赢得了这场战斗的胜利。在地球的另一边，莫罕达斯·甘地所教导的和平和人人平等的价值观念，甚至在争取社会正义的更加严酷的斗争中，也被证明是一种提升的力量。

世界的另一端，是毛泽东留下的领导遗产。很多年来，西方人心安理得地认为，民主领导模型就只能在英国的议会制和美国的“总统制”之间进行选择。英国的议会制强调多数党统治、内阁（集体）领导和忠诚的反对党；而美国的“总统制”则规定总统领导、权力制衡、少数权利以及在立法机构和选举中多数党和少数党联盟的轮替。于是发生了一场宪政制度的热赛，这两种制度形式的各方支持者们都急切地关注着非洲或亚洲的那些新兴国家究竟将采用哪个模型。结果证明，许多为究竟选择哪个模型而困扰不堪的发展中国家，创建了在各种民主制度之外的专制制度。这些新兴国家中的大多数统治者并不是领导者，而是权力行使者（包括几个专制君主）；所以，关于有原则领导，它们并没有教给我们多少东西，除了它的脆弱性和随意性之外。

毛泽东的另类选择赫然矗立，它对西方是一个远为巨大的实际的和道德观的挑战，特别是它对新兴国家、东欧甚至苏联的持不同政见的共产主义者具有吸引力。这种模式并不是通过为赢得选举胜利而竞争的各个政党来使不同的领导当权，而是这样一种领导，它通过动员群众反对他们自己在政党和政府中的官僚作风**来更新和挑战它自身的体制**。杰斐逊曾说，自由之树每隔 20 年左右就会被革命之水浇灌一次，而中国的经历正是杰斐逊这一观点在另一种文化中的转用。就像游击武装的指挥官一样，毛泽东和他的战友们交替采用各种策略，先是发动群众行动起来、夺权和扩大民主，然后又约束基层的积极分子，最后再对群众运动施加限制。他们领导着一个由与追随者有着紧密联系的领导者们组成的流动且不断变化的联盟，他们所动员起来的支持者庞杂多样，其利益相互冲突，而他们在其间扮演着中介的角色。在一些人看来，毛泽东和他的战友们就像一只钟摆一样来回摇摆，从左到右，从无序到有序，从民主到独裁。但对它的更进一步分析显示，毛泽东所采取的行动受到他的意识形态的支配，他那复杂、曲折的领导过程，可以用他决心制定的意识形态的和战略的规划来解释，这种规划要同时将集权主义和权力分散这一矛盾的两极结合起来。

他的策略牢固地奠基于毛泽东思想及其冲突理论——在每一个矛盾中都存在着
457 “对立面的统一”，及其列宁主义的纪律和组织，它要与群众的主动和参与保持平衡。1969 年通过的中国共产党的新党章，要求“既有集中又有民主，既有纪律又有自由，既有统一意志又有个人心情舒畅”。在很大程度上，毛泽东为了实现他的最终目标而重新改造组织手段的努力都失败了。人民公社被否定了，三结合的革命委员会是笨拙不便和非民主的，改建后的党也没能根除官僚主义和修正主义。个人自由和隐私受到了极大的侵犯。但是他的确成功地运用了另一种更加无形却更加有力的工具去接近他的目标——这种手段就是大规模地提高思想觉悟，转变价值观

念，激发中国人民更高的渴望，重建各种政治制度，并造成实质性的、真正的变革，但是这种变革的性质尚未被充分评价。

“我站在这儿，我能做的仅此而已！”路德呐喊道。这是一个将成为领导者的人所显示出的权力，他用各种原则武装起来并超越了狭义的自我利益，这给他以权力，并最终可能将领导者和追随者都转变成共同坚持方式价值和目的价值的人。一个人只要有了道德目标，无论他是领导者还是追随者，都是一个小型的权力王国(a tiny principality of power)。在我对那些在实际事务中制定政策的人们的所有观察中，记得最清楚的是一次由有“权力”的男人们举行的会议。有一位堂吉诃德式的女士，虽然没有出席那次会议，却如同她亲临会场一般。她一直反对一项建设项目，因为在她看来，它可能会破坏环境和美景。在这次会议上，人们一次又一次反复地问这个问题：什么是罗威尔夫人会接受的？她用道德议题武装自己——以及用被动员的追随者团体中的权力基础。这位不切实际的女士本身最终却是一个实际的存在。

领导：领导谁？向何方？

当一个领导者或一位教师试图通过激发一个人的动机基础来影响这个人时，便会牵涉这样的问题：什么是他要激发的具体动机？谁是进行激发的真正的“我”(I)，谁又是被激发的真正的“我”(me)？他用什么样的资源或权力基础来进行激发？为了什么目的以及为了谁的目的？在什么样的社会环境下——与怎样广泛的群体、公众和领导者—追随者关系的动机和资源有关？在什么时间跨度之内？

提出这些问题，就是再次提出那个既关键又很难回答的问题：谁是领导者，谁是被领导者？我们早就知道人是各种动机的复合体。操纵者可以激发那些能满足他们自己的欲求和需要的动机，过后便把它们抛在脑后。然而，我们也知道在个人的动机结构内通常也存在某种统一、一致与和谐。对于利用一种动机使其膨胀并可能对其滥用的**操纵者**来说，就像乔伊·麦卡锡利用人们对国内共产党人的恐惧那样，其危险是会对其他动机造成不良的影响，如果这种影响只是由于忽视或忽略这些动机所造成的。但危险不止如此，因为这些动机往往被组织成某种等级结构。阻挠一些动机的实现将会产生严重的后果，而去**满足**一些动机可能会产生更为严重的后果。问题再次是：谁是某人寻求去领导的人？为什么或向何处？领导者和被领导者都必须应对这些问题。 458

仅仅激发“低层次的”或人为维持和强化的需要，会使追随者处于被操纵的地位。它对于**领导者**同样具有严重的后果。实质上，领导者在操纵别人的过程中也操纵着自己。在专注于追随者某个特定的“低层次”需要时，他们也专注于自己特定的动机，这种特定动机促使他们去唤起追随者（学生、顾客、选民）方面的那种需要。追随者的需要被唤起和满足得越充分，操纵者满足那种需要的动机也就越得到支持并维持得越持久。领导者和被领导者被联结在一起，以共生的方式维持着彼此的“低层次”需要。一个枪械商为了唤起一个可能成为顾客的人对个人危险的担忧，可能会设法加深人们对国内敌人或外国入侵者的恐惧。帮助人们免受像食品或安全这种基本需要的困扰，以使他们能够自由地上升到可以满足的更高需要层次，这是一回事；但通过专一途径激发人们的这种动机基础，把人们束缚到一种人为的需要上，则是完全不同的另一回事。什么是低层次需要和高层次需要？什么是人为的需要和真正的需要？只能由**追随者**来决定。他们要做出这样的决定，必须有平等、自由和公开的选择机会，有完备的信息，有各种冲突的或竞争的备选方案，并且还要有足够的时间。

所有这些都不仅适用于个人的需要和价值观念，也适用于集体的需要和价值观念。长期以来，政治家一直被指责“逢迎”选民的最低层次的本能。在俄国，沙皇——小父亲①（Little Father）——被批评为迎合其人民最原始的心理需要。当劳埃德·乔治②（Lloyd George）据说承诺“一定要把德国佬的橙子核儿挤出来”③（squeeze the Huns until the pips squeak）时，他被指责为讨好英国的**复仇主义者**。富兰克林·罗斯福因为屈从于无职业者和游手好闲者而受到攻击。如果这些政治家是在逢迎的话，那么他们仅仅是在迎合他们的追随者还是在迎合他们自己的某种东西？我们不能等待“历史的法庭”来判决；这种历史的法庭具有一种令人沮丧的习惯，就是在不同的时代做出不同的判决。并且未来的评判几乎不会对“实用政治家”的领导实践发生任何影响。

不，当把真正的领导与操纵区分开来对其他领导者和选民具有影响时，我们必
459 须要找到做出这种区分的方法。这种区分必须由每一层级的**追随者**做出，从直接在领导者周围的助手和顾问们，中间经过一系列人，包括政治运动或政党中的积极分子、舆论领导者和组织骨干，直到大批的利益集团领导者，直到大量的选民和其他的政治参与者。因为追随者将做出这些判断，所以人们可以希望他们将会根据仁慈和负责的领导潜能来评价统治者和政治家。然而，我们重申，要使追随者能够做到这一点，彼此竞争的领导者们就必须有充分和自由的机会来激发追随者完整的“心与脑”（hearts and minds），也就是说，在言论自由和冲突公开的条件下，激发追随者动机等级结构的各个不同层次。

按照这种看法，实施实际影响的斗争，是为控制和激发追随者各种各样的动机而进行的竞争性斗争。选民并不只是可操纵的木偶。那些看上去轻松快捷地激发那些层次动机的方式——靠“逢迎”最低的、最大的和最可进入层次的动机——可能对领导者而言，也是轻易地失去与追随者之间联系的方式——当他们“真的”成为追随者或“真的”可能要成为追随者时——并因此成为轻易失去权力的方式。但

① 俄国人曾将沙皇亲热地称为“小父亲”，相对于作为天神的“大父亲”而言。——译者注

② 劳埃德·乔治（1863—1945），英国自由党领袖，1908—1915 年任财政大臣，率先实行社会福利政策；第一次世界大战中组成战时联合内阁，1916—1922 年任英国首相。1919 年出席巴黎和会，1921 年承认爱尔兰独立。——译者注

③ 这是指劳埃德·乔治在争取竞选连任时提出的主张，另一种说法是“Squeeze the German orange until the pips squeak”。——译者注

是，在动员、满足和帮助重塑追随者的需要和其他动机的过程中，领导者卷入与追随者的全面关系之中，这种关系将他们的动机基础和权力基础结合在一起，并推动他们**都**进入到更高的动机层次。亨利·皮尔（Henri Peyre）曾正确地强调，感受一个群体情绪的能力与表达他们的渴望的能力，对领导者来说都是极为重要的品质。

这一观点不仅对民主政体中的选举过程有重大意义，而且对代表过程也有重大意义。传统的观点认为，领导者（政治家）必须代表追随者（选民）。但是我们看到，没有单个一元化的选民或追随者，有的只是各种动机基础和权力基础的集合体。领导者不可能“再现”这些集合体的全部多样性并据此采取行动。他们必须决定，他们要认可和代表追随者**身上**的什么东西，**不**认可和不代表什么东西。关于代议制民主的最古老问题之一，是当领导者知道选民不支持他们所采取的主张时，他们是否还应当坚持他们所相信的主张。对这一问题，民主理论的看法似乎是矛盾的：领导者必须是代表，但又不能代表得太过分。约翰·F·肯尼迪写了一本书，它颂扬了一些伟大的美国人，他们之所以伟大是因为他们没有追随他们的追随者，**没有**代表被代表者（或至少是被代表者中的一部分成员）。尽管这些英勇的领导者在选举中的得票不是太好，但他们却在后来吸引了包括肯尼迪在内的历史学家们的选票；但正是埃德蒙·伯克在他因关于不要卑躬屈膝地逢迎布里斯托的选民的雄辩声明而受到了很多赞扬之后（并在一次选举中被击败之后）说道，他认为他的感情用事被赞扬得过多了。当然，根据这种理论，选民“雇用”代表，不仅是要反映选 460
民的欲求和要求，而且还要他们做出其独立的判断——之后，选民会确定这种判断结果如何（如果不是太晚的话），然后继续雇用他们或解雇他们。领导者以这种方式与追随者定约**一段时间**，他们必须面对是否的确满足了追随者真正需要的考验。

那么，作为一个领导者，我们该怎样运用影响力呢？首先，要在我们自己的内心弄清我们自己的个人目标。如果目标仅仅在于谋生或职业发展，那么至少在确保功成名就之前，我们要做的不过是精打细算地谋取私利和操纵他人就可以了。至少我们将知道在什么地方领导什么人。或者，我们会将我们的职业与超脱于个人成功之上并可能带来某些社会好处的事业联系起来。在现实中，领导者会使他们的各种动机交织缠结在一起以至于难以分开，因为领导者以各种方式支持各种事业，而这些事业反过来又支持着他们。但是，在职业与事业发生冲突的关键时刻，又会发生什么呢？许多年来，学生们总是告诉他们的老师，他们首先要成为百万富翁，然后再涉足政治或公共服务。有少数几个人像杰布·马格鲁德[①]（Jeb Magruder）一样成功地进行了这样的转型，虽然并不总是会有令人满意的结局；但大多数人并不能积累到百万资产，或是积累到百万资产然后就专心保住它，或是再积累第二个百万。**要决定我们是否真的要领导任何人而不是我们自己，要领导我们自身的哪一部分，往哪儿，为了什么目的。**

---

① 杰布·马格鲁德（1934—　），在威廉姆斯学院获得艺术学士学位，在芝加哥大学获得工商管理硕士学位，曾担任市场主管，1969 年进入白宫工作，1971 年开始担任尼克松竞选班子的副主管，因水门事件被判入狱。从监狱释放后，他离开政界和商界，1981 年在普林斯顿神学院得神学硕士学位，后一直从事教会工作。——译者注

第二个问题是我们试图领导的是**谁**？这并不是仅仅涉及对我们想要动员的选民和同盟的界定，而是涉及将要在追随者内心和其群体内部动员的动机、渴望、价值观念和目标。我认为，真正的领导是一个集体的过程，它产生于领导者与追随者的各种动机和目标的碰撞与协调。它既不需要领导者卑躬屈膝地使自己的动机和目标完全符合追随者的动机和目标，也不需要追随者将自己的动机和目标完全符合领导者的动机和目标。这意味着，在领导者接触潜在追随者的过程中，更广泛、更高层的动机开始发生作用；更高的目的价值和方式价值的因素也会对目标和实现手段产生影响。领导者最初的目标可能仅仅在于生存或热闹的场面，但当这些目标被实现或被阻挠后，他们的目标就可能转向实现更高的需要，如领导者和被领导者共同需要的尊重、认可和实现。**确定我们潜在的追随者，不是在操纵的意义上，即如何劝说他们服从我们的目的，尽管这些目的并不怎么高尚；而是根据情感共鸣和未来的动机，这种动机是在目前的动机以各种方式被实现或被阻挠时将被激发的动机。**

第三，我们要走向何方？对此的回答通常看起来很明显，即各种直接的、短期的、容易界定的和一步接一步的目标。但是，对这些实际目标的计算无法容纳下列
461 的可能性：当采取各种中间步骤时目的会发生变化；这些目标会因更多追随者的加入而发生改变，甚至可能会被提升；将会出现冲突，并且冲突会改变结果。特别是，专注于短期的可具体化的目标，可能会分散人们对领导—追随模式互动的长期复杂过程所可能产生的最终结果的注意力。注意力可能会一直集中于技术、过程和个性这些可预测的、显著的问题上，而不是集中于人们生活、福利和机会的基本和本质性变化的前景和性质的问题上，——没有集中于“真正变革”的前景和性质的问题上。然而，对政治领导的定义只能依据在人民生活条件方面所实现的有目的的实质性的变革及其实现程度。**检验领导实践的最终标准是实现那些满足人们的持久需要的预期的、真正的变革。**

第四，我们该怎样克服实现我们目标的阻碍？适用于政治领导者可能面临的数百种具体情境的一般方法只有两个。一个是确认潜在追随者的动机的全部内容及其复杂性（此前我们对此已作了充分的说明）。另一个是对竞争对手或潜在阻碍者（或潜在支持者）的权力基础的评估，决不要根据表面价值、名声和简单的量化。这些权力基础——其形式看起来令人印象深刻：控制行政机构，拥有大量金钱，指挥着军队，有获得武器的途径，得到成千上万人的支持——**必须要根据领导者和追随者的动机来加以评判**，因为这些动机关系到权力资源的配置。问题总是在于可转换性，而政治权力不同于电力，它是很不容易转换的。**要小心那用泥作脚的高大巨人，尤其是当我们是这样的巨人时。**

这些实际运用影响力的“规则”似乎在某些情况下是不切实际的，也许甚至是乌托邦。但是我们所提出的，与我们日常的和下意识所做的并不是那样完全不同，就像我们想与人打交道，并期望他们的回应一样——也许还期望我们自己对他们回应的回应。领导的功能是与追随者**定约**（engage），而不仅仅是激发他们，是将需要、渴望和目标整合到一个共同的事业之中，并在这一过程中使领导者和追随者都成为更好的公民。从操纵权力转向使用权力，是从日常接触和冲突的算术学转到互

动的结构和动态的几何学。这是从跳棋转到国际象棋，因为在这种“王者的游戏”中，我们要评估我们棋子的实力，评估我们对手的意图、计划和真实动机。但是民主领导的动作要远远超过国际象棋，因为，在我们下棋时，棋子才有了生命，象、
马和卒都根据各自的地位专司其职，并有它们自己的动机、价值观念和目标；同 462
时，游戏也有了新的趋势、方向和可能，得以一路进行下去。而在真正的生活中，对领导者的最实用的建议，就是不要将卒子当卒子一样对待，也不要将王当王一样对待，而是将所有人当**人**一样对待。

伍德罗·威尔逊呼唤这样的领导者，他们借助对国家良知的大胆解释，能够把一个民族的人民从日常的自我中提升出来。使人民能够被提升**进**他们更好的自我之中，这是变革型领导的秘密，也是这本著作的道德的和实践的主题。

参考文献

PROLOGUE: THE CRISIS OF LEADERSHIP

Plutarch on philosophers'obligations: Plutarch, *Moralia*, Vol. 10, Harold North Fowler, tr. (London: William Heinemann, 1936), pp. 27ff, 75ff. Shakespeare's borrowing from Plutarch: D. A. Russell, *Plutarch* (London: Duckworth, 1973).

Major introductions to the study of leadership are Glenn D. Paige, *The Scientific Study of Political Leadership* (New York: Free Press, 1977); Alvin W. Gouldner, ed., *Studies in Leadership* (New York: Harper & Brothers, 1950), especially the editor's introduction. Dankwart A. Rustow, ed., *Philosophers and Kings: Studies in Leadership* (New York: George Braziller, 1970), especially the editor's introduction, reprinted in "The Study of Leadership," Reprint Series No. 19, Research Center in Comparative Politics and Administration, Brooklyn College of the City University of New York, n. d.; Lester G. Seligman, "The Study of Political Leadership," *American Political Science Review* (December 1950), 904-915; T. N. Whitehead, *Leadership in a Free Society* (Cambridge, Mass.: Harvard University Press, 1936).

1. THE POWER OF LEADERSHIP

Samuel Butler on authority: Samuel Butler, *Miscellaneous Thoughts*, quoted in Harold D. Lasswell, *Power and Personality* (New York: Norton, 1976), p. 7.

John Speke on the incident at Mtésa's court: John Hanning Speke, *Journal of the Discovery of the Source of the Nile* (New York: Harper & Brothers, 1864), pp. 289-290.

Frederick William and son: Ludwig Reiners, *Frederick the Great* (New York: Putnam, 1960); Edith Simon, *The Making of Frederick the Great* (Boston: Little, Brown, 1963).

Power (and leadership) as personal and motivational: Kenneth B. Clark, *Pathos of Power* (New York: Harper & Row, 1974), esp. ch. 4; Adolf A. Berle, *Power* (New York: Harcourt, Brace & World, 1967), pp. 18, 59.

The Two Essentials of Power

Russell on Power as fundamental concept: Bertrand Russell, *Power, A New Social Analysis* (New York: Norton, 1938), p. 1.

"Power of A over B": John R. P. French, "A Formal Theory of Social Power," *Psychological Review*,

Vol. 63, No. 3 (May 1956), 181–194.

Banishing the concept of power: William H. Riker, "Some Ambiguities in the Notion of Power," *American Political Science Review*, Vol. 58, No. 2 (June 1964), 341–349.

Weber on Power: Max Weber, *The Theory of Social and Economic Organization*, Talcott Parsons, ed. (Glencoc. Ill.: Free Press, 1957), P. 152, quoted by Robert A. Dahl, "Power," *International Encyclopedia of the Social Sciences* (New York: Macmillan and Free Press, 1968), Vol. 12, p. 406.

McClelland on goal of power holders: David C. McClelland, *Power: the Inner Experience* (New York: Irvington, 1975), p. 17; see alao D. G. Winter, *The Power Motive* (New York: Free Press, 1973).

Impact of Kennedy Inaugural film: McClelland, p. 15.

Sources of strength in oneself: McClelland, p. 16.

Effectance: Robert W. White, "Motivation Reconsidered: The Concept of Competence," *Psychological Review*, Vol. 66, No. 5 (July 1959), 297–333.

The ubiquity of power: Alfred McClung Lee, "Power-Seekers," in Gouldner, ed., *Studies in Leadership*, p. 668.

Dahl on the dimensions of power: Dahl, pp. 407–408.

Lasswell and Kaplan on power: Harold D. Lasswell and Abraham Kaplan, *Power and Society* (New Haven: Yale University Press, 1950), ch. 5.

Lehman on micropwer: Edward W. Lehman, "Toward a Macrosociology of Power," *American Sociological Review*, Vol. 34, No. 4 (August 1969), 453–465.

Leadership and Followership

Lasswell and Kaplan on power: Lasswell and Kaplan, *Power and Society*, p. 77.

Janda on power: Kenneth F. Janda, "Towards the Explication of the Concept of Leadership in Terms of the Concept of Power," in Glenn D. Paige, ed., *Political Leadership* (New York: Free Press, 1972), pp. 45–68, quoted at p. 57.

McFarland on leadership: Andrew S. McFarland, *Power and Leadership in Pluralist Systems* (Stanford: Stanford University Press, 1969), p. 174.

Bell et al. on power as a relationship: Roderick Bell, David V. Edwards, and R. Harrison Wagner, *Political Power* (New York: Free Press, 1969), p. 4.

Hitler treating persons as things: Richard Hughes, *The Fox in the Attic* (New York: Harper & Row, 1962), p. 266.

Russian linguist on the Soviet government: Hedrick Smith, *The Russians* (New York: Ballantine, 1976), p. 339.

Complex aspects of power: Steven Lukes, *Power: A Radical View* (London: Macmillan, 1976); John R. Champlin, "On the Study of Power," *Politics and Society*, Vol. 1, No. 1 (November 1970), 91–111; Geoffrey Debnam, "Nondecisions and Power: The Two Faces of Bachrach and Baratz," *American Political Science Review*, Vol. 69, No. 3 (September 1975), 889–904 (see also rejoinders); and works on power cited above.

What Leadership Is Not: Closing the Intellectual Gap

Plato's parable of the ship: *The Republic of Plato*, B. Jowett, trans., (Oxford: Clarendon Press, 1888), Book VI, pp. 185–186.

Hooker on the need for authority: Richard Hooker, *Laws of Ecclesiastical Polity*, quoted in Charles W. Hendel, "An Exploration of the Nature of Authority," in Carl J. Friedrich, ed., *Authority* (Cambridge, Mass.: Harvard University Press, 1958), p. 8.

Hobbes on authority: cited in *ibid.*, p. 17.

Hannah Arendt on the decline of the concept of authority: Hannah Arendt, "What Was Authority?" in Friedrich, ed., passim.

Weber on authority: Max Weber, *The Theory of Social and Economic Organization*, Talcott Parsons, ed. (New York: Oxford University Press, 1947), esp. Pt. Ⅲ.

Friedrich on modern authority: Carl J. Friedrich, *Man and His Government* (New York: McGraw-Hill, 1963).

Pareto on the circulation of the elites: Vilfredo Pareto, *Mind and Society*, Arthur Livingston, ed. (New York: Harcourt, Brace, 1935).

The plymouth counterpart to Plato's parable of the ship: Norman Jacobson, "Knowledge, Tradition, and Authority: A Note on the American Experience," in Friedrich, ed., *Authority*, pp. 117-118.

Engels on leadership as administrative management: Friedrich Engels, "On Authority," in Robert C. Tucker, ed. *The Marx-Engels Reader* (New York: Norton, 1972), quoted at p. 664.

American historians and political scientists on the presidency: James MacGregor Burns, *Presidential Government* (Boston: Houghton Mifflin, 1966), ch. 3.

On more recent concepts of authority, see Clarke E. Cochran, "Authority and Community: The Contributions of Carl Friedrich, Yves R. Simon, and Michael Polanyi," *The American Political Science Review* (June 1977), 546-558.

Frederick the Great on the passion of princes: quoted from his *Memorabilia*.

2. THE STRUCTURE OF MORAL LEADERSHIP

Plato on needs and wants: *The Republic of Plato*, B. Jowett, trans. (Oxford: Clarendon Press, 1888), Book Ⅱ, pp. 49-53.

Critical analysis of moral development theory: Elizabeth Léonie Simpson, "Moral Development Research: A Case Study of Scientific Cultural Bias," *Human Development*, Vol. 17 (1974), 81-106; Jane Loevinger, *Ego Development* (San Francisco: Jossey-Bass, 1976), esp. chs. 9, 10.

Girvetz on moral dogmatism: Harry K. Girvetz, *Beyond Right and Wrong* (New York: Free Press, 1973), p. 3.

Bertolt Brecht, "Die Dreigroschenoper" in *Stücke für das Theater am Schiffbauer damm* (Berlin: Suhrkamp Verlag, 1962).

The Power and Sources of Values

Tapping Lake Sevan: *New York Times*, May 29, 1977, p. 9.

Sycamore tree incident: *New York Times*, May 25, 1976, p. 33.

John Adams on studying politics and war: James Truslow Adams, *The Adams Family* (Boston: Little, Brown, 1930), p. 67.

Thai boy scout and his ideology: *New York Times*, November 29, 1976, p. 8.

The relationship of Franklin D. Rooseveit and Joseph P. Kennedy: Michael R. Beschloss, "Joseph Kennedy and Franklin Roosevelt: A Study in Power and Leadership," Williams College, 1977. Joseph Kennedy's Lend Lease testimony: Richard J. Whalen, *The Founding Father* (New York: New American Library, 1964), pp. 352-355.

Piaget on children's internalization of values: Jean Piaget, *The Moral Judgment of the Child* (New York: Harcourt, Brace, 1932).

Jung on ends: C. C. Jung, *Collected Papers on Analytical Psychology* (London: Baillière, Tindall and Cox, 1922), pp. x, xiv.

Huxley on the superego: T. H. Huxley and J. S. Huxley, *Touchstone for Ethics* (New York: Harper & Brothers, 1947), p. 256.

Erikson on conscience: Erik H. Erikson, *Identity: Youth and Crisis* (New York: Norton, 1968), p. 119.

Parsons on Freud's view: Talcott Parsons, *Social Structure and Personality* (New York: Free Press, 1964), passim.

Conflict and Consciousness

Influence of Pareto, Durkheim, Weber, etc.: Clinton F. Fink, "Some Conceptual Difficulties in the Theory of Social Conflict," *Journal of Conflict Resolution*, Vol. 12, No. 4 (December 1968), 425; see also Anthony Oberschall, *Social Conflict and Social Movements* (Englewood Cliffs, N. J.: Prentice-Hall, 1973), esp. pp. 1-8.

Simmel: Georg Simmel, "The Sociology of Conflict," *American Journal of Sociology*, Vol. 9, No. 4 (1903-04), 490-525; Simmel, *Conflict and the Web of Group Affiliations*, Kurt H. Wolff and Reinhard Bendix, trs. (Glencoe, Ⅲ.: Free Press, 1955.)

Recent scholarly interest in conflict: Lewis A. Coser, *The Functions of Social Conflict* (Glencoe, Ill.: Free Press, 1956); Ralf Dahrendorf, *Class and Class Conflict in Industrial Society* (Stanford: Stanford University Press, 1959); Louis Kriesberg, *The Sociology of Social Conflicts* (Englewood Cliffs, N. J.: Prentice-Hall, 1973).

Simmel on group harmony: Paraphrased by Coser, p. 31, from opening pages of Simmel, *Conflict.*

Conflict within individuals: see, for example, Muzafer Sherif, *An Outline of Social Psychology* (New York: Harper & Brothers, 1948), esp. chs. 10, 15-17.

Malinowski on conflict in small groups: Bronislaw Malinowski, "An Anthropological Analysis of War," *Magic, Science and Religion* (Glencoe, Ill.: Free Press, 1948), p. 285, quoted by Coser, p. 63. See also Fink, pp. 445-456.

Schattschneider on scope of conflict: E. E. Schattschneider, *The Semi-Sovereign People* (New York: Holt, Rinehart and Winston, 1960), pp. 2-3.

Madison on conflict: *The Federalist*, Jacob E. Cooke, ed. (Middletown, Conn.: Wesleyan University Press, 1961), No. 10, pp. 58-59.

Leaders and their followings: cf. Andrew McFarland, *Power and Leadership in Pluralist Systems* (Stanford: Stanford University Press, 1969), pp. 189-191.

For other sources on conflict see Peter W. Sperlich, *Conflict and Harmony in Human Affairs* (Chicago: Rand McNally, 1971); Anthony de Reuck and Julie Knight, eds., *Conflict in Society* (Boston: Little, Brown, 1966); *Journal of Conflict Resolution*, Vol. 12 (1968), passim; Walter Korpi, "Conflict, Power and Relative Deprivation," *American Political Science Review*, Vol. 68, No. 4 (December 1974), 1569-1578.

Hegel, Feuerbach, and Marx on consciousness and on needs: Gyorgy Márkus, *The Marxian Concept of Consciousness*, *Political Science Syllabus*: Henri Lefebvre, *Dialectical Materialism* (London: Jonathan Cape, 1968); A. James Gregor, *A Survey of Marxism* (New York: Random House, 1965). Marx on "fresh needs": from Karl Marx and Friedrich Engels, *The German Ideology* (New York: International Publishers, 1947), as summarized in Lefebvre, p. 70.

On consciousness see also Pratima Bowes, *Consciousness and Freedom* (London: Methuen, 1971).

Sorel on violence and class identity: Georges Sorel, *Reflections on Violence*, T. E. Hulme, tr. (New York: B. W. Huebsch, 1914).

The Elevating Power of Leadership

Need of safety and security as counterparts of conforming to and maintaining the social order: Lawrence Kohlberg "The Cognitive-Developmental Approach to Moral Education," *Phi Delta Kappan* (June 1975), 671: cf. Elizabeth Simpson, "A Holistic Approach to Moral Development and Behavior," in T. Lickona, ed. *Moral Development and Behavior* (New York: Holt, Rinehart and Winston, 1976), passim.

Simpson on relation of esteem needs and natural-law values: Elizabeth Léonie Simpson, *Democracy's Stepchildren* (San Francisco: Jossey-Bass, 1971), p. 126.

Four-nation study on transformations of values: *Values and the Active Community* (New York: Free Press, 1971), pp. 13, 72-79. The four nations studied are India, Poland, the United States, and Yugoslavia.

Rokeach on imbalance within value systems: Milton Rokeach, *The Nature of Human Values* (New York:

Free Press, 1973), p. 217.

Rokeach on contradictions and self-conception: Rokeach, pp. 226, 229—233.

Experimenters as leaders: Bernard M. Bass, *Leadership, Psychology and Organizational Behavior* (New York: Harper & Brothers, 1960), p. 97.

Susanne Langer on consciousness: quoted in Simpson, *Democracy's Stepchildren*, p. 73.

Erikson's eight stages of man: Erik H. Erikson, "The Problem of Ego Identity," *Journal of the American Psychoanalytic Association*, Vol. 4 (1956), 56—121.

Studies on irreversibility of movement toward four general values: cited in Rokeach, p. 328.

Myrdal on higher valuations: Gunnar Myrdal, *An American Dilemma* (New York: Harper & Brothers, 1944), p. 1029.

Max Weber's two ethics: Max Weber, "Politics as a Vocation," reprinted in H. H. Gerth and C. Wright Mills, *From Max Weber: Essays in Sociology* (New York: Oxford University Press, 1953), pp. 77—128.

3. THE PSYCHOLOGICAL MATRIX OF LEADERSHIP

Power and hierarchy among primates: Fred H. Willhoite, Jr., "Primates and Political Authority: A Biobehavioral Perspective," *American Political Science Review*, Vol. 70, No. 4 (December 1976), 1110—1126, which includes abundant references to the literature; Lionel Tiger and Robin Fox, *The Imperial Animal* (New York: Holt, Rinehart & Winston, 1971); Erik H. Erikson, *Identity: Youth and Crisis* (New York: Norton, 1968), pp. 279—280.

Primate leadership behavior at the Delta Regional Primate Research Center: Emily Hahn, "On the Side of the Apes," Part Ⅱ. *The New Yorker*, April 24, 1971, pp. 64—65 (emphasis added); the basic source is E. W. Menzel, Jr., "A Group of Young Chimpanzees in a One-Acre Field," in Allan M. Schrier and Fred Stollnitz, eds., *Behavior of Nonhuman Primates* (New York: Academic Press, 1974), Vol. 5, pp. 83—153.

Goat behavior: Jeannie C. Stewart and J. P. Scott, "Lack of Correlation between Leadership and Dominance Relations in a Herd of Goats," *Journal of Comparative and Physiological Psychology* (August 1947), 255—264.

Imprinting: Konrad Z. Lorenz, *King Solomon's Ring* (London: Methuen, 1952); Howard Moltz, "Imprinting: Empirical Basis and Theoretical Significance," *Psychological Bulletin* (July 1960), 48—58.

Finder bees: Karl von Frisch, *Bees: Their Vision, Chemical Senses and Language* (Ithaca: Cornell University Press, 1950).

Stereotyping of women's political and leadership roles: J. Jaquette, ed., *Women in Politics* (New York: Wiley, 1974); Martin Gruberg, *Women in American Politics* (Oshkosh, Wisc.: Academic Press, 1968); Paula Johnson, "Women in Power: Toward a Theory of Effectiveness," *Journal of Social Issues*, Vol. 32, No. 3 (1976), 99—110; Wilma Rule Krauss, "Political Implications of Gender Roles: A Review of the Literature," *American Political Science Review*, Vol. 68, No. 4 (December 1974), 1706—1723.

Keniston quotation: Kenneth Keniston, "Psychological Development and Historical Change," *Journal of Interdisciplinary History*, Vol. 2, No. 2 (Autumn 1971), 329—345, at 342.

The Cocoon of Personality

Psychoanalytical aspects of Gandhi's childhood: M. K. Gandhi, *Gandhi's Autobiography: The Story of My Experiments with Truth* (Washington, D. C.: Public Affairs Press, 1948); Erik H. Erikson, *Gandhi's Truth* (New York: Norton, 1969); E. Victor Wolfenstein, *The Revolutionary Personality* (Princeton: Princeton University Press, 1967); Sebastian de Grazia, "Mahatma Gandhi: The Son of His Mother," *Political Quarterly*, Vol. 19 (1948), 336—348.

The Erikson observation on Gandhi's "spoiling" is from Erikson, p. 106; Gandhi's Oedipal conflict: Erikson, p. 129.

The Wolfenstein quotation: Wolfenstein, pp. 82—83; Gandhi's is from his *Autobiography*, p. 13. For extensive biographical data see Pyarelal, *Mahatma Gandhi*, Vol. 1, *The Early Phase* (Ahmedabad: Navajivan,

1956); Ved Mehta, *Mahatma Gandhi and His Apostles* (New York: Viking Press, 1977).

Sources on Lenin: Bertram D. Wolfe, *Three Who Made a Revolution* (New York: Dial Press, 1948); Adam B. Ulam, *The Bolsheviks* (New York: Macmillan, 1965); David Shub, *Lenin* (Garden City, N. Y.: Doubleday, 1948); Wolfenstein, pp. 33-49.

The Wolfe warning is from Wolfe, p. 42; the Wolfenstein quotation from Wolfenstein, p. 39.

Hitler's memories of his family life: Adolf Hitler, *Mein Kampf* (Boston: Houghton Mifflin, 1943), pp. 3, 4, 28; see also pp. 31-32.

Psychoanalytical sources on Hitler: Walter C. Langer, *The Mind of Adolf Hitler* (New York: Basic Books, 1972), the report prepared for the United States Office of Strategic Services during World War Ⅱ; a critique of Langer, Hans W. Gatzke, "Hitler and Psychohistory," *American Historical Review*, Vol. 78, No. 2 (April 1973), 394-401; and three studies by Robert G. L. Waite: "Adolf Hitler's Anti-Semitism: A Study in History and Psychoanalysis," in Benjamin B. Wolman, ed., *The Psychoanalytic Interpretation of History* (New York: Basic Books, 1971); "Adolf Hitler's Guilt Feelings: A Problem in History and Psychology," *Journal of Interdisciplinary History*, Vol. 1, No. 2 (Winter 1971), 229-249; and an afterword to the Langer volume, pp. 215-238. The Langer quotation is from Langer, pp. 150-151; the Waite quotation is from the same work, p. 227; see also Robert G. L. Waite, *The Psychopathic God: Adolf Hitler* (New York: Basic Books, 1977); I also had the benefit of personal consultation with Robert Waite.

Bismarck on his parents is cited in Otto Pflanze, "Toward a Psychoanalytic Interpretation of Bismarck," *American Historical Review*, Vol. 77, No. 2 (April 1972), 419-444, at 429; Pflanze's comment on the drive to power, p. 420.

Schumacher: Lewis J. Edinger, *Kurt Schumacher* (Stanford: Stanford University Press, 1965), pp. 10-11.

Eleanor Roosevelt: Joseph P. Lash, *Eleanor and Franklin* (New York: Norton, 1971); she is quoted on the death of her father at p. 59.

Richard M. Nixon: Bruce Mazlish, *In Search of Nixon* (New York: Basic Books, 1972), esp. pp. 20-26.

The Wellsprings of Want

Heredity and inheritance: George Gaylord Simpson, *The Meaning of Evolution* (New Haven: Yale University Press, 1949).

Klineberg on motives: Otto Klineberg, *Social Psychology* (New York: Holt, Rinehart and Winston, 1954).

Nash on satisfying needs: John Nash, *Developmental Psychology* (Englewood Cliffs, N. J.: Prentice-Hall, 1970).

Stages of childhood: Erik H. Erikson, *Childhood and Society*, 2nd ed., (New York: Norton, 1963), esp. ch. 7; Erikson, *Identity: Youth and Crisis* (New York: Norton, 1968), esp. ch. 3.

Albert Bandura and Richard Walters on learning: Jerome Kagan and Ernest Havemann, *Psychology: An Introduction* (New York: Harcourt, Brace & World, 1968).

Davies on wants and needs: James C. Davies, *Human Nature in Politics* (New York: Wiley, 1963).

Smith on intentionality: M. Brewster Smith, "Metapsychology, Politics, and Human Needs," in R. Fitzgerald, ed., *Human Needs and Politics* (Rushcutters Bay, South Australia: Pergamon Press, 1977) pp. 124-141.

Hanna Pitkin, *The Concept of Representation* (Berkeley: University of California Press, 1967) p. 209.

I have drawn heavily on Jeanne N. Knutson, *The Human Basis of the Polity* (Chicago: Aldine, 1972), an effort to explore the psychological roots of political leadership on the basis of aggregative data explicitly organized for, and tested to meet, hypotheses about the origins of leadership. The first two quotations from her are from pp. 181 and 190.

Maslow on leadership needs: Knutson, p. 26.

Maslow on the holistic theory of change and growth: A. H. Maslow, "Dynamics of Personality Organization: I," *Psychological Review*, Vol. 50, No. 5 (September 1943), 514–539.

Maslow on higher needs: A. H. Maslow, *Motivation and Personality* (New York: Harper & Brothers, 1954), passim.

Maslow on child's need for routine: Maslow, *Motivation and Personality*, p. 87.

Lane on Rapuano's loss of identity: Robert E. Lane, *Political Ideology* (New York: Free Press, 1962), p. 111.

Maslow on safety-deprived persons' search for a stronger person: Maslow, *Motivation and Personality*, p. 88.

Knutson's conclusions on their shrinking from leadership roles: Knutson, p. 198.

Barber on Connecticut legislators: James David Barber, *The Lawmakers* (New Haven: Yale University Press, 1965), p. 25.

Participation in bureaucratic organizations: Rufus Browning and Herbert Jacob, "Power Motivation and the Political Personality," *Public Opinion Quarterly*, Vol. 28, No. 1 (Spring 1964), 75–90.

Wilson and Tumulty: John Morton Blum, *Joe Tumulty and the Wilson Era* (Boston: Houghton Mifflin, 1951), p. 121; also see Gene Smith, *When the Cheering Stopped* (New York: Morrow, 1964), pp. 205–207.

The Transmutation of Need

Smith on wants: Smith, "Metapsychology, Politics, and Human Needs."

Arendt on necessity: Hannah Arendt, *On Revolution* (New York: Viking Press, 1963), pp. 129, 53.

Roosevelt on necessitous men: quoted in James MacGregor Burns, *Roosevelt: The Soldier of Freedom* (New York: Harcourt Brace Jovanovich, 1971), p. 425.

Starvation experiments: Ancel Keys, J. Brozek, A. Henschel, O. Mickelson, and H. L. Taylor, *The Biology of Human Starvation* (Minneapolis: University of Minnesota Press, 1950).

Davies on effect of food and affection deprivation: James C. Davies, "Where from and Where to?" ch. 1 in Jeanne N. Knutson, ed., *Handbook of Political Psychology* (San Francisco: Jossey-Bass, 1973), p. 7; see also Davies, *Human Nature in Politics* (New York: Wiley, 1963), esp. ch. 1.

Need hierarchy: A. H. Maslow, "'Higher' and 'Lower' Needs," *Journal of Psychology*, Vol. 25 (1948a), 433–436, included as ch. 8 in Maslow, *Motivation and Personality* (New York: Harper & Brothers, 1954); see also other works of Maslow, and Ledford J. Bischof, *Interpreting Personality Theories* (New York: Harper & Row, 1964), ch. 15.

Horney on security needs: Karen Horney, *The Neurotic Personality of Our Time* (New York: Norton, 1937).

Davies on popular response to threats against their needs: Davies, *Human Nature in Politics*, p. 10. On the definition of "safety" and "security," James C. Davis has shown me his correspondence with Abraham H. Maslow: Davies to Maslow, July 19, 1966; Maslow to Davies, July 26, 1966.

Smith on Maslow's hierarchy: Smith, "Metapsychology," p. 18.

Politics of sex: F. A. Beach, cited in C. N. Cofer and M. H. Appley, *Motivation: Theory and Research* (New York: Wiley, 1964), p. 175.

The Hierarchies of Need and Value

Erikson on moralities and ethics: Erikson, *Identity: Youth and Crisis* (New York: Norton, 1968), p. 119.

Kohlberg on stages of moral development: Lawrence Kohlberg, "The Cognitive-Developmental Approach to Moral Education," pp. 670–677, esp. p. 671; Kohlberg, "The Claim to Moral Adequacy of a Highest Stage of Moral Judgment," *The Journal of Philosophy*, Vol. 70, No. 18 (October 25, 1973), 630–646.

Interview of Judith: Fred I. Greenstein, *Children and Politics* (New Haven: Yale University Press, 1965), p. 25.

Erikson on the adolescent mind: Erikson, *Childhood and Society*, pp. 262–263; Erikson on adolescence as a normative crisis: Erikson, *Identity*, p. 163.

Research on normative and factual values: Henry Margenau, "The Scientific Basis of Value Theory," in Abraham H. Maslow, ed., *New Konwledge in Human Values* (Chicago: Regnery, 1959), pp. 38-39.

Values as goals and end states: Alvin W. Gouldner, *The Coming Crisis of Western Sociology* (New York: Basic Books, 1970), pp. 190-191.

Concepts of opportunistic rule-playing versus stage of conscience: Jane Loevinger, "The Meaning and Measurement of Ego Development," *American Psychologist*, Vol. 21, No. 3 (March 1966), 195.

Rokeach on internalized values: Milton Rokeach, *Beliefs, Attitudes, and Values* (San Francisco: Jossey-Bass, 1972), p. 160.

Peer influence: Richard M. Merelman, "The Development of Policy Thinking in Adolescence," *American Political Science Review*, Vol. 65, No. 4 (December 1971), 1033-1047; see also sources cited therein.

Kohlberg on levels of moral development: Lawrence Kohlberg, "Moral Development and Identification," ch. 7 in Harold W. Stevenson, ed., *Child Psychology* (62nd Yearbook of the National Society for the Study of Education), (Chicago: University of Chicago Press, 1963), pp. 277-332.

Simpson on congruence of need theory and value theory: Elizabeth Léonie Simpson, "A Holistic Approach to Moral Development and Behavior," in T. Lickona, ed., *Moral Development and Behavior* (New York: Holt, Rinehart and Winston, 1976). I am indebted to Elizabeth Simpson for further discussion of this subject.

Study of Italian youth: Joseph LaPalombara and Jerry B. Waters, "Values, Expectations, and Political Predispositions of Italian Youth," *Midwest Journal of Political Science*, Vol. 5, No. 1 (February 1961), 39-58; the sample consisted of 3,000 respondents, 18 to 25 years old.

Toki study of Japanese schoolchildren: K. Toki, "The Leader-Follower Structure in the School-Class," *Japanese Journal of Psychology*, Vol. 10 (1935), 27-56, cited and reported in Eugene L. Hartley and Ruth E. Hartley, *Fundamentals of Social Psychology* (New York: Knopf, 1961), pp. 631-633.

Whyte study of street-corner leadership: William F. Whyte, *Street Corner Society* (Chicago: University of Chicago Press, 1943), p. 260.

Greenstein on culture-and-personality distinctions: Fred I. Greenstein, "Personality and Political Socialization: The Theories of Authoritarian and Democratic Character," *Annals of the American Academy of Political and Social Science*, Vol. 361 (September 1965), 81-95, at 95. See also Roberta Sigel, ed., *Political Socialization: Its Role in the Political Process* (Philadelphia, 1965).

4. THE SOCIAL SOURCES OF LEADERSHIP

Hobbes on the family as a small *Leviathan*: Richard Allen Chapman, "*Leviathan* Writ Small: Thomas Hobbes on the Family," *American Political Science Review*, Vol. 69, No. 1 (March 1975), 76-90.

Tocqueville on infant behavior: Alexis de Tocqueville, *Democracy in America*, Vol. 1 (New York: Vintage Books, 1945), pp 27-28.

Anaclitic relation: Walter Mischel, *Introduction to Personality* (New York: Holt, Rinehart and Winston, 1971), pp. 36-37, 234-236.

The primal horde: see, for example, Sigmund Freud, *Totem and Taboo* (New York: Vintage Books, 1946).

Lidz on the family as a leadership system: Theodore Lidz, *The Person* (New York: Basic Books, 1968), p. 58.

Kohlberg on influence of the father in most cultures: Lawrence Kohlberg, "Moral Development and Identification," ch. 7 in Harold W. Stevenson, ed., *Child Psychology* (Chicago: University of Chicago Press, 1963), p. 309.

Presumption of lesser political influence of father on children in America as compared to other cultures, see also M. Jennings and Richard Niemi, *The Political Character of Adolescence* (Princeton: Princeton University

Press, 1974), pp. 24–25, 46, 105.

The Family as Imperium

Erikson on the interplay of generations: *Insight and Responsibility*, p. 114.

Erikson on children's play: *Insight and Responsibility*, p. 120.

Exploratory curiosity: Anne Roe and L. Z. Freedman, "Evolution and Human Behavior," in Anne Roe and George Gaylord Simpson, eds., *Behavior and Evolution* (New Haven: Yale University Press, 1958).

Piaget on new experience: Jean Piaget, *The Origins of Intelligence in Children* (New York: International Universities Press, 1952).

Persistence of values: Richard E. Dawson and Kenneth Prewitt, *Political Socialization* (Boston: Little, Brown, 1969), pp. 22–23. See also Talcott Parsons, *Social Structure and Personality* (Glencoe, Ill.: Free Press, 1964), p. 86.

Dollard on person as a collected whole: John Dollard, *Criteria for the Life History* (New Haven: Yale University Press, 1935), p. 27.

Langton on diverse household patterns: Kenneth P. Langton, *Political Socialization* (New York: Oxford University Press, 1969), p. 30.

Five-nation study: Gabriel A. Almond and Sidney Verba, *The Civic Culture* (Boston: Little, Brown, 1965).

Parental overprotection: Frank A. Pinner, "Parental Overprotection and Political Distrust," *Annals of the American Academy of Political and Social Science*, Vol. 361 (September 1965), 58–70.

Caribbean study: Langton, *Political Socialization*, p. 26.

Cambridge study: Eleanor E. Maccoby, Richard Mathews, and Anton Morton, "Youth and Political Change," *Public Opinion Quarterly*, Vol. 18, No. 1 (Spring 1954), 23–29. See also Kent L. Tedin, "The Influence of Parents on the Political Attitudes of Adolescents," *American Political Science Review*, Vol. 68, No. 4 (December 1974), 1579–1592.

Political Schooling

Merriam on the influence of schools: Charles E. Merriam, *The Making of Citizens* (Chicago: University of Chicago Press, 1931), p. 273. More recent conclusion on same: Kenneth P. Langton and M. Kent Jennings in Langton, *Political Socialization*, ch 4; Almond and Verba, p. 316.

Relation between civics courses and political interest: Langton, p. 97. Japanese school indoctrination: Herbert Passin, "Japan," in James S. Coleman, ed., *Educational and Political Development* (Princeton: Princeton University Press, 1965), pp. 310–311; cf. Joseph A. Massey, "The Missing Leader: Japanese Youths' View of Political Authority," *American Political Science Review*, Vol. 69, No. 1 (March 1975), 31–48.

Soviet indoctrination: Jeremy R. Azrael, "Soviet Union," in Coleman, *Education and Political Development*, p. 356; cf. Hadley Cantril, *Soviet Leaders and Mastery Over Man* (New Brunswick: Rutgers University Press, 1960); and, in another context, Charles Price Ridely, Paul H. B. Godwin, and Dennis J. Doolin, *The Making of a Model Citizen in Communist China* (Stanford: Hoover Institution Press, 1971).

Bennington study: Theodore M. Newcomb, *Personality and Social Change* (New York: Dryden Press, 1943).

See generally M. Kent Jennings and Richard G. Niemi, "The Transmission of Political Values from Parent to Child," *American Political Science Review*, Vol. 62, No. 1 (March 1968), 169–184.

Adolescents as patriots: Robert D. Hess and Judith V. Torney, *The Development of Political Attitudes in Children* (Chicago: Aldine, 1967), ch. 2 and passim, quoted at p. 23.

New Haven children's perception of leadership: Greenstein, *Children and Politics*, ch. 3. Chicago: Hess and Torney, p. 213.

Idealization of the President: Hess and Torney, pp. 2, 32; Greenstein, ch. 3; Robert D. Hess and David

Easton, "The Child's Changing Image of the President," *Public Opinion Quarterly*, Vol. 24, No. 4 (Winter 1960), 632–644.

Death of President Kennedy: Greenstein, pp. 48–50; Roberta S. Sigel, "Image of a President: Some Insights into the Political Views of School Children," *American Political Science Review*, Vol. 62, No. 1 (March 1968), 216–226, at 216, 219, 226.

Learning adult role differences: Hess and Easton, p. 642.

Sequence of learning: Greenstein, pp. 71–84; Hess and Torney, passim.

Socio-economic and sex differences: Hess and Torney, chs. 7 and 8; Greenstein, chs. 5 and 6.

See in general Seymour Martin Lipset, *Political Man*: *The Social Bases of Politics* (Garden City, N. Y: Doubleday, 1960).

Political efficacy: David Easton and Jack Dennis, "The Child's Acquisition of Regime Norms: Political Efficacy," *American Political Science Review*, Vol. 61, No. 1 (March 1967), 25–38, and sources cited therein; Easton and Dennis quoted at p. 33.

Erikson on leadership and followership: Erik H. Erikson, *Identity*: *Youth and Crisis* (New York: Norton, 1968), p. 187.

Gandhi's adolescence: *Gandhi's Autobiography*, Part One, passim; Wolfenstein, pp. 78–88; Erik H. Erikson, *Gandhi's Truth* (New York: Norton, 1969), Part Two, ch. 1.

Cultural context: Thomas J. Hopkins, *The Hindu Religious Transition* (Encino, Calif.: Dickenson, 1971); Max Weber, *The Religion of India* (Glencoe, Ill.: Free Press, 1958).

Gandhi's comment on the "blot" on him after his father's death is from his *Autobiography*, p. 45; the quotation from Erikson is from *Gandhi's Truth*, pp. 128, 129.

P. Spratt, *Hindu Culture and Personality* (Bombay: Manaktalas, 1966), a psychoanalytical study, includes an appendix on Gandhi. See also Mehta, *Mahatma Gandhi and His Apostles*, passim, on this period.

Quotations from *Mein Kampf* are from pp. 5, 10, 18, 22, 76–83.

Langer on Hitler' guilt feelings on deaths of father and brother: Langer, p. 178. See also Waite, *The Psychopathic God*, passim.

Vienna in Hitler's day and his relation to it: William A. Jenks, *Vienna and the Young Hitler* (New York: Columbia University Press, 1960).

Lenin's adolescence: Louis Fischer, *The Life of Lenin* (New York: Harper & Row, 1964); Leon Trotsky, *Lenin* (New York: Minton, Balch & Co., 1925); Shub, ch. 2; Wolfe, ch. 3. Wolfenstein quotations: Wolfenstein, p. 43.

Robert, Payne, *The Life and Death of Lenin* (New York: Simon and Schuster, 1964), emphasizes Lenin's early reading.

Self-esteem, *Social Role*, *and Empathy*

Heinz L. Ansbacher and Rowena R. Ansbacher, eds., *The Individual Psychology of Alfred Adler* (New York: Basic Books, 1956), pp. 103–119, 126–142.

Maslow on esteem needs: A. H. Maslow, *Motivation and Personality* (New York: Harper & Brothers, 1954), p. 90; see also Abraham H. Maslow, *The Farther Reaches of Human Nature* (New York: Viking Press, 1971), Appendix D, an "extension and improvement" of his earlier presentation of the instinctoid nature of basic needs.

Wilson's need for esteem: George and George, *Woodrow Wilson and Colonel House*, pp. 8–9.

William James on self-esteem: Muzafer Sherif and Hadley Cantril, *The Psychology of Ego-In-volvements* (New York: Wiley, 1947), p. 119.

Lane on person disappointed in his status: Robert E. Lane, *Political Ideology* (New York: Free Press, 1962), pp. 106–107.

Mischel quotation: Mischel, *Introduction to Personality*, pp. 413-414, 416, and sources cited therein.

English public schools: Rupert Wilkinson, *Gentlemanly Power: British Leadership and the Public School Tradition* (London: Oxford University Press, 1964); see also W. L. Guttsman, *The British Political Elite* (London: Macgibbon & Kee, 1963).

Parsons on manpower allocation: Parsons, *Social Structure and Personality*, p. 131

Piaget on child's preoperational phase: Lidz, *The Person*, p. 84.

Erikson on adolescent roles and role confusion: Erikson, *Childhood and Society*, pp. 261-262; see also Erikson, *Insight and Responsibility*, p. 92, and V. Flavell, *The Development of Role-Taking and Communicative Skills in Children* (Huntington, N. Y.: Krieger, 1975).

The definition of role is drawn largely from Daniel J. Levinson, "Role, Personality, and Social Structure in the Organizational Setting," *Journal of Abnormal and Social Psychology*, Vol. 58 (1959), reprinted in Greenstein and Lerner, *A Source Book for the Study of Personality and Politics* (Chicago: Markham, 1971), pp. 61-74.

Levinson on apathetic conformity: Levinson, pp. 72-73.

William James on social selves: quoted in Harold D. Lasswell and Abraham Kaplan, *Power and Society* (New Haven: Yale University Press, 1950), p. 12.

Knutson on relation of need for esteem and socio-economic status: Knutson, p. 207; see, however, V. Wylie, *The self-Concept* (Lincoln: University of Nebraska Press, 1961).

Coopersmith on effect of degrees of self-esteem: Stanley Coopersmith, *The Antecedents of Self-Esteem* (San Francisco: Freeman, 1967), p. 46.

Bass's summary of investigations of self-esteem and leadership: Bernard M. Bass, *Leadership, Psychology and Organizational Behavior* (New York: Harper & Brothers, 1960), p. 299; Bass also reports the Stogdill and Barber findings, pp. 299-300.

Prewitt on social status and political power: Kenneth Prewitt, "Political Socialization and Leadership Selection," *Annals of the American Academy of Political and Social Science*, Vol. 361 (September 1965), 100.

I have drawn from the work of the worthy biographers Woodrow Wilson has attracted: George and George, *Woodrow Wilson and Colonel House*, is a pioneering personality study; the remarkable partnership of Sigmund Freud and William C. Bullitt, *Thomas Woodrow Wilson* (Boston: Houghton Mifflin, 1967), a psychological study; John Morton Blum, *Woodrow Wilson and the Politics of Morality* (Boston: Little, Brown, 1956); Woodrow Wilson, *Leaders of Men*, T. H. Vail Motter, ed. (Princeton: Princeton University Press, 1952); John Maynard Keynes, *Essays and Sketches in Biography* (New York: Meridian, 1956).

The quotation from the Georges is from their volume, p. 114, as is the observation of William Allen White, p. xxi.

The basic source of factual information on Wilson is the set of authoritative biographies by Arthur S. Link and the papers of Woodrow Wilson edited by Professor Link and associates, all published by Princeton University Press.

Thomas A. Bailey's studies, *Woodrow Wilson and the Lost Peace* (New York: Macmillan, 1944) and *Woodrow Wilson and the Great Betrayal* (New York: Macmillan, 1945), thoroughly cover the League battle.

On the instiutionalized opposition to Wilson see James MacGregor Burns, *The Deadlock of Democracy* (Englewood Cliffs, N. J.: Prentice-Hall, 1963), ch. 6. The Georges are quoted on Wilson's need for adulatory friends from p. 43 of their work. Tucker on Wilson's moving to new leadership roles: Robert C. Tuker, "The Georges' Wilson Reexamined: An Essay on Psychobiography," *The American Political Science Review* (June 1977), 617; see also Karen Horney, *Neurosis and Human Growth* (New York: Norton, 1950).

5. THE CRUCIBLES OF POLITICAL LEADERSHIP

Freud on his youthful ambition: Sigmund Freud, *The Interpretation of Dreams* (London: Hogarth, 1953), as quoted in Erik Erikson, *Insight and Responsibility* (New York: Norton, 1964), p. 194.

Philip E. Vernon, *Personality Tests and Assessments* (London: Methuen, 1953).

Heinz L. and Rowena R. Ansbacher, eds., *The Individual Psychology of Alfred Adler* (New York: Basic Books, 1956) pp. 103-107, 125-129.

Abraham H. Maslow: *Motivation and Personality* (New York: Harper & Brothers, 1954).

The Spur of Ambition

Gandhi on his ambition is from Erik H. Erikson, *Gandhi's Truth* (New York: Norton, 1969), p. 144. Gandhi on his reflections in the station waiting room: Mohandas K. Gandhi, *Gandhi's Autobiography: The Story of My Experiments with Truth* (Washington, D. C.: Public Affairs Press, 1948), p. 141. Erikson's comment on this episode: *Gandhi's Truth*, p. 166. See also Mehta, pp. 99-130.

Hitler's reaction to the defeat of Germany: Walter C. Langer, *The Mind of Adolf Hitler* (New York: Basic Books, 1972), pp. 186-189. Hitler on his own reaction: Adolf Hitler, *Mein Kampf* (Boston: Houghton Mifflin, 1943), p. 223.

On the thematic unity in Hitler's speeches over time see Raoul de Roussy de Sales, ed., *My New Order* (New York: Reynal & Hitchcock, 1941), a compendium of Hitler's speeches beginning in April 1922.

On the beer hall putsch and its aftermath see Harold J. Gordon, Jr., *Hitler and the Beer Hall Putsch* (Princeton: Princeton University Press, 1972).

Lenin's early manhood: David Shub, *Lenin* (Garden City, N. Y.: Doubleday, 1948); Bertram D. Wolfe, *Three Who Made a Revolution* (New York: Dial Press, 1948); E. Victor Wolfenstein, *The Revolutionary Personality* (Princeton: Princeton University Press, 1967).

Adam B. Ulam, *The Bolsheviks* (New York: Macmillan, 1965) portrays Lenin's shift to the principle of leadership and is the source, p. 182, of the quotaion about the dictatorial implications of his position, V. I, Lenin, *Selected Works* (New York: International Publishers, 1967), pp. 97-256, contains the text of *What Is to Be Done?*

Hamilton on fame: quoted by Larry Peterman, in review of Trevor Colburn, ed. *Fame and the Founding Fathers: Essays by Douglas Adair* (New York: Norton, 1974), in *American Political Science Review* (June 1977), 678.

The Need for Gratification

Maslow on subsidiary sets of needs: Abraham H. Maslow, *Motivation and Personality* (New York: Harper & Brothers, 1954), p. 90.

Knutson on power as linked directly to only one of Maslow's needs: Jeanne Knutson, *The Human Basis of the Polity* (Chicago: Aldine-Atherton, 1972), p. 68.

Edwin O'Connor, *The Last Hurrah* (Boston: Little, Brown, 1956), a novel written directly out of the personalities and conditions of Boston politics, is the source (p. 101) of the Garvery-Hennes-sey dialogue.

The Browning and Jacob study: Rufus P. Browning and Herbert Jacob, "Power Motivation and Political Personality," *Public Opinion Quarterly*, Vol. 28, No. 1 (Spring 1964). 75-90, reprinted in Greenstein and Lerner, pp. 443-454 (quotation from pp. 452-453).

Knutson is quoted from Knutson, pp. 47-48; and Barber from *The Lawmakers*, (New Haven Yale University Press, 1965), as quoted in Knutson, p. 48.

On Bismarck's drive to power see Otto Pflanze, "Toward a Psychoanalytic Interpretation of Bismarck," *The American Historical Review*, Vol. 77, No. 2 (April 1972), 419-444, passim.

Significance of how persons cope with their problems: Smith, Bruner, and White, pp. 281ff.

Hargrove on Roosevelt: Erwin C, Hargrove, *The Power of the Modern Presidency* (New York: Knopf, 1974); see also James MacGregor Burns, *Roosevelt: The Lion and the Fox* (New York: Harcourt, Brace Jovanovich, 1970), passim.

Kurt Goldstein, *Human Nature in the Light of Psychopathology* (Cambridge, Mass.: Harvard University

Press, 1940). The need for self-actualization: Maslow, *Motivation and Personality*, esp. pp. 91 – 92, 149, 183.

Higher needs: Maslow, pp. 146–150.

Knutson on self-actualization: Knutson, pp. 86–87ff.

White on competence or "effectance": Robert W. White, "Motivation Reconsidered: The Concept of Competence," *Psychological Review*, Vol. 66, No. 5 (September 1959), 297–333.

On self-actualization see also Lane, *Political Thinking and Consciousness* (Chicago; Markham, 1969), pp. 44–45.

Political skills and political selection: Fred Ⅰ. Greenstein, *Personality and Politics* (Chicago: Markham, 1969), p. 45; see also Kenneth Prewitt, "Political Socialization and Leadership Selection" *Annals of the American Academy of Political and Social Science*, Vol. 361 (September 1965), 96–111.

Maslow's "biologistic" approach to self-actualization: A. H. Maslow, *Toward a Psychology of Being*, 2nd ed. (Princeton: Van Nostrand Reinhold, 1968), p. 160, cited by Smith, below.

Further aspects of self-actualization, especially in its potential for leadership: M. Brewster Smith, "On Self-Actualization," ch. 9 in his *Humanizing Social Psychology* (San Francisco: Jossey-Bass, 1974), pp. 164 – 179; and Jeanne N. Knutson, *The Human Basis of the Polity*, pp. 86–102.

Definition, intensity, variety, and worldwide scope of popular aspirations: Hadley Cantril, *The Pattern of Human Concerns* (New Brunswick: Rutgers University Press, 1965).

Davies on violence: James C. Davies, "Aggression, Violence, Revolution, and War," in Jeanne N. Knutson, ed., *Handbook of Political Psychology* (San Francisco: Jossey-Bass, 1973), p. 247.

Ted Robert Gurr on value expectations: cited in Knutson, p. 248; cf. Charles Tilly, "Revolutions and Collective Violence," ch. 5 in Fred Ⅰ. Greenstein and Nelson W, Polsby, *Handbook of Political Science*, Vol. 3 (Reading, Mass.: Addison-Wesley, 1975). "Objective" and "felt" needs of migrant poor in Latin America: Wayne A. Cornelius, "Urbanization and Political Demand Making: Political Participation Among the Migrant Poor in Latin American Cities," *American Political Science Review*, Vol. 68, No. 3 (September 1974), 1125–1146. But see Abraham H. Miller, Louis H. Bolce, and Mark Halligan, "The J-Curve Theory and the Black Urban Riots; An Empirical Test of Progressive Relative Deprivation Theory," *American Political Science Review*, Vol. 71, No. 3 (September 1977), 964–982.

Openings and Closures: The Structure of Political Opportunity

Major sources on this subject are Joseph A. Schlesinger, *Ambition and Politics* (Chicago: Rand McNally, 1966); Lester G. Seligman, *Recruiting Political Elites* (New York: General Learning Press, 1971); Gordon S. Black, "A Theory of Political Ambition: Career Choices and the Role of Structural Incentives," *American Political Science Review*, Vol. 66, No. 1 (March 1972), 144–159; Kenneth Prewitt, *The Recruitment of Political Leaders: A Study of Citizen-Politicians* (Indianapolis: Bobbs-Merrill, 1970).

Namier on the House of Commons and on rotten boroughs: Lewis Namier, *The Structure of Politics at the Accession of Geroge Ⅲ*, 2nd ed. (London: Macmillan, 1957), pp. 1, 63; Chesterfield is quoted at p. 1.

Of the immense literature on the effects of the first and second reform bills in Britain, W. L. Guttsman, ed., *The English Ruling Class* (London: Weidenfeld and Nicolson, 1969) provides some useful selections.

The Weber quotation is from H. H. Gerth and C. Wright Mills, eds. and trs., *From Max Weber: Essays in Sociology* (New York: Oxford University Press. 1946), p. 105.

Soviet opportunity structure: Raymond A. Bauer, Alex Inkeles, and Clyde Kluckhohn, *How the Soviet System Works* (Cambridge, Mass.: Harvard University Press, 1957); W. W. Rostow, *The Dynamics of Soviet Society* (New York: Norton, 1953); Frederick L. Schuman, *Government in the Soviet Union* (New York: Crowell, 1967).

Alexander Hamilton on the attractiveness of the new constitutional system to men of ambition: Jonathan Elliot, ed., *The Debates in the Several State Conventions on the Adoption of the Federal Constitution* (Philadelphia: Lippincott, 1836), pp. 306, 364.

The "steam kettle effect": Thomas R. Herwitz, Harry J. Kelly, and Maryfrances Tyler, "Democratic Politics and Party Regeneration in the Massachusetts Third Congressional District" (Williamstown, Mass.: 1976), pp. 31–33.

Classic works on the education of princes: Desiderius Erasmus, *The Education of a Christian Prince* (New York: Columbia University Press, 1936), Lester K. Born, translator; Juan de Mariana, *The King and the Education of the King* (Chevy Chase, Md.: Country Dollar Press, 1948); G. A. Moore, translator; Machiavelli's *The Prince*.

The quotations from Erasmus are from pp. 31, 33–34.

Rupert Wilkinson, *Gentlemanly Power* (London: Oxford University Press, 1946) describes British Leadership and the public school tradition, with an illuminating comparison of Confucian education; Wilkinson is quoted on his comparison of the two systems at pp. 125–126.

Groton as a training ground for political leadership: Frank D. Ashburn, *Peabody of Groton* (New York: Coward, McCann, 1944), and Burns, *Roosevelt: The Lion and the Fox*, pp. 10–16, 496.

On education for leadership in ancient Greece, see Werner Jaeger, *Paideia: The Ideals of Greek Culture* (Oxford: Blackwell, 1939).

I have drawn my account of political education in developing countries largely from the studies of different countries in James S. Coleman, ed., *Education and Political Development* (Princeton: Princeton University Press, 1965).

The Creation of Followers

Schumpeter quotation: J. Schumpeter, *Capitalism, Socialism and Democracy* (New York: Harper & Brothers, 1947), p. 269.

Erikson quotation: Erikson, *Gandhi's Truth*, p. 408.

On political participation the coverage is vast; I have used especially Sidney Verba and Norman H. Nie, *Participation in America* (New York: Harper & Row, 1972); Lester W. Milbrath, *Political Participation* (Chicago: Rand McNally, 1965); Norman H. Nie, G. Bingham Powell, Jr., and Kenneth Prewitt, "Social Structure and Political Participation: Developmental Relationships," *American Political Science Review*, Vol. 63, No. 2 (June 1969), 361–378, and Vol. 63, No. 3 (September 1969), 808–832; Gabriel A. Almond and Sidney Verba, *The Civic Culture* (Princeton: Princeton University Press, 1963); Kenneth Prewitt, *The Recruitment of Political Leaders* (Indianapolis: Bobbs-Merrill, 1970).

Stein Rokkan, "The Comparative Study of Political Participation: Notes Toward a Perspective on Current Research," in Austin Ranney, ed., *Essays on the Behavioral Study of Politics* (Urbana: University of Illinois Press, 1962), pp. 47–90; Giuseppe Di Palma, *Apathy and Participation* (New York: Free Press, 1970); and Almond and Verba are important for international comparisons.

Face-to-face influence: Paul Lazarsfeld et al., *The People's Choice*, 2nd ed. (New York: Columbia University Press, 1948), passim.

Five-nation study: Nie, et al.

Key on intensity: V. O. Key, Jr., *Public Opinion and American Democracy* (New York: Knopf, 1961), p. 227.

Key on the attentive and inattentive public: Key, ch. 11.

Electorate divisions: Lazarsfeld, et al.; Milbrath, passim.

Two-step flow: Lazarsfeld; Key; see also for the marginal but significant role of party workers, Phillips Cutright and Peter H. Rossi, "Grass Roots Politicians and the Vote," *American Sociological Review*, Vol. 23, No. 2 (April 1958) 171–179.

Participation in China: John Wilson Lewis, *Party Leadership in Communist China* (Ithaca: Cornell University Press, 1963); James R. Townsend, *Political Participation in Communist China* (Berkeley: University of California Press, 1967); K. S. Karol, *China: The Other Communism* (New York: Hill and Wang, 1967); John Wilson Lewis, ed., *Party Leadership and Revolutionary Power in China* (Cambridge, England: Cambridge University Press, 1970).

The Mao statement is quoted in Lewis, *Party Leadership in Communist China*, p. 184.

Overlap of activism: Verba and Nie.

Most of the works cited above on political participation are relevant to questions of apathy. Key's conclusions about voters: V. O. Key, Jr., *The Responsible Electorate* (Cambridge, Mass.: Harvard University Press, 1966), p. 7.

On apathy see especially Herbert McClosky, "Political Participation," *International Encyclopedia of the Social Sciences*, Vol. 12, pp. 252–265; on alienation, Murray B. Levin, *The Alienated Voter* (New York: Holt, Rinehart and Winston, 1960); on anomie, L. Srole, "Social Integration and Certain Corollaries: An Exploratory Study," *American Sociological Review*, Vol. 21, No. 6 (December 1956), 709–716; and Knutson's comments thereon, in Knutson, pp. 150–153.

Cantril on apathy in India: Hadley Cantril, *The Pattern of Human Concerns* (New Brunswick: Rutgers University Press, 1965), p. 303.

On anomie I have used also Herbert McClosky and John H. Schaar, "Psychological Dimensions of Anomy," American Sociological Review, Vol. 30, No. 1 (February 1965), 14–40.

On the extension of the franchise see Rokkan's excellent tables in Ranney, *Essays*, esp. p. 75.

6. INTELLECTUAL LEADERSHIP: IDEAS AS MORAL POWER

Aron on defining the intellectual: Raymond Aron, *The Opium of the Intellectuals* (New York: Doubleday, 1957), p. 203.

Schumpeter on the same: Joseph A. Schumpeter, *Capitalism, Socialism, and Democracy* (New York: Harper & Brothers, 1942, 1947), p. 145.

Hofstadter on the intellectual: Richard Hofstadter, *Anti-Intellectualism in American Life* (New York: Knopf, 1963), p. 25.

Nettl's definition of intellectuals: J. P. Nettl, "Ideas, Intellectuals, and Structures of Dissent," in Philip Rieff, ed., *On Intellectuals* (Garden City, N. Y.: Doubleday, 1969), p. 81.

Intellectual activity as response to societal need: Edward A. Shils, "Intellectuals," *International Encyclopedia of the Social Sciences*, Vol. 7, p. 44.

On the early lives of some of the French thinkers see Frank E. Manuel, *The Prophets of Paris* (Cambridge, Mass.: Harvard University Press, 1962), passim.

Mill's melancholia: Michael St. John Packe, *The Life of John Stuart Mill* (New York: Macmillan, 1954), pp. 74–81.

Quarrel between the ancients and the moderns: Ira O. Wade, *The Intellectual Origins of the French Enlightenment* (Princeton: Princeton University Press, 1971), pp. 624–631.

Intellectuals at the Tension Points

Pessimistic view of man: Lester G. Crocker, *An Age of Crisis: Man and World in Eighteenth Century French Thought* (Baltimore: Johns Hopkins Press, 1959), esp. ch. 8.

Crocker on the Age of Enlightenment: Crocker, p. 455.

Robespierre and the revolution: Crocker, pp. 462–463.

Making the rounds of salons: Kingsley Martin, *French Liberal Thought in the Eighteenth Century* (Boston: Little, Brown, 1929), p. 109.

Diderot and Montesquieu on the salons: quoted in Martin, p. 105.

Coser on the "literature of sociality": Lewis A. Coser, *Men of Ideas* (New York: Free Press, 1965), p. 15.

Censorship and the diffusion of ideas: Coser, pp. 83－97 and passim; Ira O. Wade, *The Clandestine Organization and Diffusion of Philosophic Ideas in France from 1700 to 1750* (New York: Octagon Books, 1967).

Frankel on the true intellectual: Charles Frankel, *The Faith of Reason* (New York: King's Crown Press, 1948), p. 9.

D'Alembert on men of letters: quoted in Frankel, p. 10.

Cassirer on Taine: Ernst Cassirer, *The Philosophy of the Enlightenment* (Princeton: Princeton University Press, 1951), p. 267.

Tocqueville on eighteenth-century French writers: Alexis de Tocqueville, *The Old Regime and the French Revolution*, quoted in de Huszar, p. 18.

Liberty and Power

Nedham on freedom: quoted in W. B. Gwyn, *The Meaning of the Separation of Powers* (New Orleans: Tulane University Press, 1965), p. 22.

Sydney and Hobbes on the need to contain power: quoted in Gwyn, p. 23. English ideas after the Civil War: Gwyn, p. 37.

Laslett on Locke: Peter Laslett, ed., *Locke's Two Treatises of Government* (Cambridge, England: Cambridge University Press, 1970), p. 70.

Plato on balance in government: B. Jowett, translator, *Laws*, Ⅲ, *The Dialogues of Plato* (Chicago: Encyclopedia Britannica, 1952), Vol. 7. pp. 671－672.

Aristotle on Proportion: Aristotle, *Politics* (Oxford: Oxford University Press, 1962), Ernest Barker, translator, Book V, ch. 9, p. 232.

Vile on separation of powers as subordinate theory taking on a life of its own: M. J. C. Vile, *Constitutionalism and the Separation of Powers* (Oxford: Clarendon Press, 1967), p. 98.

English coffee-houses: Aytoun Ellis, *The Penny Universities* (London: Secker & Warburg, 1956).

The London clubs: Robert J. Allen, *The Clubs of Augustan London* (Cambridge, Mass.: Harvard University Press, 1933), esp. chs. 2 and 4.

Bailyn on liberty and power as opposites: Bernard Bailyn, *The Ideological Origins of the American Revolution* (Cambridge, Mass.: Harvard University Press-Belknap Press, 1967), pp. 57－58.

Madison on granting of charters: quoted in Bailyn, p. 55.

Tory critic of American "heroes": quoted in Bailyn, p. 281.

Madison on factions and conflict: *Federalist* No. 10.

Curbing the effects of faction: *Federalist* No. 51.

Bailyn on the Constitution as the culmination of a long development: Bailyn, p. 285.

Intellectuals and the Nature of Liberty

Cartwright on the cabinet: John Cartwright, *An Appeal on the Subject of the English Constitution* (Boston, Lincolnshire, 1797), pp. 46, 51, quoted in Vile, pp. 117－118.

Recognition of balanced power and equilibrium as leading to governmental deadlock: Vile, p. 106.

Bentham on government as an evil: Jeremy Bentham, *An Introduction to the Principles of Morals and Legislation* (New York: Columbia University Press, 1945), p. 170.

On Bentham generally: Crane Brinton, *English Political Thought in the Nineteenth Century* (London: Benn, 1933); John Stuart Mill, "Bentham," in Gertrude Himmelfarb, ed., *John Stuart Mill*, *Essays on Politics and Culture* (Garden City, N. Y.: Doubleday, 1963).

Himmelfarb on Mill's liberty: Gertrude Himmelfarb, *On Liberty and Liberalism* (New York: Knopf, 1974).

John Stuart Mill: H. J. McCloskey, *John Stuart Mill: A Critical Study* (London: Macmillan, 1971); Maurice Cowling, *Mill and Liberalism* (Cambridge, England: Cambridge University Press, 1963); Michael St. John Packe, *The Life of John Stuart Mill* (New York: Macmillan, 1954); Isaiah Berlin, *Two Concepts of Liberty* (London: Oxford University Press, 1958), esp. pp. 7-16.

The Fabians: A. M. McBriar, *Fabian Socialism and English Politics 1884—1918* (London: Cambridge University Press, 1962), from which H. G. Wells is quoted at p. 346; E. J. Hobsbawm, *Laboring Men* (New York: Basic Books, 1964); Royden Harrison, *Before the Socialists* (London: Routledge & Kegan Paul, 1965). I have also had the opportunity to read a preliminary draft of the manuscript of Norman MacKenzie and Jeanne MacKenzie on the Fabians, from which I have quoted Beatrice Webb (from her Diary, March 12, 1893).

The Intellectual Test of Transforming Power

Hartz on the American fear of majority rule: Louis Hartz, *The Liberal Tradition in America* (New York: Harcourt, Brace and Co., 1955), p. 129.

William Graham Sumner: Richard Hofstadter, *Social Darwinism in American Thought* (New York: Braziller, 1959), ch 3; Robert G. McCloskey, *American conservatism in the Age of Enterprise* (Cambridge, Mass.: Harvard University Press, 1951), chs. 2 and 3.

Stephen J. Field: McCloskey, chs. 4 and 5; Carl B. Swisher, *Stephen J. Field* (Washington: Brookings, 1930).

Andrew Carnegie: John C. Van Dyke, ed., *Autobiography of Andrew Carnegie* (Boston: Houghton Mifflin, 1948); Andrew Carnegie, *Triumphant Democracy* (New York: Scribner, 1893).

The feting of Herbert Spencer: Hofstadter, pp. 48-49.

Lester Ward: Hofstadter, ch. 4; Ralph H. Gabriel, *The Course of American Democratic Thought* (New York: Ronald Press, 1940), chs. 14 and 17.

Woodrow Wilson quoted respectively from Woodrow Wilson, *The New Freedom* (Garden City, N. Y.: Doubleday, Page, 1913), pp. 64-65; Woodrow Wilson, "Cabinet Government in the United States," *International Review*, Vol. 7 (August 1879), 150; see also Austin Ranney, *The Doctrine of Responsible Party Government* (Urbana: University of Illinois Press, 1962).

Franklin Roosevelt's brains trust: Rexford G. Tugwell, *The Brains Trust* (New York: Viking Press, 1968); Raymond Moley, *After Seven Years* (New York: Harper & Brothers, 1939); Eric Goldman, *Rendezvous with Destiny* (New York: Knopf, 1952).

Franklin Roosevelt on the economic bill of rights: Samuel I. Rosenman, ed., *The Public Papers and Addresses of Franklin D. Roosevelt* (New York: Harper & Brothers, 1950), 1944—1945 volume, pp. 40-41.

Works on intellectual leadership in American politics other than those cited above: Daniel J. Boorstin, *The Genius of American Politics* (Chicago: University of Chicago Press, 1953); Richard Hofstadter, *The Age of Reform* (New York: Knopf, 1955); Charles Edward Merriam, *American Political Ideas* (New York: Macmillan, 1929), esp. chs. 11 and 12.

The commager study is Henry Steele Commager, *Majority Rule and Minority Rights* (New York: Oxford University Press, 1943).

The Lerner study is Max Lerner, *Ideas Are Weapons* (New York: Viking Press, 1939).

Harrison on necessary conditions for political influence by intellectuals: Royden Harrison, *Before the Socialists* (London: Routledge & Kegan Paul, 1965), pp. 254-255.

Peter Gay, *The Enlightenment: An Interpretation* (New York: Knopf, 1966).

7. REFORM LEADERSHIP

Kallen: Horace M. Kallen, *Encyclopedia of the Social Sciences*, Vol. 7 (New York: Macmillan, 1934), p. 194.

Grey's early life and character: George Macaulay Trevelyan, *Lord Grey of the Reform Bill* (New York:

Longmans, Green, 1920), quoted (on Eton) at p. 4.

Butler on Eton as political educator: J. R. M. Butler, *The Passing of the Great Reform Bill* (New York: Longmans, Green, 1914), p. 233.

Addington on Grey: quoted in Trevelyan, *Lord Grey of the Reform Bill*, p. 15; for a different attitude see Earl Giles llchester, ed., *The Journal of Elizabeth, Lady Holland* (London: Longmans, Green, 1908), Vol. 1, p. 100.

On Grey generally, see *Dictionary of National Biography*, Vol. 29, pp. 178 - 179; Earl Charles Grey, *Correspondence with King William IV and Sir Herbert Taylor* (London, J. Murray, 1867), 2 vols.; and Grey, *Correspondence with Princess Lieven*, G. LeStrange, tr. (London: Bentley and Son, 1890), 2 vols.

Great Britain: The Insistent Particularists

Reform as animating force: Butler, p. 3.

Butler on no need for reform in 1770s and 1780s: Butler, p. 12.

Trevelyan on split in Whig party: Trevelyan, p. 48.

Grey on Whigs as defenders of liberty: Grey to Lambton, January 3, 1820, cited in Butler, pp. 35-36.

Grey's prescience at thirty: Spencer Walpole, *History of England* (London: Green and Co., 1878—1905), ch. 13.

Grey on need for major reform: Speech on the Reform Bill, October 3, 1831, *Hansard Parliamentary Debates*, 3rd series, Vol. 7 (London: T. C. Hansard, 1832), pp. 934, 935.

On passage of the reform bill I have used Butler and Trevelyan; see also G. M. Trevelyan, *British History in the Nineteenth Century and After, 1782—1919* (New York: Harper & Row, 1966); Elie Halévy, *History of the English People in the Nineteenth Century*, (New York: Harcourt, Brace, 1924), Vols. 2, 3; J. A. R. Marriott, *England Since Waterloo* (London: Methuen, 1913); G. D. H. Cole, *A Short History of the British Working Class Movement, 1789—1927* (London: George Allen and Unwin, 1927); Asa Briggs, *The Age of Improvement* (London: Longmans, Green, 1959); G. D. H. Cole, *The British Common People, 1746—1946* (New York: University Paperbacks, 1961).

Of the biographies of leaders in collaboration or competition with Grey see especially Graham Wallas, *The Life of Francis Place* (New York: Franklin, 1898); Frances Hawes, *Henry Brougham* (New York: St. Martin's Press, 1958); G. D. H. Cole, *The Life of William Cobbett* (London: W. Collins Sons, 1924); John W. Osborne *Willam Cobbett: His Thought and His Times* (New Brunswick: Rutgers University Press, 1966).

Mather on anti-leadership atttudes of Chartists: F. C. Mather, *Chartism* (London: Historical Association, 1965), pp. 29-30; Mather is also the source, p. 30, of the quotation of William Lovett.

Remarks of Robert Hartwell: quoted in M. Beer, *A History of British Socialism* (London: George Allen and Unwin, 1940), Ⅲ, pp. 25-26.

Briggs on Chartist followership: Asa Briggs, "National Bearings," in Asa Briggs, ed., *Chartist Studies* (London: Macmillan, 1959), pp. 292-294.

Propaganda efforts of Anti-Corn League: Donald Grove Barnes, *A History of the English Corn Laws from 1660—1846* (New York: Augustus M. Kelley, 1965), p. 259.

On the anti-corn law movement, and especially its leadership, see also C. R. Fay, *The Corn Laws and Social England* (London: Cambridge University Press, 1932); G. M. Trevelyan, *The Life of John Bright* (Boston: Houghton Mifflin, 1925); John Morley, *The Life of Richard Cobden* (Boston: Roberts Brothers, 1881).

The problems of party and reform leadership are brilliantly developed by D. A. Hamer, *Liberal Politics in the Age of Gladstone and Rosebery* (Oxford: Clarendon Press, 1972). Gladstone to Bright on shaping issue: John Morley, *The Life of William Ewart Gladstone* (New York: Macmillan, 1903), Vol. 2, p. 87. Chamberlain: James L. Garvin and Julian Amery, *The Life of Joseph Chamberlain* (London: Macmillan, 1932—1969), esp. Vols. 1 and 2.

Russia: Reform from Above

The czar as Czar of Freedom: Stephen Graham, *Tsar of Freedom* (New Haven: Yale University Press, 1935).

Alexander on his father: quoted in Alfred J. Rieber, *The Politics of Autocracy* (Paris: Mouton, 1966), p. 20.

Chamberlin on Slavophiles: William Henry Chamberlin, *The Russian Revolution* (New York: Grosset & Dunlap, 1965), Vol. 1, p. 21.

On Alexander's reasons for undertaking emancipation see especially Rieber; and E. Lampert, *Sons Against Fathers* (Oxford: Clarendon Press, 1965), esp. Part One.

Elena Pavlovna as reformer: Rieber, p. 41.

Alexander Ⅱ's address to the Moscow gentry leadership: quoted in Michael T. Florinsky, *Russia: A History and an Interpretation* (New York: Macmillan, 1953), Vol. Ⅱ, p. 883; see also Lampert, pp. 10–11.

Rieber on reform implementation: Rieber, p. 54.

Lampert on the effect of emancipation on the peasantry: Lampert, pp. 23–24.

Turgenev on Russians' needs: Ivan S. Turgenev, *Fathers and Sons* (New York: Modern Library, 1961), p. 68.

Alexander on the bond of sovereign to people: Letter to A. I. Bariatinskii, July 7, 1858, quoted in Rieber, p. 34.

Lampert on social conflict: Lampert, p. 52.

Other sources on Alexandrine reformism aside from those cited above: Terence Emmons. *The Russian Landed Gentry and the Peasant Emancipation of 1861* (London: Cambridge University Press, 1968); Bernard Pares, *Russia and Reform* (London: Archibald, Constable, 1907).

Pobedonostšev: Robert F. Byrnes, *Pobedonostšev: His Life and Thought* (Bloomington: Indiana University Press, 1968), quoted at p. 324.

Alexander on Bismarck and liberalism: quoted in Florinsky, p. 1090.

Liberals in politics: George Fischer, *Russian Liberalism from Gentry to Intelligentsia* (Cambridge, Mass.: Harvard University Press, 1958), p. 6; this discussion draws heavily from this work.

Liberals as empiricists: Fischer, p. 14, quoting Aleksandr Potresov in *Obshchestvennoe dvizhenie v Rossii*, Ⅰ, p. 242.

Small deeds versus senseless dreams is a theme of Fischer, passim.

Useful sources for the period, aside from those quoted above, are Richard Hare, *Pioneers of Russian Social Thought* (Oxford: Oxford University Press, 1951); Hugh McLean, Martin E. Malia, and George Fischer, *Russian Thought and Politics*, Harvard Slavic Studies, Vol. Ⅳ (The Hague: Mouton, 1957), esp. Part Two; Marc Raeff, ed., *Russian Intellectual History: An Anthology* (New York: Harcourt, Brace & World, 1966); Hans Kohn, ed., *The Mind of Modern Russia* (New York: Harper & Brothers, 1955).

Reform in America: Dilemmas of Transforming Leadership

Emerson on reform: Ralph Waldo Emerson, *Miscellanies: Embracing Nature, Addresses, and Lectures* (Boston: Osgood, 1876), pp. 186, 187, 200.

Nevins on reform: Allan Nevins, *Ordeal of the Union* (New York: Scribner, 1947), p. 113.

Phillips on the reformer and the politician: quoted in Richard Hofstadter, *The American Political Tradition* (New York: Vintage Books, 1954), p. 138.

James Russell Lowell quotation: Nevins, Vol. 1, p. 147.

Sumner on true politics: David Donald, *Charles Sumner and the Coming of the War* (New York: Knopf, 1960), p. 219.

Lincoln on the radicals: Fawn Brodie, *Thaddeus Stevens* (New York: Norton, 1959), p. 199.

Hofstadter on abolitionist millennialism: Hofstadter, *American Political Tradition*, p. 145.

Reformers' attitudes toward organized labor: John G. Sproat, *The Best Men* (New York: Oxford University Press, 1968), p. 208.

Reform leadership among Republicans and independents: Earle Dudley Ross, *The Liberal Republican Movement* (New York: Henry Holt, 1919), esp. ch. 3.

On the period and the movement generally, aside from sources cited above, see Ralph Korngold, *Thaddeus Stevens* (New York: Harcourt, Brace, 1955); Ellis Paxson Oberholtzer, *A History of the United States Since the Civil War* (New York: Macmillan, 1922, 1926), Vols. 2 and 3.

Theodore Roosevelt on mossbacks and on reformers: Elting E. Morison, ed., *The Letters of Theodore Roosevelt* (Cambridge, Mass.: Harvard University Press, 1951—1954), esp. vols, 2-4, passim.

Hofstadter on reform division over organization: Hofstadter, *The Age of Reform*, p. 255.

White on breaking the machine: William Allen White, *The Old Order Changeth* (New York: Macmillan, 1911), pp. 39, 121, quoted in Hofstadter, pp. 256-257.

Hofstadter on disinterested need: Hofstadter, p. 257.

Ostrogorski on single-issue parties: M. I. Ostrogorski, *Democracy and the Organization of Political Parties* (New York: Macmillan, 1902), Vol. 2, pp. 664-665,

Ford's views on party and president: Henry Jones Ford, *The Rise and Growth of American Politics* (New York: Macmillan, 1898).

Ford on presidency and party: Ford, pp. 292, 356.

Croly on executive leadership: Herbert Croly, *Progressive Democracy* (New York: Mac-millan, 1914), pp. 304, 305.

See generally Austin Ranney, *The Doctrine of Responsible Party Government* (Urbana: University of Illinois Press, 1962) on the analyses by leading academic and other critics of the relation of political organization and the individual citizen.

For a nineteenth-century attack on the "evil of party" see Albert Stickney, *A True Republic* (New York: Harper & Brothers, 1879). Two twentieth-century works that criticized or denigrated the role of party in reform leadership: John Dewey, *The Public and Its Problems* (New York: Henry Holt, 1927), and Dewey, *Liberalism and Social Action* (New York: Putnam, 1935).

8. REVOLUTIONARY LEADERSHIP

Louis' remark and Arendt's comment: Hannah Arendt, *On Revolution* (New York: Viking Press, 1963), p. 41.

The definition of revolution: Mark N. Hagopian, *The Phenomenon of Revolution* (New York: Dodd, Mead, 1974), pp. 1, 3.

Martin Luther: I have used especially Owen Chadwick, *The Reformation* (Baltimore: Penguin Books, 1964); Richard Fredenthal, *Luther*, John Nowell, tr. (London: Weidenfeld and Nicolson, 1967), quoted at pp. 96-97; Erik H. Erikson, *Young Man Luther* (New York: Norton, 1962).

General treatments of revolution, aside from those referred to below: Arendt; Hagopian; Ted Robert Gurr, *Why Men Rebel* (Princeton: Princeton University Press, 1970); James V. Downton, Jr., *Rebel Leadership* (New York: Free Press, 1973); James Chowning Davies, ed., *When Men Revolt and Why* (New York: Free Pess, 1971); Bob Jessop, *Social Order, Reform and Revolution* (New York: Herder and Herder, 1973).

France: The Maelstrom of Leadership

Events of 1787—1789: Georges Lefebvre, *The Coming of the French Revolution* (Princeton: Princeton University Press, 1947); M. J. Sydenham, *The French Revolution* (London: Batsford, 1965).

Occupations of the crowd that stormed the Bastille: George Rudé, *The Crowd in the French Revolution* (Oxford: Clarendon Press, 1959), p. 57.

Le Bon on the irrationality of crowd leaders: Gustave Le Bon, *The Crowd* (New York: Viking Press, 1960), p. 118 (originally published in 1895); cf. Rudé, pp. 219-221.

Rudé on the effect of the food situation: Rudé, p. 208.

Conditions of the French peasantry: Alexis de Tocqueville, *The Old Regime and the Revolution* (New York: Harper & Brothers, 1856), esp. ch. 12.

On the French revolution as a European movement: R. R. Palmer, *The Age of the Democratic Revolution*, Vol. Ⅰ, *The Challenge* (Princeton: Princeton University Press, 1959).

Palmer on the Declaration of the Rights of Man and Citizen: Palmer, Ⅰ, pp. 486-487.

Text of Declaration of the Rihts of Man and Citizen: Lefebvre, pp. 221-222.

Text of draft provision in 1793 Declaration: Sydenham, p. 165; statement of Saint-Just on liberty: Sydenham, p. 164. Arendt on French and American revolutions: Hannah Arendt, *On Revolution* (New York: Viking Press, 1963), p. 49.

Arendt on price of solving the social question through political means: Arendt, p. 108.

For a critique of Arendt's views of revolution see Hagopian, pp. 66-77.

Robespierre on missing the moment of found freedom: quoted in Arendt, p. 55.

Brissot on disorganizers: quoted in Sydenham, p. 133.

Sydenham on the tragedy of the Revolution: Sydenham, p. 237.

See also Clarence Crane Brinton, *The Jacobins* (New York: Macmillan, 1930); M. J. Sydenham, *The Girondins* (London: Athlone, 1961); R. R. Palmer, *Twelve Who Ruled* (Princeton: Princeton University Press, 1969).

Russia: The Vocation of leadership

Treadgold on the natute of revolutionary journalism: Donald W. Treadgold, *Lenin and his Rivals* (New York: Praeger, 1955), p. 69.

Marx and Engels on the working class as a political party: Resolution relative to the General Rules (adopted at the Hague Congress of the International Workingmen's Association, September, 1872), in *The international Herald*, London, December 14, 1872, cited by Monty Johnstone "Marx and Engels and the Concept of the Party," *The Socialist Register* (1967), pp. 121, 145.

Rossanda on Marx-Lenin theory of revolution: Rossana Rossanda, "Class and Party," *The Socialist Register* (1970), p. 219.

Lenin on spontaneity: V. I. Lenin, *What Is to Be Done*? (New York: International Publishers 1929), p. 41.

Lenin on spontaneous birth of new social order: Lenin, pp. 50-51.

Lenin on the role of the working class and on the Mensheviks' leading badly: quoted it Treadgold, p. 170.

Miliukov: Thomas Riha, *A Russian European* (Notre Dame: Universtiy of Norte Dame Press 1969).

On the revolution of 1905 and the period immediately preceding see especially Ulam, *The Bolsheviks*, ch. 4.

Trotsky on the dead revolution and the new one: quoted in Michael T. Florinsky, *Russia: A History and an Interpretation*, Vol. Ⅱ (New York: Macmillan, 1953), p. 1183.

Florinsky on liberals and self-government: Florinsky, p. 1184.

Lenin on skipping the capitalistic phase: V. I. Lenin, *Two Tactics*, quoted in Shub, p. 113.

Ulam on Lenin's isolation: Ulam, p. 270.

Deutscher on the differences between Lenin and Trotsky: Isaac Deutscher, *The prophert Armed* (New York: Oxford University Press, 1954), p. 291.

Ulam on the fear of repudiating Lenin as Leader: Ulam, p. 365.

Wolfenstein on leader as fulfilling a father's role: Wolfenstein, pp. 227, 233-234.

Lenin's rules for uprisings: quoted from Payne, p. 363.

See also Louis Fischer, *The Life of Lenin* (New York: Harper & Row, 1965); Marx-Engels-Lenin Institute,

Vladimir I. Lenin: A Political Biography (New York: International Publishers, 1943).

China: The Cult of Leadership

Lewis on leadership doctrine in Communist China: John W. *Lewis*, *Leadership in Communist China* (Ithaca: Cornell University Press, 1963), p. vii.

Lenin on imperialism: quoted in Fischer, p. 97.

Greene on the failure of reform leadership in prerevolutionary China: Fred Greene, *The Far East* (New York: Holt, Rinehart, 1957), p. 102.

Sun Yat-sen and the Kuomintang in its early years: Li Chien-nung, *The Political History of China*, 1840—1928 (Princeton: Van Nostrand, 1956); Lucian W. Pye, *China: An Introduction* (Boston: Little, Brown, 1972); Harold Z. Schiffrin, *Sun Yat-sen and the Origins of the Chinese Revolution* (Berkeley: University of California Press, 1968); Greene.

Stalin on squeezing out the Kuomintang: Ulam, p. 276; Bukharin on Canton as "red Moscow": Stephen F. Cohen, *Bukharin and the Bolshevik Revolution* (New York: Knopf, 1973), p. 260.

Ulam on Chiang's tactics: Ulam, p. 276.

Personal and political background of Mao Tse-tung: Benjamin I. Schwartz, *Chinese Communism and the Rise of Mao* (Cambridge, Mass.: Harvard University Press, 1951); Stuart Schram, *Mao Tse-tung* (New York: Simon and Schuster, 1966).

Mao's report on the peasantry: partial text in Stuart R. Schram, *The Political Thought of Mao Tse-tung* (New York: Praeger, 1963), pp. 179−188.

Mao's relation to the kidnapping of Chiang Kai-shek: James Pinckney Harrison, *The Long March to Power* (New York: Praeger, 1972), pp. 268−270.

Mao's study of the peasantry: Lewis, pp. 11−12.

Mao on physical exercise: "A Study of Physical Education," *Hsin Ch'ing Nien* (April 1917), quoted in Schram, pp. 98−102.

Mao on contradictions: quoted in Schram, pp. 134, 236.

Schurmann on Mao's theory of contradictions: Franz Schurmann, *Ideology and Organization in Communist China* (Berkeley: Universtiy of California Press, 1966), pp. 103−104.

People's Daily on leadership and contradicitions: quoted in Lewis, pp. 90−91.

Party organization and propaganda: Alan P. L. Liu, *Communications and National Integration in Communist China* (Berkeley: University of California Press, 1971); Frederick T. C. Yu, *Mass Persuasion in Communist China* (New York: Praeger, 1964).

Lewis on Mao's emphasis on followers' interaction with Leaders: Lewis, p. 22.

Mao on learning from subordinates: excerpt from speech of March 13, 1949, at the Second Plenum of the Seventh Centeral Committee, quoted in Schram, p. 219.

Schurmann on Communist party as leadership structure: Schurmann, p. xlii.

Demands of party life: A. Doak Barnett, *Cadres, Bureaucracy, and Political Power in Communist China* (New York: Columbia University Press, 1967), pp. 434−435.

I have also used Ping-ti Ho and Tang Tsou, eds., *China in Crisis*, Vol. 1, *Chian's Heritage and the Communist Political System* (Chicago: University of Chicago Press, 1968), Books 1 and 2; A. Doak Barnett, *Communist China: The Early Years, 1949—1955* (New York: Praeger, 1964); John Wilson Lewis, ed., *Party Leadership and Revolutionary Power in China* (London: Cambridge University Press, 1970); K. S. Karol, *China: The Other Communism* (New York: Hill and Wang, 1967). See also Frederick Wakeman, Jr., *History and Will: Philosophical Perspectives of Mao Tse-tung's Thought* (Berkeley: University of California Press, 1973).

Stalin's self-idealization: Robert C. Tucker, *Stalin as Revolutionary* 1879—1929 (New York: Norton,

1973), esp. pp. 425—461; see also Milovan Djilas, *Conversations with Stalin* (New York: Harcourt, Brace & World, 1962), passim.

9. HEROES AND IDEOLOGUES

Freud on Michelangelo's "Moses": Sigmund Freud, "The Moses of Michelangelo," originally published anonymously in *Imago*, Ⅲ, 1914, reprinted in Sigmund Freud, *On Creativity and the Unconscious* (New York: Harper & Brothers, 1958), pp. 11—41.

Jones on Freud's identification with Michelangelo: Ernest Jones, *The Life and Work of Sigmund Freud* (New York: Basic Books, 1953) Vol. 2, pp. 366—367.

Freud on his "love-child": Jones, p. 367. Freud on Moses as "great man": Sigmund Freud, *Moses and Monotheism* (New York: Knopf, 1939), pp. 168—175.

Moses as leader: Martin Buber, *Moses* (Oxford: East & West Library, 1946); Max Weber, *Ancient Judiasm* (Glencoe, Ill. : Free Press, 1952); Wayne A. Meeks, *The Propher-King* (Leiden: Brill, 1967); Gerhard von Rad, *Moses* (London: Butterworth Press, n. d.); André Neher, *Moses and the Vocation of the Jewish People* (London: Longmans, Green, 1959). I have used also Aaron Wildavsky, "What Moses Learned About Leadership," Brooklyn College, 1977.

Joan of Arc as heroic leader: Charles Wayland Lightbody, *The Judgements of Joan* (Cambridge, Mass. : Harvard University Press, 1961), quoted at p. 27; Jules Michelet, *Joan of Arc* (Ann Arbor: University of Michigan Press, 1957); Régine Pernoud, *Joan of Arc* (New York: Grove Press, 1961); Alice Buchan, *Joan of Arc and the Recovery of France* (London: Hodder & Stoughton, 1948); Henri Guillemin, *Joan, Maid of Orléans* (New York: Saturday Review Press, 1973). Joan's voices and visions as congruent with a well-known hallucinatory pattern: Edward Lucie-Smith, *Joan of Arc* (New York: Norton, 1976), pp. 15—17.

Heroic Leadership

Max Weber's "pure" types of authority and theory of charisma: Max Weber, *Theory of Social and Economic Organization* (New York: Oxford University Press, 1947); H. H. Gerth and C. Wright Mills, *From Weber: Essays in Sociology* (London: Routledge and Kegan Paul, 1948); see also Carl J. Friedrich, "Political Leadership and the Problem of Charismatic Power," *Journal of Politics*, Vol. 23, No. 1 (February 1961), 3—24; Peter M. Blau, "Critical Remarks on Weber's Theory of Authority," *American Political Science Review*, Vol. 57, No. 2 (June 1963), 305—315.

Davies on traditionalist rule: James C. Davies, *Human Natare in Politics* (New York: Wiley, 1963), p. 298, from Which the story about Peter the Great is also taken.

Absence of conflict in theory of charisma: Daniel Katz, "Patterns of Leadership," in Jeanne N. Knutson, ed. , *Handbook of Political Psychology*, pp. 215—218, quoted at p. 216.

The account of the Mahdi of the Sudan is taken wholly from Richard H. Dekmejian and Margaret J. Wyszomirski, "Charismatic Leadership in Islam: The Mahdi of the Sudan," *Comparative Studies in Society and History*, Vol. 14, No. 2 (March 1972), 193—214, quoted at pp. 203, 212—214.

Tucker on heroic leadership as fulcrum: Robert C. Tucker, "The Theory of Charismatic Leadership," in Dankwart A. Rustow, ed. , "Philosophers and Kings: Studies in leadership," *Daedalus*, Vol. 97, No. 3 (Summer 1968), 731—756, quoted at p. 734.

Pye on bond between idolized leader and follower: Lucian W. Pye, *Politics, Personality, and Nation Building: Burma's Search for Identity* (New Haven: Yale University Press, 1962), passim.

Rustow on Ataturk: Dankwart A. Rustow, *A World of Nations: Problems of Political Modernization* (Washington, D. C. : Brookings, 1967).

Apter on Nkrumah: David Aprer, *The Politics of Modernization* (Chicago: University of Chicago Press, 1965), pp. 298—299.

Hoffer on "true believers": Eric Hoffer, *The True Believer: Thoughts on the Nature of Mass Movements*

(New York: Harper & Brothers, 1951), passim.

Philip Rosenberg, *The Seventh Hero: Thomas Carlyle and the Theory of Radical Activism* (Cambridge, Mass.: Harvard University Press, 1974), esp. ch. 9.

Ideological Leadership

Significant works on ideology that I have used: Karl Mannheim, *Ideology and Utopia* (New York: Harcourt, Brace & World, Harvest ed., n. d.); Richard Lichtman, "Marx's Theory of Ideology," *Socialist Revolution*, Vol 5, No. 1 (April 1975), 45-76; Robert E. Lane, *Political Ideology* (Glencoe, Ill.: Free Press, 1962); Willard A. Mullins, "Oh the Concept of Ideology in Political Science," *American Political Science Review*, Vol. 66, No. 2 (June 1972), 498-510.

"End of Ideology": Daniel Bell, *The End of Ideology: On the Exhaustion of Political Ideas in the Fifties* (Glencoe, Ill.: Free Press, 1965); Joseph LaPalombara, "Decline of Ideology: A Dissint and an Interpretation," *American Political Science Review*, Vol. 60, No. 1 (March 1966), 5-16.

Schlesinger on ideology: Arthur M. Schlesinger, Jr., and Morton White, *Parhs of American Thought* (Boston: Houghton Mifflin, 1963), p. 532.

Brzezinski on ideology: Zbigniew K. Brzezinski, *Ideology and Power in Sovier Politics* (New York: Praeger, 1962), p. 5.

Four-nation study: *Values and the Active Community*, passim.

Lane on questions of ideology: Lane, pp. 14-15.

Mullins on ideology as agency of change: Mullins, p. 504.

I have used some phrases and sentences from James MacGregor Burns, "Political Ideology," in Norman MacKenzie, ed., *A Guide to the Social Sciences* (London: Weidenfeld & Nicolson, 1966), pp. 205-223.

Mao to Edgar Snow on need for personality cult: Lucian W. Pye, *Mao Tse-tung* (New York: Basic Books. 1976), p. 12.

Leadership as Transformation

Mao on arousing emotions in others: quoted in Pye, p. 14.

Mao on the true, the good, etc.: quoted in Lowell Dittmer, "Thought Reform and Cultural Revolution: An Analysis of the Symbolism of Chinese Polemics," *America Political Science Review*, Vol. 71, No. 1 (March 1977), 72.

Chiang Ch'ing's role: Roxane Witke, *Comrade Chiang Ch'ing* (Boston: Little, Brown, 1977), as quoted in John K. Fairbank, "Mrs. M. and the Masses," *The New York Review*, May 12, 1977, p. 21.

Mao's comments on his long swim: Edgar Snow, *The Long Revolution* (New York: Random House, 1971), p. 169.

Mao's doctrine of "from the masses": Mao Tse-tung, *Selected Works*, Vol. 3 (Peking: Foreign Languages Press, 1965), p. 119.

Mao's tactics in the Cultural Revolution: Parris H. Chang, *Power and Policy in China* (University Park: Pennsylvania University Press, 1975), p. 175.

Mao on exploiting the negative example: Han Suyin, *Wind in the Tower: Mao Tse-tung and the Chinese Revolution, 1949—1975* (Boston: Little, Brown, 1976), p. 276.

Pye on Mao's understanding of emotions of others: Pye, p. 308.

Mao on anarchy and the need for chiefs: Dittmer, p. 82.

Stewart Burns drafted a major part of this treatment of Mao's ideological leadership.

10. OPINION LEADERSHIP: THE MISSING PIECE OF THE PUZZLE

Key's "incomparable" study was V. O. Key, Jr., *Southern Politics* (New York: Knopf, 1949); his public opinion study was *Public Opinion and American Democracy* (New York: Knopf, 1961); and his last book, in which he concluded that "Voters are not fools," was *The Responsible Electorate* (Cambridge, Mass.: Harvard

University Press, 1966).

Transactional opinion leadership: George C. Homans, *Social Behavior: Its Elementary Forms* (New York: Harcourt, Brace & World, 1961), esp. chs. 3 and 4, and sources cited in ch. 4; Bob Jessop, *Social Order, Reform and Revolution* (New York: Herder and Herder, 1973), esp. chs. 2 and 3; James V. Downton, Jr., *Rebel Leadership* (New York: Free Press, 1973), ch. 4.

Clark on opinion research: Kenneth B. Clark, *Pathos of Power* (New York: Harper & Row, 1974), p. 68.

Arousal: The Mobilization of Political Opinion

Communications transmission: Elihu Katz and Paul F. Lazarsfeld, *Personal Influence* (New York: Free Press, 1964), pp. 29–30; see also V. O. Key, Jr., *Public Opinion and American Democracy*. pp. 73–74.

The leader and inconsistent opinions or multiple cleavages: Key, *Public Opinion and American Democracy*, pp. 177–178.

Perceptual distortion: Bernard R. Berelson, Paul F. Lazarsfeld, and William N. McPhee, *Voting: A Study of Opinion Formation in a Presidential Campaign* (Chicago: University of Chicago Press, 1954), p. 200; see also Philip K. Hastings, "The Independent Voter in 1952: A Study of Pittsfield, Massachusetts," *American Political Science Review*, Vol. 47, No. 3 (September 1953), 805–810.

Reduction of dissonance: Robert Lane and David Sears, *Public Opinion* (Englewood Cliffs, N. J.: Prentice-Hall, 1964), pp. 47–51.

Definition of opinion leadership: Katz and Lazarsfeld, p. 138.

The 1940 presidential campaign study relating to opinion leadership: Paul F. Lazarsfeld, Bernard Berelson, and Hazel Gaudet, *The People's Choice* (New York: Columbia University Press, 1948).

Communication in Kalos, Greece: J. Mayone Stycos, "Patterns of Communication in a Rural Greek Village," *Public Opinion Ouarterly*, Vol. 16, No. 1 (Spring 1952), 59–70.

The Russian Communist party agitator as opinion leader: Alex Inkeles, *Public Opinion in Soviet Russia* (Cambridge, Mass.,: Harvard University Press, 1950), pp. 88–89.

Concept of the attentive public: Gabriel A. Almond, *The American People and Foreign Policy* (New York: Harcourt, Brace, 1950); Donald J. Devine, *The Attentive Public* (Chicago: Rand McNally, 1970).

The latent public: Key, *Public Opinion and American Democracy*, ch. 11.

Two-step flow of information and opinion: Katz and Lazarsfeld, passim.

Complexity of multifold flow of leadership-followership opinicn: Katz and Lazarsfeld, p. 322.

Key on public opinion as a system of dikes: Key, *Public Opinion and American Democracy*, p. 552.

Aggregation: The Alignment of Opinion

Public opinion as conflict: William Albig, *Public Opinion* (New York: McGraw-Hill, 1939), p. 1; Kimball Young, *Social Psychology* (New York: Crofts, 1944), pp. 430–431; Clarence Schettler, *Public Opinion in American Society* (New York: Harper & Brothers, 1960), Part Ⅰ.

In Latin America, the patrón relation between leaders and followers in government: Arpad von Lazer, *Latin American Politics: A Primer* (Boston: Allyn & Bacon, 1971), p. 24.

Analysis of the transferability of the Vargas vote in Brazil and the Perón vote in Argentina: Paul H. Lewis, "The Durability of Personalist Followings: The Vargas and Peronist Cases," *Polity*, Vol, 5, No. 3 (Spring 1973), 401–414.

Class membership, class attitudes, class consciousness, class behavior: studies of the interrelations of these phenomena are countless; see (aside from the classic treatments of Karl Marx and his disciples and critics) Giovanni Sartori, "The Sociology of Parties: A Critical Review," in Committee on Political Sociology of the International Sociological Association, *Party Systems, Party Organization, and the Politics of New Masses* (Berlin: Institut für politische Wissenschaft an der Freien Universität, 1968), and sources cited therein; see also Erik

Allardt and Yrjö Littunen, eds., *Cleavages, Ideologies, and Party Systems* (Helsinki: The Academic Bookstore, 1964), passim; Seymour H. Lipset and Stein Rokkan, eds., *Party Systems and Voter Alignments* (New York: Free Press, 1967), passim; and other sources cited in notes for ch. 7.

Influence on polling results of association of issue with party or leader: Key, *Public Opinion and American Democracy*, pp. 450-452.

Key on leader-mass opinion interaction: Key, p. 454.

Luis Muñoz Marín and the Popular Democratic party: Robert W. Anderson, *party politics in Puerto Rico* (Stanford: Stanford University Press, 1965), passim.

Mandel and two-party realignment: John M. Sherwood, *Georges Mandel and the Third Republic* (Stanford: Stanford University Press, 1970).

Basic political, economic, and social trends in Britain: Richard Rose, "Party Systems, Social Structure and Voter Alignments in Britain," in Committee on Political Sociology of the International Sociological Association, *Party Systems, Party Organizations, and the Politics of New Masses*, pp. 318-384.

Conservative party and working-class opinion: Robert T. McKenzie and Allan Silver, *Angels in Marble* (Chicago: University of Chicago Press, 1963); Robert T. McKenzie and Allan Silver, "The Delicate Experiment: Industrialism, Conservatism, and Working-Class Tories in England," in Lipset and Rokkan, pp. 115-125; see also James Cornford, "The Adoption of Mass Organization by the British Conservative Party," in Allardt and Littunen, pp. 400-424.

Labour party strategy vis-à-vis the Liberals: see the excellent discussion in Samuel H. Beer, *British Politics in the Collectivist Age* (New York: Knopf, 1965), pp. 137-143.

See generally G. D. H. Cole, *A History of the Labour Party from 1914* (London: Routledge & Kegan Paul, 1948), chs. 2, 3; Dean McHenry, *The Labor Party in Transition*, passim.

Definition of realignment: Walter Dean Burnham, *Critical Elections and the Mainsprings of American Politics* (New York: Norton, 1970), p. 10; see also James L. Sundquist, *Dynamics of the Party System* (Washington, D. C.: Brookings, 1973), pp. 5-9.

Voting: The Conversion of Opinion

Elections as tests of public opinions: James Bryce, *The American Commonwealth* (New York: Macmillan, 1931), Vol. 2, p. 274, as cited in Marbury Bladen Ogle, Jr., *Public Opinion and Political Dynamics* (Boston: Houghton Mifflin, 1950), p. 55.

Dominant political attitudes in New Zealand: Alan D. Robinson, "Class Voting in New Zealand: A Comment on Alford's Comparison of Class Voting in the Anglo-American Political Systems," in Lipset and Rokkan, pp. 95-114; in Norway: Stein Rokkan, "Geography, Religion, and Social Class: Crosscutting Cleavages in Norwegian Politics," in Lipset and Rokkan, pp. 367-444; see also Stein Rokkan and Henry Valen, "Regional Contrasts in Norwegian Politics: A Review of Data from Official Statistics and from Sample Surveys," in Allardt and Littunen, pp. 162-238.

Sundquist on responses of types of leaders within parties to emerging causes: James L. Sundquist, *Dynamics of the Party System* (Washington, D. C: Brookings, 1973), pp. 285-286.

Realignment summarized: Sundquist, pp. 293-294 (italics deleted from the original).

Party realignment during the 1840s and 1850s: Robert V. Remini, *Martin Van Buren and the Making of the Democratic Party* (New York: Columbia University Press, 1959); Clement Eaton, *Henry Clay and the Art of American Politics* (Boston: Little, Brown, 1957); David H. Donald, *Charles Sumner and the Coming of the Civil War* (New York: Knopf, 1960); R. F. Nichols, *The Disruption of American Democracy* (New York: Macmillan, 1948); Sundquist, chs. 4 and 5 and sources cited therein; and of course the works of Allan Nevins.

Late nineteenth-century party developments: Solon J. Buck, *The Granger Movement* (Cambridge, Mass.: Harvard University Press, 1913); John D. Hicks, *The Populist Revolt* (Minneapolis: University of Minnesota

Press, 1931); Allan Nevins, *Grover Cleveland: A Study in Courage* (New York: Dodd, Mead, 1932); Paxton Hibben, *The Peerless Leader, William Jennings Bryan* (New York: Farrar and Rinehart, 1929); V. O. Key, Jr., "A Theory of Critical Elections," *Journal of Politics*, Vol. 17, No. 1 (February 1955), 3-18.

Franklin Roosevelt and the early New Deal: Arthur M. Schlesinger, Jr., *The Coming of the New Deal* (Boston: Houghton Mifflin, 1959); Schlesinger, *The Politics of Upheaval* (Boston: Houghton Mifflin, 1960); Frank Freidel, *Franklin D. Roosevelt: Launching the New Deal* (Boston: Little, Brown, 1973); William E. Leuchtenburg, *Franklin D. Roosevelt and the New Deal* (New York: Harper & Row, 1963).

Roosevelt as manager of public opinion: Elmer E. Cornwell, Jr., *Presidential Leadership of Public Opinion* (Bloomington: Indiana University Press, 1965), esp. ch. 6; Samuel I. Rosenman, *Working with Roosevelt* (New York: Harper & Brothers, 1952).

Roosevelt on his catlike quality: quoted in James MacGregor Burns, *Roosevelt: The Lion and the Fox* (New York: Harcourt, Brace & World, 1956), p. 285.

Roosevelt to Tugwell on party realignment: Schlesinger, *The Coming of the New Deal*, p. 504; to Rosenman on same: James MacGregor Brms, *Roosevelt: The Soldier of Freedom* (New York: Harcourt Brace Jovanovich, 1970), p. 511.

Sundquist on divergence between national voting and state and local voting: Sundquist, p. 213.

Walter Dean Bumham, *Critical Elections and the Mainsprings of American Politics* (New York: Norton, 1970), p. 130.

Lyons on Parnell: F. S. L. Lyns, *The Fall of Parnell* (London: Routledge & Kegan Paul, 1960), p. 32.

11. GROUP LEADERSHIP: BARGAINERS AND BUREAUCRATS

Freud on loss of the group leader: Sigmund Freud, *Group Psychology and the Analysis of the Ego* (London: Hogarth Press, 1949), p. 49.

The Norton Street boys: William F. Whyte, *Street Corner Society* (Chicago: University of Chicago Press, 1955).

The Leadership of Small Groups

Rising interest in Small Groups: Fred L. Strodtbeck, "The Case for ththe Study of Small Groups," *American Sociological Review*, Vol. 19, No. 6 (December 1954), 651-657; A. Paul Hare, *Handbook of Small Group Research* (New York: Free Press, 1962), pp. vi-vii.

Useful definitions of small groups are Hare, p. 10; Bernard Berelson and Gary A. Steiner, *Human Behavior: Shorter Edition* (New York: Harcourt, Brace & World, 1964), p. 55.

"No-conflict" assumption: Sidney Verba, *Small Groups and Political Behavilr* (Princeton: Princeton University Press, 1961), p. 222.

The leader's role in group change: Kurt Lewin, *Field Theory in Social Science* (New York: Harper & Brothers, 1951), pp. 202-207.

Interaction in small groups: George Homans, *The Human Group* (New York: Harcourt, Brace & World, 1950), passim; Robert T. Golembiewski, *The Small Group* (Chicago: University of Chicago Press, 1962), pp. 64-65; Clavis R. Shepherd, *Small Groups* (San Francisco: Chandler, 1964), pp. 27-36; for a philosophical critique see Aivin Gouldner, *The Coming Crisis of Western Sociology* (New York: Basic Books, 1970), pp. 231-232; Whyte is quoted from *Street Corner Society*, p. 263.

Conformity: Bernard M. Bass, *Leadership, Psychology and Organization Behiavior* (New York: Harper & Brothers, 1961), pp. 239ff, and the many conformity studies reported therein, pp. 31ff; Hollander, chs. 14-19; Bass: quoted from Bass, p. 241.

Group norms and goals: Barry E. Collins and Harold Guetzkow, *A Social Psychology of Group Processes for Decision-Making* (New York: Wiley, 1964), esp. pp. 158ff; Hare, pp. 24-25 (Hare quoted at p. 24); Berelson and Steiner, pp. 56-58.

Status of members in groups: Hollander, p. 11; Berelson and Steiner, pp. 60－61; Bass, passim.

Edward Shils and Morris Janowitz, "Cohesion and Disintegration in the Wehrmacht," in Bernard Berelson and Morris Janowitz, eds., *Public Opinion and Communication* (New York: Free Press, 1953), pp. 407－422.

The static conception of smal-group leadership is presented in Bass, Homans, and Shepherd, and in much of the literature cited therein.

External sources of conflicting group leadership: Verba, pp. 155ff.

Example of noncommissioned officer in conflict: Samuel A. Stouffer, "An Analysis of Con-flicting Social Norms," *American Sociological Review*, Vol. 14, No. 6 (December 1949), 707 (cited by Verba, p. 154).

Whyte on leaders' internal-external relations: Whyte, p. 260.

The discussion of leadership conflict within small groups is drawn largely from Bass, chs. 16 and 20; he is quoted at p. 457.

Epictetus is quoted in Bass, pp. 226－227. from Epictetus, *On Freedom*, in C. G. Starr, *Civilization and the Caesars* (Ithaca: Cornell University press, 1954), p. 144.

Hollander on leader effectiveness: Hollander, pp. 237－238.

Bureaucracy Versus Leadership

Study of bureaucracy in the Western tradition: Gerth and Mills, *From Max Weber*; Robert K. Merton, Ailsa P. Gray Barbara Hockey, and Hanan C. Selvin, *Reader in Bureaucracy* (Glencoe, Ill.: Free Press, 1952); Herbert A. Simon, *Administrative Behavior* (New York: Macmillan, 1947); Dwight Waldo, *The Administrative State* (New York: Ronald Press, 1948), inter alia.

Structure of impersonality: Robert K. Merton, "Bureaucratic Structure and Personality," in Merton et al., *Reader in Bureaucracy*, p. 363; see also Gerth and Mills, p. 202.

Irrelevance of personal characteristics: Peter M. Blau, *Bureaucracy in Modern Society* (New York: Random House, 1956), pp. 75ff; cf. Daniel Katz and Robert L. Kahn, *The Social Psychology of Organizations* (New York: Wiley, 1966), pp. 202ff.

Merton on bureaucratic discipline: Merton et al., p. 365.

Weber on the relation of bureaucracy to the rise of money income: Gerth and Mills, pp. 204－209, 223.

Tocqueville quoted on bureaucratization: Robert A. Nisbet, *The Sociological Tradition* (New York: Basic Books, 1966), pp. 129－130; Nisbet is quoted at p. 130.

Michels on party oligarchy: Robert Michels, *Political Parties: A Sociological Study of Oligarchical Tendencies of Modern Democracy* (New York: Free Press, 1949), pp. 32ff and passim.

Bureaucracy and conflict: Warren G. Bennis, "Leadership Theory and Administrative Behavior: The Problem of Authority," *Administrative Science Quarterly*, Vol. 4, No. 3 (December 1959), 259－301, at 281; Melville Dalton, "Staff and Line Relationships—A Study of Conflicts," in Robert Dubin, ed., *Human Relations in Administration: The Sociology of Organization* (New York: Prentice-Hall, 1951), pp. 128－138.

Location of conflict: Katz and Kahn, p. 192.

Struggle for power within bureaucracy: Merton, Blau, Dubin, Crozier, passim.

Simon on lack of integration: Simon, *Administrative Behavior*, p. 63; see also Peabody and Rourke, pp. 805－807.

Henry Kissinger, "Domestic Structure and Foreign Policy," *Daedalus*, Vol. 95 (Spring 1966), 503－529, quoted at 507－508.

Bureaucracy and change: Seymour Martin Lipset, "Bureaucracy and Social Change," in Merton et al., *Reader in Bureaucracy*, pp. 221－232; Crozier, pp. 201－202.

Gawthrop on anticipatory change: Louis C. Gawthrop, *Bureaucratic Behavior in the Executive Branch* (New York: Free Press, 1969), p. 179.

On maintaining a "pluralistic babble": Victor A. Thompson, *Modern Organization* (New York: Knopf,

1961), esp. ch. 5.

On innovation: Victor A. Thompson, *Bureaucracy and Innovation* (University: Alabama University Press, 1969).

See generally: F. William Howton, *Functionaries* (Chicago: Quadrangle, 1969); and Robert Presthus, *The Organizational Society* (New York: Knopf, 1962).

Leadership in Political Interest Groups.

Quotation from Bentley: Arthur F. Bentley, *The Process of Government* (Chicago: University of Chicago Press, 1908), quoted at p. 223; see ch. 8, passim.

Influence of small-group analysis on leadership theory: David B. Truman, *The Governmental Process* (New York: Knopf, 1951), pp. 189–193.

Homans' work: see especially George C. Homans, *The Human Group*.

Carleton on the shift of emphasis to group studies: W. G. Carleton, "Political Science and the Group Process," *South Atlantic Quarterly* (Durham, N. C.: Duke University Press, 1955), Vol. 54, pp. 340–350.

Definition of categorical and of interest groups: Truman, ch. 2, quoted at p. 33.

Truman on measuring leadership: Truman, ch. 7, quoted at p. 191.

Conflict over leadership role: Norman R. Luttbeg and Harmon Zeigler, "Attitude Consensus and Conflict in an Interest Group; An Assessment of Cohesion," *American Political Science Review*, Vol. 60, No. 3 (September 1966), 655–666, quoted at p. 658.

Official Soviet view of leadership and interest groups: Kirill Mazurov, *Pravda*, November 7, 1968, December 4, 1968, cited in H. Gordon Skilling and Franklyn Griffiths, eds., *Interest Groups in Soviet Politics* (Princeton: Princeton University Press, 1971), pp. 35–36, 44–45, 390–416.

12. PARTY LEADERSHIP

The listing of party factions is summarized in R. T. McKenzie, *British Political Parties* (London: Heinemann, 1955), p. 2; McKenzie on whips' organization: McKenzie, p. 3.

Jefferson on parties: Nathan Schachner, *Thomas Jefferson*, 2 vols. (New York: Appleton, 1951), pp. 343–346.

Origin of parties in parliamentary leadership: Maurice Duverger, *Political Parties* (London: Methuen, 1954), pp. xxiv–xxv.

Parties and the spread of suffrage: Leon D. Epstein, *Political Parties in Western Democracies* (New York: Praeger, 1967), p. 25.

Emergence of groups out of extragovernmental groups in Western democracies: examples drawn chiefly from Duverger, pp. xxx–xxxiv.

Etymology of "party": *Oxford English Dictionary* (New York: Oxford University Press, 1971), p. 2088.

Acceptance of opposition in Britain: John P. Mackintosh, *The British Cabinet* (London: Stevens, 1962), p. 17, cited in Dahl, *Political Oppositions in Western Democracies* (New Haven: Yale University Press, 1966), p. 7.

Liberalism as the supreme form of generosity: José Ortega y Gasset, *The Revolt of the Masses* (New York: Norton, 1932), p. 83.

Parties: Conflict and Leadership

Boss Plunkitt on human nature: W. L. Riordan, *Plunkitt of Tammany Hall* (New York: McClure, Phillips, 1905), pp. 33–34.

Tocqueville: quoted in Burns, *Deadlock of Democracy* (Englewood Cliffs, N. J.: Prentice-Hall, 1967), p. 213.

Epstein on the prewar Social Democratic party: Epstein, p. 136; Roth on same: Guenther Roth, *The Social Democrats in Imperial Germany* (Totowa, N. J.: Bedminster Press, 1963), p. 11.

On the Social Democratic party experience and comparable party organization and leadership see Duverger, passim.

Michels' "iron law of oligarchy": Robert Michels, *Political Parties* (New York: Hearst's International Library, 1915), passim; see also C. W. Cassinelli, "The Law of Oligarchy," *American Political Science Review*, Vol. 47, No. 3 (September 1953), 773–784.

See in general Kay Lawson, *The Comparative Study of Political, Parties* (New York: St. Martin's Press, 1976), esp, pp. 112–136.

Party Leaders and Government Leaders

A basic source on efforts to develop rank-and -file strength and influence in the Conservative and Liberal parties in the late nineteenth century remains the opinionated but richly factual classic, M. Ostrogorski, *Democracy and the Organization of Political Parties* (New York: Macmillan, 1902), Vol. 1, parts 2 and 3; see also J. L. Garvin, *The Life of Joseph Chamberlain* (London: Macmillan, 1932), Vol. 1; McKenzie, passim.

Parliamentary Labour party as emanation of labour movement: McKenzie, p. 13.

Distribution of power within the Labour party: McKenzie, esp. chs. 1, 6, 7; see also Michels, passim, and Samuel H. Beer, *British Politics in the Collectivist Age* (New York: Knopf, 1965), chs. 3–6.

Ramsay MacDonald as party leader: G. D. H. Cole, *British Working Class Politics*, 1832—1914 (London: George Routledge & Sons, 1941); G. D. H. Cole, *A History of the Labour Party from 1914* (London: Routledge & Kegan Paul, 1948); "James Ramsay MacDonald," *Dictionary of National Biography*, 1931–1940 (London: Oxford University Press, 1949); Clement R. Attlee, *As It Happened* (London: Heinemann, 1954); M. Beer, *A History of British Socialism* (London: George Allen and Unwin, 1940).

MacDonald's alleged address to House of Commons: *Hansard*, Vol. 229, col. 65, July 2, 1929.

On the leadership and organization of the French Radical party I have drawn heavily from Peter J. Larmour, *The French Radical Party in the* 1930's (Stanford: Stanford University Press, 1964); I have quoted him on the National Executive Committee's membership at p. 25, and on the party's leadership at p. 55; see also Duverger, esp. pp. 183–186, and Avery Leiserson, *Parties and Politics* (New York: Knopf, 1958), p. 217.

The Radical party after World War Ⅱ: Philip M. Williams, *Crisis and Compromise* (Hamden, Conn.: Archon Books, 1964), ch. 9; Duncan MacRae, Jr., *Parliament, Parties and Society in France, 1946–1958* (New York: St. Martin's Press, 1976), passim.

Geoffrey Warner, *Pierre Laval and the Eclipse of France* (New York: Macmillan, 1968) portrays the pre-World War Ⅱ parties from the perspective of a politician who journeyed through the party continuum from left to right.

Solidarity and discipline in Australian labor politics: Louise Overacker, *The Australian Party System* (New Haven: Yale University Press, 1952), esp. chs. 2–5; the candidate's pledge is reproduced on p. 337 and the labor member's observation on p. 113.

Relations of organization leadership and government leadership in other nations: Duverger, passim; Epstein on party cohesion in multi-party societies: Leon D. Epstein, *Political Parties in Western Democracies* (New York: Praeger, 1967), pp. 339–340.

See generally Sigmund Neumann, ed., *Modern Political Parties* (Chicago: University of Chicago Press, 1956).

This discussion of the American leadership and party system is drawn largely from James MacGregor Burns, *The Deadlock of Democracy* (Englewood Cliffs, N. J.: Prentice-Hall, 1963), and from the sources cited therein, pp. 343–368; major, more recent sources are: Walter Dean Burnham, *Critical Elections and the Mainsprings of American Politics* (New York: Norton, 1972); William Nisbet Chambers and Walter Dean Burnham, eds., *The American Party System: Stages of Political Development* (New York: Oxford University Press, 1967); Charles Hardin, *Presidential Power and Accountability* (Chicago: University of Chicago Press, 1974). Other major sources are John S. Saloma Ⅲ and Frederick H. Sontag, *Parties* (New York: Knopf, 1972); James

L. Sundquist, *Dynamics of the Party System* (Washington, D. C.: Brookings, 1973); Robert J. Huckshorn, *Party Leadership in the States* (Amherst: University of Massachusetts Press, 1976).

One-Party Leadership

Lenin on party organization and on the Social Democratic moderates: Shub, pp. 61—62, 222.

The Communist party of the Soviet Union, according to party statutes: Frederick L. Schuman, *Government in the Soviet Union* (New York: Crowell, 1967), p. 75; Schuman on the obscurity of Soviet power location: Schuman, p. 81.

Barghoorn on the Soviet power structure: Frederick C. Barghoorn, "The U. S. S. R.: Monolithic Controls at Home and Abroad," in Neumann, *Modern Political Parties*, p. 227.

East European Communist parties: Andrew Gyorgy, "Satellite Parties in Eastern Europe," Neumann, pp. 284—301.

Warning of Communist International to Communist parliamentarians is quoted from Duverger, p. 197.

Leadership and discipline in Western European Communist parties: Duverger, esp. ch. 3; Neumann, passim; see also Mario Einaudi, Jean-Marie Domenach, and Aldo Garosci, *Communism in Western Europe* (Ithaca: Cornell University Press, 1951).

The Thorez membership card is reproduced in Duverger, p. 181.

Busoga leadership: Lloyd A, Fallers, *Bantu Bureaucracy* (Chicago: University of Chicago Press, 1965), p. 127, as cited in Gabriel A. Almond and James S. Coleman, *The Politics of Developing Areas* (Princeton: Princeton University Press, 1960), pp. 327—328.

Turkish political development: C. H. Dodd, *Politics and Government in Turkey* (Berkeley: University of California Press, 1969); Kemal H. Karpat, *Turkey's Politics* (Princeton: Princeton University Press, 1959).

Classification of political systems in underdeveloped areas by degree of competitiveness and by degree of political modernity: Almond and Coleman, pp. 532ff, especially Table 1, p. 534.

The criteria of political modernity: Almond and Coleman, pp. 532—533.

One-party systems as mobilizing instruments: Myron Weiner and Joseph LaPalombara "The Impact of Parties on Political Development," in LaPalombara and Weiner, eds., *Political Parties and Political Development* (Princeton: Princeton University Press, 1966), p. 425.

Party Leadership: Power and Change

"Pragmatic-pluralizing" parties versus revolutionary-centralizing parties: James S. Coleman and Carl G. Rosberg, Jr., eds., *Political Parties and National Integration in Tropical Africa* (Berkeley: University of California Press, 1964), p. 5.

The disciplining of K. Zilliacus: James MacGregor Burns, "The Parliamentary Labor Party in Great Britain," *American Political Science Review*, Vol. 44, No. 4 (December 1950), 867—868.

For the view that Labour party government leaders have compromised and betrayed the baisc principles of the party, see Ralph Miliband, *Parliamentary Socialism* (London: George Allen and Unwin, 1961).

13. LEGISLATIVE LEADERSHIP: THE PRICE OF CONSENSUS

Lyndon B. Johnson as legislative and executive leader: James L. Sundquist, *Politics and Policy* (Washington, D. C.: Brookings, 1968); Rowland Evans and Robert Novak, *Lyndon B. Johnson: The Exercise of Power* (New York: New American Library, 1966); Harry McPherson, *A Political Education* (Boston: Little, Brown, 1972); W. W. Rostow, *The Diffusion of Power* (New York: Macmillan, 1972); Eric F. Goldman, *The Tragedy of Lyndon Johnson* (New York: Knopf, 1969).

The Legislator as Leader

The presentation of Erskine May to the Gold Coast Assembly was reported in *The Times* (London), March 3, 1952, as quoted in David E. Apter, *The Gold Coast in Transition* (Princeton: Princeton University Press, 1955), p. 184.

Tariff-making in the American Congress as expression of economic power: E. E. Schattschneider, *Politics, Pressures and the Tariff* (New York: Prentice-Hall, 1935).

Freshman legislators' clubs in Japanese Diet: Nobutaka Ike, *Japanese Politics* (New York: Knopf, 1957), p. 185; see also Nobutaka Ike, "Japan," in George McTurnan Kahin, ed., *Major Governments of Asia* (Ithaca: Cornell University Press, 1963), passim.

Indian parliamentary colloquy: Indian Parliamentary *Debates*, December 20, 1950, quoted by W. H. Morris-Jones, *Parliament in India* (Philadelphia: University of Pennsylvania Press, 1957), pp. 151-152.

Private members' bills: A. P. Herbert, *Holy Deadlock* (Garden City, N. Y.: Doubleday, 1934); A. P. Herbert, *Independent Member* (London: Methuen, 1950); see generally Peter G. Richards, *Parliament and Conscience* (London: Allen and Unwin, 1970).

Richards on back-benchers' influence: Peter G. Richards, *The Backbenchers* (London: Faber and Faber, 1972), p. 9.

Role-taking by the individual legislator: the most useful source is John C. Wahlke, Heinz Eulau, William Buchanan, and LeRoy C. Ferguson, *The Legislative System* (New York: Wiley, 1962); the comments of the state legislators are from p. 279 of this work (italics deleted from original).

Wahlke on the Tribune: Wahlke et al., pp. 252, 253; I have used certain concepts and terms such as "the Tribune" as found in this seminal work.

Kennedy on his House and Senate careers: interviews with the author, 1959.

The "institutional patriot" in the United States Senate: Donald R. Matthews, *U. S. Senators and Their World* (Chapel Hill: University of North Carolina Press, 1960), esp. chs. 4 and 5.

Friedrich on the specialist in group opinion: Carl J. Friedrich, *Constitutional Government and Democracy*, rev. ed. (Boston: Ginn, 1964), p. 319.

Group Leadership and Legislative Structure

Latham on legislative groups: Earl Latham, *The Group Basis of Politics* (Ithaca: Cornell University Press, 1952), p. 37.

"Instructions" to Parliament: Samuel H. Beer, *British Politics in the Collectivist Age* (New York: Knopf, 1965), p. 16.

Richards on proper and improper representation: Richards, p. 180.

Sir Ian Fraser and the British Legion in Parliament: John H. Millett, "The Role of an Interest Group Leader in the House of Commons," *Western Political Quarterly*, Vol. 9, No. 4 (1956), 915-926.

Clapp on congressmen as lobbyists: Charles L. Clapp: *The Congressman: His Work as He Sees It* (Washington, D. C.: Brookings, 1963), p. 179.

Truman on legislators' group affiliations: David B. Truman, *The Governmental Process* (New York: Knopf, 1951), pp. 338-339.

Matthews on senators' influence over lobbyists: Donald R. Matthews, *U. S. Senators and Their World* (New York: Vintage Books, 1960), pp. 188-190.

Legislative committee system in Japan: Kahin, pp. 190-193; see also Ike, pp. 181-182.

Parliamentary committee system in India: W. H. Morris-Jones, *Parliament in India* (Philadelphia: University of Pennsylvanis Press, 1957), ch. 6, quoted at pp. 309-310; Kahin, pp. 325-327.

In Western Germany: Gerhard Loewenberg, *Parliament in the German Political System* (Ithaca: Cornell University Press, 1967), pp. 143-153, 326-335.

Committees and committee chairman in the American legislative system: Bertram M. Gross, *The Legislative Struggle* (New York: McGraw-Hill, 1953); William L. Morrow, *Congressional Committees* (New York: Scribner, 1969); William J. Keefe and Morris S. Ogul, *The American Legislative Process*, 2nd ed. (Englewood Cliffs, N. J.: Prentice-Hall, 1968).

On the fiscal committees: Richard F. Fenno. Jr., *The Power of the Purse* (Boston: Little, Brown, 1966); Aaron Wildavsky, *The Politics of the Budgetary Process* (Boston: Little, Brown, 1964).

Fenno quotation: Fenno, pp. 136-137.

Wilson on power of congressional committees: Woodrow Wilson, *Congressional Government*, 15th ed. (Boston: Houghton Mifflin, 1885), passim.

Fenno on restrictions on Appropriations Committee chairman: Fenno, pp. 137-138.

Central Legislative Leadership

Parliamentary party discipline in India: Kahin, ch. 11; Park and Tinker, ch. 4; Morris-Jones, ch. 4.

Congress party doctrine and recruitment: Stanley A. Kochanek, *The Congress Party of India* (Princeton: Princetn University Press, 1968), p. 382.

Parliamentary party leadership in Ghana: Apter, chs. 10 and 11; in West Germany: Loewenberg, ch. 4; in Japan: Chitoshi Yanaga, *Japanese People and Politics* (New York: Wiley, 1956), p. 267.

Consevative parliamentary party discipline and leadership: Beer, passim; Richards, passim; Leon D. Epstein, "Cohesion of British Parliamentary Parties," *American Political Science Review*, Vol. 50, No. 2 (June 1956), 360-377.

Postwar parliamentary leadership and discipline in France: Roy C. Macridis and Robert E. Ward, eds., *Modern Political Systems: Europe* (Englewood Cliffs, N. J.: Prentice-Hall, 1963); Peter Campbell, "Discipline and Loyalty in the French Parliament," Wahlke and Eulau, pp. 143-149.

James on constituency orientation of legislators: Judson L. James, *American Political Parties in Transition* (New York: Harper & Row, 1974), p. 202.

Party and parliamentary leadership in American legislatures: David B. Truman, *The Congressional Party* (New York: Wiley, 1959); Randall B. ripley, *Party Leaders in the House of Representatives* (Washington, D. C.: Brookings, 1967); Wahlke, Eulau, Buchanan, and Ferguson, esp. chs. 8, 15; James, passim: Nelson W. Polsby, "The Institutionalization of the U. S. House of Representatives," *American Political Science Review*, Vol. 62, No. 1 (March 1968), 144-168; David J. Rothman, *Politics and Power: The United States Senate, 1869—1901* (Cambridge, Mass.: Harvard University Press, 1966); Lewis A. Froman, Jr., *Congressmen and Their Constituencies* (Chicago: Rand McNally, 1963); Ralph Huitt, "Democratic Party Leadership in the Senate," *American Political Science Review*, Vol. 55, No. 2 (June 1961), 333-344; Walter J. Oleszek, "Party Whips in the United States Senate," *Journal of Politics*, Vol. 33, No. 4 (November 1971), 955-979; Barbara Hinckley, *The Seniority System in Congress* (Bloomington: University of Indiana Press, 1971); David R. Mayhew, *Party Loyalty Among Congressmen* (Cambridge, Mass.: Harvard University Press, 1966); Robert L. Peabody, "Party Leadership Change in the United States House of Representatives," *American Political Science Review*, Vol, 61, No. 3 (September 1967), 675-693.

Blum to Laval: quoted in Geoffrey Warner, *Pierre Laval and the Eclipse of France* (New York: Macmillan, 1968), p. 126; on the Fourth Republic, see Nathan Leites, *On the Game of Politics in France* (Stanford: Stanford University Press, 1959), with a suggestive foreword by D. W. Brogan.

Miliband on socialism and legislative leadership: Ralph Miliband, *Parliamentary Socialism* (London: George Allen and Unwin, 1961).

14. EXECUTIVE LEADERSHIP

Charles de Gaulle as executive leader: see generally Charles de Gaulle, *Mémoires d'espoir*: Vol. 1, *Le renouveau, 1958—1962* (Paris: Plon., 1970); Vol. 2, *L'effort, 1962* (Paris: Plon., 1971).

De Gaulle's view of presidential power: broadcasts of December 28, 1958, and January 29, 1960, quoted in Dorothy Pickles, *The Fifth French Republic* (New York: Praeger, 1962), p. 138, and in Philip M. Williams and Martin Harrison, *Politics and Society in de Gaulle's Republic* (Garden City, N. Y.: Doubleday, 1972), p. 172.

De Gaulle on executive versus parliamentary power: Pickles, p. 33.

Pickles' view of the presidential office: pickles, p. 136.

De Gaulle's press conferences: Pierrs Viansson-Ponté, *The King and His Court* (Boston: Houghton Mifflin, 1965), pp. 44-47; David Schoenbrun, *The Three Lives of Charles de Gaulle* (New York: Atheneum, 1966), pp. 344-345.

Direct election of president: Williams and Harrison, pp. 172-173 (De Gaulle quoted on p. 173).

De Gaulle's hope to avoid routine administrative direction: Williams and Harrison, p. 174.

On the political and institutional aspects of the Fifth Republic see Roy C. Macridis and Bernard E. Brown, *The De Gaulle Republic* (homewood, Ill.: Dorsey Press, 1960); on De Gaulle himself: Alexander Werth, *De Gaulle* (New York: Simon and Schuster, 1965).

See, also review article by John C. Cairns, "De Gaulle as President: First Triumphs and Last Memoirs," *American Historical Review*, Vol. 78, No. 5 (December 1973). 1406-1420, and works, cited therein.

Schoenbrun on de Gaulle's negative achievements: Schoenbrun, p. 364.

The Political Executive: Power and Purpose

The executive leader and conflict: Barnard, pp. 270-278; William J. Gore, *Administrative Decision-Making* (New York: Wiley, 1964), pp. 38f; Victor A. Thompson, *Bureaucracy and Innovation* (University: University of Alabama Press, 1969), passim: Philip Selznick, *Leadership in Administration* (New York: Harper & Brothers, 1957) pp. 63-64; Melville Dalton, "Staff and Line Relationships—A Study of Conflicts," in Robert Dubin, *Human Relations in Administration* (New York: Prentice-Hall, 1951) pp. 128-138; Presthus, passim; Crozier, p. 139.

Five types of organizational power: Kate and Kahn, ch. 11. Acceptance of authority: Herbert A. Simon, Donald W. Smithburg, and Vicor A. Thompson, *Public Administration* (New York: Knopf, 1950), ch. 8. See also Donald C. Storne on executive influence: Waldo, ed., *Ideas and Issues in Public Administration* (New York: McGraw-Hill, 1953), p. 339.

Franklin Roosevelt's personal management: Richard E. Neustadt, *presidential Power* (New York: Wiley, 1950), passim; James MacGregor Burns, *Roosevelt: The Lion and the Fox* (New York: Harcourt, Brace & World, 1956), pp. 264-265, 371-375.

Organizational purpose and goal: Talcott Parsons, *Politics and Social Structure*, pp. 318-319, 341-342; Chester Barnard, *The Functions of the Executive* (Cambrideg, Mass.: Harvard University Press, 1945), passim (indexde as purpose); William J. Gore, *Administration Decision-Making: A Heuristic Model* (New York: Wiley, 1964), pp. 37ff; Victor A. Thompson, *Modern Organization*, ch. 6; Presthus, passim.

Gore quotation: Gore, p. 37.

Organization theorists on goals: see especially Lawrence B. Mohr, "The Concept of Organizational Goal," *American Political Science Review*, Vol. 67, No. 2 (June 1973), 470-481; see also Tannenbaum, Weschler, and Massarik, pp. 28-29; Cartwright in March, *Handbook of Organization*, pp. 10-11.

Displacement of goals on one another: Presthus, pp. 195-196, 218-219, 320.

Goal clusters: Tannenbaum et al., p. 30.

Time element: Amital Etzioni, *Modern Organizations* (Englewood Cliffs, N.J.: Prentice-Hall, 1964) pp. 5, 13.

Differentiating goals: Dorwin Cartwright and Alvin Zander, *Group Dynamics*, 3rd ed. (New York: Harper & Row, 1968), pp. 403f.

Techniques for identifying goals and measuring goal importance: Mohr, p. 478, and works listed therein.

Institutional embodiment of purpose: Selznick, ch. 4.

The Executive Leader as Decision Maker

Sir Ian Hamiltion's decision-making: Sir Ian Hamilton, *The Soul and Body of an Army* (London: Arnold,

1921), pp. 235–236, cited by Stein, p. 237.

Classic conceptions of executive decision-making: Barnard, passim; Whyte, *Organizational Behavior* (Homewood, Ill.: Irwin, 1968), pp. 686–687; Gore, pp. 3ff; Barnard, p. 196. Contemporary, more contextual approach: James G. March and Herbert A. Simon, *Organizations* (New York: Wiley, 1958); Whyte, p. 687.

Gore on stream of interactions: Gore, p. 21.

Decision maker operating "forward and backward": Julian Feldman and Herschel E. Kanter, "Organizational Decision Making," in March, *Handbook of Organizations*, pp. 615–617; Whyte, pp. 697–699.

The Tennessee Valley Authority as an "autonomors" organization: Philip Selznick, *TVA and the Grass Roots* (Berkeley: University of California Pree, 1949); see also Philip Selznick, *Leadership in Administration* (New York: Harper & Brothers, 1957), pp. 42–45, from which Selznick is quoted at pp. 43–44.

Probability curves: Feldman and Kanter, p. 625.

Lindblom on incrementalism: Charles Lindblom, *The Intelligence of Democracy* (New York: Free Press, 1965), p. 148 and passim: see also David Braybrooke and Charles E. Lindblom, *A Strategy of Decision* (New York: Free Press, 1963).

Barnard on telephone pole decision-making: Barnard, p. 198; see also Simon, pp. 226–227.

Concept of the "decision tree": McFarland, esp. ch. 6.

Barnard on repeated decision-making: Bamard, pp. 205–206.

Thompson on innovation: Victor A. Thompson, *Bureaucracy and Innovation* (University: University of Alabama Press, 1969), p. 4.

Thompson on "self-actualization through work": Thompson, p. 106.

Theory of the "strategic factor": Barnard, pp. 202–206.

Crozier on organizational progress through crisis: Michel Crozier, *The Bureaucratic Phenomenon* (Chicago: University of Chicago Press, 1964), pp. 116, 310.

Gore on organizational survival: Gore, pp. 20–21.

Selznick on institutional embodiment of purpose: Selznick, *Leadership in Administration*, ch. 4.

The American President as Executive Leader

Presidential aide on White House conflict: Theodore C. Sorensen, *Decision-Making in the White House* (New York: Columbia University Press, 1963), p. 14.

Classic treatments of the constitutional background of presidential power are Edward S. Corwin, *The President: Office and Powers*, rev. ed. (New York: New York University Press, 1957); Clinton Rossiter, *The American Presidency* (New York: Harcourt, Brace, 1956); William Howard Taft, *Our Chief Magistrate and His Powers* (New York: Columbia University Press, 1916); Woodrow Wilson, *Constitutional Government in the United States* (New York: Columbia University Press, 1908).

Presidential politics and popularity: Thomas A. Bailey, *Presidential Greatness: The Image and the Man fron George Washington to the Present* (New York: Appleton, 1966); Wilfred Binkley, *The Man in the White House* (Baltimore: Johns Hopkins press, 1959); Elmer E. Cornwell, *Presidential Leadership of Public Opinion* (Bloomington: Indiana University Press, 1965); Stuart Gerry Brown, *The American Presidency: Leadership, Partisanship, and Popularity* (New york: Macmillan, 1966).

Presidential power: Herman Finer, *The presidency: Crisis and Regeneration* (Chicago: University of Chicago Press, 1960); Louis W. Koenig, *The Chief Executive* (New York: Harcourt Barce & World, 1964); Richard Neustadt, *Presidential Power* (New York: Wiley, 1960); Harold J. Laski, *The American Presidency* (New York: Harper & Brothers, 1940); Arthur M. Schlesinger, Jr., *The Imperial Presidency* (Boston: Houghton Mifflin, 1973).

Rise of executive agreements: Schlesinger, pp. 85–86. Recent proliferation of executive agreements: Sam

J. Ervin, Jr., "Separation of Powers and Foreign Affairs," paper prepared for the Center for the Study of Democratic Institutions, Santa Barbara, California, October 1973, p. 10.

Neustadt on presidential bargaining: Neustadt, pp. 36–37. Critque of bargaining model: William T. Bluhm, *Theorise of the Political System* (Englewood Cliffs, N. J.: Prentice-Hall, 1965). Raising presidential bargaining to more inclusive levels: Peter W. Sperlich, "Bargaining and Overload: An Essay on *Presidential Power*," in Wildavsky, ed., *The Presidency*, pp. 168–192.

Lack of national purpose: Hans J. Morgenthau, *The Purpose of American Politics* (New York: Vintage Books, 1964), p. 7; see also Louis Hartz, *The Liberal Tradition in America* (New York: Harcourt, Brace, 1955); and Boorstin, *The Genius of American Politics* (Chicago: University of Chicago Press, 1953); Herbert McClosky, "Consensus and Ideology in American Politics," *American Political Science Review*, Vol. 53, No. 2 (June 1964), 361–382.

Lincoln on limb versus life: John G. Nicolay and John Hay, eds., *Complete Works of Abraham Lincoln* (Lincoln Memorial University, 1894). Vol. 10, p. 66. The Supreme Court's response: *ex parte Milligan* (4 Wall. 120–121, 126, 1866). This discussion of Lincoln is drawn from a somewhat more extended comment in James MacGregor Burns, *Presidential Government: The Crucible of Leadership* (Boston: Houghton Mifflin, 1966), pp. 34–45. Lincoln's remark on being controlled by events is quoted in Richard Hofstadter, *The American Political Tradition* (New York: Vintage Books, 1954), p. 130.

Theodore Roosevelt on his use of executive power: Theodore Roosevelt, *An Autobiography* (New York: Macmillan, 1921), p. 395; see also Clinton Rossiter, *Alexander Hamilton and the Constitution* (New York: Harcourt, Brace & World, 1964), p. 248.

Franklin Roosevelt as political tactician: drawn from James MacGregor Burns, *Roosevelt: The Lion and the Fox* (New York: Harcourt, Brace & World, 1956), pp. 284–287 and passim; Franklin Roosevelt as chief executive: quoted directly from James MacGregor Burns, *Roosevelt: The Soldier of Freedom* (New York: Harcourt Brace Jovanovich, 1970), pp. 347–348.

Neustadt on Roosevelt's reputation-building: Neustadt, p. 63. For a somewhat different perspective on Franklin Roosevelt, see Arthur M. Schlesinger, Jr., *The Age of Roosevelt*, esp. Vol. 2, *The Coming of the New Deal*, and Vol. 3, *The Politics of Upheaval* (Boston: Houghton Mifflin, 1959, 1960).

Kennedy on presidential performance: "Speeches, Remarks, Press Conferences and Statements of Senator John F. Kennedy, Aug. 1 through Nov. 7, 1960," *Final Report of the Senate Committee on Commerce*, 87th Congress, 1st Session, 1961, p. 904. Sorensen's book is *Decision-Making in the White House*. See also Emmet John Hughes, *The Living Presidency* (New York: Coward, McCann & Geoghegan, 1973), pp. 57–58.

Jefferson on slender majorities: Sorensen, p. 48.

Nixon presidency: schlesinger, *The Imperial Presidency*, esp. ch. 8; Jules Witcover, *The Resurrection of Richard Nixon* (New York: Putnam, 1970); Garry Wills, *Nixon Agonistes* (Boston: Houghton Mifflin, 1970); Bruce Mazlish, *In Search of Nixon* (New York: Basic Books, 1972).

15. DECISION AND CHANGE

Mao Tse-tung leading and altering the Gultural Revolution: Stuart Schram, ed. *Authority, Participation and Cultural Change in China* (London: Cambridge University Press, 1973).

The "qualitative jump in consciousness": K. S. Karol, *The Second Chinese Revolution* (New York: Hill & Wang, 1973), p. 455.

See also Han Suyin, Karnow, and Snow in source notes for Chapter 9. Stewart Burns drafted the material on Mao and the Cultural Revolution jointly with the author.

The Leader as Policy Maker

Interregnum relations between Hoover and Roosevelt: Frank Freidel, *Franklin D. Roosevelt: Launching the New Deal* (Boston: Little, Brown, 1973), p. 18.

Roosevelt as "peanut": Freidel, p. 45.

Bauer on a model of decision-making requirements: Raymond A. Bauer and Kenneth J. Gergen, *The Study of Policy Formation* (New York: Free Press, 1968), p. 11.

Robbins on marginal utility: Bauer and Gergen, p. 92.

On "extra-rationality" in public policy-making see Yehezkel Dror, *public policymaking Reexamined* (San Francisco: Chandler, 1968), chs, 12, 13.

Decision and Dissent

Sorensen on presidential policy constancy: Theodore C. Sorensen, *Decision-Making in the white House* (New York: Columbia University Press, 1963), p. 34.

On generalizing about leaders and decision-making see also: Victor H. Vroom and Philip W. Yetton, *Leadership and Decision-Making* (Pittsburgh: University of Pittsburgh Press, 1973).

John Dewey on rational decision-making: adapted and quoted from Dror, pp. 79-80.

Sorensen on decision-making: Sorensen, pp. 18-20.

Dror on limitations of decision-making: Dror, p. 79.

The "science of muddling through": see in general Charles E. Lindblom, *The Intelligence of Democracy* (New York: Free Press, 1965).

Holsti on Dulles' "restructuring strategies": Ole R. Holsti, "Cognitive Dynamics and Image of the Enemy: Dulles and Russia," in D. J. Finlay, O. R. Holsti, and R. R. Fagen, *Enemies in Politics* (Chicago: Rand McNally, 1967), pp. 25-96.

Harding on decision-making: Richard F. Fenno, *The President's Cabinet* (Cambridge, Mass.: Harvard University Press, 1959), pp. 40-41.

Janis on leaders'internal reactions and anticipations: Irving L. Janis, "Decisional Conflicts: A Theoretical Analysis," *Journal of Conflict Resolution*, Vol. 3 (1959), 6-27, quoted at 15.

Richard Nixon on his National Security Council system of advice: Richard Nixon, *U. S. Foreign Policy for the 1970's: A New Strategy for Peace*, A Report to the Congress, February 18, 1970 (Washington, D. C.), p. 22.

George on National Security Council decision-making under Nixon: Alexander L. George, "The Case for Multiple Advocacy in Making Foreign Policy," *American Political Science Review*, Vol. 66, No. 3 (September 1972), 751-785, quoted at 761; see also comment by I. M. Destler and rejoinder by George: George, pp. 786-795.

Kennedy after the Bay of Pigs: Arthur M. Schlesinger, Jr., *A Thousand Days* (Boston: Houghton Mifflin, 1965), p. 296; see also Theodore C. Sorensen, *Kennedy* (New York: Harper & Row, 1965), p. 305.

Kennedy and Khrushchev on the missile crisis: Graham T. Allison, *Essence of Decision* (Boston: Little, Brown, 1971), pp. 211, 212 (emphasis added).

The Test: Real, Intended Change

Kelman and Warwich on types of changes: Herbert C. Kelman and Donald P. Warwich, "Bridging Micro and Macro Approaches to Social Change: A Social-Psychological Perspective," in Gerald Zaltman, ed., *Processes and Phenomena of Social Change* (New York: Wiley, 1973), pp. 20-21.

Nisbet on persistence and change: Robert Nisbet, ed., *Social Change* (New York: Harper & Row, 1972), p. 5.

Heilbroner on change: Robert Heilbroner, *The Future As History* (New York: Harper & Row, 1968), p. 195.

Meyer on change: Leonard B. Meyer, *Music, the Arts, and Ideas: Patterns and Predictions in Twentieth Century Culture* (Chicago: University of Chicago Press, 1967), p. 134.

Both Heilbroner and Meyer are quoted in Nisbet, pp. 11-12; Radcliffe-Brown on two types of change:

Alfred R. Radcliffe-Brown, *A Natural Science of Society* (New York: Free Press, 1957), p. 87.

Kindergarten experiment: F. Merei, "Group Leadership and Institutionalization," *Human Relations*, Vol. 2 (1939), 23-39.

Strategies for overcoming resistance to change: Zaltman, p. 4, drawn in turn from Garth N. Jones, *Planned Organizational Change* (New York: Praeger, 1969); Robert Chin and Kenneth Benne, "General Strategies for Effective Changes in Human Systems," in W. G. Bennis, K. D. Benne, and R. Chin, eds., *The Planning of Change* (New York: Holt, Rinehart and Winston, 1969); Gerald Zaltman, Philip Kotler, and Ira Kaufman, *Greating Social Change* (New York: Holt, Rinehart and Winston, 1972).

Other sources of social change and its blockage: Everett E. Hagen, *On the Theory of Social Change* (Homewood, Ill.: Dorsey Press, 1962); Wilbert E. Moore, *Social Change* (Englewood Cliffs, N. J.: Prentice-Hall, 1963); Gouldner, *The Coming Crisis of Western Sociology.*

Nagel on change: Ernest Nagel, *The Structure of Science* (New York: Harcourt, Brace & World, 1961), p. 529.

Coser on changes of system and changes in systems: Lewis A. Coser, *Continuities in the Study of Social Conflict* (Glencoe, Ill.: Free Press, 1967), p. 28.

Gurr on political system transformation: Ted Robert Gurr, "Persistence and Change in Political Systems, 1800—1971," *American Political Science Review*, Vol. 68, No. 4 (December 1974), 1500-1501.

Inkeles on Bolshevik planning: Alex Inkeles, *Social Change in Soviet Russia* (Cambridge, Mass.: Harvard University Press, 1968), pp. 14, 15.

Mannheim on planning: Karl Mannheim, *Freedom, Power, and Democratic planning* (New York, Oxford University Press, 1950), p. xviii.

16. TOWARD A GENERAL THEORY

Lyndon Johnson's dream: Doris Kearns, *Lyndon Johnson and the American Dream* (New York: Harper & Row, 1976), p. 342.

Taoist and Maoist emphasis on self-expression by the masses: Robert Jungk et al., *China and the West: Mankind Evolving* (New York: Humanities Press, 1971).

Slaves'resistance: Eugene D. Genovese, *Roll, Jordan, Roll* (New York: Pantheon Books, 1974).

Leadership and Collective Purpose

Transactions between leaders and followers: note discussion in Bernard M. Bass, *Leadership, Psychology, and Organization Behavior* (New York: Harper & Brothers, 1960), pp. 94ff.

Quotation on the establishment of "a culturally invariant sequence of stages of moral judgment": Lawrence Kohlberg, "The Claim to Moral Adequacy of a Highest Stage of Moral Judgment," *Journal of Philosophy*, Vol. 70, No. 18 (October 25, 1973), 630-631; see also Elizabeth Léonie Simpson, "A Holistic Approach to Moral Development and Behavior," ch. 9 in T. Lickona, ed., *Moral Development and Behavior* (New York: Holt, Rinehart and Winston, 1976), pp. 159-170.

Other sources of development theory: Lawrence Kohlberg, "Moral Development and Identification," ch. 7, in Harold W. Stevenson, ed., *Child Psychology* (62nd Yearbook of the National Society for the Study of Education), Part I (Chicago: University of Chicago Press, 1963), pp. 277-332; Kohlberg, "Development of Moral Character and Moral Ideology," in Martin L. Hoffman and Lois Wladis Hoffman, eds., *Review of Child Development Research*, Vol. 1 (New York: Russell Sage Foundation, 1964), pp. 383-431; Kohlberg, "Stage and Sequence: The Cognitive-Developmental Approach to Socialization," in David A. Goslin, *Handbook of Socialization Theory and Research* (Chicago: Rand McNally, 1969), pp. 347-480; and other apposite articles in these collections.

See generally Theodore Mischel, ed., *Cognitive Development and Epistemology* (New York: Academic Press, 1971).

Roosevelt's and Hitler's definitions of freedom: James MacGregor Burns, "Hitler, Roosevelt, and the Battle of Symbols," *Antioch Review*, Vol. 2 (1942), 407-421; see also Ralph K. White, "Hitler, Roosevelt and the Nature of War Propaganda," *Journal of Abnormal and Social Psychology*, Vol. 44 (1949), 157.

Cantril: Hadley Cantril, *The Pattern of Human Concerns* (New Brunswick: Rutgers University Press, 1965), pp. 14-16, 327-328.

Four-nation study of differences among leaders: International Studies of Values in Politics, *Values and the Active Community* (New York: Free Press, 1971), esp. pp. 10, 149ff, see also Florence Rockwook Kluckhohn and Fred L. Strodtbeck, *Variations in Value Orientations* (Evanston, Ill.: Row, Peterson, 1961).

Rawls on justice: John Rawls, *A Theory of Justice* (Cambridge, Mass.: Harvard University Press, 1971); Norman Daniels, ed., *Reading Rawls* (New York: Basic Books, 1974).

Leadership as Causation

"Dichotomy" between structural and behavioral variables: McFarland, pp. 125-128.

Friedrichs on the interplay between the socially derived "me" and biologically based "I": Robert W. Friedrichs, *A Sociology of Sociology* (New York: Free Press, 1970), p. 227.

Transferability of Power between Roosevelt and Lewis: James MacGregor Burns, *Roosevelt: The Lion and the Fox* (New York: Harcourt, Brace, 1956), pp. 216-217, 286-287, 449-450.

McClelland on leaders' arousing motivations of followers: David C. McClelland, *Power: The Inner Experience* (New York: Irvington, 1975), p. 260.

I have found useful on aspects of historical causation: R. M. MacIver, *Social Causation* (Boston: Ginn, 1942); Erich Kahler, *The Meaning of History* (Cleveland: World Publishing, 1964); Edward Hallett Carr, *What Is History?* (New York: Knopf, 1962); Hans Meyerhoff, ed., *The Philosophy of History in Our Time* (Garden City, N.Y.: Doubleday, 1959).

Leadership and Change

Field theory analysis: Kurt Lewin, *Field Theory in Social Science* (New York: Harper & Brothers, 1951).

My example of Jones and Smith was suggested by a somewhat similar example in Morton White, *Foundations of Historical Knowledge* (New York: Harper & Row, 1965), pp. 144-145.

Berger and Luckmann on the reality of everyday life: Peter L. Berger and Thomas Luckmann, *The Social Construction of Reality* (Garden City, N.Y.: Doubleday, 1967), pp. 21-28; see also the work of Erving Goffman.

Berlin on the actual experience of men and women: Isaiah Berlin, *The Hedgehog and the Fox* (New York: Simon and Schuster, 1970), p. 11 (emphasis added).

17. POLITICAL LEADERSHIP AS PRACTICAL INFLUENCE

From the enormous bibliography on Machiavelli I have used especially: Max Lerner, ed., *The Prince and the Discourese of Machiavelli* (New York: Random House, 1950), including introduction by the editor; Benedetto Croce, *Elemeti di politica* (Bari: Lius, Laterza & Figli, 1925); Leo Strauss, *Thoughts on Machiavelli* (Glencoe, Ill.: Free Press, 1958); Anthony Parel, ed., *The Political Calculus* (Toronto: University of Toronto Press, 1972); Garrett Mattingly, "Machiavelli's *Prince*: Political Science or Political Satire," *American Scholar*, Vol. 27, No. 4 (Autumn 1958), 482-491; and De Lamar Jensen, ed., *Machiavelli* (Lexington, Mass.: Heath, 1960).

Machiavelli on his evening writing: Valeriu Marcu, *Accent on Power: The Life and Times of Machiavelli* (New York: Farrar & Rinehart, 1939), p. 257.

Machiavelli and conflict: Fred R. Dallmayr, "Beyond Dogma and Despair: Toward a Critical Theory of Politics," *American Political Science Review*, Vol. 70, No. 1 (March 1976), 64-79.

Machiavelli's view of persons as things: Richard Christie and Florence L. Geis, *Studies in Machiavellianism*

(New York: Academic Press, 1970), pp. 3-4, cited in Robert E. Lane, "Interpersonal Relations and Leadership in a 'Cold Society,'" paper prepared for delivery at the Congress of the International Political Science Association, Edinburgh, August 1976, p. 15.

On Machiavelli's intention see also Irving Howe, *Politics and the Novel* (New York: Avon Books, 1970), esp. pp. 44-46.

Teaching Leadership or Manipulation?

Carnegie's book is Dale Carnegie, *How to Win Friends and Influence People* (New York: Simon and Schuster, 1936); Robinson is quoted at p. 113, Overstreet at p. 40, James at p. 30.

The "grand goal of leadership": David Loye, *The Leadership Passion* (San Francisco: Jossey-Bass, 1977), p. 76.

Main sources on moral development and moral education: Lawrence Kohlberg, "Indoctrination Versus Relativity in Value Education," *Zygon: Journal of Religion and Science*, Vol. 6, No. 4, (December 1971), 285-310; Kohlberg, "The Cognitive-Developmental Approach to Moral Education," *Phi Delta Kappan*, June 1975, 670-677; Kohlberg, "Stages of Moral Development as a Basis for Moral Education," ch. 1 in Beck, Crittenden and Sullivan.

See also Anne Colby, review of works on teaching and clarification of values, *Harvard Educational Review* Vol. 45, No. 1 (February 1975), 134-143; John S. Stewart, "Clarifying Values Clarification: A Critique," *Phi Delta Kappan*, June 1975, p. 684-688; R. S. Peters, "Moral Development: A Plea for Pluralism," in Theodore Mischel, ed., *Cognitive Development and Epistemology* (New York: Academic Press, 1971), pp. 237-267.

Study of kibbutz-raised children in Israel: cited in Lawrene Kohlberg, "Development of Moral Character and Moral Ideology," in Martin L. Hoffman and Lois Wladis Hoffman, *Review of Child Development Research*, Vol. 1 (New York: Russell Sage Foundation, 1964), p. 415.

Max Weber on deficiencies in political education in pre-World War I Germany: Lawrence A. Scaff, "Max Weber's Politics and Political Education," *American Political Science Review*, Vol. 67. No. 1 (March 1973), 128-141; Weber is quoted at p. 132.

Elizabeth Léonie Simpson collaborated in the drafting of this section.

The Armament of Leadership

Call that "we must have leaders": Walter B. Wriston, "Liberty, Leadership and License," University of Chicago Graduate School of Business, Chicago, March 11, 1976, p. 5.

Journalist's remark: Brock Brower, quoted in *Time*, July 15, 1974, p. 21.

Statement of university president: Warren G. Bennis, "Where Have All the Leaders Gone?" Federal Executive Institute, 1975, pp. 1, 11.

Gardner on leadership: John W. Gardner, "The Antileadership Vaccine," *Annual Report of the Carnegie Corporation of New York*, New York, 1965, pp. 3, 12.

Myrdal on the labor parties of Europe: Gunnar Myrdal, "Race and Class in a Welfare State," Columbia University, October 28, 1976, p. 29.

Event-full and event-making leadership: Sidney Hook, *The Hero in History* (Boston: Beacon Press, 1955).

Reichley on Mosaic and Alexandrial leadership: A. James Reichley, "Our Critical Shortage of Leadership," *Fortune*, September 1971, pp. 90-91.

Selznick on the social embodiment of purpose: Philip Selznick, *Leadership in Administration* (New York: Harper & Brothers, 1957), p. 60.

Barber on failure of followership: Benjamin Barber, "Command Performance," *Harper's*, April 1975, p. 53.

Myrdal on American values: Myrdal, "Race and Class in a Welfare Society."

The Chinese Constitution of 1969: Edgar Snow, *The Long Revolution* (New York: Random House,

1971), p. 255.

On Mao's strategy cf. Phillip Bridgham, "Mao's Cultural Revolution in 1967: The Struggle to Seize Power," *China Quarterly*, Vol. 34 (April-June 1968), 6; Edward Rice, *Mao's Way* (Berkeley: University of California Press, 1972), esp. pp. 298–317.

Leadership: Of Whom? To What?

Henri Peyre on ingredients of leadership: *Time*, July 15, 1974, p. 23.

Leadership of the global community: Robert C. Tucker, "Personality and Political Leadership," *Political Science Quarterly*, Vol. 92, No. 3 (Fall 1977), 383–393, esp. p. 393.

索　引

译后记

本书的作者詹姆斯·麦格雷戈·伯恩斯被国际领导学界公认为当代领导学研究的先驱之一，曾担任美国政治学会主席和国际政治心理学会主席。这部《领导论》虽完成于1978年，但至今仍被领导学界公认为领导学研究的经典力作。

对经典作家的经典著作做出经典的翻译，虽是翻译者竭诚努力的目标，但却更像是西西弗斯的神话，何况此书已有刘李胜等学者于1996年那部功力深厚并广为流传的译本。也许，学术的真正进展恰恰在于向最高峰挑战，涉几近不可行之险。这部新的译本可以说是再一次勇敢的探险，力图借中国领导学研究几十年辛勤耕耘所积之功力，使这部传世名作能够以更精准流畅的新面目呈献给读者。译者对书中的各个概念和观点反复推敲，并用括号附上原文；对书中广泛涉及的各种人物、历史事件、各国的制度以及各个领域的研究成果细致查对，并给出了注释；对作者迭出的妙语和生动的比喻，尽量找到恰当的表达，使其能够意会言传；对整体的行文字斟句酌，努力忠实于原文，又使语意连贯，流畅易读。此外，我们还翻译了所有索引，并在书中标出了原文页码，使读者更容易与原文查对。尽管我们已尽全力，但许多地方不尽如人意，深感学海无涯，只能是暂时告一段落。翻译之苦，唯译者自知；而翻译之乐，我们希望能与所有读者共享。愿读者和学界同仁对这部新译本多多批评指正。

此书的翻译是一次愉快的分工合作过程。翻译的具体分工为：

第1～9章　孙海云

第10～14章　常健

第15章　陈彦婷

第16章　黄俐俐

第17章　陈彦婷、黄俐俐

索引　孙海云

全书由常健校对定稿，并撰写译者序和译后记。

此书的翻译和出版得到中国人民大学出版社曹沁颖编辑的热情支持，在此谨致谢意。

人大版公共管理类翻译（影印）图书

公共行政与公共管理经典译丛

书名	著译者	定价
公共管理名著精华："公共行政与公共管理经典译丛"导读	吴爱明　刘晶　主编	49.80 元

经典教材系列

书名	著译者	定价
公共管理导论（第三版）	［澳］欧文·E·休斯　著 张成福　等　译	39.00 元
政治学（第三版）	［英］安德鲁·海伍德　著 张立鹏　译	49.80 元
公共政策分析导论（第四版）	［美］威廉·N·邓恩　著 谢明　等　译	49.00 元
公共政策制定（第五版）	［美］詹姆斯·E·安德森　著 谢明　等　译	46.00 元
公共行政学：管理、政治和法律的途径（第五版）	［美］戴维·H·罗森布鲁姆　等　著 张成福　等　译校	58.00 元
比较公共行政（第六版）	［美］费勒尔·海迪　著 刘俊生　译校	49.80 元
公共部门人力资源管理：系统与战略（第四版）	［美］唐纳德·E·克林纳　等　著 孙柏瑛　等　译	49.80 元
公共部门人力资源管理（第二版）	［美］埃文·M·伯曼　等　著 萧鸣政　等　译	49.00 元
行政伦理学：实现行政责任的途径（第五版）	［美］特里·L·库珀　著 张秀琴　译　音正权　校	35.00 元
民治政府——美国政府与政治（第二十版）	［美］詹姆斯·麦格雷戈·伯恩斯　等　著 吴爱明　等　译	69.80 元
比较政府与政治导论（第五版）	［英］罗德·黑格　马丁·哈罗普　著 张小劲　等　译	48.00 元
公共组织理论（第五版）	［美］罗伯特·B·登哈特　著 扶松茂　丁力　译　竺乾威　校	32.00 元
公共组织行为学	［美］罗伯特·B·登哈特　等　著 赵丽江　译	49.80 元
组织领导学（第五版）	［美］加里·尤克尔　著 陶文昭　译	49.80 元
公共关系：职业与实践（第四版）	［美］奥蒂斯·巴斯金　等　著 孔祥军　等　译　郭惠民　审校	68.00 元
公用事业管理：面对 21 世纪的挑战	［美］戴维·E·麦克纳博　著 常健　等　译	39.00 元
公共预算中的政治：收入与支出，借贷与平衡（第四版）	［美］爱伦·鲁宾　著 叶娟丽　马骏　等　译	39.00 元
公共行政学新论：行政过程的政治（第二版）	［美］詹姆斯·W·费斯勒　等　著 陈振明　等　译校	58.00 元
公共和第三部门组织的战略管理：领导手册	［美］保罗·C·纳特　等　著 陈振明　等　译校	43.00 元
公共行政与公共事务（第十版）	［美］尼古拉斯·亨利　著 孙迎春　译	52.00 元
公共管理案例教学指南	［美］小劳伦斯·E·列恩　著 郄少健　等　译　张成福　等　校	26.00 元

书名	著译者	定价
公共管理中的应用统计学（第五版）	［美］肯尼思·J·迈耶 等 著 李静萍 等 译	49.00 元
现代城市规划（第五版）	［美］约翰·M·利维 著 张景秋 等 译	39.00 元
非营利组织管理	［美］詹姆斯·P·盖拉特 著 邓国胜 等 译	38.00 元
非营利组织战略营销（第五版）	［美］菲利普·科特勒 等 著 孟延春 等 译	58.00 元
公共财政管理：分析与应用（第六版）	［美］约翰·L·米克塞尔 著 白彦锋 马蔡琛 译 高培勇 等 校	69.90 元
企业与社会：公司战略、公共政策与伦理（第十版）	［美］詹姆斯·E·波斯特 等 著 张志强 等 译	59.80 元
公共行政学：概念与案例（第七版）	［美］理查德·J·斯蒂尔曼二世 编著 竺乾威 等 译	75.00 元
公共管理中的量化方法：技术与应用（第三版）	［美］苏珊·韦尔奇 等 著 郝大海 等 译	39.00 元
公共与非营利组织绩效考评：方法与应用	［美］西奥多·H·波伊斯特 著 肖鸣政 等 译	35.00 元
政治体制中的行政法（第三版）	［美］肯尼思·F·沃伦 著 王丛虎 等 译	78.00 元
政府与非营利组织会计（第 12 版）	［美］厄尔·R·威尔逊 等 著 荆新 等 译校	79.00 元
政治科学的理论与方法（第二版）	［英］大卫·马什 等 编 景跃进 张小劲 欧阳景根 译	38.00 元
公共管理的技巧（第九版）	［美］乔治·伯克利 等 著 丁煌 主译	59.00 元
领导学：理论与实践（第五版）	［美］彼得·G·诺斯豪斯 著 吴爱明 陈爱明 陈晓明 译	48.00 元
领导学（亚洲版）	［新加坡］林志颂 等 著 顾朋兰 等 译 丁进锋 校译	59.80 元
领导学：个人发展与职场成功（第二版）	［美］克利夫·里科特斯 著 戴卫东 等 译 姜雪 校译	69.00 元
二十一世纪的公共行政：挑战与改革	［美］菲利普·J·库珀 等 著 王巧玲 李文钊 译 毛寿龙 校	45.00 元
行政学（新版）	［日］西尾胜 著 毛桂荣 等 译	35.00 元
官僚政治（第五版）	［美］B·盖伊·彼得斯 著 聂露 等 译	39.80 元
理解公共政策（第十二版）	［美］托马斯·R·戴伊 著 谢明 译	45.00 元
公共政策导论（第三版）	［美］小约瑟夫·斯图尔特 等 著 韩红 译	35.00 元
公共政策分析：理论与实践（第四版）	［美］戴维·L·韦默 等 著 刘伟 译校	68.00 元
应急管理概论	［美］米切尔·K·林德尔 等 著 王宏伟 译	55.00 元
公共行政导论（第六版）	［美］杰伊·M·沙夫里茨 等 著 刘俊生 等 译	65.00 元
城市管理学：美国视角（第六版）	［美］戴维·R·摩根 等 著 杨宏山 陈建国 译 杨宏山 校	49.00 元

书名	著译者	定价
公共经济学：政府在国家经济中的作用	[美] 林德尔·G·霍尔库姆 著 顾建光 译	69.80 元
公共部门管理（第八版）	[美] 格罗弗·斯塔林 著 常健 等 译 常健 校	75.00 元

公共管理实务系列

书名	著译者	定价
新有效公共管理者：在变革的政府中追求成功（第二版）	[美] 史蒂文·科恩 等 著 王巧玲 等 译 张成福 校	28.00 元
驾御变革的浪潮：开发动荡时代的管理潜能	[加] 加里斯·摩根 著 孙晓莉 译 刘霞 校	22.00 元
自上而下的政策制定	[美] 托马斯·R·戴伊 著 鞠方安 等 译	23.00 元
政府全面质量管理：实践指南	[美] 史蒂文·科恩 等 著 孔宪遂 等 译	25.00 元
公共部门标杆管理：突破政府绩效的瓶颈	[美] 帕特里夏·基利 等 著 张定淮 译校	28.00 元
创建高绩效政府组织：公共管理实用指南	[美] 马克·G·波波维奇 主编 孔宪遂 等 译 耿洪敏 校	23.00 元
职业优势：公共服务中的技能三角	[美] 詹姆斯·S·鲍曼 等 著 张秀琴 译 音正权 校	19.00 元
全球筹款手册：NGO 及社区组织资源动员指南（第二版）	[美] 米歇尔·诺顿 著 张秀琴 等 译 音正权 校	39.80 元

政府治理与改革系列

书名	著译者	定价
新公共服务：服务，而不是掌舵	[美] 珍妮特·V·登哈特 罗伯特·B·登哈特 著 丁煌 译 丁煌 方兴 校	28.00 元
公共决策中的公民参与	[美] 约翰·克莱顿·托马斯 著 孙柏瑛 等 译	28.00 元
再造政府	[美] 戴维·奥斯本 等 著 谭功荣 等 译	45.00 元
构建虚拟政府：信息技术与制度创新	[美] 简·E·芳汀 著 邵国松 译	32.00 元
突破官僚制：政府管理的新愿景	[美] 麦克尔·巴泽雷 著 孔宪遂 等 译	25.00 元
政府未来的治理模式（中文修订版）	[美] B·盖伊·彼得斯 著 吴爱明 等 译 张成福 校	38.00 元
无缝隙政府：公共部门再造指南（中文修订版）	[美] 拉塞尔·M·林登 著 汪大海 等 译	48.00 元
公民治理：引领 21 世纪的美国社区（中文修订版）	[美] 理查德·C·博克斯 著 孙柏瑛 等 译	38.00 元
民营化与公私部门的伙伴关系	[美] E.S. 萨瓦斯 著 周志忍 等 译	39.00 元
持续创新：打造自发创新的政府和非营利组织	[美] 保罗·C·莱特 著 张秀琴 译 音正权 校	28.00 元
政府改革手册：战略与工具	[美] 戴维·奥斯本 等 著 谭功荣 等 译	59.00 元
公共部门的社会问责：理念探讨及模式分析	世界银行专家组 著 宋涛 译校	28.00 元

书名	著译者	定价
公私合作伙伴关系：基础设施供给和项目融资的全球革命	［英］达霖·格里姆赛 等 著 济邦咨询公司 译	29.80元
非政府组织问责：政治、原则与创新	［美］丽莎·乔丹 等 主编 康晓光 等 译 冯利 校	32.00元
市场与国家之间的发展政策：公民社会组织的可能性与界限	［德］康保锐 著 隋学礼 译校	49.80元
建设更好的政府：建立监控与评估系统	［澳］凯思·麦基 著 丁煌 译 方兴 校	30.00元

学术前沿系列

书名	著译者	定价
公共行政的精神（中文修订版）	［美］H·乔治·弗雷德里克森 著 张成福 等 译 张成福 校	48.00元
后现代公共行政：话语指向（中文修订版）	［美］查尔斯·J·福克斯 等 著 楚艳红 等 译 吴琼 校	38.00元
公共行政的合法性：一种话语分析（中文修订版）	［美］O.C. 麦克斯怀特 著 吴琼 译	待出
公共行政的语言：官僚制、现代性和后现代性（中文修订版）	［美］戴维·约翰·法默尔 著 吴琼 译	待出
官僚制内幕	［美］安东尼·唐斯 著 郭小聪 等 译	38.00元
领导学	［美］詹姆斯·麦格雷戈·伯恩斯 著 常健 孙海云 等 译 常健 校	待出
官僚经验：后现代主义的挑战（第五版）	［美］拉尔夫·P·赫梅尔 著 韩红 译	待出
制度分析：理论与争议（第二版）	［韩］河连燮 著 李秀峰 柴宝勇 译	待出
公共服务中的情绪劳动	［美］玛丽·E·盖伊 等 著 周文霞 等 译	待出

案例系列

书名	著译者	定价
公共管理案例（第五版）	［美］罗伯特·T·戈伦比威斯基 等 主编 汪大海 等 译	28.00元
组织发展案例：环境、行为与组织变革	［美］罗伯特·T·戈伦比威斯基 等 主编 杨爱华 等 译	29.00元
公共部门人力资源管理案例	［美］T·赞恩·里夫斯 主编 句华 主译 孙柏瑛 统校	22.00元
非营利组织管理案例与应用	［美］罗伯特·T·戈伦比威斯基 等 主编 邓国胜 等 译	23.00元
公共管理的法律案例分析	［美］戴维·H·罗森布鲁姆 等 著 王丛虎 主译	33.00元
公共政策分析案例（第二版）	［美］乔治·M·格斯 等 著 王军霞 等 译	待出

学术经典系列

书名	著译者	定价
新公共行政	［美］H·乔治·弗雷德里克森 著 丁煌 方兴 译 丁煌 校	23.00元

公共政策经典译丛

书名	著译者	定价
公共政策评估	［美］弗兰克·费希尔　著 吴爱明 等　译	38.00 元
议程、备选方案与公共政策（第二版）	［美］约翰·W·金登　著 丁煌　方兴　译	38.00 元
公共政策工具——对公共管理工具的评价	［美］B·盖伊·彼得斯 等　编 顾建光　译	29.80 元
第四代评估	［美］埃贡·G·古贝 等　著 秦霖 等　译　杨爱华　校	39.00 元
政策规划与评估方法	［加］梁鹤年　著 丁进锋　译	39.80 元

当代西方公共行政学思想经典译丛

书名	编译者	定价
公共行政学中的批判理论	戴黍　牛美丽 等　编译	29.00 元
公民参与	王巍　牛美丽　编译	45.00 元
公共行政学百年争论	颜昌武　马骏　编译	49.80 元
公共行政学中的伦理话语	罗蔚　周霞　编译	45.00 元

当代世界学术名著

书名	著译者	定价
政策悖论：政治决策中的艺术（修订版）	［美］德博拉·斯通　著 顾建光　译	58.00 元
公共行政的语言——官僚制、现代性和后现代性	［美］戴维·约翰·法默尔　著 吴琼　译	49.80 元
公共行政的精神	［美］乔治·弗雷德里克森　著 张成福 等　译	45.00 元
公共行政的合法性——一种话语分析	［美］O.C.麦克斯怀特　著 吴琼　译	48.00 元

卓越领导

书名	著译者	定价
领袖	［美］詹姆斯·麦格雷戈·伯恩斯　著 常健 等　译	49.00 元
特立独行：从肯尼迪到小布什的总统领导艺术	［美］詹姆斯·麦格雷戈·伯恩斯　著 吴爱明 等　译	39.80 元
创新型领导艺术：激发团队创造力	［英］约翰·阿代尔　著 吴爱明 等　译	25.00 元
创造性思维艺术：激发个人创造力	［英］约翰·阿代尔　著 吴爱明 等　译	25.00 元

公共管理英文版教材系列

书名	作者	定价
公共管理导论（第三版）	［澳］Owen E. Hughes （欧文·E·休斯）　著	28.00 元
理解公共政策（第十二版）	［美］Thomas R. Dye （托马斯·R·戴伊）　著	34.00 元

书名	作者	定价
公共行政学经典（第五版）	［美］Jay M. Shafritz （杰伊·M·莎夫里茨）等　编	59.80 元
组织理论经典（第五版）	［美］Jay M. Shafritz （杰伊·M·莎夫里茨）等　编	46.00 元
公共政策导论（第三版）	［美］Joseph Stewart，Jr. （小约瑟夫·斯图尔特）等　著	35.00 元
公共部门管理导论（第六版）	［美］Grover Starling （戈文·斯塔林）　著	49.80 元
政治学（第三版）	［英］Andrew Heywood （安德鲁·海伍德）　著	35.00 元
公共行政导论（第五版）	［美］Jay M. Shafritz （杰伊·M·莎夫里茨）等　著	58.00 元
公共组织理论（第五版）	［美］Robert B. Denhardt （罗伯特·B·登哈特）　著	32.00 元
公共政策分析导论（第四版）	［美］William N. Dunn （威廉·N·邓恩）　著	45.00 元
公共部门人力资源管理：系统与战略（第六版）	［美］Donald E. Klingner （唐纳德·E·克林纳）等　著	待出
公共行政与公共事务（第十版）	［美］Nicholas Henry （尼古拉斯·亨利）　著	39.00 元
公共经济学：政府在国家经济中的作用	［美］Randall G. Holcombe （林德尔·G·霍尔库姆）　著	62.00 元

更多图书信息，请登录 www. crup. com. cn/gggl 查询，或联系中国人民大学出版社政治与公共管理出版分社获取

地址：北京市海淀区中关村大街甲 59 号文化大厦 1202 室　　邮编：100872
电话：010－82502724　　传真：010－62514775
E-mail：ggglcbfs@vip. 163. com　　网站：http：//www. crup. com. cn/gggl

图书在版编目（CIP）数据

领导学/（美）伯恩斯著；常健等译. —北京：中国人民大学出版社，2013.1
（公共行政与公共管理经典译丛. 学术前沿系列）
"十二五"国家重点图书出版规划项目
ISBN 978-7-300-16815-9

Ⅰ. ①领… Ⅱ. ①伯… ②常… Ⅲ. ①领导学 Ⅳ. ①C933

中国版本图书馆 CIP 数据核字（2012）第 304026 号

公共行政与公共管理经典译丛
学术前沿系列
"十二五"国家重点图书出版规划项目
领导学
［美］詹姆斯·麦格雷戈·伯恩斯（James MacGregor Burns） 著
常 健 孙海云 等 译
Lingdaoxue

出版发行	中国人民大学出版社		
社　　址	北京中关村大街 31 号	**邮政编码**	100080
电　　话	010－62511242（总编室）		010－62511398（质管部）
	010－82501766（邮购部）		010－62514148（门市部）
	010－62515195（发行公司）		010－62515275（盗版举报）
网　　址	http://www.crup.com.cn		
	http://www.ttrnet.com(人大教研网)		
经　　销	新华书店		
印　　刷	北京鑫丰华彩印有限公司		
规　　格	185 mm×260 mm　16 开本	**版　　次**	2013 年 1 月第 1 版
印　　张	31 插页 2	**印　　次**	2013 年 1 月第 1 次印刷
字　　数	662 000	**定　　价**	69.00 元